U0330067

约翰·塞巴斯蒂安·巴赫

1685 年 –1750 年

六点音乐译丛
VI HORAE MUSIC
主编 杨燕迪

论 巴 赫

Johann Sebastian
Bach

Albert Schweitzer

【德】阿尔伯特·施韦泽 著

何源 陈广琛 译

华东师范大学出版社
上海

华东师范大学出版社六点分社　策划

上海音乐学院国家特色重点学科建设项目
上海音乐学院高峰高原学科建设项目

缘　　起

自中国全面卷入现代性进程以来,西学及其思想引入汉语世界的重要性,已是有目共睹的事实。早在晚清时代,梁启超曾写下这样的名句:"今日之中国欲自强,第一策,当以译书为第一事。"时至百年后的当前,此话是否已然过时或依然有效,似可商榷,但其中义理仍值得三思;举凡"汉译世界学术名著丛书"(北京:商务印书馆)、"现代西方学术文库"(北京:三联书店)等西学汉译系列,对中国现当代学术建构和思想进步的重大意义和深远影响,无人能够否认。

中国的音乐实践和音乐学术,自20世纪以降,同样身处这场"西学东渐"大潮之中。国人的音乐思考、音乐概念、音乐行为、音乐活动,乃至具体的音乐文字术语和音乐言语表述,通过与外来西学这个"他者"产生碰撞或发生融合,深刻影响着现代意义上的中国音乐文化的"自身"架构。翻译与引介,其实贯通中国近现代音乐实践与理论探索的整个历史。不妨回顾,上世纪前半叶对基础性西方音乐知识的引进,五六十年代对前苏联(及东欧诸国)音乐思想与技术理论的大面积吸收,改革开放以来对西方现当代音乐讯息的集中输入和对音乐学各

学科理论著述的相关翻译,均从正面积极推进了我国音乐理论的学科
建设。

　　然而,应该承认,与相关姊妹学科相比,中国的音乐学在西学引入的
广度和深度上,尚需加力。从已有的音乐西学引入成果看,系统性、经典
性、严肃性和思想性均有不足——具体表征为,选题零散,欠缺规划,偏于
实用,规格不一。诸多有重大意义的音乐学术经典至今未见中译本。而
音乐西学的"中文移植",牵涉学理眼光、西文功底、汉语表述、音乐理解、
学术底蕴、文化素养等多方面的严苛要求,这不啻对相关学人、译者和出
版家提出严峻挑战。

　　认真的学术翻译,要义在于引入新知,开启新思。语言相异,思维
必然不同,对世界与事物的分类与看法也随之不同。如是,则语言的移
译,就不仅是传入前所未闻的数据与知识,更在乎导入新颖独到的见解
与视角。不同的语言,让人看到事物的不同方面,于是,将一种语言的
识见转译为另一种语言的表述,这其中发生的,除了语言方式的转换之
外,实际上更是思想角度的转型与思考习惯的重塑。有经验的译者深
知,任何两种语言中的概念与术语,绝无可能达到完全的意义对等。单
词、语句的文化联想与意义生成,移植到另一种语言环境中,不免发生
诠释性的改变——当然,这绝不意味着翻译的误差和曲解。具体到严
肃的音乐学术汉译,就是要用汉语的框架来再造外语的音乐思想与经
验;或者说,让外来的音乐思考与表述在中文环境里存活。进而提升我
们自己的音乐体验和思考的质量,提高我们与外部音乐世界对话和沟
通的水平。

　　"六点音乐译丛"致力于译介具备学术品格和理论深度、同时又兼具
文化内涵与阅读价值的音乐西学论著。所谓"六点",既有不偏不倚的象
征含义(时钟的图像标示),也有追求无限的内在意蕴(汉语的省略符号)。
本译丛的缘起,来自"学院派"的音乐学学科与有志于扶持严肃思想文化
发展的民间力量的通力合作。所选书目一方面着眼于有学术定评的经典
名著,另一方面也有意吸纳符合中国知识、文化界"乐迷"趣味的爱乐性文
字。著述类型或论域涵盖音乐史论、音乐美学与哲学、音乐批评与分析、

学术性音乐人物传记等各方面,并不强求一致,但力图在其中展现对音乐自身的深度解析以及音乐与其他人文/社会现象全方位的相互勾连和内在联系。参与其中的译(校)者既包括音乐院校中的专业从乐人,也不乏热爱音乐并精通外语的业余爱乐者。

综上,本译丛旨在推动音乐西学引入中国的事业,并藉此彰显,作为人文艺术的音乐之价值所在。

谨序。

　　　　　　　　　　　杨燕迪

2007 年 8 月 18 日于上海音乐学院

目　录

关于本书版本问题的说明

《论巴赫》一书付梓之前,我认为,有必要向读者交代一下此书的版本问题。

施韦泽(Albert Schweitzer)最初受魏多尔(Charles Marie Widor)的影响和鼓励,用法语写出本书的雏形——《巴赫:诗人音乐家》(J. S. Bach: le musicien-poeète),于 1905 年由莱比锡的 Breitkopf & Härtel 出版社出版。由于该书反响极佳,施韦泽与出版社达成协议,将该书译成德文在德国出版。

在翻译过程中,施韦泽意识到自己对巴赫的理解不断深入。最终他放弃法文版的翻译,直接用德文重写了该书(参见施韦泽自传《我的人生与思想》,德文版,1931 年,61 页),德文新版本的篇幅比原来法文版多出一倍,并于 1908 年由 Breitkopf & Härtel 出版社出版,该书上市后不断重印再版,直至今日。

在德文版基础上,英国音乐评论家恩涅斯特·纽曼把该书译成英文,由 Breitkopf & Härtel 出版社于 1911 年在伦敦分两册出版。自 1923 年起,该书英文版转由伦敦的 Adam & Charles Black 出版社出版。

施韦泽对巴赫及他的音乐的认知和理解,一直处在变化发展中。这不但发生在法译德的过程中,也体现在德译英的过程中。在纽曼翻译该书的同时,施韦泽不断地对英译本作出修改。而这些修改,只出现在英文版里,并不见于德文版。1984 年,莱比锡的 Breitkopf & Härtel 出版社出版了一本研究专著,题为《阿尔伯特·施韦泽关于巴赫装饰音的遗稿,附其对于巴赫专著的修改计划介绍,以及埃文·R·雅各比编写的附录》(*Albert Schweitzers nachgelassene Manuskripte über die Verzierungen bei Johann Sebastian Bach, mit einer Einführung in die geplante Revision seines Buches über Johann Sebastian Bach und mit einem Anhang herausgegeben von Erwin R. Jacobi*)。该书列出了德文版与英文版的主要差异。据雅各比所言:"这部英文版,除了附上英译者的前言外,还有多处施韦泽对正文的修改与更正,所以英文版应被视为本书的最终定本"(21页)。

有鉴于此,本书中译本以德文版为底本,书中的边码为德文版原书页码;在德文版与纽曼的英文版有明显异之处,以英文版为准。

陈广琛

2016 年 8 月

中译本序：巴赫、瓦格纳与施韦泽的历史因缘

　　文化史上的伟大人物，往往并非一开始就能得到广泛认同，甚至会因长时间的误解而默默无闻。对他们的发掘与认识，是集体文化经验漫长积累的结果，带有历史的必然性；但有时候也仰仗另一些同样伟大的人物，特立独行甚至是截断众流的不懈代言。

　　在今天看来，德国作曲家约翰·塞巴斯蒂安·巴赫代表了音乐史上的一座毋庸置疑的高峰。人们对他的诸多成就，都有了共识。但在一百多年前，很多人或许知道他很伟大，却不知道其何以伟大。从今天的角度，我们可能很难理解，巴赫为什么曾经是一个陌生而遥远的名字——遥远，并不单单因为年代久远，也因为他那显得古老过时的音乐趣味和风格。今天的我们越是赞叹他的才能，就越会对旧日的这种观点感到困惑。但反过来，这又反映了现代音乐观念的渐趋客观与全面。

　　今天的我们之所以能够全面并相对客观地了解历史进程的全貌，而无需在其中选择任何一个立场，首先需要感谢的，是上个世纪的哲人阿尔伯特·施韦泽，以及他的巨著《约翰·塞巴斯蒂安·巴赫》。虽然对巴赫的重新发现与肯定，是音乐和文化史叙事上必然会被重构的章节；但施韦泽基于个人审美取向对巴赫极为独到的理解，却具有偶然性，故而更难能可贵。正是施韦泽与巴赫之间穿越时空的精神邂逅，促成了巴赫的复兴。我们应该庆幸，这种偶然的因缘，最终成为了历史必然性的一部分。

　　很遗憾的是，这部巨著问世后的一百多年间，一直未曾被翻译成中

文。它的一些重要论断,也未在汉语学界形成共识。幸而此书的中译本终于由华东师范大学出版社出版,弥补了这一缺陷。作为本书译者之一,我希望在此介绍一下这本书在巴赫研究史、乃至于音乐史上的位置。

经历了一百多年,无论在史学研究还是美学主张上,施韦泽的角色都已经从时代的先锋,变成历史大厦中的一块基石。所以读者手上这本书,在很多方面已经不再算是最前沿和权威的了。但是它的价值,并不因此而有所减损。历史上有太多诠释性的书籍,早已湮没无闻。但这本书仍然有重大的意义,因为它虽是一家之言,却是大家之言,而且是开风气之作,甫一出版,即刷新了人们对巴赫音乐的理解。即使到今天,施韦泽这本著作仍然影响着音乐学界。以演奏巴洛克音乐著称的指挥家约翰·艾略特·加德纳(John Eliot Gardiner),就曾向我表达过对这本书的敬慕。当代巴赫研究泰斗、莱比锡巴赫档案馆前馆长、哈佛大学音乐学教授克里斯托夫·伍尔夫(Christoph Wolff),更把它奉为自己最喜爱的巴赫著作。他不但热情地为本书中文版撰写推荐语,更与我分享了自己与施韦泽这本书的因缘:他在少年时代收到这本书作为礼物,那是他阅读的第一本关于巴赫的著作,自此一直深受影响。多年之后,伍尔夫发表了现时最权威的巴赫传记,《约翰·塞巴斯蒂安·巴赫:博学的音乐家》。有趣的是,他在其中完全没有引用施韦泽,因此竟导致很多人疑惑,伍尔夫是否不赞同后者的观点。由此可见,直到今天,史怀泽仍然在巴赫研究的学术讨论中,占据着核心位置——单单是他的缺席,就已足以引起人们的注意。伍尔夫则特别向我强调,他非常服膺施韦泽的主要论断,只是因为自己的著作是传记性质,而施韦泽仅仅在这方面过时,他才没有引用。

那么,是什么东西令本书具有持续的重要性呢?

施韦泽的生平与《论巴赫》的成书

阿尔伯特·施韦泽,1875 年 1 月 14 日生于德国阿尔萨斯-洛林地区凯瑟斯堡的一个牧师家庭。这个地区处在德法两国边境,阿尔萨斯通行德语,于 1871 年被划归德国;在一战之后重归法国。由于历史和地理的原因，这里的天主教徒和新教徒共用一个教堂做礼拜。当然，德法两个民族的文化在这里也得以交融。这两点，为施韦泽以后的发展，尤其是他对巴赫的理解，埋下了有趣的伏笔。

施韦泽接受过良好的教育，兴趣广泛，可谓一个文艺复兴式的人物，是卓有成就的神学家、哲学家、音乐史家，也是医生。他的博士论文，是在巴黎索邦大学完成的《康德的宗教哲学》。但在他精神成长历程中，最重要的组成部分之一应属音乐，其中有两个关键词格外引人注目：管风琴与巴赫。

施韦泽 18 岁开始师从欧根·明希（Eugène Münch）学习管风琴，至1893 年，开始师从法国著名的管风琴大师和作曲家夏尔-玛利·魏多尔（Charles-Marie Widor）。而他用以引荐自己的，正是他对巴赫管风琴众赞歌的诠释。

于是，读者就在本书的开篇序言中，看到了魏多尔撰写的德文版序言。这是老师对学生诚挚而充满赞赏的致敬。魏多尔回忆了 1899 年的一天，他的学生如何向自己讲解巴赫的众赞歌。施韦泽把巴赫抽象的音乐与众赞歌具体的歌词联系起来，将老师心目中的困惑与谜团一一解开。魏多尔觉得自己是从学生身上，才领会到了巴赫管风琴音乐的真谛。从他的叙述中，我们可以真切地体会到这次对话带给他精神上的震撼。于是，在魏多尔的建议下，施韦泽用法语写了一部关于巴赫的论著，《巴赫：诗人音乐家》（*J. S. Bach：Le Musicien-Poète*）。由此，读者手上的这本书，也就开始了它的生命。

魏多尔讲述了这部法语著作，如何逐渐演变成长度翻倍的德语巨制。它在 1911 年由英国音乐评论家恩涅斯特·纽曼（Ernest Newman，为笔名，取英文"诚恳的新手"之意）译成英文，而施韦泽在此过程中做了补充修订。这部书至此才最后定型。①

这部发表于 20 世纪初的巨著，包括作曲家的生平史实研究、浩如烟海的各类作品的创作过程、演出方法、接受史、乐器要求等，并对恰当的

---

① 参见《关于本书版本问题的说明》。

演奏方式提出了细致的建议,可谓涵盖了巴赫研究的方方面面。作为一代管风琴大师,施韦泽在巴赫管风琴作品的研究和演奏领域,尤其具有举足轻重的地位。以 20 世纪初的历史眼光来看,他的很多观点在当时是具有革命性和开拓性的,挑战了西方长期流行的对巴赫的成见;这些观点在迄今为止的一百多年里,在西方音乐界产生了巨大而深远的影响,其中一些渐渐被广泛接受、消化而成为共识。当然,新的史料不断出现,会修正甚至推翻本书的一些论断。但是施韦泽影响最大、最具开拓性的成果,在于他对巴赫的众赞歌、康塔塔全面而系统的梳理和分析,以及他对这些作品所蕴含的美学的深刻洞察和理论概括。这是真正划时代的贡献,也正是本书的精华所在。

完成这本书的时候,施韦泽不过 33 岁。任何人能写出这么一部巨著,已经足以名留青史了。但对于施韦泽而言,这只不过是他人生众多的成就之一。在 24 岁的时候,施韦泽开始了他的神学生涯,在教会及神学院担任职务,从事神学研究,并在《新约》领域取得了很大成就,在 31 岁出版了成名作《耶稣生平研究史》(Geschichte der Leben-Jesu-Forschung),一部与《论巴赫》地位同等重要的著作。作为管风琴演奏大师,施韦泽在 HMV、哥伦比亚和飞利浦唱片公司留下了不少巴赫作品的演奏录音。但是,在这一切成就之外,更令人惊叹的是,他在 30 岁发愿学医,希望以此方式传播福音。他辞去神学职位,重新进入大学接受医学训练,成为一名专业医生。而他的医学学位论文,题目是《耶稣的精神心理学研究》,体现了他一以贯之的精神追求。

随后,施韦泽自费移居非洲加蓬的兰巴雷内(Lambaréné),筚路蓝缕建立了一家医院,收治当地及附近地区的病人。这就成为了今天的阿尔伯特·施韦泽医院。施韦泽一生多次往返于非洲与欧洲之间,但是他在非洲行医的生涯一直持续到晚年。为此他在 1952 年被授予诺贝尔和平奖。

期间,施韦泽经历了两次世界大战。他一直思考世界文明之中道德的普遍性,发展出名为"敬畏生命"的哲学,集中体现在他未完成的巨著《文化哲学》(Kulturphilosophie)之中。

1965 年,施韦泽以 90 岁高龄病逝于兰巴雷内。

巴赫的音乐·瓦格纳的滤镜

　　回到巴赫的问题上来:读者或许会好奇,魏多尔这位管风琴大师,为什么会对巴赫的众赞歌前奏曲感到困惑呢?施韦泽又是如何解答老师的问题的呢?魏多尔在序言中提到,巴赫对他而言是抽象而晦涩的,而施韦泽的解决办法,就是还原巴赫的音乐逻辑与语言之间紧密的关系。换言之,循着众赞歌的歌词,即可得到理解巴赫音乐的钥匙。正因为此,本书的法文版雏形,恰当地以《巴赫:诗人音乐家》为标题,开宗明义,点出巴赫音乐的具象性。

　　魏多尔这一段简短的叙述,其实蕴含了丰富复杂而且重大的历史信息。巴赫音乐的晦涩感,并不是 20 世纪的听众才有的印象。早在巴赫在世时,欧洲音乐已经向一个不同的方向发展,并开始无法理解他所代表的古代音乐语言了。甚至是他众多杰出的作曲家儿子中最著名的卡尔·菲利普·埃马努埃尔·巴赫,也已经背离父亲,跟随时代风气走到了新的道路上。新旧道路的冲突,集中体现在两对各自截然对立的概念上,它们分别是"Programme Music"(情节音乐)和"Absolute Music"(纯粹音乐),"Empfindsamer Stil"(情感风格)和"Affektenlehre"(情感原则)。两对概念在词源上都不是以严谨的方式成对构建的,尤其是后者:其词根 empfinden 与 Affekt 词源分属日耳曼语系和罗曼语系,意思上却无严格的区别,所以在中文翻译里很难表达。

　　这两对概念的冲突,成为浪漫主义音乐发展的主线之一;它在理查德·瓦格纳(Richard Wagner)的歌剧创作与理论中达到顶点,同时也进入死胡同,无以为继。这段复杂的音乐美学史,对巴赫的接受史至关重要,下文将试略论之。但在进入音乐美学史讨论之前,必须再交待一下瓦格纳与施韦泽、魏多尔的关系,因为历史的细节,包含着思想史上重要的线索。

　　19 世纪末,瓦格纳的乐剧席卷欧洲,不止在音乐界,而且在整个文化界都产生革命性的影响。无数音乐家、艺术家、作家为之如痴如狂；几乎所有关心文化的人都在谈论他。需要特别指出的是，所谓的"瓦格纳主义"，最先不是在德国，而是在法国被提出。大诗人波德莱尔正是瓦格纳音乐狂热的崇拜者和最早的倡导者之一，写出了热情洋溢的《理查德·瓦格纳与〈唐豪塞〉在巴黎》①。魏多尔则是出席了瓦格纳乐剧巨制《尼伯龙根的指环》1876 年世界首演的为数不多的法国人之一。他自己的创作深受瓦格纳影响，而且毕生推广后者的歌剧②。

施韦泽也不例外；在其音乐观念形成的过程中，瓦格纳的影响是根本性的。他在斯特拉斯堡、拜罗伊特观看了大量瓦格纳歌剧的演出，后来更成为瓦格纳遗孀、李斯特的女儿柯西玛·瓦格纳的好友③。

这些历史背景，在施韦泽的《论巴赫》中都得到反映。施韦泽分析巴赫众赞歌前奏曲中文字与音乐的关系，解决了老师魏多尔对巴赫音乐的困惑，由此催生了本书的雏形。而施韦泽对文字与音乐关系的认识，恰恰脱胎于瓦格纳的理论，而且体现了一个多世纪以来欧洲音乐美学论争的关键问题。

由此，我们可以归纳出两条路径。第一，施韦泽的《论巴赫》，一定程度上是兼顾法国眼光的。所以魏多尔在序言中也自问"作为一个法国人，为德国读者介绍一部关于巴赫的著作，是否有冒昧之嫌？"并随之作了回答。后来德法两国关系，在政治上经历了第一次世界大战的破坏，这也促使更多知识分子思考两个民族在文化上的异同。最突出者当属法国作家、索邦大学第一任音乐史教授罗曼·罗兰。他的巨著《约翰·克里斯多夫》正是试图融合拉丁与日耳曼文明的精华，创造一种新的理想文明。他与德国作曲家理查·斯特劳斯的通信，也是两国文化交流史上的重要一

---

① Charles Baudelaire, *Richard Wagner et Tannhauser à Paris*, E. Dentu, Paris, 1861.

② 参见约翰·理查德·尼尔(John Richard Near)，《魏多尔—托卡塔之外的人生》(*Widor-A Life beyond the Toccata*, Boydell & Brewer, Rochester, NY, USA; Woodbridge, Suffolk, UK, 2011)。

③ 参见施韦泽，《回忆柯西玛·瓦格纳》("Mes Souvenirs sur Cosima Wagner", in *L'Alsace Française*, XXXV no. 7 [12 February 1933]: 124 ff.)。

章。而施韦泽则在本书中提到:

> 　　德国绘画与法国绘画的根本区别,正在于对待诗歌的这种不同
> 态度。任何人,只要接触过两国的艺术家,分析过德国画家在巴黎获
> 得的最初印象、法国画家对德国作品的观感,并尝试去理解双方不公
> 正的判断,就很快会发现,他们分歧的根源,来自于对待诗歌的不同
> 态度。比起法国画家,德国画家更像诗人。所以法国人批评德国人
> 的画对自然缺乏真实、客观的感受。另一方面,尽管德国画家仰慕法
> 国同行超绝的技艺,却因为其对想象力刻意的舍弃而感到不快。在
> 两国的文学中,观察自然的方式互相对立,故而德国人创作出精彩的
> 抒情诗;这恰是法国人永远无法做到的。①

　　第二个更重要的路径是,施韦泽透过瓦格纳的滤镜,重新审视巴赫。这既是他个人审美取向的选择,也是对 19 世纪音乐美学的一个总结。瓦格纳代表了对巴赫所擅长的其中一种音乐语言的反动的巅峰,而施韦泽的著作,则是融汇两种美学的一个尝试。

　　这正是巴赫、瓦格纳与施韦泽的因缘。其中既有个人经验的偶然,也有历史的必然。

情节音乐与纯粹音乐

　　那么,一个多世纪的音乐美学论争,关键问题有哪些? 巴赫和瓦格纳又在其中扮演什么角色? 我们不妨从上文提到的两对概念,以及它们的翻译说起。

　　先论"Programme Music"和"Absolute Music"。这两个概念的内涵,从来是西方学界争论不休的对象。而对我们来说,还多了一个翻译的问题:由于它们在原来语境中内涵不清,所以我们的翻译,本身也必然是一种定义。

---

① 　见本书第二十章。

在本书第十九、二十章中,施韦泽以巴赫的康塔塔为楔子,探讨其音乐究竟是抽象的还是具象的,并借此把讨论扩展到美学里一个更根本的问题:文学、绘画、音乐之间的界限,究竟应该如何厘定。这正是 19 世纪音乐美学论争的焦点之一。他论述了三个概念:"absolute music"、"tone painting"和"programme music"。三者皆处于一个相互关联的逻辑整体内,并囊括了艺术的三种最基本的可能性——声音、图像、语言,所以我们必须把它们置于一个统一的参照系中,进行翻译和理解:"absolute music"立足于音乐纯粹的形式,是音乐的本体,此处译为"纯粹音乐";"tone painting"是音乐试图模仿绘画,阻断时间的流动,以声音对瞬间事物的外观进行描绘,故译为"声音绘画"。

Programme music 情况最为复杂。它在汉语里通常译作"标题音乐"。虽然这种音乐往往附有标题,但"有标题"只是最表面的特征,而完全没有标示其本质,容易混淆本义,对在中文语境中的理解不但没有助益,反而会误导。这种音乐的本质特征,是模拟文学的方式,既叙述事件,也渲染情绪气氛,必然于时间序列上有所展开,故此处采取"情节音乐"的译法。

此处对"情"字的采用,也利用了汉语本身精妙的辩证表达能力。现代汉语中"情"不单可指感情,也可指事实,例如"事情"、"实情"、"情况",同一个字包涵主观感情与客观事实二义。这是直接传承自古汉语:先秦典籍中,"情"多作实情、物情解;后来才慢慢偏重于主观情感[1]。有鉴于此,本翻译采取"情节音乐",以兼顾二义。

德国美学家莱辛(Gotthold Ephraim Lessing)在其名作《拉奥孔:诗与画的界限》中,对绘画和文学叙事的表达手段,作过经典的讨论。根据他的总结,两种表达手段的本质,决定了两者的一个根本区别:前者是对事物外观所作的瞬间性、静止的再现,而后者则具有前者所缺少的时间维度[2]。根

---

[1]　参见 David Der-wei Wang,《史诗时代的抒情》(*The Lyrical in Epic Time*:*Modern Chinese Intellectuals and Artists Through the* 1949 *Crisis*. New York:Columbia University Press,2015)。

[2]　参见 Lessing:《拉奥孔:论画与诗的边界》(*Laokoon oder Über die Grenzen der Malerei und Poesie*. Berlin,C.F. Voss,1766)。

据施韦泽在第二十章结尾的结论,相应地,这一点也是"声音绘画"(巴赫)与"情节音乐"(以瓦格纳为首的"后贝多芬"时代作曲家)的根本区别。所谓文学性,本身是一个复杂的综合体,但在本书特定的语境里,文学叙事中的时间性,是施韦泽所特别侧重强调的。"情节音乐"的"节",则表达了此意。

巴赫代表声音绘画这一端;他的音乐一如绘画和雕塑,是将一个瞬间截取出来,独立地描绘它;他是绘画性音乐的代表。施韦泽提到,巴赫在拿到一份歌词时,首先关注的并不是它的情节,而是看其中有哪些场景,适合他用作声音绘画的素材。

与巴赫这位用声音绘画的作曲家相对立的,是创作"情节音乐"的作曲家,比如瓦格纳与舒伯特、柏辽兹等。而在理论上与"声音绘画"、"叙事音乐"三足并立的"纯粹音乐",也是一个有复杂历史的术语。它最先由瓦格纳在讨论贝多芬第九交响曲时提出。他认为第九交响曲第四乐章的器乐宣叙调,体现了音乐最深刻的本义,即综合了所有艺术形式而能够准确传情达意的最高艺术手段。他所反对的,是传统的内容含糊、表义不清的器乐作品,这被他称作"纯粹音乐"①。

瓦格纳的宿敌、音乐理论家汉斯立克(Eduard Hanslick),则在其代表作《论音乐美》中力陈对这种纯粹音乐的正面解读。在汉斯立克看来,音乐美只在于其形式,如结构、节奏、音色等。音乐本身并不包含情感和意义。听者"领会"到的情感和意义,只存在于听者自身,而不在音乐里②。这恰好也是我国魏晋时期的诗人哲学家嵇康在《声无哀乐论》中表达的观点。

施韦泽对"纯粹音乐"的解释,继承了两派的论争传统,而站在反汉斯立克的立场上,认为纯粹音乐是一个伪命题。因为音乐天然具有绘画性,也具有叙事性和诗性,本来就是一种综合艺术,也即瓦格纳的所谓"Gesa-

---

① 瓦格纳,《论著与诗歌全集》(*Gesammelte Schriften und Dichtungen*. Leipzig: E. W. Fritzsch, 1887－1888. 2: 61)。

② 参见汉斯立克,《论音乐美:对音乐美学的修正》(*Vom Musikalisch-Schönen: ein Beitrag zur Revision der Ästhetik in der Tonkunst*. Mainz; New York; Schott, 1990)。

mtkunstwerk";要通过分离这些元素,获得那个所谓纯粹的、形式上的音乐本体,是徒劳的。这当然与施韦泽的瓦格纳主义立场相一致。

值得一提的是,施韦泽对巴赫的阐释理路,与瓦格纳的另一个创作手法有惊人的相似性——即所谓的"主导动机"(Leitmotif)。这一点施韦泽自己没有点明,但从他的立论与分析套路,可以看到清晰的借鉴。这种手法让每个音乐主题与一个确切的意义相对应。瓦格纳在《尼伯龙根的指环》中,就运用了大量主导动机,歌剧中的每一个人物、物件或者思想,都由一个音乐动机作对应的表现。每当一个动机出现,听众就自然能联系到它代表的意义。这种精确的表义手法将音乐转化为一个非常具体的意义系统。它被施韦泽移植到对巴赫康塔塔的阐释中。读者在本书第二十二章《众赞歌的音乐语言:图像性与象征性的表现》中会发现,施韦泽几乎是编纂了一部"音乐—意义"的索引。他把巴赫康塔塔中反复出现的动机,与具体的意义一一对应,解释成一套与瓦格纳类似的音乐语义系统。这是对"巴赫是抽象、纯粹音乐作曲家"观点的一个有力反驳,也是施韦泽最独特、最富创见的观点,是整部书的一个核心主题。

施韦泽着力对众赞歌前奏曲与康塔塔作的这种美学分析,目的正是要以瓦格纳的立场重新解释巴赫。巴赫历来被誉为抽象的"纯粹音乐"大师,而时至今日,仍有人坚持认为,"纯粹音乐"才是音乐的本体,也有人认为,巴赫就是"纯粹音乐"的同义词;用音乐来做绘画性的描述或者文学性的叙事,都属于一种僭越,故而也是对音乐崇高本质的冒犯。施韦泽所着力之处,一则要通过对巴赫康塔塔的分析,修正他作为"纯粹音乐"大师的片面形象,说明巴赫同时也是一个音画大师;二则要为音乐的绘画性和叙事性正名。前者是对音乐史中一个具体个案的"翻案",后者则是对美学中普遍问题的理论阐释。

在此我们不妨回顾一下,施韦泽写作本书的具体语境。他与巴赫、瓦格纳的历史因缘,在其自传《我的人生与思想》的记载中表露无遗:当他用德文重写此书时,

新书的头几页写于拜罗伊特的黑马旅馆,当时我刚刚观看了(瓦

格纳的歌剧)《特里斯坦与伊索尔德》的精彩演出。此前的好几个星期里，我一直尝试专心写作，但是都失败了。但当我带着激动的心情从节日剧院（瓦格纳歌剧演出的专用剧院）回来之后，我终于成功了。在楼下酒馆的闲言碎语陪伴下，我在冷清的房间里开始写作；直到日出之后很久，我才搁笔。从那时起，我写作时的心情是如此欢畅，以至于书稿在两年内就完成了。①

艺术灵魂之间的这种动人的心有灵犀，真可谓不可多得的"一期一会"。但施韦泽写作此书时的这种特定的情感状态，值得我们在阅读时加以留心。由此可以见出，施韦泽融汇瓦格纳与巴赫音乐语言的用心。

当然，他表达的观点只是一家之言，也只涉及到巴赫音乐的一个方面，下面还将详细论述另一方面的特性。有关音乐是抽象的、具象的、还是表义的这个美学争论，并没有在他手上终结。只是到了 20 世纪，它逐渐退出了作曲家的视野，而成为仅限于音乐史家与理论家讨论的问题。

音乐与情感的关系

从 19 世纪初开始，巴赫的第一个传记作者福克尔（Johann Nikolaus Forkel），就强调巴赫音乐抽象的一面。这与 19 世纪浪漫主义的整体倾向相异——如上文所说，这种倾向，其实从巴赫的儿子卡尔·菲利普·埃马努埃尔·巴赫的作品中，已经开始出现了。这也就涉及上文提到的"Empfindsamer Stil"与"Affektenlehre"的对立。

所谓"Empfindsamer Stil"，要求一首音乐作品具有一以贯之的同一种感情，是浪漫主义时代之前古老的美学观。而"Affektenlehre"则要求

---

① 施韦泽，《我的人生与思想》（*Aus Meinem Leben und Denken*，Felix Meiner Verlag，Leipzig，1931：61—62）。

音乐体现人类自然的情感状态变化,所以一首作品之内,情感应该尽量丰富多变。

巴赫本身是一个集大成者,他的表现手法千变万化,包罗万象,既有"Empfindsamer Stil",也有"Affektenlehre";虽然后者作为概念,在巴赫晚年才兴起,但巴赫实际上也使用过它。"Affektenlehre"的兴起,并不代表这种手法的诞生,而是一种音乐美学上相对滞后的理论觉醒。它反映了欧洲启蒙时代对人性、情感的关注,尤其以卢梭的音乐理论为代表。卢梭认为表现人类真挚而多变的情感,是音乐的核心任务,而表达这种感情的关键,在于旋律①。"Affektenlehre"正是着力探索旋律的所有潜能。旋律是情感的载体,所以应该由大量的主题连缀而成,时刻反映情感的发展;所有的伴奏都应该作它们的衬托。

与之相反的"Empfindsamer Stil",则与古老的复调音乐手法相联系。复调音乐往往只采用一个主题、一种情愫,向内挖掘它的潜能,而非不断引入新主题、新情感。其中没有主旋律与伴奏之分,各个声部采用同样的旋律素材,而且具有几乎同等重要的地位。这种结构的效果,让情感趋向于一元、平稳、抽象的空间分布,而不是在线性上作敏感的波动,也不为音乐和情感赋予一一对应的具体关系。所以"Empfindsamer Stil"其实因这种抽象性而与"纯粹音乐"相似,而与"Affektenlehre"对立;两者都包含了创作技巧与美学的两个面向。

巴赫的康塔塔,有很多符合"Affektenlehre"的例子;但他的复调器乐作品,尤其是《平均律钢琴曲》、《赋格的艺术》、《音乐的奉献》,以及《B小调弥撒》的一些段落,则倾向于"Empfindsamer Stil",也接近于"纯粹音乐"。这里面包含了西方音乐美学史的一个重大转折。当时"Affektenlehre"的新美学,开启了情感至上的19世纪浪漫主义风格,古老的复调语言已经被抛弃。在这个历史时刻,巴赫在没有委约的情况下,以病弱之

---

① 参见卢梭的《论法国音乐的一封信》("Lettre sur la musique française")以及《论语言的起源》("Essai sur l'origine des langues")。见于 *Essai sur l'origine des langues où il est parlé de la mélodie et de l'imitation musicale*;*suivi de*,*Lettre sur la musique française*;*et*,*Examen de deux principes avancés par M. Rameau.* Paris:Flammarion,1993.

躯，花费最后的全部精力，写出两部恢弘巨制——《B 小调弥撒》和未完成的遗作《赋格的艺术》，并且根据弗里德里希大帝的旋律，以复调手法写出《音乐的奉献》呈献于国王，个中意味，不言而喻。《赋格的艺术》是他的音乐遗嘱，也是复调音乐的巅峰和收官之作；它是对古老复调语言的总结，也是对当时已经流行的新风格的一个坚定反驳。如果考虑到他的儿子已经成为新风格的领军人物，那么我们或许可以更好地体会巴赫晚年的孤寂心境，与"知其不可而为之"、"虽千万人吾往矣"的决心。

巴赫的努力，并没有扭转时代的大势，《赋格的艺术》所代表的传统终成绝响。对情感主义的追求，经过半个世纪势不可当的蓬勃发展，最终在瓦格纳的歌剧中获得无以复加的极端表现，但也由此而告一段落。后世当然不断会有作曲家继续采取这种手法，但他们不再可能推动它向前。如果不想原地踏步，就只能另辟蹊径。

上文提到，施韦泽站在这个历史阶段的终点，努力呈现巴赫音画大师的形象，一方面是对福克尔、汉斯立克的反动，是对浪漫主义—瓦格纳美学的靠拢；另外也在一定程度上回避了巴赫在复调方面接近于纯粹音乐的美学取向。以施韦泽对巴赫音乐的全面了解，他一定深知复调音乐对于巴赫的意义；所以他在论述上的偏重（也可以说是偏颇），则完全是他个人美学立场的一种选择了。

关于美学—音乐术语翻译的几点说明

施韦泽在讨论诗歌、绘画、音乐的异同时，使用了大量美学上的关键术语。这为我们在汉语中重新进行表述，造成了如下困难：

第一，本书最初用法文写成，然后经作者以德文重写、扩充后再版。但随后出版的英文版，是经作者再次修订补充后刊行的，故英文版为本书最为完整和权威的最终版本。文中一些涉及到美学的关键词，经过不同语言的转译与重新表述，出现了一些混淆不清之处。这其中既有历史概念自身不严谨的因素，也有施韦泽本人的责任。他本人也承认，"就如同所有用语言描述艺术的人一样，我也纠缠于用语言作出艺术判断与表述的困难。所有关于艺术的表达，都是一种譬喻（Reden in Gleichnissen）"。① 英译者恩涅斯特·纽曼的翻译基本上是准确的，但英语在概念表述上的局限性，也造成了表述精准的困难，甚至混乱。

第二，也是更为要害的一方面：正因为施韦泽把各种艺术门类放在一起比较，着力于反思它们的区别与界限，所以他实质上同时在逼使我们对措词的定义和使用，进行同步的反思。在中文语境中，约定俗成的术语翻译所具有的不足，也就凸显出来了。比如上文提到的"programme music"，汉语通译"标题音乐"，本身已经是非常不准确且带有误导性的翻译；当它单独出现时，可能还勉强过关，但当施韦泽对各门类艺术进行细微的区分时，这个说法就显得风马牛不相及：纯粹从汉语语境，根本无法理解"有标题的音乐"，与音乐的图像性、叙事性、时间问题有何相干。

本书中频繁使用到的这类美学/诗学术语，包含了复杂的思想；其内涵衍变的历史，不仅仅折射了思想史变化的历程，更是建造一个学科的根本砖石。从这个角度看，术语的翻译，就具有举足轻重的意义。汉语中对施韦泽所使用术语的通行译法，缺乏统一标准供其互相参照。而施韦泽对它们的使用，恰恰又非常具有系统性和互相关联、一以贯之的内在逻辑。所以对每一个术语进行精确的重译，是读者理解本书最基本的条件。

有鉴于此，此译本对关键词，不完全采取通用译法，在必要时另行翻译，而主要考虑三点：第一，词汇的本意；第二，在统一参照系下相互的关系，及各自的侧重点；第三，施韦泽的思路和特定历史语境。我们希望确立每个术语的绝对意思和相对意思，从而尝试在汉语中提供一套明晰而可以互相参照的概念。我们也力求借此匡正施韦泽某些不确切的用词，并让这些关键词成为汉语音乐学、美学讨论的可靠砖石。我们深知，这种重译必然会引起争议，而且旧的译法，尤其如"标题音乐"这种误导性却已深入人心的词汇，具有根深蒂固的历史基础，新的译法甫一出现，必然难

---

① 施韦泽，《我的人生与思想》(*Aus Meinem Leben und Denken*，Felix Meiner Verlag，Leipzig，1931：60—61）。

于被接受。但是我们深信，这些翻译具有坚实的学理基础，经得起反复推敲。如果它们能引起广泛的争论和深刻的反思，那我们的目标也就达到了。至于新译法恰当与否，不妨留待历史的裁决。

21 世纪的历史眼光

施韦泽对巴赫的诠释，是他在特定历史语境中思考的结晶，带有他的主观审美取向，也带有其局限性。在 20 世纪，西方对巴赫不断进行研究和重新评价，而且百家争鸣，各有侧重。这也反映出西方音乐发展的内在问题。比如，在瓦格纳和勃拉姆斯之后，音乐何去何从？瓦格纳将一种音乐语言的潜能彻底穷尽，也把一种音乐理论推向极致。所谓物极必反，后继者自然需要另辟蹊径。单就作曲家而论，他们对巴赫的阐释，也反映出自身的创作取向，以及对音乐未来发展的态度。如果把施韦泽与勋伯格、贝尔格、韦伯恩、斯特拉文斯基等现代作曲大师对巴赫的阐释，作一比较，一定会发现重大的差异，而且有助于我们客观、历史地认识施韦泽这本著作的价值和意义。

在 21 世纪的今天，我们也只是站在我们的历史语境看待巴赫。所以我们未必就比施韦泽更接近真理。我们唯一的优势，是在一百多年后，拥有了更丰富的历史经验，也更容易看到问题的相对性。一百多年前，瓦格纳派系与汉斯立克派系关于纯粹音乐的争论，达到了水火不相容的极端程度。两派人物之间在公私两方面犹如世仇的激烈敌对关系，在今天看来也显得不可思议。对于我们来说，这不过是音乐美学史上的一个章节而已；我们更能接受音乐的多样性，所以两种观念，也不再是非此即彼的了。

当然，我们的时代也有新的争论。20 世纪中期开始流行起来的历史本真运动（"Historically informed performance"），试图再现巴赫时代的演奏方式，包括采用当时的乐器、乐队编制、合唱队编制等等。它希望消除19 世纪浪漫主义对巴赫音乐的影响，回归到"本真状态"。而反对观点则认为，现代乐队的条件，远远超越巴赫时代客观条件的限制，反而能更好地再现他脑海中的理想效果。

　　两种理论都有其合理之处。但任何理论,如果不经过具体演奏的检验,或者没有好的音乐品味作为原则,就会流于教条。我们究竟可以在诠释中拥有什么性质的自由、多大程度的自由,并不取决于教条,而取决于实践与理论的反复互动,以及伟大音乐家精准的直觉。况且,所谓的"历史真实性",是一个极其复杂的相对概念,并不是简单的"重现"能解决的。施韦泽集理论家与实践者于一身,超脱于这个论争之上,为我们提供了一个模范。他对巴赫音乐的演奏史,以及对各个时期乐器的特色、演奏习惯,都了如指掌;而他对巴赫的直觉感受又为世所罕有。所以他提出的很多解决办法,都具有重大的参考价值。历史不断发展;在乐器制作、演奏,甚至录音方式上,我们都会不断发明新的技术,也会不断遗忘古老的技艺。但唯一具有超越历史的价值的,是施韦泽高超的音乐品味、全面的人文素养和悲天悯人的生命关怀。这是他留给我们最重要、也是永远不可替代的精神遗产。

　　对于中国的读者而言,施韦泽关于巴赫众赞歌前奏曲和康塔塔的著述,也有特别的意义。虽然巴赫在中国的流行度并不低,但他数量极其庞大的众赞歌前奏曲和康塔塔,在国内上演的机会不多,而学术上对它们研究,也有待进一步发展。施韦泽的这部巨著,正好填补这方面的空白。它同时也为我们破除偏见、全面理解巴赫作品中丰富的趣味和深邃的情怀,以及他与近代欧洲音乐美学史的复杂关系,提供了重要的参考。

　　是为译序。

陈广琛

2016 年 3 月于柏林

2017 年 2 月改于麻省剑桥

自　序

初识巴赫的众赞歌前奏曲时,我 10 岁。在许多个礼拜六晚上,阿尔萨斯地区米尔豪森(Mülhausen)史蒂芬教堂的管风琴师欧根·明希(Eugen Münch)把我带到他为礼拜天的礼拜做准备的管风琴旁,在这里,我深受撼动,聆听着庄严而古老(可惜时下已被翻修过)的瓦尔克(Walcker)乐器奏出的神秘之音,它们消匿沉寂在幽暗的教堂里。

在我写作有关众赞歌前奏曲章节的过程中,这些最初艺术印象的回忆,始终充盈心间。有些语句浑然自现,仿佛这些思绪和话语无须经我之手,便自成一章。于是我意识到,原来自己只是在重复记忆中的表达和图像,正是透过这些记忆,我的管风琴启蒙老师令我得窥巴赫的堂奥。

我的感激之情已无法对他言说。他英年早逝,离绝于他的家人、朋友以及祖国。

13 年以来,我有幸作为管风琴师,在圣·威廉教堂的巴赫演出中效力于明希先生的胞弟——斯特拉斯堡的恩斯特·明希(Ernst Münch)教授。在他的指挥下,我为那 60 首康塔塔伴奏。本书中论及声乐部分的章节,得益于与他的合作,他大概是目前在世的最为卓越的巴赫指挥家。我深知,本书所表达的认识和经验,来自于我们在美好而神圣的难忘时光里共同的探索和实践。而这些认识和经验,又会在合唱和管弦乐队的热忱和奉献、在礼拜听众的疑神静听中,不断新生。

本书无意于史学研究,而是期待成为一部审美-实践性的作品。我对一切历史问题的表述——一如现今或未来每个书写巴赫的人——都基于施皮塔(Spitta)的卓越成果,这一点毋庸讳言。写作本书的每一页,我都感觉自己是他的学生。

我的书写旨在促使音乐爱好者独立地去思考巴赫艺术作品的本质和精神,以及演奏它们的最佳方式。而我首要关注的,则是尽量平实和畅晓地书写,以使非专业人士也能走近巴赫。

对友人埃里克森(Alfred Erichson)和莱雷尔(Karl Leyrer)为本书的订正作出的无私贡献,以及吕普克(Gustav von Lüpke)先生提出的宝贵意见和建议,我谨致以衷心感谢。

施韦泽(A. Schweitzer)

序　言

　　1893 年的秋天，一位阿尔萨斯的年轻人来到我面前，问我是否愿意听他为我演奏管风琴。"弹什么"，我问。"巴赫，毫无疑问"，他答道。

　　在接下来的几年里，他每隔一段日子便来拜访我，在我的指导下，"打磨"（巴赫时代常用的说法）他自己的管风琴演奏技艺。

　　1899 年的一天，当我们在琢磨众赞歌前奏曲时，我向他坦陈，这些作品中有许多细节让我感到迷糊。"在前奏曲和赋格里"，我说，"巴赫前奏曲与赋格的音乐逻辑颇为简洁明晰，但是，在他处理众赞歌旋律的时候，这一切就会霎时变得云雾缭绕。为什么会出现这种截然对立的感觉？这着实让人感到唐突。为什么他会在众赞歌旋律中，加入一个完全和该旋律感觉不相符的对位动机？为什么在这些幻想曲的结构和进行中，总有这些让人无法理解的地方？随着研究的深入，我感到越来越糊涂。"

　　"这很正常"，我的学生说，"您感到众赞歌中的很多地方不好理解，那是因为它们必须配合着歌词才能解释得通。"

　　我为他演示了最困扰我的那些乐段，他凭靠记忆为我将这里头的诗句译成法文。一切的谜团迎刃而解。此后的几个下午，我们接连弹完全部的众赞歌前奏曲。当我的学生施韦泽为他的老师一首一首地将这些曲目讲解一遍之后，我顿时觉得对巴赫了如指掌，此前，巴赫对于我来说还是个模模糊糊、充满疑问的形象。机锋乍现，一切变得豁然开朗，我不再像过去那样，面对巴赫如同对着一尊巨大的雕像却不知如何入手。直到这一刻,我才明白这位圣托马斯的领唱不仅仅是一位无与伦比的对位法大师,他的作品还为我们展现出一种空前的渴望,和一种将文辞和乐音整合一体来表现诗性意象的非凡能力。

我请施韦泽就众赞歌前奏曲写一篇短论,供法国管风琴师学习参考,同时也便于启发我们思索巴赫时代的德国众赞歌和德国宗教音乐的本质。我们对其知之太少,不利于深入把握巴赫音乐的精神。

然而,他却计划写作如今这部大作。几个月之后,他写信告知我,康塔塔和受难曲也应该囊括到"论文"里,因为声乐作品能够解释众赞歌作品,反之亦然。"你的论文",我告诉他,"能写到这个份上,只会让我们受益更多。"

于是,对巴赫时代众赞歌和宗教仪式的评论就变成一部新教音乐的简明史;对巴赫的音乐表达特点的评论则变成详述"巴赫的音乐语言"的章节;对作曲家生平的简要介绍也变得丰富全面,洋洋可观;还有讨论巴赫作品演奏技巧的若干章节。辗转6年之后,这篇讨论众赞歌前奏曲的论文,就这样被他发展成为一部完整论述巴赫的著作。他每写完一章就当即邮寄给我。1904年10月20日,当我在威尼斯为这部著作的初版[①]作序时,内心感到欣慰无比,它为我们开辟了一条通向巴赫的康庄大道。

如今,我又受邀为德文版草拟序言,这无不让我惴惴不安。作为一个法国人,为德国读者介绍一部关于巴赫的著作,是否有冒昧之嫌?

我只好找一个颇为勉强的理由来恳请读者容我担当此任,因为这本书缘我而起。正是在我的请求下,施韦泽开始写作该书。在写作的过程中,我也在不断地开导他,给予他鼓励,尤其是在困难陆续开始出现、任务显得不可完成的时候。

我认为,将此书引荐到德国不仅是我的荣幸,还是我的职责。我设想这种引荐是必要的,因为它属于德国艺术著作中的一个特殊门类。我将此书和那些具有重大意义的著作列在一起,因为它们都基于一种全面而

---

① 该书的第一版是法文。——译注(本书中凡标明"译注"之处,皆为译者所加注释;否则,即为原注,皆不再特别标明。)

专业的知识，它们不囿于自己的领域，而是从艺术和科学的整体出发探讨各自的主题。施韦泽完完全全就是一位哲学家，他论述康德的作品就是证明；同时他又是一位有着深厚史学才能的神学家，他对耶稣生平和相关主题文献的研究全面、细致，广受美誉；此外，他还是一位技巧卓越的管风琴家，他的技艺之娴熟，经验之丰富，绝对是任何指挥巴赫康塔塔或受难曲的艺术家都渴盼的管风琴演奏者。

我们不时会听到人们抱怨说，我们的美学家中没有几人拥有艺术实践的经验，因此他们无法站在音乐家的角度看待问题。这种抱怨不无道理。我们在艺术哲学与艺术创作和实践之间缺乏沟通。因此，由那些既有丰富实践经验、又深谙各种艺术哲学理论的作者写成的著作，当然是音乐文献中较值得重视的。阅读施韦泽的《论巴赫》，不仅让我们了解作曲家和他的作品，还让我们直接深入音乐的本质之中，了解这门艺术本身。这是一部有见地的书。谁会想到，这样一部对"假发辫"时代大师的研究，会给我们思考现代的、甚至是最前沿的音乐问题带来启发？这正是施韦泽在"诗性的音乐与图画性的音乐"、"巴赫作品中的文字与音乐"以及"巴赫的音乐语言"三个章节中，对康塔塔和受难曲展开讨论前提示我们的。

一个法国人能为一本讨论巴赫的德语著作写一篇介绍性的序言，这表明孚日（Vosges）山脉这边的我们也可以为作曲家做些事情。我们能够这样做，是因为我们同样对他怀有崇敬。我们对巴赫的崇拜由来已久。对于我们如今这一辈管风琴师来说，巴赫的地位仍是无可替代。他为我们呈现出这件神圣乐器的真正光彩，是当仁不让的大师。人们常常提及的一个新法国管风琴学派，它正是依据巴赫的精神而建立。有如冥冥中上帝的安排那般，将巴赫引介给我们的是比利时人莱门斯（Lemmens），此人追随布雷斯劳的老黑塞学到传统的管风琴技艺，而这个地方有一位深明巴赫心意的管风琴建造者，正是这位匠人为我们建造了许多管风琴，使各地的巴赫爱好者都对我们艳羡不已。卡瓦耶-科尔（Cavaillé-Coll）的乐器为我们呈现出大师的前奏曲和赋格的美，通过这些管风琴，巴赫作品渐渐进入我们大大小小的教堂。

如果说巴赫还没能在我们的大众音乐生活中获得应有的地位的话，

那完全是外在原因所致。我们的民众都对巴赫热爱有加,我们的歌手和乐手也绝无怠慢。我自己十年的音乐会指挥生涯就是证明,当年我们曾演出过许多康塔塔,也演过《马利亚尊主颂》和《马太受难曲》。

我们很欣赏一些德国艺术家的作品,但与此同时我们也深知它们不可能完全成为我们的东西。当我们尝试适应和理解它们时,我们总觉得中间还隔着些什么,怎么说,它们始终无法直抵我们的灵魂。但对于巴赫,我们就从未有过这种感觉,他的艺术和我们的艺术之间似乎总是亲密无间。

巴赫本人曾表露出他对同时代的法国艺术的兴趣和倾慕,这一点可以证明我们感觉的正确性。他对库普兰以及其他作曲家的看法,可以通过流传下来的他和他的弟子们的手稿的各种抄本中得知。他的第一位传记作者福克尔,从巴赫的儿子们那里得知,作曲家曾对老派的法国管风琴师做过大量的思考——这些老前辈的作品最近才从被人遗忘的边缘被拯救回来。而策尔特,一位老牌巴赫爱好者和牢骚客,却曾怒气冲冲地向他的友人歌德抱怨道,他的偶像怎也摆脱不了法国人的影响,"尤其是库普兰"。在策尔特眼里,他的作品总泛着一层雅致的、"俗艳的"的光彩,这当然是外域艺术的影响所致。他更愿意将这层浮泛的泡沫抹去,将内里真正的德国巴赫展现出来。

今天德国的巴赫爱好者们不见得同意策尔特关于"俗艳"的看法。他们不会认为巴赫作品中展现出的成色、优雅和表面的魅力,是对德国精神的否定。当我们想在每种艺术中勾勒出外在形式和造型上的清晰时,我们就能通过巴赫找到自己。当施韦泽一遍又一遍地重申——这种看法并非片面——巴赫音乐的基本取向是"图像化",他是在向我们澄清,巴赫音乐中真正吸引我们的是什么。可以预见,巴赫很快会成为最受法国人欢迎的作曲家之一,不仅因为我们能在作品中看到他受法国的影响,有着和我们相似的形式感,而是因为巴赫在整体上是最具有普遍意义的艺术家。他的作品表达的是最纯粹的宗教情感,这为全人类所共有,尽管我们每个人成长的环境不同,国籍和宗教背景也不尽相同。这种情感是无限和超拔的,语言总是难以找到确定的表述,唯有艺术的表达有可能做到。在我看来,巴赫是最伟大的布道者。他的康塔塔和受难曲将我们的灵魂调谐到能够把握万物的真理和元极的高度,使我们克服卑微而得以卓越,不受凡俗的牵绕。

通过征服具有艺术和宗教情怀的人性,巴赫实现了我们时代的一项使命。若没有过往那些伟大灵魂的襄助,这使命永远跨越不了历史树立的障碍。那为我们所共同倾慕、共同崇敬、共同理解的,使得我们合而为一。

夏尔·玛利·魏多尔

巴黎,1907 年 10 月 20 日

第一章　巴赫艺术的诸根源

有主观的艺术家，也有客观的艺术家。前者的艺术源自他们的个性，他们的作品几乎与他们生活的时代无关。他们我行我素，反抗时代的潮流，自创新的形式表达他们的理念。理查德·瓦格纳便属于这种类型。

巴赫属于客观的艺术家之列。这类艺术家完全属于他们的时代，只用那个时代提供的形式和理念创作。他们不会批判那些现成的艺术表达媒介，也从未迫切地想要开拓全新的路径。他们的艺术并非完全受外在经验的激发，因此我们无需从创作者的命运中追寻其作品的众根源。他们在艺术上的个性有别于他们平日的个性，仿佛后者缘于那看似偶然的生活境遇之中。即使巴赫的命运完全改变轨道，他的作品恐怕风格依旧。或许我们有可能更全面地了解他的生活，或许我们能凑齐他曾写过的所有信件，但这并不意味对于其作品的内在根源，我们能比现在知道得更多。

这位客观艺术家的艺术，与其说是无我的，不如说是超越小我的。他似乎只有一个冲动——去重新表达他身边现成的东西，所不同的只是，他以一种最精确完美的形式呈现。他并不活在时代精神中，反倒是时代的精神活在他之中。在他身上，云集了过往前辈们以及他自己在艺术上的一切努力、欲望、创造、抱负以及过失，并最终修成正果。

在这方面，也只有那位最伟大的德国哲人，能与这位最伟大的德国音乐家比肩。康德的作品也同样有无我的特点。他只不过是使那个时代的

2 哲学观念和论题开花结果的一个媒介。此外,康德毫无计较地使用他那个时代的学术范式和术语,正如巴赫不加考察,便将那个时代的音乐形式拿来就用。

事实上,巴赫的魅力明显不是来自其独特性,而是来自其整全性。他从三到四代家族前辈的音乐发展中得益。这个家族在德国的艺术生活中地位独特,当我们探寻其家族历史时,我们能感觉到,在这里发生的每件事最终都会在一个极其圆满的状态下达至顶点。我们天经地义地认为,有一天,一个巴赫将会降临,所有逝去的巴赫们都会在他身上复活。散落在这个巴赫家族中的所有德国音乐碎片都将在他身上重新整合,拼成一幅完美画卷。借用康德的话来说,约翰·塞巴斯蒂安·巴赫的存在是一个历史的必然。

无论我们选择哪条路径来穿越中世纪的诗歌与音乐,最终都会被带到巴赫那里。

12 世纪到 18 世纪之间的那些最崇高的众赞歌作品,都被巴赫用来为他的康塔塔和宗教受难作品润色。这些众赞歌的曲调是一笔极为难得的财富,然而亨德尔和许多作曲家都没有使用,他们想从过去的氤氲中解放出来。巴赫则不这样认为,他视这些众赞歌为自己作品的基石。

假若再来考究这些众赞歌的和声发展史,我们则再一次被带到巴赫那里。那些早先的复调音乐行家们——如埃卡德(J. Eccard)、普里托里乌斯(M. Prätorius)等人——苦苦追求的目标,如今由巴赫替他们完成。他们只能把旋律谱成和声,巴赫则能在此基础上用音乐再现歌词的内容。

众赞歌前奏曲和众赞歌幻想曲方面的情况也如此。这方面的行家——帕赫贝尔(Pachelbel)、伯姆(G. Böhm)和布克斯特胡德(D. Buxtehude)创造了这些曲式。然而,他们却未能赋予这些曲式精神的内涵。为了使他们在实现理想过程中的努力不至于徒劳,一个更伟大的人物必须出现,经他的手,众赞歌幻想曲变成配有音乐的诗。

康塔塔的形成得益于走出经文歌的定式,并吸收了意大利和法国器乐的影响。从许茨(H. Schütz)开始,往后的一个世纪,宗教音乐会一直致力于在教会中获得相对自由和独立的位置。人们感到,这种新的音乐

形式正在从根源处削弱原有宗教仪式的基础。它正努力地挣脱宗教仪式
的条条框框，它想要成为一种独立的宗教剧，它想获得像歌剧那样独立演
出的形式。一种新的宗教清唱剧呼之欲出。巴赫正好在这个节骨眼上腾
空出世，创造了不朽的康塔塔形式，如果再晚一个时代则嫌太迟。只从形
式上看，巴赫的康塔塔和数以百计在那个时代写就的，现已被遗忘的康塔
塔无甚区别。表面上它们都有相同的毛病，但巴赫的作品通过其精神存
活下来。这几个时代的人们热情的创造力，本身并无法催生出任何具有
持久价值的东西，然而，伴随着这种意志却产生出另一个臻于理想的意
志，它不但超拔于前两个时代之上，而且不为自己所处时代的种种谬误所
阻挠，纯粹凭借其思想的高度而获得胜利。

　　在 17 世纪末，音乐形式的受难剧迫切要求教会批准其演出。此事极
具争议，是非难断。巴赫用自己写的两首受难曲了结此事，这两个作品充
分吸取了那个时代所有典型作品的特点，充满诗意，形式正统；在散发时
代气息的同时，却又在精神上比别的作品更崇高、更不朽。

　　巴赫就是这么一个终结点。他没有发散出一切，反而是一切最终都
走向他。写作巴赫的传记，就是在展现德国艺术的本质与发展，并全面领
会它在发展过程中的一切奋斗与失败。这一切的工作，都在巴赫那里趋
于完成，他几乎穷尽一切。与其说他秉有与别不同的心性，不如说这个天
才拥有一个统括一切的灵魂。虽然历经几个世纪、几代人的苦苦追求，最
终实现这项无比崇高的工作令我们高山仰止。对于任何一个经历了这段
历史并了解它的结局的人来说，这无疑是一段走向终极精神的历史。巴
赫以一己之力，最终将其实现。

第二章　众赞歌歌词的起源①

　　最早，在天主教会中有一个传统，在宗教仪式中，会众②直接参与到颂歌唱咏中来，如《荣耀颂》、《阿门颂》、《求怜经》和《颂歌》等均属此例。在 6 世纪末至 7 世纪初时，这项此前一直被安布罗斯保护的表达信仰的权利，在罗马教皇格里高利的改革中不断被减弱，礼拜时的会众集体咏唱逐渐转变为只由牧师们咏唱。

　　然而在德国，这种改革的方式并没有完全被采用。信众们仍保留着一部分属于他们的权利，尤其是在复活节的礼拜上，他们仍可以参与咏唱《求怜经》和《哈利路亚》。在这些教区，广大信众们在咏唱时逐渐形成一个习惯：在礼拜的经文中加入德语唱词。在开始时，他们用德语唱的只不过是《求怜经》和《哈利路亚》，因此教会批准其进入到礼拜仪式中。经过很长一段时间后，教会中的每一首赞美诗都配上这样的伴唱歌词。这种歌曲一般被称作"求怜颂"。

　　最早的复活节赞美诗可以追溯到 12 世纪。它是这样唱的：

　　　　基督复活了，
　　　　从他的所有苦痛之中。

---

① 巴赫的众赞歌前奏曲收录在著名的彼得斯版（Peters edition）《管风琴作品》里。

② 指参与聚会的信教群体，拙译作"会众"，泛指广大信教群体时则译作"信众"。
——译注

我们都应为此而喜悦，

基督是我们的慰藉，

求主垂怜。

哈利路亚，哈利路亚，哈利路亚。

我们都应为此而喜悦，

基督是我们的慰藉，

求主垂怜。

神秘剧（Mysterien）在 14 到 15 世纪的一度流行也帮助德语赞美诗赢得教会的信任。拉丁语和德语融合于一体的圣诞摇篮曲能产生一种不同寻常的魅力。它散发出的诗意有一种可以想象到的最纯朴的质感。两种文字放在一起，会让人更关心语言的声调和音节间铿锵的节奏，而不大理会文义本身；由此带出圣诞时那种幸福的陶醉感，逡巡于我们之中，无处不打动我们，正如它打动着升天的灵魂那样。

在巴赫的管风琴众赞歌中，有两首这类古旧的圣诞歌曲：

在甜美的欢呼中，

歌唱吧，欢喜吧。

我们心之喜乐

在马厩之中。

他像太阳一样闪耀

在母亲的腹怀中。

你是起始与终结，你是起始与终结。

一个男孩在伯利恒降生，

在伯利恒降生，

整个耶路撒冷都欢腾了。

赞美主，赞美主。

> 小牛和小驴，
>
> 小驴，
>
> 认出男孩是天主，
>
> 天主。
>
> 赞美主，赞美主。
>
> （卷五，第 46 首）

　　德语的宗教诗歌及时地吸收了被译成德语的拉丁语赞美诗；《信经》、《主祷文》、《十诫》、《十字架上的临终七言》、各种圣诗，都用按照德语诗歌韵脚押韵的方法进行翻译，融入到德语宗教诗中。

　　在 16 世纪的宗教改革中，教会向德语诗歌开禁。按照当时的情况，完全没有必要组织人员创作合适的赞美诗，只需从 14 到 15 世纪的诗歌丰遗中挑选即可。路德，这个对修辞有着精妙艺术感觉的人（这点连尼采也不得不承认），承担了为新教会审校诗歌原遗的任务，并就教会可能提出的新要求进行加工润色。与此同时他继续着原有的工作，对中世纪留下的拉丁语赞美诗、圣诗、祷歌、经段进行精细的再加工，将其改写成为适用于德国的宗教仪式的赞美诗。

　　德国的宗教改革在这一点上比法国的更有利，它能找到一些已在民间广为传唱的宗教歌曲，这是很稳固的基础；这笔宝贵的财富经由路德保留下来，他是个绝不轻易放弃旧诗歌的人，同时他富有预见性地看到新诗歌必然是在旧诗歌的滋养下才得以成长。反观那些罗马化的国家，由于在中世纪毫无群众根基，宗教民歌在民间凋敝枯零，只有那些有幸被选进《诗篇集》（*Psalter*）的精品才能保留下来，正如能够流传到今天的作品一样。

　　加尔文也曾把《诗篇集》编订成赞美诗集分发给教众，但他的做法并未让教会变得更有生气，乍看起来确实难以理解。他服膺罗马化的宗教精神，亦颇具慧眼，他的一些判断后来都成为法国宗教改革的条例，也正是他将德语众赞歌和英语赞美诗借渡过来引进《诗篇集》里。

　　第一本德语赞美诗集最早出现在 1524 年,称作《爱尔福特手册》(*Er-furt Enchiridion*),编辑者可能是路德的一位友人约纳斯(Justus Jonas)。非常耐人寻味的是,它分别被两个人在两个出版社同时发行,在洛尔斯费尔印刷厂(Lörsfeltsche Druckerei)的彩印版(Färbefaβ)和马勒印刷厂(Malersche Offizin)的黑角版(schwarzes Horn)①,马勒版唯一幸存的抄本在 1870 年斯特拉斯堡的普法战争的炮火中被烧毁。幸好,有一个经人回忆写成的版本在 1848 年印发。洛尔斯费尔特版的赞美诗集则在最近推出了新版本。②

　　按照那个年代的惯例,这本首次问世的集子在各地被无耻地盗印,其中在纽伦堡,出版商赫尔戈特(Hans Hergott)从一开始就极度热衷于盗印路德的作品,以致在 1525 年 9 月 26 日,路德不得不向地方法院起诉,要求当局"禁止赫尔戈特盗印作品"。③

　　在《爱尔福特手册》的 26 首诗歌中,有 8 首是《诗篇》(Psalmen)的德语译文,其中包括"我从深深的苦难中向你呼喊";有一系列被译成德语的赞美诗(Hymnen);④有两首中世纪的复活节赞美诗(Mittelalterliche

---

　　①　此二者都是当时的印刷出版机构的名称。——译注

　　②　弗里德里希·策勒(Friedrich Zelle),《最早的路德宗家庭唱诗集》(*Das älteste lutherische Haus-Gesangbuch*,Färbefaβ-Enchiridion 1524;Göttingen,1903)。在这本博采众长的解读中,作者对路德时代出现的各种赞美诗集作了全面的考察。有一个精巧的赞美诗集的名称是这样的:便览或手册,对时下基督徒大有神益,用于对宗教赞美诗与诗篇长期的练习与研修,可靠且艺术性的德译(Eyn Enchiridion oder Handbüchlein eynen jetzlichen Christen fast nützlich bey sich zu haben zu stetter übung und trachtung geystlicher Gesenge und Psalmen Rechtschaffen und künstlich verteutscht. 1524)。在该集扉页的下方写着:藉本赞美诗及相同的赞美诗人们便于培育幼童。

　　③　见策勒,《最早的路德宗家庭唱诗集》,第 23 页。

　　④　Veni redemptor gentium＝来临吧,外邦人的救世主(*Nu kom der Heyden heyland*)
Veni sancte spiritus＝来临吧,圣灵,我的主(*Kom heyliger Geyst herre Gott*)
A solis ortus cardine＝我们要赞美基督(*Chrystum wir sollen loben schon*)
Veni creator＝来吧造物主,圣灵(*Kom Gott schepfer heyliger Geyst*)
Grates nunc omnes reddamus＝愿你得赞美,耶稣基督(*Gelobt seystu Jesu Christ*)
也有以下系列:
Media in vita＝Mytten wir im leben seynd,以及约翰·胡斯(John Huss)的赞美诗:
Jesus Christus nostra salus＝我主耶稣基督,平息了上帝的愤怒(*Jesus Christus unser Heiland,der von uns den Zorn Gottes wand*)

Ostergesänge)"基督躺在死亡的羁縻中"和"耶稣基督,我们的救主战胜了死亡";还有《十诫》里古老的赞美诗;有 3 首由斯佩拉图斯(Paul Speratus,1484—1551)所作的赞美诗,包括著名的"那是我们的救恩向我们走来";还有一些路德所作的赞美诗,包括那首"献给两位在布鲁塞尔为基督作见证的殉道者的新歌"。"坚固的堡垒"并未出现在这本集子中。①

除了路德和斯佩拉图斯之外,这里还涉及到一些最早开始写作圣诗的作家,如德修斯(Nicolaus Decius,卒于 1541 年)和泽尔内克(Nicolaus Selnekker,1530—1592)。路德在世时面世的最后一本赞美诗集于 1545 年在莱比锡由巴布斯特(Valentin Babst)刊行。这个集子,在经历无数次重印以及盗版后,一直到 16 世纪末以前,都是所有新教赞美诗集的参考模版。

在巴赫的管风琴众赞歌中,我们就能找到这些最古老的赞美诗,它们也被收录到一些后世的赞美诗集中。②

A. 中世纪的宗教歌曲

（1）复活节赞美诗

基督复活了（卷五,第 4 首）

基督躺在死亡的羁縻中（卷五,第 5 首;卷六,第 15 和 16 首;康塔塔,第 4 首）

耶稣基督,我们的救主,战胜了死亡（卷五,第 32 首）

（2）圣诞赞美诗

在甜美的欢呼中（卷五,第 35 首）

一个男孩在伯利恒降生（卷五,第 46 首）

（3）中世纪歌曲译作的改编版本

当耶稣在十字架上（临终七言,卷五,第 9 首）

---

① 关于这首赞美诗起源于具体哪个时期颇受争议,有晚近的研究可以参考,见弗里德里希·施皮塔(Friedrich Spitta),《上帝是我们坚固的堡垒:路德赞美诗作对新教赞美诗的意义》(*Ein feste Burg ist unser Gott : Die Lieder Luthers in ihrer Bedeutung für das evangelische Kirchenlied*;Göttingen,1905 年）。

② 下面的列表中,卷数和目次是指该作品在彼得斯版的《巴赫管风琴作品集》里的具体出处。

这些就是神圣的十诫(卷五,第 12 首;卷六,第 19 和 20 首)

我们在天上的父(卷五,第 47 和 48 首,卷七,第 52 和 53 首)

我们都信唯一的神(卷八,第 60、61 和 62 首)

(4) 译自拉丁语的赞美诗

如此欢乐的一天(Dies est laetitiae. 卷五,第 11 首)

我们要赞美基督(A solis ortus cardine. 卷五,第 6 和 7 首)

神圣的基督复活了(Surrexit Christus hodie. 卷五,第 14 首)

我主,我们赞美你(Te Deum laudamus. 卷六,第 26 首)

来临吧,造物主,圣灵(Veni creator spiritus. 卷七,第 35 首)

来临吧,圣灵,我的主(Veni sancte spiritus. 卷七,第 36 和 37 首)

来临吧,外邦人的救世主(Veni redemptor gentium. 卷五,第 42 和 43 首;卷七,第 45、46 和 47 首;康塔塔,第 61 和 62 首)

B. 路德的赞美诗

(1) 翻译作品

我主耶稣基督,平息了上帝的愤怒(Jesus Christus nostra salus;约翰·胡斯的赞美诗,受难赞美诗;卷六,第 30、31、32 和 33 首)

愿你得赞美,耶稣基督(Grates nunc omnes reddamus;圣诞赞美诗;卷五,第 17 和 18 首)

(2) 圣经改编作品

我从深深的苦难中向你呼喊(《诗篇》一百三十篇;De profundis. 卷六,第 13 和 14 首;康塔塔,第 38 首)

坚固的堡垒(《诗篇》四十六篇. 卷六,第 22 首,康塔塔,第 80 首)

我怀着宁静与喜悦前行(西面之歌,《路加福音》二章;卷五,第 41 首)

(3) 原创作品

我们的基督来到约旦河(洗礼赞美诗;卷六,第 17 和 18 首;康塔塔,第 7 首)

我自高天而来(卷五,第 49 首,以及第 92—101 页;卷七,第 54 和 55 首)

天使的队列从天而降(卷五,第 50 首)

C. 翻译与改编自不同作者的作品

在至高之处荣耀归于上帝（Gloria in excelsis，德修斯作，卷六，第3—11首）

基督，上帝的羔羊（Agnus Dei 的简化版，卷五，第3首）

上帝纯洁的羔羊（扩充成三段的 Agnus Dei，德修斯作，卷五，第44首；卷七，第48首）

在巴比伦河畔（《诗篇》一百三十七篇，Super flumina，达希泰恩作；卷六，第 12a 和 12b 首）

基督，你是光辉之日（Christe qui lux es et dies. 卷五，第60页以下，帕蒂塔）

主，我的希望在你（《诗篇》三十一篇，Inte Domine speravi，赖斯纳作；卷六，第34首）

我的灵魂歌颂主（圣母颂，卷七，第41和42首，康塔塔，第10首）

求你垂怜，我主天父（Kyrie fons bonitatis. 卷七，第 39a 和 40a 首）

基督，整个世界的安慰（Christe unite Dei Patris. 卷七，第 39b 和 40b 首）

求你垂怜，上帝圣灵（Kyrie ignis divine. 卷七，第 39c 和 40c 首）

赞美诗创作的繁荣的时代从 16 世纪末才开始。作为整体的德国诗歌已被推至宗教的道路上。在法国，君主宪政的意识给这个国家带来明确的自我目标，这种意识使法国发展成为一个强大的民族国家；在热爱艺术的宫廷的培养和扶持下，文学在这个国家蓬勃发展，灿烂辉煌。而德国则走在一条自我毁灭的道路上，这个民族好像消失了一般。若没有民族认同感，真正的文学则不可能存在。在经历了 30 年的战乱后①，德国好像倒退到荒蛮蒙昧的状态，唯一可以救赎灵魂的只有宗教。诗歌在宗教

---

① 指 1618—1648 年在全欧洲范围内发生的大规模宗教战争，主要由于中世纪后期罗马帝国衰落，宗教改革后的新教与守旧的天主教出现尖锐对立，各民族国家又纷纷崛起，罗马帝国内部纷争不断，从而引发长达 30 年之久的政治、宗教、地方各种势力夹杂在一起的混乱斗争。落后保守的罗马教皇支持德国所属的哈布斯堡集团阵营，他们最终战败，德国也遭重创，神圣罗马帝国名存实亡。——译注

中得到庇护。由于这种最痛苦的需求，德国开创了世界上任何地方都无法比拟的宗教诗学传统，在它面前，即使是曾经辉煌的《诗篇》也几近苍白。

　　那个时代的赞美诗是当时社会的一面镜子。1613 年，一场瘟疫在德国东部横行肆虐，赫贝格尔（Valerius Herberger）唱着"我要与你告别，你这邪恶而虚伪的世界"（卷七，第 50 和 51 首）①这样极乐世界般的挽歌。林卡特（Martin Rinkart，1586—1649）的"现在所有人都感谢上帝"（*Nun danket alle Gott*，卷七，第 43 首）则写于 1648 年和平的钟声敲响时②。

　　这些赞美诗的作者并非最杰出的人才，然而凭借真挚虔敬的宗教感，以及对《圣经》的不断阅读而形成的高超的修辞技艺，他们写出的作品始终能保持较高的水平。也许是这些诗作者写得太多，有时他们把神圣的宗教诗处理得像平日的抒情诗那般随意。一个诗人有时能写出才华横溢的作品，貌似神灵附体，但一读他另外的作品，又让人觉得他的笔怎么也挤不出墨水。只有最出众之作才能古韵留芳。里斯特（Johann Rist，1607—1667）共写作 658 首赞美诗，流传下来的作品里只有 5 首被选入赞美诗集。③

　　在所有这些赞美诗作者里，有两位神秘主义者：尼古拉（Phillipp Nicolai，1556—1598）和弗兰克（Jahann Franck，1618—1677）。巴赫为这二人煞费了些苦心，因为他们和巴赫一样，都属于沉湎于诗歌中不能自拔的人。巴赫为尼古拉的诗作"晨星多么美丽地闪耀"（*Wie schön leuchtet der Morgenstern*）写过一首康塔塔（第 1 首），而另一首则是为他的"醒来吧，一个声音向我们呼唤"（*Wachet auf，ruft uns die Stimme*，第 140 首）而作，后者还成就了一首管风琴众赞歌。他为弗兰克的"耶稣，我的喜乐"（*Jesu meine Freude*）谱了一首经文歌以及另外两首不同的管风琴众赞歌（卷五，第 31 首和卷六，第 29 首）。弗兰克的另一首赞美诗"装饰你自己

10

---

　　①　我要与你告别。一次虔敬的祈祷。弗劳恩施塔特新教徒于 1613 年秋以此使上帝的心变得慈悲，使他赐恩平息了他那令两千人丧生的严厉惩戒。附一首慰藉的赞美诗，其中一颗虔诚的心同此世做了告别。作者为克里普莱恩基督教会牧师赫贝格尔，莱比锡，1614 年。

　　②　1648 年 30 年宗教战争结束。——译注

　　③　类似的诗人还有弗莱明（Paul Flemming，1609—1640），黑尔曼（Johann Heermann，1585—1647）和达赫（Simon Dach，1605—1659）。

吧,噢,甜美的灵魂"(*Schmücke dich*,*o liebe Seele*),促发他写了一首康塔塔(第 180 首),当舒曼听罢门德尔松用管风琴演奏这套康塔塔里的其中一首绚丽的众赞歌幻想曲时(卷七,第 49 首),心中一度狂喜不已。

即使在如此虔敬的时代,也会有衰落的预兆。个体认知的萌芽和沉闷的说教氛围共同侵蚀着宗教诗歌,不断剥夺着其中天真、纯朴的客观性——而唯独这种客观性才能为教会仪式创作会众唱咏歌曲。在衰落时代的帷幕渐渐打开之时,那种主观性的感觉和对说教的厌烦感愈发明显和微妙,作为对这种衰落的试探,盖尔哈特(Paul Gerhardt,1607— 1676),这位赞美诗创作之王,登上时代的舞台。他的这类行动表明他是一个路德派学术的追随者,这种学术以惊人的速度推进真正的宗教改革。改革后新上台的选帝侯弗里德里希·威廉(Friedrich Wilhelm)要求柏林的牧师们签署声明,承诺为了和平,他们都应审慎地处理改革派和路德派的教义之间的差异。尽管大公提出了如此友善的要求,盖尔哈特并没有签署声明,口头上也从未认同过,所以他不得不放弃他的公共事务。他非常清楚签署声明就是逼迫他背弃父辈们的信仰。[1] 事实上,这位仁雅之士再也没有受聘于讲道坛;那里本是个是非之地,人们常在此争论不休,威廉大公则一心想平息这些纷争。他共写作 120 首赞美诗,其中 20 多首能在赞美诗集中保有一席之地。这些诗大都有一种饱满、纯朴的虔敬感,且以无懈可击的通俗的修辞表达。早在诗人尚健在的时候,有一些诗作就被教会采用;到了巴赫的时代,它们已成为公众的精神财富。巴赫景仰盖尔哈特,不断在康塔塔创作中使用他的诗句。在《马太受难曲》中,他用了"布满血与伤口的头颅"(*O Haupt voll Blut und Wunden*)里的其中五段诗句,有一处则引自"交托你的道路"(*Befiehl du deine Wege*)。[2]

宗教诗歌的创作在巴赫的时代走到尽头。虔信派的确创作过一些宗

---

① 有关于盖尔哈特的大量论著出现在 1907 年——专为他而设的纪念年。维恩勒斯(Paul Wernle)的《宗教历史民歌集》(*Religionsgeschichtliche Volksbücher*,Tübingen)引起了广泛的关注。关于诗人的生平我们知道得不多,值得关注的是他作品之间差异极大,而且他时常模仿别的诗作。

② 《马太受难曲》,第 21,23,63(共两节),72 首;第 53 首。赞美诗"布满血与伤口的头颅"来自克莱尔沃的圣伯尔纳(St. Bernard von Clairvaux)的"Salve caput cruentatum"。

教诗歌，但相比巴赫众赞歌里的诗歌创作，实在是相形见绌。① 他充分掌握着过去流传下来的、能搜集到手的为数众多的赞美诗集。以下一组数字足以说明他掌握的材料是多么丰富：1524 年爱尔福特版赞美诗集的 26 首歌曲，柏斯特赞美诗集初版的 101 首；1640 年克吕格（Crüger）的初版（此版本曾在柏林使用长达一个世纪）的 250 首——1736 年出的第 44 版已有 1300 首歌曲。1686 年的吕纳堡版本有 2000 首，而 1697 年的莱比锡版更是超过 5000 首。我们从被保留下来的巴赫个人物品清单中得知，巴赫拥有八卷本的全套莱比锡版赞美诗集。② 不过我们实在无法获悉他常看的是哪卷及哪些篇目。

12

巴赫作品中引用了很多古旧的赞美诗，这些旧诗在他的创作中地位过于显著，为他带来不少麻烦。其中包括理性主义的指控，他们打着"净化品味"的旗号，矛头直指老掉牙的教会赞美诗。18 世纪后半叶，巴赫的康塔塔和受难曲作品实际上已完全淡出人们的视野，它们和陈旧的教会赞美诗一起被人放逐于天际。直到阿恩特（Ernest Moritz Arndt，1769—1860）、申肯多夫（Max von Schenkendorf，1783—1817）和施皮塔（Phillipp Spitta，1841—1894）三人发起反对藐视赞美诗集的运动，才为旧诗歌昭雪，这些行动为开启一个新时代打下了基础。从此，人们又可以如往昔般品鉴逝去大师的作品，浴火重生的虔敬感令巴赫的作品重见天日。写下《圣诗和竖琴》（*Psalter und Harfe*）的诗人③的儿子把复兴巴赫作品定为

①　弗赖林豪森（Johann Anastasius Freylinghausen）的赞美诗集是第一部引入虔信派诗歌的集子。《富含智慧的赞美诗，包含新、旧诗歌的核心》（*Geistreiches Gesangbuch，den Kern alter und neuer Lieder enthaltend*；Halle，第一部，1704 年；第二部，1714 年）。这是整个 18 世纪最通行的一本赞美诗集，在不断更新版本的过程中，它内含的诗歌数量由 680 首增加至超过 1500 首。

②　参施皮塔，《巴赫生平》，卷 II，第 96，751 页。这本赞美诗集的完整标题是：《虔诚灵魂的热诚奉献：八卷本完整的赞美诗集》（*Andächtiger Seelen geistliches Brand-und Gantz-Opfer，das ist ein vollständiges Gesangbuch in acht unterschiedlichen Teilen*，Leipzig，1697 年）。维尔纳（L. F. Werner）出版于 1733 年的《完整、增订版莱比锡赞美诗集》（*Vollständige und vermehrte Leipziger Gesangbuch*），包含了 856 首歌曲，研究巴赫时也绝不可错过。

③　施皮塔（Julius August Philipp Spitta，1841—1894）的父亲是位诗人，也叫菲利普·施皮塔（Karl Johann Philipp Spitta，1801—1859），《圣诗和竖琴》是他创作的一部新教圣诗集，儿子曾为父亲修订这部作品，并作了注释。——译注

自己的人生目标，这并非偶然。

参考书目：

Philipp Wackernagel：《从古代到 17 世纪初的德语赞美诗》(*Das deutsche Kirchenlied von der ältesten Zeit bis zu Anfang des XVII. Jahrhunderts*. 5 Vols. 1864－1877).

Wilhelm Bäumker：《德语天主教赞美诗的歌唱方式》(*Das katholische deutsche Kirchenlied in seinen Singweisen*. 3 Vols. 1883,1886,1891)(其中第二卷是 Severin Meister 的《德语天主教赞美诗》[*Das deutsche katholische Kirchenlied*]的修订版)

Albert Knapp：《新教赞美诗撷珍》(*Evangelischer Liederschatz*. 2 Vols. 1ˢᵗ ed. 1837;3ʳᵈ ed. Stuttgart,1865. 本书囊括了所有时代的 3130 首赞美诗。)

Wilh. Friedr. Fischer：《赞美诗辞典》(*Kirchenliederlexikon*. 2parts. Gotha,1878. 增补卷,1886)

Hoffmann von Fallersleben：《路德时代之前的德语赞美诗历史》(*Geschichte des deutschen Kirchenliedes bis auf Luthers Zeit*. 1854. 3ʳᵈ ed. 1861)

Friedrich Zelle：《最早的路德宗家庭唱诗集》(*Das älteste lutherische Hausgesangbuch*,Färbefaβ. Enchiridion 1524. Göttingen,1903)

Friedrich Spitta：《"上帝是我们坚固的堡垒"、路德赞美诗作对新教赞美诗的意义》(*Ein feste Burg ist unser Gott. Die Lieder Luthers in ihrer Bedeutung für das evangelische Kirchenlied*. Göttingen 1905.《路德赞美诗研究》[*Studien zu Luthers Liedern*]. Göttingen,1907)

Ed. Em. Koch：《基督教，尤其是德语新教赞美诗与圣歌史》(*Geschichte des Kirchenlieds und Kirchengesangs der christlichen，insbesondere der deutschen evangelischen Kirche*. 8 Vols. 3ʳᵈ ed. Stuttgart,1866－1877)

E. Wolf：《16、17 世纪德语赞美诗》(*Das deutsche Kirchenlied des XVI. Und XVII. Jahrhunderts*. Stuttgart,1894)

Philipp Dietz：《新教赞美诗的复兴》(*Die Restauration des evangelischen Kirchenlieds*. Marburg,1903)

第三章　众赞歌曲调的来源

　　路德处理众赞歌旋律的标准与他选择唱词的标准相似。只要能达到传道的目的，他不会介意使用稍显古奥的旋律，他也"改进"这些旋律，而且旋律的变动要比唱词的变动大得多，因为他的首要关切在于旋律是否便于咏唱及容易掌握与否。

　　1524 年，是德国教会音乐发展关键的一年。两位杰出的音乐家，鲁普夫（Conrad Rupff）和沃尔特（Johann Walther），[1] 作为"家庭唱诗班领唱员"（Kantorei im Hause），在路德家中做客三周。科斯特林（Köstlin）在他的文章《作为福音圣歌之父的路德》中，描述了这三个人的合作。[2] "沃尔特和鲁普夫同坐于桌旁，拿着笔伏于乐谱之上，路德则在房间里来回踱步，用横笛试奏记忆中或是想象出来的乐调，尝试哪种旋律能较好地与他找来的诗歌相衬，试奏直到他觉得旋律与诗歌相得益彰，听起来丰润有余、感召力强和结构完整为止。"

　　为了使中世纪宗教歌曲的曲调能保持原有的风貌，翻译拉丁语赞美诗

----

　　① 　约翰・沃尔特（Johann Walther），1496 年生于图林根。大约在 1523 年他成为托尔高地区选帝侯属下的唱诗班领唱，1530 年，选帝侯迫于财政压力将其解雇。之后路德建议其与他们合作组建唱诗班。Mühlberg 战争（1524 年）之后，萨克森的莫利茨（Moritz）成为新领主，他要在德累斯顿建立一个唱诗班，后来钦点沃尔特做领唱，后者一直担当此职至 1554 年，之后告老还乡回到托尔高，1570 年辞世。

　　② 　见科斯特林，《作为福音圣歌之父的路德》（*Luther als der Vater des evangelischen Kirchengesangs*, Sammlung musikalischer Vorträge und Aufsätze; Breitkopf und Härtel, Leipzig, 1881），第 306 页。

时选用的词汇必须要贴合旧曲调的韵律,1524 年的赞美诗集就是这么做的。通常,诗歌要时常调整结构来适应那些广为流传的宗教歌曲的曲调。①

由于我们无法得知各种曲调在成为赞美诗之前的发展历程,它们成为赞美诗之后,我们着实难以分清哪些曲调是采集来的,哪些是出自宗教改革派的音乐家之手。不过,在任何情况下我们都不可低估改革派作品的数量。沃尔特似乎在宗教仪式中获得大量的创作灵感,而路德是否能算创作曲调的音乐家并不好说。如今的很多说法认为他的确创作过一些曲调,但这些说法都太模糊,不能证明什么。"坚固的堡垒"的旋律,据说相当肯定是他所作,然而,这只是他通过对格里高利圣咏的回忆编订而成。这桩事实丝毫不损此曲的美感,也丝毫不损路德的威信。事实上,要从一堆零散的音韵素材中创作出一套完整的曲子,的确需要极高的天赋。②

在尼古劳·德修斯(Nicolaus Decius)的作品《德语荣耀经》(在至高之处荣耀归于上帝)中,作者就公开使用"复活节荣耀颂"(Gloria paschalis)中的一段"地上的和平"。对于从小在天主教会唱诗学校长大的人来说这并不奇怪,如果他们觉得奇怪,那才让人意外呢。被他采用的这段中世纪赞美诗,实际上是从格里高利圣咏常见的用法中借来的。

尼古劳·赫尔曼(Nicolaus Hermann)是波西米亚的约希姆斯塔尔(Joachimsthal)人文学校的领唱,他集诗人和音乐家于一身,曾写过很多质量很高的众赞歌旋律。我们认为"所有基督徒,一同赞美上帝吧"(*Lobt Gott ihr Christen allzugleich*)和"神圣之日显现"(*Erschienen ist der herrlich Tag*)③是他创作的。事实上,为教会创作旋律的音乐家人数并不多,并不是因为那个时代的音乐家不能承担此事,而是教会的仪式并没有此方面的需求。因为一段旋律要真正成为遍传民间的旋律,以及得到各地教众的广泛认可,是个非常艰难的过程,需要花上很长时间。通常的做法乃是把现有的旋律用

---

① 这里概括地给出旧歌曲的唱词的出处,以及曲调的出处。

② 关于这个问题可参考鲍姆克(W. Bäumker)收录在 1880 年的 *Monatshefte für Musikgeschichte* 中的文章。对于鲍姆克过分强调旋律得益于外在来源,科斯特林作出激烈回应,详见他的文章《作为福音圣歌之父的路德》,第 313 页以下。

③ 巴赫(彼得斯版作品集),卷五,第 40 首和第 15 首。如无特别说明,康塔塔曲目的卷次均引用彼得斯版标号。——译注

到教会礼拜仪式中，首先是挑那些有神圣宗教感的旋律，如果不够用，就会选取世俗的旋律。宗教改革后的教会就已大量使用世俗的音乐资源。①

教会使用的曲调，和民间流行的曲调一样，很少来自本土，而多是外域流传进来的。学识渊博的盖瓦尔特（August Gevaert）认为，最早的天主教音乐都是从异教徒居住区传入教区。② 15

在宗教改革时期，有一个问题比怎样获得可供礼拜用的曲调更棘手。一般来说，当人们把世俗歌曲引入宗教时，都自觉地希望提升其艺术品位。原本人们的意图只是单纯地借用歌曲，现在渐渐多了一个目标：转变、提升这些歌曲的世俗感。我们可以从 1571 年法兰克福出现的一本集子上找到印证："用宗教的、善而有益的文本和词汇，对街头小调、骑士歌曲和牧区歌曲进行改编，逐渐剔除这些流传于街头巷尾、田间和居所的歌曲中那些令人厌恶和不悦的方式，以及无益而粗鄙的内容，从而使歌曲合乎基督教义、道德及风俗的要求。"

路德曾说过，"并非所有好旋律都属于魔鬼"。他对此深信不疑。他的圣诞赞美诗"我自高天而来"就是根据猜谜曲"我自陌生的国度来"（*Ich Komm aus fremden Landen her*）的旋律改编而成，在那首歌曲里，歌者给出谜题并取下那个答不上来的少女头上的花环。③ 不过，后来路德不得不把好旋律还给魔鬼，因为即使经过改造，这些旋律仍然在舞厅与小酒馆中奏响。1551 年，沃尔特把后者的旋律从赞美诗集中删去，取而代之的是路德的圣诞赞美诗所用的旋律，这段旋律被人传唱至今。④

---

　① 有关世俗作品的源流，见伯姆（F. M. Böhme），《古德语歌集：自 12 到 17 世纪的德语民歌，根据歌词和曲调》（*Altdeutsches Liederbuch；Volkslieder der Deutschen nach Wort und Weise aus dem XII. Bis zum XVII，Jahrundert*，Leipzig，1877）。

　② 盖瓦尔特（August Gevaert），《罗马教会唱诗的起源》（*Der Ursprung des römischen Kirchengesangs*），这是一篇在 1889 年 10 月 27 日，在比利时艺术学院宣读的论文。里曼（H. Riemann）将其译成德文，莱比锡，1891 年。

　③ 见 Zelle，《最早的路德宗家庭唱诗集》，第 48－50 页。这段旋律第一次以宗教曲调的形式出现，是在克鲁格（Klug）的歌曲集里，1531 年。

　④ 伯姆曾独具创见地猜测，这个曲调之所以被清除，是因为它的世俗性太强。见策勒，《最早的路德宗家庭唱诗集》，第 49 页。沿用至今的那个新曲调（巴赫协会版，卷五，第 49 首以及第 92 页以下），早在 1539 年就已出现在一本莱比锡的赞美诗集里。

这样的辗转折腾当属意外。大多数曲调被授予为教会的核准曲调后，都能够保住地位。让人忧心的是，即使经历数世纪的沧桑，那原本就很少的来源于世俗的证据，仍没有被时间冲刷掉。不过，我们已经很难在其中觉察到世俗的味道，因为时间总会给予所有音乐一种宗教式升华般的庄重感。老古董总与宗教有着千丝万缕的神秘联系；一个睿智的作者不无道理地说过，我们可以轻易地把那些宗教音乐的纯粹主义者弄糊涂，只要把一首古老的来自世俗的赞美诗和一段来自宗教的神圣经文一起放在他们面前。

举几个例子，海因里希·伊萨克（Heinrich Isaak）①为"茵斯布鲁克，我必须离开你"（*Inspruck, ich muβ dich lassen*）写的旋律后来成为了众赞歌"喔，世界，我必须离开你"的旋律（*O Welt ich muβ dich lassen*）。② 而在帕维亚战争中的步兵军歌——《帕维亚之歌》——后来则成为众赞歌"由于亚当的堕落，一切都堕落了"（*Durch Adams Fall ist ganz verderbt*，巴赫协会版，卷五，第 13 首）。众赞歌"我不愿离开上帝"（*Von Gott will ich nicht lassen*，巴赫协会版，卷七，第 56 首）的旋律来自一首爱情歌曲"有一次，我去散步"（*Einmal tät ich spazieren*）；众赞歌"我把自己的事情交托上帝"（*Ich hab mein Sach Gott heimgestellt*，巴赫协会版，卷六，第 28 首）的旋律则来自另一首情歌"尘世没有更大的苦难"（*Es gibt auf Erd kein schwerer Leid*）。"助我一起赞颂上帝的善"（*Helft mir Gottes Güte preisen*，巴赫协会版，卷五，第 21 首）的旋律以前曾是马格德堡（Joachim Magdeburg）的一首宴饮歌曲（1572）。

1601 年，哈斯勒（Hans Leo Haβler, 1564—1612）③在纽伦堡出版"德意志新歌园，为四、五、八声部而作的芭蕾舞曲、加亚尔德舞曲和前奏曲"。12 年之后，其中的一段旋律——情歌"一位少女轻柔地拨乱我心绪"（*Mein G'müt ist mir verwirret von einer Jungfrau zart*）——出现在葬礼

---

① 海因里希·伊萨克（H. Isaak，约 1450—1517），尼德兰作曲家，作有大量世俗音乐作曲。——校者注

② 详见巴赫的《马太受难曲》，众赞歌 16 号和 44 号。这段旋律常出现在歌曲"现在森林都安静了"（*Nun ruhen alle Wälder*）中。它第一次作为众赞歌曲调，是在 1569 年的纽伦堡赞美诗集里。

③ 德国作曲家，管风琴家。——校者注

赞美诗"我真心向往"（*Herzlich thut mich verlangen*，卷五，第 27 首）的曲调中，在此之后，这段旋律搭配以盖尔哈特的诗作"布满血与伤口的头颅"，成为巴赫的《马太受难曲》最重要的旋律。

任何来自异域的优美迷人的旋律，只要一传入境内，就会被"捕获"至教会的仪式之中。"喜乐在你里面"（*In dir ist Freude*，卷五，第 34 首）的一部分旋律便是这样得来，它来自意大利的加斯托尔迪（Giovanni Gastoldi）创作于 1591 年的芭蕾舞曲。还有一部分来自法国的小曲"我已受够所有这些烦恼"（*Il me suffit de tous mes maux*），这首小曲出自巴黎著名的音乐制版人皮埃尔·阿唐南（Pierre Attaignant）1529 年出版的作品《34 首音乐歌曲集》，它还被用到赞美诗"我的上帝所意愿的，任何时候都能成就"（*Was mein Gott will, das g'scheh allzeit*）中①。有人曾打趣道，巴赫在把如此美妙的旋律用到他的《马太受难曲》中时，是否怀疑过这些旋律竟然来自民间！

后来的法国民间小调则是通过《胡格诺派圣诗集》的途径而进入到德语众赞歌中。因为加尔文宗已经无法再找到具有宗教感的民间歌曲，不得不走出德国教会的范围，四处寻借歌曲。欧·杜恩（O. Douen）在他饶有趣味的作品《克莱蒙·马霍和胡格诺派圣诗集》②中谈到各种旋律汇编入圣诗集的整个发展过程。在看到那些极度零散琐碎的旋律最终以一种高洁、虔敬的姿态，与大卫和所罗门那崇高的诗篇完美地融合在一起时，即便是加尔文这样刻板严肃的人也露出了生命中唯一的欢颜。

直到 1562 年，《胡格诺派圣诗集》才出版了一个较权威的修订本。随后，哥尼斯堡的法律教授洛瓦瑟（Ambrosius Lobwasser）在 1565 年出版德文版的《诗篇》，并为此配上 125 首法国小曲。这些曲调因此闻名，马上被各种德语众赞歌曲集所采用。《胡格诺派圣诗集》中有一曲隽永的旋律

17

---

①　这是一首苦情歌，从开头的歌词中就能看得出来：

　　Il me suffist de tous mes maulx, puis qu'ils m'ont livré à la mort.

　　J'ay enduré peine et travaulx, tant de douleur et décomfort.

　　Que faut-il que je fasse pour estre en votre grace?

　　De douleur mon cœur est si mort s'il ne voit votre face.

②　克莱蒙·马霍（Clément Marot，1496—1544），法国文艺复兴时期诗人。这是一部集历史、文学、音乐与资料搜集整理于一体的研究。——译注

"当我们在至大的患难中"（*Wenn wir in höchsten Nöten sein*，巴赫协会版，卷七，第 58 首），很有可能是源自法国的民间歌曲。

只有那毫无羞耻的好奇心才会对此类发现沾沾自喜，这也充分刻画出我们过分自我膨胀的历史感。音乐家并不会为这些琐事感到困扰，即使别人告诉过，他也会很快忘记，因为人家告诉他那些事情，他早已通过其天性而得知——所有真正的、感人至深的音乐，无论是世俗的还是宗教的，真正的根源，实际上和艺术、宗教的根基是一致的。

幸好众赞歌的起源无人知晓！这对于为尼古莱的诗"晨星多么美丽地闪耀"和"醒来吧，一个声音向我们呼唤"（巴赫协会版，卷七，第 57 首）而作的歌曲来说是何等幸运！这两首歌曲最初出现在 1598 年一篇憧憬未来美好生活的文章的附录中。

当能被挖掘的音乐资源都最终被彻底利用后，我们便迎来作曲家的时代。17 世纪广博的宗教诗歌的涌现急切盼望他们（作曲家）参与到这事业中来。在那个时代，几乎没有一个信奉新教的音乐家未曾为教会谱过曲。差不多所有名留史册的复调音乐大师都同时会对早期众赞歌旋律的萌芽与发展有所贡献。其实，曲调与诗文面临着同样的境况：即大多数作曲家的曲调注定要消亡腐朽，所以他们想方设法要得到永恒生机的滋润，把这种气息注入到他的作品中去，至少也要有一首作品，能焕发出不朽的美感，从而荣登赞美诗集行列，只要福音在，它们就在。这类作曲家中最著名的要数克吕格（Johann Crüger，1598－1662）。这位柏林的圣尼古莱教堂的音乐家，把全部的艺术成就奉献给诗人盖尔哈特和约翰·弗兰克（Johann Franck）。他最精美的创作，如"耶稣，我的喜乐"，"装饰你自己吧，噢亲爱的灵魂"，"现在所有人都感谢上帝"，都占据着巴赫作品的显赫位置；《马太受难曲》的第一首众赞歌，——"最心爱的耶稣"，就是出自克吕格的手笔。

然而，这种支配 18 世纪初期的音乐创作的主导思想，想要真正使宗教音乐的发展更进一步，则显得力不从心。德国音乐缺乏本土歌谣的滋养，却在所谓"艺术化的"意大利曲调的"庇护"下越走越远，这样就再也不可能回到那种源自中世纪的纯真无邪——只有那美妙的、独特的曲调才能赋予的质感。此外，世俗歌曲在那个时代普遍流行于城镇与宫廷，这同样带来新的问题；同时，若是拒绝与宗教诗联袂出现，这些音乐根本无法获得自我实现。

当巴赫出现在历史的舞台上时，众赞歌创作的辉煌时代，已经与宗教诗歌一同走到尽头。宗教曲调虽然仍旧不断有人创作，但都以咏叹调的形式出现，算不上是真正的会众合唱赞美诗。有一种不确定的主观性氛围遍布于这些作品之中。

在这一点上，巴赫采取顺从于那个时代的普遍法则的态度。蔡茨（Zeitz）城堡的领唱谢梅利（Schemelli）于1736年通过布赖特科夫（Breitkopf）出版了一本大部头的赞美诗集，内含954首作品。他找到当时已经名声在外、担任圣托马斯教堂领唱的巴赫，寻求他的合作。正如在该书序言中所言，巴赫不仅替这部集子修订数字低音部分，而且还为其创作、填补其中旋律的空缺。正如其他的赞美诗集一样，这本集子的作品也没有一一具体署名，我们无法准确地得知其中哪些曲调是巴赫的手笔。有些作品我们可以大致确定是他所作，因为在时间上它们不可能出现得更早。这些作品多数是宗教咏叹调，而不是众赞歌。然而这么说仅是为了强调其作品的体裁，并非说它因此就缺乏美感。因为这种与众不同的美感如此突出——它来自于作者在德国众赞歌的氤氲下成长，又在讲究精致形式的意大利曲调的影响下开始其创作生涯。每一个被"甜蜜的死亡"（süßer Tod）或"最亲爱的主耶稣"（*Liebster Herr Jesu*）的张力所震撼的听众，都知道其中的壮丽多么难以言表。[①] 我们毫无必要尝试将之配成组曲，或者是安排四个声部重唱，因为这样即刻会令这些作品凋零黯淡，就如同把睡莲从水中移到别处栽种一样。在把它们拼凑成众赞歌组曲后，听起来是如此压抑和乏味，就说明它们本来并不是众赞歌。

在巴赫之后，众赞歌和宗教歌曲之间的坚韧纽带已彻底断裂。作为在艺术上的一种对抗，埃马努埃尔·巴赫、匡茨（Johann Joachim Quantz）、希勒（Johann Adam Hiller）和贝多芬为格勒特（Gellert）的诗作谱写

---

① 这些曲目最著名的版本是察恩（Zahn）本，*24 geistliche Lieder für eine Singstimme*，*Gütersloh*，1870，第四版1903。

的旋律都不过是显示出他们的创作与众赞歌之间存在的巨大差距。

20　　　事实上,在理性主义的时代,对净化各种曲调的要求已比对歌词的要求小得多。但是,这些旧曲调还是想尽一切办法进行抗争,并最终在各种场合恢复了它们的地位,它们无须继续在赞美诗集里与后来那些毫无特色的曲调争夺地盘。如今它们的目的可谓达成,因此才有今天的争论:我们到底是应该保留众赞歌在 18 世纪时值统一单调的形态,还是回复它原来那种韵律上的多样性。一个明确的定论着实难以达至。每一个从历史的、艺术的或实践的角度出发的观点,当即会被一个同样有力的相反观点反驳。巴赫也被卷入到这场争论中。那些支持众赞歌应以统一的风格来打造的人辩称道,尽管周围有许多持相反立场的人在重重施压,巴赫依旧坚持认为,众赞歌要回归到旧时的韵律形式,这在艺术上并无必要;因此,从纯粹音乐的角度,既然我们已经接受巴赫的众赞歌形式,就没有理由再推倒它。为了对付那些着迷于韵律感强烈的曲调的人,这位旧时代的大师完全可以学着像使徒保罗一样为自己辩护:当面对着似乎知晓一切的哥林多人时,保罗说他才是那个受圣灵指引的人。

　　　以下是"坚固的堡垒"①的三段有代表性的形式:

　　1. 路德的众赞歌的原初形式

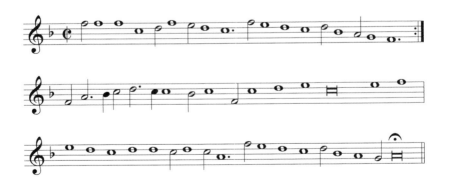

---

　　　①　策勒曾探讨过这个曲调的历史,在他的"关于'坚固的堡垒'的研究"里(Gärtner, Berlin,1895－1897)。

2. 在 1570 年的一本赞美诗集中的路德众赞歌（见 Wolfrum，本书第 216 页）

3. 巴赫使用的路德众赞歌

参考书目：

A. Köstlin：《作为福音圣歌之父的路德》（*Luther als der Vater des evangelischen Kirchengesangs，Sammlung musikalischer Vorträge und Aufsätze*，Breitkopf and Härtel，Leipzig，1881）。

Ph. Wolfrum：《德语新教赞美诗的音乐缘起和初次发展》（*Die Entstehung und erste Entwicklung des deutschen evangelischen Kirchenlieds in musikalischer Beziehung*. Leipzig，1891）。

Johannes Zahn：《德语新教赞美诗的旋律：自原始资料取材和讨论》（*Die Melodien der deutschen evangelischen Kirchenlieder aus den Quellen geschöpft und mitgeteilt*. Gütersloh，1889－1893，6 Bände）。

Friedrich Zelle：《新教教会音乐百科全书》（*Das älteste lutherische Haus-Ge-*

sangbuch. Göttingen,1903）。

　　S. Kümmerle：《最早的路德家庭唱诗集》（*Enzyklopädie der evangelischen Kirchenmusik*. 4 Bände Gütersloh,1886）。

第四章　宗教仪式中的众赞歌

　　宗教改革时期会众合唱歌曲是如何进入宗教仪式的？通常，我们总会过于肤浅地以为那个时候的人们在教堂的管风琴奏响旋律时，一点点地和着琴声唱。难道这件神圣乐器是这样来教化会众的吗？

　　我们可能读遍路德的所有著作，也找不到一处谈论管风琴的地方——这件为会众唱咏歌曲伴奏的乐器。[①] 虽然路德对全部类型的宗教音乐都抱有好感，但在管风琴应该如何融入宗教仪式这件事上，他并未指明任何方向。更让人难以置信的是，在屈指可数的几次提及管风琴的时候，路德不但对其毫无热情而且几近藐视！他从未把管风琴看作新教仪式中必要且悦人的工具，反之只是尽量容忍其存在。

²²

　　他同时代的人都普遍持有这种观点。因此，对于宗教改革后的新教会对管风琴的激烈态度，及尝试将之逐出教堂的这类做法，我们不必感到惊讶。那个时代，管风琴在路德派甚至在罗马天主教会中皆面临相当的困境。其实它早就有敌对者，连托马斯·阿奎那这种地位的人，都公开对其发难——不仅是管风琴音乐，甚至所有用乐器演奏的音乐，都有过分诱人之嫌。在 16 世纪，对管风琴的声讨、抱怨更是四面八方涌来。特伦托

---

　　① 以下的评论主要是对里彻尔（Rietschel）的观点的重复，这些观点在他的著作《迄至 18 世纪管风琴在教会仪式中的任务》。里彻尔是第一个关注这个问题的人。他并没有侈谈理论，而是用各种文件——比如教会的章程、赞美诗集的序言、管风琴落成时的布道、管风琴师葬礼上的悼词等——来说明问题。

大公会议(Konzil zu Trient,1545－1563)——这次主要解释关于教会、仪式疑难问题的集会,也迫于压力制定出苛刻的条例,以反对礼拜活动中过分普遍及不正当地使用管风琴。为了改变管风琴不虔敬的本质,当时的天主教徒和新教徒都给予它一个"苦修赎罪"的名义,才使得它不至于被逐出教会。

　　然而管风琴却在这次"失宠"中获益良多。我们可以从 1600 年由教皇克莱门特八世出版的《主教礼仪》(Caeremoniale Episcoporum)①中,看到他分配给管风琴的任务之特点。管风琴先奏前奏曲,给唱诗班或者牧师定下基调。随后它要演奏祷歌或者赞美诗,以轮换唱诗班。一段歌词由人唱,下一段则用管风琴弹奏,如此交替进行。但它从来不作为唱诗班伴奏之用,因为早期的风琴构造都不允许这样做,它们沉重的琴键根本不适合运用复调式的弹奏法,而且那粗糙、不可互相调和的音调限制了演奏者,他们每次触键不能同时按超过两个键。

　　因此唱诗班和管风琴只能轮流上阵,并不能合作演出。根据教皇订
23　立的规则,管风琴奏完旋律后,唱诗班开始朗诵文本,或是配以音调咏唱,当然,他们更偏向于后者。②

　　由于管风琴在仪式中的地位相对独立,因此对它的滥用在所难免。因为琴师无法用他的乐器奏出复调的和弦,为了满足演奏中自我愉悦的需要,他通常会在开场的前奏曲中用很快的速度弹奏,甚至在仪式过程中也如此。更糟糕的是,他们在重大的仪式上,在演奏脍炙人口的宗教歌曲时也忍不住这么干。1548 年,斯特拉斯堡的一名管风琴师就因为在奉献仪式上演奏法国和意大利民歌被革职。③

---

①　教皇克莱门特八世写给罗马天主教的主教们使用的教会仪式说明。——译注

②　《主教礼仪》(Caeremoniale Episcoporum),教皇克莱门特八世,1600 年,Cap. 28:De Organo,Organista et Musicis seu cantoribus et norma per eos servanda in divinis. "Sed advertendum erit,ut quandocunque per organum figuratur aliquid cantari seu responderi alternatum versiculis Hymnorum aut Canticorum,aba aliquot de choro intelligibili voce pronuntietur id quod ab organo respondendum est. Et laudabile esset,ut aliquis cantor conjunctim cum organo voce clara idem cantaret.

③　见里彻尔,《迄至 18 世纪管风琴在教会仪式中的任务》(*Die Aufgabe der Orgel in Gottesdienste bis in des XVIII. Jahrhundert.* Leipzig,1893),第 38 页。

在随后的日子里,管风琴不正当地剥夺了唱诗班咏唱某些赞美诗的权力,毅然将其归为己任。这种状况在路德的一桩轶事发生后愈发普遍,这件事在路德的《桌边谈》(Tischrede)里有细致的描述:"当我还是爱尔福特的一名修道士时,我常游走于乡间进行布道,有一次我来到某个村庄为他们举办一场弥撒,当我洗漱完毕,穿着整洁的道袍走上祭坛时,乡村牧师开始用鲁特琴弹奏'求主怜悯'(Kyrie eleison)和'天父'(Patrem),我强忍着不笑出声来,因为我根本不能习惯这样一架'管风琴',这让我不得不念出'至上的荣光'(Gloria in excelsis)与他的《求怜经》(Kyrie)步调一致。"

在礼拜仪式中,用管风琴代替唱诗班在那时看来理所当然,以至于这位牧师,在没有管风琴的条件下,竟想到求助于鲁特琴!

几经风雨,管风琴在新教教会中终于可以得到与其在罗马天主教会中相近的地位。它为唱诗班和牧师所颂的赞美诗暖场置序,且在他们演出间隙出场轮替。只是到了现在,会众歌曲才变成原来用于为其作序和轮替的管风琴的配角。在维腾堡,管风琴几乎为所有的声乐作品演奏前奏曲,无论是牧师、唱诗班还是会众演唱。它还要和唱诗班一同参与演出《求怜经》、《荣耀经》、《羔羊经》(Agnus Dei)。这些说法均来自莫斯库鲁斯(Wolfgang Musculus,1497—1563),他曾参加 1536 年在维腾堡举办的康科迪亚(Concordia)会议,并讲述了复活节后第五个周日在维腾堡教区的主教堂仪式上的咏唱情况。[1]

这就可以解释我们在 15 和 16 世纪的教会条例中见到的那条奇怪的律令,即"管风琴应在各教堂中演奏歌曲",意思是管风琴应该单独演奏一些旋律选段,会众应该保持安静不得跟唱。同时,该条例又告诫到,这种操作不得过于频繁,在一首赞美诗中至多两到三次。该条例在 1598 年的《斯特拉斯堡教会条例》中被弃用。[2] 同样,在 1606 年的《纽伦堡会众条例》中也被弃用。然而在当时,至少有三代人都从未质疑过管风琴为会众唱咏伴奏这种形式。

24

---

① 　里彻尔,《迄至 18 世纪管风琴在教会仪式中的任务》,第 20 页;路德的《桌边谈》(Tischreden,Erlanger 版),第 399 页。

② 　里彻尔,《迄至 18 世纪管风琴在教会仪式中的任务》,第 25 页以下。

　　唱诗班在会众唱咏中位置如何? 他们是否能取代管风琴的位置,去引导、支撑这些歌曲的咏唱? 大致翻看一下宗教仪式中指定的早期赞美诗集就会发现,路德并没有这么做。

　　前面提到的约纳斯的赞美诗集《爱尔福特手册》①,其实并非用于教会仪式,而是用于家庭中,从它的题名就看得出来。旋律被分别标注在诗句上,这样一来,作为一家之主的父亲就可以将其分发给孩子和仆人们。斯特拉斯堡的宗教改革者策尔(Catharina Zell)希望“让辛劳的姆妈安心入睡,一旦半夜被啼哭的孩子惊醒,便可唱与他们一首关于天堂的歌”;这些本来都是摇篮曲,但在用天主教堂的管风琴演奏时,则更像是对上帝的祈祷。②

　　鉴于在爱尔福特出版的这本集子完全没有会众唱咏的内容,路德和沃尔特于1524年在维腾堡出版《教堂众赞歌集》。然而,它仅录入一些四至五声部众赞歌的声乐分谱。由于这些众赞歌的旋律均在男高音部而非女高音部,显然并未考虑会众的位置。③ 这些声乐分谱,相当于唱诗班所唱的那种合唱经文歌(Choralmotetten)的声乐部分,按照那个时代的宗教和世俗音乐的习惯,它们均包含定旋律。这些曲谱很可能是由路德的一位朋友——画家和木刻家卢卡斯·克拉纳赫(Lucas Cranach)镂刻成版。

　　路德不仅仅是一位宗教改革者,还是一位艺术家。他的整套改革思路,是想按照最简朴的家庭仪式的流程来操办教堂的宗教仪式,按照这种设想,会众唱咏就是唯一能在教堂里出现的音乐形式。事实上,路德在他的第一篇激烈讨论宗教仪式的文章中就在追求这种取向。④ 但是,和众多的天才一样,他的高尚情怀中蕴含的致命弱点,最终使他的观念无法开花结果,这就像上天赋予他一把双刃剑,优点与弱点,如针尖对麦芒。他极赞赏尼德兰乐派的对位法音乐,他认为高雅音乐(Kunstmusik)乃是上

25

---

　　① 参本书第6页。——注意:若无特殊说明,本中文版中凡“本书”,皆指德文版原书。
　　② 见策尔在她的 *Gesangbüchlein*(1534)中的自序,里彻尔,《迄至18世纪管风琴在教会仪式中的任务》,第24页。
　　③ 这个声乐版本的题目为:*Geystliche Gesanck-Büchlein*,Wittenberg,1524。它包含38首赞美诗。
　　④ *Ordnung des Gottesdienstes in der Gemeine*,1523.

帝最完美之启示。"当俗常的音乐被艺术升华和润色之后",他曾说道,"人们便会在某个程度(尽管并没有完全把握或理解)惊叹地凝视它,这种杰作证明上帝智慧的完美与伟大,只有这才是最非凡的,惊艳脱俗的。当一个人唱出一支纯美无邪的曲调,或者,如音乐行家那样称呼——男高音独唱,再配以三、四或五声部的伴唱,欣喜地游走跳跃于这支简洁的旋律或曰男高音声部之间,那么,这音乐展现出的缤纷的结构与声音该有多么羡煞众人的优雅和巧夺天工啊! 它如天上的舞蹈那般行云流水,那些听懂它或是被它感动的人定会异常惊喜,定会坚信世上没有什么比这多声部伴唱的华美曲调更美好。"这段对使用对位法的复调音乐的不遗余力的溢美之词,恐怕是前无古人、后无来者。[①]

26

路德欣赏的作曲家有若斯坎(Josquin des Pres,1450－1521),法国国王路易十二的御用乐师,以及海因里希·伊萨克的学生森夫尔(Ludwig Senfl,卒于 1550 年),后者曾在维也纳和慕尼黑的宫廷中均获得过赞誉。他对若斯坎的评价广为人知:"他是音符的掌控者,音符们都得听他的话;而别的作曲家得听音符的话。"有一次,当森弗的一首经文歌在路德家上演时,他惊叹道:"就是把我撕碎,我也写不出这样美的经文歌,正如他,也不能像我这般向众人布道一样。"[②]

路德时代的音乐家和许多其他教众都很难容忍教会对唱诗班和艺术歌曲的逐离,以及他们对唱诗班带领会众唱咏的诸多限制。"我并不认为",路德在为沃尔特 1524 年的众赞歌选集作序时谈到,"为了传福音,要像某些宗教极端者设想的那样,将一切艺术都取消。但我更愿意看到所有艺术,尤其是音乐,运用到向上帝祷告的仪式中去,毕竟,全能的父创造出它们,并将其馈赠人间。"[③]

从此,艺术在路德的宗教仪式中便获得相应的位置,它们作为一支自由

---

① 这段话可以从大家常称为〈路德的音乐礼赞〉(*Lobrede Luthers auf die Musik*)的文章中找到,正如 H. Holstein 在 1883 年所示,它不过是路德此前用拉丁语为约翰·沃尔特的 *Lob und Preis der himmlischen Kunst Musica*(第二版,1564 年)一书所写的序言。见里彻尔,《迄至 18 世纪管风琴在教会仪式中的任务》,第 36 页。

② 路德的《讲演集》,Irmischer 版,B. 62。

③ 策勒,《最早的路德宗家庭唱诗集》,第 10 页。

和独立的力量，按部就班地发挥着作用。音乐发展的几乎所有阶段都能在路德时代的宗教仪式中清楚看到。最后，在经文歌受到意大利艺术风格影响而逐渐转变成康塔塔后，带进教会的就不只有器乐，还有不经宗教润色的世俗歌剧形式。仪式的程序常被一场演奏圣乐的音乐会打断，人们宁可先让音乐奏完。巴赫就是在音乐发展的这个节点走上历史舞台。然而，他在乐谱的封面写下的标题还不是"康塔塔"，而只是"协奏曲"（Concerto）。

若不是因为路德也是艺术家，巴赫就绝不可能有机会将他写作的这些圣灵般的音乐会音乐用到教会及礼拜仪式中。他是否在任何条件下都会写出这样的作品？如果他出生在苏黎世或日内瓦，他会创作出什么样的作品？

起初，会众唱咏并不需要管风琴或者唱诗班的配合，它们只要单独进行即可，无需伴奏或伴唱，其形式和中世纪晚期的天主教会一致。

但是，在一次仪式中演唱众赞歌曲的数量远比我们想象的少。在有唱诗班的情况下，教众得到的咏唱机会非常少，只局限于在宣读福音和布道之间演唱《信经》，或者在领圣餐之前演唱《领主咏》。在维腾堡，据莫斯库鲁斯记载，教众循例不得演唱，即便是众赞歌也得让唱诗班来唱。在别的地方，如爱尔福特，按习惯，教众和唱诗班在使徒书信和福音书之间轮替演唱，即便这样，唱诗班唱的是指定曲目，而教众唱的仅是按当年时令分配到仪式中的德语众赞歌。只要有五至六套众赞歌就足够一年之需，因为在特定节庆中的礼拜日都会启用同一套众赞歌。

在那些没有唱诗班的教堂里，会众唱咏就变得更加重要，因为这样一来，《求怜经》《荣耀经》和《羔羊经》就要用相应的德语众赞歌唱出。然而，按照惯例，只需准备 15 首或至多 20 首众赞歌，就足够全年使用。这些曲目被指定在某些特定的礼拜日演唱，一经安排，就不再更改。

如果我们更细心地考察，就能发现会众唱咏在整个 16 世纪并未占得多大优势，反而被专业的演唱和管风琴处处排挤。尽管受诸多规定限制，后两者的发展声势仍旧颇为浩大。[①]

因此，在宗教改革开始后的第一个世纪末，就存在足够的理由去尝试改善

---

① 里彻尔，《迄至 18 世纪管风琴在教会仪式中的任务》，第 49 页。

众赞歌的地位。事实上，这件事由牧师而非音乐家发起。1586年，符腾堡宫廷的牧师卢卡斯·奥西安德(Lucas Osiander)出版了他的"50首四声部对位法的宗教赞美诗及诗篇，为尊贵的符腾堡公国教堂和学校而作，以便公国上下所有信徒皆能参与咏唱"。这是第一本真正意义上的众赞歌集，除了它不是用管风琴而是用唱诗班而作之外。奥西安德只用唱诗班而不用管风琴来带领会众唱咏的事实，证明在他的时代管风琴并不似后来得到那样多关注。①

在序言里，作者表达了自信——认为只要将旋律从男高音移至女高音声部就会让事情变得简单，并相信即使是外行，只要能唱出曲调，就能愉悦地参与进来。②

难道他的信心没有放对地方？事实上，他只考虑对了一半。他在复调和声与旋律之间作了错误的妥协。如果一定要复调的话，他必须让演唱者在全部四个声部发出声音，就像此后在瑞士流行的做法那样；如果不想要复调，他就得让唱诗班跟着领唱者齐唱。在他的时代，有些乡村的领唱者能在没有唱诗班或者管风琴的条件下指挥众赞歌，方式是通过让学校里孩子们齐唱。然而，他的真正抱负，是调和专业唱法和通俗唱法，而非仅用一种不牢靠的妥协解决问题。一个唱诗班要如何协调才能够支撑起由一大群教众演唱的定旋律？更何况那时唱诗班的人数还非常少！

汉斯·利奥·哈斯勒(Hans Leo Haβler)也曾想过在这个方向上再前进一步。他发表了《圣歌、诗篇与宗教赞美诗，四声部合唱简化版》一书，根据序言所述，该作品结构晓畅，能够让普通教众在集会上唱出完整和立体的效果。此外，他还作有极漂亮的《圣歌集》(Cantiones sacrae)和《庄严协奏曲》(Sacri concertus，只能用唱诗班演唱)。③

29

---

① 策勒，《奥西安德的第一本新教赞美诗集》(*Das erste evangelische Choralbuch Osianders*，1586，Berlin，1903)。

② 沃尔特在1524年的38首曲子中，有两首的定旋律在女高音声部，而这两首歌曲从未指望过教众能够参与演唱。

③ 汉斯·利奥·哈斯勒1564年生于纽伦堡。在20岁时，被福格尔家族送到威尼斯跟随那里的大师们学习音乐。1601至1608年，他在家乡任管风琴师和唱诗班领唱，1608年他被当时的选帝侯诏至德累斯顿。工作的重负让他的身体备受摧残。1612年6月8日，他在陪主子参加一个王子的聚会途中，在法兰克福去世。

有一种错误的观点认为,所有 16 至 17 世纪的宗教音乐大师将旋律移至女高音声部的做法都是效仿奥西安德,并以为他们抛弃早前的体系纯粹是实践上的原因。然而,真正的原因与这种猜测相距甚远,我们可以从以下事实中找到答案:那时的德国宗教音乐已摆脱尼德兰乐派的纯正复调技法的影响,但又落入意大利式的音乐风格窠臼,在后者的影响下,作曲家开始将旋律的优美看得比对位和声更重要。因此,梅尔希奥·符尔皮乌斯(Melchior Vulpius)①、塞特·卡尔维修斯(Seth Calvisius)②、米夏埃尔·普里托里乌斯(Michael Prätorius)③和约翰·埃卡德(Johann Eccard)④等人便追寻他们喜欢的音乐,这并不是符腾堡宫廷牧师引领的潮流,他们只是服从艺术本身的发展趋势。

30　　这种在复调艺术风格取向上的改变,给教众们打开了一扇门,让他们在演唱定旋律时能和唱诗班一起唱。我们得承认,这只是个美丽的意外。这种改变能有多大的好处,我们无法得知。通常,在艺术史中,我们无法知道那些作为日常实践旨趣的细节,因为这些被看作是俗常的习惯,并不被载入史册。那时,"众赞歌"(Choral)这个词已经开始用来指称教众咏唱的旋律⑤,但这

---

①　梅尔希奥·符尔皮乌斯(Melchior Vulpius),生于 1560 年。自 1600 年起,担任魏玛的唱诗班领唱。他于 1616 年逝世,堪称当时艺术界的一大损失。*Pars prima cantionum sacrarum cum VI,VII,VIII,et pluribus vocibus*;Jena,1602。*Kirchengesäng und geistliche Lieder*,Erfurt,1603。他有一部《马太受难曲》同样发表于爱尔福特。

②　塞特·卡尔维修斯(Seth Calvisius),生于 1556 年,是那个时代著名的语文学家,数学家和音乐家。他是巴赫在莱比锡的圣托马斯教堂的其中一名前任。卒于 1615 年。Kirchengesäng und geistliche Lieder Dr. Lutheri und anderer frommer Christen……mit vier Stimmen contrapunktweis richtig gesetzt;Leipzig,1597。

③　米夏埃尔·普里托里乌斯(Michael Praetorius,1571—1621),是布伦瑞克公爵的合唱团指挥。Musae Sionae;*Geistliche Concertgesänge über die fürnembsten Teutsche Psalmen und Lieder,wie sie in der christlichen Kirche gesungen werden mit VIII und XII Stimmen gesetzt*;1605—1610,九卷,含 1244 首赞美诗。

④　约翰·埃卡德(Johann Eccard),生于 1533 年,在慕尼黑随奥兰多·拉索(Orlando Lasso)学习,他在奥格斯堡做了一段时间福格尔家族的乐团指挥后,于 1585 年进入了普鲁士大公在哥尼斯堡的礼乐团,之后开始在普鲁士收集和整理时髦曲调,并为其编写和声。他的伟大作品 *Geistliche Lieder auf den Choral,oder die gebräuchliche Kirchenmelodie gerichtet und fünfstimmig gesetzt*,Königsberg,(1597 和 1598)就是这些工作的成果。1608 年选帝侯约阿西姆·弗里德里希召他至柏林。他于 1611 年逝世。

⑤　对于教众唱的部分,此前一直都是用"圣歌"(Geistliches Lied)这个词。

并不能说明问题,除非我们愿意将其理解为,此时圣歌的旋律已经不再属于广大教众而成为唱诗班的专利。

无论如何,那些作曲家们——尽管他们会在作品的序言里①给出如何进行会众唱咏这类实践上的建议——在创作时考虑到的只有唱诗班。从他们的作品中,我们能看到那些对位法技巧,尽管已尽力做到简洁,其形式还是越来越丰富。对我们来说,这些众赞歌作品,在混合意大利和德国艺术精华后,散发着迤逦之美。它们如此纯粹率真,以至我们完全忽略了尝试让教众加入演唱的想法。只有把它当成合唱作品来安静地聆听,才是最大的幸事! 这些瑰宝什么时候才能够固定地出现在我们每个礼拜日的仪式中?

让唱诗班带领教众一起咏唱的尝试出现在 16 世纪末到 17 世纪的最初 10 年。在 17 世纪中叶,这个领头的角色逐渐被管风琴替代。萨缪尔·沙伊特(Samuel Scheidt)的《曲谱集》②(*Tabulaturbuch*)③在 1650 年面世,有 100 首众赞歌和声谱,均用于会众唱咏伴奏。

这种替代并不是经过深思熟虑的做法,只是一个结合时宜的解决方案——当时最明显的变化是管风琴的建造水平有了很大的进步。这件神圣的乐器几经改进,越来越适合于复调的演奏,音色变得更丰润,开始超过那时人丁单薄的唱诗班能达到的效果。从那开始,管风琴就一直为支撑着整个会众唱咏活动的唱诗班伴奏,而且,它健美雄浑的音色足以承担领导唱诗班的角色。然而,我们依旧无法确定,管风琴何时开始在众赞歌中支撑唱诗班,或者说,它何时开始和唱诗班共同合作。但可以肯定,这

31

---

①　顺便可以提及埃卡德在 1597 年发表的赞美诗作品的序言,以及普里托里乌斯在 *Musae Sionae* 中的序言。在他们的提示中,有一点很明显:他们所涉及的一切,尚在实验阶段中。可参考里彻尔,《迄至 18 世纪管风琴在教会仪式中的任务》,第 54 页以下。

②　*Tabulaturbuch 100 geistlicher Lieder und Psalmen Doctoris Martini Lutheri und anderer gottseliger Maenner，für die Herren Organisten，mit der christlichen Kirchen und Gemeine auf der Orgel，desgleichen auch zu Hause，zu spielen und zu singen. Auf alle Feste und Sonntage durchs gantze Jahr.* Mit vier Stimmen componiert von Samuel Scheidt. Görlitz, 1650。沙伊特(1587—1654)是哈勒的管风琴师。他是德国管风琴音乐的真正始祖。

③　Tabulatur,符号谱,一种早期的音乐符号系统,使用字母和符号而非音符来指示演奏的记谱法。——译注

个时间不会早于 17 世纪初。符尔皮乌斯、普里托里乌斯、埃卡德和其他作曲家一样，对此细节一无所知。但是，早在 1627 年，约翰·赫尔曼·沙因（Johann Hermann Schein），莱比锡圣托马斯教堂的指挥，就为"管风琴师、器乐演奏者、鲁特琴师"提供了一种数字低音记谱法①，将它加入到他当年为唱诗班创作的四、五或六声部众赞歌作品中，这很可能就是指唱诗班和管风琴的合作演出②。

我们不必认为，在 17 世纪后半叶被广泛用作众赞歌伴奏的管风琴，会排挤掉唱诗班在众赞歌中的位置。唱诗班——即使到巴赫的时代——一直都是众赞歌中一枚举足轻重的棋子。虽然宗教音乐复调化之后管风琴取代了唱诗班的领导地位，但后者的坚固堡垒作用依旧毋庸置疑。

管风琴接替人声复调合唱，担当起为众赞歌伴奏的任务，这在管风琴音乐发展中的意义不可估量。众赞歌是管风琴手的导师，带领他们摆脱错误、徒劳的键盘音乐鉴赏趣味，而走向真正、纯粹的管风琴艺术风格。从这一刻起，德国管风琴音乐切断了它与意大利、法国及尼德兰音乐的联系，开始在众赞歌的支配和指引下，走上一条康庄大道，经过两代人的努力，最终迈向光辉的顶点。沙伊特，一个从众赞歌那里得到启发，掌握真正的管风琴风格与技艺的人，用一生的精力与荷兰人斯韦林克③的"色彩派"管风琴抗衡。

这很好地说明一个好的观念最终怎样战胜传统的氛围与习传。管风琴音乐并没有在巴黎或威尼斯走向辉煌，这些地方的任何东西都附着厚重的

32

---

① 主要为键盘乐器用的多声部音乐的省略记谱法。只用一个低音声部，在各音符下方标出数字，用以提示上方声部各音，演奏者据此知晓调式，进而弹奏和声或旋律，乐谱还可以提示和弦、休止、单音等。早在巴洛克时期就被广泛使用到各种音乐记谱中。——译注

② 里彻尔，《迄至 18 世纪管风琴在教会仪式中的任务》，第 48 页。1637 年，纽伦堡的圣洛伦兹教堂的管风琴师斯塔德（Theophilus Stade）出版了哈斯勒赞美诗的新编本，在其序言中他称这些赞美诗是他挚爱和忠诚的伙伴，这些赞美诗——依靠管风琴的伴奏——能把教众控制到正确的音准上，它们确实博大精深。这充分证明，在那时的纽伦堡，管风琴已经不时参与到众赞歌中了。虽然具体情况无法从这个序言或这本集子中推断出来，但唱诗班时常引入管风琴倒是个耐人寻味的事实。

③ 扬·彼特·斯韦林克（Jan Pieters Sweelinck，1540－1621），阿姆斯特丹的管风琴师。几乎全部北德的管风琴师都曾受他影响。

地域风格,而偏偏是在穷苦的德国,依靠一群潦倒的唱诗班领唱和学校的督学,在历尽磨难的三十年战争后,用两代人的时间与努力,最终获得成功。名震一时的罗马圣彼得大教堂的管风琴师菲斯科巴尔迪(Frescobaldi),和沙伊特相比,是多么的渺小! 而当时人们甚至对阿尔卑斯山另一头的沙伊特闻所未闻。①

　　从管风琴、唱诗班和广大教众三者共同呈现众赞歌的那一刻起,以前交互轮替的方法——管风琴只单独奏出某些歌词对应的旋律——不可避免地会遭到淘汰。虽然如此,我们还是能从沙伊特在 1624 年出版的《新谱》(*Tabulatura nova*)中找到相当极致的管风琴独奏作品。该作品根据常见的众赞歌给出各种可能用到的变奏类型,变奏的数目由歌词的句数决定。它还为教会中几乎全年可能唱到的赞美诗配上相应的管风琴变奏。当时这些赞美诗在哈勒是用拉丁语唱,在德国的其他地方则用德语演唱。此外,还有一些礼拜用的曲目,如《求怜经》、《荣耀经》、《马利亚尊主颂》(*Magnificat*)、圣餐礼圣歌《耶稣基督,我们的救主》(*Jesus Christus unser Heiland*)等,也以同样的方式配了变奏。②

---

　　①　其实,那个时期罗马的管风琴师也有着相当令人惊叹的艺术功底,当我们慢慢了解这些艺人及其创作后,就可估量到在当时,他们的功力已经相当深厚。特别要提到的是吉尔芒(Alex Guilmant)的著作《管风琴大师们名作集》,里面收录了包括 Titelouze,A. Raison,Roberday,L. Marchand,Clerambault,du Mage,D'Aquin Gigault,F. Couperin,Boyvin,Dandrieu 在内的大师作品。对这些大师的作品仔细研究后我们可以感觉到,巴赫对这些人的了解和受到他们的影响比我们通常想象的要大得多。这些作品占据着管风琴音乐历史的重要一页。直到今天,我们还可以在各种图书馆里找到当年的曲谱,虽然这些曲目中的多数已让人觉得十分古奥,但仍适合我们演奏。

　　②　沙伊特的《新谱》共有三卷。前两部分是众赞歌,其中的每一段唱词都根据其歌曲主题而作出不同乐段上的变奏,若干段唱词合起来便组织成该歌曲的变奏曲,例如 die cantio Belgica "Wehe,Windgen,wehe"(12 段唱词),die cantio Gallica "Est-ce mars"(10 段唱词)和德国歌曲 "Also geht`s,also steht`s"(7 段唱词)。第三部分,是不同曲调的《求怜经》、《荣耀经》、《圣母颂》及赞美诗,是为管风琴师准备的礼拜仪式年度曲谱。赞美诗包括:

　　救主来临歌:来临吧,救主

　　我们要赞美基督

　　基督,你是光辉之神

　　救主复活之歌:圣人们的生命,天使们的荣耀

　　来临吧,造物主,圣灵

　　神圣的三位一体之歌:噢,光,至福的三位一体。《信经》(低音合唱)

　　耶稣基督,我们的救世主

比《新谱》早 25 年出现的《大提琴曲谱》(*Cellische Tabulatur*)也与其大同小异,不同的是后者还囊括进完整的教义问答歌曲。

通过符号记谱法我们得知,在管风琴上独奏合唱歌曲中的选段,是当时的习惯做法。这种做法到底流行了多久我们已无法得知,但在轮替演出的方法逐渐被淘汰后它还勉强支撑过一段时间。当我们考察巴赫的众赞歌《在至高之处荣耀归于上帝》时,我们常在那精巧复杂的结构中迷失方向,这时我们就不难想象到,即使到巴赫的时代,在某些氛围的感召下,这种做法还在毅然持续着。沙伊特可以证实,的确还有某些艺术家,用管风琴的独奏来回应牧师在祭坛上咏诵的《荣耀经》。

至于在巴赫的时代,会众唱咏的地位到底如何,我们也只能猜测和臆想而已。只有一桩事实可以肯定:宗教仪式上的赞美诗的数量确实大大增加。每一部福音书都配有一首或多首赞美诗,那些重叠的曲目就安排到特定的礼拜日里演唱。它们被称作"时令圣歌"(Cantica de tempore),在赞美诗集里它们属于最好的,于是被安排在教历年中相应的礼拜日演唱。领唱不用和任何人商量,直接就可以选用它们。与其相反,现在赞美诗都由牧师选定,以便更好地配合讲道内容。

34 　时令圣歌的这个特点帮助我们理解,巴赫和帕赫贝尔那个时代的管风琴师,究竟如何创作出一个完整教历年中供给每个礼拜日使用的一整套众赞歌前奏曲。

广大教众是否能真正理解这些赞美诗,在演唱时是否积极投入、心领神会,完全是另一个问题。众所周知,马特松(Mattheson)等一众汉堡音乐人对教众参与的众赞歌并不看在眼里,而且拒绝承认这种演唱属于音乐。从这里我们可以看出会众唱咏在教会中并没有什么地位,站在音乐人的立场,他们也并不鼓励它获得地位。这种情况同样存在于有优秀唱诗班的其他城镇。康塔塔——这种安排在宗教仪式中的圣乐演出——倒是吸引了全部人的兴趣。艺术歌曲也曾在宗教改革的早期一度很受追捧。

我们不知道,在莱比锡,这些情况是否要比在别的地方好一些。事实上,直至今天也没有任何关于巴赫的评注能告诉我们,巴赫与他的同代人相比,对会众唱咏表现出更大的兴趣。在他那些受难曲作品中,巴赫从不希望得到他们的配合，尽管他在众赞歌中也赋予他们很重要的位置。果真这样，我们便可以满有信心地相信，巴赫时代的莱比锡教众们的演唱水平，并没有我们今天设想的那么好。

直到巴赫的下一代人那里，在音乐会风格的音乐不再禁止出现在宗教仪式，以及原本隶属于教会的城镇唱诗班解体后，会众唱咏才成为新教教会唯一指定的、最具代表性的宗教仪式音乐形式。在虔信主义和理性主义的时代里最终付诸实现的这个理念，实际上在宗教改革时期就已意识到，只是出于保守的和艺术上的理由尚未开始实施。虽然理性主义蛮横地对待旧赞美诗，但它毕竟为会众唱咏做了好事。他们的最终目的无非是用新诗取代旧诗，他们认为旧赞美诗的措辞和理念都太过老套，根本不适合用作真正的会众唱咏。

在允许管风琴为会众唱咏伴奏之后，所有问题是否得到真正解决尚是个未知数。这方法倒是很好落实，因为它毕竟属于操作层面。但他们的理想并不是要会众唱咏受管风琴的引领和支配，而是要自由大方的、充满自信的、无伴奏的演唱，就像中世纪和第一次宗教改革时期时的会众唱咏一样。也许，要让管风琴、唱诗班和会众三者完美而无拘束地结合，是一个我们终须面对的理想，定会有一天，我们会比今天更加炽热地渴慕它。

参考文献：

Georg Rietschel：《迄至 18 世纪管风琴在教会仪式中的任务》(*Die Aufgabe der Orgel im Gottesdienste bis in das XVIII. Jahrhundert*. Leipzig，1893.)

R. v. Liliencron：《论福音教会中的合唱圣歌》(*Über den Chorgesang in der evangelischen Kirche*. Berlin，1881.)

A. G. Ritter：《16 世纪至 18 世纪初（德意志地区）管风琴演奏史》(*Zur Geschichte des Orgelspiels，vornehmlich des deutschen，im XVI. bis zum，Anfang des XVIII. Jahrhunderts*. Leipzig，1884. 卷一，正文；卷二，乐例)（另可参第二、三两章提及的参考文献）。

第五章　巴赫以前的众赞歌前奏曲

　　按照事情发展的逻辑，在管风琴上独立演奏各种歌曲与赞美诗旋律的做法逐渐被弃用，相应地，管风琴为众赞歌演奏前奏曲则逐渐变得重要起来。我们一直无法知道在沙伊特以前用管风琴演奏前奏曲的具体情形，因为没有相关的作品保留下来。即便是沙伊特也没有相关作品流传下来。不过从他开始一直到巴赫的时代，那些璀璨的德国明星管风琴师们都将主要精力放在写作众赞歌前奏曲上，而不再去创作独立作品，用他们那时的行话说，"为众赞歌开场作序。"

　　这个领域有三位重要的大师：帕赫贝尔（Pachelbel）、伯姆（Böhm）和布克斯特胡德（Buxtehude）。这么说并不意味着他们在技巧上开创了什么超越沙伊特的东西。可以说，管风琴音乐直至今日仍未能超过哈勒大师的高度，我们也无法想象他如何能做到这一切。沙伊特聪明绝顶，当一个新时代即将在他面前展开时，他敏锐犀利的目光一眼就将之彻底看穿。在他用对位法写作管风琴众赞歌乐句时，他马上意识到面临的问题：弹奏管风琴时，很难用某个特定的音色将众赞歌的旋律清晰凸现出来，无论旋律落在女高音、女低音还是男高音、男低音声部。他研究过所有可能的解决办法，并绞尽脑汁反复琢磨过那些著名作品——那些用尽所有键盘和踏板技巧，把管风琴的特性充分融为一体并将其发挥出来的作品。①

36

————————————

　　① 可以参考《新谱》（1624）第三卷末尾的那个著名评注："如果它是一首二（转下页注）

　　17世纪30年代，他曾提及，在脚键盘上演奏两个伴奏声部是理所当然的，且认为每台管风琴的脚键盘上都应该有四尺音栓，从而使每个管风琴手在任何情况下都可以用脚演奏曲目的中间声部。

　　如今，这些演奏方法逐渐被挖掘出来，对管风琴师来说大有裨益，但更需要这些资料的毫无疑问是管风琴的建造者。[1] 他们唯一可选择的就是不断前进。中德和北德的管风琴音乐水平突飞猛进，霎时间就超过了罗马和南德。施皮塔[2]不失公允地说道，在南方被认为是最高水准的技艺，仅仅是北德管风琴师的基础练习而已。[3]

　　只考虑技艺层面的话，对于帕赫贝尔、伯姆和布克斯特胡德以及他们那个时代来说，已经没有更高难度的目标需要征服。这为他们后来创作各种形式的众赞歌前奏曲奠定了扎实的基础。

　　帕赫贝尔在最广阔的意义上理解众赞歌前奏曲，[4]他可以把众赞歌前

37

（接上页注）声部曲（Bicinium），而且是一个迪斯康特（Diskant）的众赞歌，就用右手在上键盘（Ober Clavier 或者 Werk，即强弱音键盘）上弹奏出众赞歌旋律，左手则在伴唱键盘（Rückpostif）上弹奏两个声部。如果是一首四声部的迪斯康特众赞歌，右手在伴唱键盘上弹众赞歌旋律，左手在上键盘上弹女低音和男高音声部，踏板则奏男低音声部。若众赞歌旋律在男高音声部上，那么众赞歌旋律就用左手在伴唱键盘上弹，其他声部则用右手在上键盘上弹，踏板仍旧负责男低音。有些特别的情况下，女低音声部也可以在伴唱键盘上弹，但是迪斯康特部分则需用右手在上键盘上弹，踏板则必须同时负责男高音和男低音，但写作时男高音不得高于C，因为D音很少在踏板上出现，而且踏板部分的旋律音域不能过宽，不能超过八度，五度或者三度最好，否则我们很难用脚顺畅地跨过这些音程。

　　然而，最好的办法恐怕是用踏板来奏女低音声部。管风琴的音色和音栓配置有很多窍门，需要极高的技巧，我们必须了解如何充分利用四尺音和八尺音。八尺音通常在手键盘上，四尺音通常会在踏板上。"

　　（管风琴以管的长短决定音高。这里的尺〈Fuß〉是一个用于度量管长的单位，长度与英尺基本一致。一般来说，管越长，音响越低，反之则越高。最长的管有64尺，声音频率为8赫兹；管长和频率成反比。八尺音的频率为64赫兹。2尺音为256赫兹，和钢琴的中央C的频率264赫兹最为接近。人的听觉范围约是16赫兹到20000赫兹。超出这个范围的音就只能用感觉。——译注）

　　①　有关管风琴建造艺术的发展情况，可参考Otto Wangemann，《管风琴与管风琴制作技艺的历史》（Geschichte der Orgel und der Orgelbaukunst，Demmin，1880）和《管风琴：历史与制作》（Die Orgel，ihre Geschichte und ihr Bau，第三版，Leipzig，1895）。

　　②　菲利普·施皮塔（Phillipp Spitta，1841－1894），德国音乐家，曾撰有第一部巴赫生平及音乐传记。——校者注

　　③　施皮塔，《关于巴赫》（Über J. S. Bach，Sammlung musikalischer Vorträge；Leipzig，1879）。

　　④　约翰·帕赫贝尔（Johann Pachelbel）生于1653年。1674年至1677年他在维也纳的圣史蒂芬教堂任助理管风琴师，后来辗转于埃森纳赫、爱尔福特（他在此地呆（转下页注）

奏曲写得像众赞歌赋格那样。每一小段旋律都能被他写成小赋格式的前奏曲,最后逐渐变成定旋律。因此,整首众赞歌前奏曲就如同由许多首简单的小赋格曲组成,由一个统一的主题,按照一定的顺序连在一起,共同构成众赞歌的旋律。这种众赞歌前奏曲的形式,正是巴赫对《我从深深的苦难中向你呼喊》(卷六,第 13 和 14 首)的两次著名的改编所使用的形式。

那时,这种形式无处不在,深入人心。但我们不能因此就轻易高估帕赫贝尔在德国中部的影响力。他并不是天才,也并非时刻刻都那么灵活,他的作品始终少不了那种僵硬拘谨的形式。不过他还是对管风琴艺术有一种全面深刻的把握,并将其传授给学生们,这是他最大的贡献。我们注意到,在沙伊特和菲斯科巴尔迪眼里,管风琴音乐不仅有宗教的一面,也有世俗的一面。即便是《新谱》也持这种二元观,它里面的世俗歌曲和众赞歌的变奏曲的数量几乎持平,编者并无偏颇。但到帕赫贝尔那里,德国管风琴音乐的这种不偏不倚已消失得无影无踪。

如果说在巴赫的时代,整个德国的管风琴演奏水平要比以前任何时代都高的话,这个功劳当归于帕赫贝尔。作为那个时代管风琴家的代表,我们必须提及约翰·戈特弗里德·瓦尔特(Johann Gottfried Walther),巴赫在魏玛时的同事,他被汉堡作曲家马特松称作"帕赫贝尔第二"。[①]

(接上页注)了 12 年)、斯图加特和哥达等地。1695 年他回到家乡纽伦堡的圣塞巴尔德教堂任管风琴师,于 1706 年去世。

他的作品有:

Acht Choräle zum Präambulieren ,Christian Weigel,Nuremberg,1693。

Tabulaturbuch geistlicher Gesänge D. Martini Lutheri und anderer gottseliger Männer sambt beygefügten Choral-Fugen durchs gantze Jahr. Allen Liebhabern des Claviers componieret von Johann Pachelben, Organisten zu St. Sebald in Nürnberg,1704;内含 160 首旋律的和声谱,以及 80 首小众赞歌前奏曲(这个作品的手稿藏于魏玛的大公图书馆)。

帕赫贝尔的众赞歌曲例能在里特尔版本(Ritter)和歌玛版本(Commer)那里找到。他有一部分作品出现在 Denkmäler der Tonkunst in Oesterreich ,VIII,Jahrg. Bd. II。

① 约翰·戈特弗里德·瓦尔特(Johann Gottfried Walther),生于 1684 年,本来立志学习法律,但年少时已崭露出非凡的音乐才华。1702 年他就已当上魏玛的管风琴师。1707 年他开始出任魏玛的市镇教堂的管风琴师(那时巴赫在宫廷里任管风琴师),在此任上直至终老(1748 年)。他编撰了著名的《音乐辞典》(Das Musikalische Lexikon,Leipzig,1732),里面收录了大量介绍他那个时代的音乐及音乐人的文章。他对所有不同门类的作曲家的众赞歌前奏曲的收藏也是非常珍贵的资料,他誊抄的布克斯特胡德的 30 余首众赞歌前奏曲保留至今,是我们今天能够见到的唯一一抄本。

马特松在他的《音乐评论》(Critica musica, 1725)中提到，瓦尔特用帕赫贝尔的形式创作出一套一整年的众赞歌前奏曲。其中有两首还被错误地收录到巴赫的作品里。① 这是其作品的艺术水平最好的证明。这些作品都运用了正确的管风琴风格来写作，且不时散发出惊人的创造力。埃森纳赫的管风琴师约翰·克里斯托弗·巴赫(1642－1703)和格仁(Gehren)的管风琴师约翰·米夏埃尔·巴赫(1648－1694)(巴赫的两位叔叔)也充分为我们展示了帕赫贝尔时代管风琴师的水平。②

　　尽管优点众多，但帕赫贝尔创作众赞歌前奏曲也存在着没有内在统一性的毛病。众赞歌的旋律——在整个作品中联结若干个小赋格的纽带——并不能起到内在统一的效果。以这种方式写作，最终得到的只不过是一堆音乐碎片的串连。

　　不过，帕赫贝尔式的众赞歌前奏曲确实是围绕旋律来构思的。当唱词加入到旋律中时，二者的确能将分散的赋格段落焊接到一起，形成呼应的整体。巴赫的康塔塔中的众赞歌合唱曲，就是用帕赫贝尔的方法创作的。比如，在康塔塔"坚固的堡垒"中，那种和谐统一的感觉就非常明显；而帕赫贝尔的众赞歌前奏曲中就不是这样，旋律压制了唱词，每个小赋格都自行其是，不顾前后。那时的作曲家当然知道这一点，后来他们干脆理所当然地将这些喧宾夺主、根据众赞歌第一段旋律而作成的小赋格，都改成独立的曲子。如今我们看到的帕赫贝尔的小赋格曲，肯定有很多来自这类众赞歌前奏曲，它们原本属于一首完整的众赞歌前奏曲的一部分。最初的分离由誊抄者造成，他们原本是为了操作上的方便。③

39

---

　　① 巴赫协会版，卷六，第 24 和 28 首(见施皮塔，《巴赫生平》，卷 I，第 382 页；卷 II，第 37 页)。

　　② 有克里斯托弗的 44 首以及米夏埃的 72 首众赞歌前奏曲流传至今。我们还须提到哈勒的圣马利亚教堂的扎豪(Friedrich Wilhelm Zachau，卒于 1714 年)，他是亨德尔(Händel)和库瑙(Johann Kuhnau)的老师，巴赫在圣托马斯教堂领唱席位的前任。通德(Tunder)，布克斯特胡德在吕贝克时的前任，也在这个领域有重要成就，不幸的是他的管风琴作品都没有保存下来。

　　③ 1704 年版的《曲谱集》里面的小众赞歌前奏曲就属于这种情形。见埃特纳，《音乐史月刊》(Monatshefte für Musikgeschichte, 1874)；以及里彻尔，《管风琴演奏史》(Geschichte des Orgelspiels，卷一)，第 151 页。

伯姆①,这位吕内堡的大师,则对众赞歌前奏曲有完全不同的看法。他受斯韦林克乐派的"色彩缤纷"(koloristisch)风格的影响。他喜欢的方法是:把原本的众赞歌旋律打碎,插入浮华的装饰,将其改造成花腔(Koloratur),并将这种丰盈、浮动的乐句附着在一个纯朴自然的和声伴奏之上。他完全没有帕赫贝尔那种正统的尊贵感,他的作品鲜活、跃动。他很会利用固定低音,在脚键盘上对一个独特的动机不断重复。后来,巴赫在他的众赞歌前奏曲中,将这种效果发挥得淋漓尽致。巴赫对"来临吧,外邦人的救世主"(卷七,第45首)的改编,是运用"伯姆风格"的一个可供参考的范例。

汉堡的管风琴师约翰·亚当·赖因根(Johann Adam Reinken)也要稍提一下,他依靠两首长得惊人的作品在众赞歌前奏曲的历史上赢得一席之地。他的老师海因里希·沙伊德曼(Heinrich Scheidemann)是斯韦林克的学生,在汉堡的圣卡特里娜教堂任管风琴师时收赖因根为徒。赖因根在1664年接替老师的职位,一做就是58年,直到1722年去世。他对自己两部超长作品颇感自豪。第一部是"现在必定是时候了"(*Es ist gewißlich an der Zeit*),有232小节,另一部是"在巴比伦河畔",长达335小节。他请人将后者镌刻于铜版上。像伯姆那样,作品的旋律用了各种花俏的装饰与点缀,伴奏部分则更像帕赫贝尔的风格,建立在旋律的各个线条引出的动机之上。他还使用了大量的双持续音(Doppel-pedal)。

虽然这两部作品都展示出超凡的技艺和艺术感觉,但从音乐的角度考察,仍旧欠缺火候。一切雕琢都只是为了表面光鲜。旋律过于歇斯底里,听众也只能品尝这种折腾人的动感。②

相比之下,吕贝克的管风琴师迪特里希·布克斯特胡德(Dietrich

---

① 盖奥格·伯姆(Georg Böhm),生于1661年,1698年任吕内堡的圣约翰教堂管风琴师,他在此职位上一直工作到1733年去世。有18首众赞歌作品传世。谱例可参考Commer,Ritter和A. W. Gottchalg的选集,以及Straube的《老派管风琴演奏大师》(*Alte Meister des Orgelspiels*,Peters,1904)。

② 里彻尔有一篇分析众赞歌前奏曲"在巴比伦河畔"的文章。无论如何,赖因根仍然属于值得关注的艺术家。

Buxtehude,1637—1707)技高一筹。他于1668年接替著名的弗朗兹·通德(Franz Tunder)在圣玛丽教堂的席位。他是沙伊特到巴赫之间最出色的管风琴师,还被认为是德国的管风琴托卡塔真正的缔造者。[①]他的众赞歌前奏曲实际上是各种不同类型的众赞歌幻想曲,从形式最简朴的到最才情兼具的,无所不包。在形式简朴的作品中,旋律径自安静流淌,不时伴有些许点缀,和声伴奏同样充满趣味,光芒闪烁。巴赫的众赞歌前奏曲"我全心地恋慕"(*Herzlich thut mich verlangen*,卷五,第27首)和"最亲爱的耶稣,我们在此"(卷五,第36首)就是按照布克斯特胡德这种形式简朴的幻想曲风格而作,这也为这类作品提供了一种极好的参考思路。而且,原作者的理想正是通过这位仿效者来实现的,巴赫在这些小幻想曲中投入的热情是布克斯特胡德的作品怎样都无法企及的。在那些大型的众赞歌前奏曲中,布克斯特胡德通常把旋律拆散,将这些片段洒落到那漫溢着才气的、神气活现的幻想曲中,按照他的设想,他要将这些零散旋律分别安排于女高音、女低音、男高音、男低音四个声部。巴赫的众赞歌前奏曲"坚固的堡垒"(卷六,第22首)正是完全按照布克斯特胡德的这种创作手法来构思的,巴赫充分领会了他的意图,并且取精祛糟,物尽其用。[②]

　　以上大致是17世纪末以前的各路大师们创作众赞歌前奏曲的若干种形式。从外在形式上看,他们完全达到了想要追求的效果,因为他们精益求精地创作出各种可能的形式,归纳起来大致有三类:第一类,整个前奏曲围绕主旋律的动机来构建,而且这条旋律没有作任何的改变,就像一条"定旋律"(cantus firmus)那样贯穿全曲始终,这是帕赫贝尔的"动机

41

---

　　①　管风琴托卡塔最早可以追溯到克劳迪奥·梅鲁洛(Claudio Merulo,1532—1604),威尼斯管风琴乐派的大师,此派逐渐发展成影响深远的尼德兰派。托卡塔最终在意大利被菲斯科巴尔迪发扬光大,获得了无法比拟的成就。在穆法特(Georg Muffat)的名作《音乐器械》(*Apparatus musico-organisticus*,1690)里,我们可以知道菲斯科巴尔迪是这项伟大的艺术没落之前最后一个杰出代表。
　　②　说起布克斯特胡德我们还得稍提一下胡苏姆(Husum)的管风琴师布伦斯(Nicolaus Bruhns,1665—1697),他是个英年早逝的天才。他有一首众赞歌前奏曲"来临吧,外邦人的救世主"由Commer收录。

化"(motivistisch)处理方法；第二类，把旋律拆散成"阿拉伯式碎花图案"
(Arabesken)①，以一个简单和声为基调，发展出众多蜿蜒盘缠的花色，这
是伯姆的"色彩化"处理方法；第三类则以旋律为中心，展开出一首自由流
动的幻想曲，布克斯特胡德的众赞歌幻想曲就属于这种类型。

　　其他所有能想象到的众赞歌前奏曲类型无非在这三种主要类型之间
游移。举例来说，我们可以在一首帕赫贝尔的众赞歌赋格中，为其定旋律
添加稍许淡彩和微饰；或者，在一首伯姆风格的"阿拉伯式碎花"众赞歌
中，将旋律的各个动机编织成和声，以支撑全曲；又或者，让布克斯特胡德
式的众赞歌幻想曲的主题自由起来，适当偏离众赞歌的主旋律，等等。

　　巴赫充分收集和利用众赞歌当时存在的这三种主要形式和一切相关
的变化形式，他并没有创造出新的形式。其实，即便像勃拉姆斯和里格
(Reger)这些现代的作曲家，也并没有创造出新形式，要知道，"创造"几乎
是不可能之事。然而，巴赫和他的前辈们最大的不同在于，他做了他们不
能做到的事情——他的作品出于形式却高于形式。

　　无论在哪个领域，当我们越想弄清楚事情的发展脉络，就越能清晰地
感受到，每一个时代都会给我们的认识设置一些限制，这些限制总让我们
的探索无以为继。而恰恰是在这种左右为难之际，总会有突破出现，使我
们跨越到一个更高、更确定的知识层面上，这又会让我们觉得一切皆可运
筹帷幄。然而，历史发展的真正模样——无论物理学、哲学还是宗教，尤
其是心理学——是以一种莫测高深、时常中断的样式展现出来的。有些
观念在某个特定的时代怎样都无法达到，尽管所有条件均已具备，但当时
的人们就是不懂这样思考，并不是说人们做不到，而是有某种神秘的、玄
虚的力量在指使人们先别这么做。同理，真正的艺术史是一部充满着隐
匿的、不可逾越的障碍的历史，它总掐准时间，在恰当的时候莅临。没有
人能说清楚事情为何总是这样发生——它从不早到，也从不迟到。因此，
我们无法理解为什么那些创造了各种众赞歌形式的大师们，竟然不懂得

42

---

　　① 阿拉伯式碎花图案，指精细、琐碎而零散的装饰花纹，以众多花、叶、几何图案相互
组合穿插构成。——译注

一个道理:形式不过是形式而已。他们只关注形式,竟没想到要使形式获得生命力,他们并未能将旋律本身蕴涵的那股精气神注入到形式之中。他们并没有看到,众赞歌前奏曲——倘若要解释这个名字的话——不仅只有旋律,同时还有歌词。前巴赫时代的大师们的众赞歌创作,只关心和声的动听,从不关注歌词的韵律。他们的众赞歌前奏曲的灵感完全在音乐上,并未撷取诗歌的菁华。纵使他们的想法再绝妙,也非得益于歌词。

　　布克斯特胡德则显得比较有趣。他的许多众赞歌前奏曲中都漫溢着真挚的情感,其中有一两首,歌词的内容在一定程度上体现于音乐之中。在为"由于亚当的堕落,一切都堕落了"而作的前奏曲中,他不止一次在低音部用各种音型来表达"堕落"这个字眼。但是,只要仔细考察,我们就会发现这种对歌词的暗示似乎仅是凑巧发生,他和同代人一样,甚少关注歌词,也几乎不会把诗学作为创作的起始条件来考虑。

　　因此,他们所担当的不过是拓荒先锋的角色。倘若不是巴赫不愿继续跟随他们,我们可能还不会知道,在这位天才还在当他们的学徒时就已经独具慧眼地感受到,真正的众赞歌前奏曲必须融入诗性,才能让旋律获得意义。要为听众准备的不仅仅是旋律,还要有内容①和精神。这位天才掌握着让音乐说话的秘密。

　　没有任何一种艺术能够像音乐那样,只会让人们记住完美的,而将不完美的彻底遗忘。早期的绘画作品至今仍可散发出它独到的艺术魅力。它涉及自然和现实,并将其呈现出来,不管技法何等笨拙,但始终能保持一种原始的真实,这足够吸引任何时代的欣赏者的眼球,他们会用与早期画家同样幼稚的眼光来欣赏画作。音乐却并不描摹外在的宇宙万物,它只能提供一幅关于隐匿世界的画卷,所以只能用那最完美的,永不止息的声音来表达,这样才能时常唤起人们的记忆,就好像他们真的看过那画卷一样。若做不到这样,音乐只会随着时间的流逝而黯淡、凋零,直至灰飞烟灭。历史的有趣之处在于常常不乏直指目标的热切渴望,但这些想法

43

---

　　①　此处双关,一方面指具体歌词中的内容,另一方面则指聆听作品时得到的满足。——译注

却缺乏带来真切的艺术满足感的能力。

这便是每一个欣赏过布克斯特胡德等老一辈大师作品的听众的切身体会。首先,他会对他发现了如此珍贵的艺术宝藏而欣喜万分,但只要他继续往下听,深入仔细地品鉴之后,就会变得谨慎起来。他发现他已懂得将这些作品放到历史中去理解,他还会用一种后天习得的、理想化的正义感去评判作品。这种态度对鉴赏者来说完全合适,但对于艺术家来说就有点不近人情了。艺术的评判标准总是那么绝对和直接。

尽管现代的鉴赏行家们很希望公正地对待他们的作品,但再怎么公正也无法超出作品的限度,它们能给予我们的也只有那么多。巴赫之前的作曲家的众赞歌前奏曲,最终都是为了等待这位更伟大的大师的到来。他跟随在前辈身后,随时可以得到他需要的素材,更能为这些素材带来勃勃生机。

参考书目:

Philipp Spitta:《巴赫生平》(*J. S. Bach*. Bd. I,S. 95ff.)

A. G. Ritter:《16 世纪至 18 世纪初德意志地区管风琴演奏史》(*Zur Geschichte des Orgelspiels*,*vornehmlich des deutschen*,*im XIV. Bis zum Anfang des XVIII. Jahrhunderts*,2 Bände. Leipzig,1884)

Carl von Winterfeld:《福音圣歌》(*Der evangelische Kirchengesang*,Bd. II,1845)

Franz Commer:《圣乐》(*Musica sacra*. Bote & Bock,Berlin.)

M. Straube:《管风琴演奏的旧日大师》(*Alte Meister des Orgelspiels*,Peters,Leipzig,1904.)

第六章　巴赫以前的康塔塔和受难曲

（本章中提到的所有作曲家的作品基本上都由 Denkmäler der Tonkunst 出版。）

康塔塔的历史上有两个问题需要考虑——礼拜仪式和音乐形式。

在新教的教会仪式中，宗教音乐演奏如何被安排到诵读福音和布道之间，换句话说，难道刚好在那两项程序之间就需要音乐进来打断一下？这属于礼拜仪式的问题。而音乐形式的问题则是，旧时的无伴奏经文歌清唱如何过渡到巴赫时代的康塔塔——这种包括咏叹调、宣叙调和丰富器乐伴奏的新形式？

为了弄清康塔塔如何在教会中获得地位，我们首先得考究宗教改革时期的礼拜仪式如何编排。路德继续保留仪式中的弥撒部分而未取消它，他只裁剪掉其中的奉献礼——纯粹属于天主教的献祭仪式，以布道取而代之。①

---

① 请参阅这三份著名的资料：《论教区礼拜仪式秩序》(*Von der Ordnung des Gottesdienstes in der Gemeine*［1523］)、《维腾堡教堂的弥撒与圣餐仪式秩序》(*Formula Missae et Communionis pro ecclesia Wittenbergensi*［1523］)以及《德意志弥撒与礼拜仪式秩序》(*Deutsche Mess und Ordnung des Gottesdienstes*［1526］)。关于路德之前德国的弥撒仪式情况，请参斯门德(Julius Smend)，《路德宗弥撒之前的德意志新教弥撒曲》(*Die Evangelischen deutschen Messen bis zu Luthers Deutscher Messe*, Göttingen, 1896)。现有的大多数观点主要都来自 Liliencron 深入详尽的研究，《1523—1700 年间新教礼拜仪式的圣餐音乐史》(*Liturgisch-musikalische Geschichte der evangelischen Gottesdienste von* 1523—1700, *Schleswig*, 1893)。

这种调整几乎没有改变宗教仪式上的音乐结构,在新教的弥撒里,合唱的大部分时间还是用来唱诵诸如《求怜经》《荣耀经》《信经》《圣哉经》(Sanctus with Benedictus)以及《羔羊经》等曲目,这与天主教无甚差别。实际上,它们也可以用德语赞美诗来代替:"永恒的天父,求你求怜"(Kyrie Gott Vater in Ewigkeit)代替《求怜经》[①],"在至高之处荣耀归于上帝"(Allein Gott in der Höh sei Ehr)代替《荣耀经》,"我们都信唯一的神"代替《信经》,路德的"先知以赛亚所见"(Jesaia dem Propheten das geschah)代替《圣哉经》,而《羔羊经》则代之以"哦,上帝纯洁的羔羊"。但在拥有唱诗班的教堂里则无须这样做,因为路德始终认为,无论如何都得保留拉丁语的合唱歌曲。他认为唱诵拉丁语歌曲对年轻一辈学习拉丁语大有裨益。

从路德的时代一直到巴赫的时代,无论在新教还是天主教的仪式中,这些崇高的音乐作品频频出现。新教的领唱创作的弥撒曲几乎与天主教的作品无异,而那些意大利作曲家创作的弥撒作品出现在新教仪式中也是常见之事。结集出版的弥撒作品中,新教与天主教作曲家的作品皆有。巴赫也曾抄下许多意大利的宗教音乐作品,这些抄本一直流传至今。这并不是他打发时间的方式,而是因为这些曲目每个礼拜日都得在圣托马斯教堂上演。因此,所谓新教与天主教音乐之间的区别,尽管我们早有耳闻,但在这个时期,仍未露端倪。

46   按路德教会的规定,宗教仪式应根据如下顺序进行:《进堂经》(Introit)、《求怜经》、《荣耀经》、《使徒书》(Epistle);《阶台经》(Gradual)、《福音书》、《(尼西亚)信经》;布道;《圣哉经》、《羔羊经》和《圣餐经》。尽管路德始终认为,推行形式统一、程序明确的仪式之时机尚未成熟,但各教区的仪式,虽说偏差在所难免,都大体遵照上述顺序来进行。《求怜经》、《荣耀经》、《信经》、《圣哉经》和《羔羊经》每个礼拜日都会唱颂,而《进堂经》和《阶台经》则每周不同,因为它们要根据具体的日子来安排唱词的内容。奉献礼——本来同是因应日子来安排内容——逐渐被弃用,而代之以德

①   巴赫协会版,卷七,第 39 首(a,b,c)和第 40 首(a,b,c)。

语布道。

　　在这种情况下，则需要德语赞美诗与每个礼拜日的德语布道内容相适应，来表现每个礼拜日的具体特色。在《进堂经》部分，牧师和唱诗班轮替演唱拉丁语交替圣歌，德语赞美诗并无机会加入。在《使徒书》和《福音书》之间的《阶台经》，最早的时候，会根据每年中特定的日子选用德语唱词来轮替拉丁语唱词；现在，无论是唱诗班还是会众均可使用这两种语言来唱诵。教会的倾向十分明显——希望德语赞美诗能在每一个教会年度的仪式中占一席之地，在 16 世纪后半叶，每个礼拜日的仪式中都会安排两到三首德语赞美诗。一本出版于 1566 年的赞美诗集如此命名：《根据教会年度活动次序而编排的圣歌集》。①

　　《阶台经》中的德语赞美诗在《使徒书》和《福音书》之间起承上启下的作用，比之更具承递意义的，则是在诵完《福音书》和《信经》后，在布道开始前唱诵的赞美诗。这些赞美诗与福音书里应外合，其内容必须和每个礼拜日的主题一致。由于这些赞美诗多由唱诗班承担，——在《福音书》和布道之间的赞美诗，会众只唱"我们都信唯一的神"，因此即便每次都添加配衬福音书内容的新赞美诗，亦不会影响演出效果。

　　这样，在每个特定的礼拜日，在围绕《福音书》进行的德语布道中，渐渐形成一个亮点——用音乐配合布道。少了它，一切都好像黯然失色。音乐家们突然意识到，比起以往为弥撒指定的赞美诗配上时令的音乐，这项任务要艰巨得多，因为这些阐发《福音书》的赞美诗每年更迭。面对这种更加宽泛的配乐要求，作曲家几乎无视原来相对固定的配乐。《求怜经》和《荣耀经》的内容固定不变，每个礼拜日都可以重复演唱，但与布道相关的赞美诗则是全新的，且要适应时令。所以，即使在重视艺术的教堂里，也只有在极其特殊且隆重的宗教节日里，才会启用一套专门订制的音乐。平常日子里，作曲家们只要能为《求怜经》和《荣耀经》配乐就已心满意足。尽管仪式中的其余部分都照旧保留，但在音乐上空间有限，艺术灵

47

---

　　①　亦见本书第 33 页。最早的赞美诗集并没有这类编排顺序，这种根据季节时令顺序对赞美诗进行的编排，与弥撒经书（Missal）的编排一致，后者通常分为两个部分，常规部分（Ordinarium）和特定时令及圣哉经部分（Proprium de Tempore et de Sanctis）。

感的全部力量都集中到布道经文歌(Predigtmotette)上。信奉新教的艺术家渐渐从旧的上帝转向新的上帝,后者更有吸引力,也会给他们更多恩赐。他们对反复为毫无音乐感的《尼西亚信经》谱曲极度厌恶,相比而言,他们觉得为新的赞美诗配乐要愉快得多。他们宁愿为布道赞美诗编写一整年的配乐,也不愿意写哪怕一部完整的弥撒曲。巴赫就是这样,他为赞美诗配过 5 个完整年度的音乐,但只创作过一部完整的弥撒曲。当他需要做弥撒的音乐时,就借用意大利人或他自己的康塔塔作品。[①] 他创作康塔塔时从不借用别的作曲家的作品,尽管也会利用一些相关素材,正如他借用别人的弥撒曲片段那样。他坚持原创康塔塔,这样能保持新鲜感,工作起来充满动力,而且,他从来就对那些创作自拉丁语歌词的作品不感

48 兴趣。弥撒曲他则喜欢从别处借用他需要的片段。在这方面,他完全因袭自 16 世纪中叶以来的新教音乐的特质。

第一套完整的福音书配乐始于 1542 年。开风气之先的是马丁·阿格里科拉(Matin Agricola)的"周日福音歌集——适于全年礼拜天的、短小精悍的配乐德语福音"。随后,尼古劳·赫尔曼(Nicolaus Hermann)[②]和赫墨鲁斯·赫珀尔(Homerus Herpol)[③]也在这方面做了有意义的工作。这些作品的歌词是由牧师凌瓦特(Bartholomäus Ringwalt),[④]以及作有"噢,上帝,虔诚的上帝"和"最心爱的耶稣,你犯了什么罪"的诗人约翰·黑尔曼(Johann Heermann)[⑤]提供的。诗人这样命名他的作品:"教堂里虔敬的叹息",或"宣告福音结束的钟声",约翰·黑尔曼以韵文形式,

---

① 参考巴赫的四首小弥撒曲(B. G VIII. Jahrgang)。

② 尼古劳·赫尔曼是约希姆斯塔尔(Joachimsthal)的领唱。《谱曲的全年礼拜天福音》(*Die Sonntagsevangelien über das gantze Jahr*, *in Gesange verfasset*, 1560)。

③ Homerus Herpol, *Novum et insigne opus musicum*, *in quo textus evangeliorum totius anni*, *vero ritui ecclesiae correspondens*, *quinque vocum modulamine singulari industria et gravitate exprimitur*, Freiburg i. B, 1555.

④ 凌瓦特,《每个礼拜日及宗教节日的福音布道》,〈以韵脚和赞美诗形式迻译的全年忏悔诗篇〉(*Evangelia auf alle Sonntag und Fest*, *durchs gantze Jahr neben etzlichen Busspsalmen in Reim und Gesangweise vertieret*,第二版,1581)

⑤ 约翰·黑尔曼是一个饱经风霜的诗人,在他整个生命中几乎没有一天健康的好日子。在塞尔西亚(Silesia)作牧师时,他亲眼目睹了三十年战争带来的满目疮痍。

将它们熔铸进福音的汁液与内核中,并以它们结束布道,这些福音既适于普通的礼拜天,又用于高贵的庆典。

新教的艺术是自由的,既无传统的限制,也无习俗的阻挠。它给自己订立的目标是在音乐中阐发福音的义理。它的抱负远大,让人钦佩,以至于似乎全世界在音乐上的发展,都在为德国新教音乐添砖加瓦。从 17 世纪始至 18 世纪,新教音乐的发展有意识地接受来自宗教和世俗两端的音乐影响,无论源自哪里,一股神圣的创作激情驱使它毫不犹豫地照单全收,对新事物亦毫不惧怕。

当黑森—卡塞尔(Hessen-Kassel)的领主莫利茨伯爵于 1609 年来到马堡时,他一定是受到一种奇怪的预感驱使,于是掏出 100 塔勒作为津贴,规劝此前在他属下唱诗班的一个小男孩,海因里希·许茨(Heinrich Schütz),放弃当时的法律学业,用两年时间去威尼斯跟随那里的大师们学习音乐。正是这个年轻人带着德国艺术翻越阿尔卑斯山,而且一呆就是 4 年。许茨拜入乔瓦尼·加布里埃利(Giovanni Gabrieli)门下。老师异常钟爱这名学生,弥留之际还把自己的戒指送给许茨。加布里埃利于 1613 年去世,许茨料理好他的后事才返回家乡。他的另外一名老师是蒙泰威尔第(Monteverde),这位旧式意大利歌剧的缔造者,在许茨 1628 年重返威尼斯时指导了他一年。正是得益于这两位大师,当时背负着重振德国艺术重任的许茨,使德国艺术获得期盼已久的复兴。从乔瓦尼那里,德国人学到一种新的复调音乐。当时,德国仍深受尼德兰乐派活泼而细腻的风格影响,并不擅长对位法,因此缺乏独立、深入地发展艺术的根本动力。三位伟大的威尼斯大师,安德烈亚·加布里埃利(Andrea Gabrieli,1510—1586)、他的侄子乔瓦尼·加布里埃利(1557—1613),以及克劳迪奥·梅鲁洛(Claudio Merulo,1532—1604)发展出一种比北方乐派①更加粗犷、更富于歌唱性的音乐风格。这种新的复调音乐改变了原来旋律化的音乐特质,它的特点

49

————————

① 威尼斯乐派的创始人是阿德里昂·维拉尔特(Adrian Willaert,1480—1562),若斯坎的学生。他在圣马可教堂(St. Marco)的后继者有来自梅辛(Mecheln)的奇普里阿诺·德·罗勒(Cyprian de Rore,1516—1565),以及作为音乐理论家而闻名的吉尔斯皮·扎利诺(Giuseppe Zarlino,1517—1590)。

是能让每个声部都真正地发出声音。这种新形式在管风琴音乐与合唱音乐中皆获得发展。与此同时,器乐的发展也进入了一个新时期,它开始独立出来。加布里埃利不仅用他的小型管弦乐团来为唱诗班伴奏,还让他们演奏独立的前奏曲。蒙泰威尔第[①]——第一位伟大的歌剧作家——给德国艺术的影响则更加可贵,他将戏剧性植入德国艺术之中。

　　这种旧式的意大利歌剧可以免受瓦格纳对晚近歌剧的责难。它并不是一系列内容松散的咏叹调的简单堆砌,而正是"歌剧"这个词所声称的——音乐戏剧(Ein Dramma per Musica)。蒙泰威尔第,可以说是所有歌剧作家中最像瓦格纳的一位。圭多·阿德勒(Guido Adler)的评论确有其道理,他说,《指环》[②]的作者实际上可算作文艺复兴的代表,这部歌剧也特别有文艺复兴意味。[③] 这种全新形式的音乐创造者们,有着和瓦格纳相同的理想。在他们看来,音乐并不是自说自话,而应用来表现戏剧情节,所以他们总要求将管弦乐队藏到观众看不到的地方。[④] 他们的旋律,采用戏剧中的朗诵形式,那种深刻的表现力直到今天仍能深深打动现代听众的耳朵。蒙泰威尔第的作品《阿里安娜的悲歌》(Lamento d'Arrianna)就是其中一例。

　　这种感染力极强的文艺复兴艺术从许茨那里走进德国教会。我们

---

　　① 克劳迪奥·蒙泰威尔第(Claudio Monteverde,1567—1643)从1590年起在曼图阿公爵(Herzöge von Mantua)的宫廷中生活,1613年成为加布里埃利在威尼斯圣马可教堂的继任者,并在此位置上留任终身。他的第一部歌剧《奥菲欧》(Orfeo),写于1607年。威尼斯歌剧院落成于1637年。意大利歌剧的始祖是卡契尼(Florentines Giulio Caccini)和佩里(Jacopo Peri),他们合力为亨利四世(Heinrich IV)与他第二个皇后美第奇的玛丽(Maria von Medici)的婚礼写下名为《尤丽狄茜》(Euridice)的歌剧。这部歌剧在1600年10月6日上演,这个日子理所应当成为歌剧的诞生日。

　　② 指瓦格纳的歌剧《尼伯龙根的指环》。——译注

　　③ 圭多·阿德勒,《瓦格纳:维也纳大学演讲录》(Richard Wagner:Vorlesungen,gehalten an der Universität Wien,Leipzig,1904)。

　　④ 《奥菲欧》的曲谱至今保存完整。蒙泰威尔第的管弦乐团包括两台大键琴,两架木风琴,两把倍大提琴,十把大提琴(臂握式维奥尔,viole di brazzo),一架竖琴(arpia doppia),两把法式袖珍小提琴(violini piccioli alla francese),两把双颈鲁特琴(chitarroni),三把古式低音维奥尔琴(bassi de gamba),四把长号,两把短号,一支牧笛,四把小号。见Wilhelm Langhans,《17、18和19世纪的音乐史》(Geschichte der Musik des XVII,XVIII and XIX,Jahrhunderts,Leipzig,1882,I),第92页。

很难想到，在阿尔卑斯山的这边，人们会对这种形式如此热情。当许茨和米夏埃·普里托里乌斯（Michael Prätorius）——后者并没有到意大利留过学，但以意大利作为复兴德国音乐的榜样——在 1614 年夏末相遇于德累斯顿时，他们会有怎样的谈话？而他们这次相遇，只不过是因为不得不为选帝侯家庭的洗礼谱曲！他们为后者的家里准备洗礼仪式时用的音乐。

　　这便是许茨的命运，日夜不停地漂泊，带着他的新式音乐，游走于众宫廷之间，最远还到过哥本哈根。虽然从 1617 年起，他就被委任为德累斯顿选帝侯的宫廷乐长，他在这个位置上长达 55 年，直至去世。但从 30 年代起，宫廷乐团已形同虚设。30 年战争的悲惨境遇逼迫宫廷最大限度地节衣缩食。直至 1639 年，宫廷音乐家从 36 人裁员至 10 人。[①] 只有碰巧搞到钱时才会发薪水，但许茨和他的手下又得保持最好状态，奔走于各个宫廷，为权贵们服务。我们发现他不止一次在哥本哈根久留，为丹麦皇储的仪式服务，后者是萨克森的选帝侯的女婿。其他显赫家族也常邀请他们。正是在这段最困顿潦倒的时光里他写出了自己最好的作品，但通常总要等上几年才能请到匠人将其刻成印版。可能还有很多作品，当时只留在手稿上，如今我们再也无法看到。[②] 卡塞尔图书馆为我们保存了他的《耶稣临终七言》，其他作品则保存在沃芬布特尔（Wolfenbüttel）。

　　即使等到战事结束，许茨重返德累斯顿并在此安顿下来后，宫廷乐团的工作仍旧未能重新开展起来。在战争的年代，他极力挽留这一批有潜质的年轻音乐家，期许好时光一来他们就立即开展工作，为此他做出很大牺牲，但现在看来，一切尽是徒劳。新的选帝侯乔治二世于 1656 年登基，

51

---

　　① 施皮塔，《许茨生平与作品》（音乐史文论），（*Heinrich Schütz' Leben und Werke*，*in Musikgeschichtliche Aufsätze*，Berlin，1894），第 24 页。

　　② 施皮塔《许茨》，第 37 页）说到：“大量珍贵的作品在 1760 年的德累斯顿、1794 年的哥本哈根、1780 年的格拉的大火中被焚毁。三场大火将教堂都烧至灰烬，这些地方很可能保存了大量许茨的作品。”可能正是因为这些灾难所带来的破坏，今天并没有许茨的管风琴作品留下。他的作品《达芙妮》（*Daphne*）——第一部德国歌剧——的乐谱也丢失了，只有歌词剧本保存了下来。它是诗人奥皮茨（Opitz）根据瑞努奇尼（Ottavio Rinuccini）的意大利文脚本改写的一首长诗。该剧于 1627 年在托尔高上演，以庆祝选帝侯的大女儿与黑森—达姆斯塔特的领主乔治二世的大婚。

他比他的父亲更热爱音乐,但是,他相中的意大利人却把这位年近七旬的老臣打入冷宫。许茨非常沮丧,怨恨自己把一切都奉献给音乐,怨恨自己进了这个宫廷乐团。他本来希望去一个更大的,更有艺术氛围的城市——在他心目中非汉堡莫属——但宫廷乐师的能力有限而且他年事已高,双重的限制使他只能屈就于德累斯顿。但正是他不停诅咒的艺术——就像耶利米诅咒自己的先知呼召——支撑他继续前行。他根据四个著名的圣经故事写了四部作品——现已几近失传的《圣诞纪述》(Weihnachtshistorie,1664)、《约翰受难曲》(1665)、《马太受难曲》(1666)和《路加受难曲》(1665)。他于1673年11月6日安详地离开人世,临终前几位朋友一直在床前给他唱歌。他的学生克里斯托夫·伯恩哈德(Christoph Bernhard)是汉堡雅可比教堂的乐长。由于许茨临终前已力不从心,他委托伯恩哈德将他的悼词——内容来自《诗篇》中的"我在世寄居,素以你的律例为诗歌"改写成一部五声部的经文歌,老师为此而感谢了学生。①

让人颇感意外的是,在许茨的所有作品中,我们并没有找到我们最想要的:每个礼拜日为福音布道创作的作品编年集。他不可能没有写过这类作品,因为作为一个新兴意大利风格的传人,他只会选用这类风格的作品,而这种作品直到他很老的时候才在德国出现,若他不自己创作,工作

---

① 许茨的主要作品有:《大卫诗篇及其所有合唱与合奏曲》(1619)(Psalmen Davids samt etlichen Motetten und Concerten[1619]);《我们唯一的救主和赐予我们福佑的耶稣基督欢快且所向披靡的复活史》(1623)(Historia der fröhlichen und siegreichen Auferstehung unseres einzigen Erlösers und Seligmachers Jesu Christi[1623]);《圣歌》(1625)(Cantiones sacrae[1625]);《贝克的压韵诗篇》(1628)(Beckers gereimte Psalmen[1628]);《圣曲》(I)(1629)(Symphoniae sacrae,Part I[1629]);《小型宗教合奏曲》(II)(1639)(Kleine geistliche Concerte,Part II,[1639]);《生动展现的,我们的救主和赐予我们福佑的耶稣基督在十字架上说过的七句话》(1645)(Die sieben Worte unseres Erlösers und Seligmachers Jesu Christi,so Er am Stamm des heiligen Kreutzes gesprochen,gantz beweglich gesetzt[1645]);《圣曲》(Symphoniae sacrae,Part II[1647]);《宗教合唱乐》(1648)(Geistliche Chormusik[1648]);《圣曲》(III)(1650)(Symphoniae sacrae,Part III[1650]);《12则宗教赞美诗》(1657)(Zwölf geistliche Gesänge[1657]);《约翰受难曲》(1665)(Johannespassion[1665]);《马太受难曲》(1666)(Matthäuspassion[1666]);《路加受难曲》(1666?)(Lukaspassion[1666?]);根据施皮塔,《马可受难曲》不是许茨的作品。详见《施皮塔全集》(Gesamtausgabe der Werke,Breitkopf and Härtel)。

则无从开展。能配上音乐的福音布道文本，均属韵律感较强的诗节，这与会众唱咏的赞美诗极易区分开。能为后者配乐的唯一方法，是运用众赞歌式的定旋律，写成圣歌或者经文歌的样式。而意大利式的音乐，需要的是一种结构更加自由的新诗——抒情短诗（Madrigal）[①]。

蒙泰威尔第的音乐重新唤起一种朗诵（Deklamation）式的音乐风格，作为歌曲的对立面，此种风格肯定不会采用任何做作的、节律单调的歌词来作曲，它需要的是不受韵律限制的散文体，里面所有的音韵和节律只受音乐支配。每行等长且押韵的诗节只会破坏音乐织体，明显让音乐变得不自然，而对这种歌词文本的坚定拒斥，使音乐走上了一条全新的道路，经过几个世纪的坎坷，最终走到瓦格纳那里。

但这种对音乐的诉求也隐含着一个内在的问题，并自始至终贯穿于音乐史之中。歌剧在蒙泰威尔第之后当即开始走下坡路，最终退化成一种松散织体的集合，成为全无戏剧关联的咏叹调联唱。其错误不在音乐，而在诗歌文学上——后者无论形式和内容均不得体，且自我放任。日益萎靡的歌剧还得不断花力气拾掇这些诗文，就像圣彼得要不断弯腰捡樱桃那般可怜。[②]

巴赫出现以前的圣乐发展史更像是一部配乐歌词的发展史，因此歌剧的发展依旧悬而未决，这无疑是说，歌剧的发展已渲染上悲剧色彩。

抒情短诗，按照齐格勒[③]在 1653 年的一篇对其进行讨论的文章中的说法，是一种短小的、有谐谑意味的诗歌形式，这种诗歌的诗眼通常

---

① 有关这点见施皮塔，《巴赫生平》，卷 I，亦见氏著《德意志田园牧歌的起源》（*Die Anfänge madrigalischer Dichtung in Deutschland*，《音乐史文论》［*Musikgeschichtliche Aufsätze*，Berlin，1894］，S. 62. ff）。抒情短诗最早起源于意大利，从田园牧歌演变而来。田园牧歌 Madrigal 这个词源自 mandra，畜牧群之义，主要指羊群。

② 这里提到的典故请参考歌德的诗《马蹄铁传奇》（*Legende vom Hufeisen*）。

③ 齐格勒（Caspar Ziegler），1621 年生于莱比锡，神学家，法学家。直至 1690 年去世以前，一直在维腾堡担任大学教授。他这篇文章的题目是这样的：《论田园牧歌，一种美妙且适用于音乐的诗行，如何用意大利人的方式在德语中创作，富含大量实例》（*Von den Madrigalen，einer schönen und zur Musik bequemsten Art Verse，wie sie nach der Italiener Manier in unserer deutschen Sprache auszuarbeiten，nebenst etlichen Exempeln*，Leipzig，1653；第二版 1685）

出现在最后一句或两句。在此之前有几行，每行该有多少字，都随诗人的兴致，但每行通常是 7 音节或 11 音节，有的押韵，有的不押韵。"抒情短诗不应受形式的限制，它应该更像诗人即兴的呢喃，而不是一首诗……我必须要强调，在德语中，没有一种单一的诗歌形式（Genus carminis）比抒情短诗更适合配上音乐。这两者的结合就是一个最理想的结果，文字可以根据它自然的情状任意结合，为其配上和声一定也更让人满意。"①

54

根据齐格勒，应该用宣叙调（Stylo recitativo）来演唱这些抒情短诗。他认为，当很多诗节串在一起时，如果能在若干节诗之间穿插一些小咏叹调（Arietta）或者咏叹调，将会更加讨喜，也可达到必要的多样化效果。对于齐格勒来说，宣叙调并不是像后期意大利歌剧或者巴赫的受难曲那样的、无伴奏的清宣叙调（Seccorezitativ）②，而应该像蒙泰威尔第那样的、有戏剧感和旋律感的宣叙调，类似我们的咏叙调（Arioso）③。

对于齐格勒，最理想的唱词可以让音乐家获得一种持续的热情（affektvoll）——从旋律感极强的宣叙调进入纯粹的旋律，然后返回。因此，他将朗诵式的音乐（deklamatorischer Gesang）④拟定为最终理想。他缺乏的只是认同他的理想、能提供相应的文本使他能够创作这类音乐的诗人。然而，在此紧要关头，毫无疑问，德国文学势力仍然太过单薄，而等到后来德国文学有能力担此重任时，音乐与文学早已分道扬镳，渐行渐远，任何一方都早已失去彼此合作的理想和眼光。

抒情短诗的形式到底和音乐有多般配，看看巴赫的《马太受难曲》就能感受到。用抒情短诗笔法创作的咏叙调（Arioso）歌词比上好的咏叹调（Arie）更出彩。它们诗行中的音节自由顺畅，行文前后连贯，从简单的开

---

① 见施皮塔完整的引述，《巴赫生平》，第 65 页及第 66 页。

② Secco 的意思是干涸的，和 Accompagnato 相对，后者指蒙泰威尔第的加入众多乐器配乐的、活泼的、有旋律感的、朗诵式的音乐风格。

③ 返始咏叹调（Da capo-Arie）包括主部和副部，两部均唱完一遍后重复主部。即 A-B-A 形式。

④ 除了歌唱，演奏乐器也可以用此方法，故统称为 deklamatorischr Gesang。此词也有雄辩、辞藻华丽之意。这种音乐风格追求每个音节字正腔圆，精确传神。——译注

头慢慢走向最终的结题。例如：

> 我的耶稣面对虚伪的谎言缄口，　　　　　　　　55
>
> 为了向我们显示，
>
> 他充满怜悯的意志
>
> 愿为我们而受难，
>
> 我们在同样的困苦中，
>
> 也应像他那样，
>
> ……在受迫害时缄口。

又如：

> 他为我们所有人行善。
>
> 他让瞽者看见，
>
> 让跛脚者行走，
>
> 他对我们讲天父的话语，
>
> 他驱逐魔鬼，
>
> 让悲伤的人鼓舞，
>
> 他接纳了罪人……
>
> ……我的耶稣所行无它。①

　　这些希望音乐与诗歌珠联璧合的尝试遍存巴赫的作品中。但这种大

---

　　①　这种类型的咏叙调还有："您，亲爱的救世主，当您的门徒愚蠢地争吵时"（*Du lieber Heiland du，wenn deine Jünger töricht streiten*，No. 9），"当耶稣离我们而去时，我的心在泪水中游弋"（*Wiewohl mein Herz in Tränen schwimmt，dass Jesus von uns Abschied nimmt*，No. 18），"救世主在他的父前倒下"（*Der Heiland fällt vor seinem Vater nieder*，No. 28），"上帝，求你垂怜，救主被缚住手脚了！被鞭笞！"（*Erbarm es Gott！Hier steht der Heiland angebunden！* No. 60），"啊，我们的血肉被迫背负十字架"（*Ja freilich，will unser Fleisch und Blut zum Kreuz gezwungen sein*，No. 65），"啊骷髅地，不幸的骷髅地！"（*Ach Golgatha，unsel'ges Golgatha！*，No. 69），以及"傍晚，当凉气袭来，亚当的堕落便显明了"（*Am Abend，da es kühle war，ward Adams Fallen offenbar*，No. 74）。

师风范的艺术是否还能在其他地方找到呢？哪里还有这种自由挥洒、无与伦比的演绎？

17世纪最有特点的德语抒情短诗是《牧人遐趣》(*Hirtenlust*)，作者是许茨的朋友，诗人音乐家约翰·赫曼·沙因(Johann Hermann Schein)。这个作品出现在1624年，奇怪的是齐格勒并未注意到它，尽管它代表的正是齐格勒苦心孤诣的"朗诵式歌曲"的理想。沙因有一套宗教抒情短诗集留世，题为《以色列的细泉》(*Israels Brünnlein*，1623)。[①]

齐格勒的文章发表后不久，许茨就已看到该文。他写了一封措辞友善的信给这个与他有亲戚关系的人。信中，许茨以音乐的名义衷心祝愿齐格勒，在大力推广德语抒情短诗的途中一路走好。"那些德国作曲家们"，许茨说到，"如今在不断尝试着，为各种新近创作的新式诗歌配乐，然而他们却不断抱怨这些新诗体，比如说抒情短诗——这无疑是最适用于娴熟的音乐创作的体裁——至今还不能被他们完全把握，往往在这样的抱怨中，作曲家便忽视了它们。"

56　　许茨认为他本人没有必要再对分节歌体(Strophentexte)下太多功夫。[②] 他开始了他在艺术歌曲和众赞歌之间的挣扎，最后他同时疏离二者，将其调和成合唱经文歌(Choralmotette)。和他同时代的许多音乐家不同，许茨对为众赞歌配和声毫无兴趣，亦不会特别关注会众唱咏。所以当我们今天出演他的受难曲时，就不应往里面添加合唱，更不能加进会众唱咏的赞美诗。许茨本人从不会同意这种做法。

---

① 经过莱比锡的普吕弗(A. Prüfer)教授的点拨，我才意识到沙因的重要意义。请参考氏编《沙因作品集》(Breitkopf und Härtel, Bd. 3, 1907)

② 这并不意味着他再也不写分节歌曲，他偶尔还会在这方面下工夫，例如，他为死去的嫂子写了 *Aria de vitae fugacitate*(1625)，就是对赞美诗"我把自己的事情交托上帝"(*Ich hab mein Sach Gott heimgestellt*)的改造加工(参考他的两个改编作品，在他的作品选集的卷十二，第3首和卷六，第24首)。他还在1628年为贝克尔(Cornelius Becker)的格律圣诗创作了配乐，用的是唱诗班圣歌的形式(选集，十六)。我们还能在他的作品中发现很多这样的分节歌的例子。莱比锡的普吕弗教授，是那个时代德国歌曲的资深专家，他向我论证了许茨的德语世俗抒情歌曲的重大意义(参许茨全集第15卷)。它们都是协奏曲式，并开始有独立的乐器演奏声部加入到通奏低音伴奏中。

那时,这种(对众赞歌的)背叛愈演愈烈。马特松,这位与巴赫同时代的著名汉堡乐人,殚精竭虑地证明,[1]真正的宗教音乐必须远离众赞歌,分节歌大体上也不可取,因为文字上的格律阻碍了音乐的进展,音乐的行进总要将就诗节好比"旋律里染上了隐疾"(maladie de la mélodie)——马特松自创的法语文字游戏。[2]

这个问题的确困扰着所有巴赫以前的德国宗教音乐作家,对于巴赫而言,它同样存在,即便在许茨的时代,这个问题已经很严峻。新音乐不能搭配老式的布道用的分节歌曲,因为后者缺乏戏剧感。另一方面,那个时代的诗学无力为音乐提供富有戏剧感的抒情短诗让它能自我沉浸和满足于它天生的戏剧特性之中。将福音布道打造成充满戏剧感、音乐表现力丰富、声文并茂的仪式是一个有待后人实现的理想,而巴赫与其同侪尝试在康塔塔上接近这个理想。许茨也因此放弃了那些围绕福音书的文本和诗歌,他只想直接从《圣经》里找资源。他一头扎进《圣经》的文本里,希望找到他身边那些潦倒诗人无法写出的漂亮句子。许茨为《诗篇》配乐,歌词直接摘自经文,挑选的皆是戏剧感很强的段落。但《圣经》本身并不会向人们昭示那些音乐感和戏剧感皆佳的段落,是他自己将那些文采斐然的段落挑选出来,重新写成戏剧对话的形式。法利赛人和那个税吏进殿里祷告;先知劝诫他的百姓;大卫王忿恨他的儿子押沙龙;沮丧的保罗听到天上传来的声音,直至那些问题在风中消散;救世主耶稣基督在十字架上的临终七言。哪里还能找到许茨的丧礼音乐这样的德语安魂曲? 他亲手从《圣经》中挑选出文本与各种歌曲编织在一起组成这首作品。[3] 因此,他的歌词逃脱了那个时代毫无生气的诗歌造成的阴霾。他的音乐并没有遮盖歌词本身所散发的光辉,这与巴赫异曲同工;反而,他巧夺天工的笔法,愈发凸显

57

---

① 《音乐批评》(*Critica musica*),1722。

② 这个短语原意是"旋律中的隐疾",maladie 意为疾病,和 melodie(旋律)形近,音似。这里是指旋律中还有另一个旋律(即诗歌格律)就成了毛病。——译注

③ 这部音乐是许茨为哀悼他的君主海因里希(Heinrich Postumus von Reuss)而作,在后者的葬礼——1636 年 2 月 4 日——上演出。当选帝侯感到大限将至时,他叫人订了一口棺材,棺盖和两侧都刻满他钟爱的圣经赞美诗。许茨就是按照这些诗作来创作的。参见施皮塔,《巴赫生平》,第 17 页。

了这些文本内在闪烁的光芒。

许茨回到《圣经》里寻觅独一无二的靓丽词句作为他的歌词,从对歌词的处理看,他的确具有开拓精神;另一方面,在音乐上,他更是当仁不让地扮演着吐故纳新的角色。在德国宗教音乐中,加布里埃利的做法——将多段合唱引入作品而获得华丽的戏剧效果——的确是一次革命,许茨在他的作品《大卫诗篇》(*Psalmen Davids*,1619)的序言里也谈到加布里埃利做法的意义。在作品中独立地使用管弦乐团亦是前所未有的革命,在许茨第二次到意大利短暂停留时,他开始熟稔蒙泰威尔第的音乐,此后他的作品中就常常这样做。同样具有革命意义的还有,引介和推广类似宣叙调(rezitativisch)的独唱歌曲。为理解这种新式歌曲的意义,我们必须知道,在之前的新教音乐中,《圣经》中的词句向来都是以赞美诗独唱的形式给出,以前也叫"祷告语气"(Kollektenton),即单调乏味的背诵式唱法,而且唱的过程中不分小节;这些都是天主教沿袭下来的习惯,路德和沃尔特继续使用这种唱法,只是做了些无伤大雅的调整。1623 年的《令人欣喜的、胜利之复活的故事》,福音布道者仍是用这种旧形式(背诵式)唱的。[1] 但从许茨开始熟悉蒙泰威尔第的类似宣叙调的咏叙调时起,他就决定选用后者,并毫不避忌地将这种形式用在《耶稣在十字架上的临终七言》中。

所有这些,都充满破旧革新的意味。然而,在他最后的作品中,却几乎看不到这些革命的气息——他曾经的理想是把音乐做得独具匠心,能激发听者的情感。他晚年时抗拒合唱效果,不喜欢乐器伴奏,甚至连富有戏剧感的宣叙调也一并拒绝。[2] 他最后的受难作品,唱诗班全部不带伴奏地清唱;受难故事也回复到"祷告语气"的"背诵"。[3] 尽管如此,这些作品的艺术风采依旧。

新的艺术形式颠覆传统,在当时的确振聋发聩,但它也只是服膺时代

---

[1] 在这个作品的序言里,许茨指出,他希望这种宣叙调能得到管风琴或者别的乐器的伴奏。

[2] 艺术生涯的悲惨境遇使许茨晚年时否定了许多早前的革新想法,风格复归古朴、简洁。——译注

[3] 施皮塔兴奋地说道,在许茨的受难曲中的那种"祷告语气"般的声调,"是他那个时代的宣叙调中最传神的生花妙笔"(《许茨》,第 52 页)。

精神罢了。许茨的艺术毕竟还是相对原始、粗糙的，即便这样，后来者仍难以居上。根本原因在于，许茨的艺术不仅仅是形式，更多的是一种精神。一个新事物刚开始孕育生发的时候，总需要漫长的过程，但是人们总踌躇满志，希望快点盼来开花结果的时节，所以人们匆匆告别这种粗糙的原始艺术形式，带着宝贵的理想和新生的形式，径直奔向前方，迫不及待地要看看这新芽最终会结出什么果。艺术和所有别的事物一样，新生力量并不是每次都能发展壮大、开花结果，有时也会凋零枯萎；我们总被一种朦胧的力量指引，探索的过程总比最终的结果更迷人，但假若在刚开始发展的时候，我们看不到成熟的可能性，预见不到最终的实现，那么它就不再有吸引力。这种粗糙的艺术萌芽，发展到后来，已经有很成熟的成果，但其中的意义并不在于经过打磨的粗糙之物能变得完美，而在于它向我们展现所有粗糙的萌芽都具有非凡的内在潜力。

　　巴赫并不了解许茨的音乐，或者如果他了解，也并不欣赏。他借用过许多各个时期大师的作品，包括与他同时代的大师，但我们并没有在巴赫的手稿中发现许茨的痕迹。如施皮塔所说，许茨和巴赫的联系似乎仅存在于我们的想象中。① 巴赫并没有继承许茨的事业，但肯定不自觉地受过许茨作品的恩泽，正如在大自然中，一棵新生的植物总会受到早被埋进土里的朽木的滋养。②

---

　　① 　施皮塔，《许茨》，第 59 页。

　　② 　请参考施皮塔在 1885 年开设的精彩的课程《亨德尔、巴赫和许茨》，讲稿发表于 1892 年，收录于 Breitkopf und Härtel 出版社的《音乐演讲集》（*Sammlung musikalischer Vorträge*）。瓦尔特的《音乐辞典》（1732 年，第 559 页）中收录的对许茨的介绍也非常有趣。其中提到，在巴赫同时代的人们眼中，许茨无疑是个大人物，然而他们并没真正了解许茨的重要性及其作品的分量。很长一段时间里，他被人们淡忘。直到在温特菲尔德的《新教圣歌历史》（*Geschichte des evangelichen Kirchengesangs*，1845）中，才第一次着重关注许茨的作品，并展示出它们的意义，尽管他所说的有所偏倚。作者稍显肤浅的眼光低估了在他之前的新教音乐，所以他会认为埃卡德那个时期的大师——即那种单纯的、不张扬情感的演唱形式——会比许茨更好。在温特菲尔德看来，许茨开启了一个颓败的时代，这个时代一直延续到巴赫那里。其实他的看法也不像通常所认为的那样糟糕和肤浅。他这么看的原因有很多种，其中之一就是意大利艺术事实上把德国宗教音乐带到错误的道路上。但是，许茨并没有受这种影响。晚近的施皮塔是许茨的坚定拥护者，他编辑了许茨的作品，这无疑是对作曲家最好的纪念。莱比锡的里德尔（Karl Riedel）——他那个著名的唱诗班成立于 1854 年——是最早出演许茨作品的人之一。但他做的还是不够完美，并没有按许茨的原始版本演出受难曲，而是以许茨的作品为基底，重新编了一套受难曲上演。

通过许茨,"音乐会音乐"开始进入教会,赞美诗也慢慢变成了康塔塔。新形式总要用各种名称来乔装一下,但无论叫作经文歌(Motetta)、协奏曲、交响曲,甚至是对话乐曲,都无关紧要。"康塔塔"(cantata)一词在当时的意思和我们今天通常的理解不一样,即使到了巴赫的时代,这个词也只是用来指独唱的康塔塔。他把他最早一批康塔塔作品的其中一首——米尔豪森议会选举庆典康塔塔(1708,第71首)——称为"经文歌"(Motetta)。按照教会的规定,演出康塔塔的时候必须用文字简单提示——"以下是音乐部分"(Hernach wird musiziert)。①

60   如果连名称都已改变,内容则更加无法掩饰。在原来上演布道经文歌的场所,现在允许上演有分组唱和管弦乐的合唱作品。这一项变革在没有任何反对声音的情况下登场。之所以可能这样做,是因为那时已是一个充满各种理想的时代。我们发现,在那时的德国乡镇,无论大小,都处处充满理想。要知道,自古希腊时代起,这些理想就未曾像当时那样惊动市民。从政治角度看,宗教逐渐成为整个地区或者社团的共同事务——

---

①   音乐史上至今还没有对康塔塔的仔细全面的研究。这类研究的开展取决于大量相关作品的挖掘和整理,另外还要将最有价值的那部分编辑出版。我们是否有能力在这方面有所进展,还是个未知数。

关于意大利风格对德国的康塔塔造成的持续影响,也是个难弄清楚的问题。维亚达纳(Ludovico Grossi da Viadana,1564—1645),这位比许茨稍年长些的音乐家,深深地影响了许茨和那时的德国大师们。他最先规定声乐的编写必须建立在数字低音(即通奏低音)的基础上。他著名的作品《宗教赞美协奏组曲》(*Canto Concerti ecclesiastici*)于1602年在威尼斯出版。在德国,普里托里乌斯特别提倡和认真发展了维亚达纳的风格。他还要求通奏低音都应写上和声,这个连维亚达纳的乐谱里都没有提供。人声跟着管风琴和声所指示的方向走,能比以前更自由地移动。从那时起,纯粹的无伴奏合唱(a capella)的形式渐渐开始遭到弃用。到巴赫的时代,几乎所有合唱作品都有管风琴伴奏。

与此同时,作曲家渐渐失去对纯声乐形式的感觉。即使是加布里埃利、维亚达纳、许茨和普里托里乌斯,编写声乐旋律时已经带着器乐的感觉;后来就直接当成器乐来写。到巴赫的时代,纯粹的声乐形式已经不复存在。

卡里西米(Giacomo Carissimi,1604—1674,罗马的唱诗班领唱)的康塔塔和清唱剧作品并没有对德国宗教音乐产生多少影响,反而是他的创作受到许茨和普里托里乌斯的影响及促进。卡里西米的学生史蒂芬尼(Agostino Steffani),从1685年开始在汉诺威当领唱,此人影响亨德尔颇深。卡里西米的一些清唱剧作品,——耶弗他(Jephthah)、伯沙撒(Belshazzar)、所罗门的审判、约拿(Jonah)——由亨德尔的传记作家克里桑德在1869年编辑整理过。他还有一些清唱剧的手稿收藏于巴黎的国家图书馆。

事至关重要，就意味着一些旧有的格局必须改变。从那时起，人们开始视一件事情为他们最神圣的职责——替他们参与的宗教仪式挑选合适的音乐形式。仪式不仅是教会的事，而更是整个教区民众的事。宗教法庭并不能指派领唱、歌手和乐手给各教会，而是由当地的社区议事会或者直接由民众挑选。一个地区的名望和声誉来自它是否拥有富有艺术气息的礼拜仪式。当许茨的爱徒伯恩哈德 1663 年到达汉堡，开始担任约翰诺伊姆（Johanneum）的领唱和乐监时，"这个城市的权贵们"，正如马特松说的，"走到两英里外的贝格多夫（Bergedorf），用了六驾马车来迎候他"。阿勒（Johann Rudolf Ahle，1625－1673）除了是图林根的米尔豪森的领唱之外，还是这个城市的市长。

各城镇的音乐家们主要的职责就是打理教会的音乐。城市里的各种学校也需要他们在艺术上的指导和帮助。教授拉丁语的学校一般都有唱诗班。嗓子好的男孩可以就读这些学校，所有教育费用由市政负担。他们在青春期变声后，仍可以学一门乐器，继续留在管弦乐队里。如果谁有艺术上的天赋，就可以一路顺利念完大学，靠艺术才能过上很稳定的生活。汉堡的大师泰勒曼（Telemann）还是个学生时，就在莱比锡得到一个收入稳定的乐席。

教育体制和音乐有如此紧密的关系，使得那个时代的音乐家的文化水平比以前任何时代都高。① 如果我们考察那个时代艺术家的履历，我们就会发现他们中的大多数在念大学的时候就决定以后要从事音乐。德国的法学界应该感到非常自豪，因为从 17 世纪到 18 世纪早期，几乎全部最优秀的音乐家都在那里产生。报得上名字的就有，许茨、瓦尔特、马特松、亨德尔、库瑙、埃马努埃尔·巴赫，当然还有许多报不上名字的。

"一个作曲家是否必须接受这样的教育？"一个叫贝伦斯（Johann

---

① 那时的音乐家能得到和教师相当的至高地位。卡塞尔伯爵请许茨给他的孩子们当指导老师，并极不情愿许茨前往萨克森州。1674 年萨克森的选帝侯请求汉堡市议会让伯恩哈德回到他那里，出任他的宝贝孙子所在学校的校长，同时兼任副领唱。马特松在汉堡时，曾任维克斯（Johann von Wichs）和一些英国大使的孩子们的老师，后来做了他们使馆的使节。那个时代的音乐家可以被雇用做任何公职，有很多有趣的例子可以证明这种情况。

Beerens)的人在 1719 年发表的一篇文章中提出这样的问题,作者给出肯定的回答。他们肚子里到底有多少墨水,可以从他们选定的文本中看出,从普里托里乌斯①的《音乐汇编》(*Syntagma Musicum*)中我们便能以此考察作曲家的成色,其中包括埃马努埃尔·巴赫、盖博(Gerber)、阿德隆(Adlung)、马尔普尔格(Marpurg)等一些音乐家的作品。其实,教育和音乐的紧密联系也体现在每个受过良好教育的人都懂一点音乐知识,他们所获得的社会地位也得归功于他们所受过的音乐教育。这种富有浓郁艺术气息的文化氛围也很好地解释了人们对教会音乐的强烈关注——纵使我们今天实在难以理解。在信奉新教的城镇里,充满艺术感的宗教仪式就好比古希腊城邦中的剧场,都是各自时代艺术和宗教文化的中心。

同样,对于从低至高各级别的统治者来说,宗教仪式向来都是最重要的关切。他们费尽心思来寻找一个好的乐团指挥或领唱,通常不顾一切禁令——"挑拨离间、威逼利诱、买卖转让",这些都是路德在解释《十诫》时明令禁止的。而且,他们都贪婪无耻地要求乐师们坚守岗位,履行职责。在那个时代,好的音乐家是一个非常好用的政治筹码。想博取萨克森选帝侯的欢心,首先可以考虑去劝说卡塞尔伯爵,让他接受前者诚挚的恳求,将年轻的许茨让给他。②

30 年战争的苦难击垮了人们心灵的防线。君主们曾为了理想大力扶持艺术,作出最大牺牲来保护艺术免遭时事艰难的影响。列格尼兹(Liegnitz)的公爵就是其中一例。萨克森的选帝侯戈奥格(Johann Georg),原来还领着他的乐团到处炫耀;而如今,他的首要经济考量也要包括音乐家的开支了。

不幸的是,我们只能从那些泛黄的账本和沉闷的议会文书中了解那

63

---

① 普里托里乌斯(Michael Prätorius,1571—1620),沃芬布特尔的乐团指挥。他的著作《音乐汇编》第一部分讲音乐史,第二部分谈乐器的历史,第三部分是音乐实践的技巧指南,曾于 1615 年至 1619 年在坊间流传。

② 许茨 1612 年从意大利回国,在卡塞尔任管风琴师,1615 年起到萨克森任宫廷乐长,那时年仅 30 岁。——译注

时的德国社会为维护宗教音乐所作的努力，但大多数这类材料如今都躺在档案馆里无人问津。① 根据这些材料，我们对这段时期的了解多数只停留在物质层面，对艺术层面的了解很有限。从米尔豪森中上阶层的刊物中，我们可以了解到，即使在困难时期还要举办每年一度的宴会——音乐餐会(Convivium musicale)，上面记载着餐桌上供应了什么食物，他们花了多少钱。根据这些议会文件，人们只会认为这些平常的、固定的宴会是活动的主要内容。

如果全面地考察这个时代的情况，我们必须承认，这里的一切条件都很适合宗教音乐的发展。只是此时仍未创造出什么伟大和经久不衰的作品，并不是说缺乏创造力和创造意愿，其实那时已经有很多音乐作品问世。每个领唱都希望能在礼拜日或者宗教节日演出他自己创作的康塔塔，并以此为傲。没人会把一个不懂创作的人当作音乐家。即使是那些资质平庸的人，也能掌握一套完整的创作技巧。他们早年在抄写各声部乐谱的时候就已打下基础，再经过完整、全面的教育与实践，使得他们在很年轻的时候，就有能力承担宗教仪式的整套音乐。那时候的音乐教育体系和我们今天的根本不是一回事，我们的目标仅仅是培养演奏者；他们的教育更加灵活，而且有崇高而远大的理想。从教育的角度看，出版自己的乐谱才是最高的奋斗目标，它能够激发学生进取，尽早越过使用他人的音乐操练基本功的初级阶段。

尽管那时的条件已经非常成熟，但还是没有经久不衰的作品问世。想象一下若是绘画也遇上那么好的时代，那该有多少杰出画作出现啊！在音乐上，我们只拥有一些值得景仰和敬重的大师，却没有不朽的大师之

64

---

① 请参考陶贝特(Otto Taubert)，《托尔高地区的音乐活动》(*Die Pflege der Musik in Torgau*, Torgau, 1868)；施皮塔，《17世纪米尔豪森的音乐社团和音乐餐会》(*Die musikalische Sozietät und das "Convivium Musicale" zu Mühlhausen im XVII. Jahrhundert*, *Musikgeschichtliche Aufsätze*, Berlin, 1894)，第77—85页；希塔特(Joseph Sittard)，《14世纪至今汉堡的音乐与音乐会历史》(*Geschichte des Musik-und Konzertwesens in Hamburg vom XIV. Jahrhundert bis auf die Gegenwart*, Altona-Leipzig, 1890)

这些资料向我们仔细描述那时的社会各阶层的关系，从汉堡的城镇音乐家到宫廷里的面包师傅，以及他们为婚礼和宴会服务的各种情形。

作！即便把那时所有的，被藏到圣器室或教堂地下室里的康塔塔作品都翻出来，让它们重见天日，我们也不会在真正的艺术层面上受益多少。从许茨到巴赫之间的音乐家，他们采用的方式只能越过小山，而不能攀上巍峨。

　　歌词的问题终究没有解决。在某种程度上，分节歌曲还是坚持着自己的立场，一些作曲家则开始试用抒情短诗，另一些人则试图回溯到《圣经》文本和旧赞美诗中。但仍然没有出现固定的形式。

　　过渡时期的康塔塔作品最具代表性的人物是哈默施密特（Andreas Hammerschmidt，1611－1675），齐陶（Zittau）的圣约翰教堂的管风琴师。他的《音乐奉献》（*Musikalische Andachten*）和《音乐漫谈》（*Musikalische Gespräche*）广受赞誉。① 米尔豪森的阿勒（Johann Rudolf Ahle，1625－1673），②达姆施塔特的布里格尔（Wolfgang Karl Briegel，1626－1712）也得到很高的评价。若和许茨相比，他们的音乐都十分保守。

　　约翰·克里斯托弗·巴赫（1642－1703）——埃森纳赫的管风琴师——的艺术就显得要大胆得多。他的侄子约翰·塞巴斯蒂安，对叔叔景仰不已，曾在莱比锡上演过叔叔的米迦勒节康塔塔"一场战斗开始了"（卷七，第7－12首）。这个作品一直流传至今。叔叔的作品影响着侄子的艺术理念。这首康塔塔由22个声部组成，其中不乏作风颇为大胆的和声。克里斯托弗对复调技法非常在行，他在演奏管风琴或大键琴时很少低于5个声部。菲利浦·埃马努埃尔·巴赫也同样在他叔祖父的抄本的

---

　　① 《音乐奉献》（*Musikalische Andachten*），共5部分，1638－1653年。卷I，宗教协奏曲（*Geistliche Konzerte*，Freiberg，1638）；卷II，宗教抒情短歌（*Geistliche Madrigalien*，Freiberg，1641）；卷III，宗教管弦乐曲（*Geistliche Symphonien*，Freiberg，1642）；卷IV，宗教经文歌和协奏曲（*Geistliche Motetten und Konzerte*，Freiberg，1646）；卷V，用抒情短歌体创作的宗教合唱音乐（*Geistliche Chormusik auf Madrigalmanier*，Freiberg，1653）。《上帝与一颗信仰的灵魂之间的对话》（*Dialogi oder Gespräche zwischen Gott und einer gläubigen Seele*，分两部分，Dresden，1645和1646）。*Musikalische Gespräche über die Evangelia*，分两部分，Dresden，1655和1656。

　　② 《两个、三个、四个以及更多声部的宗教对话》（*Geistliche Dialoge mit zwei*，*drei*，*vier und mehr Stimmen*，Erfurt，1648）。他还作有圣歌集，"协奏曲"，经文歌，"奉献"等等。他的儿子，也是他的继任者约翰·盖奥尔格·阿勒（Johann George Ahle）相比父亲则逊色很多。

陪伴下成长，并深得父亲塞巴斯蒂安的遗传，父亲对他颇为赞赏。当福克尔（Forkel）——巴赫的第一个传记作家——到汉堡拜访埃马努埃尔时，后者为他演奏了一些祖传的作品。"我印象十分深刻"，作家后来写到，"当弹到那些卓著的或是风格大胆的段落时，这位老人慈祥地朝我微笑，他让我在汉堡重新聆听到这些老作品，这太让人愉悦了"。①

约翰·米夏埃尔（Johann Michael）是克里斯托弗的弟弟，格仁的管风琴师和牧师。他音乐上成就不算高，但塞巴斯蒂安也抄过他的一些经文歌来用，很长一段时间里被误认为是后者的作品。

最早的时候，德国北部的宗教音乐并不愿意使用同时代的诗歌，他们愿意像许茨那样，从《圣经》或一些以前的赞美诗集里挑选文本，而把表现的重点放在音乐上。因为北方受 30 年战争的影响最少，所以他们有着比任何其他地方更好的条件，去专心发展艺术。南方的纽伦堡，已不再是艺术的中心。汉堡和吕贝克用了两代人的努力，超过德累斯顿和莱比锡。那时的汉堡成为音乐家最想去的地方。年迈的许茨也曾想过要到那儿定居。当巴赫在寻找一个安定的职位时，他也把目标定在汉堡。但因为某些"意外"——如果我们能这样使用这个词的话——他没能到汉堡去。事情的真相是：某个平庸鼠辈，利用金钱挡住了一个有能力的人。

汉堡有许茨最重要的两名学生：韦克曼（Matthias Weckmann，1621—1674）和伯恩哈德（Christoph Bernhard，1627—1692）②。吕贝克则有菲斯科巴尔迪的学生，通德（Franz Tunder，1614—1667）。这位布克斯特胡德的前辈，按照当时的风俗，娶了他前一任管风琴师的女儿，③并代表妻子接过岳父传下的职位。他的继任者希费德克（Schiefferdecker），也同样娶

---

① 福克尔，《巴赫传记：艺术与作品》（*Über Johann Sebastian Bachs Leben，Kunst und Kunstwerke*，Leipzig，1802，S. 2）。施耐德（Max Schneider）在 1907 年的《巴赫年谱》中的第 101—177 页列出一份详细的巴赫家族的前辈们的所有作品的清单。

② 塞弗（Max Seiffert），《韦克曼 & 他的汉堡"音乐协会"》（*Matthias Weckmann und das"Collegium Musicum"in Hamburg*，Sammelbände der Internationalen Musikgesellschaft，1900—1901，S. 76—132）。这篇文章绘声绘色地描绘了当时艺术生活的情景。

③ 按照当时风俗，在选定了下一任管风琴师后，前任要将自己的女儿嫁给继任者，在名义上，职位是祖传的，不传外人，丈夫只是"代替"妻子领受职位。——译注

了他的女儿。①

著名的"晚间音乐崇拜"（Abendmusiken）②是从什么时候开始，又是怎样从吕贝克的圣马利亚教堂流传到各地，现在看来已不再可能弄清楚。人们第一次关注它是在 1673 年圣马利亚教堂的一份文件中，"从今以后，所有被本地议会雇佣的音乐家，每人必须到晚间音乐崇拜上协助演奏管风琴 5 次"。③ 管风琴师要从音乐家行会里聘请他们，并承担这些助手的费用。为此，管风琴师必须从权贵那儿寻求打赏。

在布克斯特胡德的时代，管风琴师有一项习俗——向他们的资助人赠送晚间音乐崇拜曲目的乐谱，我们从他 1700 年赠给一位"伍尔法兹先生"的曲谱中得到印证。④ 如果赞助的经费不够开销，则要援请市政议会帮忙，同时后者还需负责维护秩序。在 1705 年 12 月 2 日纪念利奥波德一世的音乐会上——巴赫此时正在吕贝克并出席了音乐会——蜂拥的人群给演出带来巨大的压力，为此要动用"两个伍长和 18 名士兵"。按照惯例，该任务由市政议会的门房守卫来担当。⑤

----

① 1706 年 5 月 4 日，已经 69 岁的布克斯特胡德向当局请愿，希望在他百年之后将他现有的位置交给他其中一个女儿，他心中已有合适的人选。他的请求最终被应允。见施蒂尔（Stiehl），《圣马利亚大教堂的管风琴师与吕贝克的晚间音乐崇拜》（*Die Organisten an der St. Marienkirche und die Abendmusiken zu Lübeck*，Leipzig，1886）。

② 具有宗教性质的音乐表演，特指布克斯特胡德在北德的吕贝克每年圣诞节前五个礼拜日演出的晚歌。该演出在 1673 年形成惯例，持续至 1810 年。——译注

③ 更多细节请留意前一个注中提到的施蒂尔的著作。

④ 在吕贝克，这种赠送乐谱的习惯最早可以追溯到 1677 年。18 世纪 50 年代前后，当吕贝克公立图书馆提出想收藏一套完整的晚间音乐崇拜曲谱时，有人一下子就捐出了 1677—1757 年的曲谱全集。但如今这个图书馆并没有这些资料，到底图书馆最终有没有得到这份捐赠，值得怀疑。见施蒂尔，《圣马利亚大教堂的管风琴师与吕贝克的晚间音乐崇拜》，第 7 页。总的来说，在那个时候向听众赠送康塔塔的曲谱是件稀松平常事。贡普雷希特（Jahann Daniel Gumprecht），在他的《安息日回忆》（*Sabbatsgedanken*）（1695）中谈到，索要乐谱在那个时代被视为非常正当的要求。

⑤ 施蒂尔，《圣马利亚大教堂的管风琴师与吕贝克的晚间音乐崇拜》，第 8 页。在 1700 年圣马利亚教堂的周记中我们看到，"承蒙上帝的荣光，我们的晚间音乐崇拜从过去一直办到今天；随后，按照议会的意愿，一首祈愿吕贝克康乐安宁的诗将谱成流行的音乐形式，在教堂上演一场完整的音乐会。为了保证不再发生骚乱，无论是在教堂内外，议会的门房守卫将再次到场戒严，按照往常一样，付给他们 6 马克。"（此为衡量金银货币的重量单位，1 马克合 227 公克）——译注

与巴赫同时代吕贝克的领唱鲁埃茨（Ruetz），曾在 1753 年向长者询 67
问晚间音乐崇拜的习俗从而何来，长者们告诉他，很早以前圣马利亚教堂
（St. Marien）的管风琴师通常会在人们去赶集之前弹上几首小曲给大家
听，久而久之，便发展成晚间音乐崇拜。这种江湖臆说，被各种版本的音
乐史一再重复，甚至被吹嘘为出自吕贝克的一些老专家之口，但至今未能
找到可靠的证据。没人能解释为什么它只在礼拜日上演，而且只会在一
年里较冷的季节演出。① 晚间音乐会通常在介于圣马丁节和圣诞节之间
的每个礼拜日的下午 4 点到 5 点上演，通常安排在下午的宗教仪式结束
之后，但圣灵降临节的第一个礼拜日除外，因此，每个音乐季有 5 场演出。
这种演出很有可能源自圣灵降临节，但或许旧教会故意不这么说——为
了和他们的末日审判的说法保持一致。在他们看来，圣灵降临是一个悔
罪和悲恸的时刻，在这期间，所有的音乐，即便是管风琴，也应该停止演
奏。在莱比锡和很多其他地方，这个礼拜日都不会有任何音乐上演。

这五首康塔塔形成一个独立的整体。② 布克斯特胡德有三套这样的
曲目，流传至今的就只剩下标题了。第一套叫"羔羊的婚礼"，第二套叫
"救世主耶稣基督降临人世，道成肉身，尘世的人们获得至福"，第三套叫
"对话乐曲：一切大悲和大喜，不过是时间的尽头和永恒的入口"。这三个 68
题目都暗示了圣灵降临节。这些文本和音乐的失传着实让人遗憾。

1885 年，施蒂尔（Stiehl）在埃特纳（Eitner）主编的《音乐史月刊》
（*Monatshefte für Musikgeschichte*）中发表了一篇讨论通德的文章，次年
又接着讨论圣马利亚教堂的历任管风琴师。在文章中，他对我们未能将那
个时代北方大师们的任何合唱作品保留下来哀叹不已，无论是吕贝克还是
汉堡，仅仅只有布克斯特胡德的 20 余首宗教康塔塔留存下来。③ 1889 年

---

① 鲁埃茨抱怨晚间音乐崇拜为何要在寒风凛冽的季节上演——几乎是每年的深
冬——每次都要在严寒中等待 3 个小时（下午的仪式要进行 3 小时），再哆嗦着听一个小时。
淘气的孩子在唱诗班后台打闹，发出怪叫，追逐嬉戏，破坏了一切的和谐，音乐根本无法奏下
去；更别提要在深冬下午的阴暗灰霾中演奏了，光线太暗看不到谱，音乐也变得极不虔诚。

② 一个乐季一套共 5 首。——译注

③ 有 20 首的手稿藏于吕贝克的图书馆，还有两首在柏林图书馆。后面两首是：《上主
垂示》（*Dixit Dominus*）和"正直人，你们当欢乐"！（*Nun freut euch ihr Frommen*），曾载于
《音乐史月刊》。

施蒂尔去瑞典旅游,他发现著名的乌普萨拉(Upsala)图书馆藏有大量这类宗教音乐作品。他们拥有杜本(Düben)家族的乐谱藏品,这个家族占据着斯德哥尔摩宫廷乐长这个职位长达三代人之久,一直延续到 1719 年起上任的卡尔·古斯塔夫·杜本(Karl Gustaf Düben)。他们和北德的两个音乐中心保持着积极的联系,经常到那边拜访他们的同行,也不时抄下他们欣赏的作品。从他们的康塔塔作品中,可以看到通德、韦克曼、伯恩哈德的踪迹,①而布克斯特胡德对他们的影响,照现在看来,应该更大些。②

上述这些音乐家都有一个共同的特点——非常善于利用管弦乐团。他们注重音乐的色彩感,尤其是韦克曼和布克斯特胡德。布克斯特胡德在一部作品(康塔塔"亲爱的基督徒,欢喜吧"[*Ihr lieben Christen freuet euch*])中配置了三把小提琴,两把中提琴,三把短号,三把长号,两把小号,巴松管、低音提琴和通奏低音。在他们的所有表现手法里,管乐向来都是主角,管风琴配合它们。③ 在 1697 年的一部为圣马利亚教堂的新祭坛落成而作的作品中,动用了三个唱诗班,定音鼓和小号。通德几乎比布克斯特胡德的影响更大,他为《坚固的堡垒》写的康塔塔,是一部雄壮和英气逼人的作品。

69　　　渐渐地,我们已经能看到乐器的使用对各种声乐作品的影响。我们感到一个新的时代——纯声乐作品已不再是作曲家的唯一关切——就要到来。阅读韦克曼的乐谱,我们觉得这仿佛是巴赫的作品,已经满是器乐的味道。④

---

① 参施蒂尔,《乌普萨拉图书馆里的杜本家族及布克斯特胡德的手稿》(*Die Familie Düben und die Buxtehudeschen Manuskripte auf der Bibliothek zu Upsala*),埃特纳《音乐史月刊》,1889。

② 乌普萨拉藏有 100 首布克斯特胡德的手稿,以及 18 首通德的手稿。

③ 在这方面,北方的音乐家并没有响应许茨的号召——后者从前辈们对管乐的偏爱中慢慢解放出来,更愿意给弦乐表现的机会。

④ 圣马利亚教堂似乎总对器乐的音响效果有强烈的偏好。当各种地方要员、议会的议员、教会的主事行圣餐礼时,小提琴手和鲁特琴手总是主动地加入到管风琴音乐中。1659 年,某位鲁特琴手最高兴的事就是在每月若干次的特别仪式上,"在管风琴的乐声中听到自己的声音"。这种情况直至 1737 年还很常见。参施蒂尔,《圣马利亚大教堂的管风琴师与吕贝克的晚间音乐崇拜》,第 12 页。

尽管如此,我们还是不要想当然地以为这些已着迷于器乐的作曲家就能自由支配他们的创作。在吕贝克,教会不会那么容易让他们得意忘形。在最顺利的情况下,布克斯特胡德可以让 40 名合唱队员,分成六排,紧挨着(管风琴的)大键盘。这种排法亦无法让每个声音相互叠加,我们能够想象,合唱的声音只能被乐器的伴奏淹没。在汉堡,情况也不会好。圣彼得教堂的领唱,在 1730 年时只拥有 7 名歌手,除此之外还有 17 名器乐手(未算三把小号和定音鼓)。①

这些作曲家在创作中运用众赞歌时,他们更愿意选择许茨之前那个时代的方法。这些方法常常在他们的作品中出现,而许茨的方法却少人问津。他们整部康塔塔都根据众赞歌来创作,所以就有了众赞歌康塔塔这种类型。这种做法让后来的巴赫又爱又恨。严格说来,这种康塔塔仅仅是一种生硬的形式拼凑,因为在一个有各种独唱段的作品的歌词中使用分节歌体明显不合时宜。因此这类作品就遭到新内容和旧形式无法般配的批评。然而,在选用了《圣经》文本的康塔塔中,众赞歌还是发挥了很大的作用。布克斯特胡德挑选的文本颇让人印象深刻,他挑的《圣经》经段和他的众赞歌旋律很和谐,贯穿作品始终的众赞歌旋律更像是整个作品的重心。这种倾向于无唱词,纯粹是用乐器来演奏众赞歌的形式,这时已经相当成熟。后来巴赫正是凭借它来诠释他最深邃的理念。

至此,歌词的问题似乎就以这样的方式解决了。当时的诗歌已放弃创造一种自由形式的尝试。音乐家则借用《圣经》或各种赞美诗集里的诗行,自己创作康塔塔。他可以互相比较各个段落和音节,再建立起一个最合适、最有戏剧感的顺序。可以想见,那个时代的音乐家已经认识到这是唯一的解决办法。《圣经》和德语赞美诗集是取之不尽、用之不竭的财富,它们与世界同在,与音乐同在。音乐家只要靠自己的双手就能找到他所需要的一切素材,不必苦等诗人们的作品。

①　约瑟夫·希塔(Joseph Sittard),《汉堡的音乐与音乐会历史》,第 40 页。作者对别的教堂的人员设备配置亦有论述。

　　但就是在这个时候,希望诗歌与音乐结合的古老观念,再度以宗教为内在理念,以戏剧的外在形式,重新浮现。它干扰着新教音乐的发展,妖言惑众,那时并不成熟的德语诗歌也凑过来添油加醋,使得音乐的道路再度风雨飘摇。更要命的是,巴赫,作为这个时代的新生儿,也被迷惑得认不清方向,他毕生都在探索之中,希望找到最真实、最纯粹的康塔塔。而本来已够潦倒的德语诗歌,受到神迹剧创作灵感的启发后,变得更加不自量力。

　　新的康塔塔在歌词和音乐上都和旧的有所不同。歌词上,多数时候它已经脱离《圣经》和赞美诗的经段,而完全信靠新的自由诗歌。这些自由诗,是当时的意大利歌剧创作的相关产物。这些歌剧和蒙泰威尔第的音乐剧已经完全不同,但还是有返始咏叹调和接近独白那样的宣叙调。这种新艺术明显受到那不勒斯风格的影响,旋律部分和朗诵部分不再像蒙泰威尔第的咏叙调那样界限不明,它明显地分成没有旋律的朗诵部分(宣叙调)和没有朗诵的歌唱部分(咏叹调)[①]。文艺复兴时期的音乐剧那种音乐和戏剧两面一体的感觉在这里已经荡然无存。

71　　这样,原本的戏剧感统统转变为沉思感,即变成咏叹调。[②] 在这种新艺术中,音乐部分就不再需要描述情节,从而变成纯形式性的,而承担表演任务的朗诵的部分(宣叙调),已完全和旋律脱离干系。新的宣叙调和咏叹调的产生,可以归因于那个时代的歌剧艺术仍不具备创作真正的戏剧音乐的能力。没多久,新的观念就产生了,它能将音乐和戏剧表演合二为一,用统一的艺术理念进行构思和表达,这种观点强烈反对歌曲和朗诵分开。格鲁克(Gluck)和瓦格纳就是这么做的,他们两人都偏爱蒙泰威尔第,都期待能创造真正的乐剧(Dramma per musica)。

　　这两种新的歌曲形式的出现乃是 18 世纪末意大利音乐舞台没落的结果,德国的新教音乐作曲家却心悦诚服地接受了它们。如果有谁不接

---

　　① 　这种变化在亚历山德罗·斯卡拉蒂(Alessandro Scarlatti, 1659—1725)的歌剧和康塔塔中开始变得明显。

　　② 　一般来说,咏叹调用来表现剧中角色的内心活动、思想斗争、独立等,因此给人的感觉是沉思的。

受,就会被视作藐视新教的布道音乐。他们将合唱曲当成背景音乐,独唱歌曲开始在宗教音乐中担任主角。

　　至于受难音乐,此前一直无忧无虑地发展,现在也开始受到改革的牵连,它原本端庄古朴的形式根本无法抵挡住改革创新的浪潮。此前,这种音乐一直都没有相关的记述。我们只知道,早在公元 4 世纪的时候,人们就有在棕枝全日①讲马太受难故事的习俗,而在受难周②的星期三,讲述路加受难的故事。在公元 8 到 9 世纪时,就有在圣周③讲马可受难故事的习俗,而约翰受难的故事就安排在耶稣受难节(Karfreitag)讲。④ 在 13 世纪时,迪朗(Durandus)⑤则希望将简单的朗诵变成戏剧形式。直到这些词句到了福音传道者手里时,它们才被附上福音布道的音调——正如朗诵赞美诗,当念到耶稣何等温柔怜悯,或者质疑宗教的群众发出惊栗时,都要附上特别的音调。⑥ 唱诵赞美诗式的方法一直沿用到 15 世纪末。在这个阶段之前,受难故事和其他福音书的段落一样,都是朗诵的。在 16 世纪初,荷兰的作曲家首次尝试为受难故事配上音乐。第一部带音乐的受难作品由奥布雷赫特(Jakobus Obrecht,生于 1450)在 1505 年创作。路德的朋友沃尔特曾两次用到它。1538 年,它由戈奥格·洛(Georg Rhaw)出版发行,由梅兰希通⑦为其作序。在接下来的时代,无论是天主教还是新教的作曲家,都按照在弥撒时所要用到的不同规格和长度来创作受难音乐作品,而且德语和拉丁语版本之间并无区别。

---

①　Palmsonntag,复活节前的礼拜日。——译注

②　Leidenswoche,即复活节前两周。——译注

③　Kardienstag,复活节前一周。——译注

④　关于这个话题,可以参考 Otto Kade 全面而有趣的研究,《1631 年前最早的耶稣受难曲》(*Die älteste Passions-Komposition bis zum Jahr* 1631,Gütersloh,1893)。

⑤　Guillaume Durandus(1230－1296),法国的圣典学者。

⑥　Non legitur tota passio sub tono Evangelii, sed cantus verborum Christi dulcius moderator. Evangelistae verbain tono Evangelii proferantur,verba vero impiissimorum Judaeorum clamose et cum asperitate vocantur. 这是否如 Kade 所想的那样,是按照文本中不同的人物进行分角色的朗诵,仍是个疑问。我们只知道迪朗的想法,但并不知道他们为此做了什么。

⑦　Philipp Melanchthon(1497－1560),德国神学家、人类学家、哲学家和新拉丁语诗人,被誉为“德国的老师”,德国宗教改革中除路德外另一重要人物,路德的密友。——译注

那时浩如烟海的受难作品大致可以分为两类:经文歌式的受难曲和戏剧式的受难曲。经文歌式的受难曲从头至尾,包括耶稣的言辞,都由唱诗班唱出;而后者,布道者的话和耶稣的言辞是由一个人用上述提到的福音布道的旧音调来朗(唱)诵,只有群众的惊栗声用复调,要用唱诗班唱出的还有和彼拉多、①罪恶的见证者、行不义之人有关的词句。

戏剧式的受难曲自然要胜过没有戏剧感的、枯燥的经文歌②。沃尔特的《马太受难曲》是第一部这种形式的德语作品。按习俗,这部作品于1530年的棕枝全日上演。他的《约翰受难曲》则在耶稣受难节上演,这个作品有幸被保留至今。它还被翻译成捷克语,自1609年起,每年都在齐陶上演一次,直至1816年。

许茨也接受戏剧式的受难曲,并一直沿用。他拒绝各种器乐化的做法,而采用福音布道的赞美诗那种旧音调。虽然他在别的地方常用咏叙调来单独呈现《圣经》的词句,但他的受难曲里并没有用这种形式,而且表演的过程中也不会插入咏叹调或者众赞歌。

经过许茨的精心雕琢,这种古老的表现手法散发出质朴的美,在当时独树一帜。它让我们想起荷兰画家动人的受难绘画。当歌唱者唱到福音布道的部分时,他们懂得该怎样唱出这悠悠古风。③　这种辉煌的效果,让我们以为是在欣赏巴赫的受难作品。

但总的来说,旧式的戏剧式受难曲和更早前的宗教音乐都缺乏仁慈感和深邃感,毕竟它们的那个时代,总将修辞看作是戏剧的核心。

新的运动始于1678年汉堡歌剧院的落成④,当议员肖特(Gerhard Schott)、执业律师吕特延斯(Lütjens)和管风琴师赖因根(Reinken)在这

---

①　彼拉多,罗马帝国犹太行省的执政官,曾审问耶稣,并迫于犹太教领袖的压力,判耶稣钉死在十字架上。——译注

②　成就最突出的拉丁语受难曲作曲家有泽尔米西(Claudin von Sermisy,1534)、拉索——从1575年起共创作四部受难曲,以及比德(William Byrd,1607)。他们的作品都属于戏剧型的作品。

③　只有那些听过施皮塔如福音布道者般宣讲许茨作品的人,才能更传神地体会到那种布道式的音调在戏剧表达过程中散发出来的美。

④　德累斯顿歌剧院由卡尔洛·帕拉维奇尼(Carlo Pallavicini)建于1662年。

个新剧院展开合作时,他们想的更多的是宗教剧而不是世俗剧。泰勒(Theile)的《亚当和夏娃》①是第一部上演的歌剧②,接着是《米迦勒和大卫》(*Michael und David*,1679),《马加比的母亲及其七个儿子》(1679),《以斯帖》(1680),《基督的降生》(1681)和《该隐与亚伯,或绝望的杀害手足者》(1682)。

事实上,这些戏剧文本的艺术价值并不高,今天看来都颇为可笑,我们很难在其中发现宗教元素。然而,那个时代的人却不这么认为。牧师们都积极响应并承担了大量的相关工作。有一位叫埃尔曼霍斯特(Hein-rich Elmenhorst)的牧师,写过几个剧本,被诚挚地邀请到歌剧院供职。

一段时间后,许多热心歌剧的市民③不再关注剧院,因为他们卖弄风华,制造粗滥低俗作品激怒了大家,埃尔曼霍斯特为此写了一部《古今戏剧概论》(*Dramatologia antiquahodierna*),尝试挽回大家的信心。他主张,这个剧院上演的剧目应该用古希腊戏剧形式表现基督教的内容。希腊人在舞台上展现他们信奉的诸神和崇拜的英雄,从而达到宗教启迪与教化作用,所以基督世界也应该把圣经故事用鲜活的表演形式呈现于众人眼前。罗斯托克和维腾堡的神职人员,也集中讨论了这个问题,他们大体上支持这种宗教歌剧形式。

大家做了很多努力,但终究未能挽救这种形式的没落④。随着时间的推移,这种宗教剧也慢慢远离舞台。但是,在埃尔曼霍斯特著作中提出

74

---

① 这部歌剧上演于 1678 年 1 月 2 日。完整的题目是:《亚当与夏娃、被造、堕落和被扶正的人:以歌唱剧展现的》(*Adam und Eva. Der erschaffene, gefallene und aufgerichtete Mensch. In einem Singspiel dargestellt*)。泰勒是许茨的学生,布克斯特胡德的老师。关于歌剧在德国的起源与发展,请参考克雷奇马尔(Hermann Kretzschmar, 1848—1924),《德意志歌剧的第一个世纪》(*Das erste Jahrhundert der deutschen Oper*,《国际音乐学会文集》*Sammelbände der Internationalen Musikgesellschaft*, 1901—1902, s. 270—293)。

② Singspiel,歌唱剧,一种 18 世纪德国的音乐喜剧。——译注

③ 莱瑟(Anton Reiser),圣雅各布教堂的牧师,写了《黑暗的作品》(*Theatromachia, oder die Werke der Finsternis*, 1682),细数了歌剧院的各种糟糕作品。同年,劳赫(Rauch)用文章《为基督教的,尤其为音乐歌剧的辩护》(*Theatrophonia zur Verteidigung der christlichen, vornehmlich aber der musikalischen Opera*)回应了他。

④ 从 1730 年起,歌剧院的状况一年不如一年,直到 1740 年,由一个意大利的剧团代为掌管。1750 年,汉堡歌剧院及其附属所有资产在一次公开拍卖中卖出。

的理想,依旧在那个时代的汉堡艺术生活中占支配地位。那时的汉堡才俊辈出,随后在这里工作和生活过的凯泽(Keiser)、马特松、亨德尔、泰勒曼都曾追随这一理想。凯泽 1694 年移居汉堡。亨德尔 1703 年至 1705年在汉堡生活。马特松是土生土长的汉堡人,在歌剧院度过童年时光,他真正的事业始于 1705 年,那年他决定放弃剧院歌手和演员的工作。泰勒曼则在 1721 年应邀来到汉堡。①

不管这些艺术家担任什么职位,无论他们是否掌管着剧场或者教会的音乐事务,其实都无关紧要,因为无论如何他们都会无私地为教堂和剧场创作音乐。1715 年至 1728 年,马特松任大教堂的领唱,在这个位置上

---

① 凯泽(Reinhard Keiser)生于 1673 年,他在莱比锡的圣托马斯学校接受早期教育,此后入读莱比锡大学。从 1697 年开始为汉堡歌剧院工作,他在这里写过很多宗教剧,值得注意的有《战胜了爱的智慧,或所罗门:以歌唱剧在汉堡大剧场上演》(*Die über die Liebe triumphierende Weisheit*, oder *Salom*, in einem *Singspiel auf dem großen*, hamburgischen *Schauplatze dargestellt*[1703]),和《倒了的,而重被举起的尼布甲尼撒,大先知但以理之下的巴比伦王》(*Der gestürzte und wieder erhöhte Nebukadnezar*, *König von Babylon unter dem großen Propheten Daniel*[1704])。凯泽很有才华,有出众的想象力,但他轻佻的生活态度阻碍了他发出本该拥有的光芒。1739 年他在汉堡逝世。

约翰·马特松(Johann Mattheson)1681 年生于汉堡。他的音乐作品不如他的理论著作那么有影响力。他是"现代音乐"的第一位理论高手。他的 84 部著作是研究那个时代的音乐史最不可多得的材料。如果没有普里托利乌斯的《音乐汇编》(1614 — 1620)、瓦尔特的《音乐辞典》以及马特松的这些著作,我们很可能对 17 世纪至 18 世纪早期的音乐发展一无所知。

当亨德尔只身前往汉堡时,马特松主动要当他的老师和担保人,但这份差事给马特松造成一定的负担。

马特松在他的《爱国音乐家》(*Der musikalische Patriot*, 1728)中,始终在追求一种新的宗教音乐形式。他的《大型通奏低音练习》(*Große Generalbaßschule*, 1731)和《完美的乐正》(*Der vollkommene Kapellmeister*, 1739)也非常重要。《凯旋门的地基》(*Grundlage einer Ehrenpforte*, 1740)收集了那个时代最著名的音乐家的传记式文章,同样意义非凡。

他的正职是英国驻汉堡大使秘书。他于 1764 年逝世。

格奥尔格·菲利普·泰勒曼(Georg Philipp Telemann),虽然不如凯泽和马特松有才华,但在当时的德国同行里却享有更大的名气。他 1681 年出生在马格德堡(Magdeburg),于 1701 年赴莱比锡学习法律,在那里待了 3 年,后来成为莱比锡的新教堂(Neue Kirche)的管风琴师。他建立的"音乐协会"(Collegium Musicum)在莱比锡的音乐生活中有重要地位。这个协会主要从学生团体中招募会员。他分别在索劳(Sorau)、埃森纳赫以及法兰克福的圣弗朗西斯和圣卡特里娜教堂任领唱,均获成功。1721 年他返回汉堡,在约翰诺依姆人文中学(Johanneum)任领唱。他还写过许多歌剧作品,角色原型多是法国人。他的作品汗牛充栋,均列在马特松的《凯旋门的地基》(*Ehrenpforte*)里。他于 1767 年去世。

他能够更好地创作更多新的宗教音乐。后来，他每况愈下的听力导致他提前退休，凯泽最终接替他的职位。后者此前一直掌管歌剧院的工作。泰勒曼后来被召至汉堡担任约翰诺依姆学校的领唱及唱诗班导师时，仍旧在剧场挂职，并获得一年300塔勒的薪水。亨德尔到汉堡主要的目的是去歌剧院，但同时也为教堂提供音乐。①

作曲家们渐渐放弃对汉堡剧场音乐事务的努力。剧场创办者的初衷，是想将其打造成宗教艺术的摇篮，并维持一定的水平；但现在看来，作曲家们更热衷于将宗教剧引介到教堂的仪式中，至于他们的创作是否适合教历年的时令，是否能用作某一天的福音布道，他们未作考虑。泰勒曼那些"戏剧独白"（Theatralische Soliloquia）到底适用于何种布道？——如《被卖的约瑟》，《被西底家打的弥迦》，《遭子民逼迫的大卫》，《垂死的参孙》，或者《沉水的约拿》。他们甚至还创作了分两部分的清唱剧，想在布道之前和之后进行表演，还天马行空地挑选了戏剧场景。② 但他们并没有因此比他们的前辈对教会缺少虔敬或忠诚。相反，他们相信这种自由的、自我依存的，并且认为自己有把音乐从巴比伦被掳中解放出来的功劳。他们的目标是建立新教的艺术——一种主观的、戏剧化的艺术。他们想要实现的，是将富于情感表现的戏剧化风格，配以管弦乐的浓墨重彩，引入到宗教音乐当中。这种观念最终会导致一个问题：枯燥的宣叙调和正统的三段式返始咏叹调是否不应该进入宗教音乐？

本来，这些作曲家就对受教会管制的唱诗班的男童们束手无策。对于唱诗班，他们向来关注很少，因为他们的音乐主要是独唱段。他们的咏叹调需要找技艺娴熟的歌手，不论男女。直到那时，女士仍未被允许在新

76

---

① 他第一部上演的歌剧是《阿尔米拉》（Almira，1704），接着是《尼禄王》（Nero，1705）。《弗洛林多和达芙妮》（Florindo and Daphne）在他离开汉堡时已将近完工，但直到1708年才登上舞台。他这个时期的宗教作品值得注意的有：根据众赞歌"主，我这可怜的罪人"（Ach Herr, mich armen Sünder）编写的康塔塔；一套分两部分的清唱剧——为圣约翰日（St. John's day，纪念施洗圣约翰诞生的节日——译注）而作——《将上帝子民从埃及解救》（Die Erlösung des Volkes Gottes aus Ägypten），以及一部作于1704年的受难曲，是根据汉堡的歌剧文本作家珀斯特（Postel）的文本而作。

② 一般说来，清唱剧和歌剧不同的地方在于前者没有场景、化妆和舞台表演，但有时演员也穿符合角色的演出服。——译注

教会或天主教会里演唱，除了在唱众赞歌的会众之中。合唱中的最高音（Diskantist）和次高音（Altist）都是由男童来唱，独唱段也如是。马特松鄙视那时的教会挑选唱诗班成员来唱独唱段的做法。他形容至高音部"用虚弱无力的假音来唱，像个老掉牙的妇人"，次高音则是"牛犊的叫声"，男高音（Tenorist）"像一头沙哑的蠢驴那样嘶吼"，男低音（Bassist）"在绝望中发出轰隆作响的八尺音栓的 G 音，如一只臭虫钻到靴子里那样难受；发四尺音栓的 G 音时①，如一头印度雄狮在怒吼，能把在 30 步以外睡觉的野兔吓醒"。只用这些教会提供的歌手是否可能创作出音乐？——对于这个问题，他是不可能妥协的。在声讨新的宗教音乐之前，人们最好先将作曲家想要的演员提供给他们，确保演出获得合适的效果。

他当然不满足于虚无缥缈的评论。出任大教堂领唱后不久，马特松成功地引进了女歌手，在 1716 年，教会里终于荡漾起女士们献给上帝的连音及颤音。

马特松一生都为他的这项成就而自豪。"我是开先河的第一人"，他在《大型通奏低音练习》中写到，"在正式的宗教音乐中，启用三到四名女声，在布道前后歌唱；虽然麻烦不断，伤透脑筋，还要面对各种阻挠，个中滋味，不愿再提。一开始他们使劲劝我不要在唱诗班中加进妇人，但后来他们还嫌数量不够多。"

1767 年，在泰勒曼去世后，女歌手似乎又从教会中消失了，即使如此，汉堡人的做法也很难被别的地方效仿。据我们所知，在吕贝克，布克斯特胡德去世后大家就马上开始学习汉堡的宗教音乐，但在 1733 年以前，所有的晚间音乐崇拜中都没有使用女歌手。在莱比锡，他们也从不敢这样做。②

彩虹出现之前，一定会历经风雨。1726 年，哥廷根有一位叫迈耶

---

① 八尺、四尺音栓均指管风琴的发音构件。音栓长度越短，音越高。——校者注
② 布克斯特胡德的继任者，他的女婿希费德克（Schiefferdecker），曾在汉堡歌剧院任职。他在那里工作的 25 年里（1707－1732），没有上演过任何他的岳父在晚间音乐崇拜上的作品，但会每年用汉堡风格创作一套 5 声部的清唱剧。这些曲谱保留至今。此人的继任者，孔岑（Johann Paul Kuntzen）也来自汉堡，他和前者一样，都将女歌手引进晚间音乐崇拜中。

(Joachim Meyer)的音乐家(兼法律博士)攻击这种做法。① 马特松很聪明地回应了此事。他用埃尔门霍斯特为宗教剧场辩护的方法为戏剧化的宗教音乐辩护。在他看来，他为之奋斗的宗教音乐，是由古代悲剧形式演变成为今天的基督化形式的。他说，每个宗教节日都带有戏剧意味，都包含着圣经故事和相关的宗教理念，因此必须通过戏剧化的方式展示出来。而最戏剧化的方式，无疑是艺术。②

新音乐最重要也是最难缠的反对者是约翰·库瑙(Johann Kuhnau, 1660—1722)，他是巴赫在圣托马斯教堂的前任领唱。他的天赋和能力均得到各方认可，他根据圣经故事创作的著名的键盘奏鸣曲能证明他并不是个普通的"反动分子"。③ 在新音乐刚刚开始有一丝火花的时候他就在想办法扑灭它。当他为1709—1710年度的教历年印好他的康塔塔曲谱时，他在上面附了一篇序言，发表了自己对真正的教会音乐的看法，矛头对准了戏剧化风格。④

不过他的观点并不太对莱比锡人的胃口，尤其是追随泰勒曼的那群人。在他生命的最后几年里，他不得不向时代妥协，用新形式写了一部受难曲，并在1721年上演。他去世后，大家都建议让泰勒曼——他的对手——当他的继任者。

---

①　《关于新创戏剧圣乐的常规思考，并论其中常见的康塔塔，与前人的音乐比较以求改进时下的作品》(Unvorgreifliche Gedanken über die neulich eingerissene theatralische Kirchenmusik und von den darin bisher üblichen Kantaten，mit Vergleichung der Musik voriger Zeiten zur Verbesserung der unsrigen vorgestellet，1726)。

②　《新哥廷根的，比起早先言简意赅者差劲许多的批判者，因他人的一首圣乐而作》(Der neue Göttingische，aber viel schlechter als die alten Lacedämonischen urteilende Ephorus，wegen der Kirchenmusik eines andern belehrt，1727)。迈耶在他的《不自量力的汉堡"好好批评家"》(Der anmassliche Hamburger 'criticus sine crisi'，1728)对此作出回应。亦可参考马特松的《爱国音乐家》(1728)。柏林的领唱弗洛登贝格(Freudenberg)，因为怕惹麻烦，化名弗兰肯伯格(Frankenberg)支持改革创新这一方，详见他的(Gerechte Wagschal，1729)。

③　库瑙也曾编写过一部歌剧，但并不成功。参考穆尼希(Richard Münnich)详尽的研究《库瑙生平》(Kuhnau Leben，Sammelbände der Internationalen Musikgesellschaft，1901—1902)中，第473—527页。

④　详见里希特(Richter)，《库瑙研究》(Eine Abhandlung Johann Kuhnau)，收录在埃特纳的《音乐史月刊》，1902。在每一次教会年开始的时候，库瑙都会把这一年将要演出的所有康塔塔结集列印出来。我们今天仍留有1707到1721年里的这类印刷品的一部分。

大约从 1700 年起，所有反对新音乐的声音变得越来越微弱。无论是受过教育的人、牧师还是普通百姓，只要他们稍微看过一点这种崇尚古风的宗教剧，就会发自内心地、明智地支持这种做法。然而这些人和音乐家一样，都没有意识到无论音乐还是诗歌都距离他们的理想相当遥远。

对于我们，当然不能用我们的眼光去看这个对创造力满怀自信的乐观时代。他们走在一条缺少荆棘的路上，并不懂用古典戏剧诗学和古典音乐的伟大传统来审视自己，始终肤浅地珍视他们自己那些并不完美的作品，就好像他们真的实现了当初的艺术理想那样。他们总是简单地以为，只要紧紧抓住古代理念不放，就能产生古典艺术。

站在我们的立场上，总是难以公正地评价那个时代，因为我们缺乏他们那种无比自信的创造力——这既是优点又是弱点。我们总觉得自己向来只是追随者。他们对古代的尊崇只是修辞上的，他们确信他们可以创造一个后人难以追上的伟大艺术时代。他们自以为他们可以不受古代的限制，却成为骗术与错觉的牺牲品，最终听信错误建议：为创作全新的宗教音乐，放弃从《圣经》和旧仪式赞歌中选择文本。

埃德曼·诺伊迈斯特（Erdmann Neumeister）①第一套为教历年而作的《教会礼赞》（*Kirchenandachten*）的出现决定了康塔塔的命运。这一整套文本作品是为魏森费尔斯（Weißenfels）的宫廷教堂整年的活动而作，并由那里的领唱菲利浦·克里格尔（Philipp Krieger，1649－1725）谱成音乐。诺伊迈斯特的"抒情康塔塔"（madrigalische Kantaten）和早期德国诗歌中尝试过的抒情短诗（Madrigal）完全不同，前者模仿的是意大利的歌剧剧本，作者在序言中谈到，对他来说，康塔塔只是歌剧的其中一部分。他的每一部康塔塔作品都包括 4 首咏叹调和 4 首宣叙调。他没有采用任何《圣经》的或是赞美诗集中的词句，也没有用到合唱。

在随后的教历年度作品中，他还是做了些许让步。第二套作品（1708）适当地使用了合唱，第三套作品（1711）还给予《圣经》和赞美诗文本适度的

---

① 埃德曼·诺伊迈斯特（Erdmann Neumeister），生于 1671 年，曾任魏森费尔斯和索劳的宫廷执事。1715 年开始任汉堡圣雅克布教堂的牧师。

位置。"现代的"康塔塔，就在这种不愉快的妥协中艰难孕育和生长。狄尔格纳(Tilgner)将诺伊迈斯特此前 5 年的全部作品结成一卷出版，这些作品立刻被作曲家们充分利用。埃森纳赫时期的泰勒曼，在到汉堡之前，就已经演出过根据在 1711 年和 1714 年才首次面世的第三套和第四套诗作谱成的音乐作品。巴赫也曾使用诺伊迈斯特的文本来谱写音乐。他本人也认识诺伊迈斯特，并称赞后者为天才诗人。诺伊迈斯特对巴赫的评价也很高，还非常希望能把巴赫请到汉堡来。

80

诺伊迈斯特有一位竞争对手——魏玛诗人弗朗克(Salomo Franck,1659 年生)。他在 1691 至 1697 年担任阿恩斯塔特宗教法庭的书记员，在那里发表了《对我们救主神圣受难的牧歌式的心灵热望》(1697)。巴赫的受难曲作品中能看出受这首诗影响的痕迹。后来弗朗克和巴赫私交甚密，在巴赫留在魏玛那段时间里，他也常为巴赫提供康塔塔文本。弗朗克在 1711 年以后的作品全都受到诺伊迈斯特的影响，但他比诺伊迈斯特更愿意回溯到旧式抒情化的宗教诗歌当中，虽然弗朗克不如诺伊迈斯特聪明，却比他更深刻。

直到后来，写作康塔塔文本已经成为一个诗人获得认可的关键环节。写作康塔塔文本并不需要诗人在个人立场上偏向宗教诗歌，他完全可以在他为教会写的年度文本中加入一些华丽时髦或是针砭时弊的文字。很长一段时间里，巴赫的一部分康塔塔作品，在文本上、音乐上、时间上都与一个当时的莱比锡女诗人玛丽安妮·冯·齐格勒(M. V. Ziegler)的诗作有联系。[①] 这是由施皮塔发现的，在他之前无人察觉。

新的受难曲也跟随新的康塔塔出现。第一部戏剧化的受难曲，在 1704 年的汉堡，在圣周的周一和周三的晚祷时首演。文本由胡诺德(Christian Friedrich Hunold)编写，他是一名剧本作家，1700 到 1706 年生活在汉堡，但名声并不显赫。在文学界，他用的笔名是梅南特(Menantes)[②]。

---

① 施皮塔，《玛丽安妮·冯·齐格勒和约翰·塞巴斯蒂安·巴赫》(*Marianne von Zie-gler und Joh. Seb. Bach*,收录于 *Zur Musik*,Berlin,1892)。

② 施皮塔，《巴赫和胡诺德》(*Bach und Christian Friedrich Hunold*),收录于《音乐文选》(*Musikalische Aufsätze*,Berlin,1904),第 89 页以下。在汉堡时，胡诺德是个知名的淫秽作家，因为写作淫秽小说，被迫于 1706 年离开汉堡。他于 1708 年到哈勒，在那里讲授法学与诗学课程。他认识巴赫，曾为后者提供过世俗康塔塔文本。

胡诺德的这部作品由凯泽配乐。

81　　　这部受难曲在现在看来，完全就是戏剧演出。他的文本全以诗歌的形式写作，诗歌贯穿于各部分情节，并取代了受难曲中圣经故事的地位。值得注意的是，在这部受难曲中就已出现"锡安的女儿"（Tochter Zion），此后还会在巴赫的作品中遇到。

这部作品激起公愤，除了离经叛道之外，这种极度糟糕的戏剧化形式也遭到诟病。同年，亨德尔也根据汉堡剧作家珀斯特的文本写了一部受难曲，这部作品也未获得任何成就。

1712 年出现了一部由汉堡市政议员布洛克斯（Barthold Heinrich Brockes）创作的受难作品。他大体保留了凯泽的受难曲形式和内容，也采用了自由的宣叙调和返始咏叹调，同时还用到"锡安的女儿"。他用对受难故事进行诗朗诵的形式代替福音讲述。这个作品比胡诺德——梅南特的作品更贴近《圣经》的修辞风格。与之前唯一不同的特点是加入了合唱的诗节①，除此之外，他做的不过是抛弃了胡诺德受难作品的一些戏剧元素，并净化了后者参差杂乱的措辞而已。

然而，这样的文本后来竟成为受难作品中的一个经典文本！1712 年凯泽为它配乐，亨德尔和泰勒曼在 1716 年为它配乐，马特松则在 1718 年为它配乐。马特松的版本还在 1718 年棕枝全日的仪式上演出。泰勒曼也曾在法兰克福演出自己的版本。"演出效果非常好"，他告诉我们，"在几个特别的日子里，在中心教堂里为儿童福利院演出，重要的人物都来了，听众们挤得水泄不通。我必须要提到一个特别的情形：护卫守着教堂的门口，不允许那些没带受难曲文本的人进入，多数的牧师

---

①　许茨的受难曲并没有诗节合唱的部分。据我们所知，勃兰登堡—普鲁士的领唱塞巴斯蒂安尼（Johann Sebastiani）第一次在受难作品中使用诗节合唱。《我们的主和救主耶稣基督的受难和死亡，以五种歌唱和六种演奏声部的宣叙调，连同通奏低音的谱曲，其中为了激发虔敬引入了从各种常见教堂歌曲撷取的不同诗篇以适应相关文本》（*Das Leyden und Sterben unsers Herrn und Heylandes Jesu Christi, in eine recitierende Harmonie von fünf singenden und sechs spielenden Stimmen, nebst dem Basso continuo gesetzet, worinnen zur Erweckung mehrerer Devotion unterschiedliche Verse aus denen gewöhnlichen Kirchen-Liedern mit eingeführt und dem Texte accomodiret worden*, Königsberg, 1672）

都穿着圣袍,站在祭坛前。而且,这部受难曲还在德国多个教堂和音乐 82
厅演出过。"①

亨德尔为布洛克斯配的音乐远远超过当时汉堡作曲家们的水平。后
来他还曾把这套音乐用到其他作品中。我们只能在巴赫及其妻的一份抄
本中看到这个作品。这份手稿共有 60 页,前 23 页是巴赫抄的,剩下的部
分由他第二位妻子安娜完成。因此,巴赫极有可能在莱比锡上演过这套
作品。

我们如何解释作曲家们对布洛克斯的受难作品有如此大的热情? 肯
定不会是因为他语言的特点吸引大家,因为他用词颇为鄙俗。在下面的
宣叙调中,苦难被如此形容:

> 兵丁把他拖拽上来
> 人群一起呼喊
> 他们的怒火愈燃愈烈。
> 兵丁把他绑在石台上
> 用带尖钩的鞭子
> 鞭笞他柔嫩的脊背。

在彼得不认主以后,就有了如下的咏叹调:

> 哀号吧,你这人子的耻辱,
> 呜咽吧,野蛮的罪的仆人!
> 泪水远远不够;
> 用血来哭泣吧,心硬的罪人!

这些文本有种神奇的生命力,拥有极大的空间供音乐对其进行塑造。

---

① 朗汉斯(Wilhelm Langhans),《17、18、19 世纪的音乐史》(*Geschichte der Musik*,
XVII,*XVIII*. 和 *XIX*.,*Jahrhundert*,1882)。

这些夸张的修辞并没有让所有作曲家望而却步,反而,他们将其视作拥有与音乐的质性相近的一种诗意的感性特点。相比胡诺德——梅南特的受难作品,或者是汉堡的剧本作家的作品,布洛克斯的风格看起来的确纯粹一些。

高特舍特和莱辛之前的德语文学并不像我们今天那么珍视言辞,他们没有这种现代感觉。和音乐的联系对那个时代的诗学其实并无益处,因为这样诗歌会永远处在一个过于亢奋的状态,目标总是指向夸张的意象和唤起情感的表达。除了想尽办法让诗歌的情感变得强烈,修辞极尽绚丽之外,他们并没有其他更好的思想。直到莱辛和高特舍特将之与音乐分开,并置于诗歌自身的基础上,德语诗歌才重新找回自己。

巴赫生活在一个萎靡的时代,一个诗歌和音乐互相引诱对方走进歧途的时代,一个充满乱弹琴的虚假艺术的时代,一个能让凯泽这样有才华的人都走向堕落的时代,一个注定了无力创造任何恒久价值的时代。[①]在别的地方或者别的时代,一个伟大的艺术家就好像天河中众多明星的其中一颗,若是旁边的星光比他黯淡,他也不会将其遮蔽。巴赫只不过被团团鬼火围住罢了,但是他的时代,包括他自己,都错把这些鬼火当成明星。那个时代有浩如烟海的康塔塔,但只有巴赫一人的作品能力挽狂澜,盘活全局。尽管如此,还是能从他的作品中——无论是形式还是文本——感受到它们出自一个灰暗的时代。证明巴赫之伟大最有说服力的事实是,即使生活在一个谬误的时代且他还承载了这些谬误,他仍能写出不朽的作品。但我们最终不得不悲伤地承认,巴赫的伟大只能拯救他自己,却不足以拯救他那个时代。他并没有抵制时代,也没有奋力地将浮华的诗歌和形式空洞的意大利宣叙调和返始咏叹调拉回到真正简朴纯粹又富有戏剧张力的宗教音乐上来。

从这个意义上,有些库瑙实现了的事情,巴赫却没有做到。事实上,巴赫并不是一个新时代的开始,而只是一个旧时代的结束。在他那里,接

---

① 这是埃特纳的结论,是对那个时代最准确的判断,同时也是最严厉的批评。详见他的《17世纪末和18世纪初的康塔塔》(*Kantaten aus dem Ende des XVII. Und Anfang des XVIII. Jahrhunderts*,1884)。

连几个世纪以来的知识和谬误都转化成最后和最终极的表达,好像都得到了天才的拯救那样。虽然巴赫处理得很平静,但内心里他并不认同自己的时代,即便如此,他仍走在时代赋予的道路上。所以,他的作品和他同时代的其他作品一样,都不可避免地全部被埋没。这些作品都在废墟里等待有人来挖掘和复兴。

如果天才们都屈从于时代的错误,那会怎样? 当天才们都被时代的错误诱骗时,就会付出几个世纪的代价。伟大的亚里士多德,在希腊人极可能获得哥白尼或者伽利略的成就时,抑制了希腊自然哲学的发展。巴赫清楚自己的长处,却把自己埋没在意大利的形式和套路中,极大地延缓了德国宗教音乐的进步——如果在进步的路子上坚持走下去,即使在那个时代,都很有可能达到后来瓦格纳在歌剧上实现的艺术成就。

84

参考书目:

Philipp Spitta:《巴赫生平》(*J. S. Bach*. Bd. 1,1873)

R. Freiherr von Liliencron:《1523－1700 年间新教礼拜仪式的圣餐音乐史》(*Liturgisch-musikalische Geschichte der evangelischen Gottesdienste von 1523－1700*,Schleswig,1893)

Otto Kade:《1631 年前最早的耶稣受难曲》(*Die älteste Passionskomposition bis zum Jahr* 1631,Gütersloh,1893)

C. H. Bitter:《宗教剧历史文论》(*Beiträge zur Geschichte des Oratoriums*;Berlin,1872)

Joseph Sittard:《圣乐史纲要》(*Kompendium der Geschichte der Kirchenmusik*,Stuttgart,1881)

Franz M. Böhme:《圣乐爱好者的主受难曲简史》(*Die Geschichte des Oratoriums für Musikfreunde kurz und fasslich dargestellt*,2nd ed. Gütersloh,1887)

Otto Wangemann:《主受难曲史》(*Geschichte des Oratoriums*,Demmin,1882)

Philipp Spitta:《许茨生平与作品》(音乐史文论)(*Heinrich Schütz' Leben und Werke*,*Musikgeschichtliche Aufsätze*,S. 1－60,Berlin,1894)

Philipp Spitta:《根据许茨四福音改编的主受难曲作》(*Die Passionen nach den vier Evangelien von Heinrich Schütz*;Leipzig,1886)

Philipp Spitta:《德意志田园牧歌的起源》(音乐史文论)(*Die Anfänge madri-galischer Dichtkunst in Deutschland*, *Musikgeschichtliche Aufsätze*, S. 63 —76, Berlin,1894)

C. Stiehl:《圣马利亚大教堂的管风琴师与吕贝克的晚间音乐崇拜》(*Die Or-ganisten an der St. Marienkirche und die Abendmusiken zu Lübeck*, Leipzig,1886)

Arrey von Dommer:《音乐基要》(*Elemente der Musik*, 1862)

Wilhelm Langhans :《17、18 和 19 世纪的音乐史》(*Die Geschichte der Musik des XVII*, *XVIII und XIX Jahrhunderts*, Bd. 1,Leipzig,1882.)

第七章　从埃森纳赫到莱比锡

　　巴赫家族可以远溯至宗教改革之初的图林根。这个家族的传奇历史始于约翰·塞巴斯蒂安,继由他的儿子菲利浦续写。面包师法伊特·巴赫(Veit Bach)被视作这个作曲家族谱系的先祖。[1] 福克尔的《巴赫传记》(1802)中认为法伊特·巴赫来自匈牙利。事实上他是从图林根移居至那里的,后来因为德国人在匈牙利的反宗教改革氛围中受到排挤,又迁回德国。他定居在哥达附近的韦希玛(Wechmar)。即使在磨坊里碾磨玉米时,他也把吉他带在身边,随兴弹奏,全然不顾周围的嘈杂。

　　他的其中一个孙子海因里希,定居在阿恩斯塔特[2]。后者的儿子约翰·克里斯托弗(卒于 1703 年)和约翰·米夏埃尔(卒于 1694 年)是家族中杰出的成员。克里斯托弗是埃森纳赫的管风琴师[3];米夏埃尔是格仁的牧师及管风琴师。

　　这个庞大的音乐家族的成员,正如福克尔说,"彼此之间联系紧密"。"尽管整个家族不可能都聚居在一个地方,但他们一年内至少互相看望一

---

　　[1]　这部家族纪事共分为 53 个部分,内含家族中每位男性成员的简要生平记录。这份重要的档案由菲利浦交给福克尔——第一位巴赫传记作家——再由他传到汉堡的音乐教师玻尔肖(Pölchau),最后到达柏林的皇家图书馆。这份福克尔从巴赫的儿子那得到的家族纪事及族谱最终遗失了。详见施皮塔,《巴赫生平》,序言。

　　[2]　关于巴赫前辈们的历史情况,施皮塔在他的传记作品的第一卷中有清楚的交代,描述十分细致。他用基于各种档案文件的详尽事实取代了各式扑朔迷离的坊间流言。

　　[3]　见本书第 64 页,关于他的米迦勒节的康塔塔,《争吵》(*Es erhub sich ein Streit*)。

次,或者选定一个日子,大伙儿在相约的地点聚会。尽管这个家族不断在发展壮大,成员早已跨越图林根地区,遍布上下萨克森州及法国,但他们的年度聚会从未间断。聚会地点通常是爱尔福特、埃森纳赫或者阿恩斯塔特。按照惯例,他们的聚会通常围绕音乐展开。因为大家都是唱诗班领唱、管风琴师或是市镇音乐家,不多不少都与教会有联系,况且按照那个时代的习俗,凡事必先以宗教开始,所以,他们聚会的第一件事就是合唱一曲圣咏。在如此虔诚的开场后,他们就开始杂谈逗趣,与庄严的圣咏形成强烈反差。他们即兴演唱乡俗歌谣(有些诙谐乃至粗鄙的曲目),尽管每人的音色不同,唱出的歌词也不同,这样随兴演唱的各个部分倒也构成一个有趣的和谐。他们把这种随机的旋律配搭称作集脓曲(Quodlibet),不仅演唱的人会开怀大笑,任何人只要听到也会不由自主地笑出声来"。①

巴赫的祖父克里斯托弗·巴赫(卒于 1661 年)是汉斯·卡斯帕·巴赫的儿子,法伊特·巴赫的孙子;巴赫的父亲约翰·安布罗修斯,最早住在爱尔福特,大约在 1671 年迁至埃森纳赫,他有个双胞胎兄弟约翰·克里斯托弗,是阿恩斯塔特的宫廷乐师和市镇音乐人,他们俩长相神似,以至于他们的妻子只能通过衣裳来辨认夫君。他们彼此感情很深,就连言谈举止、对事物的看法、音乐风格和演奏技法都非常相似。当其中一人生病时,另一人亦难幸免,连最终离世的日期都非常相近。这样的亲兄弟手足情,任何人看到都会艳羡不已。②

巴赫的母亲伊丽莎白(Elisabeth),是牧羊人家出身,她的父亲是一名皮货匠人。

约翰·塞巴斯蒂安·巴赫于 1685 年 3 月 21 日在埃森纳赫降生。他母亲在他 9 岁时丢下丈夫和四个儿子离开人世,巴赫是其中最小的。没过多久,在 1695 年初,他的父亲——才刚开始他的第二段婚姻——也离开人世。那年 10 岁的巴赫便成了孤儿。大哥约翰·克里斯托弗(生于 1671

---

① 福克尔,《巴赫传记》,第 3 页和第 4 页。
② 同上,第 4 页。

年)带着两个最小的弟弟约翰·雅各布(Johann Jakob)和约翰·塞巴斯蒂安来到奥尔德鲁夫(Ohrdruf),他在这里任管风琴师。两个小弟入读了当地的人文中学,并且在大哥的指导下学习音乐。塞巴斯蒂安非常喜欢他的老师。他恳求老师给他一本有弗罗贝格尔(Froberger),克尔(Kerl)和帕赫贝尔等作曲家作品的键盘音乐曲谱。此事被拒绝后,他用稚嫩的小手伸进装着栅栏门的壁橱,从夹缝中把曲谱弄到手,并在月光下足足誊抄了 6 个月,才把这本谱子抄完。然而,大哥在得知此事后无情地将抄本没收。①

由于克里斯托弗的家庭也在不断添丁,到 1700 年时,巴赫不得不为自己另找一个住处。他清亮的男童高音为他赢得一个在吕纳堡的圣米歇尔修道院学校的学位,随他一同前往的还有他的朋友爱尔德曼(Erdmann)。巴赫没去多久就发育变声,不过他因能胜任乐团的小提琴手一职而被留在那里。我们不清楚他是否受过管风琴大师伯姆的指导,但他的确经常能听到大师的演奏,虽然伯姆不在圣米歇尔而在圣约翰教堂。他所在的唱诗班给他的最大好处便是他常有机会亲身感受当时德国最好的教堂音乐,耳濡目染自然也就驾轻就熟。这所学校的音乐文库库存相当充裕,书目存留至今,从中可以看到意大利及德国作曲家们的作品。②

在吕纳堡时,巴赫不止一次前往汉堡聆听当时著名的赖因根的演出,而且相当肯定他欣赏过歌剧。③ 他还去过采勒(Celle),那里的宫廷乐队

87

---

① 这些轶事出现在巴赫的学生阿格里科拉(Agricola)和菲利普·埃马努埃尔为老师写的讣告中,这份文案收录在米茨勒办的刊物《音乐文库》(*Musikalische Bibliothek*)1754 年的一期中。

② 荣格汉斯(W. Junghans),《作为吕内堡圣米歇尔州立学校学生的巴赫》(*Johann Sebastian Bach als Schüler der Partikularschule zu St. Michaelis in Lüneburg*,*Gymnasial-programm*,Lüneburg,1870)。这里还列举了唱诗班歌手的工资状况,资料来自一些旧账本。他们的收入在那个时代可是相当可观。这足以说明为何各种音乐团体能对周围各国的青年有如此大的吸引力。只要能加入其中,就能解决生活,兴许还可以存点小钱。关于伯姆的音乐生涯,以及他和巴赫家族的关系,请阅读布希梅耶(Richard Buchmayer)有趣且透彻的文章,收录在 1908 年出版的《巴赫年谱》(*Bachjahrbuch*)中,第 105 至 122 页。

③ 有一次,巴赫从汉堡返回吕纳堡时,又饿又累地站在一隅小客栈门前,钱早已花光。这时窗户突然打开,里面扔出几个鲱鱼头,落在街旁。巴赫赶忙过去捡,才发现每个鱼头里还藏有一枚丹麦杜卡特(丹麦的货币单位——译注)! 这则轶事收录在马尔普尔格的《音乐"圣徒"传奇》(*Legenden einiger Musikheiligen*,cöln,1786)里,缺少它,任何巴赫传记都不能说是完整的。

有很多法国乐手。布伦斯瑞克（Braunschweig）的戈奥格·威廉公爵，娶了一位胡格诺教派的女子朵尔布胡丝（Desmier d'Olbreuse）为妻，宫廷里围着他转的几乎都是法国人，连御用管风琴师高铎（Charles Gaudou）亦是法国人①。我们不清楚是谁为巴赫争取到第一次进入宫廷演奏的机会，但很有可能在 1703 年巴赫从教会中学结业时就已被聘作乐团的副席小提琴手，那年他 18 岁，合约来自魏玛的约翰·恩斯特公爵的乐团②。不过，他在那里只待了几个月，1704 年他就去了阿恩斯塔特，到新教堂（Neue Kirche）任管风琴师，那里的管风琴新近落成③。当时方济各会教堂的管风琴师是赫尔腾（Christoph Herthum）。他娶了一位巴赫家族的女子为妻。除了任管风琴师外，他还帮一位伯爵打理厨事。

在阿恩斯塔特时，巴赫已为成为一名管风琴大师奠定坚实基础。他的职位只需一周上三次班，所以他有大量自由支配的时间。1705 年 10 月他请了长达 4 周的假，前往吕贝克聆听著名管风琴师布克斯特胡德的演奏。他在那里参与了 1705 年 12 月 2 日利奥波德一世逝世的纪念演出。我们并不清楚他是否只通过聆听而"偷师"布克斯特胡德，抑或他的确是找布克斯特胡德上过课。毫无疑问，大师的吸引力实在太大，他完全忘记他必须要赶回阿恩斯塔特。他在吕贝克度过圣诞和新年，一直到 1706 年的 2 月中旬才返回阿恩斯塔特。

就在这个月的 21 日，巴赫被传唤至宗教法庭，澄清逾期不归一事。

---

①　关于采勒的宫廷里一些和音乐相关的有趣细节，请参考皮罗（Andre Pirro）的《巴赫》(*J. S. Bach*，Alcan，Paris，1906)，第 26 页以下。

②　这个乐团并不是宫廷乐团。约翰·恩斯特只不过是当时在位公爵的弟弟。见施皮塔，《巴赫生平》，卷 I，第 220 页以下。

③　施皮塔给出了这架琴的详细情况（《巴赫生平》，卷 I，第 224 页和第 225 页），如下：——上键盘：1. Principal 8ft，2. Viola da gamba 8ft，3. Quintatön 8ft，4. Gedackt 8ft，5. Quint 6ft，6. Octave 4ft，7. Mixture 4 组，8. Gemshorn 8ft，9. Cymbal，1ft，两组，10. Trumpet 8ft，11. Tremulant，12. Cymbelstern；伴唱键盘：1. Principal 4ft，2. Lieblich gedackt 8ft，3. Spitz flute 4ft，4. Quint 3ft，5. Sesquialtera，6. Nachthorn 4ft，7. Mixture 1ft，两组；脚键盘：1. Principal 8ft，2. Subbass 16ft，3. Posaune 16ft，4. Flute 4ft，5. Cornet 2ft.

这座教堂于 1683 年建成。它意在取代在 1581 年的阿恩斯塔特大火中焚毁的圣博尼法思教堂。见魏斯盖博（Weiβgerber），《巴赫在阿恩斯塔特》(*Johann Sebastian Bach in Arnstadt*，Gymnasialprogramm，Arnstadt，1904)

这份会议笔录被保留至今。① 巴赫不但没有唯唯诺诺地找任何借口,还认为他的副手很好地履行了职责,并没有什么可责备的。宗教法庭则利用这个机会告诫巴赫,他为圣咏所配的音乐太过恣意,还批评他没有亲力亲为地指导唱诗班以及太少演奏复调音乐。

我们并不能认为教会当局对这位年轻的天才管风琴师缺乏必要的理解。他们的抱怨都合情合理。巴赫无法招架唱诗班的一切事务,他发现自己缺乏协调和管理的天赋,这个弱点让他后来在莱比锡吃尽了苦头。在这一点上他与许茨截然不同,后者懂得协调他手头的一切,使其发挥最大效用,将力气都用到刀刃上。巴赫则完全相反,他完全没有老师的模样,有时自己都不能遵守纪律。如果事情不如他所愿,脾气马上就来——这只会把事情弄得更糟,随即灰心丧气、破罐子破摔。他和唱诗班成员们关系并不好,包括团里的骨干。去吕贝克之前,他还和团里的一个叫盖耶斯巴赫(Geyersbach)的学员起了冲突。后者因为被巴赫取了个难听的绰号,在街上用棍子追打巴赫。巴赫也当仁不让地拔剑还击。幸好别的学员及时赶到分开了他们②。这件事闹到了宗教法庭,最终证实巴赫确实给人取了挑衅的绰号。

在二月的聆讯中,巴赫被要求做出最后的表态——他是否还要留在唱诗班,有 8 天时间供他考虑。但直到 11 月他仍未给出答复。他再一次被传唤出庭,11 月 11 日那天,他当庭保证他会以书面形式给予答复,但后来是否履行诺言我们不得而知。

在最后这次聆讯中,他被指责最近在教堂演奏音乐时总有一名"陌生少女"伴随在旁,这显然不合规矩。他辩称他曾和事务专员乌瑟牧师说过此事。演奏音乐本来属于"闲人莫近"的公务,而这个"陌生少女"很可能参加到礼拜日的布道仪式。这种事情在任何情况下都是严格禁止的。那个时代,即便在汉堡,女士也不能参与教会演唱。

他的职位变得岌岌可危。凑巧的是,1706 年 12 月 2 日,米尔豪森

---

① 这份文件收藏在松德豪森(Sondershausen)公国的档案库里,见施皮塔,《巴赫生平》,卷 I,第 312 页以下。

② 皮罗,《巴赫》,第 38 页。

(Mühlhausen)的圣布拉修斯(St. Blasius)教堂的管风琴师阿勒(Johann Georg Ahle)离世。1707 年的春天,巴赫接到这个充满艺术气息的帝国自由城镇①的邀请,让他去试奏管风琴。6 月 15 日他收到合约,29 日他就将阿恩斯塔特的管风琴钥匙交还给当地议会,留下仍未支付的 5 古尔登的薪水给他的堂兄弟恩斯特——他父亲的双胞胎兄弟约翰·克里斯托弗的儿子②。他到米尔豪森每一年的薪酬将有 85 古尔登,3 坤(Malter)③玉米,2 科(Klafter)④木料、6 捆柴以及 3 磅活鱼,所有这些都会被送至家门口⑤。

同年的 10 月 17 日,巴赫和他的堂妹——格仁的管风琴师和牧师约翰·米夏埃尔·巴赫的女儿——玛丽亚·巴巴拉·巴赫结为夫妻。他们在阿恩斯塔特附近的多恩海姆(Dornheim)举行婚礼,证婚人是斯塔博(Johann Lorenz Stauber),一个和巴赫家族有些姻缘的友人。这个玛利亚很可能就是那个在阿恩斯塔特的教堂里陪巴赫演奏音乐的"陌生少女"。玛利亚的母亲是阿恩斯塔特的牧师韦德曼(Wedermann)的女儿,她有一个一直未出嫁的妹妹雷吉娜(Regina),姐姐当时可能在她家看望她。没过多久,在 1708 那年,玛利亚的这个小姨子就嫁给了斯塔博——这位多恩海姆的牧师一年前不幸丧妻。

但巴赫入职米尔豪森的时候,这个镇的音乐条件早已大不如前,他们仅活在昔日的名声之下。教众因为正统派与虔信派之争分裂成两半,这么做对艺术毫无益处。就在签订引入新管风琴师合约的两周前,一场大火把这个小镇的大部分地方烧成灰烬,包括那些最珍贵、最漂亮的建筑。因此,当地居民有其他更迫切的愿景,而非重振他们的教堂音

---

① 帝国自由城镇是神圣罗马帝国中的一种特别的城镇,这种城镇不属于任何一个帝国贵族管辖,而直辖于神圣罗马帝国皇帝。——译注
② 这位堂兄弟可能就是巴赫去吕贝克时接替他工作的副手。
③ Malter,容积单位,具体缘由和用法不可考。在 13 世纪的英格兰 1 坤约是 4 蒲式耳,合 160 升左右。——译注
④ Klafter,计算木料的容积单位。1 科的定义是一堆 4 英尺×4 英尺×8 英尺的木料,合 128 立方英尺,大约是 3.62 立方米。——译注
⑤ 施皮塔,《巴赫生平》,卷 I,第 332 页及以下。

乐，也就变得可以理解。他们觉得，用如此高薪请来一个艺术家，是在
花他们每一个人的钱。所以，巴赫并没有太大的空间去开展他的复兴
工作。在他上任一年之后，巴赫申请解除合约。在他的请愿书中，巴赫
坦诚地说，短期之内他看不到这里的音乐重整旗鼓的可能，因此他不得
不离开①。最终，双方在关系不破裂的前提下妥善解除合约，巴赫依旧
有监督管风琴相关事务的责任，不过管风琴翻修的计划要根据他的工
作日程来安排。

　　巴赫卸任唱诗班的工作后去了魏玛，任领主威廉·恩斯特公爵②的
宫廷管风琴师和室内乐乐手。恩斯特公爵③是那个时代最有教养和让人
敬佩的君主之一，对艺术极具热忱。巴赫到他那儿上任那年，④恩斯特46
岁。在宗教斗争中他站在正统派一边，他要让他的子民接受最纯正的教
义。他娶过耶拿的一位公主，只是没多久婚姻就宣告破裂。

　　宫廷乐队有 20 名乐手，他们中的多数人还要在宫中兼任脚夫、厨子或
猎人——这在那时并不稀奇。在必要的场合他们要穿着匈牙利式的织绣
套装恭候他们的主子，巴赫也不例外⑤。城堡里教堂的那座管风琴并不
大，但据现存的资料考证，它的音色均衡动听⑥。巴赫不多不少会不习惯
这台管风琴的小短号音高，比室内音高（Kammerton）⑦高出一个小三度。

　　相比之下，小镇教堂里的那台管风琴要大得多。它由沃尔特演奏，此

---

　　①　施皮塔，《巴赫生平》，卷 I，第 372 页及以下。
　　②　魏玛时期的情况，请参考博扬诺夫斯基（Paul von Bojanowski）的《魏玛时期的约·
塞·巴赫》（*Das Weimar J. S. Bachs*，Weimar，1903），第 50 页。
　　③　请参考施皮塔对他热情洋溢的描述（《巴赫生平》，卷 I，第 374 页以下）。
　　④　即 1708 年。威廉·恩斯特生于 1662 年 10 月 19 日，卒于 1728 年 8 月 26 日。——
译注
　　⑤　施皮塔，《巴赫生平》，卷 I，第 377 页。
　　⑥　它有两组手键盘和一组配置精良的脚键盘。上键盘：1. Prinzipal 8ft，2. Quintatön
16ft，3. Gemshorn 8ft，4. Gedackt 8ft，5. Quintatön 4ft，6. Octave 4ft，7. Mixtur 6 fach，8.
Cymbel 3 fach，9. Glockenspiel；下键盘：1. Prinzipal 8ft，2. Viola di gamba 8ft，3. Gedackt 8ft，
4. Trompete 8ft，5. Klein Gedackt 4ft，6. Octave 4ft，7. Waldflöte 2ft，8. Sesquialtera；脚键盘：
1. Groß-Untersatz 32ft，2. Subbaß 16ft，3. Posaunenbaß 16ft，4. Violinbaß 16ft，5. Prinzipalbaß
8ft，6. Trompetenbaß 8ft，7. Kornettbaß 4ft；见施皮塔，《巴赫生平》，卷 I，第 380 页。这座管
风琴安置在教堂三层的圆穹顶下面。可参考博扬诺夫斯基书中的教堂图片。
　　⑦　17、18 世纪德国乐队乐器的音高。

人即后来第一部德语音乐辞典的作者①。他的母亲和巴赫的母亲一样，也是牧羊人家出身。这两人貌似有着诚挚的交情，但我们不确定在巴赫离开魏玛之后他们是否还保持密切的联系。施皮塔则认为巴赫刻意疏远这段友情，理由是沃尔特在他的《音乐辞典》(*Musiklexikon*, 1732)中仅有一小段文字平淡地提到巴赫，不过这种推断实在难以服众。沃尔特的这些词条只是用来列举作品的，亨德尔的部分比巴赫的更短。

巴赫刚到那里时，薪水是 156 个古尔登，到 1713 年已增加至 225 古尔登。接下来那年可能仍会增加，因为他升任乐团指挥。从这时起他就要为宗教仪式呈献康塔塔。当时的乐监是德莱瑟(Johann Samuel Drese)，年近花甲，其子威廉(Johann Wilhelm Drese)当他的副手。

92　　我们不清楚巴赫和他的主人是否有些私交，很可能没有，否则难以解释何以巴赫在 1716 年遭到忽视。这年老乐监去世，要选一个新人接任，巴赫全然不在考虑之列。一开始他们想选法兰克福的泰勒曼，在遭到拒绝后，这个位置给了老乐监的儿子。在音乐上，此人只是个无名小辈，只在晚年时通过不断模仿其父的音乐风格，才得到一些认同。

这个小风波过后，巴赫去意已决。当科腾的君主利奥波德答应给巴赫一个宫廷乐监的职位后，巴赫不顾一切地"弃暗投明"，当即应承。他只想离开魏玛。否则他一定不会答应这桩差事，这个主人在高瞻远瞩的巴赫眼里毫无吸引力。科腾的宫廷属于改革后的教会，毫无音乐气氛可言。城堡里的教堂只有一台品相极差的管风琴，镇里教堂的管风琴勉强好些，但巴赫仅是个为主人打理音乐的小角色。

巴赫不愿在魏玛多待一天，似乎以很决绝的方式与公爵了断。公爵显然不能接受这样无礼的作风，又把这个桀骜的管风琴师逮了回来，从 11 月 2 日起，关禁了他一个月②。

---

① 有关沃尔特，见本书第 38 页。
② 参考博扬诺夫斯基《魏玛时期的约·塞·巴赫》，第 63 页。他援引了伯尔曼(Bormann)的记载："11 月 6 日，原来的乐团指挥和管风琴师巴赫被带到审讯室，因为他无礼地要求他的辞职申请马上得到批准。到 12 月 2 日，他得到释放，并被告知，主子勉强同意他离职。"

因此,巴赫直到 1717 年的圣诞节才走马上任①。如果说这里在音乐上不能令人满意的话,从另一个角度看,这里又相当让人惬意。这个君主非常年轻,只有 25 岁,受过良好的音乐教育。他曾带着著名的音乐理论家海尼兴(Johann David Heinichen),周游意大利,让后者向他讲解意大利艺术。他的乐团不算大,有时他自己会客串小提琴手,他还拥有一副训练有素的男低音唱腔。所以,他有足够的能力赏识他的新乐监的内在价值。他以巴赫为荣,常带着巴赫周游各地。渐渐地他们结下了深厚的情谊,这份友谊在巴赫离开科腾后仍旧一直保持。

在小镇度过的这 6 年几乎是巴赫音乐生涯中最惬意的时光。他拥有创作的时间,几乎没有任何扰人心神的杂事干扰他的工作。但在科腾期间,他也遭受过人生中最致命的打击。1720 年 7 月,他和主人利奥波德刚从卡尔斯巴德(Karlsbad)游历归来,就得到妻子在他离开期间去世的噩耗,而且已在 7 月 7 日入殓。丈夫唯一能做的就是在茔冢前虔诚祈祷,悼念这位忠贞不渝,陪伴他走过 13 年风雨的人生伴侣。玛丽亚·巴巴拉为他生了 7 个孩子,在她去世时仅剩 4 个。最大的是女儿,12 岁,叫卡瑟琳娜·多罗特娅(Katharina Dorothea);下来是 3 个男孩:威廉·弗里德曼(Wilhelm Friedemann),10 岁,还有菲利浦·埃马努埃尔(Philipp Emmanuel)②和比他小一岁的弟弟约翰·戈特弗里德·伯恩哈德(Johann Gottfried Bernhard)③。

一年半之后,巴赫找到了一位新的人生伴侣安娜(Anna Magdalena Wülken),她的父亲是魏森费尔斯的宫廷及民间小号手伍尔肯(Johann Caspar Wülken)。1721 年 12 月 3 日他们举行了庄重的婚礼,新郎 36 岁,新娘 21 岁,婚礼办得非常圆满。安娜不仅是一位持家有道的家庭主妇,对

93

---

①　巴赫在科腾的情况,请看邦格(Rudolf Bunge),《巴赫年谱》,1905,第 14—47 页。利奥波德死后,他的乐队和乐手们都几近赤贫,这段情节颇让人触动。见邦格,《巴赫年谱》,第 34 页。

②　菲利浦生于 1714 年,伯恩哈德生于 1715 年,当时他们分别是 6 岁和 5 岁。——译注

③　1713 年他们的一对双胞胎产下后就夭折了,另外一个儿子,1718 年 11 月 15 日生于魏玛,得名于他的教父利奥波德·奥古斯特君王,也不幸于 1719 年 9 月 28 日去世。见施皮塔,《巴赫生平》,卷 I,第 630 页。

巴赫那 4 个失去母亲的孩子温柔备至。而且她还是一名技艺精湛的女高音艺术家,聪慧过人,能理解丈夫的艺术工作。丈夫也尽己所能地挖掘她的艺术才能。现存两部巴赫题献妻子安娜的《钢琴小曲》(*Klavierbüchlein*),一部作于 1722 年,另外一部带有精美的绿皮装帧,作于 1725 年。第一部是 24 首简易键盘小曲,第二部则囊括序曲、组曲、众赞歌、宗教歌曲及世俗歌曲。巴赫还教授妻子演奏通奏低音的技巧。在 1725 年那部《钢琴小曲集》的末页我们能找到巴赫手写的"演奏连续通奏低音的一些非常重要的规则"。她擅长抄写乐谱,辛勤地承担巴赫大量的工作,巴赫也只能用丰富的艺术成就来弥补对她的歉疚。众多巴赫最精美的作品都是经她抄写,才得以留传至今。经过多年的浸染磨炼,她的笔迹已神似巴赫,难以被后人甄别。很长一段时间里,我们都认为康塔塔《哦! 神圣的圣灵与水的洗礼》(第 165 首)的乐谱是巴赫的真迹,但施皮塔向我们论证了它实际上是安娜抄写的[①]。她得抽出大量料理家务的时间帮助丈夫抄写乐谱,尤其是快到周末而新康塔塔的乐谱还没法抄完的时候!

　　她还把抄乐谱的方法传授给孩子们。在康塔塔《自称基督徒的你们》(第 164 首)的乐谱里,第二双簧管声部(zweite Oboestimme)中的标题、调号和小节线是她抄的,而音符的抄写就明显生涩、笨拙得多。在巴赫其中一部作品的末尾,我们发现有一行花体的字母缩写"W. F. B",表明它应该是威廉·弗里德曼·巴赫抄写的。这部康塔塔大约是 1724 年的,小男孩那时 14 岁,这是他第一次正式抄写一份完整乐谱。我们仿佛看见这样一幅图景:小弗里德曼端坐在桌前,阳光洒在地板上,母亲来回踱步,监督他的工作。他很快在谱子最后写上"完结"(Il fine)。母亲觉得不够满意,又把这俩字工整地写了一遍。这时楼梯里传来脚步声,门开了,爸爸回来了。

　　随着孩子们逐渐长大,巴赫觉得很有必要到别处另谋一职,因为在科腾根本无法满足孩子们的教育需要。他自己则感慨离开宗教音乐太久,

---

　　① 施皮塔,《巴赫生平》,卷 II,第 789 页。在《巴赫年谱》第 134 和 135 页中,施莱耶(Johannes Schreyer)则质疑两本乐谱是安娜抄写的这种看法。

很渴望回到管风琴边。汉堡是他心仪的地方，尽管那里的歌剧多少已失去当年的辉煌，但汉堡仍是当时德国的音乐重镇。这里有马特松坐镇，指点江山，激扬乐韵；有宗教音乐新旧两派的论争；有多台音色极佳的管风琴；还有诺伊迈斯特，最负盛名的宗教康塔塔文本作者。

正巧在 1720 年 9 月，圣雅克布教堂面临职位空缺——原来的管风琴师弗雷瑟（Heinrich Friese）去世了。几周之后，巴赫到汉堡的圣卡特里娜教堂，当着年将近百的赖因根和一众评审专家的面，[①]试奏管风琴。接下来的故事闻名遐迩：当巴赫以众赞歌旋律"在巴比伦河畔"为蓝本，用半个小时即兴编奏完一套曲目后，老人家走到他跟前，毫不吝啬地褒扬道："我总以为这项艺术湮灭已久，听完你的弹奏后我觉得它还活着。"能得到如此高的评价，多少是因为赖因根也曾尝试用这条旋律编奏过一部众赞歌前奏曲，他一直颇为自得[②]。

巴赫因此豁免参加圣雅克布教堂的职位竞选考核。可以肯定，时任教堂牧师的诺伊迈斯特极力推举巴赫。事与愿违，巴赫竟然没能得到这个职位！12 月 19 日，教堂作出决定，将管风琴师的职位授予一个叫海特曼（Johann Joachim Heitmann）的人。翻看后来教堂的账目，我们当即明白，缘何在圣雅克布教堂的当局者眼里此人更胜巴赫一筹。在 1721 年 1 月 6 日，这个家伙向教堂支付了一笔高达 4000 马克的礼金，作为他当选的报酬。他能花费那么一大笔钱攫取这个职位，可想而知，这桩差事的薪水何等丰厚。

诺伊迈斯特对此事非常气愤，在一次布道中宣泄了他的不满。在谈到圣子耶稣降临人世、天使围绕、仙乐飘飘时，他调侃说这种艺术根本不能感召汉堡。他说，他非常相信，如果伯利恒的一位能弹奏天籁之音的天使下降凡尘去应聘汉堡圣雅克布教堂的管风琴师时，会因为没钱而无奈地返回天堂[③]。

96

---

①　福克尔，《巴赫传记》，第 8 页，把这次行程的时间误作 1722 年。

②　同上，第 40 页。

③　有关这次选举的更多细节，请参考施皮塔，《巴赫生平》，卷 I，第 631 页及以下。我们是从马特松 1728 年的《爱国音乐家》的第 316 页中得知诺伊迈斯特在布道时说过的这些话，但马特松并没有点出巴赫的名字。

　　马特松在这件事上是否出力帮过巴赫，我们不得而知。我们只知道巴赫最终未能如愿落户汉堡是个巨大的遗憾。竞聘这个职位的难度和招致的麻烦，实际上比他后来到莱比锡时面临的小得多。我们不能不提的是，若他在汉堡，必定会把多数精力放在发展合唱音乐上，因为那时的汉堡还不曾有唱诗班。但面对着一群看重经济多于艺术的管理者，他又如何能找到支撑他持续创作的动力呢？

　　一年半之后的1722年6月，莱比锡的圣托马斯教堂的领唱职位空了出来。当局想找一位至少水平和原任库瑙相当的继任者。他们最初并没有考虑巴赫，而去和泰勒曼接洽，后者被视作德国当时水平领先的作曲家，而且他在学生时代（1701－1704）就给莱比锡人留下过好印象①。谈判最终还是破裂了，因为他无法从汉堡的职位中脱身。他不久前（1721年）才被指派为汉堡的市镇音乐总监，必须在那儿履行义务。在泰勒曼之后，库瑙的一位高足，达姆斯塔特（Darmstadt）的乐团指挥格劳普纳（Graupner）成为他们心仪的目标。巴赫一直拖到那年年底才申请应聘。之所以拖了那么久，主要是因为他难以割舍现在那位文质彬彬的主人，以及心旷神怡的工作环境，况且，他何必放着一个堂堂的乐团指挥不当，屈就做一名唱诗班的小领唱，还得受教会学校校长的委派去指导那些唱诗班的男童们呢？但一想到自己的孩子，巴赫最终还是郑重决定牺牲自己的安逸和尊荣。"把乐团指挥的职位换成一个唱诗班的领唱"，几年后他写信给友人爱尔德曼时说道，"最初我怎么想都觉得不好受，所以拖了3个月才正式下决定。他们的陈述也着实吸引人，而且我的儿子们都表现得渴望学习，因此我以上帝之名决定冒一次险，前往莱比锡。只要通过考核，我马上办理搬迁事宜。"

　　他不能像上次一样获得免试资格，即使像泰勒曼这样的名家也必须

──────────

　　①　参本书第75页。里希特（Richter）在他精彩的文章〈1723年巴赫被选为托马斯学校领唱〉（*Die Wahl J. S. Bachs zum Kantor der Thomasschule im Jahre* 1723）里讲述了关于这次竞聘的故事，该文收录在《巴赫年谱》第48－67页中。还可以参考克勒费尔德（Kleefeld），《作为莱比锡托马斯教堂领唱一职竞争者的巴赫与格劳普纳》（*Bach und Graupner als Bewerber um das Leipziger Thomaskantorat*），见《彼得斯版年谱》（*Peters Jahrbuch*），第70页。

参加考核。他在 1723 年的 2 月 7 日，四旬斋前的星期日（Sonntag Estomihi）上演了康塔塔"耶稣拣选十二门徒"。由于格劳普纳不被批准辞去达姆斯塔特宫廷的工作，别的竞争者又完全无法和巴赫相比，巴赫的申请获得全票通过。

此后的一段时间里，莱比锡的市政议会掀起一股批评起用巴赫的风潮。因为他们相中"肤浅"的泰勒曼，最后打了水漂；想请"卑微"的格劳普纳，也未能成功。此二人在莱比锡算得上家喻户晓，拥有他们的同行巴赫所不能比拟的名气，但这种埋怨太过意气用事。要一个评审专家组去考虑很长远的事情，未免太苛刻，议会只是负责选一个能力与库瑙相当的音乐家接替工作而已，不应该被太多意见干扰。所以他们最后会选中巴赫。这是个让评审组和任职者双方都感到满意的选择，巴赫能接替库瑙的工作，他自己也感到十分荣幸。

巴赫最终在 1723 年 5 月 5 日收到任命书，在 5 月的最后一天他正式就职。他被安排住进圣托马斯学校校舍左角的领唱专用房间。安顿下来后，他过往漂泊不定的生活也暂告一段落。

第八章　巴赫在莱比锡

　　只要浏览一下巴赫签署的任命书上的条款，任何人都会感到几分不悦①。未经市长的允许，他不得擅自离开莱比锡。他们为了省钱，不仅要求巴赫教唱诗班的男童们声乐，还要教器乐演奏，这样一来，孩子们就可以到教堂的乐团里兼差。他还得负责为葬礼上演唱经文歌或众赞歌的唱诗班男童们伴奏。如果不是达官贵人的葬礼，他只要派一部分学生参加演唱即可，有时，他还会找个经验丰富的学生当副手。无论刮风下雨，总会看到巴赫走在一队学生的最前头，神色恍惚，心不在焉，他心里想的是下一周要上演的康塔塔！

　　按照那个时代的习惯，在巴赫正式落户之前还要参加一次考试，检验他的宗教信仰，通过后才算是尘埃落定。他还必须签署一份《协同准则》（Concordia Formula），这是在萨克森州内任职的人都必须签署的②。

　　5月31日星期一，他正式就职这一天，发生了一件不太吉利的事情。宗教法庭和议会两方的代表们几乎发生了冲突，来自议会的代表十分不

---

　　①　见施皮塔，《巴赫生平》，卷 II，第 848—850 页及以下。

　　②　《协同准则》是路德教派最后一份标志性文件。它起草于 16 世纪 80 年代末期，最早由萨克森州的选帝侯倡议，意在将德国的所有路德教会联合起来。它得到当时大多数教徒的认同，平息了扰乱那时宗教气氛的教义争辩，也使得人们不再谴责加尔文宗以及路德宗内部来自梅兰希通（Melanchthon）的温和倾向。后来，虔敬派和启蒙派不断削弱《协同准则》的权威。《协同准则》原本在政治与法律上的权威，在拿破仑战争期间土崩瓦解，只有少数地区仍承认其效力。

满威斯牧师(他后来接替戴凌担任总监)以宗教法庭的名义与巴赫进行了谈话,宣称教会对(包括教会以外的)所有仪式拥有决定权。这件事情随即引发议会和教会之间长时间的争论。巴赫上任第一天,两方就为谁有权支配领唱的工作争得面红耳赤,后来也一直如此。巴赫并未因此遭受太多麻烦,他不仅能安排自己的工作,而且还在议会面前数落教会,在教会面前又说议会的不是,以自己的方式行事。

　　他在托马斯学校的工作也不算伤脑筋。除了校长,还有 7 名教师。领唱的地位紧随副校长,在学校排行第三,他每天要上 3 小时的课,与校长的工作量一样。除了教高年级唱歌外,领唱还要为低年级的学生辅导拉丁语。巴赫明确表态自己非常愿意上这类课,为此还颇为得意;这与泰勒曼完全不同,后者向来主动提出不教非音乐的课程。后来,巴赫慢慢厌倦了,于是请同事佩措尔德老师代课,每年支付他 50 塔勒的课酬。此事也得到议会的应允。

　　声乐课安排在每周的前三天,早上 9 点和 12 点各一堂。星期四他没有任务,星期五中午 12 点还要上一堂。星期六下午晚祷结束后,台下有个别人需要忏悔,台上则开始康塔塔的彩排。巴赫似乎对教授声乐不是太执著。他通常把工作完全交给老生,由他们负责教新生发声,并指导新生练习,巴赫很少亲自出马,这也让他饱受批评。我们难以判断他到底放松到什么程度,毕竟这是他的职责;对他不利的批评当然不会是无中生有的事情。

　　即使巴赫一丝不苟地完成所有教学任务,一天也只不过是花费他两到三小时的时间。他每四周得巡视学校一次,此乃四位主要教师之职责。在巡视的这一周里,他们必须执行学校各项规章制度,有需要时还得留宿校内。在巴赫的晚年,每次轮到他当勤,他都会不时缺席祷告礼。无论任何情况下,他都不会超负荷工作,这样才能有足够的闲暇全心创作。

　　在给爱尔德曼的信中巴赫谈到,他的收入大概是 700 塔勒①。在这些收入中,只有大约 100 塔勒是固定的,来自学校的学杂费收入和资产收益,巴赫可以从中分得一笔。他的收入主要来自婚丧喜庆仪式,而且赚钱

———————————

①　在后面的章节里,此信会全文刊出。

多少要视乎仪式的档次。一场婚礼最高的价码是两塔勒,而丧礼则是 1 塔勒 50 格罗申。

因此,领唱的收入是浮动的。库瑙曾抱怨,许多有钱人,为了节省开支,找个穷乡僻壤的小教堂举行婚礼,或是在葬礼上不用音乐,无论是声乐还是器乐。有时候,天气也会影响他们的收入状况。正如他在给爱尔德曼的信中谈到,1729 年的天气非常舒适宜人,他从葬礼中得到的收入只有糟糕的 100 塔勒。那年,对于我们后人来说是幸福的,《马太受难曲》就是在那年诞生的,然而对于从事音乐创作的人来说却不是什么好年头,因为一年下来整个莱比锡都没死多少人!

还有一部分收入来自校友们每年在米迦勒节和新年到歌剧院唱歌时分给领唱的钱。对于音乐人来说,莱比锡并不是理想的富庶之地。市民们和议会的态度一样艺术想法颇多,却不愿在这上面多花钱。桂冠女诗人玛丽安妮(Marianne von Ziegler),是一位官员的遗孀,蕙质兰心,她府上曾出演过很多好音乐。她曾在一封信中谈到这里的情况:"音乐人通过自己的辛勤劳动赚来的钱少得可怜,这已司空见惯。能接一桩数小时的音乐演出活计,他们就非常欣慰了。没有人关心他们,没有人给予必要的援助,这样的人如何生活?"① 旅居德累斯顿的外域音乐人和一些宫廷里的乐师情况则相对好些。

不过巴赫的收入,相对那个时代的经济情况来说,并不算糟糕。他勤勤恳恳地养活一大家子人,让孩子们接受良好教育,对人热忱,乐善好施;在他去世后,还留下一批价值不菲的乐器收藏,以及一笔数目不小的钱。从一份分家前列出的家庭收支清单上看,巴赫的经济情况,算是非常宽裕②。安娜是一位不可多得的好主妇,巴赫也是精打细算之人,他当然相当看重他们的经济状况,甚至有人认为他常常把钱的问题放在很重要的位置来考虑。

---

① 见施皮塔,《论音乐:16 篇文章》,柏林,1892,第 93—119 页。她曾与高特舍特的文化圈子有密切往来。作曲家曾用这位女诗人的作品,作为他 8 首最好的康塔塔的歌词。

② 这份巴赫留下的家庭资产清单收藏在莱比锡的市政当局里。收录于施皮塔,《巴赫生平》,卷 II,第 956 页及以下。

　　如果那时的托马斯学校的条件能再好一些的话，那么这里的领唱职位无疑是相当有吸引力的。但到巴赫加入学校的时候，情况已经大不如前，这并非一天两天的事情。校长和议会对此都心知肚明，也针对这种状况做出许多调整，制订一些新措施试图改变状况，但他们都没找到什么有效的方案。库瑙去世前就已深受其困，这其中不乏多方面的原因。学生的宿舍空间过小，床位远远不足，这对健康十分不利。学校成了滋生疾病的温床。库瑙曾回忆说，很多学生面黄肌瘦。家长都把孩子转送至别的学校，也就不足为奇了。三个低年级班中起初共有 120 名学生，1717 年时只剩 53 人[1]。助学金的配额长期用满，因为很多学生请求免学费入读。此外，这些孩子很难管理，学校纪律形同虚设。1684 年起上任的校长埃内斯蒂（Heinrich Ernesti）明显缺乏足够的能力和经验。

　　如果真要彻底改革的话，禁止到校外兼差唱歌绝对首当其冲。但这几乎没有可能，校长和两位主任老师能在这里获取不少利润，学生们也要靠这些收入来维持生活。

　　在这样的地方，艺术的状况究竟如何可想而知。在库瑙给议会的备忘录中，他勾勒出一幅惨淡的图景[2]。在学生们尚未得到正规的训练之前，他们的声音就因为风雨兼程地外出卖唱而残破不堪。这些活计又集中在新年前后，因此在那个季度，他们根本无法组织排练一出精湛的康塔塔。以前，那些声音较好的男生都能当选校友会的候补成员，如今，由于在经济上过分算计，这项措施逐渐取消，这对音乐事业伤害巨大。同样在以前，领唱手头可以支配一小笔经费，用于保证学生在乐团和唱诗班上的正常排练和演出。现在，这笔钱也难以到手。大部分学生因此对训练敬而远之，作为领唱，还得想尽办法挽留和讨好 8 名镇上的风笛手和他自己的学生们。库瑙完全看不到走出困境的希望，他甚至想从救济金中申领出一笔钱，用于支援唱诗班的建设，他想用这笔钱慰劳一下乐团和唱诗班里的志愿者们，每年请大家出来聚一次、吃顿饭。在呈交的备忘录的最后他谈到以下

102

---

①　施皮塔，《巴赫生平》，卷 II，第 24 页。
②　见施皮塔，《巴赫生平》，卷 II，第 853—868 页；库瑙的五篇备忘录。

建议,"因为这关系到宗教音乐的发展和上主的荣光,这是一项比把钱直接分给贫困者更好的慈善举措,后者并不能给予任何回报。"

然而,议会对他的话充耳不闻。总的来说,领唱根本无权支配哪怕一分钱。即使要安装一块有挂钩的木板,用于挂小提琴,领唱都必须向议会呈交报告。他想要一些装小提琴的箱子,用于减少外出演出来回搬运时不必要的磨损,这同样也要向上级打报告。所有的这些请示报告给我们这样一种印象:如果不看议会的脸色,库瑙根本寸步难行。

库瑙对莱比锡新的音乐生活提不起半点兴趣;从此事我们就可以看出,这里的情况已非常糟糕。新艺术让他非常反感,他讨厌一切与歌剧或歌剧音乐相关的事情①。他不仅看到最好的唱诗班歌手和乐器演奏者都抵抗不住歌剧院的魅惑,且未完成学业就纷纷走出学校;而且发现,很多真正爱好音乐的学生——就连那些从不计较收入的人——都背弃正统的宗教音乐,去追逐一种能让那个时代的年轻人获得更多满足感的艺术形式。18世纪初泰勒曼的声乐联会的建立,给圣托马斯的领唱予沉重一击。更糟糕的还在后头。虽然领唱是莱比锡所有教堂一切仪式的总监,但有一间教堂却想方设法排挤他,后者为迎合市民和议会的口味,引入现代风格的音乐,从而排挤其他教堂——这正是新教堂,泰勒曼1704年时在此任管风琴师。他的继任者亦继续经营他所创办的声乐联会,并且不断招学生进来。

泰勒曼无论在宗教节庆还是平日里的演出都颇具感染力。在他的感召下,连议会的态度都和善了许多。库瑙为维护自己权益所做出的努力依旧徒劳。尽管他已严正向当局提出,宗教仪式有被戏剧音乐入侵的危险,他仍未成功地将新教堂纳入自己的管辖范围。有一次,新教堂要上演一部受难曲,欲向托马斯学校借用一批演员,被库瑙严辞拒绝,不料他的

---

① 他也曾创作过歌剧,但不幸失败。无疑,这是他憎恨新音乐的一个导火索。见穆尼希(Richard Münnich)的文章,《库瑙生平》(*Kuhnaus Leben*),收录于《国际音乐界文集》(*Sammelbände der Internationalen Musikgesellschaft*,1901—1902),第473—527页。库瑙毫不留情地讽刺意大利音乐家及其德国追随者,见《音乐界的江湖骗子》(*Der musikalische Quacksalber*,1700;此文最近由贝恩多夫[K. Benndorf]再编辑出版,Berlin,1900)。

上司强制要求他执行对方的请求。

　　他险些还失去另一所教堂。1710 年以前,大学里的圣保罗教堂一般只用于举办一些庄重的经院仪式,包括三个重大节日,宗教改革的纪念仪式以及一季度一次的例行经院仪式。圣托马斯的领唱负责打理音乐,酬金由校方支付。1710 年起,学校在这个教堂内安排了每周一次的仪式,周日举行。谁来负责掌管此仪式的音乐,倒是成了问题。一个法律专业的学生约・弗・法施(Joh. Friedr. Fasch)申请获得这个职位。此君后来做了泽比斯特的乐团指挥,还按照泰勒曼的模式建立了一个音乐协会①。对于他们所说的"新仪式",库瑙唯一能做的,就是接受他们支付的举办经院节庆仪式的费用,并声称拥有随时到场指导音乐的权利。

　　这就是巴赫上任初期的大致情况。有碍于老校长的颜面,只要他活着,巴赫就不可能为改善学校的状况做任何事情。他只能寄希望于大学,希望他的艺术抱负能引起学术圈的兴趣。当务之急就是要将操持大学仪式的职权重夺到手,恢复圣托马斯领唱作为莱比锡地区所有宗教音乐最高总监的权利。在这段过渡时期,一个叫戈尔纳(Görner)的音乐家,主动要求主理大学教堂的音乐。他此前是大学教堂的管风琴师,现在掌管圣尼古拉教堂的音乐事务,此人自视甚高,却无真才实学。如果接替库瑙工作的是泰勒曼,他肯定会得到监管大学宗教音乐的权利,因为他曾恭恭敬敬地向大学提出请求,就好像他完全不知道这本是圣托马斯领唱的管辖范围那样。巴赫显然没有这么做。现在,大学当局把管理一切新旧仪式的权利全盘托付给戈尔纳,只是为了显摆"大学的事情不必时时由地方领唱过问"②。大学任命此人的时间是 1723 年 4 月 3 日,比巴赫被市政议会任命早 3 周。

　　一个新领唱刚上任,就陷入为职权争斗的困境中,这毕竟是少有的事

105

---

　　① 这个法施(Fasch)的儿子,卡尔・弗里德里希・克里斯蒂安(Karl Friedrich Christian,1736—1800),在 1792 年建立了柏林声乐学院(Berlin Singakademie),巴赫的《马太受难曲》就是在此慢慢受到重视,重焕光芒。

　　② 施皮塔,《巴赫生平》,卷 II,第 36 页及以下。关于这个问题,里希特(B. F. Richter)有一些新近的研究,其成果刊于《音乐史月刊》(*Monatshefte für Musikgeschichte*,1901),第 100 页及以下。

情。1723 年 9 月 28 日,巴赫写请愿信给大学,希望得到用于置办"旧仪式"的 12 塔勒的经费——这笔钱由教育捐助金支付,库瑙以前也常常得到。结果遭到拒绝,他们只同意巴赫拿一些节庆作品来换取他们的报酬。这样的交易持续了两年。1725 年 11 月 3 日,巴赫直接上书君主,后者相当重视,当即要求大学向他提交一份报告。巴赫后来亦对这份报告做出回应。这次纷争的结果是:大学必须向领唱支付 12 塔勒的费用,由资助金中拨出,过去的账目要补回,将来也必须继续支付;保留戈尔纳打理"新仪式"的权利,并付给薪酬;巴赫要提供节庆时使用的音乐作品;大学内的一些庆典,音乐总监由校方指派,可以是巴赫,也可以是戈尔纳。这场战役巴赫只赢了一半。戈尔纳仍旧是大学音乐的总管,但作为圣尼古拉斯教堂的管风琴师,他就必须服从巴赫的安排①。

这一系列过于激进的举动并没有为这位大师赢得学术圈的好感。一个领唱自以为与宫廷关系良好,一有机会就胆敢直接上书君主,恐怕也会让一些议会成员感到不悦。这只会让大学更偏爱戈尔纳,校方还安排他为学校的节庆谱曲。有一次,宫廷里一位叫克尔希巴赫(Kirchbach)的先生,委托巴赫为 9 月 7 日去世的皇后克里斯安娜谱写一曲悼念颂。大学想方设法拦截住那个代表宫廷传信的信使,把他带到圣保罗教堂,用最高规格"款待",希望他撤销对巴赫的委托将之转给戈尔纳,并回话给克尔希巴赫先生说"巴赫不同意此事"。当克尔希巴赫支付 12 塔勒给大学的乐监作为他未能得到委托的补偿时,校方终于妥协了,但校方还是执意要求巴赫就这次在圣保罗教堂举行的悼念活动签署一份声明,承认这次获得委托在此演奏音乐只是一个特别的安排,并不代表他以后有相同的权利,同时,他以后再接受这样的委托,必须得到校方的批准。② 巴赫当然不会签署这样的文件。大学派了一名书记员,约他在 10 月 2 日上午 11 点签

① 戈尔纳(Johann Gottlieb Görner)1697 年出生于萨克森州的佩尼希(Penig)。1712 年 5 月,他在圣托马斯学校毕业并留校。1716 年他成为圣保罗教堂的管风琴师,1721 年转到圣尼古锡教堂,1729 年回到圣托马斯教堂做管风琴师。他在 1778 年 2 月 15 日去世。

② 这份文件依然存世,上面的措辞对巴赫绝对是一种侮辱。见里希特,《约·塞·巴赫与莱比锡大学》(*Joh. Seb. Bach und die Universität zu Leipzig*),收录于《音乐史月刊》(*Monatshefte für Musikgeschichte*),第 150 页及以下。

署文件,事情未能得逞,中午时此人就溜之大吉。

1729 年,戈尔纳被任命为圣托马斯教堂的管风琴师,他仍保留大学乐监的职位。这个自以为是的家伙肯定常常惹怒巴赫。据记载,在一次康塔塔的排练上,巴赫冲着管风琴师大发脾气,后者经常弹错伴奏,他一把撕下他的假发砸到这个家伙的头上,叫他干脆回家做鞋匠算了。如果这件轶闻是真的,巴赫这次撒火的对象,很可能正是戈尔纳。

后来两个人的关系似乎好了些。巴赫去世清理家产的时候,戈尔纳被指派为巴赫四个未成年孩子的监护人[①],如果不是他后来与巴赫关系融洽,这是难以理解的。

直到 1729 年,巴赫和议会之间还是保持相安无事。巴赫已经尽其所能容忍一切,并做好在学校和教堂里的本分工作。新教堂和圣保罗教堂基本上都已独立出去,他也只剩下圣托马斯和圣尼古拉两所教堂需要照料。

巴赫要面临的压力并不大。托马斯的阵营中共 55 名成员。用这些人足够组建四个唱诗班:圣托马斯教堂一个,圣尼古拉教堂一个,新教堂一个,圣保罗教堂一个。巴赫自然会把那些资质平庸以及最糟糕的歌手安排给后两所教堂;用这样的歌手他们只能上演众赞歌或者经文歌,而不能上演独唱,事实上,这两所教堂也并非一定要上演独唱。

即使在最好的情况下,以他拥有的条件,至多也只能在一个声部里安排三名歌手。如果他能使自己管理的两个唱诗班都能达到这个配置,即一个唱诗班 12 人,他就感到万幸了。尽管声乐部分的人员配置已经很少,但有时还得抽调一部分歌手到管弦乐队里。议会只安排了 8 名市镇乐手给他。在读的新生自然是帮不上忙的,这个空缺只能用一些已完成学业的老生来填补。一般情况下,他的管弦乐队要配 18 到 20 个人,两到三把第一小提琴,第二小提琴也要此数[②],接着是两把中提琴,两把大提

---

　① 施皮塔,《巴赫生平》,卷 II,第 973 页。

　② 在库瑙的一份备忘录里他曾谈到,他要求每个弦乐声部有 4 名乐手。里赫特的文章《巴赫时代的莱比锡城市乐师与托马斯学校学生》(*Stadtpfeifer und Alumnen der Thomasschule in Leipzig zu Bachs Zeit*)中披露了巴赫时代的托马斯学校的很多音乐方面的细节,收录于《巴赫年谱》,第 32—78 页。他连巴赫在任期间,后者选用的那些歌手和乐手的名字都悉数列出。

琴,一把低音大提琴,两到三支双簧管,根据需要,还要安排一到两支巴松管、长笛或者小号。

　　碰到下列三类人,巴赫就必须考虑缩减配置了:生病或者喉咙沙哑的;还未受到足够的音乐教育根本没条件进入唱诗班的;还有那些一事无成、不可救药的。当每个学年结束,学生们都经过一整年的训练后,他就可以组织 16 位歌手和 20 位乐手进行合练。即使是采用两个合唱队和两个管弦乐队一起出演受难曲,比如说第一次排练《马太受难曲》时,巴赫还是担心他每个声部是否能凑齐三或四个人。然而在复活节后新学年开始时,情况会怎样谁都不能保证。很多康塔塔作品的配器与和声,巴赫只能根据创作时拥有的人员和乐器来编配。

　　唱诗班和管弦乐队被分成独唱(奏)组(Konzertisten)与合唱(奏)组(Ripienisten)[①]。独唱演员负责唱出咏叹调和宣叙调,当然也会参与合唱,并没有雇佣特别优秀的独唱演员。库瑙曾经力劝议会给他添两名特别的独唱演员,可以不参加其他一切杂务,包括外出兼差演唱。他的请求当然无人理会。《马太受难曲》的咏叹调和宣叙调只能用男学生来唱。他们的演唱水平一般,不算好亦不算糟。那个时代歌手的演唱技巧普遍比现在的要高。花腔和颤音都只是最初级、最基础的练习而已。只要有一丁点演唱的天赋,很快就能被打磨出来,当然,这仅是些表面工夫罢了。可惜,我们已无法知道巴赫怎样教学生唱歌。或许,他的学生们演唱的咏叹调,从技巧层面说比我们想象的好,但恐怕他们很难穿透其精神内核,因为他们没有足够的时间这样做。要知道,他们每个礼拜日都要唱新的咏叹调和宣叙调,节庆时就更不用说了。

　　乐队的合奏组通常在大合唱或者咏叹调的齐唱部分伴奏,独唱一般由独奏组的乐器单独伴奏。为独唱伴奏的通常是弦乐器,很少使用管乐器。这里,我们依然无法想象那个时代音乐匠人的工作机制——市镇音乐家正是这种人——即使是学生,除了他们本身的专业外,他们还会向其

---

　　①　原文是 solo 和 ripieno,solo 指独唱、独奏;ripieno 是意大利语,意思和 solo 相对,指合唱、合奏。西文词义中没有区分演唱、演奏,翻译时只能按文义以中文区别之。——译注

师兄长求教,花几个月时间就可以掌握一门乐器,他们都懂双簧管、长笛、小号等乐器,演奏水平可与今天的管乐演奏家旗鼓相当。可以说,那时管乐演奏的普遍水平都比较高,远远超出我们的想象。要对过去某个时代的音乐演奏水平形成相对准确的认识,的确是件不容易的事。这些纯粹是实践层面的问题,我们很难掌握任何资料,即使有,也难以向我们传达真实的感受。一些特别的艺术形式或艺术才能在某个特定时代之后就消逝了,再也无法以相同的方式重现。

四个唱诗班各自选定一人当班长。这个位置很受追捧,因为每个班长可以从外出演出或其他兼差中多得一笔分红,这笔钱他们可存起来备不时之需。但在学校,他们就得肩负起更重的任务。在指定的礼拜日,唱诗班演出康塔塔由领唱指挥,而在平常的曲目可轮换的礼拜日,圣托马斯和圣尼古拉两所教堂的指挥任务则由巴赫和班长们共同担当。当巴赫在托马斯上演康塔塔时,尼古拉的班长就要负责指挥他们的唱诗班唱颂经文歌,反之亦然。

当然,轮换的曲目只限于康塔塔或者受难曲,绝不能偏离。有一次,巴赫想在托马斯教堂演出一部受难曲,他觉得这里的空间更合适该作品的音响效果,然而,那年应轮到尼古拉教堂上演此曲。但印好的节目单上赫然写着演出的地点为圣托马斯教堂,并已分发到公众手中。尽管节目单并不能作为最终的标准,议会自然也不允许巴赫自作主张。不过这次倒好,他们让步了。

我们对巴赫当指挥时的情形一无所知。那个时代,指挥们都习惯用一张乐谱卷成的纸棒充当指挥棒指挥音乐。沃尔特的《音乐辞典》的扉页插图中的那个指挥,两手各拿着一张乐谱卷成的"指挥棒",站立在管风琴师后面,低音大提琴手旁边。还有很多种形式,有的是大键琴手当指挥,有的是小提琴手当指挥。按照现代的理解,指挥的意思很明确,即阐释音乐的意图,沟通乐手,控制乐手和歌手,使他们在正确的时机发声。巴赫当指挥后,他重新调整了管风琴的伴唱键盘的位置,和大键盘拉开距离,这样就可以单独弹奏它。这样做无非是为了方便指挥,调整之后,他坐在位置上就可以纵览全局,还能弹奏更加复杂的通奏低音。

每个礼拜日都要上演康塔塔,圣灵降临节前的最后三个礼拜日和四旬斋中的六个礼拜日除外。除礼拜日外,要上演康塔塔的还有纪念圣母的三个节日、新年、主显节、耶稣升天节、圣约翰日、米迦勒节以及宗教改革纪念日,合计一年共有 59 次康塔塔。巴赫写过 5 年完整的康塔塔。如果一次不落地创作过整整 5 轮康塔塔的话,——他的讣告上是这么说的,福克尔也证实过——那么一共应该有 295 首。其中约有 100 首肯定是佚失了,所以现存的数目是 190 首。

在这两所主要教堂里,仪式开始的时间都是早上 7 点。首先开始的是经文歌,接着是管风琴前奏曲和《进堂经》。之后的《求怜经》先用德语唱一次——歌词是赞美诗"主,永恒的天父,求你垂怜"——再用拉丁语唱一次。随后牧师开始在祭坛上吟诵《荣耀经》,唱诗班用拉丁语回颂"地上的和平",或是会众用德语回颂"在至高之处荣耀归于上帝"。所有这些结束后,就开始念《使徒书》,或者以旧的赞美诗曲调唱出来。接着会众齐唱赞美诗,然后牧师开始唱诵《福音书》和《信经》。此时管风琴师开始奏前奏曲,他所用的音主要集中在各种乐器需要调校和对准的音调上。领唱给出一个手势,琴师休止,康塔塔就开始了。在康塔塔的最后,大家齐唱赞美诗"我们都信唯一的上帝"。

一般来说,一部康塔塔耗时 20 分钟。夏天的时候领唱可以不用太在意时间,但冬天则必须掐表,大家都不希望在严寒中把仪式拖得过长。一次完整的仪式要 3 到 4 个小时,在冬天冷飕飕的教堂里待那么久并不是容易事。在圣尼古拉教堂,唱诗班成员生煤炉取暖;而在圣托马斯教堂,大伙只能在布道的间隙跑回学校,在那里暖暖身子。他们并不能经常逃过布道,因为有时他们也得朗诵一段,而且校长又经常在场。多亏库瑙,我们才知道这样有趣的轶事,这是他在一份给议会的文件中说出来的。他们一般都不会担心算错时间,因为布道的时间非常精确,一般都在一小时左右,按照程序,是早上的 8 点到 9 点。

布道之后是祈祷和感恩,然后由一段会众赞美诗过渡到整个仪式的第二部分——圣餐礼。德语赞美诗通常在这个环节唱出。按照惯例,圣托马斯的唱诗班成员此时并不全数登台,因为有一部分人要在 11 时回到学校准备午餐。库瑙甚至会只留下班长在教堂指挥圣餐赞美诗①,他在康塔塔结束后就马上离开。他要在大学的仪式开始前及时赶到那边,照看他们的音乐演出。巴赫则习惯留下来,在圣餐礼上弹奏管风琴,这时有足够的空间让他作前奏曲和即兴弹奏,他的很多前奏曲就是为圣餐礼而作。在仪式的第一部分中,管风琴师只有两次机会作前奏曲:仪式开场前,以及在诵读《使徒书》和《福音书》之间的会众赞美诗唱出之前。众赞歌"在至高之处荣耀归于上帝"应该是管风琴演奏之前的先声,否则就难以解释为什么巴赫作前奏曲时用这个旋律远多于别的旋律。

正午前一刻钟,有一个带布道的简短仪式,唱诗班不须伴唱。晚祷则伴着经文歌的歌声,在一点一刻开始。在几段祈祷和会众赞美诗之后就开始布道,内容通常是《使徒书》;之后接着是德语的《圣母颂》,最后齐唱"所有人都感谢上帝",全部仪式结束。

在圣灵降临节的前三个礼拜日和四旬斋期间礼拜日,既不上演康塔塔,也不奏响管风琴②,同样也不会演唱经文歌。取而代之的是《尼西亚信经》,由唱诗班用拉丁语唱出。在一连唱出《使徒书》、连祷词(Litanei)、旧教会的求怜赞美诗后,会众唱咏就开始了。在这些特别的礼拜日里,《求怜经》会以一种多人协作的音乐形式唱出。圣灵降临节的第一个礼拜日上的《求怜经》用的就是这种形式。

节庆的宗教仪式上的音乐通常都非常华丽。在节庆的头两天——三个最重要的节日一共要庆祝 3 天——晚祷中也要上演康塔塔③。托马斯的唱诗班上午在他们的教堂上演康塔塔,下午转战尼古拉教堂;尼古拉教堂的唱诗班也一样,上午在自己的教堂演,下午到对方那儿演。节庆第一

---

①　库瑙于 1717 年的 12 月 18 日的一份备忘录:"学生们在圣尼古拉教堂里生煤炉取暖。在圣托马斯,他们则跑到外面去念布道词,校长阁下总耐心地陪着他们。不过我们的孩子很不情愿,他们根本无法忍受严寒。因此,唱诗班有许多成员不参加圣餐礼,他们回去准备吃的东西。其实也并非每个人都得参加,有时班长带着唱诗班,和会众一起咏诵赞美诗,会有更好的效果。"

②　包括会众赞美诗在内,都不能由管风琴伴奏,只能单独由唱诗班带着会众唱。不过布道的赞美诗即使在平时的礼拜日也是单独唱出,并没有管风琴伴奏。

③　同样的,在新年、主显节、耶稣升天节、三一节和天使报喜节也如此。

天的早上,巴赫通常在圣尼古拉教堂指挥,这个教堂常因它的主管是戴凌(Salomo Deyling)而闻名。到了第三天,只有其中一所教堂要上演音乐。

在节日里,仪式一开始就先要唱旧赞美诗,然后才是管风琴前奏曲。在圣餐礼上,要唱《三圣颂》;晚祷的布道结束后要唱《圣母颂》。圣灵降临节的第一个礼拜日和天使报喜节——尽管它们都在四旬斋期间——也是按照节庆日的规格来办,有华丽的音乐和管风琴。

众所周知,巴赫在康塔塔"来临吧,外邦人的救世主"(第61首)的封面上写了关于圣灵降临节第一个礼拜日操办整套仪式的程序,标题是"莱比锡地区为圣灵降临节第一个礼拜日举办的神圣仪式的程序",具体过程是这样的:

> 前奏曲、经文歌、为朗诵《求怜经》而作的伴奏序曲、在祭坛上吟咏祷文、朗诵《使徒书》、唱颂连祷文、众赞歌前奏曲、朗诵《福音书》、正式音乐①开始前的前奏曲、唱颂《信经》、布道、在布道之后唱的赞美诗、诵读圣言②(Verba institutionis)。之后是前奏曲和众赞歌唱咏交替进行,直到仪式结束。按此步骤进行。

耶稣受难节那天晚上的仪式要演出受难曲。如果受难曲分两段进行的话,布道会插在中间;如果不分段,则安排在布道前进行。如果布道讲的是安葬耶稣的故事,不分段的受难曲更为合适;分两段的受难曲则意在承接布道的内容,继续讲述耶稣的审判与定罪。巴赫到莱比锡的时候,在晚祷中演出受难曲还算是新鲜事物,1721年起才开始有这种做法。那一年,库瑙不得不顺应时代的品味,用现代的协奏音乐风格创作受难曲,只有这样,圣托马斯教堂才不至落后于新教堂。此前的莱比锡只擅于运用教堂音乐风格,创作旧经文歌式的受难曲,这种音乐常在重要仪式代替朗诵福音。第一次在晚祷中演出受难曲是1721年,在圣托马斯教堂。这种

---

① 即康塔塔。
② 指耶稣基督在最后的晚餐上所说的话:"这是我的身体……"、"这是我的血……"。——译注

形式的仪式每年都在莱比锡两所主要教堂轮替上演，所以很容易判定巴赫的那些受难曲具体是哪年在哪所教堂上演。比如，1724 年的约翰受难曲肯定是在圣尼古拉教堂首演的。

从 1766 年起，受难曲被调整到早上的仪式中进行，直到后来被悉数取消。

在巴赫的时代，拉丁语依旧是莱比锡宗教仪式的主要语言，《使徒书》《福音书》皆用拉丁语朗诵，节日上的赞美诗也用拉丁语唱出。我们很难确定拉丁语和德语在那时的仪式上各占多大篇幅。从 1702 年开始，议会就一直在争取完全用德语操办仪式，尽管他们成功地做出一些变革①，但几乎没有得到什么支持。

莱比锡并没有指定的赞美诗集，教众们似乎都清楚每个礼拜日要用到的赞美诗文本。想知道具体详情，他们可查阅《德累斯顿赞美诗集》②，唱诗班歌手用的正是这本。我们从巴赫的个人财物清单上看到，他也有这套集子——《虔诚灵魂的属灵之全牲燔祭》(*Andächtiger Seelen geistliches Brand-und Gantz-Opfer*，莱比锡，1697 年)，合计八卷。他从中收集好的词句用到康塔塔作品中。

领唱负责挑选布道用的赞美诗是一个古旧的习俗。巴赫要为整个莱比锡的教堂挑选赞美诗歌词，但可挑选的范围并不大，每篇《福音书》都有约定俗成的相应的赞美诗，赞美诗集也是照本宣科地编排的。莱比锡的教堂基本都沿用德累斯顿的赞美诗集。 114

即使是这样，亦不乏特立独行者。1727 年，圣尼古拉教堂的高德利茨 (Gaudlitz)——一名在下午布道的牧师——提出要为他自己的布道挑选赞美诗。他向宗教法庭和巴赫请示，最终获得双方的同意。他的这项特权持续了一年。巴赫突然意识到，他不能让此人自行其是，于是收回权

---

①　因应这些变革，在圣尼古拉教堂的晨祷上，《感恩赞》(*Te Deum*)——这部作品由唱诗班和管风琴师交替进行演出——被德语版本的"我主，我们赞美你(*Herr Gott，dich loben wir*)"代替。这首众赞歌是巴赫为晨祷而作，和谐悦耳，句句动人(收录于彼得斯版，《众赞歌前奏曲》，卷六，第 26 首)。这项变动同样出现在宗教改革纪念日中，若按原本的习惯唱的乃是《感恩赞》。福克尔誊抄过这份众赞歌的歌词，并流传至今。

②　初版于 1694 年。

限,按照旧例,仍从德累斯顿的赞美诗集中挑选文本。高德利茨向宗教法庭申诉,要求领唱恢复他的特权。巴赫当然不从,虽然这仅是个宗教仪式的问题,与世俗政治无关,但巴赫闹到议会那里,要求后者帮忙对付宗教法庭和这个倒霉的牧师。他就这个问题写了一份报告给议会,并危言耸听地罗列出这种个人创造可能带来的危险。如此"维权"是否奏效我们不得而知,但这件事情却显得巴赫在政治上不太高明。如果他要保住自己的权利,当初就根本不应该同意牧师的要求;现在他又翻脸不认人,即便是这样,也不能老用这么极端的方法。①

　　1729 年,巴赫和议会间的矛盾进一步加深。② 这年的复活节时学校招进一批新生,巴赫发现这次入学考试与他音乐上的要求相距甚远。有些他认为很有才干的学生最后未被录取,而有些学生甚至未经他面试就被招收进来。这一年,巴赫出任泰勒曼的音乐协会的负责人。这便恢复到议会一直期待的最理想情形——托马斯的领唱又可以像从前那样,安排学生参与到宗教音乐演出当中。本来他们应该按照此前的习惯,分给领唱一笔钱,用于补贴受雇于唱诗班和乐团的学生,但他们完全忽略此事,并且也没有按照学校的要求招进足够的学生。

　　这就意味着在 1730 年,莱比锡的各个教堂都不可能有什么好音乐了。事实上在 1729 年,唱诗班青黄不接的情况已显而易见——《马太受难曲》的首演并不成功;在 1730 年 6 月 25 日—27 日,纪念《奥格斯堡信纲》发表两百周年的仪式上,音乐也同样糟糕。

　　议会怪责巴赫执事不力,巴赫则抱怨议会腐败无能。议会对巴赫的抱怨主要集中在他未能管好唱诗班和不认真对待声乐课。1730 年夏天,议会要挑选一名新校长——老校长埃内斯蒂在 1729 年 10 月 16 日去世。议员称他们要吸取挑选领唱时的教训,认真对待挑选校长一事。

　　议会对巴赫的指责也许有一定的道理。巴赫自己也早已失去信心。他不适合当领导,在领导的职位上,还凭性子做事。他必须面对周遭的杂

----

① 关于这件事,见施皮塔,《巴赫生平》,卷 II,第 45 页及以下。
② 有关此事请参考施皮塔,《巴赫生平》,卷 II,第 65 页及以下。

事，在这些日常琐事面前他显得无能为力，不仅无法燃起他的激情，还使他无精打采。他不晓得做事情应该讲求方法，从容淡定；只有这样才能滴水穿石，无坚不摧。他甚至不能严守纪律，他的威信仅仅来自人们对他横溢的才华以及崇高理想的倾慕。这些对学生并不起作用，学生们只臣服于那种刻板严厉的教师，然而他并不是。他控制不住他那暴躁的脾气，喜怒哀乐都毫无收敛，所以他难以维持纪律。因此唱诗班也变得毫无纲纪、秩序混乱，他不止一次地求助校长来收拾残局。老校长总向着巴赫，即使自己已体弱病虚，还出面支持巴赫工作。新来的校长——碰巧他的名字也是埃内斯蒂——当然不会如此和善，他上任不久就把巴赫辞退。

　　在 1730 年 8 月 2 日的一次议会例行会议上，大家纷纷表达了对这位领唱的不满[①]：佩措尔德（Petzold）老师——巴赫挑选的副手——拉丁语课教得十分糟糕；巴赫在不了解议会规定的情况下，从唱诗班中抽调一名学生到乡下去，可能是让后者去协助那里的音乐活动；他自己常在未得到批准的情况下不见踪影。"领唱不仅没有亲力亲为，还没给出合理的解释……我们不能再放任下去"，一位议员说道。一名市政官员则声称巴赫已"不可救药"。

　　如果说巴赫工作上的种种不当还不至于招来众怒，那么真正惹恼议会的就是他对议会毫无敬畏的态度。他在为莱比锡议会操办仪式时，总摆出一副堂堂指挥大人的样子——就像他还在科腾和魏森费尔斯宫廷里那样——不愿表现得自己仅是一名卑微的小领唱，总要做出与自己身份不相符的事情。他对议会的各项重大决定总表现出不屑，处处挑衅议会，使他们不得不想法子挫一下这个高傲的家伙的锐气。他常常无故忘记自己的身份，从未表现出应有的服从。

　　巴赫在回应对他"应该对教堂糟糕的音乐状况负责"的批评时，却显得理直气壮，这也不无道理。据一份日期为 1730 年 8 月 23 日的备忘录中记载，巴赫详述了他的唱诗班的人员状况，并声称在所有成员中"只有17 人有用，有 20 人属于勉勉强强能用，另外 17 人完全不中用"。鉴于他

---

　　① 　见施皮塔，《巴赫生平》，卷 II，第 869—870 页。

的职能范围,他不便评论那八个市镇音乐家的水平和音乐造诣。要知道这八个人中有几位已是年迈的老臣子,还有几个人根本达不到应该具备的水平,这些都有情可原。正因如此,他就要在学生中挑选第二小提琴、中提琴、大提琴和低音大提琴。康塔塔在节庆日里必须同时在两个教堂中进行,议员们过问他是如何应付这样的情况么?新的音乐风格比那些"老套的、不再能满足听觉上的享受"的旧音乐需要更高水平的演奏者。因此他们必须增加——而不是取消——对参演学生的补贴。在德国各地,艺术家们的报酬都明显偏低,他们连生活都难以为继,更别说要坚持音乐训练了[①]。因此,结论非常简单:如果足够的补助金再不发放下来的话,他就完全不知该如何改进音乐。

117

　　这份备忘录十足是对当局者的控诉。篇末仅仅署上"音乐总监,J. S. 巴赫"的字样,完全没有平时那些委婉温顺的敬辞。这和议会平时经常从领唱那收上来的备忘录完全不同。他的前任库瑙,在这样的情况下,一般都会署上"伟大、高贵、睿智的阁下最恭敬、最顺从的仆人约翰·库瑙,圣托马斯学校的领唱敬上"。

　　当巴赫尽全力在议会面前为自己辩护时,议会早已开始对他采取行动。当局提议把他调去低年级当老师,他要在那里教授一些初级课程,而非拉丁语,并且不能有副手。经过再三考虑,议会还是为他找了一名副手教拉丁语,当然还像以前那样,由巴赫付钱。他们要想尽办法把巴赫的收入减到最低。他的工资和补贴肯定不能动,但可以从议会发放给教师的来自社会各界的捐助金中动脑子。巴赫以前从这里领到的钱就很少,以后他就更别想从中沾到油水。1730 年共有 270 塔勒要往下分发,副校长能领到 130 塔勒,排第三的主任老师领到 100 塔勒,巴赫则一

------

　　① 备忘录中的原话如下:"以这样的标准来要求德国的艺术家实在不可理喻。他们要能随随便便就演奏出时髦的各类音乐,无论是意大利的还是法国的,英国的或者是波兰的。这些曲子在演奏前都要耗费很长的时间去练习,要倾注很多的心血。如果他们能得到很好的报酬——首先应该没有生活上的顾虑,其次艺术上的努力也能得到一定的奖赏——他们完全有能力做到。但这一切完全未被考虑,艺术家还要为生活而奔波,很多人为了养家糊口疲于奔命,根本无闲暇考虑艺术上的完美,更没能力让自己百尺竿头更进一步。要看这方面的例子,我们只需要前往德累斯顿,看看那里的君主怎样犒赏他的艺术家们……"

分都没有。

巴赫内心的苦楚可以从这年的 10 月 28 日写给爱尔德曼的一封信中看出,后者是他在吕纳堡时期的学生,巴赫现在恳求他为自己找一份新工作。我们现有的巴赫的信件非常少,这是其中一封,它和一叠旧稿纸一起被堆在一个旧柜子里,当收信人去世后,它被封起来送往莫斯科,从那里它被送进国家档案馆。它被施皮塔的一个朋友,塔林(今爱沙尼亚首都)的里泽曼"拯救"出来,巴赫传记作家要求他的朋友一定要搜遍爱尔德曼的稿件,无论他能找到什么①。

这封信全文如下——

尊敬的先生:

希望阁下的肚量能容得我这个忠心耿耿的老臣子占用您的时间说几句话。四年的时间真是过得飞快,记得那时我写信给阁下,您给了我一个满意的回复,而且您还诚挚地希望我能把这些年的荣枯盛衰都告知您。现在我就毕恭毕敬地向您汇报。我的各种经历您一直都很清楚,从青葱年少一直到当上科腾的乐团指挥。那里有一名仁慈的君主,热爱而且懂得音乐,我原本打算一直跟着他到老。后来这个君主娶了一位贝伦堡的公主为妻,那时起他对音乐的热情就慢慢减少,注意力全都放在爱妻身上。上帝要这样安排,我也不得已,只能到现在这个地方,任圣托马斯学校的领唱和乐监。原来做指挥的人,现在改做领唱,我当然不甘心,我整整犹豫了 3 个月,才作此决定。这个职位看上去的确待遇不错,尤其是考虑到我的孩子们都很爱学习,我就以上帝的名义冒一次险,举家迁至莱比锡,最终通过考核,顺利上任。顺着上帝的旨意,我一直干到今天。但现在,我却觉得:(1)这里的待遇并没有我原来所认为的那么好;(2)时常拖欠、克扣

---

① 爱尔德曼曾任俄罗斯驻但泽市(Dantzig)领事馆的领事。施皮塔在他的传记的第一卷的序言中详细描述了这次幸运的发现,《巴赫生平》,第 5 页以下。

津贴;(3)这个城市的生活费十分昂贵;(4)这里的当局者都是些不可理喻之人,几乎不懂音乐,我还得不断忍受一切的苦恼、猜忌、迫害,我祈求上帝的帮助,因为我被迫要另寻人生的转机。阁下应该相当熟悉您那里的情况,并且有能力为我这个忠诚的老臣子找到一份工作,我衷心恳求您将我引荐到您那里。我一定会用我的努力去报答您诚挚的推荐。我现在的收入大约是700塔勒,但很大一部分是要靠替人操办葬礼赚得,如果年景好,这笔收入就会减少。比如说去年,从葬礼上得到的收入就比过往少 100 塔勒左右。在图林根,我能比在这里至少多赚 400塔勒,甚至能得到这里两倍的收入,当然也要考虑那里过高的生活费。我还得向您说明我的家庭情况。我的第一任妻子在科腾时就去世了,后来我又结了一次婚。第一次婚姻留下一女三子,您在魏玛见过他们,如果您还记得的话。第二次婚姻则育有二女一子。大儿子现在是法学的大学生,另外两个儿子一个上一年级一个上二年级,大女儿仍未出嫁。二婚生育的孩子都还很小,最大那个男孩只有 6 岁。他们每个人都极具音乐天赋,我可以向您保证,我有能力举办一次家庭音乐会,声乐器乐俱全,我现任妻子是一名优秀的女高音,大女儿也很在行。我想我应该停笔了,再打扰阁下就说不过去了。我谨向您表达最崇高的敬意,我永远是您最温顺和最谦卑的仆人。

约·塞·巴赫①

1730 年 10 月 28 日,莱比锡

对于一封写给吕纳堡旧日好友的信来说,在我们看来,巴赫的措辞未免过于谦卑客套。或许这两人此时已不再葆有友谊——爱尔德曼 1725年到萨克森州时并未去探望巴赫——这样看来,这封信纯粹是一个落魄的音乐人向一个有脸面的绅士发出的求助函。这或许会让巴赫觉得非常

---

① 施皮塔,《巴赫生平》,卷 II,第 82－83 页。

心酸。

还好，情况没像他想象的那么糟糕。新来的校长盖斯纳（Johann Matthias Gesner）早就认识巴赫，巴赫在魏玛宫廷里任职时，他是那儿的人文中学的副校长。况且此人又极度热爱音乐，不仅是一名好老师，还是一位出色的管风琴师。他上任不久就成功地整顿了学校混乱的秩序，议会对他评价很高。由于他很喜欢巴赫，议会就放弃了对这名小领唱的进一步制裁。1732 年起，巴赫重新得到分发给老师的各项补贴。在此之前，盖斯纳还批准巴赫以后再也不需教拉丁语。

近来我们总习惯把莱比锡的议会说得无比蛮横，怎么抹黑它都不为过，另外则把巴赫说成一个怀才不遇、屡受不公的人。最近新出的一部传记，作者甚至这样描写："议会想尽办法打压一切有才华的人，只要抓住机会，他们决不放过。"[1]然而事情并非如此。相反，议会从未在音乐问题上花费那么多时间和精力，尤其是和巴赫相互论战的那段日子[2]。议会的成员总以他职位的卑微来欺压他，这种做法的确不妥，但我们也别忘了，巴赫也在不断地用各种方式惹恼议会。

巴赫并不认为他和校长的交情能为他的将来保驾护航。尽管巴赫头顶科腾和魏森费尔斯宫廷乐长的光环，但在议会和大学成员的眼中，他只不过是一名小领唱。即使他在签名时不写"领唱"而写上"音乐总监"（Director Musices）那又能怎样？他要获得莱比锡当局的敬重，唯一的方法就是去巴结一下各宫廷的领主。因此，他就寻思着要到宫廷里请愿，希望能得到一个宫廷作曲家的头衔。此举并非为了名利，更多的是为挽回尊严。从他那份请愿书中就能看出这一点。毫无疑问，这份文书表现出巴赫鞠躬尽瘁的姿态，且与他的《B 小调弥撒》中的《求怜经》和《荣耀经》部分的乐谱一并，献给年轻的选帝侯[3]。这份文案的日期是 1733 年 7 月 27日，正文如下：

120

---

① 沃尔弗鲁姆（Wolfrum），《约·塞·巴赫》（*Joh. Seb. Bach*，Berlin，1905）。

② 那段时间，教堂的音乐支出情况，请参考施皮塔，《巴赫生平》，卷 II，第 81 页。施皮塔对议会的看法十分公正。

③ 为此事巴赫还亲自到了德累斯顿。这份请愿书正是从那里发出的。

我怀着对陛下最深的敬仰,将我创作的一些拙劣的音乐作品呈献至陛下面前。祈求陛下英明,仁慈为怀地考虑我的请求。我祈求陛下的荣威能恩泽及我,当然不是因为我那些不值一提的卑微小作,而是因为陛下普度众生的仁慈心肠。这些年来,我一直在莱比锡的两个主要教堂打理音乐,在这里我不时要蒙受不白之冤,除了各种让人恼火之事,还要被当局克扣工钱。如果仁慈的陛下能赏赐我当您的宫廷乐长,并慷慨地为我提供一隅栖身之所,我想这些疑难都会迎刃而解。若我这些卑微的请求能得到陛下恩准,我定会将我的一切奉献给陛下,忠于职守,任劳任怨。只要陛下喜欢,我可以为陛下创作宗教音乐或者管弦乐,不辞劳苦,鞠躬尽瘁,尽我所能为您效劳,做陛下最忠诚、最谦卑、最顺从的仆人。

约·塞·巴赫

他为这个心仪的目标苦等了 3 年。他的请求最终被应允,人家仅仅看中他身上那点光芒,除此以外并没什么可以称道。之所以拖这么久,是因为领主另有事情要照料。波兰那边的纷争他必须亲自督战,从 1734 年 11 月到 1736 年 8 月,他一直守在那里。他回来后,突然又想起巴赫那封声情并茂的信①,最终在 1736 年 11 月 19 日给巴赫下达任命。此时后者又陷入和上级的纷争中,这封任命书的到来恰似一场及时雨。

1734 年,盖斯纳接受了哥廷根的一个教授席位。议会为这么快就失去一个英明能干的人才大为恼火;此前他们并不同意盖斯纳兼任莱比锡大学教授的要求,尽管他们曾经允许盖斯纳的前任校长这样做。

副校长埃内斯蒂接替盖斯纳的位置,升任校长。他试图继续加大盖斯纳的改革力度,但他并不具备其前任拥有的人格魅力。一开始,他和巴赫里应外合,工作上配合得很好;他用比教父更仁慈的态度对待唱

---

① 1736 年 9 月 27 日,巴赫又草拟了第二封请愿信,在选帝侯途经莱比锡的时候交给了他。施皮塔,《巴赫生平》,卷 II,第 488 页。

诗班的孩子们。然而,在 1736 年发生了一件不愉快的事情。唱诗班的班长克劳泽(Gottlieb Theodor Krause),因为他的几个成员在一场婚礼上表现得有失礼节,恼羞成怒地惩罚了他们。校长不满班长的做法,执意要解除他的职务,并要求他公开道歉。巴赫不断为班长求情,还把责任全往自己身上揽,但未能奏效。克劳泽为逃过惩罚,潜逃出学校,暂时到大学里避避风头。他的职位很快就被第二班长①接替,此人也姓克劳泽,名为约翰·戈特洛布(Johann Gottlob Krause)。巴赫对这个人评价不高。任命此人升做班长的事情其实一年以前就曾讨论过,巴赫曾和校长说这个克劳泽像只"放荡不羁的小狗"。在一次参加完婚宴回家的路上,巴赫和埃内斯蒂两人心情都不错,巴赫向校长明确表态,他完全同意校长的任命。校长把克劳泽从第四班长提拔到第三班长后不久,又把其提任至第二班长,这件事他不反对。他甚至不反对将这个克劳泽暂时任命做班长,尽管他认为校长对另外那个克劳泽过分严厉。几周后,巴赫又将现任班长降职成第二班长,把第三班长提升上来任班长。他将此事通报校长,后者并无异议。克劳泽向校长抱怨此事,校长将皮球踢给巴赫。当他去找巴赫理论时,巴赫的性子又犯了,他告诉克劳泽正是他本人将其降职为第二班长,因为提拔克劳泽当班长是校长一厢情愿,他这么做是为了告诉校长,这里到底谁说了算。克劳泽当即把这个情况转告给校长,校长气急败坏地要巴赫给出解释,巴赫又将这番话在校长面前重复了一遍。本来一桩小事,因为巴赫的鲁莽冲动,把它升级为到底谁有权力任命唱诗班班长的政治纷争,直到那时,校规里还未曾有这方面的规定。

校长要求无条件恢复克劳泽班长的职位。巴赫似乎为他的鲁莽感到十分懊悔,只好言听计从。接下来的一个礼拜日,克劳泽正在指挥大家彩排经文歌,练到一半时被巴赫轰出了门。在晚祷时,克劳泽又按照校长的旨意出现在班长的位置上,与此同时,校长明令禁止任何学生听从巴赫指定的班长指挥。巴赫又把克劳泽轰下台,在其后的礼拜日即 8 月 18 日,

---

① 　那时每个唱诗班共有 4 名班长,等级从高至低,权责依次递减。——译注

相同的情形再次上演。学生不知道到底该听谁的话。巴赫在礼拜日傍晚把第二班长库特勒赶出学校,不准他用晚餐,理由是他听了校长的话而没听他的话。

这位好斗的领唱故伎重演,试着到宗教法庭寻求庇护,这件事情实在被他弄得太糟糕,宗教法庭根本不站在他这边。眼看毫无作用,他又把状告到议会。记录着领唱和校长争来斗去的报告书被保留在议会的档案库中,我们今天仍能看得到。这场折腾人的拉锯战一直持续了两年。从巴赫的报告书上看,他完全没意识到他的脾气有多暴戾。埃内斯蒂则一直保持克制,在此事中占据上风①。他圆滑世故,道貌岸然,充分利用对手的弱点,转变成自己的优势,还不忘在背地里造谣诋毁。由此我们不难想象,在那段时间里,唱诗班处在一种怎样的状况当中。

教会当局以前向来对巴赫不错,巴赫这次义无反顾地让他们趟这摊浑水,自然引起众怒。他自己也意识到,连他的保护人戴凌总管也被他惹怒。

议会当然希望避开这摊浑水。克劳泽在 1732 年复活节时毕业离校,这场纷争就自然接近尾声。巴赫却不肯就此罢休。他希望这个问题最终能有定论:校长是否有权力干涉唱诗班长的任免。他要求埃内斯蒂公开表态,以恢复他在学生中的威信。与此同时,他还将此事禀告他的君主——因为他是宫廷的人,君主要他呈上一份报告。直到 1738 年 2 月这件事还未了结。这年复活节君主和王后造访莱比锡,巴赫用一场露天音乐晚会为这对尊贵的夫妇接风洗尘。这份乐谱已佚失,据当时一份资料记载,音乐给大家留下极美好的印象。很可能君主按照巴赫的意愿,平定了这场纷争,因为在此之后再没有任何的议会报告提及此事。巴赫并没得到什么便宜。埃内斯蒂依然是他的校长,而且从那时起,他绞尽脑汁地给巴赫制造麻烦。别的老师们都站在校长这一边。

这件发生在圣托马斯学校的轶事是那个时代所有学校的缩影。那时的学校面临着体制改革。人们普遍开始有学习文化知识的诉求,不再允

---

① 在施皮塔,《巴赫生平》,卷 II,第 893—912 页,列举了与这件事情相关的文件。

许音乐占据学校工作的支配地位。音乐处处受到排挤，养着许多吃闲饭的人的唱诗班是时候要退下历史舞台，尤其是那些旧式的唱诗班。一个新的时代即将来临。

巴赫的指挥生涯要经历这样一个动荡变迁的时期无疑是不幸的。圣托马斯学校的学生们一般分成两类：专心学习的和演奏音乐的。巴赫向来对第一类学生颇有微词，校长则不喜欢第二类。埃内斯蒂是个和音乐老死不相往来的人。他若看到一个学生在练习乐器，就会冷嘲热讽到："你以后准备去酒馆当卖艺人么？"科勒（Köhler）牧师曾是托马斯学校的学生，他在著作《莱比锡教育制度史》中说到①，巴赫很讨厌那些把主要精力都放在学习上，把音乐作为业余爱好的学生。

克劳泽事件使巴赫在师生心目中的威信大打折扣。在学校里他变得形单影只。他和戴凌的关系是否还似以往那般真诚，我们无法得知。反正议会现在是不再为难他了。有时他的经费支出，甚至不需提前向议会申报，都能获得批准。事情都向着对他有利的方向发展。由于他是宫廷作曲家，君主也介入其中。鉴于君主的威名，他的手下现在对他客气了许多，彼此间的矛盾也在不断减少。

大约在 18 世纪 30 年代末到 40 年代初这段时间里——具体时间已不详——巴赫辞去泰勒曼音乐协会负责人的工作，从公众音乐生活中隐退。1741 年，由一个叫泽米希的富商牵头，成立了一个音乐演出协会，此后各种音乐会不断增多。巴赫和这个组织并无来往，并不是协会里的人挤兑他，而是他自己不想靠近。巴赫毫无重出江湖的念头，他愈发地觉得他和新时代格格不入，彼此互不理解。

125

坦白地说，巴赫似乎从来没有和莱比锡的任何圈子有过深交。女诗人齐格勒常邀请许多音乐家到她家做客，巴赫从来没和他们来往，至少在她的信件中从未见到巴赫的名字。巴赫曾在 1727 年秋天和高特舍特打过交道，后者受克尔希巴赫先生之托，为克里斯蒂安娜皇后的悼念

---

① 施皮塔，《巴赫生平》，卷 II，第 88 页和第 491 页及以下。这部著作现在只有手稿存世，收藏于德累斯顿皇家图书馆。Historia Scholarum Lipsiensium collecta a Joh. Friedr. Köhlero, pastore Tauchensi, 1776。

仪式拟一份挽歌的歌词。后来在 1736 年，高特舍特夫人想找巴赫学习作曲，他并未亲自出马教她，而是找了一个叫克雷布斯（Johann Ludwig Krebs）的学生教她，她对这位有才华、有魅力的学生表现出极大的热情。

巴赫与剧本作家亨利希（Christian Friedrich Henrici）过从甚密，后者常用皮坎德（Picander）这个笔名发表作品。他是一个邮政官员，常用诙谐反讽的修辞吸引公众的注意，以期待贵人资助，改善他的生活。后来，他升了官，成为一名负责收缴土地税和饮酒税的税务专员。1724 年，他转向写作宗教作品，发表了一套整年度的康塔塔歌词，这颇让人惊讶。接着，他继续默默无闻地发行庸俗和猥亵的出版物。人们始终不明白，巴赫为什么与这么一个粗俗、让人反感的人交好。

在莱比锡期间，巴赫还面临着许多家庭问题。安娜为他生的 13 个孩子里，有 7 个夭折；直到巴赫去世时，他全部 20 个孩子只有 9 个还活着——五男四女①。安娜的大儿子海因里希是个智障儿，在巴赫去世后分遗产时，他还要由监护人代理。父亲去世后，海因里希被他的姐夫阿尼克尔（Altnikol）带到了瑙姆堡（Naumburg），在那里生活直至 1763 年去世。按照通常的说法，埃马努埃尔是巴赫较有音乐天赋的孩子，然而他的天赋却迟迟未有展现。或许这个孩子在很小的时候被传得太神乎其神。有一个巴赫爱好者罗赫利茨（Rochlitz），在他的《致音乐之友》（*Für Freunde der Tonkunst*）②（1832）中说，大师有一个叫大卫的儿子，当他在钢琴

126

---

① 两个儿子（弗里德曼和埃马努埃尔），以及一个女儿（卡瑟琳娜）是第一次婚姻所育；玛利亚的第三个儿子伯恩哈德，于 1738 年死于耶拿。安娜生育的孩子，在他去世后还活着的有：海因里希（Gottfried Heinrich，1724—1763），伊丽莎白（Elisabeth Juliane Friederike，生于 1726 年，去世时间不详），弗里德里希（Johann Christoph Friedrich，1732—1781）和苏珊娜（Regine Susanna，1742—1809）。

以下安娜的孩子都在莱比锡去世：索菲（Christiane Sophie Henriette，生于 1725 年，1726 年 6 月 29 日夭折），克丽丝蒂安（Christian Gottlieb，生于 1725 年，1728 年 9 月 21 日夭折），安德里亚（Ernestus Andreas，生于 1727 年 11 月 1 日，出生后即夭折），雷吉娜（Regine Johanna，生于 1728 年，1733 年 4 月 25 日夭折），博内蒂塔（Christiane Benedicta，生于 1730 年 1 月 4 日，出生后即夭折），多萝西娅（Christiane Dorothea，生于 1731 年，1732 年 8 月 31 日夭折），亚伯拉罕（Johann August Abraham，1733 年 11 月 6 日生，出生后夭折）。

② 《致音乐之友》，卷四，第 278 页以下。

上用他特有的方式即兴演奏时,父亲总在一旁激动得热泪盈眶。然而在所有流传至今的各类巴赫族谱中,并没有一个叫这个名字的人。

　　尽管外部世界诸多纷扰,但巴赫内心最喜悦的日子,还得数《马太受难曲》发表前后的几年,因为此时所有的孩子都围绕在他身旁。弗里德曼和埃马努埃尔已是小有成就的音乐家,毫无疑问是他快乐的源泉。这个时候他完全可以举办他在 1730 年致埃尔德曼信中说到的家庭音乐会①。在那封信中,他还提到弗里德曼正在学习法律。埃马努埃尔中学毕业后,也选择了同样的道路。这并不意味着巴赫不要求他的孩子做职业音乐家,而鼓励他们去干别的。在那个时代,接受正规的大学教育是成为艺术家非常重要的一部分。巴赫的其他学生都立志把音乐作为职业,但他们也都在大学里学习过。要想从事各种音乐工作,接受大学教育是不可或缺的一部分。

　　弗里德曼在大学里学习了 3 年。他在 1733 年申请出任德累斯顿的圣索菲亚教堂的管风琴师,在 6 月 22 日的考试中他力压群雄最终获得该职。这个职位他一干就是 13 年。1746 年他去了哈勒的圣玛丽教堂。亨德尔旧日的老师扎豪(Zachau)也曾在此担任管风琴师。宝贝儿子受聘于这个著名的席位,巴赫也感到十分欣慰。自那时起,弗里德曼开始表现出一些脾气暴戾的征兆,这种状况后来一度使他无法自拔,还给他招致许多麻烦。父亲自是没有料到,儿子音乐生涯有如此好的开端,最后却以悲剧收场。巴赫直到晚年仍为儿子感到忧心忡忡,他不仅放弃艺术工作,还嗜酒如命。巴赫可能已经意识到,正是他的拔苗助长,使这个乖儿子成为他人生中的一次"受难"。有一次,弗里德曼得到一份邀约,为哈勒一所大学的节庆谱写音乐,报酬是 100 塔勒。他想偷懒,就用父亲的受难曲配搭上他自己的歌词试图蒙混过关。这部作品还真的上演了,有一名莱比锡市郊的领唱路过这里,终把这个弥天大谎戳穿。这引起校方极大的愤慨,他们决定不向弗里德曼支付此前约定

---

　　① 见本书第 119 页。

的报酬①。

相比而言,埃马努埃尔只会让父亲开心,而从不让他操心。巴赫把这个儿子送到奥得河畔的法兰克福(Frankfurt a. O.)学习,这位年轻的艺术家和他的同学们共同建立了一个音乐协会。1738 年,他准备和一个地位显赫的利沃尼亚青年一同出游,这个人就是腓特烈大帝(Friedrich der Große)——当时的王储——他邀请艺术家到鲁平(Ruppin)游玩。1740 年,王储邀请他做自己的大键琴伴奏者。在埃马努埃尔的自传里,他自夸说"他倍感荣幸地坐在夏洛滕堡里的钢琴前,为王储正式登基后吹奏的第一支长笛曲伴奏"。他上任此职后不久,就娶了一个柏林红酒商人的女儿,巴赫也很快做了祖父。"我柏林的那个儿子膝下已有两个儿子,巴赫家族的香火有续了。第一个出生在普鲁士人侵略我们那段不幸的日子里②,第二个才刚生下来 14 天",他在 1748 年的一封写给堂亲——施魏因福特的埃利亚斯·巴赫的信的附言里说道。

在腓特烈的乐团里,有许多巴赫的学生和仰慕者。这位有皇室身份的艺术家非常珍视他的这位伴奏者,尽管他俩并没多少私交——好比钢琴和长笛,本来也没多大联系。据策尔特(Zelter)说,埃马努埃尔的艺术见解非常独立,不会附和国王在音乐上的意见,只要有看法他定会提出来,绝不忍气吞声。尽管如此,他还是在国王麾下待了 27 个年头。泰勒曼在 1767 年去世,他任职长达 46 年的汉堡的约翰诺依姆学校的音乐总

① 关于巴赫的孩子们,见比特(C. H. Bitter)的《埃马努埃尔、弗里德曼及其兄弟们》(*Carl Philipp und Wilhelm Friedemann Bach und deren Brüder*,Berlin,1868)。弗里德曼剽窃父亲作品的事情,由著名的音乐理论家、巴赫爱好者马尔普尔格(Marpurg,1718—1795),在他的《音乐"圣徒"传奇》(*Legenden einiger Musikheiligen*,1786,第 60—63 页)中记述。虽然他隐去姓名,但他讲得可以让所有人明白他在讲什么。1764 年弗里德曼辞去哈勒的职位,抛弃妻子和女儿,四处浪荡。有一段时间(1771—1774)他在布伦斯瑞克,后来去了柏林,在那招揽了几个学生。门德尔松的祖母就是其中之一。他不断加重的恶劣脾气使人们很难对他有好感。他的一个老朋友后来曾写到:"艺术家的身份以及巴赫家族的大名不止一次地将他从泥沼中解救出来,让他显得体面,给他必要的生活来源。在很长一段时间里,谁也无法让他过上正常的生活。他不仅恣意妄为、高傲无耻,还过度酗酒,这些都足以让他堕入深渊。"他在 1784 年 7 月 1 日去世,享年 74 岁。翌年,亨德尔的《弥赛亚》在柏林上演。巴赫儿子的遗孀得到了这场演出的邀请函。见比特一书,第 267 页。

② 巴赫的第一个孙子生于 1745 年 11 月 30 日。

监一职,由埃马努埃尔接替。可惜,父亲巴赫已经无福亲见这件大事①。

J. G. 伯恩哈德,巴赫第一次婚姻的第三个儿子,于 1735 年就任米尔豪森(Mühlhausen)的管风琴师,但不在他父亲曾掌舵的圣布拉修斯教堂,而在圣玛丽教堂。那时他年仅 20 岁。1737 年春天,他就任赞格豪森(Sangershausen)的圣雅克布教堂的管风琴师。一年后他离开了那个小镇,还欠下一大笔债,没多久便在耶拿去世。②

约翰·克里斯托弗·弗里德里希,生于 1732 年,是一个文静、友善的人。在他父亲有生之年,他当上了布克堡(Bückeburg)的里皮宫廷的室内乐手③。

129

在巴赫的晚年,最让他快活的就是他最小的儿子克里斯蒂安,他一直手把手地教他直到 15 岁。巴赫非常宠爱他,生前曾送过三架品质最好的羽管键琴给他,这激怒了巴赫第一任妻子生下的孩子们,他们试图争夺这些礼物。

巴赫万万没有想到,他这个最小的儿子后来名噪一时,名气要比父亲大得多④。克里斯蒂安的一生充满传奇色彩,他的人生经历美妙得让人难以置信。15 岁时父亲去世,分得一份遗产后,他去了柏林的哥哥埃马

---

① 在汉堡时,埃马努埃尔与克洛普施托克(Klopstock)与赖马鲁斯(Reimaruss)交好。几乎每个路过汉堡的艺术家都要拜访他。他于 1788 年去世。大家提议在米夏埃教堂为他立一座纪念碑,上有《弥赛亚》的作者(即克洛普施托克)题写的铭文。这座碑已无法找到,但铭文还在。埃马努埃尔最小的儿子叫塞巴斯蒂安,他成为了一名画家,这颇让父亲感觉意外。他死于罗马,年仅 26 岁,那时父亲埃马努埃尔还健在。这些都是福克尔告诉我们的。

② 现存两封巴赫为推荐儿子到赞格豪森而写的推荐信。他还写过两封信给克莱姆夫妇(伯恩哈德曾寄宿在他们家),请求他们先帮儿子还一部分债。我们能在某封信中感受到一个操持过度、不堪折磨的老父亲的形象,但可能在另一封信中又让我们觉得措辞精炼务实、条理清晰。见 S. Schmidt,《四封新发现的巴赫书简》(*Vier aufgefundene Originalbriefe von J. S. Bach*,收录于《国际音乐学会期刊》[*Zeitschrift der Internationalen Musikgesellschaft*],III,1901－1902),第 351 页及以下。

③ 他一直就任这个职位,直至 1795 年去世。他的儿子恩斯特(Wilhelm Friedrich Ernst)生于 1759 年,后来成为普鲁士的露易丝王后的羽管键琴师,还是王室的孩子们的家庭教师。1843 年莱比锡为纪念巴赫建了一座纪念馆,他是为该馆揭幕的唯一的巴赫直系后代。他于 1845 年去世。

④ 巴赫去世前只是圣托马斯教堂的一名小领唱,死后多年依旧一直默默无闻。——译注

努埃尔那里。从那时起,他就非常渴望能到意大利走一走。1754 年他的愿望实现了。他是巴赫家族的第一名成员,走出他们自身的音乐传统,跨过阿尔卑斯山,最终到达当时的艺术中心。他到那不久便在米兰找到一名富商作为他的艺术资助人。为了进一步完善他的音乐造诣,他拜入马蒂尼(Padre Martini)门下。他曾在那波里住过一段时间,在那成为广为人知的歌剧作家。后来他归信罗马天主教廷,在 18 世纪 50 年代末当上米兰大教堂的管风琴师。那些和"乔万尼·巴赫奇先生"(Signor Giovanni Bacchi)①相关的文档至今还保存在那里。1762 年他去了伦敦,被邀请到那里创作歌剧。他的歌剧在草市(Haymarket)②的国王剧场上演——台下的观众全是皇室成员——最终大获成功。他很快被指定为女王的音乐总监。同时,他还是伦敦上流社会最受欢迎的家庭音乐教师,他上一堂课的课酬是一几尼③,为了使他能准时给学生上课,雇主们还得派马车接送他。1767 年他与一名伦敦歌剧女星格拉茜(Cecilia Grassi)喜结良缘。普拉提内的选帝侯曾邀请他到曼海姆为其演出歌剧。1779 年他迁居巴黎,人们邀请他到那创作歌剧,通常一份手稿的要价为一万法郎④。

130

当年那个脾气暴躁的领唱,在莱比锡的校舍里教这个最小的儿子音乐时,可曾想过为他设定如此崇高的理想? 他可曾想象到如此美妙的生活就这样降临在这个孩子头上,而这一切好事都与他无缘?

1749 年 1 月 20 日,伊丽莎白(Elisabeth Juliane Friederike Bach,生于

---

①　即约翰·巴赫先生的意大利语写法。——译注
②　伦敦的主要剧院聚集区。——译注
③　Guinea,英国旧金币,一几尼合一磅一先令。——译注
④　"伦敦巴赫"(即克里斯蒂安——译注)于 1782 年 1 月 1 日去世。从一开始,关于他的看法就对立成两派。罗赫利茨认为他只不过是一个为博取女人芳心而挥霍艺术才能的音乐家,他作品很多,但尽是附庸风雅之作。另一方面,我们不能忘记莫扎特 1764 年到 1765 年间在伦敦待了一年零三个月,就是为了向他学习。莫扎特一生都对他评价很高,无论如何他应该算是一名优秀的艺术家。他创造的旋律一点都不平庸。他是否如他的同时代人描绘的那样,是个浮华之人,这个问题有待考证。他的第一位传记作家彼特也持类似的意见。施瓦茨(Max Schwarz)做了一份富有深度和独创见解的研究,尝试在艺术上和道德上为他作出辩护(《约翰·克里斯蒂安·巴赫》,1900－1901,第 401－454 页)。我们期待着有更多的现代传记作家用这样的态度和眼光为巴赫的其他众子写作传记。我的上述细节全来自施瓦茨的这份研究。

1726 年)嫁给了阿尼克尔。她丈夫以前曾是巴赫的一名学生,其勤恳好学深得巴赫欢心,在巴赫的推荐下他得到瑙姆堡的管风琴师的职位。巴赫对这桩婚事感到由衷的欣慰。

在巴赫修改和抄正他的赋格曲谱时,有两个小女孩在房间里嬉戏——12 岁的卡洛琳娜和 6 岁的雷吉娜。母亲在房间里踱步,照料着丈夫的工作。巴赫完全没注意到自己已深陷的眼睛,只是执意要求妻子在他桌前的油灯还亮着的情形下必须服侍在旁。他完全不知道这时他的生命仅剩下几个月时间,妻子和这两个孩子对即将降临的苦难也没有半点察觉。

第九章　相貌、天性和品格

　　在面对生活的烦恼和灵魂的困顿时，巴赫总显得不近情理。他易怒、固执，总以为他是对的，这种性情着实难以掩盖和得到宽恕。但至少我们可以辩解说，原本他也是个随和的人，不爱与人斤斤计较。但只要他怒气一来，无论多琐碎的事他都会小题大做。

　　巴赫就是这样，总是疑心周围的人要占他便宜。在相安无事的时候，巴赫却完全是另外一个人；所有证据皆表明，在日常生活中，他不但非常和蔼、谦卑，还特别正直，不能容忍任何不公。巴赫的公正无私有口皆碑。在别人请他去解决与管风琴相关的事务时，他的性格更是表露无疑。处理这类问题时，他务实严谨，没有任何瑕疵能逃过他锐利的目光。无论是为挑选管风琴师的考试当评委，还是去验收新落成的管风琴，巴赫都一丝不苟，实事求是。正如福克尔说①，因为这样的性格，巴赫从未在这些交往中收获友谊，还难免与人结下梁子。比如说，1729 年，年轻的沙伊贝（Scheibe）和戈尔纳等人一起竞争圣托马斯的管风琴师职位，他并未因他父亲是这座管风琴的修建者以及巴赫的老友而占到一丝便宜。巴赫最终选择了戈尔纳——尽管两人之前有过多次不快，尽管巴赫也觉得这个家伙过分高傲。沙伊贝一辈子对这两个人恨之入骨。在 1737 年汉堡的《音乐批评》中有一篇非常有趣的巴赫评论文章，记载了沙伊贝的愤恨。此文

---

① 福克尔，《巴赫传记》，第 22 页。

刺痛了巴赫，但他和老沙伊贝的交情并没有受到影响；在文章发表后，他仍旧坚持己见，欣然表示自己并没有挑错人。

巴赫不仅公正，还十分仁慈。如果他在验收管风琴时得知，修建管风琴所得到的报酬远远不及工匠所付出的辛劳——从事这种工作一般都利润微薄，有时甚至入不敷出——他会毫不犹豫地帮他们向教会提请加薪，而且他的请求一般都会得到应允①。时至今日，我们的管风琴验收者们仍保留着巴赫留下的光荣传统，他们设法游说教会和信众，说明多付些钱的必要性，只有这样工匠们才能过活，这项伟大的艺术才得以葆有生机；同时，也不能总让工匠接受一个最低的价格。

只要巴赫能够胜任的宗教仪式，他从不拒绝。当他的学生要找乐职时，他也事必躬亲。他从不介意用极其谦卑的赋辞向教会当局写信，帮助他的学生们②。

除了无处不在的善心，巴赫的中肯朴实亦值得赞赏。当面对那些傲慢的上级时，巴赫不免会冒犯他们，因为他不会让对方得到高高在上的优越感。他的谦卑并非伪善，并不会刻意夸夸其谈，把话说得天花乱坠，也不会把上级捧到天上。他的谦卑是中肯、理智和有益的，这归因于他对别人有着客观清醒的判断。即便是写信给国王们，他也保持应有的尊严。在写给他的领主的请愿信中，尽管不乏那个时代特有的谦敬文辞，但在这些客套话背后，他坚毅的自尊清晰可见。从字里行间我们便可感受到："鄙人约·塞·巴赫，仍有向君主请求此事的权利。"在与《音乐的奉献》一同呈送腓特烈大帝的文件中，又是另一番腔调。尽管巴赫在信中对最尊贵的王权表现出应有的虔敬，却是用与国王平起平坐的姿态行文。除了一些必要的恳挚言辞，信中是这样写的："巴赫以为，若是他能出版一部以陛下创作的旋律为主题的作品，将会为大王的名声添上最浓墨重彩的一笔。"

---

① 福克尔，《巴赫传记》，第 23 页。

② 见巴赫在 1726 年向普劳恩(Plauen)的议会写的四封信，引荐瓦格纳(Georg Gottfried Wagner)到那里当唱诗班领唱。此人曾在圣托马斯学校学习神学和哲学，在校期间曾随巴赫学习音乐。巴赫形容他"在人文学科和音乐方面都驾轻就熟"，"未婚，没有生活负担"，待人处事非常"实诚"。我们从费舍尔那儿得到这些信件，后者是在普劳恩的档案馆里找到它们的。它们收录在《音乐新刊》(*Neue Zeitschrift für Musik*，1901)，第 484—485 页。

他近乎苛刻地审查学生们的作品，但也尽可能地给予必要的褒奖。他从不对别的音乐家提任何意见，尽管在艺术上少有人比他更成功；他也极其不愿意聆听别人的意见。福克尔说[1]，他从不主动提及他与路易·马尔尚（Louis Marchand）在音乐上的较量，不过那场胜利的细节却是众所周知。马尔尚（1669—1732）是居住在凡尔赛的宫廷御用管风琴师，同时也挂名在巴黎的几所教堂任管风琴师。1717 年，因不满他的主子而移居德国[2]。在德累斯顿的宫廷里，他优雅的演奏风格博得君主的好感，后者许诺聘用他。宫廷乐队的指挥瓦鲁米埃（Volumier）提出让这个法国人与巴赫比试艺术。据福克尔说，国王亲自下诏传唤巴赫入宫，诏书中清楚表明请他到德累斯顿的目的。在此之前，巴赫曾到过宫里，他极有可能听过这个艺术家的演奏，并从中借鉴其技巧。正是在那个时候，巴赫在德累斯顿的音乐家朋友——他们并不喜欢这个不可一世，贪慕虚荣的马尔尚——把这个家伙说成是对巴赫构成威胁的对手。巴赫于是写信给马尔尚，说他已经准备好了，弹奏的曲目任其挑选，同样，马尔尚也要弹奏巴赫为他挑选的曲目。看热闹的人总不怕事大，比试的地点定在公使弗莱明伯爵的府邸。比试的评委、受邀的观众和巴赫本人都如期而至，只有马尔尚未到。大伙派人去找他，才发现此人已在当天早上仓促逃离。因此，巴赫只能独自"比试"，这使他得到大伙一致的赞誉。奇怪的是巴赫这一回并没有收到任何宫廷赠予的奖品或奖金。福克尔断言，国王确实计划奖赏巴赫 100 块路易金币，但巴赫并未收到，估计是宫廷的办事员中饱私囊[3]。

每当有人问到巴赫如何经营他的艺术使其日臻完美时，巴赫总回答说："我总不懈努力，只争朝夕；任何人能够如我这般用功，也必能做到。"[4]

在和那些妄自菲薄的音乐家较劲时，巴赫也尽可能保持温婉友善，从不表现得自己棋高一着。1730 年的一天，布伦瑞克的管风琴师胡勒布施

---

① 福克尔，《巴赫传记》，第 45 页。
② Louis Marchand(1669—1732)，后来他又回到巴黎。
③ 福克尔，《巴赫传记》，第 8 页。巴赫的讣告中曾提到，他曾被骗取过原本要给予他的钱财（第 164 页）。
④ 同上，第 45 页。

（Heinrich Lorenz Hurlebusch）拜访巴赫，他并非前来聆听巴赫，而是请巴赫听他弹奏古钢琴（Clavichord）。据福克尔说①，巴赫盛情款待了他，尽管他弹得稀松平常，巴赫还是耐心地听完他的演奏。当他离开时，他送了一套自己的奏鸣曲集给巴赫几个年龄稍大的儿子，还语重心长地劝谕他们要用功研习（要知道这些孩子学的完全是另外一套东西！）；巴赫只是笑笑，对客人表现出应有的大度。福克尔特别描述了巴赫如何的谦逊有礼，他是从巴赫的孩子们那里得到这些细节的。他们认为福克尔有必要对父亲的品格特质多加强调。正如他们的父亲生前也不断与流言抗争那样，他们希望击碎那些流言蜚语，还父亲一个清白（démenti）。与此同时，福克尔也表示那些关于巴赫的传说经常口径不一，彼此矛盾；据说巴赫有时喜欢乔装成一名潦倒的乡村教师，跑到教堂里去请求管风琴师让他弹上一曲，得意地等待着信众们惊讶的欢呼，或者听管风琴师惊恐地叫道"如果这个不是巴赫，那我一定是见鬼了。"②

　　与其说巴赫为人谦逊友善，不如说这只是那个时代艺术家交往的基本风尚。我们可以在一份题献给巴赫的作品中找到例证。佐尔格（Georg Andreas Sorge），"罗伊斯伯爵和鲁本斯泰因的御用管风琴师和当地的市镇管风琴师"，执意要把自己一些不成熟的古钢琴和管风琴作品献给"一切古钢琴和管风琴演奏者之王"，尽管他并不是巴赫的学生。在献辞中，他热情赞誉巴赫"和蔼友善的可敬品格、真挚朴实的邻人之爱与无上崇高的音乐禀赋完美结合，相得益彰"。③

　　从巴赫对亨德尔的态度我们可以看出，他总不惜一切代价去追寻喜

135

---

　　①　福克尔，《巴赫传说》，第 46 页。胡勒布施同时担任布伦瑞克三所教堂的管风琴师，并让其子担当助手。沃尔特在《音乐辞典》（1732）中给他下的结论颇耐人寻味："他演奏的管风琴非常迷人，尤擅法国组曲，总体风格明智、达观，很受各界欢迎，是优雅的典范。"霍勒布希曾数次访问汉堡。他曾于 1722 年 2 月 5 日、1727 年 12 月 18 日和 1728 年 2 月 11 日在那里演出。见希塔，《汉堡音乐和演奏团体的历史》（*Geschichte des Musik- und Konzertwesens in Hamburg*），第 69—70 页。

　　②　福克尔，《巴赫传记》，第 45—46 页。巴赫和这个乡村管风琴师的故事收录在马尔普尔格（Marpurg）的《音乐"圣徒"传奇》，第 98—100 页。

　　③　施莱塔勒（Schletterer），《给约·塞·巴赫的献词》（*Eine Widmung an Joh. Seb. Bach*），见埃特纳的《音乐史月刊》，1879。

欢的东西,且无半点功利之心。他终究没能和这位与他同时代的大师碰上一面,这并非他的错。当时在英国的亨德尔曾三次回到自己的老家——哈勒。第一次是 1719 年,当时巴赫已到科腾,离哈勒只有区区 4 英里。巴赫当即动身前去拜访这位著名的大音乐家,当他赶到哈勒时亨德尔已经离开。当亨德尔 1729 年第二次到巴赫的老家哈勒时,那时巴赫在莱比锡,还碰巧身体不适。他派长子威廉送去诚挚的邀请函,想将亨德尔请到莱比锡。后者为不能成行而惋惜。当亨德尔第三次来到哈勒时,巴赫已离开人世,一辈子未能结识亨德尔,这令巴赫十分懊恼。他如此渴望结识亨德尔,当然不是为了和他一较高下。在德国这种较量时常发生,因为人们总愿意比较两个艺术家孰高孰低,非得分出胜负。尽管大家都认为巴赫应该在管风琴上更胜一筹,但巴赫的意愿并不是通过和他较量来获得名气,而是真心想向他学习。在巴赫心目中亨德尔的地位有多高?——他曾在妻子的协助下手抄了一份亨德尔的受难曲,可想而知,他一定演出过。

那些巴赫亲手搜集的,来自其他音乐家的作品抄本,就是巴赫虚心向学的最好证明。很长一段时间里,巴赫把自己看作是别的音乐家的学生,他弄到手的抄本分别来自帕莱斯特里那(Palestrina),菲斯科巴尔迪(Frescobaldi),洛蒂(Lotti),卡尔达拉(Caldara),路德维希 • 巴赫以及伯恩哈德 • 巴赫(Ludwig and Bernhard Bach),泰勒曼(Telemann),凯泽(Keiser),格林尼(Grigny),迪厄帕(Dieupart)等等,不胜枚举。有时我们不禁心生疑问,一个对艺术如此苛刻的人,何以能够耐得住性子,不断地抄写翻印别人的作品?他竟然能把泰勒曼的全部康塔塔都复制下来,这实在难以理喻。不过,这些人都是公认的大师:巴赫尊敬他们,希望将他们的作品发扬光大。试问当今有哪位作曲家,能够不胜烦扰,完整抄下《马太受难曲》,仅为了滋养后人,造福子孙?

巴赫打心底里是个友善好客的人。"只要热爱艺术,不论异乡人或是同胞,"福克尔说,"都可以到他府上拜访并一定会受到热情接待。如此平易近人,再加上艺术上极高的地位,使得拜访巴赫的人络绎不绝。"①巴赫

---

① 福克尔,《巴赫传记》,第 45 页。

的家族谱系纷杂，人员众多，但只要经过莱比锡，都会得到巴赫热情的款待①。他的堂弟，在施魏因福特任管风琴师的埃利亚斯·巴赫，1739 年时曾在莱比锡长住。直至 1748 年，他仍念念不忘当年住在离圣托马斯教堂不远的巴赫家里，巴赫对他无微不至地关心和照顾，让他执意要赠予这位享誉四方的亲戚一小桶新酿的红酒为报。当这桶红酒运抵巴赫府上时，已洒了三分之二，大约只剩下 6 夸脱（quarts）。巴赫在 1748 年 11 月 2 日写信给堂弟告知此事，信中巴赫给他算了一笔账说明送这份礼物有多破费，还要求他以后不要再这样花钱。信中这样交待："我知道贤弟条件很好，赠我这点酒也不算什么；但除此之外还要支付很多费用，我觉得太不值得；货物本身是 16 格令，运费 2 格令，验收费 2 格令，市镇税 5 格令 3 普芬，普通消费税 3 格令，我的贤弟你可以自己算，我要为其支付大约 5 格令，相比礼物本身，这笔费用实在太多了。"②

从这封信中我们也可以看出巴赫持家有道，擅于打点生活。在别的事情上表现得更为明显，尤其是涉及钱的事情。与戈尔纳在大学教堂斗争的那段日子里，巴赫常常把他们的财政问题推到风口浪尖。在给爱尔德曼的信中，巴赫压抑不住自己的情绪，忿恨地抱怨 1729 年气候太过宜人，莱比锡人的死亡率非常低，所以那年领唱收到丧葬费比正常时少了 100 塔勒。他的堂弟埃利亚斯问他要一份"普鲁士赋格曲"的抄件，他告知堂弟现在一份不多，请堂弟过几个月再来问他要，并同时向他汇来必要的费用。③ 137

所有这些事例都说明巴赫在对待钱的问题上相当率直，这也许与他操持着一个如此庞大的家庭有关。从巴赫待人热情大方就可以看出他并不是一个计较和贪心的人。

他的乡邻似乎也都知道他很有经济头脑。埃内斯蒂校长（较小的那位）在和巴赫的斗争中就总想利用这一点。在一份呈交给议会的文件中，校长竟斗胆声称巴赫也并非不为金钱所动，尤其是在为校友们写推荐信

① 施皮塔，《巴赫生平》，卷 II，第 719—720 页。
② 见施皮塔著作中的信笺，《巴赫生平》，卷 II，第 758 页。
③ 见此前巴赫写给埃利亚斯的信，收录于施皮塔，《巴赫生平》，卷 II，第 756 页。

求职的时候,很多时候,只要给一塔勒就能当上独唱(奏)演员——即便从未有过这方面的经验①。能编出这样低劣的谎话,校长必须为此负责。

父亲的经济头脑深深地影响着儿子埃马努埃尔——不亚于父亲遗传给他的艺术天赋。早在 1736 年,他就对外宣称,只要价钱合适,他就会考虑把《赋格的艺术》的印版卖出去,这件事使大家对他印象不佳②。1785 年,曾师从埃马努埃尔和基恩贝格的施温克(G. F. G. Schwencke),去竞争汉堡的圣尼古拉教堂的管风琴师,尽管在考试中他发挥出色,最后还是未能成功;这份合约最终给了故去的管风琴师兰波的儿子。施温克在一封信中提及此事:"兰波先生在多数时间里都弹得非常糟糕,如果这样也算把主题交待清楚的话,要么就是他事先研究过考题,要么就是他收买了埃马努埃尔。他贪得无厌,绝对乐意这么做。"③同样,他也必须为这桩谎话负责。但在这方面,埃马努埃尔的确名声不好。在他去世后,他的一个朋友莱夏特(Reichardt)曾这样描述他,"即便是对待那些年轻的、完全抱着学习愿望而来的艺术家,他也要想尽办法在其中赚上一笔",这段话收录在 1796 年的《音乐年鉴》(*Musikalmanach*)中④。在一封 1777 年 6 月的信件中——那时他重病缠身的儿子正在罗马,受着死神的煎熬——埃马努埃尔的贪婪本性表露得淋漓尽致。"远在罗马的可怜的儿子",他说,"你被重病折磨,卧床不起已有 5 个月,现在还没脱离危险期。上帝啊,我心如刀绞! 3 个月前我曾寄去 50 杜卡特,两周后我还得另外支付 200 塔勒给医生。"⑤尽管他也是受过大家族风尚熏陶的人,和他父亲一样热情好客,但在为自己儿子的疾病深陷痛苦时仍对钱财念念不忘。据我们所知,他还因财产分配问题和当时只有 15 岁的约翰·克里斯蒂安闹得不可开交,因为后者声称父亲许诺要把那台有三个踏板的钢琴送给他⑥;争吵

---

① 见埃内斯蒂 1736 年 9 月 13 日的陈述。施皮塔,《巴赫生平》,卷 II,第 904 页。

② 这份声明收录在彼特的《卡·菲·埃·巴赫和威·弗·巴赫》(1868),第 171—172 页。

③ 希塔(Joseph Sittard),《汉堡音乐和演奏团体的历史》(*Geschichte des Musik-und Konzertwesens in Hamburg*,1890),第 52 页。

④ 彼特,《卡·菲·埃·巴赫和威·弗·巴赫》(1868),卷 I,第 173 页。

⑤ 同上,卷 I,第 346 页。

⑥ 施皮塔,《巴赫生平》,卷 II,第 968 页。

归争吵，后来他还是坚持抚养克里斯蒂安，直到他长大成人。

只有在一件事情上，埃马努埃尔没有尽显大家风范：在继母陷入贫困时，他没有拉她一把。继母在丈夫死后两年（1752）就不得不向议会申领救济，对此他从不过问，直至 1760 年 2 月 27 日，任由他的继母在困顿贫寒中离开人世。他对继母向来没有半点同情心，尽管他自己的经济情况也不算好，但他这么做确实使父亲颜面尽失。父亲的经济头脑在他这儿已变得吝啬、卑鄙。长子弗里德曼则遗传了父亲固执的性格，这同样也毁了他。

我们可以通过观察巴赫的面相去揣摩这个男人的气质和性格，当年流传下来的画像可以帮助我们了解巴赫的长相。一直到大约 12 年前，我们都认为只有两幅著名的巴赫画像。一幅由音乐文献出版商彼得斯公司所有，它原本属于埃马努埃尔，1828 年时被他的女儿卖给一个叫格伦瑟（Grenser）的人，此人是莱比锡一所艺术学校的校监，也是当时著名的长笛演奏家。另一幅属于托马斯学校，1809 年起由领唱希勒的继任者穆勒牵头，将其在学校内展出。把它挂在学校里自然没问题，但这样不利于画像的保存。巴赫画像无可避免地成为后来的托马斯人嬉戏愚弄的对象，他们不止一次地把它当作投掷的靶子。这两幅画均出自一人之手——豪斯曼（Haußmann）。这的确有点奇怪，因为看起来它们的技法和风格完全不同。从完成之日起，它们就注定历经沧桑。[①]

139

在托马斯学校的那幅画像，很可能是在巴赫加入米兹勒协会（the Mizler Society）时请人画的，该协会的章程规定新加入的成员都必须提交一幅"精美的油画像"供协会的图书馆收藏。在这幅画像中，巴赫手持"六声部三重赋格（Canon triplex à 6 voc）"[②]，这正是他提交协会用作入会资

---

① 有关画像的问题，见希斯教授（Prof. Wilhelm His）的《巴赫遗骸与相貌的解剖学研究，包括对其画作的评注》（*Anatomische Forschungen über Johann Sebastian Bachs Gebeine und Antlitz nebst Bemerkungen über dessen Bilder*，Leipzig，1895）。他认为，彼得斯出版社那幅画很可能就是在托马斯学校那幅的一个技巧拙劣的临摹本。希斯教授讨论了各种巴赫画像的赝品及那些印刷刻版的源出处。同时可以参考彼得音乐文库的馆长、受人尊敬的沃格尔博士那篇谈论巴赫画像的精巧晓畅的短论（《彼得音乐文库年谱》，1897 年，第三卷，第 13－18 页）。

② 作品编号为 BWV 1076。——译注

格审查的作品。巴赫在 1747 年夏天才加入该协会,画像中的巴赫已近暮年。

第三幅真实可靠的巴赫画像最早归爱尔福特的管风琴师基特尔(Kittel)所有,他是巴赫的最后一个弟子;曾有一段时间它似乎又到了魏森费尔斯的杜贾尔家族手上。1809 年基特尔去世后,按照他的遗愿,本应把这幅画像挂在他的管风琴上。在拿破仑战争时期,那所教堂改做战时医院,它就和其他数幅珍贵的画作一起不翼而飞。毫无疑问,一定是法国士兵以极低廉的价格拿去和海运商人换白兰地酒喝了。

藏于柏林的约希姆斯塔尔(Joachimsthal)人文中学的那幅著名的巴赫画像由利泽乌斯基(C. F. Rr. Liszewski)所绘,直至 1772 年才完成,即巴赫去世后的 22 年。有趣的是它与彼得和圣托马斯学校那两幅画并无干系,而貌似另有出处。画中的巴赫容貌清晰,拿着一叠乐谱倚在桌旁,好像刚刚完成一次创作,正准备到旁边的一架钢琴上试奏。

策尔特在致歌德的一封信中,谈到一桩关于巴赫画像的趣事:

> 基恩贝格的房间里有一幅他的老师巴赫的画像,挂在两扇窗之间的墙上,钢琴的正上方。有一个富有的莱比锡布商,早年与基恩贝格家是世交,在他还是托马斯的学生时,此人就在他家里听过他唱歌。这次专程赶到柏林,拜访已成名立业的基恩贝格。令人意想不到的是,这位莱比锡客人还没坐稳就吵嚷起来:"哎唷,我的天! 我看到你把咱们的领唱巴赫的像挂在那儿,我们的托马斯学校里也有一幅。他十足一个狂妄粗鄙的家伙,这傻子非得让人给他画一件奢华的丝绒大衣不可!"基恩贝格一声不吭地站起来,走到这个人的椅子后面,突然间双手把他的客人拽起,怒吼"狗东西,滚出去!",吼一遍不解恨,又提高声调再吼一遍。我们可怜的莱比锡人显然受到了惊吓,抓起帽子和手杖撒腿就跑,夺门而去,冲到大街上。基恩贝格随即把画像取下来,拭去灰尘,再把那小市侩坐过的椅子擦洗干净。此后他用一

块布把画像盖好，又挂回原来的地方。当有人问起为何要用布盖起时，他总回答"别管，反正里头另有玄机！"这据说就是基恩贝格后来精神失常的开始。①

巴赫去世时没有留下一个脸部和头颅的模型确是一大憾事，这使后人几乎无法塑造一尊"真实"的巴赫雕像。他具体被葬在哪里已不可考，只知道他葬于圣约翰教堂的后院。根据教堂司事的账单，他用的是一口橡木棺材。按照习俗，墓园一般在教堂的南面，距出口六步。那个庭院后来被改成一片公共用地，1894 年，旧教堂被拆除，准备建一座新教堂，开挖地基的位置正是巴赫遗体安放之地。1894 年 10 月 22 日，正是在那个地点发现了三口橡木棺材。② 其中一具遗体是一个年轻的妇女，另外一具已残缺不全，第三具是"一位老者，身形不算高大，但保存完好"。那具遗体的头颅骨一看就与巴赫画像中的容貌特征非常吻合——下颌凸出，前额饱满，眼眶深陷，鼻梁高耸。不难断定这具头颅骨的身份正是圣托马斯的领唱——比席勒那具头颅骨容易判定多了。

巴赫的头颅骨保存完好且特点鲜明，从中我们可以注意到，他的太阳穴附近的骨骼异常坚硬，这能很好地保护他的听觉，此外他头颅骨上的耳洞也远大于常人。③ 后来人们常说他头颅两面太阳穴上方的桥曲正是他

————————

① 这封信的日期是 1829 年 1 月 24 日，《歌德与策尔特书信集》(*Briefwechsel zwisch-en Goethe und Zelter*，Reclam)，第 107 页。

② 伍兹曼博士(G. Wustmann)仔细研究了各种涉及巴赫安葬地点的说法(包括文献及口头传说)，发现巴赫被葬在橡木棺材里这个非常重要的细节。巴赫去世那年，有大约 1400 人不能被安排进墓园安葬，只有 12 人可以享用橡木棺材。希斯教授对解剖学颇有研究，见他写给莱比锡议会的报告——《〈巴赫墓铭、骸骨及相貌研究〉》(*Johann Sebastian Bach: Forschungen über dessen Grabstätte, Gebeine und Antlitz*，F. C. W. Vogel，Leipzig)。这份报告的摘要收录在《音乐周刊》，1895 年 26 期，第 339—340 页；也可参考 1895 年的《大众音乐报》(*Allgemeine Musikzeitung*)，第 384 页以下。希斯教授给出解剖的详细结果，刊登在这份刊物的 160 页。

③ 贝多芬耳朵部分的骨骼结构显然无法与巴赫的相比，人们特地从贝多芬的头颅骨中取出这一部分，打算收藏在维也纳的病理解剖学博物馆里，不幸的是后来被弄丢了。据说是馆内的一个服务员将它卖给了一名英国医生。

音乐天赋的来源,但从他颅骨的石膏套模来看,这个曲度并不明显。①

142　　　莱比锡的雕塑家塞弗那(Seffner),根据巴赫头颅骨的石膏模型描摹出其外形特征,同时他根据大量的研究,找出一般老人的头颅骨和脸部肌肉的比例关系,试图在巴赫头颅骨的基础上确定他脸部皮肤和肌肉的线条和轮廓。② 这个新模型不仅与那两幅巴赫画像有着惊人的相似,而且比画作更传神、更富表现力。

　　前不久,美因茨的福尔巴赫教授(Prof. Fritz Volbach),发现了另外一幅巴赫画像。它是一幅典型的现实主义作品,画中的巴赫脸上写满生活的沧桑和苦涩。画家的笔法粗犷遒劲,把巴赫的生活细节融入他的面容特征中,倒是别有情致。紧咬的双唇充分表现出巴赫的固执和倔强。在他生命的最后几年里,只要他一走进托马斯学校,脸上就是这副模样,因为有无尽的麻烦事在等着他。③ 微微半闭的眼睑下,他近视的双眼不失亲和地审视着世界,即使是浓密的眉毛也遮蔽不住这一丝的温存。他的容貌算不上俊朗,鼻子太大,下颌前凸。这一特征有多突兀,我们可以从他上下两排牙齿的位置就可以看出,尽管他总紧闭双唇。为了稍稍掩饰这种突兀,豪斯曼的画作里没有对其过分描绘。

　　我们愈仔细琢磨就愈会发现在给大师画像的过程中存在诸多疑团。这副普通的脸孔是怎样被诠释成一副艺术家的面容的? 当巴赫沉浸于音乐世界中时,他的表情如何? 是否能像他的音乐那般宁静安详?

143　　　最终我们会觉得他的整个人都充满疑团,他的外表与内心截然不同,我们从来无法从他的外表窥至内心。巴赫的情形比有着类似情况的天才

---

①　见斯特拉斯堡的解剖学教授施瓦尔贝(Prof. Schwalbe)的文章,《论新、旧颅相学》(《德意志人类学、人种学及史前史协会通讯报》总第 37 期)(*Über alte und neue Phrenologie Korrespondenzblatt der deutschen Gesellschaft für Antropologie, Ethnologie und Urgeschichte*, XXXVII. Jahrgang, Nos. 9—11, 1906.)。根据他的理论,舒伯特属于没有音乐天赋的音乐家,因为他太阳穴上方的曲度比蔑视音乐的康德还小。巴赫的颅腔的容积是 1479.5 立方厘米,根据他的遗骸判断出他的身高大约为 166.8 厘米。

②　关于他的测量方法,以及他早期所做的相关研究,见他的《巴赫遗骸与相貌的解剖学研究,包括对其画作的评注》,第 24—32 页。

③　这幅画的发现者认为,基于种种理由,它其实就是爱尔福特的基特尔那幅画。(在一封给笔者的信中他曾说起过。)

更明显，这个男人的言行举止向来只是一件密不透风的外套，紧紧包裹住他炽热的艺术灵魂。他和贝多芬不同，后者的灵魂由里及外控制着他的行为和感情，将他抽离平凡的生活，将他的整个生命点燃，最后内心的火焰刺穿他的身体，直至灵魂的熊熊烈火耗尽他的生命。巴赫则不是这样。他是个典型的双面人，一边是波澜壮阔的艺术灵感和非凡的创造力，另一边是日复一日的庸常生活和沉闷的工作，它们并行不悖，巴赫从不把它们混为一谈，两者也从不互相干扰。

巴赫会为每日三餐疲于奔命，但他从来不为他的艺术创作寻求认同。这一点他与贝多芬、瓦格纳全然不同，也与我们通常理解的"艺术家"有天壤之别。

大家给予这位管风琴和键盘音乐大师的认同，多是对他的艺术活动中外在的、属于那个时代的部分的认同——他认为这种认同理所当然。他并没有寻求大家对他的作品中那些不属于那个时代的、表现出他最深处的情感部分的认同。他应该并且有能力向他的时代索取这些认同，但他从来未曾这么做过。他从未努力将他的康塔塔和受难曲发扬光大，也从未试图完好保存它们。这些作品能侥幸保留至今，并非他的功劳。

一位当代的巴赫诠释者曾说过，他从一些后期的众赞歌康塔塔中发现，巴赫的创造力有一定的弱化，如果把他的全部工作视作一次为争取认同的卓绝斗争的话，在这场战役的最后巴赫显然有点步履蹒跚。[①] 巴赫的确在那段时间陷入沉沦，但使他低迷的并非未能获得认同，而是未能获得好的康塔塔歌词。这使他最终回溯到原来的众赞歌康塔塔中，他不得不在沉沦中适应这种绝望，勉强地将众赞歌诗行用作咏叹调的唱段。[②] 然而，这些状况并未对巴赫的艺术生涯构成实质影响。

144

巴赫的特殊之处在于，他确实没有为他那些伟大的作品赢得认同做出过任何努力，也并不期盼他的作品被人们熟知。因此，那种神性的光芒依旧保留于他的作品之中。我们能在他的作品中感受到独特的、别的任

---

① 见 B. F. 里希特有趣的论文：《1723 年巴赫被选为托马斯学校领唱》，收录于《巴赫年谱》，1905 年，第 48—67 页。特别注意第 48—67 页的"巴赫亟需迫使大家认同他"。

② 对后期康塔塔详实的考察，请见笔者在第三十四章所作的分析。

何艺术作品所没有的恬淡自然。巴赫协会出版的那些老旧的、沉闷的作品集传递的是一种流动欢快的语言。它诉说不朽的真理,它庞大、纯粹,它不为获取别人的认同,但它终将会得到认同。巴赫的康塔塔和受难曲不仅是缪斯的精灵,还是逸趣的使者[1],这正是"缪斯"这个词在古时所传递的荣耀及深邃的内涵。我们可以用它来诠释这个艺术家一生的时光,他为自己活着,而且只为自己活着。

　　巴赫自己并未注意到他的作品有如此异乎寻常的伟大。他只知道自己精湛的管风琴、键盘乐器和对位法技巧受到大家的公认。但他从未想象到,只有他——而非与他同时代的艺术家——的作品被后人铭记。如果说伟大的创造型艺术家都在他的时代到来之前降生,都在苦苦等待"属于他的时代",最后都在这种等待中耗尽艺术生命的话,那么巴赫就并不伟大,也没在他的时代之前降生。没有人像巴赫的作品那样远远走在自己的时代之前,也没有人比巴赫获得同代人更少的注意。在这个意义上,他或许高于所有艺术家,他艺术上强大的创造力完全没有自我意识,宛如自然的推动力那般,因此他的艺术也如宇宙那般浩瀚无边,变幻无穷。

　　巴赫从未反映过托马斯人是否能够正确地演奏他的作品,也从未考虑过教众是否能听明白。他只是全心全意地投身于创作,无论如何,上帝能理解他的作品。他常在谱子上加点缀饰,如"S. D. G"(Soli Deo Gloria,"荣耀只属于上帝")和"J. J"(Jesu juva,"拯救我,耶稣"),对他来说,这正是贯穿他全部创作的信仰,而绝非陈词滥调。对于巴赫,音乐就是表达信仰的活动。他的人格修养和艺术活动全都基于他的虔敬。如果非得找一个出发点来理解巴赫,那么非虔敬莫属。对于他,艺术就是宗教,它和外在世界毫无干系,也不在乎能否获得世俗的成功。它是自我实现的。通常巴赫会把宗教纳入艺术的范畴。在巴赫看来,所有伟大的艺术,即便是世俗艺术,其自身都充满宗教感。对于他,乐音永不会消散,它只会不断

145

---

　　① 这个词在德语中双关,原文是"sind nicht nur Kinder der Muse, sondern auch Kinder der Musse."。

上升，如上帝般荣耀，深奥得难以言说。

"通奏低音"，他在向学生们传授伴奏的法则时说到，"是音乐最重要、最完善的基础。它是双手通力执行的法则，左手弹奏给定的音符，右手搭配协和音程与不协和音程，以此为上帝的荣光建立一种愉悦的和谐，使心灵走向正义和丰盈。和所有音乐一样，通奏低音指向上帝之光和灵魂的清逸。若不把此法则铭记于心，就谈不上真正的音乐，只是一些让人心乱的凡尘喧嚣罢了。"

《管风琴小曲》（*Orgelbüchlein*）是一本巴赫在科腾时期编修的小众赞歌前奏曲合集，扉页上有这样一句箴言：

> 赞美至高唯一的上帝，亦使邻人从中得教益。

音乐教育终究属于宗教领域，在给长子弗里德曼的《钢琴小曲》（*Klavierbüchlein*）中，巴赫在第一首钢琴曲前写着"In Nomine Jesu"（奉主基督之名）。

与此同时，巴赫也意识到存在一类仅供嬉乐的音乐，他对其评价不高。有时他也会叫上弗里德曼一起去德累斯顿歌剧院听听流俗小曲，但总少不了冷嘲热讽一番。尽管如此，在心情好的时候，他也会写一点滑稽歌曲，似乎他也需要纵情一笑，偶尔放松是为了更好地思考严肃的问题。

巴赫的精神是严肃的，更是虔信的。在他留下的财产清单中我们发现了大量的神学著作，其中包括一套路德作品全集，陶勒（Tauler）的布道书以及阿恩德（Arnd）的《基督教真义》（*Wahres Christentum*）。此外，有关宗教争论的文学作品比比皆是，这些都说明巴赫是个彻底的路德派。在科腾时，他决不让自己的孩子上改革宗的学校，而把他们送到新建的路德宗学校学习。①

146

---

① 见邦格（R. Bunge），《巴赫在科腾》（*J. S. Bach in Cöthen*），收录于 1905 年《巴赫年谱》，第 28 页。

他和虔信派同样势不两立。[①] 巴赫在米尔豪森时，那里曾有过一场虔信派和正统派之间的激烈纷争，他站在正统派的代表、极端的路德教义奉行者艾尔玛（Georg Christian Eilmar）这一边。对此人我们知之不多，唯独他与其老同事弗罗内（Frohne）的那场神学争论着实引起人们的共鸣。巴赫显然与艾尔玛私交甚笃，他请后者做他的第一个孩子的教父。[②]

巴赫和他周围的普通人一样，并不知晓那个时代诸多宗教纷争的实质。他仇视虔敬派，只因为它破坏创造精神。但在教义上，他也并不支持正统派。斯彭内尔信徒那种唯唯诺诺的顺从亦让他十分讨厌。况且，虔敬派本质上敌视礼拜中的任何艺术形式，反对那种具有音乐会风格的教堂音乐，尤其憎恨在仪式中演出受难曲，他们认为仪式中只需配上一些最简单的赞美诗即可。所有的领唱理所当然厌恶虔敬派，巴赫尤其不满他们将他的宗教和艺术理想视作尘土。然而他无论在文字还是口头上都没有留下任何攻击虔敬派的言论。

尽管如此，巴赫的作品还是明显地受到虔敬派的影响，特别是康塔塔和受难曲的唱词。事实上，18 世纪早期的所有宗教诗歌都受到这种影响——诗作中的沉思和复杂情感就是明证。巴赫音乐的词作者对此毫不陌生。虔敬派的对手往往认为巴赫的音乐带有虔敬派诗歌的气息，不过正因如此，才使他的音乐流芳百世。

然而，不得不说，巴赫的宗教观并不属于正统的路德派，而是神秘主义。本质上他属于德国神秘主义传统。这个精力充沛的男人表面上全身心地投入到工作和家庭中，常挂在嘴边的也是生活的欢欣和愉悦，但他的

---

① 虔敬派源自阿尔萨斯人斯彭内尔（Philipp Jakob Spener，1635 年生于 Rappoltsweiler），曾在美茵河的法兰克福、德累斯顿和柏林的教会中位居要职，他的《虔敬的愿望，或内心对神所喜悦的对真新教教会的改善的希求》（*Pia desideria，oder herzliches Verlangen nach gottgefälliger Besserung der wahren evangelischen Kirche*［1675 年］）开启了一条新的宗教道路，该文主张虔诚奉献，彻底研读圣经，重新吸取教义。斯彭内尔在 1705 年去世，他的观点此后在德国纷争不断。虔敬派本无意攻击教会原有的信条，但因其强调自我灵修的重要意义，自然会贬损教会的地位。它本质上是对宗教改革运动的批判和继承。今天的新教徒亦部分受其影响。

② 有关米尔豪森的宗教争端，以及巴赫对艾尔玛的态度，见施皮塔，《巴赫生平》，卷I，第 354 页及以下。

内心早已疲惫不堪。他的灵魂完全被一种渴望静谧安详地死去的想法所占据。这种冲动几乎没有在歌词中显示出来，他只是把心声写进音乐。在他的康塔塔中，每当表达死亡使灵魂解脱时他总是感慨万千，但在生活中却极少提及。在主显节的康塔塔和一些男低音康塔塔作品中，巴赫吐露出这些埋藏于内心深处的宗教情感。在音乐中，它有时表现得悲戚萎靡，哀怨低回；有时则呈现出一种欢欣、清朗的向往——这种感觉能在他那些安详的摇篮曲中找到，唯有他能写得出来；时而它又变成澎湃、迷狂的渴望，欢呼雀跃地呼唤死亡，义无反顾地与死神交织。在咏叹调"小憩吧，困倦的双眼"（*Schlummert ein ihr müden Augen*）①，"福佑之时，快敲响吧"（*Ach schlage doch bald，sel'ge Stunde*）②，以及"来吧，甜蜜的死亡"（*Komm，süβer Tod*）③那段简洁的旋律中，我们看到这个音乐家不仅把歌词中的思想谱成旋律，还巧妙利用那些文辞，将自己渴望表达的内容付诸其中。

　　这就是巴赫的信仰，他通过康塔塔作品展现给我们。信仰使他的生命得到升华。他的生活满是纷争、矛盾、苦楚；他的内心却始终平和、宁静、安详。

---

　　①　出自康塔塔《我受够了》（第 82 首）。
　　②　出自康塔塔《基督，我的生命》（第 95 首）。
　　③　出自康塔塔《来吧，甜蜜的临终一刻》（第 161 首）。——译注

第十章 艺术之旅，评论家和友人

巴赫酷爱旅行。年轻的时候喜欢旅行，是因为他渴望到各地拜访大师，向他们学习；后来，当他自己成为大师后，他也不时想四处走走。日常生活乏善可陈，因此很有必要出去散散心，到别处寻找自由。巴赫很早就开始这样的艺术之旅，通常安排在秋天。可惜，关于他旅行的记载实在少得可怜。

魏玛大公——巴赫的第一个雇主——在休假的问题上对他十分仁慈慷慨。1709 年，巴赫和他的友人沃尔特一道为米尔豪森的管风琴剪彩，巴赫借此机会演奏了众赞歌前奏曲"坚固的堡垒"（*Ein feste Burg*）。他并非特意为剪彩创作此曲，只是通过弹奏向议会展示一下这架修葺一新的乐器所拥有的丰富健全的音色。

此后几年的艺术旅行情况我们都不得而知。大约在 1713 至 1714 年间，巴赫曾受后来成为瑞典国王的王储之邀，到卡塞尔的宫廷演出。他对巴赫演奏的一段脚键盘独奏中的娴熟技巧赞叹不已，兴奋地从自己手上摘下一枚指环戴到巴赫手上。明登的教区长贝勒曼牧师在 1743 年出版的一本小书中提到这则趣事。他没有指出这次旅行的确切日期，只是认为那时巴赫已经去了莱比锡。巴赫的确曾有一次从莱比锡出差到卡塞尔，目的是验收一架翻新的管风琴，但已是 1732 年的事了。那时王储已正式登基成为瑞典国王，早已不在卡塞尔。按时间推算，巴赫专程前去为王储演奏的那次旅行，只可能发生在 1713 年或 1714 年。那几年王储在宫中的时间不多，他忙于指挥西班牙王位继承战，常常驻扎在行军帐中。

1714 年底王储前往瑞典，1715 年和查尔斯十二世的妹妹伊莲娜完婚。①

　　这个时期巴赫还曾到过哈勒。扎豪（Zachau）在 1712 年 8 月 14 日去世之后，哈勒的圣母教堂（Liebfrauenkirche）的管风琴师职位空缺了一段时间。这时有一架全新的 36 音栓的管风琴正在修建。巴赫曾调试过无数的乐器，乐器经他之手都会变得更好弹奏。凭借这些经验，他向教会当局毛遂自荐，并声称他是扎豪最合适的继任人。当局要求他尽快写一首康塔塔，到时带来考试，他随即答应。回到魏玛后，他又仔细询问过这个职位的报酬，才发现比他现在的薪水还低，在最后关头，他中断了与哈勒方面的磋商。原本，哈勒方面的人以为他们真能请来巴赫，因此如今十分恼怒。他们抱怨巴赫以如此唐突的方式中断合约，他们认为巴赫并非真心实意，只是为从公爵那诈取更高的薪水才决定和他们洽谈。巴赫当然不接受这种看法，1714 年 3 月 14 日，他写了一封谦逊之余亦显得义正词严的信，试图挽回名声。哈勒方面的人最后还是原谅了他，并且邀请他和库瑙以及奎德林堡的罗勒一道，为那时已完工的管风琴调试和验收。现存一封巴赫回复这次邀请的信件。收信人是他的朋友，法学硕士贝克先生，他是负责巴赫求职一事的谈判人。② 该信如下：

　　嘉德在上，最尊敬的先生：

　　　　对于您和尊敬的执委会全体先生对我无尽宽仁的信任，我表示衷心的感激。能为尊贵的阁下效劳是我最大的荣幸，我定尽我所能将调试工作做得让大家满意。我恳请您将我的回复转告给执委会诸位尊敬的先生，对于他们的信任我受之有愧，请您替我转达我对他们最谦卑、最诚挚的问候。

---

　　① 贝勒曼（Bellermann）和施皮塔都对这两次卡塞尔之旅困惑不已。见施皮塔，《巴赫生平》，卷 I，第 508 页及以下，第 801 页及以下。谢勒（Scherer）澄清了这个问题，见他的《约·塞·巴赫的卡塞尔之旅》（*Joh. Seb. Bachs Aufenthalt in Kassel*），收录在埃特纳的《音乐史月刊》中，1893。

　　② 关于此次哈勒事件，见施皮塔，《巴赫生平》，卷 I，第 508 页以下。又及，塞弗（M. Seiffert）《巴赫 1716 年在哈勒》，收录于《国际音乐学会文集》（*Sammelbände der Internationalen Musikgesellschaft*，卷 IV，1905）。扎豪曾是亨德尔的老师。

150　　　　无论是现在还是从前，您都为我分担了许多麻烦，对此我感激不尽。只要有机会为您效劳，我定尽我所能向我最尊贵的阁下奉献一切。

您最顺从的仆人
乐队指挥 约·塞·巴赫

管风琴的剪彩仪式安排在 5 月 3 日举行，仪式结束后议会当局宴请全部参与调试的负责人，晚餐的菜单我们可以从当时的收据中拼凑出来：时令鲜牛肉、梭鱼、熏猪腿肉、豌豆、土豆、菠菜配小香肠、煮南瓜、炸果饼、蜜饯柠檬皮、樱桃果脯、芦笋沙拉、卷心菜沙拉、小萝卜、烤牛肉配新鲜黄油。这顿饭一共花费了 11 塔勒 12 格罗申。酒水的开销是 15 塔勒 12 格罗申。当局还特地雇用仆人若干，配给这些负责人，供他们使唤。①

巴赫似乎是在 1714 年才第一次到莱比锡。在康塔塔"来临吧，外邦人的救世主"（第 61 首）的扉页上，巴赫注明"为基督降临节的第一个主日在莱比锡进行的晨祷而作"，同时我们可以确定这首康塔塔写于 1714 年。因此我们可以自然地推断，他于 1714 年的基督降临节的第一个礼拜日在莱比锡上演了这部作品，并在仪式中负责弹奏管风琴。要注意，这仅仅是我们的一个推断，另一种可能是 1714 年巴赫在魏玛时就已写好此曲，迟迟未拿出来演出，直到他就任圣托马斯的领唱时，即 1722 年的基督降临节的第一个主日，才将此曲目推出。②

1717 年的秋天他旅行至德累斯顿，正是在那里发生了马尔尚事件。
151 同是这段时间里，他好像还去了迈宁根（Meiningen），他有一个远房亲戚——当时已经很老的堂兄约·路·巴赫（Johann Ludwig Bach）在那里。巴赫对堂兄的创作评价甚高，并复制了他的许多曲谱带走。③

可以肯定的是，巴赫在 1717 年 12 月 16 日来到莱比锡，这一天他受

---

① 见此前提到的塞弗一文。
② 里希特（B. F. Richter）偏向于认为后一种解释更加合理。见他的文章，〈1723 年巴赫被选为托马斯学校领唱〉，收录于《巴赫年谱》，1905 年，第 48 页及以下。
③ 施皮塔，《巴赫生平》，卷 I 的第 565 页及以下有对约·路·巴赫的作品鉴赏与分析。

到大学的邀请，去调试圣保罗教堂的新管风琴。他对这架新琴赞不绝口。从那时起，修建这架琴的工匠沙伊贝从此前的无名小卒晋身至一流管风琴工匠之列。

在这次旅行前不久，巴赫刚从魏玛的监禁中脱身，迁居至科腾。新的职位让他比从前有更多机会旅行，因为他的职责之一就是陪利奥波德公爵四处游历，巴赫当然乐此不疲。1720 年的夏天，他陪着公爵在卡尔斯巴德待了一段时间。当旅行结束回到家中他才知道，爱妻已不在人世，只留下一群失去母爱的孩子。同年秋天他又启程去汉堡，受到赖因根的赏识，并结识了当地的乐迷。

即使在圣托马斯担任领唱那段最繁忙的日子里，他也尽可能每年都出去走走，莱比锡的生活圈子始终太狭隘，艺术条件也有限。根据合同的约定，他每次离开前必须向市长告假，但他常常做不到。他总是安排一个可靠的副手主持工作，再向校长知会一声，便一走了。巴赫外出时，如果能担当指挥的第一班长也不在，康塔塔则由新教堂的管风琴师指挥，康塔塔一结束，他就得及时归位开始弹奏管风琴。①

利奥波德公爵在世的时候——他于 1728 年 11 月 19 日去世——巴赫常回科腾，在节日仪式上演出一两首他的作品。1729 年，在他的前任雇主的悼念仪式上，他祭出一曲规模宏大的哀乐，动用了两个唱诗班。那时他正在埋头创作《马太受难曲》，这曲哀乐似乎就是从中节选出来的。

就在他到莱比锡就职前不久，他收到一份委任书——请他担任魏森费尔斯的宫廷作曲家，此外还要不时到宫廷指导音乐工作。

因此他经常到德累斯顿。1725 年之前，他们总是以各种理由把他召至宫廷；②他也会不时到那边欣赏歌剧，而且总是带上他宠爱的弗里德曼。出发前几天，他就对儿子说，"弗里德曼，咱们一起去德累斯顿听听那里的俏皮小曲好吗？"③1731 年 9 月 13 日，他聆听了哈塞（Hasse）的歌剧

---

① 埃内斯蒂在一份提交给议会讨论克劳泽事件的报告书中提及此情况。见施皮塔，《巴赫生平》，卷 II，第 904 页。

② 施皮塔，《巴赫生平》，卷 II，第 45 页，第 703 页。

③ 福克尔，《巴赫传记》，第 48 页。

《克莱奥菲德》(*Cleofide*)的首演,作曲家的妻子福斯蒂娜(Faustina)在剧中献唱。第二天他在圣索菲亚教堂演奏管风琴,教堂里的全体乐手和许多行家都在场聆听。德累斯顿的音乐人都对他敬佩有加。哈塞和他的妻子也与巴赫过从甚密,夫妇二人曾不止一次到莱比锡拜访他。①

爱子弗里德曼 1733 年到德累斯顿作管风琴师后,巴赫去那里的次数更加频密。况且,他身为宫廷作曲家,时刻关注德累斯顿的音乐生活是他的职责。他在 1736 年 11 月的最后一天收到一份政令,要求他 12 月 1 日的下午两点至四点,到德累斯顿的圣母教堂演奏新建成的齐尔伯曼管风琴。②

当威廉·恩斯特公爵在世时,巴赫无论如何都不肯回魏玛,理由无需再述。直到 1728 年,年轻的奥古斯特继承王位,巴赫才得以不时回到那里游玩。他和这位热爱艺术又聪颖过人的王子一直保持着诚挚的友谊。

1727 年巴赫第二次到汉堡演出,可能是受泰勒曼之邀,后者对他非常器重。这段时间他好像还到过爱尔福特。

153　　巴赫的多数旅行都为调试管风琴而去。这种特殊"旅行"中的轶闻趣事全被辑成一卷档案,收藏在卡塞尔的市政档案局里。1732 年,巴赫受邀到卡塞尔的圣马丁教堂,试奏翻新后的管风琴。这次翻新足足花了两年时间。这桩差事使他收获 15 塔勒的酬金,另外还得到 26 塔勒的差旅费补贴。此外,议会还为指挥先生及其夫人支付了他们的住宿费,另打赏两个塔勒尔给仅抬了巴赫 25 步远的轿夫,还用 1 塔勒雇了一名男仆贴身陪伴巴赫 8 天③。这些事情做得显然要比今天的人体面得多。

1736 年 7 月末至 8 月初,正是埃内斯蒂因任命班长之事在学校闹得沸沸扬扬的那段时间里,巴赫离开莱比锡两周。他前去何处我们无法得知。巴赫最后一次旅行的情况由福克尔详细记录下来,这些情况都是从弗里德曼那里听来的:

---

① 福克尔,《巴赫传记》,第 48 页。
② 施皮塔,《巴赫生平》,卷 II,第 706 页。
③ 谢勒,《约·塞·巴赫的卡塞尔之旅》,收录于埃特纳的《音乐史月刊》,1893 年。

　　约·塞·巴赫举世无双的艺术成就赢得广泛的声誉,连国王也常常提起,赞誉连连。他很渴望聆听这位伟大音乐家的演奏并与之结识。起初他向巴赫的儿子暗示他的想法,期望其父有一天能到波茨坦做客;后来他干脆直接问巴赫的儿子为什么迟迟不把父亲请来。儿子只好把国王的意思转达给父亲,无奈老巴赫公务缠身,不能马上前来拜谒国王。儿子又接连去了几封信催促父亲尽快考虑此事,最终在 1747 年,巴赫带着长子弗里德曼,踏上前往波茨坦的行程。这段时间里国王每晚都举办室内音乐会,并在一些协奏曲中演奏长笛。某天晚上,乐师们都各就各位,国王也调试好笛子正准备演奏,一个官员呈上一封请柬表示有客人到。他一手拿着笛子,一手拿着信纸,突然间他扭头转向众乐师,上气不接下气地叫道,“先生们,老巴赫来了!”国王随即把笛子丢到一边,下令让巴赫进宫。此时巴赫父子刚安顿下来,巴赫正在儿子的房间里小憩。此行弗里德曼一直陪伴着父亲,也正是他将这段经历转述于我。可以说,直至今天,我脑海里还浮现着弗里德曼讲故事时眉飞色舞的表情。众所周知,那个时代充斥着诸多繁文缛节,然而巴赫第一次与尊贵的国王陛下见面时,国王连衣服都没让他换——巴赫还穿着旅行的便装,并没穿着黑色的领唱服。巴赫战战兢兢,自然也没少遇到尴尬事。具体的细节不在此多说,要提及的是,弗里德曼在描述这些趣事时,分别模仿国王和他不断自我辩解的父亲的腔调,完整地把他们的对话表演了一遍。

154

　　比这更有趣的是,当天晚上,国王取消了他的长笛协奏曲演奏,邀请老巴赫试奏他的西伯尔曼楔槌键琴,他拥有很多台,分别放置在城堡的若干房间里。乐师们跟随他俩全部房间走个遍,巴赫试奏了所有琴,还即兴弹奏了一些曲子。花了好一段时间终于把琴挨个弹遍,他请国王给他一段赋格主题,他当场在琴上创作即兴曲。国王对这种即场发挥自己主题的渊博作风很是惊讶,同时,他也很想知道这种艺术形式到底有多博大,就向巴

赫提出要求,说他想听一首六声部的赋格曲。然而,并不是每个
主题都能满足复调技法上的要求。巴赫自选了一个主题,不紧
不慢地弹奏起来。在场的所有人都赞叹不已,这段演奏与之前
即兴弹奏国王的主题那段都精彩绝伦,技惊四座。接着国王又
表示想听他弹管风琴。他带着巴赫,在接下来的几天里,走遍波
茨坦所有他能找到的管风琴,正如此前带着巴赫弹遍城堡中的
所有西伯尔曼楔槌键琴那样。回到莱比锡之后,巴赫根据国王
给他的主题,写下一首三声部和一首六声部的赋格曲,添入一些
精巧的卡农轮唱。巴赫请人把这些谱子镌刻在铜版上,并取名
《音乐的奉献》(*Musikalisches Opfer*),将其献给主题的创作者。
这就是巴赫最后的旅程。[①]

巴赫的艺术之旅令他很年轻时便在德国闻名遐迩。在 1717 年对马
尔尚不战而胜后,他更是成为这个国度最受关注的名流之一。让德国的
音乐家们更感骄傲的是,他们拥有一个本土大师与法国或意大利大师比
肩。如果可能的话,还要让德国音乐家对意大利风格施加影响,换取一点
低廉的名声[②],或让他们也抵制德国艺术;这样才能说明德国艺术确实是
回事,才能在气势上压制他们。

巴赫没有获得认同的需要。在当时,只有演奏名家能赢得相当的名
声,至于康塔塔和受难曲的作者则少有人关注。但无论是宿敌还是挚友,
没有人胆敢否认他是楔槌键琴和管风琴演奏之王,也没有人会质疑他是
一个真正伟大的作曲家。

　　对巴赫的曲作提出批评的主要是那个时代的两大批评家:马特松和
沙伊贝。马特松[③]在考察巴赫的康塔塔"我有过许多忧愁"(*Ich hatte viel*

---

①　参福克尔,《巴赫传记》,第 9—10 页。

②　库瑙的《音乐界的江湖骗子》向我们展示了那个时代的德国音乐家对外域音乐的大
致态度和他们采用异域乐风的情况。这部著作最近被重新刊行(Behr, Berlin, 1900),见第
108 页。

③　《音乐批评》,卷 II,第 368 页。

Bekümmernis,第 21 首)时,指出它在歌词中的瑕疵。这个作品是巴赫在
1720 年访问汉堡时上演的,在开始处他用歌队以合唱的形式唱出三个重
复的单字"我、我、我",随后才开始余下的乐句;在作品中的有些地方,他
也不时插入只言片语,破坏乐段的协调感。就马特松批评其重复三个
"我"字而言,也并非全无道理。奇怪的是这位伟大的汉堡艺术权威非得
要选择这样一部有瑕疵的作品来点评,要知道他向来只评论词曲上都精
致无瑕的大师作品! 假如他能全面地熟识巴赫的声乐作品,一来不会被
流俗意见蒙骗,二则可以在批判那个时代粗制滥造的战斗中,为自己争取
一个同盟。

　　但话说回来,马特松并非真的想熟识巴赫的作品。他仅是在 1717 年
的"受保护的乐团"中,赞扬巴赫是"一颗冉冉升起的新星"①,他也曾邀请
巴赫写一篇自传性的文章,收入他那时正在筹划的《凯旋门》(Ehren-
pforte)中。巴赫没有如约交稿,他对这种事情毫无兴趣。在汉堡之旅
中,巴赫觉得自己并不需要这位著名艺术评论家的"照顾",这使马特松对
他的好感大打折扣,毕竟作为批评家,他不可能完全靠自己而活,他必须
利用自己的权威提拔年轻人,给予他们帮助。所以马特松几次提到巴赫
时,他的语气总是认同之余又显得非常冷漠。

　　沙伊贝对巴赫的评论则更为有趣。他的评论也并非公正无私,不偏
不倚。他在 1729 年应聘圣托马斯教堂的管风琴师职位时被巴赫拒绝,为
此他一直对巴赫心怀怨恨。沙伊贝的批评文章初见于 1737 年的《音乐批
评》(Critischer Musikus),从那时起他定居汉堡,并在 1737 年至 1740 年
主编这份刊物。他曾嘱咐一位"不愿意透露姓名的朋友",进行艺术批评
一定要忠实于理性的原则,后来此人给他呈上一篇"旅行见闻",里面罗列
了他旅途中见到的所有音乐家的优缺点。文中提到的音乐家都被隐去姓
名,但他写的很直白,懂行的人轻易就能对号入座。有一段记叙,巴赫一
眼就看出是在说他:

156

----

　　① "我有幸目睹过魏玛的著名管风琴师约·塞·巴赫先生演奏过数首曲子,包括宗教
音乐和世俗器乐,毫无疑问,他的作品让我们感受到人性的崇高。"见施皮塔,《巴赫生平》,
卷 II,第 392 页。

XX先生是XX地最受人瞩目的音乐家。他极善于演奏楔槌键琴和管风琴。至今为止只有一个人敢与之较劲。我曾数次听过这位大师的演奏。他娴熟的技巧让人叹为观止，很难有人能说清楚他的手脚为何能配合得如此敏捷和连贯，还能做很大跨度的跳跃，从来不曾弹错一个音，无论手脚演奏得多快，他的身体都纹丝不动，异常平稳。

如果这位大师的性情能变得再随和一些，如果他的创作中少一些突兀和让人迷惑的因素，他就会让更多人钦慕。他作品中的美被太多的矫饰所掩盖。由于他只根据他自己手指的可能性创作，他的作品甚难演奏，同时他还期待他的歌手和乐手把他们的喉咙和乐器发挥到极致，正如他弹奏楔槌键琴那样。然而，这是不可能的。所有的乐韵，所有细致的润饰，所有能让人想象到的演奏方式，他都表达得极为夸张和苛刻，这不仅牺牲了作品和谐有致的美感，还把旋律弄得非常模糊。所有声部都以相同的难度同时发声，使得我们分不清音乐的主题与层次。简言之，他的音乐和此前的洛恩斯泰恩先生的诗歌一样。无论是描绘自然还是人世，崇高还是阴暗，他们都修饰过度，显得臃肿浮夸，看上去好像付出了艰辛的努力，实际却无济于事，因为他们都背离了理性。①

如果把这些批评纯粹看作沙伊贝因个人恩怨而把怒气撒向巴赫的话，则未免会犯错误。沙伊贝自认为他在鉴赏和评价新音乐上的功力无人能敌——这绝非自夸，而是句公道话。他矛头直指当时的艺术，认为它们意大利味儿太重，过度矫揉造作，背离了真正的理想，不再具有诗性的价值。作为高特舍特的学生，他坚持在音乐上返璞归真，崇尚自然；反对

---

① 《音乐批评》，1737年5月14日，星期二，第六期，第46—47页。实际上，这封信的作者就是沙伊贝自己。第一年所有文章的目录经过整理，附上索引，刊登在1738年3月出版的那期杂志里（第一卷）。第二卷的目录索引，范围从1739年3月至1740年3月，出现在1740年。

咏叹调和一切繁文缛节，无情地嘲笑意大利歌剧的造作，更讨厌那些低劣的德国模仿者。他们追求的理想艺术形式应是这样——歌词不仅仅作为音乐的附属，而应该和音乐完美地结合成一个整体。对于他们来说，未来的歌剧理应是一种真正的"乐剧"。沙伊贝确实有一些非常到位的音乐评论，但多数评论文章都是相同的套路，如瓦格纳所说，千篇一律。格鲁克深受沙伊贝观点的影响，为此我们不必感到奇怪。①

正是因为他的这一套理论，使其很难公正地对待巴赫。巴赫高超的对位技法在沙伊贝看来就是矫揉造作音乐风格的滥觞。或许，最让高特舍特圈子里的批评家恨之入骨的是，巴赫对他们的"未来艺术"没有表现出半点兴趣，对他选用的歌词的质量也从不关心。沙伊贝猛烈抨击的对象正是那些地位最显赫的音乐家，他们只关心音乐，别的事一概不管。事实上，这些精雕细琢的音乐本身就是诗性的体现，它自圆其说，浑然天成；只能说，沙伊贝在这方面的直觉庸如众人。

巴赫面对这种批评，当然义愤填膺，怒不可遏。他请他的一位朋友，莱比锡大学的修辞学教授伯恩鲍姆（Birnbaum）替他撰文反击。后者欣然接受，随即在 1738 年 1 月匿名刊发一篇文章，无奈收效甚微。沙伊贝轻松地给出回应，指出这篇匿名文章的幼稚可笑之处，况且他并非对作者一无所知。② 从这篇回应文章中我们得知，原来"作曲家先生"本人早已在当年的 1 月 8 日四处向朋友们辩解此事，寻求他们的理解和支持。

沙伊贝指出，这次争论有一点令他十分不满，那就是巴赫并未亲自发

158

---

① 见第一卷的第 177—208 页，和第二卷的第一页以下。赖歇尔（Eugen Reichel）有一篇讨论沙伊贝的文章《高特舍特和沙伊贝》，收录于《国际音乐学会文集》，1900—1901 年，第 654—668 页。

约翰·阿道夫·沙伊贝（Johann Adolf Scheibe）1708 年生于莱比锡，1735 年移居汉堡，1740 年转至库姆巴赫做指挥，1744 年接管哥本哈根的宫廷乐团。1749 年被解职，此后再没有找到稳定工作。经历一段时间的漂泊生活后，1776 年在哥本哈根去世。

② 沙伊贝的回应见于 1738 年 2 月 18 日的《音乐批评》中，收录在该期刊物的增刊里（卷 I，第 203 页以下）。《对一则关于一位批评的音乐家第 6 部作品中一处疑窦无偏见的评注的回应》（*Beantwortung der unparteiischen Anmerkungen über eine bedenkliche Stelle in dem sechsten Hauptstück des kritischen Musikus. Ausgefertigt von Johann Adolf Scheibe. Hamburg*, 1738.）。

表文章回应批评。作为一名音乐家，巴赫表现得缺乏必要的教养。更耐人寻味的是，他还模仿巴赫的口吻给自己写了一封回应信——巴赫大师在信中指点一众哲人和蹩脚文人，告诉他们艺术圣殿的大门到底朝哪边开。沙伊贝或许是把他记忆中巴赫曾说过的话编入其中，巴赫早年确实说过，"我一直以为，作为音乐家只要做好他的本分就足够，把时间浪费在长篇大论的书籍和啰里啰嗦的哲学讨论上毫无裨益。"①

　　艺术文化交流对音乐家来说是必要的，但巴赫几乎从不回应这些讨论，这向来招致非议，这封"回应信"又进一步激化矛盾，伯恩鲍姆在1738年3月发表署名文章，为生气的领唱辩护。从该文中我们可以窥见巴赫的美学——"巴赫非常清楚"，教授说，"创作音乐作品和修辞技艺的共通之处，他的作品中清楚交待了这二者的微妙关系，我们聆听他的作品，不仅能找到满意的答案，还能感受到巴赫对这二者的精巧阐释。"对这篇文章，沙伊贝的回应有失偏颇。②

159　　　即便是这样，那些吹毛求疵的巴赫批评家们——这个形容词总出现在纷争中——还是把巴赫视作纯音乐领域最伟大的作曲家。在1739年12月22日刊发的杂志中，沙伊贝热情洋溢地赞美《意大利协奏曲》③。就康塔塔作曲家而言，他把巴赫置于泰勒曼和格劳恩之下。④

　　总的来说，沙伊贝的批评伤害了巴赫的感情，他的攻击往往也适得其反——他咄咄逼人的气势为巴赫赢得不少同情。后来沙伊贝也意识自己的处事不当。在《音乐批评》第二版序言中，我们能隐约感受到沙伊贝心中的歉疚。

　　尽管措辞稍显粗鄙，沙伊贝的批评依然是当时最有趣味的巴赫评论。

---

　　① 见1739年4月2日的《音乐批评》，卷II，第34—36页。这封信并没有恶意地模仿巴赫的语言风格。

　　② 伯恩鲍姆文章的题目是：伯恩鲍姆教授对《音乐批评》第六期一段颇具争议的文字阐述若干点中立意见，同时对沙伊贝的批评给予回应。沙伊贝在1739年6月30日的刊物中对此回应（卷II，第141—144页）。在1745年的《音乐评论》第二版中，沙伊贝同时刊发了伯恩鲍姆的两篇文章。这里标注的是第一版的页码。整件事情的起末请参考施皮塔，《巴赫生平》，卷II，第64页，第732页及以下。

　　③ 《音乐批评》，卷II，第242页。

　　④ 见马特松一篇文章的附录。施皮塔，《巴赫生平》，卷II，第733页。

多数人对巴赫的看法无非是赞美、惊叹，从古代神话学那借来一堆浮华的比喻。这些人的意见无法真正告诉我们想知道的事情——巴赫艺术的独特品位到底如何影响他的时代。我们宁愿用所有这些平庸的溢美之辞去换哪怕一句，比如听过《马太受难曲》首演的人说出的，对巴赫音乐内在精神的切身体会。

　　或许最让巴赫感到欣慰的，就是前任校长盖斯纳为昭示友谊和表达对他的钦慕而为他树立的极好名声——盖斯纳在 1738 年编修了一部关于昆体良《修辞术原理》的文集，在一条拉丁文注解里，盖斯纳谈到巴赫。在这条注释的末尾，当提到古时那位抱着基萨拉琴（Zither），用脚打着拍子，浅唱悠悠的艺术家时，盖斯纳加入了这样一段话：

160

　　　　所有这一切，我亲爱的法比乌斯①，若你在天有灵，看看巴赫吧！我提到的这个人此前是我在莱比锡圣托马斯学校的同事，他灵巧的双手，矫健的手指，在楔槌键琴上能弹出许多架基萨拉琴或是不同乐器组合的声音，就像无数支笛子同时奏响，排山倒海而来；他的双手在键盘上是何等的轻盈，他的双脚还能并行不悖地演奏出完全不同，但又同样华美的乐章，而且彼此和谐无间，相得益彰。你能否想象到，他如何凭借一己之力，做出你那千百个乐师都做不出来的效果。一个人至多只能和着基萨拉琴唱出一条旋律，他在这个基础上，还要同时照料一切，通过点头示意，脚打拍子和手上的动作，指挥三四十名乐师；这还不够，他还要轮番变换音高，分别唱出高、中、低三个声部的旋律，给乐手提示。他的工作如此复杂，他在所有声部共同发出最强音时，还能发现哪怕一丁点错漏并改正，在有半点犹豫时重塑自信。他是如何同时控制那么多组旋律，又是如何耳听八方，使它们彼此和谐？他心中是否有一根定海神针，能使经过他的每条旋律都焕发光彩？我是个信而好古的人，但我相信我的挚友巴赫，或

———————————

①　法比乌斯是昆体良（Marcus Fabius Quintilian）的名字。——译注

者说一个像他那样的人，一定是由许多个俄耳甫斯和 20 个像阿里翁这样的人组成的。①

　　这条注释大体上符合作者想要的效果——它极大地缓和了被沙伊贝的讽刺激怒的巴赫的心情。如果说这幅图景不是纯粹的修辞功夫的话，那么它就是巴赫在管风琴上指挥康塔塔的真实写照。

　　巴赫在写作歌词韵文方面也是一把好手，尽管他这方面的名声不如他的两个长子。他在汉堡结识了一位诗艺上的友人——法学博士胡德曼先生（Friedrich Hudemann）。后者被众人熟知乃是因为巴赫在 1727 年将一首奥妙的卡农题献给他。胡德曼也投桃报李，在 1732 年发表于汉堡的一部名为《小诗初咏》的诗集里，将以下的诗行题献给巴赫：

即使很久以前，俄耳甫斯竖琴的妙音，

沁人心脾，也渗入动物的肌理，

伟大的巴赫啊，你也较他更胜一筹：

唯有你的艺术能够驾驭理性的灵魂。

经验往往不谬：

人们常以为有朽者与动物相类，

当他们笨拙的思想无法企及你的功绩，

且其判断力与愚蠢是牲畜无异。

你的声响尚未抵达我忙碌的耳鼓，

我仿佛已听到缪斯女神的合唱。

你的手指按响琴键，定使嫉妒者羞愧，

使诽谤者的毒舌瘫软。

阿波罗早已赐予你桂冠，

将你的名字镌刻在大理石上。

---

　　① 昆体良，《修辞术原理》，ad I,12,3；德语译文在施皮塔，《巴赫生平》，卷 II，第 89—90 页。这一段同样被 J. A. 希勒在他的巴赫传记（1784 年）中引用过。

但你仅通过那被赋予灵魂的琴弦，

完满的巴赫啊，就能使自己不朽。[1]

历来的音乐家列传几乎都没给我们提供巴赫的资料。马特松的两次请求都未能使巴赫下定决心交一篇自传文章给他编进《凯旋门》中，这使马特松大为光火，在书中对巴赫只字未提。[2]

沃尔特在他的《音乐辞典》(1732 年)中，也只是略及巴赫的生平和他公开发表的作品，笔法与他所记述其他音乐家时无异。他禁不住将巴赫的键盘作品——如《键盘练习曲》第一卷中的六首组曲——视为上品，而且他还发现了字母"B-A-C-H"的次序能够组成旋律，并认为这个说法最早出自"莱比锡的巴赫先生"。[3]

巴赫的友人和仰慕者不胜枚举，悉数列出那必定是一串冗长的名单。德累斯顿乐团以及其子所在的柏林乐团的全体成员都将巴赫视作自己的一分子。在这些和巴赫联系紧密的音乐家中，名气最大的要数哈塞和泰勒曼。巴赫家族的所有成员也一致把巴赫视为这个名门望族中的头号人物。他的学生对他忠心耿耿，何时何地都不忘表达对老师的尊敬和挚爱，展示作为巴赫学生的自豪。德累斯顿的达官贵人也争相资助巴赫的事业。1733 年至 1745 年驻德累斯顿宫廷的俄罗斯大使，教养极高的凯泽林男爵(der livländische Freiherr von Kayserling)只要一有机会，就爱与巴赫结交。[4] 各路君主们，如科腾的利奥波德公爵，魏玛的恩斯特公爵，魏森费尔斯的克里斯坦公爵，都视巴赫为友。

然而对于巴赫，所有这些都只不过是"老熟人"罢了。似乎，巴赫不曾

162

---

① 这一段也曾被施皮塔引用过，见施皮塔，《巴赫生平》，卷 II，第 478 页。

② 《凯旋门》由自传性的短评组成。亨德尔同样未回应马特松的请求，后者不得不自己写了一篇文章加入其中。亨德尔能得此待遇，是因为他曾是马特松的学生。巴赫则没那么幸运。《凯旋门》于 1740 年面世。

③ 沃尔特，《音乐辞典》，莱比锡，1732 年。论及巴赫的文章在第 64 页，共 40 行。全书共 659 页。

④ 巴赫能顺利得到宫廷作曲家的任命，还得感激凯泽林男爵。正是通过他，巴赫在1736 年 11 月 19 日获得这项"特权"。

有过一个与他心灵相通的挚友，能分享他灵魂最深处的想法和感受。只有妻子和两个长子和他最亲密无间，对其他人他都有所保留，并不轻易把他本性中的爱与善展示出来。他对这些外人都刻意保持距离。正因如此，我们对巴赫的内心世界一无所知。他的儿子对福克尔吐露了那么多，也无补于事。没有人能告诉我们他灵魂深处到底在想什么。

第十一章　作为艺术家和老师

　　在沙伊贝对巴赫的批评中，有一个看法恐怕有失偏颇——他认为"作曲家先生"缺乏作为一个伟大作曲家应有的基本文化素养。[①] 这个批评真有道理吗？

　　谈到文化修养，巴赫绝不比他那个时代的任何音乐家逊色。巴赫在奥德鲁夫和吕纳堡就读的拉丁语中学都是当地的一流名校。中学期间他顺利修完全部课程，后来没能进入大学深造，实乃生活所迫。他通晓拉丁语，否则在圣托马斯学校时也不会被安排去讲授拉丁语。他书信中使用的法文词句处处表达清晰，没有错漏，这说明他懂法语。《勃兰登堡协奏曲》的题词用流利优雅的法语写就，便是一例明证。他书信中的地址也经常用法语来写。他的签名不时变换语言，有时是德语，有时是法语或意大利语。他对当时流传的修辞技艺了如指掌，在伯恩鲍姆为他辩护的第二篇文章中也清楚地证明了这点。连盖斯纳和伯恩鲍姆这样的人都觉得与

---

　　① 见《对一则关于一位批评的音乐家第 6 部作品中一处疑窦无偏见的评论的回应》——即沙伊贝回应伯恩鲍姆的第一篇文章，刊发在 1738 年的《音乐批评》第一年合集的增刊中。在第 22 页中他说道："巴赫的这方面缺陷的主要原因，还有待进一步探讨。这位大师不是特别通晓作为一个博学精深的作曲家应具备的各种学科知识。如果一个音乐家缺乏对世界的基本认识，不具备探索世界奥妙的能力，他怎能理解自然和理性的伟力，他的音乐作品怎能没有瑕疵呢？一个音乐家如果只懂修辞术和作诗术还远远不够，如果他没有批判的眼光、好问慎思的习惯以及是非曲直的判断法则，他的作品就很难富有韵味，很难让人感动。因为各种类型的创作风格，不论好坏美丑，一般或特殊，几乎全部都来源于这些基本的素养。这些必要的素养会使人受益匪浅，缺了它，创作很难臻于完美。"

巴赫交谈非常有趣；再者，他让他的孩子接受严格、完整的人文教育，这些事例都很能说明问题。

遗憾的是，埃马努埃尔和弗里德曼使我们无法对他们父亲的阅读情况了解更多，在清点遗产之前他们俩已将父亲的数学和音乐史方面的藏书放置到另一处，所以这部分书并未出现在遗产清单里。幸好，巴赫收藏的神学著作清单能让我们隐约窥见巴赫的内心世界。有趣的是其中还有一卷约瑟夫①《犹太历史》的翻译本。我们可以想象，经过一天辛劳的工作，巴赫悠哉游哉地阅读着他喜欢的古典著作，品味维斯帕先②的友人记述的往事。

这样看来，沙伊贝确实搞错了。不过，从他自己的立场来看，他的许多批评也并非毫无根据，只是表述上有点笨拙。巴赫是自学成才的，他难免会讨厌那些一套套的大道理。楔槌键琴演奏、管风琴演奏、和声、创作——通通都是自学；他唯一的老师就是不懈的努力和不倦的练习。

他就是通过这样的方法一步步地掌握音乐的基本技巧。反倒是那些新鲜有趣的理论，从来都提不起他的兴趣，因为他已把握住事物的本质。巴赫生活的时代有一种普遍的观点，认为完美的艺术可以用理性的美学思辨得到。那时的人觉得，要拯救音乐，关键在于弄清楚音程之间的数学关系。巴赫对这样的"努力"不屑一顾。"我们的巴赫"，他的讣告上说，"对这类深奥的音乐理论完全不予理会，只知道不知疲倦地练习。"③

或许是他让自己的这种不屑表现得太明显。众所周知，他极少考虑和声基本法则中的数学关系。不仅是马特松④，连沙伊贝也证实了这点。"让我们请教一下巴赫大师"，沙伊贝说，"他拥有完美娴熟的音乐技巧，他的作品总让人觉得耳目一新。能拥有如此高超的艺术成就，他是否考虑

---

① 约瑟夫以"犹太史学家"留名于世，大约生活在公元37－100年。受过良好教育，亦骁勇善战，曾带领犹太人反抗罗马暴政，一生戎马，经历传奇。——译注

② 又译苇帕芗，罗马皇帝，公元69－79年在位，曾参与过犹太战役。可参考塔西佗《历史》。——译注

③ 米兹勒的《音乐文库》，1754年，卷IV，第一部分，第173页。

④ 《凯旋门的地基》，第231页注释部分，"米兹勒自称是巴赫的学生"那段话里。

过——哪怕只是一次——音调间的数学关系；在组合构建如此杂多的音乐元素时，他是否曾想过求助于数学？"①

"五度音程和八度音程都不能够连续叠加，这不仅在理论上有缺陷，听起来也十分难受。"这是巴赫教授学生演奏通奏低音时的第三条规则。② "理论上有缺陷，听起来也十分难受。"——我们可以想象到此刻的巴赫奋笔疾书，鹅毛笔摩挲得纸面沙沙作响，写完这句，他会心地笑了。

莱比锡音乐科学协会就在巴赫眼皮底下成立，但他提不起半点兴趣，极少参加他们的活动，从一开始就压根儿没想过要成为会员。颇引人注意的是，这个协会的创办人米兹勒(1711—1778)曾在巴赫门下学习古钢琴和作曲。1734 年，他和当时的几位名流一道，将他的博士学位论文——"音乐是哲学教育的一部分"③呈献给老师巴赫。"音乐科学协会"(die Sozietät der musikalischen Wissenschaften)——这个协会正是由他在 1738 年创办。他认为在他们的努力探寻下，一个"全新的音乐时代"必将来临。他还请人刻了一块纪念章，据他自己描述，上面是"一个裸身的孩子飞向黎明，他头上是一颗启明星，右手倒拿着一支熊熊燃烧的火炬，旁边有一只飞翔的燕子，这幅图景预示着音乐将冲破黑暗，迎来黎明。"④

这个协会的活动有很多都不切实际。但是如果认真阅读这个协会的"官方刊物"《音乐文库》的话，也不得不佩服这些思想创新的人。这份刊物一直践行他们的信念，提出过许多有趣的设想。读者可以从中知道一切"发生在音乐领域及其相关学科"的前沿资讯。⑤

泰勒曼从 1740 年起加入该协会；亨德尔在 1745 年被授予"荣誉会员"资格；而巴赫，尽管米兹勒创造了多次机会，他还是犹豫不决，没有递

右侧页码标注：165　166

---

① 《音乐批评》，1739 年，卷 II，第 355 页。沙伊贝这里实际上是在称赞巴赫。

② 我们可以从凯尔纳(Peter Kellner，见施皮塔，《巴赫生平》，卷 II，第 918 页)的一份抄本那里看到巴赫的通奏低音规则。凯尔纳好像并不是巴赫的真传弟子。见巴赫协会版《巴赫全集》卷二十七¹中的序言。

③ 1736 年米兹勒在莱比锡大学开设了哲学、数学、音乐等各类讲座。1743 年他去了华沙，在那成为一名宫廷律师。他办的刊物《音乐文库》，发行于 1736—1754 年间。

④ 米兹勒《音乐文库》，卷 IV，第一部分，莱比锡，1754 年，第 105、106 页。

⑤ 比如，在卷 IV，第一部分，第 48—68 页，就对音乐家们的耳朵作了一次细致的解剖学分析。不过，那些和美学相关的文章价值不大。

交入会申请。最终在 1747 年他决定入会,递交了一首根据圣诞赞美诗"我自高天而来"①创作的卡农变奏曲,以及"六声部三重赋格"作为入会申请,后来都被刊登在《音乐文库》上。② 从那时起,他成为了该协会的第14 名会员,入会时间是 1747 年 6 月。

在协会的所有事务中,花费时间最多的是对康塔塔歌词的讨论,他们想设计一套可供循环利用的模式。③ 最初他们制订了几条写作康塔塔歌词的基本规则,还公布出讨论该问题的会议记录。根据他们的规则,冬天演出的宗教康塔塔应该比夏天的短,长度应为 350 小节,时间控制在 25 分钟左右。气候宜人的季节可以适当增加 8 至 10 分钟,长度可增至 400 小节。

一般来说,康塔塔应该按照以下顺序进行:(1)合唱一首歌词节选自《圣经》的众赞歌(或别的歌调);(2)长度为 12 行或 20 行的宣叙调;(3)一首咏叹调(或宣叙调)或者是一首众赞歌赋格;(4)宣叙调;(5)咏叹调;(6)众赞歌或赋格。

还需注意的是,作品的情感不能"太热烈或太诗意","不能在教堂里表达太强烈的情感",否则会弄巧反拙,带来唐突的效果。词作家不仅技巧上要收放自如,笔法得当,作品还要有启发教育作用;同时还要求他们懂一点音乐。咏叹调中会出现反复(da capo),宣叙调要考虑歌词的韵脚。④

巴赫似乎没有参与过这类探讨,因为他们讨论的康塔塔创作法则与他的看法完全不同。"教堂内不得表达太过炽热的情感"一说,有的人认为这是巴赫的观点,实际上这更像是针对巴赫的观点。

167 　　我们应该感激米兹勒协会。在他们 1754 年的一期刊物上,刊登了巴赫的讣告,上面记载着巴赫早期生活的细节。另一方面,米兹勒协会也应该感激巴赫,如果不是因为他,今天我们还有谁能记得这个古老的协会?

自学成才的巴赫不属于任何学派,他学习的过程没有受任何先入为

---

① 彼得斯版《管风琴众赞歌前奏曲》,卷五,第 92—102 页。

② 米兹勒,《音乐文库》,卷 IV,第一部分,附录,1754 年。

③ 米兹勒,《音乐文库》,卷 IV,第一部分,第 104 页,1754 年。"协会致力于研究宗教音乐的模式,这套操作方法还需要几年时间才能完成。"后来此事就再无下文。

④ 米兹勒,《音乐文库》,卷 IV,第一部分,第 108—111 页,1754 年。这些内容出自1746 年及后面几年协会开会的会议记录,在第五号文件包里。

主的观念影响。他的权威得到由古至今的历代大师们的承认。只要他的
经济、时间、路途等各方面条件允许，他就会四处去听当时的大师们的演
出，通过观察他们的演奏从中不断学习。他还经常抄下别人的乐谱。当
然，按照巴赫家族的古老传统，他不会到德国以外的地方。尽管如此，他
对意大利和法国音乐还是相当熟悉。在法国音乐家中，他对库普兰最感
兴趣。在魏玛时期，他也花了不少时间研究意大利音乐——菲斯科巴尔
迪（1583—1644）、洛蒂的老师拉格朗齐（Legrenzi，1625—1690）、维瓦尔
第（Vivaldi，1743年去世）、阿尔比诺尼（Albinoni，1674—1745）以及科莱
里（Corelli，1653—1713）。在德国羽管键琴演奏家中，他较为看重的是弗
罗贝格尔（Froberger）。[①] 根据福克尔的说法，他曾十分认真地研究过当
时法国管风琴作曲家的作品。[②]

　　我们有证据证明巴赫花了很多时间和精力研究其他大师，他曾改编
过他们的许多作品——包括16首键盘协奏曲、4首管风琴协奏曲和一首
由4台键盘伴奏的小提琴协奏曲。[③] 由于被这些改编曲目各种抄本混乱
的标题所误导，音乐家们一度认为它们全是来自维瓦尔第的作品。那首
小提琴协奏曲——发表时巴赫在魏玛——以其新颖的形式震惊了整个乐
坛。从维瓦尔第1713年在达姆斯塔特任宫廷乐长起，他就被德国音乐界
熟识与认可。在发现了维瓦尔第协奏曲的原稿后，经过研究才证明这些
改编曲并非全是出自维瓦尔第的作品。[④] 只有键盘协奏曲第1、2、4、5、7、

9号，管风琴协奏曲第2、3号，以及小提琴协奏曲改编自维瓦尔第的作
品；键盘协奏曲第3号改编自威尼斯音乐家马切洛（Benedetto Marcello，
1686—1739）的一首双簧管协奏曲；第14号改编自泰勒曼的一首小提琴
协奏曲；第11和16号则改编自魏玛的约翰·恩斯特公爵的小提琴协奏

---

　　① 阿德隆（M. Jacob Adlung），《音乐知识指南》（*Anleitung zur musikalischen Gelahr-
theit*），第711页，1758年。"巴赫晚年时十分推崇弗罗贝格尔，尽管那时他已经有点老了。"
　　② 福克尔，《巴赫传记》，第24页。
　　③ 《键盘协奏曲》在巴赫协会版《巴赫全集》卷四十二中，《管风琴协奏曲》在卷三十八
中，《小提琴协奏曲》在卷四十三中。
　　④ 在巴赫协会版卷四十二中，所有16首键盘协奏曲仍旧被标记为"改编自维瓦尔
第"。

曲,后者曾师从沃尔特,且与巴赫过从甚密。这位年轻的王子是当时在位公爵(威廉·恩斯特)的侄子,因重病缠身,于 1715 年在美茵河的法兰克福不幸去世,年仅 19 岁。巴赫的改编曲"给这位永远离开他的挚友送上最真挚的祝福"。

恩斯特的协奏曲据说是不久前才亡佚的。我们只知道泰勒曼曾对其中的 6 首进行编校。马特松及他的"通奏低音学派"都对这些作品给予很高的评价。"一个王子如此有主见",马特松说,"能创作出可供演出的作品,实在是难能可贵。"1903 年,活跃的巴赫研究者舍林(Schering)在卢森堡的大公馆图书馆里发现了泰勒曼编校的那套曲目。编者用法语写了序言,日期是 1718 年 2 月 1 日。据说当时准备做第二辑,但后来未能成事。键盘协奏曲第 13 号——它的第一乐章在第 1 号管风琴协奏曲中出现过——可能也是根据王子的作品改编。我们是根据巴赫手稿的复件上的一些笔记推断的。至于它真正的源出处,暂时还未发现。

至于键盘协奏曲第 6、8、10、12、15 号和管风琴协奏曲第 4 号的出处至今仍未能弄清楚。[①] 要揭开这个谜底,我们必须对古典室内乐的丰厚遗产进行更深刻的挖掘。[②] 倘若真能找到答案,各种巴赫"原创"音乐的

169

----

① 根据斯图加特国际巴赫学会(Internationale Bachakademie Stuttgart)主持编修,由 Hänssler 唱片公司于 2000 年出版的《巴赫作品全集》中的唱片目录,这部分改编作品的出处有了新的进展:第 3 号作品的原作者是 Alessandro Marcello,而改编自 Benedetto Marcello 的是第 10 号,第 8 号来自 Giuseppe Torelli,至今只有 6、12、15 的原作者未明。前述的键盘协奏曲第 13 号,确是根据魏玛王子恩斯特的作品改编。——译注

② 施皮塔(见《巴赫生平》,卷 I,第 411 页以下)非常熟悉维瓦尔第那首协奏曲——即巴赫的键盘协奏曲第 2 号的原型。晚近的关于巴赫改编曲目问题的研究,请参考:(a)瓦尔德泽(Paul Count Waldersee),《巴赫改编的维瓦尔第小提琴协奏曲》(*Antonio Vivaldis Violinkonzerte unter besonderer Berücksichtigung der von J. S. Bachs bearbeiteten*),收录于"音乐季刊"(*Vierteljahrschrift für Musikwissenschaft*,1885 年),第 356—380 页。这里列举的各种版本都是和维瓦尔第相关的改编作品。各种不同的改编曲目合集出现在伦敦和阿姆斯特丹,包括弦乐队和羽管键琴伴奏的四把、两把或一把小提琴协奏曲等。有趣的是,标号为作品 8 的 12 首协奏曲,前 6 首全是标题音乐。前 4 首还附有阐述性的商籁诗(Sonetto dimostrativo),作品题目分别是"春"、"夏"、"秋"、"冬";第 5 和第 6 首的题目分别是"海上风暴"和"乐园"。(b)舍林,《巴赫研究》(*Zur Bach-Forschung*),见《国际音乐学会文集》,1902—1903 年,卷 IV,第 234—243 页;1903—1904 年,卷 V,第 565—570 页。作者不仅指出巴赫改编过泰勒曼、魏玛的恩斯特公爵、马切洛的作品,还对一些未知其来源的巴赫作品作出大胆的猜想。

说法很可能就要被"改编自其他作品"的证据所替代。施皮塔始终坚信键盘奏鸣曲是巴赫音乐风格的典型例证,他以作品的年代排序进行分析,将 C 大调奏鸣曲归入巴赫风格成熟时期的创作。后来他不得不承认这些作品皆来自赖因根——一般都认为他是个名不见经传的小辈。它们改编自后者为三种弦乐器所作的组曲,原曲初见于这位汉堡作曲家的《音乐园地》(*Hortus Musicus*)中。[①]

　改编这些曲目,巴赫用意何在? 此前一直认为他做这类工作仅仅是供教学之用。这也不是全无道理,特别是维瓦尔第的改编曲。但是魏玛的王子并不算公认的大师。巴赫真的想通过将这些室内乐作品改编成协奏曲而使其能流传更广? 恐怕这不是理由,因为巴赫在改编的时候至少从不在意作品原本的样式,他都一视同仁地将最大的自由度挥毫其上,完全无须考虑原作者是谁。如果他觉得低音部分表现力不够强,马上就会换掉;他常用新鲜、有趣的乐句贯穿整个中音部分,甚至会把整个高音部分改得面目全非。他也从不在意原作品的框架、动机、起承转合。有时候,他几乎是从第一小节开始就按照自己的方式行进,偶尔才会加入一点原作品的元素,然后马上切断,又回到自己的路子上,这里删一点,那里补一点。至于他的改编曲是否变成原曲的两倍长或者删减得只剩下一半,从不是他考虑的范围。[②] 他似乎不是在学习原曲,而是用他大师般的打磨加工造就一个范本,对原曲的质量进行重判——当然,这绝非巴赫的本意。

　这时的巴赫已进入艺术创作上的第一个高峰期,手上已掌握非常丰富的主题和旋律动机。我们恐怕很难想象,这样的大师还需要借用别人平庸的灵感。巴赫的朋友,魏玛的沃尔特也很喜欢改编曲目,孜孜不倦,乐此不疲。这并不让人觉得奇怪,因为他的灵魂本无太多的创造力。反

170

---

　① 施皮塔,《巴赫改编的外域作品,第 3 号》(*Bachiana；No. 3, Umarbeitung fremder Originale*),收录于他的《音乐史论文集》(*Musikgeschichtlich Aufsätze*, 1894),第 111 — 120 页。

　② 对巴赫改编方法的详尽分析,请参考此前提到的瓦尔德泽、舍林和施皮塔的三篇文章。

观巴赫,他有如此惊人的创造力,还沉溺于这种活计,似乎让人难以理解。人们总觉得,只要他乐意,就能把创造力发挥到极致,创作出完全属于他自己的东西来。没错,巴赫从年轻到老年都在不断挥洒他的创造力,从未吝惜过。对别人的音乐他从无半点挑剔(似乎只要是音乐就可以),只是为了用它来激发自己的创作灵感。有时这还成为创作上的一种需要。与他同时代的莱比锡人,皮切尔(Pitschel)老师曾告诉我们,在巴赫即兴弹奏之前,他总看着谱——通常是别人的作品——在琴键上"预热"一下,好像必须先对他的创作工具提点两句那样。他的这个习惯在当地几乎无人不知。"要知道",皮切尔老师写信给朋友时谈到,"我们这儿的这位大人物在音乐上享有极高的声名,所有鉴赏家都对其称赞不已,不过据他们说,他不能够直接用自己的音乐迷倒众人,必须先照着谱子弹一段,好像要把自己的情绪带动起来一样。"①

福克尔也曾讨论过巴赫这个引发许多人猜测的习惯。他说,如果在巴赫面前有一份通奏低音编配得很差的低音声部曲谱,他不管三七二十171 一就拿过来,按着谱子演奏一段三声部或四声部的曲子,先自娱自乐一番,如果他觉得自己的即兴创作感觉还可以,就会在这个三声部和声的基础上加进自己写的第四声部,这样就把一个三部和声的乐曲成功扩展成四部和声。

因此,巴赫改编维瓦尔第或是其他的协奏曲,并不是为了让它们更知名,也不是为了向它们学习,只不过这是他的创作方式,他觉得这样好玩。不过,他的确从维瓦尔第那里学到一些东西。后者的作品让他懂得怎样安排作品结构和怎样清晰地表达。得益于这个意大利人,巴赫学会放开北方大师们的精巧复杂风格的束缚。这样,北德艺术的观念和拉丁艺术的形式得到伟大的融合,以最多样的变化贯穿于巴赫的作品中,最终在巴赫后期的管风琴作品中,再次流淌出如布克斯特胡德和帕赫贝尔式的艺术风格,而且变得更加纯粹、精致、深邃、完善圆融。

---

① 施皮塔,《巴赫生平》,卷 II,第 744 页。这段话出现在高特舍特社交沙龙的刊物《知性与智慧的愉悦》(*Belustigung des Verstandes und Witzes*,卷 I,1741 年,Leipzig)上。这封信是写给一个"前来参加宗教仪式"的朋友的。

　　巴赫在维瓦尔第身上学到精湛的小提琴技巧，和"歌唱性"的写作艺术。北方派的小提琴艺术，就巴赫所知的而言，亦有许多出众华丽之处，但他们并不晓得如何将乐器自身的特质发挥到极致。看巴赫将小提琴音乐转换到管风琴或楔槌键琴上是件赏心悦目的事情，他悉心揣摩，想方设法将弦乐器的特色在键盘乐器上表现出来。我们可以从巴赫改编过的作品中看出，他只采用一种方法，即依照弦乐器本来的分句法来改，在他看来，所有其他方法不过是这一基本原则的变形罢了。

　　有些时候，巴赫只需从别处借来一句主题，就开始在这个基础上独立创作。C 小调管风琴赋格（卷四，第 6 首）的主题来自拉格朗齐（1625－1690）：

篇幅较小的 B 小调（卷四，第 8 首）则来自科莱里（1653－1713）： 172

阿尔比诺尼（1674－1745）则向他提供了两首键盘赋格的主题。①

　　我们还不能确定在他自创的主题里有多少是受别人的观念启发而作，但绝对比我们想象的要多。谁能想象到伟大的 G 大调管风琴赋格的主题——

　　①　施皮塔，《巴赫生平》，卷 I，第 424－426 页。一首是 A 大调（彼得斯版，钢琴作品卷一，第 13 部分，第 10 号；巴赫协会版，卷三十六，第 173 页），另一首是 B 小调（彼得斯版，同上，第 3 部分，第 10 号；巴赫协会版，卷三十六，第 178 页）。

是在别人的影响下作出的？现在我们知道了，赖因根的《音乐园地》功不可没，正是他助了巴赫一臂之力。我们在第五组曲中找到了这条主题①——

　　有许多极美妙的想法，在别人那或许只是灵光一现，转瞬即逝，非得经巴赫之手才能赋予它生命，闪耀动人。②

　　莱比锡时期，巴赫把主要精力放在创作声乐作品上，这时他经常关注意大利大师们的作品——帕莱斯特里那（1515—1594）、洛蒂（1670—1736）以及卡尔达拉（1670—1736）。像所有自学成才的大师一样，晚年的巴赫变得海纳百川，他始终相信自己可以博采众长，兼收并蓄。他对他所在的领域里的每一件新鲜事物都表现出极大的兴趣。与康德晚年关心当时的欧洲文坛一样，巴赫自始至终地把握着他周围的作曲家们的脉动。

　　作为一个自学成才的人，他始终拥有一颗开放的心，去接受新的发明创造。虽然他对用科学或美学阐述的音乐理论毫无兴趣，但只要提到练习和实践——无论是多么微不足道的细节——他都给予郑重的关注。他对乐器制造也十分感兴趣。作为那个时代首屈一指的行家，他见证了乐器制造工艺从古老到现代的变革。他仅是窥见新时代的一缕曙光，但他

————————

　　①　施皮塔，《巴赫改编的外域作品，第3号》，第118、119页。巴赫有一首降B大调键盘赋格曲（彼得斯版，钢琴作品卷一，增刊）也是受了《音乐园地》的启发。
　　②　意大利协奏曲的基本创作动机也能在穆法特（Georg Muffat）的《原创作品集》（*Florilegium Primum*，1695）的一首"交响曲"的最后一个乐章找到。见舍林的巴赫研究文章，收录在《国际音乐学会文集》，1902—1903年，第243页。

始终还是更信任传统的手艺。

巴赫对管风琴和古钢琴制造工艺不断革新的看法，是他的学生阿格里科拉告诉我们的。阿格里科拉 1759 年接过格劳恩的指挥棒，入主柏林皇家乐团。阿尔布莱希特（Lorenz Albrecht）把阿德隆的《管风琴发声机理》（*Musica Mechanica Organoedi*）的手稿及刊行稿带给阿格里科拉看——据阿尔布莱希特说，作者委托他在其死后才发表该作——并请他指出文中哪些是巴赫对古钢琴和管风琴制造的看法。只要是巴赫的说法和阿德隆有不一致的地方，阿格里科拉都一一说明。所有他没指出的地方，我们可以认定，阿德隆的看法就是巴赫的看法。①

从福克尔那里，我们也能得到一些巴赫对于管风琴风箱和摺箱结构改进后的看法。"他检测一架管风琴的第一步，就是把所有音栓都拔起，不停敲击键盘，让尽可能多的音同时奏响。他还打趣地说，他首先得知道，每台乐器'中气'如何。"②他喜欢上好的簧栓音色，然而很少有管风琴能拥有足够多的簧栓来取悦他。因此他当然不能抗拒如汉堡的卡瑟琳娜教堂的那台有 16 根簧栓的管风琴。赖因根曾调过这台琴，认为这台琴的音栓配置十分完美。③ 巴赫弹这台琴时，对 32 尺主音栓和脚键盘上的 16 尺长号音栓嘹亮精准的发声颇为惊讶。④

为了在弹奏时能很顺畅地从一个键移至另一个键，巴赫偏向于键盘的间隔越密越好。琴键要又短又窄，这样弹奏跨度大的和弦时就轻松得多。他喜欢半音琴键——在旧式管风琴上被漆成白色——的上表面被削得很窄而且要磨得很圆滑。我们还从阿格里科拉那发现，巴赫更偏爱旧式的、窄的脚键盘，并坚持认为理想的脚键盘应该能与手键盘构成一个自

174

---

① 阿德隆是爱尔福特古典中学的教师，并是当地一所教堂（Rats-und Prediger-Kirche）的管风琴师。他自己出版了他的第一部重要著作《音乐知识指南》（1758）；第二部，著名的《管风琴发声机理》，去世时只留有手稿，正准备交付刊行，最终于 1768 年面世。他的作品不仅展示了丰富的乐器物理知识和珍贵的习琴心得，而且他独到的眼光和精准的艺术感觉亦叫人佩服。他在一场大火中损失了大量手稿。在《管风琴发声机理》的开头，他自述了他的生平。"机理"一书的索引中并没有给出作者提到巴赫的那些段落的具体页码。

② 福克尔，《巴赫传记》，第 23 页。

③ 阿德隆，《管风琴发声机理》，卷 I，第 66—187 页。

④ 阿德隆，《管风琴发声机理》，卷 I，第 288 页。

然和谐的角度,才方便弹奏。①

应该说,在巴赫时代的管风琴制造工艺,在音色的丰富和悦耳方面已能达到很高的水平,尤其是斯特拉斯堡的安德列斯·齐尔伯曼(Andreas Silbermann,1678－1753)和弗赖堡的戈特弗里德·齐尔伯曼(Gottfried Silbermann,1683－1753)——他们二人的精湛技艺至今无人能敌。从某种意义上说,管风琴制造工艺至此已发展至顶峰。当然,钢琴的制造则不是这样。有三种乐器——二老一新——一直在音乐界互相争夺着主导权。最古老的是楔槌键琴(Klavichord),琴弦通过最原始的机械结构振动发声,琴楔成"正切角"从琴弦下方敲击。在 18 世纪初期,这种乐器经历了一次非常重要的改进。这种乐器此前最大的缺点便是声音太小,此时工匠对它击弦的结构作出调整,声音能表现出力度的轻重——正如现代的钢琴那样,音响的大小可以通过触键的轻重来调节。②

另一种叫拨弦古钢琴(Klavizimbel),也叫羽管键琴、大键琴,或俗称"翼形钢琴"(Flügel),通过机械拨奏使琴弦发声,阿德隆形容为用羽毛管或钢针"弹拨"而发声。③ 它的声音清澈、富有穿透力,但持续时间很短,因此不能表现色调微差,也不适用于歌唱风格的乐曲。为了表现至少两个不同层次的音色,它的键盘分成两层,一层是强音(forte)键盘,一层是弱音(piano)键盘;后来则加进了一组脚键盘,同样是通过拨弦发声,还有的加入一个键盘连接器,弹奏强音键盘时自动连击弱音键盘,通过两个八度齐奏加强音响效果。巴赫的《哥德堡变奏曲》、《意大利协奏曲》和人们俗称的《管风琴奏鸣曲》④都是为羽管键琴而作。其实,所有管风琴作品都能在这类乐器上弹奏。正因如此,巴赫才将一系列众赞歌前奏曲编成

---

① 阿德隆,《管风琴发声机理》,卷 II,第 23、24 页。

② 同上,第 135 页以下有对楔槌键琴的描述。按照惯例,它同样也是一个音有两条弦(第 144 页)。

③ 对羽管键琴的描述,请见阿德隆,《管风琴发声机理》,卷 II,第 102－115 页。还有一种施皮耐琴(Spinet,即小型羽管键琴,或称翼琴)。Epinette(法语,小型羽管键琴)的词源来自"épine"(法语,棘、刺),意指拨动琴弦的翎管或钢刺。

④ BWV 525－530. ——译注

一辑,作为《键盘练习曲》的第三卷出版。[1]

这时,槌子键琴(Hammerklavier)已经渐渐开始流行起来。"弱和强"[2](Piano e Forte),这种集合了击弦古钢琴和羽管键琴两者优点的乐器,注定要把前两者淘汰出历史舞台。这就是现代钢琴的前身。一种自动释放的落槌结构,使真正的"槌击琴弦"成为可能。它在同一时期里先后被佛罗伦萨的乐器工匠克里斯托弗里(Cristofori)(1709年)和德国北豪森的豪普特教堂的管风琴师施洛特(Schröter)(1717年)所发明。弗赖堡的管风琴工匠G. 齐尔伯曼进一步地改进了它的结构,并尝试引起巴赫的兴趣。至于大师对这件新乐器的态度,我们可参考阿德隆的文字,这也是关于此事唯一的资料:——

176

"G. 齐尔伯曼先生",在阿德隆的《管风琴发声机理》[3]中的一条很长的注释中,阿格里科拉说到,"早就制作了两台这样的乐器。[4] 最近,年事已高的乐队指挥约·塞·巴赫先生曾看过其中一台并弹奏了一下。他对这种琴的音色十分惊讶,赞不绝口,但又批评说此琴很难弹奏,而且高音部分声音太弱。齐尔伯曼先生难以接受他的辛勤劳动受到指责,对巴赫的评价十分恼火。很长一段时间里,他都在生巴赫的气。不过他又自知巴赫的话并非全无道理。因此他觉得暂且不应再造新的乐器——毕竟这关乎他的名声——而要努力地按照巴赫的意思改进现有乐器上的所有不足。这花费了他好多年时间。我估计,这正是耽搁齐尔伯曼先生工作进度的真正原因,我也的确曾听他自己亲

---

① 在巴赫的时代,"键盘"(Klavier)可以指所有的键盘乐器,包括管风琴。现存一台巴赫用过的羽管键琴,藏于柏林的皇家乐器收藏馆,是由柏林的沃斯伯爵从弗里德曼手里得到的。鲁斯特(Rust)在巴赫协会版卷IV的序言中谈及该琴。关于羽管键琴的音响效果将会在讨论巴赫的键盘作品和演奏方法一章中继续深入探讨。最好的键盘乐器制造史,请参阅威兹曼的《键盘演奏史》(*Geschichte des Klavierspiels*)。

② 这是人们对最早出现的"钢琴"的称呼。——译注

③ 卷II,第116页。

④ 经过比较合理的估算,齐尔伯曼是在约1733年前后造出这两台琴的。

口承认过。经过他不懈的努力,乐器确实得到多处有益的改进,尤其在弹奏的灵活度上。他将其中一台卖给了鲁道斯塔特(Rudolstadt)的国公……此后普鲁士国王也向他订了一台这样的乐器,国王对它的表现十分满意,又再向齐尔伯曼先生多订了几台。我们可以从所有这些乐器上,包括此前我见过的最早的那两台,看到齐尔伯曼先生为改进它们所付出的艰辛。齐尔伯曼先生心中憋着一口被巴赫批评的闷气,卯足了劲一定要把这批新乐器最好的一面展示给老巴赫先生看,这回他的琴得到了巴赫热情的赞誉。"

这就是齐尔伯曼的钢琴。据福克尔说,巴赫在波茨坦的腓特烈大帝面前演奏的就是这款钢琴。大帝拥有 15 台这样的琴。"它们现在都被闲置在皇家城堡的各个角落里",福克尔在巴赫传记中如是说(1802)。①1873 年的一个下午,一场大雨让出色的音乐史家埃特纳(Robert Eitner)滞留于波茨坦。这时他突然想起福克尔的这段话,于是便走进城堡,在大帝的房间里找到了其中一台齐尔伯曼钢琴。② 当年这台老巴赫向老弗里茨献奏的钢琴至今仍留存完好。

然而,巴赫就是对这款新乐器提不起兴趣来。至少他从未考虑过购置一台。在他去世后的遗产清单上,最起眼的还得数那 5 台羽管键琴,他将其中三台有脚键盘的琴遗赠给他最小的儿子。③

他更钟情于旧物,尤其是最古老的击弦式古钢琴,这才是他的心头好。虽然他也喜欢羽管键琴,并深谙其演奏之道——它的美要通过熟练地在两个键盘之间转换才能发挥出来,但他始终觉得它不能通达内心。演出时他弹的是羽管键琴,据福克尔说,平时在家练习或是闲情偶寄、自弹一曲时,他只会选择楔槌键琴。"他觉得楔槌键琴最适合表达他内心的

---

①　参本书第 10 页。
②　见《一架老钢琴》(*Ein altes Pianoforte*),收录于埃特纳的《音乐史月刊》,1873 年。埃特纳详细描述了这台琴的情况。
③　施皮塔,《巴赫生平》,卷 II,第 958 页。

想法,他从不相信所谓的翼型钢琴或新式钢琴在表现力上能细腻多少,过分细腻还会使声音飘忽不定,说到底,他觉得它们的音质十分糟糕。"[1]正如阿德隆说,马特松也钟爱楔槌键琴多于羽管键琴,尤其是在音色的精致程度上。阿德隆始终认为,没有任何乐器的音色能比楔槌键琴更适合于表现装饰音,"没有什么乐器能比它更甜美、悠长"。[2]

在那个时代,每个音乐家或多或少都通晓乐器制作的工艺;同样,每个乐器工匠也毫无例外地能弹一手好琴。每个出色的演奏家都能够修理自己的乐器,他们会调音,懂翻新羽管键琴里坏掉的羽毛管。巴赫在这些方面都是行家里手。据福克尔说,"没有人能把羽管键琴调得让他满意,他唯有自己动手。他向来都是自己调试他的羽管键琴和楔槌键琴,手艺还十分纯熟,从来不会超过一刻钟。"[3]阿德隆比巴赫更能干,他甚至在闲暇时自己造琴,直到一场大火把他收藏的珍贵木材烧个精光才就此罢休。不过,巴赫曾自己发明过一种琉特羽管键琴,他邀请管风琴工匠希尔德布兰德(Zacharias Hildebrand)为他造了一台。阿格里科拉曾见过这种乐器,还对其进行了详细的描述,现被辑于阿德隆的著作中。[4]巴赫为何发明这种乐器我们不得而知,大概是能将他的琉特琴作品用键盘弹奏出来。

巴赫的另一种乐器发明,他请莱比锡宫廷的乐器工匠制作的五弦

178

---

① 福克尔,《巴赫传记》,第 17 页。

② 阿德隆,《管风琴发声机理》,卷 II,第 144、152 页。奇怪的是,巴赫的遗产清单中竟没有哪怕是一台古钢琴! 内夫(Karl Nef)在他的文章《羽管键琴和楔槌键琴》中表示,我们能由此推断巴赫并不一定那么喜欢古钢琴,只是福克尔一厢情愿地让我们觉得如此罢了。见《彼得斯版音乐藏书年录》,1903 年,第 29 页。

③ 福克尔,《巴赫传记》,第 17 页。

④ 阿德隆,《管风琴发声机理》,卷 II,第 139 页。"这段描述的作者曾在莱比锡见过此琴并听过它的声音。据他回忆,大约是 1740 年,巴赫先生设计了这种琉特羽管键琴(Lautenklavizimbel),希尔德布兰将其制造出来。它外形上除了比羽管键琴稍小一些外,其他几乎与后者无异。每个音上有两根肠弦,也配有八度联键音栓,连接高音的金属弦。说实话,在正常演奏时(即只拉起一个音栓时),它的声音更像短双颈琉特琴(Theorbe),但如果把"琉特音栓"(即可以让金属弦静止的音栓)也一同拉起,连琉特琴大师也不一定分得清它和琉特琴的差别。"

根据邦格的《巴赫乐长在科腾》,见 1905 年的《巴赫年谱》,第 29 页,巴赫在科腾时就有一台琉特羽管键琴,是一位大师级的工匠特地为他而造。

中提琴（viola pomposa）①则显得十分有意义。它有五根弦，定弦是 C-G-D-A-E，音域在中提琴和大提琴之间②，持琴姿势同小提琴。巴赫的一些咏叹调是用五弦中提琴来伴奏的，他还为其写作了一些十分复杂的通奏低音伴奏谱。关于这件乐器的详细资料主要来自盖博（Ernst Ludwig Gerber，1746－1819），他在施瓦茨堡—松德豪森（Schwarzburg-Sonder-shausen）的三任国公治下担任过宫廷管风琴师和律师，在业余时间还致力于编写一本汇集音乐家生平、历史的辞典，旨在继续完善沃尔特的工作。③ 他的父亲同样是桑德豪森的国公治下的律师和管风琴师，此人1724 到 1727 年在莱比锡的巴赫门下学习。正是在那里他听过五弦中提琴的演奏，他们用它来替换大提琴。巴赫对这件乐器到底有多喜爱，——在已写了 5 首大提琴奏鸣曲的情况下，他又特意为五弦中提琴再写了一首，此中可见一斑。具体他什么时候叫人造了这件乐器，究竟早在科腾时期就有还是晚到莱比锡时才有，我们至今未能搞清楚。他还曾经考虑过制作一种踏板钟琴（Pedal-Glockenspiel），放到米尔豪森的圣布拉修斯教堂里，和管风琴搭配使用。这件事最后是否落实仍旧存疑，因为巴赫在他担任监事的管风琴翻修工程尚未完成的时候，就已离开那里。④ 后来他又觉得这样一件小东西和管风琴放到一起恐怕意义也不大。

在巴赫的时代，抒情双簧管⑤已经问世，横吹的长笛（Flute traver-sière）也已替代旧式的竖笛（Flûte à bec）。据说他在科腾时期，或许是闹着玩，发明了一种音乐时钟。这实乃子虚乌有，只是一个传记作家的臆想

---

① 亦有人叫"五弦大提琴"。——译注

② 这种琴实质上是在大提琴的定弦 C-G-D-A 上加一条上方五度的 E 弦。——译注

③ 《音乐家历史及传记辞典》（*Historisch-biographisches Lexikon der Tonkünstler*），卷 I，词条 A—M，1790 年；卷 II，N—Z，1792 年；Breitkopf，Leipzig。五弦中提琴的解释，在卷 I 的第 90 页及第 491 页以下。该字典的第二版名为《新音乐家历史及传记辞典》，全四卷（卷 I，II，1812 年；卷 III，1813 年；卷 IV，1814 年；Kuhnel，Leipzig）。对于 18 世纪的音乐史来说，盖博的著作可谓无价之宝。关于五弦中提琴，亦见施皮塔，《巴赫生平》，卷 I，第678 页和第 824 页及以下；卷 II，第 731 页。

④ 施皮塔，《巴赫生平》，卷 I，第 350 页。

⑤ Oboe d'amore，又称柔音双簧管。——译注

而已。①

在巴赫的各种发明创造中，意义最重大的，当属他将指法引入键盘乐器的演奏。他希望在所有键盘乐器上，都能弹奏出优雅流畅的连音（legato）。这意味着必须要对弹奏技巧进行革新，否则难以做到。那时的人弹琴，对手指的使用很随意。除了极少数的情况外，基本上不使用大拇指。"我父亲晚年时曾对我说"，埃马努埃尔在他的《试论键盘演奏的正确方式》中谈到，"他年轻的时候就听说过有些大师弹琴时从来不使用大拇指，只有在跨越很大的音程时才会用到。他所处的时代在音乐品味上经历了很深刻的变革，他觉得该是时候认真地思考如何更充分地利用手指的问题。特别是大拇指，在演奏复杂的键位时不可或缺，能承担如此重要的角色，很应该把它引入日常的使用中来。"②

巧合的是，就在同一时期，库普兰（François Couperin，1668 — 1733）在巴黎出版了著作《羽管键琴的触键艺术》（*L'art de toucher le clavecin*，1717），同样提出了新的指法理论。巴赫对这本书非常感兴趣，于是便有人认为巴赫的指法理论来自于库普兰。埃马努埃尔在与福克尔的交谈中义正词严地驳斥了这种说法。他指出，父亲对指法的革新比库普兰的要深刻、彻底得多。③

值得注意的是，我们不能把巴赫的指法等同于现代的指法。巴赫指法要比我们今天的指法丰富得多，它囊括了从旧方法过渡到新方法的整个时期的所有理念，其炫目程度绝不亚于他写作的各种调式的和声，而且他的方法大体上仍属于旧时代的范畴。他保留了旧指法中手指④互相跨越的简单运用，也引入了运用大拇指的新方法。

随着时间的推移，中间三个手指简单跨越的指法逐渐被淘汰，新的指法多以大拇指作为连音的中转过渡。埃马努埃尔的指法比父亲的指法更

180

---

① 比特，《约·塞·巴赫》，卷 I，第 161 页。他以为曾经出现在尼恩堡，后来有一段时间又出现在科腾的一种音乐时钟，是巴赫的发明。

② 第一章，"论指法"，第 15 页。

③ 福克尔，《巴赫传记》，第 16 页。巴赫指法的实例，可参考写给弗里德曼的《钢琴小曲》。

④ 主要是中间三个手指。——译注

接近现代指法一些。他虽然也保留了手指简单跨越的基本原则，但放弃了二指跨越三指、三指跨越二指、四指跨越五指（小拇指）这三条指法，也同样不喜欢在五指下方转接大拇指的做法。总的来说，他对小拇指的发掘利用仍不算多，[1]巴赫可能使用得更少。[2]

　　每一个巴赫作品的演奏者，都会面对手指间的跨越转换问题，处理不当就会被他复杂的转位难倒，特别是三指跨越四指、四指跨越五指这样高难度的指法。巴赫的音乐将慢慢引导我们熟悉他的指法；事实上，我们必须采用他的指法才能演奏他的音乐。

181　　　巴赫的演奏方法要求腕关节和指关节都非常松，手指弯曲的弧度要足够大，十指要稳稳支撑在键盘上。他的触键十分轻巧，手指间移动得飞快，指上功夫无比细腻，让人眼花缭乱。他演奏时只有手指的第一节关节在飞速活动，手指抬起时只会微微离开琴键；无论多么复杂的乐句，他的手掌都四平八稳，保持自然弧度。

　　他的触键技法纷繁复杂。他追求如歌声般流畅的演奏。为了达此目的，他的每次触键绝不会随便松手了事。手指按到琴键底部后，片刻停顿，才慢慢往上抬。此时手指仍贴着键面，上升的过程中指尖稍稍往手掌内侧的方向勾，这个动作能让琴弦的震动恰如其分，发声的时值长短得当。这样处理过的声音温润有致、余韵悠长，即便用楔槌键琴这种本身声音质地不太好的乐器，他也能演奏出清澈婉转的美妙连音。

　　这种演奏的方法只限于楔槌键琴——它琴弦发出的声响和手指的触碰联系紧密——羽管键琴则不是这样。最近有一种理论认为，要在钢琴上奏出"如歌的声音"，不仅要注重敲击琴键的方法，更关键的是要控制好手指抬起的技巧，从这层意义上，巴赫的触键方法显得非常现代。巴赫很少谈及"击键"（Anschlag），他说的是要全神贯注地把指尖的压迫感和手指上的力量"传导"（Druckübertragung）到琴键上，在这方面他的看法亦

---

　　① 埃马努埃尔的指法，见《试论键盘乐器演奏的正确方式》（*Versuch über die wahre Art das Klavier zu spielen*，1759，I），第 21—31 页。
　　② 旧指法多数只利用中间三个手指，大拇指和小拇指基本不用，巴赫的指法引入了大拇指，但对小拇指的利用仍不能达到现代的水平。——译注

十分现代。埃拉德(Sebastian Erard)在 1823 年在音槌上发明了双擒纵结构(doppelte Auslösung)①,让使用不同力度反复不停地敲击同一个音成为可能。可以想象,巴赫一定会很喜欢这种发明。现代钢琴的机械结构可以说实现了他最狂野激进的梦想,虽然他不一定会喜欢我们琴键的尺寸和击键时要用到的力度。

至于他演奏管风琴脚键盘的技法,我们没有确切的相关资料。我们只能假设他不会用到脚后跟,那时的踏板很短,自然不需要用脚后跟作杠杆。另一方面,那时的踏板很窄,这也是他喜欢的,他一定会充分利用这个特点,比如,用脚趾就可以在踏板间穿梭滑行。

除了他能弹出清澈动人的声音外,最让他的听众叹为观止的,就是他演奏时的镇定自若。沙伊贝和福克尔都着重强调了这点。这一点实在值得我们今天的钢琴家和管风琴家认真学习。

巴赫演奏小提琴的情况我们知道得更少。只有一点可以肯定,他一定通晓这门乐器的演奏技艺,否则难以写出如此漂亮的小提琴奏鸣曲,尤其是那些华彩乐段。他在作品中为弦乐部分标示的连线也透露出他在弦乐上有不俗的造诣。

我们无法确切知道在巴赫时代的人们怎样演奏小提琴。② 最近的研究似乎越来越偏向于相信那个时代的琴弓上的弓毛,并不像今天这样被锁紧在木柄上,而是可以随着演奏者的需要,用右手的拇指调整弓毛的长度。弹跳式的拉功法因此就无法做到,反倒是拉奏双音(das doppelgriffige Spiel)所展现出的可能性是我们今天——弓毛被弓杆拉紧——根本无法想象的。夏空中的和弦序进,我们今天要在低音弦上来回运弓,才能艰难地做到,在那个时代的琴上拉起来则轻而易举,只要演奏者瞬间把弓松开,让它顺势弯曲于弦上就可以奏出。我们现在自然无法想象到这种

182

---

① 老式钢琴的音槌要再次弹奏时才被扳回,迅速连击一个音是不可能的。双擒纵结构的发明,使音槌只需移动很短的距离就能再次弹奏,手指的力度能很迅速和准确地传递到琴弦上。——译注

② 这部分的讨论基于舍林的文章〈消失的巴赫时代传统〉(*Verschwundene Traditionen des Bachzeitalters*),见 1904 年的《巴赫年谱》,第 113 页。

技法带来的独特音响效果。演奏者只稍把弓毛放松,回响效果就立竿见影,声音具有呢喃般的轻柔。

在室内乐中巴赫更偏爱演奏中提琴。"他演奏这种乐器时,他正好处在和声场的中部,他可以一边拉琴一边享受他两边的任何位置上传来的极致音响效果。"①

众所周知,巴赫的即兴演奏华丽无比。朋友们经常恳求他在管风琴上露一手,他亦是盛情难却。他喜欢在大学教堂的管风琴上即兴演奏,这架琴比圣托马斯的琴更能满足他的要求——尽管还是不能达到理想。他自己时常懊恼"没能拥有一台足够大、性能足够好的管风琴供他日常使用"。②

他能够从头到尾用一个主题即兴演奏两个小时之久。首先他利用整架琴的音色为主题作一首前奏曲和赋格。其次展示的是"音栓选配法"(Registrierkunst)方面的技巧,弹奏的是一个三或四声部的乐章,按照惯例,下面是一首众赞歌前奏曲。最后再用原主题作另外一首赋格。据福克尔说——当然他也是从埃马努埃尔那里听来的——根据现有的管风琴曲,我们永远无法想象到巴赫在管风琴上的即兴演奏是何等技惊四座,华丽恢宏。③

见识过巴赫调配音栓的管风琴师和管风琴工匠无一不瞠目结舌。"他们认为像这样的音栓组合不可能有好效果,但又对他们耳边响起的美妙声音惊讶不已,这种效果的确非比寻常,用他们自己选配音栓的方式绝对无法做到。"④这些在前奏曲或赋格中展示的音栓选配功夫,只是巴赫庞杂的技巧中最浅显的表达,后续曲目中的调配音栓的方法更是让人眼花缭乱。大家都认为他这套调配音栓的独特方法,是其管风琴作品鹤立鸡群的关键。巴赫却并不认为他有什么放之四海而皆准的"方法",这和

---

① 福克尔,《巴赫传记》,第46页。
② 见巴赫的讣告,米兹勒《音乐文库》卷 IV,第一部分,第172页,1754年。他是否能自由支配大学教堂那台管风琴还是个未知数,因为那里的宗教仪式不属于他的管辖范围。
③ 福克尔,《巴赫传记》,第18至22页。
④ 福克尔,《巴赫传记》,第20页。

现代配器的看法有异曲同工之妙。

即兴演奏给他带来极大的快乐，他可以尝试无限种键位的组合。[①]他疾驰的手指能使他的听众完全察觉不出他在相距最远的两个音之间来回跨跃，感觉就好像在处理一连串的单音一样。

"在指挥方面"，讣告里说，"他非常精确，对速度的把握分秒不差，风格爽朗、明快。"福克尔也着重强调过他对弹性节奏的把握——相对那个 时代普遍的节奏处理方式而言。

若是初次看巴赫即兴演奏，或许会对他一定要先确定一条主题感到奇怪。大家会觉得像他这样具有惊人创造力的天才，灵感如永不枯竭的泉眼向外涌动，何必要守着一条主题不放，只要把灵魂中闪烁的火花全部展示出来就足够了。事情远非如此。许多证据证明巴赫的创作并非轻而易举，每前进一步都伴随着汗水和艰辛。虽然巴赫没有留下任何草稿，他的创作似乎都一气呵成，尤其是康塔塔的曲谱，每一页都运笔如飞，笔迹中看不出什么顿挫，只怪手中的笔跟不上脑海里的想法——但我们千万不要被这些事实误导！构思一个主题兴许不用花费他太多的时间，因为主题只是作为全曲的线索。工作在这时才慢慢开始，根据美学和数学上的需要出发，一步步建立起整个作品庞杂的结构，作品中的每一个细节都是里呼外应、相互连通的。为了照应全曲的结构，他通常都不会考虑众赞歌前奏曲、赋格或返始咏叹调等曲式的普遍准则。

首先得确定一个精巧别致的主题，再根据他那永远让人难以捉摸的"方法"，谱出一部惊世骇俗的作品来——对于他的创作，我们只能形成这样模糊的理解。如果巴赫真如常人所言，只凭借与生俱来的才情，就能随手写出无数条主题，那么我们又如何理解他的每条主题能如此丰富、如此与众不同？出自他手上的作品，没有一部是平庸之作。我们仔细考察巴赫的每一条旋律，这些灼灼其华、生生不息的旋律，怎可能是轻率随意的

[①]　福克尔，《巴赫传记》，第 17 页。然而，我们今天所说的，常认为是巴赫创作的"和声迷宫"很可能是伪作。见施皮塔，《巴赫生平》，卷 II，第 43 页。这首颇耐人寻味的作品收录在巴赫协会版，卷 38，第 225 页。在序言里提到，它很可能是著名的音乐理论家海尼兴所作。

发明？我们愈深入巴赫的内心，就愈发相信这一点。①

　　巴赫拥有数学家般的眼光，喜欢从全局上把握问题，非得超越现象，找到终极解释不可。根据施皮塔的说法，巴赫的工作方式与贝多芬截然不同。后者喜欢把自己天马行空的想法逐个试验一番。从两人的音乐中，我们可以看出他们的不同。贝多芬的作品中满是独立于主题的各种"片段"，在巴赫的作品中完全看不到。对于巴赫，每个部分皆从主题发散出来。

　　巴赫的创作方式有一个特点，即他会连续不断地写作同一类型的弦乐作品，好像他要穷尽所有的可能性那样。在他呈现出的所有可能性中，有些想法只是过眼云烟，纵使这样他也从不放过，一定要把脑海里的每个想法都玩味一番，直到完全清楚透彻，方才罢休。他那些几乎在同一段时间里先后创作的作品，彼此之间都有微妙的内在联系。

　　他喜欢修改作品，每次拿起旧作，都得修葺剪裁一番。即便是抄一份谱子，他也要在上面不断地修改。其中亦不乏动作很大的修改，但多数修改都是针对细节，作品的结构很少受到影响。当然也有例外，最大幅度的修改要数《约翰受难曲》。晚年的时候，他甚至想过将他的所有器乐作品来一次"大翻修"；不幸，在进展到众赞歌前奏曲时，老天就不让他做下去了。

　　在巴赫的文书中，我们同样能看到他在创作中的那种数学家式的思维习惯。无论是给选帝侯的请愿信、检修管风琴的评估报告还是给议会的建言书，我们都不得不佩服他清晰的条理和严密的逻辑。火候掌握得恰到好处，一句不多，一字不少，读起来让人心旷神怡。然而他拙于煽情，几乎每次都以失败告终——有些话表意不清，有些则语无伦次，我们实在难以理解他怎能写出如此糟糕的句子，就更别提满纸土气的萨克森方言了。这其实也不难理解，当他数学家式的思维进入感性领域，特别是要进行诗意或哲思的阐述时，上述奇怪的变化就如期而至。

---

　　①　在巴赫的讣告中，对他创作的主题评价如下："他的旋律独一无二，样式之丰富繁多，无人能及。"（第170页）

　　或许我们把巴赫的思维特质描述为建筑家式的思维更为确切一些。他的作品表现出的气势磅礴的美感，来自结构上的和谐统一，每个复杂生动的细节都能自然地融入整体中。巴赫的音乐无疑是哥特艺术发展的顶峰。在他的赋格中，细节越是纵深复杂，就越能体现主体线条的简洁与大气。美妙的 G 小调管风琴赋格就是最具代表性的例子。在细节的演绎上，它枝繁叶茂、激动人心，但没有一笔遗世独立、自成异趣；所有细节都指向同一个目的：突出主体结构的简洁、明快与活力。

　　致力于细节上的雕饰，最终是为了构造出主体的线条，巴赫音乐中的这个特点比其他任何作曲家都要明显。若想感受其魅力，听者要具有很强的美感综合能力。即使是最好的音乐家，第一次聆听巴赫的赋格时都会觉得杂乱无章，不得要领；只要反复多听几遍，层次清晰的美妙线条就会渐渐浮现。

　　即便是在真正的建筑领域，巴赫也表露出不同寻常的天赋，有一则流传至今的趣闻很能说明这一点。"有一次他到柏林"，福克尔说，"人们带他参观新落成的歌剧院。他们先参观的是非音乐表演区域，当同行的人只能就其发表些许意见时，他一眼就看出这个建筑的每一处优缺点。他们走进大宴会厅，他径直走入大厅边上的一条长廊，瞅了一眼天花板，无意中轻描淡写地说了一句，这真是鬼才杰作。大伙完全没注意到有什么玄机。他说，当有人在这个长方形的大厅边上的走廊最远处的一角轻声说话时，如果有人站在这个弧形天花板的另一角，只要他面对着墙，就能清楚地听到对面那个人的话，换个角落就无法听到，大厅里的其他任何人也听不到。这种效果来自弧形天花板的位置和结构，他仅是看了一眼，竟发现了这个建筑中的'秘密'。"[1]

　　一个人在艺术相关的所有领域能有如此开阔和清澈的视野，他必定是个顶好的老师。在圣托马斯的学生面前他没能尽职尽责，主要是因为那时恶劣的外部环境以及他面临的诸多实际困难，还有他自己不能遵守纪律这个坏习惯。议会的一名成员，在他去世后的一次例会上说，"巴赫

186

187

---

[1]　福克尔，《巴赫传记》，第 20—21 页。

先生是位音乐大师,但并不是一位好老师。"此话确实不虚。康德,在回顾他自己年轻时做私人教师的经历时,就感慨自己"想法高明,教法欠佳"。而巴赫则可以说是"天生善教,疏于落实"。但对于那些真正想向他学习的人来说,他确实是位不可多得的好向导。

我们至今还知道他的一些学生的名字。舒巴特(Johann Martin Schubart)是他在魏玛和科腾时期的学生,在 1717 年接替他担任魏玛的管风琴师;福格勒(Johann Caspar Vogler),1735 年从十位竞争者中脱颖而出,通过了汉诺威的马可教堂的考试;克雷布斯(Johann Tobias Krebs),布施泰特(Buttstedt)的管风琴师,为了拜巴赫为师,毅然离开沃尔特;齐格勒(Johann Caspar Ziegler),后来任职于哈勒的乌尔里希教堂;伯恩哈德,他(是巴赫)在奥尔德鲁夫的一个侄子,后来成功接替父亲的职位,他给我们留下许多巴赫管风琴作品的价值连城的副本。还有莱比锡时代的学生:盖博,后来到松德豪森任管风琴师和律师;安东·巴赫(Samuel Anton Bach),迈宁根的路德维希·巴赫之子,后来成为那里的宫廷管风琴师;恩斯特·巴赫(Johann Ernst Bach),埃森纳赫的伯恩哈德之子;埃利亚斯,1739 年,在任施魏因福德的管风琴师几年后,跑到他的亲戚那里进修;克雷布斯(Johann Ludwig Krebs),前面提到那个魏玛学生的儿子,1726 至 1737 年跟随巴赫学习,最早是圣托马斯的旁听生,后来成为正式学生,此人是大师在自己的两名儿子之外最看重的人——他先后在茨维考(Zwickau)、蔡茨(Zeitz)和阿尔腾堡任管风琴师,1780 年去世;施奈德,莱比锡的圣尼古拉教堂的管风琴师,巴赫忠实的助手;艾尼克(Georg Friedrich Einicke),后来当上弗兰肯豪森的领唱;阿格里科拉(他母亲家和亨德尔有亲戚关系),1741 年起任柏林的管风琴师,1759 年格劳恩去世后任宫廷乐长;多勒斯(Johann Friedrich Doles),巴赫的领唱职位的第二位继任者;霍米柳斯(Gottfried August Homilius),后来成为德累斯顿的克劳泽学校的领唱;基恩贝格(由盖博引介),后来成为普鲁士的阿玛利亚公主的御用乐师,1783 年去世;施特劳贝(Rudolph Straube),后来去了英国;特朗歇尔(Christoph Transchel),后来成为德累斯顿一名受人尊敬的钢琴教师,1800 年去世;哥德堡(Johann Theophilus Goldberg),凯泽琳宫廷的羽管键琴师，巴赫那首脍炙人口的变奏曲就是题献给他的；阿尼克尔(Johann Christoph Altnikol)，1749 年成为巴赫的女婿；基特尔(Johann Christian Kittel)，巴赫去世时他才 18 岁，爱尔福特的管风琴师，他将巴赫的传统带进 19 世纪(他 1809 年去世)；穆特尔(Johann Gottfried Müthel)，后来成为里加的管风琴师，他在巴赫已经病重时拜入师门。①

　　讲述巴赫传道授业的情形是福克尔著作中最有意思的章节。关于这个问题，埃马努埃尔和弗里德曼一定向他提供了大量有趣的资料。"巴赫给学生上的第一课，就是教会他们那种独特的触键方法。为了学会它，头几个月学生们要进行十指分开的练习——一个个指头单独地练，不断揣摩这种清脆、利索的触键方法。这种枯燥的练习要持续很久，按照巴赫的意思，学生们至少应练上 6－12 个月。一般来说，在前几个月，学生的耐性已被消磨殆尽，他们更愿意去做一些小曲目的写作练习，因此，这部分的练习会增加进来。"②这就是给初学者的《小前奏曲》的由来。巴赫的《创意曲》，根据福克尔所言，亦在教授学生这部分课程时写下。

　　当学生们逐渐找到触键的感觉后，他就会酌情增加一些有难度的练习。这从给弗里德曼的《钢琴小曲》的编排上就能看出。在我们看来，这本教材的难度进阶实在太快。他从一开始就让学生们熟悉装饰音的奏法。在《钢琴小曲》的第一页中，就列出了乐谱中每个装饰音出现的位置和奏法的说明，可见老师布置的第一条手指练习，就是装饰音。这些珍贵的注释说明了巴赫自己是如何弹奏装饰音的，为我们的练习提供了极大的帮助。

189

　　为学生示范演奏是巴赫教学中最重要的环节之一。盖博1724－1727 年在巴赫门下学习时，就曾数次(至少是三次)请他的老师巴赫为他示范《平均律钢琴曲》第一卷。盖博觉得，站在旁边看老师弹琴是他

---

　　①　有关巴赫的学生的详细资料，包括他们的工作、命运、贡献等，请参考施皮塔，《巴赫生平》，卷 I，第 339 页和第 516 页及以下；卷 II，第 719 页及以下。这里罗列的托马斯时期的学生并不包括偶尔受过巴赫的指导，自称是巴赫的学生那些人。见施皮塔，《巴赫生平》，卷 II，第 729 页及以下。

　　②　福克尔，《巴赫传记》，第 38 页。

生命中最快乐的时光。对巴赫则没有任何乐趣可言，他非常不喜欢枯燥的重复，为了学生，他不得不挑选一台音色极佳的琴，极不情愿地弹起来。①

在学生的演奏技巧取得一定的长进后，作曲课就开始了。掌握娴熟的演奏技巧几乎成为我们今天的音乐教育的唯一目标，但在那个时代看来则远远不够，至少远未符合巴赫的要求。他设计给学生练习演奏技巧的曲子同时也是学习作曲的范例，《创意曲》和《管风琴小曲》的扉页上就有清晰的说明。②

"巴赫开始教授作曲时"，福克尔说，"不像那个时代的其他音乐教师那样，直接照本宣科地讲授生涩的对位法，更是很少让学生计算音程关系，他认为这只是理论家和乐器工匠的事，作曲家用不着算得那么清楚。他一开始就直接讲授为四个声部配通奏低音技巧，着重强调各个声部的声音构成和彼此间的搭配关系，他认为只有这样才能最直观地理解和声究竟如何构造、如何行进。接下来他就直接进入众赞歌。他先给学生提供一个男低音声部，让学生加进女低音和男高音声部。熟练后他就直接让学生自己写男低音声部。他非常强调和声的纯正感，要求各声部自然和谐地行进，且每个声部中要有流畅的旋律浮现出来。"

就这样，他同时教授和声与对位法，并时刻与实践相结合。只要把数字低音正确填满，就能构成一首漂亮的四声部乐曲，每个声部都同样出彩。我们逐渐可以领会到巴赫教学的习惯。首先，他将演奏通奏低音的基本要领列在给妻子安娜的《钢琴小曲》里；③其次，他再亲手写下一份详

---

① 盖博的儿子在他的《音乐家辞典》中提及此事。卷 I，第 490 页下的条目。

② 《创意曲》的扉页上有这样一段话："诚挚地建议真正热爱键盘艺术的学习者：在熟练掌握二部和声演奏法的基础上，要逐渐掌握三部和声；要学会分析曲式，不仅要知其然，还要知其所以然，这样才能习得流畅的演奏风格和扎实的作曲经验。"

正如《创意曲》供学习钢琴之用，十二首小前奏曲和赋格则是为管风琴教学所写，接下来学的是《管风琴小曲》中的众赞歌前奏曲。《管风琴小曲》的扉页上是这样写的："本书供管风琴初学者使用，首先要熟练掌握每一种众赞歌的类型，其次就是学习脚键盘技巧，在本书的众赞歌中，脚键盘多作为必要声部。承蒙上帝的恩宠，我用它们来教授管风琴。"这部作品写于科腾时期。

③ 施皮塔，《巴赫生平》，卷 II，第 951－952 页。

细的说明,提示"学生演奏四声部通奏低音的详细规则和注意事项"①;再次,盖博曾为阿尔比诺尼的一首小提琴奏鸣曲填写通奏低音声部,巴赫则为我们展现怎样修改和润色。②

从这些例子中,我们可以看出巴赫教学的特点:思路清晰,强度很大。"为了避免连续地叠加五度或八度音程",他在一次早期的教学中谈到,"有一个古老的方法——弹奏时将双手交错行进,即左手抬起时,右手落下。"③

在学生们完全掌握四声部的作曲技巧之前,他不允许学生将习作拿回来给他看。自由创作的教授以二重赋格开始。巴赫严格禁止学生在键盘上进行创作。他把这样的作曲家谑称作"键盘骑士";巴赫用这个绰号来形容那些弹奏即兴时还要盯着手指和琴键,而不是按照自己的思路来弹琴的人。④

不明就里地突出某个声部也是不允许的。巴赫只允许每个声部都以"完全独立"(obligat)⑤的形式进入乐曲。他批评在和声中设置内声部的做法如同"从天国中坠落"。对于胡乱突出某个声部的音乐,他斥其为"布丁"。⑥

他告诉学生,每一部乐曲,都是声部之间的对话,通过这种交流来表现音乐特色。如果其中一个声部没有内容要表达,可以暂时静止,待到有话要说时,才自如地、不紧不慢地重新融入到对话之中。不能用唐突的乐

191

---

① "演奏四声部通奏低音的详细规则和注意事项,莱比锡的宫廷作曲家约·塞·巴赫先生为他的学生而作"。还附了许多乐例。巴赫也讲授过这部分内容。见施皮塔,《巴赫生平》,卷 II,第 913—950 页。

② 关于这首奏鸣曲,见施皮塔,《巴赫生平》,卷 II 末尾。这份文件十分珍贵,它向我们提供了一个巴赫演绎数字低音的具体例子。无可否认,伴奏中出现的各种细则常常让人摸不着头脑,所以,在没有认真学习这个谱例和仔细研究巴赫的修改方案前,没人胆敢冒险为巴赫的康塔塔伴奏。

③ 《规章与准则》(Vorschriften und Grundsätze)的第三条规则。

④ 福克尔,《巴赫传记》,第 23 页。

⑤ 这个词在现代的某些情形中指"伴奏"或"伴奏声部"(这是后世作曲家的误读所致);在 17 世纪以前意指"必要声部"或"不可省略的声部",和前者意思正好相反,由于后世作曲家用该词来指伴奏声部,取意要根据具体的音乐情形来判断。在巴赫那里,除了不可或缺之意外,重点要突出的意思是"相互独立",他严格禁止声部间的主次关系,主张平行与独立。——译注

⑥ 布丁绵软无形,俚语中还有"愚蠢"之意。——译注

句强行插入到对话中,这种不可理喻的做法没有任何意义。

只要学生们能严格遵守这些做法,按照音乐本身的规律办事,巴赫就允许他们自由地发挥个人的天赋。他们可以自由设计音程,调整和弦次序,安排旋律,因此还是有足够的空间表达自己的想法。巴赫要求他们做出每个决定时都要有清晰的观念做指导。任何的鲁莽和闪失都会使听众不悦,这是绝不允许的。

学生在他门下学习,除了他的作品外,只允许学习经典作品。在学习音乐上,巴赫只认准一个道理——他自己也是这么做的——不断向每个真正的大师学习,从他们的作品中吸取养分。

有这么好的老师,这么卓越的方法,却没有一个学生能成为作曲大师,即便是弗里德曼和埃马努埃尔也不例外。对巴赫的儿子们的作品,总是很难形成一个公正的评判。人们很容易陷入两端,要么过分抬举,要么有意贬低。埃马努埃尔对钢琴奏鸣曲的发展贡献很大,海顿也承认这一点,后者就是通过研习他的作品而慢慢发掘出一条全新的道路;埃马努埃尔的奏鸣曲中流动着的美感即使到了今天仍丝毫没有褪色。无法否认他的作品中有许多华而不实之处,但这不影响我们欣赏他过人的才华。弗里德曼则显得更有天赋,他的声乐作品中的许多细节让我们看到其父的影子,可惜他过早江郎才尽。他精巧的 D 小调管风琴协奏曲颇得父亲的欢心,后者郑重其事地把儿子的曲谱抄写下来。这份有趣的手稿现藏于柏林图书馆里。这大概就是巴赫的儿子们在管风琴创作上唯一值得称道的作品。埃马努埃尔的 7 首管风琴奏鸣曲——只有一首有脚键盘的必要声部——几乎全与父亲的管风琴艺术理念背道而驰。①

---

① 埃马努埃尔和弗里德曼的作品分析,请参考比特讨论巴赫儿子们的两卷本著作(1868 年)。埃马努埃尔最著名的宗教清唱剧《以色列人在旷野》(*Die Israeliten in der Wüste*),创作于 1775 年。他还为克洛普施托克的《创世节的晨颂》(*Morgengesang am Schöpfungsfeste*)(1784)和 Ramler 的《耶稣的复活和升天》(*Auferstehung und Himmelfahrt Jesu*)(1787)谱过音乐。晚年时他曾写过两部受难曲,《马太受难曲》(1787)和《路加受难曲》(1788)。他曾以当时的诗歌为底本,写过多首宗教歌曲,颇受欢迎。他还写作过大量的极富特色的钢琴小品,包括"La Buchholtz"、"La stahl"、"La Complaisante"、"Les langueurs tendres"、"La Capricieuse"等。现存 19 首他的交响曲,47 首钢琴协奏曲(转下页注)

作为举足轻重的艺术家，他们在那个时代都鹤立鸡群。伯尼博士，1772 年游历欧洲时拜访了埃马努埃尔，在他的书信中能看出他对埃马努埃尔的钢琴演奏印象极其深刻。弹奏即兴时，他动作幅度很小，十分平静，但却是一脸陶醉，内心早已神游天外。[1] 弗里德曼一生颠沛流离，酒精几乎把他的身体拖垮。即便如此，64 岁那年他仍在柏林举办了管风琴独奏会，技惊四座的演出博得满堂彩。

这兄弟二人一直互相轻视，弗里德曼常说埃马努埃尔"一生毫无建树"，[2]埃马努埃尔也从未对弗里德曼的作品表现出好感。

巴赫门下走出的最重要管风琴作曲家当属 J. L. 克雷布斯，以至于那时有轻狂的半吊子评论家说"小溪里（Bach）只逮着了一只螃蟹（Krebs）[3]"。他的管风琴众赞歌的确与巴赫的作品有几分神似。

巴赫乐派给我们留下的最宝贵的遗产，莫过于那两本理论导读——埃马努埃尔的《试论键盘乐器演奏的正确方式》[4]和基恩贝格的《音乐中纯粹作曲之艺术》[5]。这两本书对巴赫才华横溢的一生进行了详尽的叙述。

最后还是要追问一句，一个人是否天才与他的弟子能否成大器有何

（接上页注）及 100 首奏鸣曲。他挑选出其中的大部分，一次性结集发表，足有六卷。出版作品能让他得到极大的满足，这点完全不像他父亲。彪罗（Hans von Bülow）将他的奏鸣曲重新整理后出版，也有六卷之多（彼得斯版），Leuckart 也出过一个六卷本。他全部作品的完整目录，由布鲁塞尔音乐学院的 Alfred Wotquenne 整理出来（Breitkopf and Härtel，1905）。弗里德曼的作品则很少发表。里曼（Riemann）整理出他的组曲和钢琴协奏曲，在 Steingräber 出版社出版。彼得斯出版社出过他的管风琴协奏曲，这个作品所有管风琴都应很熟悉。

    ① 莱夏特（J. F. Reichardt）也有过相同的看法，在他的《一位全神贯注的旅行者的音乐书简》（*Briefe eines aufmerksamen Reisenden，die Musik treffend*，1776 年，第二部分），第 15 页。

    ② 据说在兄弟两人的一次碰面中，埃马努埃尔最终还是认可了弗里德曼的演奏（后者与一群音乐家一道四处旅行演出）。"莱比锡音乐报"（*Leipziger Musikalische Zeitung*，1799—1800，卷二，Jahrg），第 830 页以下。

    ③ 福克尔，《巴赫传记》，第 43 页。另译按：Bach 在德语里意为小溪，Krebs 意为螃蟹。

    ④ *Versuch über die wahre Art，das Klavier zu spielen*，I，Berlin，1759；II，Berlin，1762.

    ⑤ *Die Kunst des reinen Satzes in der Musik*，第一部分，1774 年；第二部分，1—3 章，1776—1779 年。该著作未完成，论述赋格那章的结论部分也丢失了。

干系？作为传道授业者，巴赫话不多，但他要说的全都在他的作品里说了。他一再叮嘱他的学生要反复琢磨所有大师的作品——这已成为他亘古不变的唯一教诲。让他无法预见的是，他被后世认为是真正不可多得的好老师。

据说勃拉姆斯每次都心急如焚地等待着《巴赫协会期刊》的出版，只要一拿到手，就会推开一切工作潜心阅读。"巴赫有一种神奇的力量"，他说，"更重要的是，我们总能从他那学到很多。"亨德尔的每期新杂志送来时，勃拉姆斯总说"它固然有意思，但待我有时间后再去认真阅读"，然后把它放到书架上。

第十二章　死亡与重生

巴赫的一生都很健康。他似乎从来没受过大病的折磨。当然也有例外——1729 年的夏天,他身体抱恙,错过了与当时在哈勒的亨德尔见面的机会,对他来说确实是个遗憾。

美中不足之处乃是巴赫的视力一直都很糟糕。他有高度近视,而且从来都不注意保护自己的眼睛。我们从他的讣告以及福克尔那里得知,他年轻时为了抄写乐谱,一抄就是一个通宵;后来视力每况愈下,他就不能如此肆无忌惮地用眼了。从 1740 年起,他创作的步伐渐渐减慢,视力很可能是其中一因。

最终他还是无法避免眼疾对他的折磨。"他下定决心动手术,部分是因为他觉得自己身体和精神仍很好,他想继续侍奉上帝和他的邻人;同时他也听从了一些友人的建议,他们把希望都寄托于一名新近迁至莱比锡的眼科医生上。手术做得不成功,不得已又重做了一次,效果仍是非常糟糕。巴赫不仅失去视力,原本硬朗的体格也被手术完全拖垮,一些毒性颇大的药物和后续治疗让他吃尽苦头,以至术后整整半年的时间里,他仍未能恢复过来。"①

巴赫生病期间,他仍在继续修订他的大众赞歌幻想曲(größere Cho-

---

① 　讣告,第 167 页。此外,福克尔也有关于巴赫的病情和去世的情况(第 10－11 页)。根据福克尔叙述,为巴赫主刀的医生是英国人。

ralphantasien)，此前他已为此事花费了许多时间。修订的手稿有一部分由埃马努埃尔保留下来，我们能从中感受到疾病对巴赫的折磨。在众赞歌"耶稣基督，我们的救世主"的第二版中，我们能看到阿尼克尔的字迹，他在 1749 年成为巴赫的女婿。[①] 接着则是巴赫清秀的字迹。这时他甚至还有精力重新修订那首根据"我自高天而来"而作的卡农变奏曲——他在 1747 年加入米兹勒协会时出版的曲目。

他几乎是在一间漆黑的密室中度过了生命中最后的时光。在自感大限将至之时，他还向阿尼克尔口述了一首众赞歌幻想曲的构思，他唱的是"当我们在最大的患难中"的旋律，但要求阿尼克尔用赞美诗"我走向你的宝座前"开始部分的方式来展开乐曲——后者也基于相同的旋律。在那份手稿中我们看到，所有的停顿休止都是由这位重病缠身的老人亲自规定的；干涸多天的墨水这些天又重新湿润起来。由于窗子都被厚重的窗帘遮盖，在昏暗的光线中写下的手稿，实在难以辨认。[②]

在这间密室中，巴赫终日被死亡的阴翳笼罩，正是在这里，他创作出这首独一无二的精品。这首作品将对位技艺发挥得淋漓尽致，完美得难以言说。每一段旋律都被谱成了一个赋格，每一段主题均经过转换，形成相应的对题。与此同时，每一部分的行进都相当自如，以至于从第二行开始，我们就不再感觉到作者精细的手艺，而完全沉浸于他的精神里——这股精神能在 G 大调和声中找到各种悦耳音符。世界的纷乱无法穿透这扇盖着厚重窗帘布的窗户。和谐的氛围在这位垂死的大师周围回荡。音乐中没有悲戚，温婉的颤音静静行走，与一切属人的狂躁隔岸相望，让人觉得这就是理想的化身。

巴赫的眼睛此时有了些许好转。一天早晨醒来时，他突然觉得看东西清楚了，也不再惧怕日光。但几个小时后他便中了风。讣告中记载，"在此之后，他便开始高烧，尽管他得到全莱比锡最高明的两位大夫无微

---

① 巴赫协会版，卷二十五，第二分册，第 140－142 页。这部巴赫在弥留之际修订的集子共有 18 首众赞歌。见鲁斯特序，第 20－21 页。

② 手稿的最后一部分已佚失。全曲由 $25\frac{1}{2}$ 小节组成。幸好这首众赞歌曾出现在《赋格的艺术》中，我们得以把它补齐了。

不至的照顾，他还是在 1750 年 7 月 28 日夜里 8 时 45 分安详地离开了这 196
个世界，那年他 66 岁。"

他的葬礼安排在 7 月 31 日，一个周五的早晨在圣约翰公墓举行，这
天是萨克森耻辱日①翌日。

巴赫的离去让所有人陷入巨大的悲痛。他在圣托马斯学校的同事，
克里格尔（Abraham Kriegel）老师写下悼词赞颂他。② 著名的音乐家泰勒
曼，也用一首十四行诗表彰他的功绩：

> 意大利的精湛技艺令人赞不绝口，
>
> 尤为著名的是声响艺术，
>
> 而在德意志大地上，也能觅得这样的艺术，
>
> 它在人们心中值得同样热烈的掌声。
>
> 辞世的巴赫！仅是你的管风琴演奏，
>
> 就已为你冠以高贵的修饰语——"伟大"；
>
> 你的羽茎在乐谱上记载的是怎样的呵；
>
> 让人们饶有兴致地欣赏，也不乏些许嫉妒。
>
> 安息吧！你的名字永不陨灭：
>
> 你辛勤栽培的桃李，
>
> 为你编成流芳百世的荣耀之冠，
>
> 你的孩子们亲手装点它；
>
> 你可敬的、在柏林任宫廷乐师的儿子，

---

① 17 世纪末至 18 世纪初在位的萨克森选帝侯奥古斯特一世在 1700 年起联合俄国
和丹麦发动了针对瑞典的北方战争（1700－1721 年），因军力不足被瑞典国王卡尔十二世反
攻，后者发兵南下占领奥古斯特一世的属地波兰，并进一步攻进萨克森，于 1706 年逼迫奥古
斯特一世签订不平等条约，同意无条件投降并放弃波兰王位，这份阿尔特兰施泰特条约
（Altranstädter Friede），被视为"萨克森之耻"。后来双方又在 1707 年重新签订了一份同名
条约，以及此后奥古斯特重夺波兰等等，暂不在此赘述。——译注

② 《莱比锡学人活动与其他轶事掌故》（*Nützliche Nachrichten von denen Bemühungen der Gelehrten und andern Begebenheiten in Leipzig*），见施皮塔，《巴赫生平》，卷 II，第 761
页。

尤令后世景仰你。①

　　埃马努埃尔和阿格里科拉受众人委托撰写讣告，米兹勒协会则希望
将其分发给会员们。这份讣告面世于 1754 年。② 讣告中涵盖了那些最
广为人知的巴赫轶事，——小男孩花了一宿抄下的乐谱最终归向何方，和
马尔尚的一决高下，在赖因根面前炫技般的管风琴演出，觐见腓特烈大帝
的那次旅行。在这份讣告中还首次给出巴赫全部作品（包括未出版作品）
的列表。

197　　为了纪念若干位已去世的会员，音乐协会决定为他们谱写配乐诗
（Singgedicht）。祭献给巴赫的那首作品的唱词交由文斯基（Georg Wenz-
ky）博士创作。③ 这首词写得相当平庸，一上来便援引缪斯：

合唱：

> 缪斯啊，琴弦拨得再缓些，
> 中断欢快的歌曲吧！
> 别再漫无目的地消遣：
> 请用歌声为哀伤的兄弟们带去慰藉。
> 听！莱比锡的歌唱多么悲切。
> 它会搅扰你们：
> 但你们应当倾听。

　　叙唱部分出现并突出了"莱比锡"：

---

　　① 　收录于马尔普尔格的《历史批评音乐文论合编》（*Historisch-kritische Beiträge zur
Aufnahme der Musik*，卷一，1754－1755），第 561 页。

　　② 《音乐辞典》，卷四，第一部分，第 129 页及以下：追念三位去世的音乐协会会员；1.
布姆勒（Georg Heinrich Bümler），勃兰登堡——安斯帕赫的乐队指挥，施特尔策尔（Gott-
fried Heinrich Stölzel），萨克森——哥达的乐队指挥；第 158 页，"第三位是正直、高贵的约·
塞·巴赫先生，世界著名的管风琴家，波兰国王和萨克森选帝侯的御用乐师，莱比锡的音乐
总监。"

　　③ 　这首曲子附在讣告之后，见 164 页。

那抬升了我们的城市、

甚至欧罗巴辽阔王国的

伟大的巴赫，心力交瘁，

……可叹！他已成一具尸体。

这一段韵文让作曲家和乐友们的悲伤得以释怀，紧接着则是由音乐协会的会员，真正的行家，谱出一首悲恸的、曲式为二部咏叹调的挽歌。在结尾处，获邀谱曲的作者也表达了自己的想法。他安慰朋友们道，天堂的音乐条件肯定要比莱比锡好，至此，该配乐诗在合唱歌中结束。

马特松，那个时代最重要的乐评家，在巴赫去世后终于吐露心声，承认他虽有丝丝嫉妒，但自始至终都十分珍视巴赫的才能。他在1751年写了一篇文章热情称赞《赋格的艺术》。"约·塞·巴赫的《赋格的艺术》"，他在那一年里写到，"这部70页对开铜版纸的作品，非常干练和精美，它会让所有法国和意大利的赋格作曲家——只要他们能真正读懂——惊艳不已。我不敢说我能够演奏它们。我只是在想，要是每个德国人和外国人都用他们的金币①去换取这样一份宝物，那会是怎样一番境况？毫无疑问，现在的德国是最适合管风琴音乐和赋格发展的地方，将来也一定是。②"著名的柏林音乐理论家马尔普尔格也有相似的看法，见于他应埃马努埃尔之邀为《赋格的艺术》所作的序言里。马尔普尔格师出巴黎的拉莫(J. P. Rameau)③，并非巴赫的弟子，但还是对巴赫赞誉非常。

要是因此将巴赫想象成为那个时代德国首屈一指的作曲家，那就大错特错了。他是名满天下的管风琴家，同时也是一位受推崇的赋格理论家，但作为受难曲和康塔塔的作曲家，却鲜有人提及。在收录巴赫讣告的那一辑《音乐文库》中，有一列艺术家的名单，他们是德国音乐光辉成就的缔造者，该名单排序如下：哈塞、亨德尔、泰勒曼、两位格劳恩、施特尔策

①　原文为 Louisd'or，是路易十三于1640年发行的法国金币，有各种面值。——译注
②　施皮塔，《巴赫生平》，卷 II，第684页。
③　这个序收录在巴赫协会版的《赋格的艺术》中，卷二十五，第1部分，1875年，第15页。基恩贝格和马尔普尔格都无法容忍对方。

尔、巴赫、皮森德尔(Pisendel)、匡茨(Quantz)以及布姆勒(Bümler)。①

直到 18 世纪,巴赫仍名不见经传。希勒(Johann Adam Hiller)在他的《著名音乐家生平记述》(*Lebensbeschreibung berühmter Musikgelehrter*,1784)中,只有几页轻描淡写地提及巴赫,仅把他称作"管风琴师中的佼佼者";而在盖博的《音乐家辞典》中,作者甚至没有将巴赫列为"作曲名家"来讨论。②

即便如此,我们也要公正地评价那些有眼不识泰山的人。我们不能责怪他们,生于那个时代,他们的确眼力有限。我们不妨回想一下那个时代人们的艺术理想,他们天真地以为前几辈人的艺术成就无法与他们这代人相提并论。他们自信地认定音乐总是在发展和前进,因为他们后生于前辈,所以必定比前辈们更接近理想。那个时代的人们认为,演出别人的作品充其量只是"演奏家",而非"艺术家";因此他们在公众面前演出时必定只演奏自己的作品。这种观念根深蒂固,以至于很多人将别人的作品归入自己名下。只有当音乐家意识到别人的乐思如源头活水,而自己却面临无米之炊,并欣然认可通过演奏也能成为艺术大师时,他才不再认为当今的作品已全然超越过去。这种想法直到 18 世纪末、19 世纪初才开始出现,但即便是这样,巴赫的地位仍未真正建立起来。

我们必须记住,在巴赫生活的年代,音乐的发展方向已逐渐远离受难曲和康塔塔。人们厌倦了赋格,对有多个必要声部的曲子也不再感兴趣,大家开始追求那种与率真的内在感受相契合的音乐。自然的概念,随着理性主义的发展,在那个时代深深渗入哲学与诗歌之中,同样也渗入音乐之中。时代的需求吸引了众多不乏思想深度的音乐家去创作表达情感的作品,他们认为感觉比作曲技法的条条框框更接近真实,然而这种对需求僵化的回应,正如作品中那种柔弱和悲悯的气质一样,其影响力微不足道。

---

① 《音乐文库》,卷 IV,第 1 部分,1754 年,第 107 页。在 1739 年 5 月的《音乐批评》中(第 80 页),沙伊贝将巴赫放在第五位,在富克斯(Fux)、哈塞、亨德尔和泰勒曼之后。

② 希勒(1728—1804)于 1789—1801 期间在圣托马斯学校当领唱。他的《著名音乐家生平记述》1784 年问世于莱比锡。该书的第 9—23 页讨论巴赫。

巴赫不苟同潮流，坚持走自己的路，这同样是忠于自然。他喷涌的情感和深邃的思想完美地嵌入严谨的复调音乐中，就像岩石层中的物质那样层次分明，对于思想上毫无生气的 18 世纪的人们来说，这实在难以识见。没有哪个思想运动能像 18 世纪的理性主义那样缺乏历史意识。所有过去的艺术成就，无论哪个门类，都被视作矫揉造作之物。过去的一切都被斥为陈旧的，至少他们将形式视作陈旧的。如果说有些旧东西能够被欣赏的话，那么它们在表达上也一定是较为简朴和倾向于自然的。在这样的精神氛围中，他们留下了许多他们认为值得留下的建筑；在这样的精神氛围中，那个时代巴赫的仰慕者——其中包括他的儿子们和策尔特——在满世界粗制滥造的艺术产品中，开始着手保护和校勘他的作品。

有趣的是，策尔特还在巴赫的作品里发现了法国气息。[①] 他曾写道，"巴赫的一切源自他的创造力，他是他的时代和故国的儿子，但他却没能逃脱法国给他的影响，尤其是库普兰。有时为了寻开心，他也会写一些禁不起琢磨的时髦小曲。这些附庸风雅的作品，就像啤酒杯上的泡沫，抹去也无甚可惜，真正值得品味的是藏在下面的啤酒。据此我才将他所有的宗教作品收集罗列起来，我心里能感觉到老巴赫在赞许地向我点头，正如海顿所说：'是，是，这正是我想要的'。"[②]

"巴赫的儿子们成长在那个时代，他们无法理解父亲的想法。他们对父亲的景仰只是出于一种孩子对长辈的尊敬。"艾特纳的这个评价，[③]尽管有些刻薄，但确是实话。"伦敦巴赫"甚至连这种景仰都没有，他总是说父亲"带着个老掉牙的假发"。

在 18 世纪末的批评家和公众眼中，巴赫家族真正伟大的作曲家是埃

_____

① 原文是"在巴赫的发辫中发现法国香粉"。此处采意译。——译注

② 见策尔特致歌德的信，1827 年 4 月 5 日。见《歌德与策尔特通信集》，Reclam 版，卷 II，第 467—468 页。同年 4 月 22 日歌德向策尔特仔细询问这层法国泡沫具体是指什么，如何从这杯德国啤酒上抹去（II，第 472 页）。但他并没有得到策尔特的回复。

策尔特（Karl Friedrich Zelter，1758—1832）是柏林声乐学院的总监。

③ 《音乐史月刊》，1885：《关于威廉·弗里德曼·巴赫》。策尔特也提及过埃马努埃尔对父亲的敬意，"我们都是围在他身旁的孩子。"见《歌德和策尔特通信集》，Reclam 版，卷 II，第 517 页。

马努埃尔。除了他父亲,他们家不曾有谁能获得如此高的评价。著名的英国批评家伯尼(Burney,1726—1814),在1772年第二次访问欧洲大陆时称赞埃马努埃尔说,在所有键盘乐器上,他都是最伟大的作曲家之一,他不仅比其父有才华得多,而且在各种调式的运用上,也娴熟得多。他只是轻描淡写地提到埃马努埃尔向他展示两卷本的《平均律钢琴曲》——这是老乐监先生在埃马努埃尔还是个孩子时特意为他而作的。伯尼在汉堡停留数日,几乎与埃马努埃尔形影不离;而后者,在这几天里,没有为客人弹奏过任何一曲父亲的作品。①

201　　在与客人的交谈中,埃马努埃尔嘲笑了那些照本宣科的作曲家们,他说"这无疑向我证明,着迷于琢磨这种沉闷的、毫无意义的东西的人的确需要多一点天赋。"另一方面,他又赞扬哈塞是"这个世界上最高明的骗子",他说哈塞的作品在没有考虑各个声部层次搭配的情况下,仍能创造出那种"人们无法从密密麻麻的乐谱中预期到的"神奇的效果。他指的是一种全新的管弦乐曲创作的理念,后来成功运用于贝多芬式的交响曲创作上,但这也说明埃马努埃尔对父亲的曲谱完全缺乏理解。

　　在那个时代最具权威的批评家莱夏特眼里,巴赫的地位远低于亨德尔,尽管二人都因坚持旧形式而饱受责备。② 那个时候只有一人胆敢将巴赫排于亨德尔之上,这是一位充满热情的匿名作者,他有一篇评论巴赫的钢琴和管风琴作品的文章,载于《德意志大文库》上。③

　　由于过分崇拜亨德尔,德国人对巴赫的确有极大的偏见,甚至觉得巴赫从未存在过。这种情况在希勒首次将亨德尔的《弥赛亚》搬上柏林舞台

---

　　① 伯尼,《德国音乐今况》(*The Present State of Music in Germany*,卷 II,1773),第124页以下。

　　② 莱夏特(J. F. Reichardt,1752—1814),著名的作曲家,普鲁士的宫廷乐长,1792年因向法国大革命献作交响曲而被解雇。他在《音乐艺术杂志》(*Musikalisches Kunstmagazin*,两卷本,1782—1791)上讨论过巴赫,见第 I,第196页。亦见《一位全神贯注的旅行者的音乐书简》(*Briefe eines aufmerksamen Reisenden*),共两部分,1774—1776。

　　③ 《德意志大文库》(*Allgemeine deutsche Bibliothek*,尼古莱编),第81卷。这篇文章是在 Richard Hohenemser 的研究中被提及的,见《19世纪对古代音乐的复兴对德意志作曲家有何影响?》(*Welche Einflüsse hatte die Wiederbelebung der älteren Musik im XIX. Jahrhundert auf die deutschen Komponisten? Leipzig*,1900),第135页。

之时（1786 年 5 月 19 日）就已存在，在 1789 年希勒当上圣托马斯的指挥后更甚。他在这里为亨德尔和他的老师哈塞工作长达十年之久。希勒自己搜集整理出一套经文歌曲集，而且还渴望搜集到尽可能多的优秀的宗教音乐，但他从未考虑过将尘封在学校音乐文库里的巴赫康塔塔作品拿来出版。他只尝试过将哈塞的意大利歌剧作品中最好的选段挑出来，配上德语宗教歌词一同出版，城里的牧师对他的这个尝试表示出极大的兴趣。①

202

我们从策尔特那里得知，圣托马斯的学员向来对巴赫的粗暴无礼心存忿恨，希勒还曾利用这种情绪来激励学员②。

在 18 世纪后半叶圣托马斯的所有领唱中，唯有多勒斯对巴赫有所继承，尽管并非真心诚意。他师从巴赫，却始终坚持自己的创作原则。他认为在运用对位法创作时，"要注意这种方法的限度，不能忘记精致动人的旋律本身"，在这方面，他视哈塞和格劳恩为典范。③ 但据他在任时托马斯一个叫罗赫利茨（Rochlitz）的学员所说，多勒斯常常出演巴赫的作品，包括经文歌和受难曲。④ 莫扎特十分爱戴和推崇多勒斯，正是通过后者，他才有幸邂逅巴赫的经文歌"为主献一曲新歌"。罗赫利茨也参加了那次演出，他是这么说的：——

此前，莫扎特对巴赫的了解，并非来自阅读曲谱，多为道听途说。从某种意义上，他对巴赫的经文歌一无所知，因为那个时候这些作品并未公开出版。有时唱诗班会唱上几个小节，但再唱下去时，他都会惊喊道，"那是啥玩意？"但现在，巴赫的音乐却

---

① 这个计划最终未能实现，原因是他只收到一百份订单，不够支付出版费用。见兰帕迪乌斯（Lampadius），《莱比锡托马斯学校的领唱》，1902 年，第 50 页。

② 《歌德与策尔特通信集》，卷 II，第 507 页。（1827 年 8 月 19 日）

③ 见里希特讨论道尔斯的自传的文章，收录于《音乐史月刊》，1893 年。巴赫之后的三位继任者是哈勒尔（Gottlob Harrer，1750—1755 在任）——此人在意大利接受音乐训练，多勒斯（Johann Friedrich Doles，1756—1789 在任），希勒（Johann Adam Hiller，1789—1801 在任）。

④ 罗赫利茨，《音乐圈》（*Für Freunde der Tonkunst*），卷 II，第 210 页以下；卷 III，第 364 页。

直入他的灵魂。演出结束时,他充满愉悦地感叹道,"这确实值得我们学习!"他得知在巴赫任教的这所学校里,存有完整的巴赫经文歌作品,感慨这确是不可多得的宝贵遗产。"好极了!美极了!让我一睹它们的芳容吧!"他如此赞叹。由于这些作品并没有分类,莫扎特在得到它们后仔细将其一一归类。看着莫扎特如饥似渴地饱读巴赫的作品,着实让人感到欣慰。他的手上,膝盖上,椅子上,统统是巴赫的作品。他废寝忘食,非把巴赫作品中的每个细节都弄得滚瓜烂熟为止。他极其珍视这些稿件,渴望着自己也能得到一份抄本。①

203   最有条件出演巴赫的康塔塔的人,非埃马努埃尔莫属,他那时在汉堡掌管宗教音乐事务。但据我们所知,他只出演过为数不多的康塔塔和《B小调弥撒》的一小部分。尽管他很愿意出演父亲的作品,却心有余而力不足,因为他的乐队和唱诗班的水平相当低下。伯尼在埃马努埃尔的圣凯瑟林教堂听过一曲后者自己创作的宗教作品后,大为失望,恐怕当时的演出质量实在太糟,"教众们根本就没怎么听"。② 人们过去那种对宗教音乐的热情,在当时的汉堡已荡然无存。"你应该早来 50 年。"埃马努埃尔常常这样对客人说。巴赫去世后,人们要求宗教音乐改革的呼声日渐高涨,这明显是因为埃马努埃尔的演出使人们误解了巴赫。牧师被迫为埃马努埃尔辩护,无奈地回应着人们"很多作品早已过时,那些歌词也陈旧不堪,让人厌恶"的指控。为埃马努埃尔辩护的理由是,"如此大量地创作音乐,质量的确很难得到保证"。③ 人们对宗教音乐再无热情,这一点从这个有 60 多年历史的音乐团体④为了减少开支,将每个礼拜日的音乐取消就可以看出来。他们只在六大宗教节日的礼拜上保留音乐。

---

① 《音乐圈》,卷 II,第 212、213 页注释。罗赫利茨早在莱比锡的《音乐报》(*Musikalische Zeitung*)的第一期里就刊登过这则轶闻。

② 伯尼,《德国音乐现状》,II,第 249 页。

③ 关于此话题与接下来的话题,请参考希塔(Joseph Sittard)的《圣乐史纲要》,1890年,第 47 页以下。

④ 指汉堡的约翰诺依姆学校的唱诗班,埃马努埃尔在此执事。——译注

在德国的其他城市里，情况也大致相当。日常的宗教音乐被取消，唱诗班无法生存下去，人们自发组织的业余唱诗班也几近绝迹，即便有，他们也不被允许到教堂里演出。① 巴赫的康塔塔根本无法再在教堂里上演，不仅音乐本身受到诟病，他那些老掉牙的正统严肃的歌词也不被人喜欢。那时的音乐家遗忘巴赫的作品是因为他们缺乏对巴赫的真正理解，意识到这一点，我们也就不难理解当时的状况了。

宗教音乐只能在礼拜仪式之外另谋出路。由于当时的音乐更注重大合唱的声音效果，而非音乐本身的质量，因此，以创作清唱剧见长的亨德尔就比康塔塔大师巴赫更胜一筹。必须等到理性化的宗教诗歌的风尚被扭转，人们才能重新接受巴赫的歌词。②

那时，即便有人想要演出巴赫的作品，也很难做到，首要的困难就是没办法找到曲谱。五个完整年度的康塔塔作品分别在埃马努埃尔和弗里德曼手中，兄弟二人各自保存了一部分曲谱。弗里德曼收藏的那一部分很快流传四处③，埃马努埃尔则看管得紧些。因为出版费用高昂，将曲谱公开刊行的可能性微乎其微，况且也没有多少人愿意购买。最惨痛的经历便是 1756 年秋天出版的《赋格的艺术》只卖掉 30 份——这的确让人泄气，所以他只将康塔塔的曲谱给少数真正感兴趣的人看，无论是查阅还是翻印，他都要收取一定的费用，连他的好友福克尔也不例外。他去世后，妻子仍循旧例。1795 年他的妻子去世后，他当时唯一在世的孙女安娜（Anna Carolina）在报纸上刊登的奶奶的讣告中加进一条公告，宣称她会继续执行这条祖辈们留下的规矩，保护好她祖父和父亲的遗产。④

204

---

① 柏林声乐学院成立于 1791 年，在 1800 年以前，根本没有类似的声乐团体出现。例如，对巴赫传统多有贡献的法兰克福的塞西里协会（Cäcilienverein），也是直到 1818 年才成立。他们一开始受亨德尔影响较深，他们演出过亨德尔的大多数作品——1820 年上演《亚历山大节》，1821 年上演《犹大·马加比》（Judas Makkabäus），1822 年上演《参孙》，1823 年上演《诗篇 100》，1824 年上演《弥赛亚》，1827 年上演《以色列人在埃及》。

② 即便是策尔特也对巴赫的音乐颇有微词，反倒是对《弥赛亚》倾心不已。见《与歌德通信集》，卷 II，第 259 页。

③ 所幸，这部分曲谱大多数都被柏林的沃斯伯爵收藏。

④ 《汉堡通讯》（Hamb. Korresp），1795，122 期。

还有一部分作品留在莱比锡,包括三部受难曲和一些康塔塔,所有权归属托马斯学校。这些作品极有可能是巴赫的遗孀 1752 年时捐赠给当地议会的,那时她在申领救济。①　基恩贝格的学生,腓特烈大帝的胞妹艾玛丽也收藏了巴赫的一些作品,她从社会上搜集到这些作品后,作为个人收藏,只有很少一部分密友看过。1787 年,在她去世之后,她的收藏被移交到柏林的约希姆斯塔尔人文中学的图书馆里。②

巴赫的钢琴和管风琴作品也很难被人熟知。尽管它们都被刻成印版,但印数很少,在巴赫的时代,这些印刷本根本不为人所知,远不如手抄本流传得快。即便是那些自称钦慕巴赫的人,其实对巴赫亦知之甚少——这样的人历来存在。马尔普尔格著名的《论赋格——德国和外国顶尖大师的原理及范例》③给人一种印象,即除了《赋格的艺术》外,他对巴赫的其他赋格作品并不熟悉——尽管他在序言里热情地将自己的成就归功于巴赫。此外,他对众赞歌前奏曲也几乎一无所知,从他讨论它们的方式中就能判断出来。④《平均律钢琴曲》是巴赫最广为人知的作品,但在 18 世纪末,完全没人在意它,它似乎已随巴赫一道离去,永远见不到复生的可能。

然而,正是在 19 世纪初,巴赫的作品有渐渐复苏的迹象。1802 年,福克尔的巴赫传记面世,此乃这股复苏潮流的起点。

约翰·尼古拉·福克尔(Johann Nicolaus Forkel,1749－1818)是哥廷根大学的音乐总监。⑤ 他同时是一名音乐史学者,致力于编撰一部音乐全史,范围从音乐出现之始到他生活的年代。他常常担

---

① 根据罗赫里茨,道尔斯在任期间,学校里有 26 部康塔塔作品。《音乐圈》,卷 III,第 364 页。

② 埃特纳,《柏林约希姆斯塔尔人文中学音乐藏品名录》(*Katalog der Musikaliensammlung des Joachimthalschen Gymnasiums zu Berlin*,1884)。

③ 共两卷,柏林,1753 及 1754 年。第一卷题献给泰勒曼,第二卷则献给弗里德曼和埃马努埃尔。

④ 马尔普尔格,《历史批评音乐文论合编》(*Hist.-krit. Beiträge zur Aufnahme der Musik*,5 卷本,1754－1772)。见讨论众赞歌伴奏问题的文章,卷 IV,第 192 页以下。

⑤ 他在大学里教授各种音乐理论、音乐史及乐器课程,总管大学内的一切音乐事务,类似今天的音乐系主任。——译注

心自己的健康状况无法支撑到他写完巴赫，又觉得有义务将他从大师的两位儿子那里得知的关于大师的一切情况告知世人，他决定预先写作和出版关于巴赫的章节。尤其是当莱比锡的霍夫迈斯特和库内尔的"音乐工作室"（Bureau de Musique）①计划出版巴赫的作品集后，这个任务更加迫在眉睫。② 为了尽早实现他的想法，巴赫传记应运而生。

206

　　这部 69 页的作品的重大意义并不在于内容——虽然内容精彩纷呈，也不在于它首次向世人展示了巴赫的生活和艺术，而在于作者那股使作品生气盎然的巨大热情。福克尔诉诸民族的情感。"巴赫留给我们的"，他在序言一开篇就提到，"是一份无法估价的民族财富，这是别的任何民族都无法得到的。"他又继续说，"珍藏关于这位伟人的一切记忆，不仅关乎艺术，更关乎我们的民族。"全书以这样的修辞结束："这位有史以来最伟大的音乐诗人，定将永垂不朽，他，来自日耳曼。噢，祖国，为他自豪吧！他是我们的骄傲！"

　　策尔特错误地以为福克尔对巴赫生活的描述并不比世人知道得更多③，事实上，在此之前，没有谁能像福克尔这样全面深入地理解巴赫。虽然他对大师的康塔塔和受难曲的描述都非常简要，但这也是因为他能获得的巴赫作品资料有限所致。

---

　　① 作曲家、音乐出版家霍夫迈斯特（Franz Anton Hoffmeister）和管风琴家库内尔（Ambrosius Kühnel）于 1800 年前后在莱比锡成立的音乐出版社，他们在 1802 年首次发行了巴赫的键盘作品（共 14 卷），这个版本至今仍在使用。——译注

　　② 他的判断是明智的：在他去世时，《普通音乐史》（*Allgemeine Geschichte der Musik*，两卷本，1788—1801）只写到 16 世纪。策尔特无法接受他的工作方法，在 1825 年致歌德的信中说道："福克尔拥有哲学和音乐两个博士头衔，但他哪头都兼顾不上，最后弄得一团糟。他本来打算写一部音乐史，最后写成一部人文通史。"《歌德和策尔特通信集》，Reclam 版，卷 II，第 358 页。这个说法有失偏颇。福克尔的巴赫传记完整的标题是："巴赫的生平、艺术及作品，献给对真正音乐艺术的炽热尊崇者"（*Über Johann Sebastian Bachs Leben, Kunst und Kunstwerke. Für patriotische Verehrer echter musikalischer Kunst*，Leipzig：音乐工作室，1802）。此书题献给施魏腾男爵（Freiherr von Sweiten，1734—1803），一位巴赫的仰慕者，与海顿和莫扎特均有交往，还是贝多芬的资助人。他是柏林的皇家图书馆的馆长，也是皇室教育委员会的主席。

　　③ 《歌德和策尔特通信集》（*Briefwechsel Goethes und Zelters*，Reclam 版，卷 II），第 358 页。

　　如果说福克尔是第一位巴赫传记作家,那么罗赫利茨就是第一位巴

赫美学专家。① 他讲述自己如何走近巴赫的故事感人至深。自他孩提时
起,就在圣托马斯教堂里演唱巴赫的经文歌和受难曲,独特的个人经历使
他向来对巴赫及其作品保持着敬畏。年轻时,他受到一种无可名状的热
情感召,开始钻研由埃马努埃尔出版的巴赫康塔塔作品的各种四声部和
声的构成。由于该版本没有歌词,他始终不得要领,无法真正弄清楚巴赫
的深意。从这里开始,在全然不知巴赫作有《二部创意曲》(Inventionen)
的情况下,他走向了《平均律钢琴曲》。他在喜欢的曲目旁标上记号。一
开始标出的记号十分少,随着阅读的深入,记号又多了几个,通过反复阅
读,记号慢慢多了起来。直到最后,"第一部有一半的地方标了记号,第二
部则有三分之二的地方标了记号。"进而,他转入研习声乐作品,这时,他
的"音乐教父"巴赫的地位在他心中犹如"德国音乐界的阿尔布雷特·丢
勒②",因为他已经能迅速地感知到"巴赫能将几个简单的乐思通过无穷
的变化和丰富的发展组成宏富的、表现力超群的篇章"。他将巴赫的音乐
与他那时的"现代派"对比,发现老一辈的大师在艺术上从不"取悦"听众,
而只是让听众"满足"。"但是",他承认,"我们首先必须充分熟悉这些大
师;这既取决于他们,也取决于我们自己。

　　他对于《约翰受难曲》和康塔塔《我主上帝是坚固的堡垒》的分析堪称
音乐美学批评的大师之作,其最过人之处乃是其文风磊落、思路清晰。他
严谨细致地展开他的论述,小心地给出判断,生怕给读者带来障碍,因为

---

　　①　罗赫利茨(Johann Friedrich Rochlitz,1769－1842)是《大众音乐报》(*Allgemeine
musikalische Zeitung*)的主编,这份刊物由 Breitkopf und Härtel 出版,始于 1798 年。他用
笔杆子为贝多芬的交响曲正名的事迹在德国无人不知。他在 19 世纪 20、30 年代为巴赫写
过各类文章,这些文章都收录在他最重要的作品《音乐圈》中,四卷本,莱比锡;卷 I,II,1830
年,第二版;卷 III,1830 年,第一版;卷 IV,1832 年,第一版。见,卷 II,《约·塞·巴赫作品赏
析,尤其是键盘作品》、《与一位友人的通信》,第 203—229 页;卷 III,《巴赫的康塔塔"我主上
帝是坚固的堡垒"》(第 361—381 页),该文写于 1822 年,并使这个作品家喻户晓,该作品后
来由 Breitkopf 出版;卷 IV,《巴赫根据新教约翰受难故事而作的著名受难音乐》(第 397—
448 页)。

　　②　丢勒(Albrecht Dürer,1471－1528),北欧文艺复兴运动最伟大的画家之一,生于德
国的纽伦堡。——译注

某些结论即使对于他自己来说，都是振聋发聩的。他大胆地将巴赫置于亨德尔之上，理由是巴赫的各声部行进相互独立，但又总能构成一个美妙的整体，这一点别的作曲家难以做到。亨德尔相对壮美，巴赫则更为真实；如果说巴赫相当于丢勒，那亨德尔就好比鲁本斯。他进一步说，巴赫的作品不易让人获得瞬间的愉悦，也很少直接挑动人们的情感，他一直致力于塑造"积极的、火热的、深入人心的"典型的理性精神。这有助于听者理解和感受真实。他这样评价《约翰受难曲》的宣叙调："如此真实、如此坦率，仅仅通过乐音和节奏就能将人物和事件刻画得如此清晰，艺术手法如此简洁含蓄，但又能带出如此丰富、深沉、明显的艺术效果，有谁能够将这个题材展现得更加完美？　有谁能想象除此之外的更完美的可能？"①

　　巴赫的时代必将到来，罗赫利茨一直坚信这一点，只是现在时机未成熟罢了。他如此评价 1800 年那股巴赫热潮：命运的车轮瞬间将尊贵的巴赫提至一个全新的高度后，又再度停滞不前。计划出版的巴赫作品集始终未能成型，许多人都无缘见到巴赫全集的面世。尽管出版事宜一直让人失望，他还是对未来信心满怀。他认为"历史前进的大势不可逆转，尽管中途会经历短暂的停滞，但它定会将最优秀的人类精神推向顶点。"

　　作为音乐家，罗赫利茨的信念着实让人敬重；在生活中，他的为人也同样值得称道：他曾帮助过巴赫家最小的孩子。巴赫的小女儿苏珊娜 8岁时父亲便去世了，她的晚年生活困顿不堪，当罗赫利茨得知此人需要帮助后，就在 1800 年 5 月号的《音乐报》上刊登了一封倡议书，内容如下：

　　　　因为事情迫切，我下笔不假思索，急于向各位求援。出于对人性善良的信任，我们有义务为此事伸出援手。巴赫家族的成员都相继离开我们，但大师还有一个小女儿，她现在年事已高，

①　罗赫利茨和他的同辈们对基督新教的宗教音乐史一无所知。他们都不了解除了理性主义之外的各种思潮。罗赫利茨不知道受难曲在巴赫之前早已存在。他以为巴赫和他的监管戴凌首次发明了受难曲这种形式并将其运用到《约翰受难曲》中。他对巴赫之前的康塔塔发展历史的了解同样一片空白，以至于他以为众赞歌康塔塔是巴赫的原创。他觉得巴赫将耳熟能详的众赞歌旋律引入康塔塔，只是因为教众们无法理解巴赫自己的音乐，因此巴赫要选用一些广为流传的曲调供他们演唱。

经济遇到困难。很少人了解她的近况，她也无从向大家寻求资助。不，我们不应该等到她老人家开口求援！她没必要这么做，因为好人们自会响应这份号召去帮助她，试问一个善良的人怎么忍心让一个老人这么做？人们不应该让这棵苦壮大树的最后一根枝芽孤苦凋零。只要大家对巴赫家族有一点了解，都会毫不犹豫地伸出援手。只要我们愿意，这位老人就可以安心舒适地度过晚年。

作为最早一批从巴赫那儿获得教益的人，贝多芬当仁不让地捐出善款；一年后，他又将在"布赖特科夫与黑泰尔公司"出版的一本作品的收益捐了出来。捐款的人们络绎不绝，筹到的钱的确让巴赫这位小女儿的余生不再有后顾之忧。

贝多芬是在他波恩时期的老师内弗（Christian Gottlob Neefe，1748—1798）那里熟识巴赫的。他孩提时代就开始练习《平均律钢琴曲》，后来他一直将其称作他的音乐圣经。他常常说："绝不是小溪！他应该叫大海"。① 在他生命最后，他还曾计划写一部题名为巴赫的序曲（Ouvertüre）。②

策尔特为巴赫争取到两位爱好者——歌德和青年门德尔松。他自己也在尽一切努力加深对巴赫的理解，但这样的积累总是需要时间。他在1827 年 6 月 9 日致友人的信件中，将巴赫归入"一流诗人"之列。这封信几乎被他写成一篇讨论巴赫的学术论文。在信的末尾，他这样评论道，"我们绞尽脑汁，用各种词汇来形容巴赫，在我看来，他是上帝的显现，他清澈光洁，且难以言述。"③同时，他也不忘洋洋自得一番："你给了我工作的动力，我定会将你发扬光大。"

歌德乐于倾听。策尔特还将《平均律钢琴曲》寄给他，贝尔卡的管风琴师舒茨为他演奏，他开始感受到这位老一辈大师的光芒。1827 年 6 月

---

① Bach 在德语中的意思是小溪。原文是 Nicht Bach! Meer sollte er heißen。——译注
② 见普吕弗（Arthur Prüfer），《约·塞·巴赫与 19 世纪音乐艺术》（*Sebastian Bach und die Tonkunst des XIX*，Leipzig，1902），第 10—11 页。
③ 《歌德和策尔特通信集》，卷 II，第 481 页以下。

21 日，他这样写道，"有一种永恒的和谐氤氲在他的作品之中，如创世之前上帝心中的和谐。它直抵我的灵魂深处，以至于我觉得无需再用耳朵聆听，也大可闭上眼睛，所有感官此刻已经多余。"①1830 年 5 月，年轻的门德尔松前去拜访歌德，他给歌德演奏了大量巴赫的曲目。当客人在钢琴上为他弹奏 D 大调管弦乐组曲的序曲时，歌德评价到，"这个开场气势如此宏大，感觉就像看到一列整齐的队伍徐徐从雄伟宽阔的阶梯走下来那样。"②

策尔特常常为他的朋友（歌德）无法观看声乐学院的经文歌演出感到遗憾。他在 1827 年 9 月 7 日的信中写到，"如果你有幸在此聆听一次巴赫的经文歌演出，你一定会觉得你身处世界的中心，实现了你的人生理想。我听过不下百次，至今仍觉得没听够，永远也不可能听够。"③

策尔特为巴赫做的最重要的事情，乃是他下定决心激流勇退，让他的得意门生门德尔松来指挥声乐学院演出的《马太受难曲》。④ 对于他来

---

① 《歌德和策尔特通信集》，卷 II，第 495 页。

② 门德尔松 1830 年 6 月 22 日在慕尼黑给其师写了一封信，其中引用了这个比喻。他说他还为歌德弹奏了《创意曲》和《平均律钢琴曲》中的很多曲目。见门德尔松的《1830—1832 书信集》，莱比锡，1869 年，第 17 页。歌德在他的日记中也记述了门德尔松为他演奏老一辈大师和新近大师的各种作品的情形，但他并没有提及他对巴赫作品的印象。

③ 同上，卷 II，第 517 页。卷 III，第 457—458 页。策尔特似乎也会在一些私人聚会中演唱一点康塔塔作品。他尤其喜欢的是"要把你的饼分给饥饿的人"(*Brich dem Hungrigen dein Brot*)，"虽然你们将哭泣哀号"(*Ihr werdet weinen und heulen*)，"耶稣拣选十二门徒"(*Jesus nahm zu sich die Zwölfe*)，以及"愿我们的口中充满欢笑"(*Unser Mund sei voll Lachens*)。他为巴赫"近乎神圣般的简洁"感到震惊，同时也惊讶于巴赫的音乐通常会和唱词形成一种如"使徒式的反讽"，因为它"经常表达比唱词更多的内容"。(卷 II，第 482 页)。但总的来说，他完全不喜欢巴赫挑选的唱词。正因如此，他不太关注社会上公开演出的康塔塔和受难曲。

④ 策尔特在声乐学院担任指挥直至 1800 年。该学院由法施(Karl Friedrich Fasch)于 1791 年建立，此人曾是腓特烈大帝宫廷里的第二键琴手。法施的父亲 Johann Friedrich Fasch(1688—1758)是泽尔柏斯特(Zerbst)的宫廷乐长，他曾和巴赫竞夺托马斯学校指挥一职。他早在学生时代就已在莱比锡成立了合唱社团。

所有当时演出的情况被德弗里安特(Eduard Devrient)记录在他的《回忆门德尔松》(*Meine Erinnerungen an Felix Mendelssohn — Bartholdy*，第二版，Leipzig，1872 年)里，第 48—68 页。亦见法妮·门德尔松(Fanny Mendelssohn)写于 1829 年 3 月 22 日的信，辑于亨泽尔(Hensel)的《门德尔松家族》(*Die Familie Mendelssohn*，Berlin，1879)，卷 I，第 205—210页。

211　说，作出这个决定实属不易。他决定让两个年轻人——由德弗里安特辅佐门德尔松——承担起这件烦难的差事，并于 1829 年 1 月的一个早晨正式移交工作。策尔特以前辈的姿态训斥了两个毛头小子一番，告诫他们千万别自以为是。门德尔松已做好一切准备，最先提出这个建议的德弗里安特也同样信心满满。而后来他们的工作也确实能让策尔特安下心来。

　　移交工作的成功，在第一次排练时就已得到体现，成员们也对他俩的上任持积极态度。当两人准备委任各声部独唱时，他们当着全体成员的面，自豪地赞叹，"在巴赫首演一百年之后，受难曲又被重新搬上舞台，这是多么美妙的事情"。门德尔松对大家说，作为参演者之一，作为年轻的犹太人，更应该为此事担负起责任。

　　演出在 3 月 11 日举行。合唱团大约有 400 人，管弦乐队的主干是爱乐协会（der philharmonische Verein）的业余演员，各乐器的首席则由宫廷乐队的成员担任。斯图尔默（Stürmer）出演福音传道士，德弗里安特出演耶稣，贝德（Bader）出演彼得，布索尔特（Busolt）出演犹太总督彼拉多，惠普勒（Weppler）出演犹大，担任女高音和女低音的是莎策尔（Schätzel）、米尔德（Milder）和图施密特（Türrschmiedt）。所有演员自愿义务劳动，甚至连演出的赠票都未索要。负责抄写乐谱和唱词的是里茨（Rietz）和他的胞弟以及妹夫，也没有接受酬劳。斯邦蒂尼（Spontini）索要了两张赠票，芬妮・门德尔松还为此而恼怒。

　　门德尔松上台时年仅 20 岁，虽然这是他头次指挥如此庞大的乐队，
212　但还是处乱不惊，表现堪称完美。[①] 为了遵循声乐学院的传统，他坐在钢琴前指挥，因此侧脸朝向观众席，第一合唱队则在他背后。为了配合德弗里安特，他只在间奏部分和一些较复杂的乐段打拍子，其余时间双手都保持静止。

　　观众们都情绪高涨，不仅因为这部作品，还因为激情四射的合唱歌

---

　　① 这次演出对原作进行了许多删改。大部分的咏叹调被删除，剩下的也只用器乐带过，没有演唱。福音传道士的部分，所有和受难情节无关的段落都被删去。宣叙调"圣殿的幔子被裂"（*Und der Vorhang in Tempel zerriß*）则被门德尔松改编成了管弦乐曲。

队，素质之高在那时的确罕见。巴赫的音乐向来能带给人极为震撼的宗教感觉。"挤满了观众的剧院俨然成为一座教堂"，芬妮写到，"每个人都被最神圣的爱恩宠着，人们听到最深邃的人类情感无可抑制地从巴赫的灵魂深处奔涌而出。"

　　第二次演出在 3 月 21 日巴赫的生辰纪念日这天举行。[①] 斯邦蒂尼曾设法阻止这次演出，但门德尔松和德弗里安特直接向柏林的王储寻求援助，后者位高权重，在柏林的音乐界一言九鼎。在他的帮助下，演出得以顺利进行。这次演出的反响比第一次更加强烈，不过门德尔松却对演出的质量不甚满意。虽然歌队和乐队依旧表现完美，但独唱者的几处失误却让门德尔松无法容忍。

　　策尔特对他们事业的进展颇感欣慰，那天晚上演出结束后，有一部分巴赫爱好者被邀请到他家共进晚餐。坐在德弗里安特夫人（Frau Eduard Devrient）旁边的一位客人一直对我们的德弗里安特表示出极大的兴趣，这让夫人非常不自在，屡次走神将宽口的绣花衣袖沾到餐碟上。"告诉我，我旁边这个呆瓜是谁"，她轻轻对坐在另一旁的门德尔松说。门德尔松用餐巾擦了擦嘴，迟疑片刻，回答她说，"你旁边那个呆瓜是鼎鼎大名的哲学家黑格尔。"[②]

213

　　黑格尔对巴赫非常感兴趣，并不失时机地在他的著作《美学》里称大师是"崇高的、简洁的，是真正的新教徒，是值得我们后辈重新估价的天才。"黑格尔在巴赫的音乐里感受到天才般的、拉斐尔式的美。巴赫的旋律以"非常特别的、纯粹的"方式前进，但又非常合理地作为一个"持续的、综合的"整体留存于人们的内心。[③] 1829 年 3 月，当门德尔松

---

　　① 这两次演出的收益都悉数捐给当地两所缝纫学校的贫困孩子。第三次演出由策尔特指挥，那时门德尔松去了英国。从那时起，声乐学院会在每年的圣周（复活节前一周）上演《马太受难曲》。与这边的热闹相反，格劳恩的《耶稣之死》（Der Tod Jesu）艰难地维持着演出。它同样是在每年相同的时间上演。不出半个世纪，它已完全被巴赫的作品淘汰。见《柏林声乐学院史》，柏林，1843，第 47 页。

　　② Therese Devrient，《对青年时代的回忆》（*Jugenderinnerungen*，Stuttgart，1905），第 309 页。

　　③ 黑格尔，《美学》（*Ästhetik*），第三部分，1838 年版《黑格尔选集》卷十，谈论巴赫的部分在第 208 页。

为《马太受难曲》排练时,也前去聆听黑格尔的美学讲座,他们在那里讨论过音乐。①

叔本华同样赋予音乐无限的意义,但他的论述中没有巴赫的位置,而且他并没有就音乐的本质给出哲学定义。

19 世纪 30 年代,《马太受难曲》在德国各大城市轮番上演,在法兰克服、布雷斯劳、哥尼斯堡、德累斯顿和卡塞尔等城市演出过多次。而莱比锡则直到 1841 年,门德尔松到那工作开始,才迎来他们的首演。②

相比之下,1833 年 2 月 21 日在声乐学院首演的《约翰受难曲》,则没有获得如此迅速的成功。

让《B 小调弥撒》重焕生机的人,是法兰克福的塞西里协会的建立者舍尔布勒(Schelble,1789－1837)。他早在 1828 年就上演了《信经》,但未能引起注意。1831 年他又进而演出了《求怜经》和《荣耀颂》。柏林声乐学院在 1834 年上演了第一部分,整部作品——虽然删减了很多——直到 1835 年才正式公演。③ 舍尔布勒未能等到他筹划已久的《圣诞清唱剧》上演便匆匆谢世,该剧直到 1858 年才登上舞台。

尽管从整体上看,门德尔松成功实践的仅仅是《马太受难曲》这一部作品。但不可忽略的是,如今人们更感兴趣的钢琴和管风琴作品同样伴随着这股热潮进入人们的视野。我们必须记得,门德尔松也为这些作品的公开演出立下汗马功劳。他的管风琴音乐会几乎只演出巴赫的曲目。正是他的演出,将舒曼带进了美妙的众赞歌幻想曲世界。

舒曼是这样形容他钟爱的众赞歌前奏曲"装饰你自己吧,噢亲爱的灵魂"④的,"定旋律被金黄色叶子编织的花环围绕着,你自己(指门德尔松,

---

① 见策尔特 1829 年 3 月写给歌德的信。见《歌德和策尔特通信集》,卷 III,第 124 页和第 127 页。

② 见发表于舒曼的《新音乐杂志》的该次演出公告,1841 年,第 25 期。1843 年 4 月 23 日,在托马斯学校的巴赫纪念碑的揭幕仪式上,门德尔松上演了 1723 年的 Rathswahl 康塔塔《赞美你的主吧,耶路撒冷》(Preise, Jerusalem,BWV119)。

③ 《声乐学院史》,柏林,1843 年。

④ BWV 654,管风琴作品,出自《莱比锡众赞歌》。另有同名康塔塔,编号 BWV 180。——译注

正是他为舒曼演奏这首作品)也承认,如果生活剥夺了你的希望和信念,那么这首众赞歌会将其重新归还于你。"①

康塔塔作品还是未能引起足够的关注。直到 1843 年,声乐学院才仅仅上演过一部。如果门德尔松当时能成功继任策尔特的职位的话(他自己正是这样设想的),或许就会是另一番局面。莱比锡的情况相对好些,因为有米勒(August Eberhard Müller,1801—1810 年在任)和他的继任者施希特(Johann Gottfried Schicht,1810—1823 年在任)坐镇,巴赫又重新受到圣托马斯人的推崇。门德尔松在莱比锡工作时,也花大力气将巴赫作品引进音乐厅。对于托马斯的唱诗班来说,巴赫时代的真正来临,是从豪普特曼(Moritz Hauptmann,1842—1868 在任)这一任领唱开始的。

在法兰克福,舍尔布勒上演了 *Actus tragicus*(1833 年,BWV106②)和康塔塔"最亲爱的上帝,我何时能死去"(*Liebster Gott,wann werd ich sterben*,1843 年,BWV8),似乎他已预感到自己会英年早逝,最终痛别他心爱的工作岗位那样。③

在布雷斯劳,莫塞维斯(Johann Theodor Mosewius,1788—1858)演出了康塔塔《堡垒》(*Ein'feste Burg*,1835,BWV 80)、《上帝的时间》(*Gottes Zeit*,1836,BWV 106)、《愿赞美与荣耀归于至高的善》(*Sei Lob und Ehr*,1837,BWV 117)和《那些只接受亲爱的上帝主宰的人》(*Wer nur den lieben Gott läßt walten*,1839,BWV 93),以及《圣诞清唱剧》的前两部

215

————————

① 舒曼,《音乐和音乐家》,卷 I,第 153 页。在一封 1840 年 11 月 14 日的信中,门德尔松向他的妹妹芬妮讲述了他弹奏《半音阶幻想曲》中的琶音的方法,他要突出高音部分以及控制好旋律动机中的每个音符。信中,他对巴赫的独到见解颇有启发。(《1833—1847 年通信集》,第五版,莱比锡,1865 年,第 241 页。)根据 Kretzschmar(巴赫协会版,卷四十六,序言,第 29 页),门德尔松对巴赫最有意思的评论,在未出版的写给豪泽(Franz Hauser)的信中。他特别喜欢的康塔塔是"基督,我们的主,来到约旦河"(*Christ unser Herr zum Jordan kam*,巴赫协会版,第 7 首)、"最亲爱的上帝,我何时能死去"(*Liebster Gott,wenn werd ich sterben*,巴赫协会版,第 8 首)、"上帝爱这世界"(*Also hat Gott die Welt geliebt*,巴赫协会版,第 68 首)和"耶稣,你是我的灵魂"(*Jesu,der du meine Seele*,巴赫协会版,第 78 首)。

② 即"*Gottes Zeit ist die allerbeste Zeit*"(上帝的时间是最好的时间)。——译注

③ 他常在每个周五晚上,在一众朋友面前,演出巴赫的康塔塔。1831 年秋天他前去巴黎,门德尔松在他过路时听他演绎了 *Actus tragicus*,"尊主颂"以及"B 小调弥撒"。门德尔松去信策尔特告知此事。见亨塞尔的《门德尔松家族》,卷 I,第 333 页。

分,演唱班底是他在 1825 年建立的一个声乐学院。为了让这些作品更广为人知,他还同时发表了文章《巴赫的宗教康塔塔和圣歌》①。莫塞维斯是在罗赫利茨之后第一位重要的巴赫美学专家,他承继了罗赫利茨的观点。他常常讨论巴赫对歌词极具穿透力的音乐处理方法,把其作为巴赫艺术上的一个重要特色。同时他还发现巴赫的音乐中具有图像化的特点,认为巴赫经常将抽象的话语转变成具体的形象来传达意义。他指出,巴赫对图像化表达的热爱,是更深入理解巴赫的一条重要门径。正如他所说,"巴赫的表现手法时静时动、时缓时急,有时高亢、有时忧伤,带有艺术最原初的那种质朴天真。他一直保持这种往细处着力,精致的绘画式的表现手法,但到了晚年,他的手法升华了。他的思想、想象力和情感从始至终未曾改变,但在晚期作品中,除了绘画式的方法外,他还将其他的旋律构成方式用进他的乐章中,他的天才能让他的每一条主题都有无所不能的表现力,这些表现力又恰恰能够迎合每一乐段的需要。"②

216 　　除了提出绘画式的手法外,莫塞维斯还将巴赫的音乐视为真正的宗教音乐。他曾说,"巴赫让我们清楚地认识到,我们不能将某种具体的形式定义为宗教音乐的固定样式,当一个灵魂能感受到最高、最神圣之物的时候,他就可以向我们传递最崇高、最震慑人心的信念,同时也就可以抛弃那些卑微的、无关紧要的意义了。"③因此,他认为康塔塔是最适合宗教仪式的,理所应当在布道之后上演。

　　在莫塞维斯之后,就很少有人能如此客观中立地评价巴赫了。在那之后,巴赫经历了一场意见大论战,恐怕连作曲家自己都很难预料到。一代人之后,人们已经无法像莫塞维斯那样单纯地理解和评价巴赫。

　　这场争论的焦点是何谓真正的宗教音乐。19 世纪中叶,宗教音乐改革的浪潮一浪接一浪,缺乏艺术理想的虔敬派和唯理派遭到唾弃,巴赫也

----

　　① 　发表于 1845 年。在这篇文章的结尾,是一串冗长的巴赫康塔塔曲目列表。我们通常将莫塞维斯看作第一位《马太受难曲》的音乐美学分析专家。他在他的《布雷斯劳声乐学院历史》中记载了他第一次演出巴赫作品时的情形(1850 年)。

　　② 　见本书第 7 页。

　　③ 　见本书第 10 页。

自是无人问津。他们回顾了巴赫那个时代的音乐，认为巴赫的康塔塔和所有 18 世纪的宗教音乐一样，属于戏剧型的音乐，并不利于提升信仰。温特菲尔德(Carl von Winterfeld)的著作《基督新教的圣歌及其与作曲艺术的关系》(*Der evangelische Kirchengesang und sein Verhältnis zur Kunst des Tonsatzes*)①就持这样的观点。对于他来说，真正的宗教音乐应该是埃卡德那种类型，始终指向一个对象，围绕着它表达自己的情感，而不应主观随意。巴赫的作品里尽管有许多虔敬派的魅影，但严格来说他并不是一个宗教音乐家，因为他的想象力天马行空，而且他的音乐难以被普罗大众理解，同时他还极力将自己的音乐戏剧化。"尽管他的作品给听众留下极其深刻的印象，但最终导致的结果是，他的作品被阻挡在教堂之外，毕竟教堂是做礼拜的场所。"②温特菲尔德的这番话的确有失分寸。后来他又聊以自慰道，管风琴作品可以不在谴责之列，却全然不知众赞歌幻想曲同样具备康塔塔那样的绘画感。当然，在他之前的罗赫利茨和莫塞维斯也没有看出这一点。

因此，巴赫就被教会挡在门外。教会的唱诗班拒绝用社区合唱团在音乐厅里演出受难曲的方式演出康塔塔。然而这些社会团体也无力挖掘出康塔塔的内在价值，而且康塔塔并没有太多他们需要的神迹剧元素，曲目的长度也不够他们演出一台完整的音乐会。

复兴巴赫作品更大的阻碍，来自于围绕瓦格纳作品而展开的今古音乐间的争论。这次争论导致的最大问题并不是巴赫作品遭到忽视，而是这样的争论自然而然地取消了艺术作品本应拥有的、自我辩护和裁决的权利。古典风格直接被视为瓦格纳风格和瓦格纳所理解的贝多芬风格的对立面，这种对"古典"的狭隘定义是对巴赫真正的损害。守旧派坚持认

※（页边标注）217

---

① 共三卷，1843—1847。有关巴赫的部分，见卷 III，第 256—428 页。温特菲尔德(Carl von Winterfeldt，1784—1852)是对宗教音乐史进行系统科学研究的先驱。早在那个时代，巴赫就已成为一个独特的文化现象。他花了大量的精力讨论巴赫，功不可没，当然也多少归因于他的工作性质和那个时代的理想。他也曾关注过康塔塔和受难曲的发展史。巴赫时代的人们对宗教音乐的理解是非历史主义的，纯粹观念的，在经历了很长一段时间后，音乐家才慢慢消除这种理解，看看瓦格纳对巴赫的评价，就能清晰发现这一过程。

② 黑格尔在他的《美学》中强烈批判了这种对宗教音乐的狭隘理解。

为,真正的古典音乐只关注形式的完美和对模糊的感觉的表达,这些音乐的长处在于它们会避免过分的绘画表现手法或阐发过于深奥的诗性意图。巴赫属于老一辈,他的作品当然应被归入古典音乐的范畴,因此他的作品不可能有我们假定的"古典精神"之外的其他内涵,他是瓦格纳的对立面。这种不经推敲、非此即彼的态度,直接导致人们无意再去发现巴赫的精华。这是人们重新认识巴赫作品之初的大致看法。

218　　　巴赫作品早期的出版状况同样让人失望。尽管早在 19 世纪初,霍夫迈斯特和库瑙(Hoffmeister und Kühnel,后来的彼得斯)、西姆罗克(Simrock)和纳格利(Nägeli)等出版社就有过出版巴赫全集的计划,但均未能实现,后来的各种全集出版计划,也纷纷成为泡影。能够成功出版的最重要的条件,就是拥有市场,比如说钢琴和器乐作品。① 布赖特科夫与黑泰尔出版社深刻体会到出版条件的艰难,1821 年他们出版的《我主上帝是坚固的堡垒》,每份仅售 $1\frac{1}{3}$ 塔勒——这就是在德国出版的第一套巴赫康塔塔作品的命运。1829 年,策尔特写信给歌德说,出版社视这类作品为毒药。② 他们在 1803 年出版的六首经文歌的状况相对好些,这个版本由施希特(后来成为托马斯领唱)编订。后来出版的《尊主颂》(西姆罗克版,1811 年,将 D 大调置换成降 E 大调),几乎无人问津。③

　　直到《马太受难曲》在柏林公演之后,情况才有所好转。1830 年,这部作品的总谱由施莱辛格尔(Schlesinger)出版。同年,西姆罗克出

---

　　① 　关于这个论题请参考克雷奇马尔(Kretzschmar)对巴赫协会的评论,收在《巴赫全集》,卷 46 的序言中。

　　《平均律钢琴曲》在 1800 年由波恩的西姆罗克首次出版发行。后来则相继出现 Hoffmeister und Kühnel 和纳格利的版本。没过多久,盗版就在巴黎出现。早在 1799 年,一位叫科尔曼(F. A. Kollmann)的巴赫爱好者就在英国出版了这套曲子。同时出现的还有创意曲、组曲、小提琴曲和管风琴曲在内的各种作品的曲谱集。彼得斯持之以恒地出版"全集",但这个集子只收集了器乐作品。这个出版社最大的功绩在于,他们在 19 世纪 40 年代出版了管风琴作品全集,编辑者 Griepenkerl 和 Roitsch 眼光敏锐,极少出错。许多人正是通过这个集子认识巴赫的管风琴作品的。

　　② 　《歌德和策尔特书信集》,卷 III,第 99 页。

　　③ 　1818 年,纳格列为出版《B 小调弥撒》举行募捐,但毫无结果。《求怜经》和《荣耀颂》在 1833 年面世;西姆罗克在 1845 年出了另一部分。西姆罗克在 1818 年出版了《A 大调弥撒》(BWV234)。

版了六部康塔塔——"信实的上帝，拿去我们所有"、"主，你的眼目看顾信的人"、"虽然你们将哭泣哀号"、"以色列的牧者"、"主，请不要审判你的仆人"、"上帝的时间是最好的时间"①。1831 年，特劳特威恩（Trautwein）出版了《约翰受难曲》，对相关乐章进行了修订。②

　　从那时起，音乐界开始意识到，如果将工作全部留给出版商，巴赫全集可能永远也无法面世。因此，一些巴赫爱好者自发组织，着手进行巴赫全集的编辑和出版工作。舍尔布勒就此事写信向门德尔松的朋友，歌唱家豪塞尔（Franz Hauser，1794－1870）求助，此人拥有大量的巴赫手稿和抄件。舒曼为巴赫写过大量的文章，1837 年，他在《新音乐杂志》上大声疾呼"对于日耳曼民族来说，尽早完成巴赫全集的出版工作，难道就不是一件恰当的、有意义的事情么？"，他还提到不久前公开发表的贝多芬的两封信件——贝多芬在信中向顺利出版巴赫作品集的霍夫迈斯特（Hoffmeister）出版社表示祝贺。③ 1843 年，英国的亨德尔协会收到消息称，舒曼在他的杂志里表示，"用不了多久，巴赫全集的出版计划就能转变为现实"。④ 1850 年 7 月，巴赫协会正式成立，该协会最早的一批领导者是豪普曼（Moritz Hauptmann，时任托马斯学校领唱）、雅恩（Otto Jahn，莫扎特传记作者，莱比锡的考古学教授）、贝克（Karl Ferdinand Becker，莱比锡音乐学校的管风琴教授）以及舒曼。一切运转经费和印刷出版事宜全由布赖特科夫与黑泰尔出版社负责。

　　从确定全集出版计划的那一刻起，他们就注定要和各种困难抗争。

219

---

　　① 这六部作品的编号为 BWV101－106。——译注

　　② 《农夫康塔塔》和《咖啡康塔塔》出版于 1837 年，修订者为德恩（Dehn）。1840 至 1850 年间又有 7 部康塔塔面世——"带上属你的东西，离开"（BWV 144）、"天国的王，愿你来临"（BWV 182）、"永恒之爱的仁慈之心"（BWV 185）、"当心，不要假装畏惧上帝"（BWV 179），由 Trautwein1843 年出版；"我的心，你为何忧伤"（BWV 138）、"警醒！祷告！"（BWV 70）、"上帝爱这世界"（BWV 68）由布赖特科夫与黑泰尔于 1847 年出版；这些曲目都被编入温特菲尔德的《新教合唱歌》第三卷中。

　　③ 见舒曼的《音乐及音乐家文集》（*Schriften über Musik und Musiker*，卷 II），第 103、104 页。贝多芬的两封信件也同时出现在舒曼为巴赫全集大声疾呼的那期《新音乐杂志》里。

　　④ 《新音乐杂志》，19 期，第 87 页。

光是前期准备工作就要花去几年时间，一来要仔细筛选各种材料，二来要制定周密的出版计划。① 更让组织者担心的是，如果不尽快让一部分作品面世，这项事业的参与者会失去耐性和热情。他们就在这样匆忙的准备中开始工作。一群组织混乱的人在漫漫长路中艰难前进，后来，局面更加难以控制。编辑人员的日子都十分艰难，收入仅够糊口。因此，《B 小调弥撒》《法国组曲》和《英国组曲》在未用最老版本进行勘对的情况下，就已匆匆出版。此前由纳格利出版社收藏，后来转移至柏林的宫廷图书馆的弥撒曲，也亟需人手进行修复和校正。

　　最初，编委会的成员们都认为巴赫全集可以通过大家的义务劳动来完成，但很快他们便发现，这项工作需要耗费参与者全部的精力和时间。从第 9 年开始，编辑工作主要由威廉·鲁斯特（Wihelm Rust，1822 — 1892）和埃马努埃尔负责。威廉·鲁斯特是德累斯顿著名作曲家弗里德里希·威廉·鲁斯特（Friedrich Wilhelm Rust，1739 — 1796）的孙子，他的祖父老鲁斯特与埃马努埃尔在钢琴奏鸣曲的历史上颇有影响。鲁斯特主管编辑工作直到第 28 个年头，期间付出大量的心血。他为其中某些卷次写的序言非常值得一读。编辑者不仅要面对音乐批评和音乐史上的诸多难题，

---

　　① 当年，罗赫利茨就表达过对巴赫的担忧，他害怕随着时间的流逝，康塔塔作品会逐渐佚失，最终无迹可寻。但他并不知道，在柏林，这个长期受基恩贝格和马尔普尔格影响的城市里，人们早就开始修订巴赫的手稿。他们的工作为巴赫作品的顺利出版立下汗马功劳。除了福克尔和豪塞尔之外，巴赫手稿的重要收藏者有：施温克（C. F. Schwenke，1767 — 1822），埃马努埃尔在汉堡的继任者；施希特（J. G. Schicht，1753 — 1823），莱比锡的托马斯教堂的领唱；玻尔肖（Georg Pölchau，1773 — 1836），埃马努埃尔藏书的购得者。玻尔肖于 1833 — 1836 年在柏林声乐学院的图书馆工作。柏林的宫廷图书馆在 1841 年时用 8000 塔勒购得他的私人藏书，它还兼并了声乐学院的图书馆——此处藏有大量的巴赫资料。如今，拥有最多巴赫手稿和抄件的收藏者是卡尔斯鲁厄（Karlsruhe）的歌唱家约瑟夫·豪塞尔（Joseph Hauser）。此外，在英国的私人藏家手上，还极可能保留着一些迄今为止从未发表过的巴赫作品。

　　19 世纪 40 年代巴赫热潮的出现，主要是因为巴赫手稿的价格飙升。此前，它的售价一直十分低廉。在 1824 年出售施温克遗产的时候，只要花 7 汉堡马克，就可以买回一份《尊主颂》的手稿。柏林的宫廷图书馆的"巴赫"分类目录下，还收藏着出版巴赫作品集时搜罗回来的珍贵的一手材料。这些材料在 1845 年由该图书馆音乐分部的负责人德恩（S. W. Dehn，1799 — 1858）发表在他办的刊物《塞西里》（Caecilia）中。巴赫作品的完整目录，共有 672 个作品编号。豪塞尔从 19 世纪 30 年代起就开始编订这个目录。门德尔松对朋友的这项工作十分感兴趣，并将在柏林能找到的所有巴赫作品的列表寄给他。然而这份目录并未出版。

且要处理演奏巴赫音乐所涉及的技术和习惯上的问题。编辑工作之巨，大大超出参与者力所能及的范围。鲁斯特最终都无力支撑这项远非一个人能完成的工作。1882 年，他交出主编大权，希望能将主要精力用于托马斯教堂的事务（他在 1880 年获得托马斯领唱一职）。① 此后有多菲尔（Dörffel）、瓦尔德泽伯爵、瑙曼（Naumann）、乌勒内尔（Wüllner）相继接任主编一职，他们遵照最初定好的出版计划，循序渐进地完成了这项艰巨的任务。

1900 年 1 月 27 日，全集的最后一卷——第 46 卷——出现在委员会成员的面前。然而，该卷并未列出任何一个巴赫协会创始人的名字。

直到此时，公众已经完全淡忘了出版全集之事。订购者的数字仍维持在第一年末的 350 人。如果不是当年李斯特和豪塞尔竭尽全力的奔走宣传，这个数字恐怕会更少。由于经费长期吃紧，关于协会是否要继续办下去的争吵声从未停止过。只有少数音乐家能认识到巴赫协会存在的重要性，勃拉姆斯是其中之一。他声称自己生命中最振奋人心的两件事，一是德意志帝国的建立，其次是看到《巴赫全集》的出版②。然而，即便教会唱诗班被寄予希望，但却无所作为。

必须承认的是，全集的出版采用了可以想象到的最糟糕的方法。读者必须订购整套作品，而且要先缴清书款。各卷不单独销售。协会因此错过大量的生意。很多人可能只想买其中几卷——比如说受难曲或钢琴和管风琴作品。这使很多公众没有机会接触这套重量级的作品。最终在 1869 年，协会不得不将各卷分开销售。定价为每卷 30 马克，是订购价的两倍。可惜为时已晚，出版社根本无暇顾及这部分订单。巴赫全集的出版史不幸重蹈了巴赫命运的覆辙。

巴赫协会的事业当然不乏后继者——施皮塔的《巴赫生平》（两卷本）

---

① 在豪普曼和鲁斯特之间担任主编这一职位的是里希特（Ernst Friedrich Eduard Richter，1868—1879 在任）。关于鲁斯特的离任，部分是因为施皮塔写了一封信给巴赫协会的委员会指责鲁斯特的工作，然而施皮塔的批评并不公正。施皮塔在 1880 年完成了他的巴赫传记。1888 年，鲁斯特离开委员会。鲁斯特所作序言的精妙之处多少因为他行文的晦涩和逻辑不连贯而不易被人发现。

② 1871 年，统一的德意志帝国建立。勃拉姆斯时年 38 岁。他在 1897 年去世，此时完整的全集还未出版完。——译注

相继在 1874 年(卷一)和 1880 年(卷二)面世。① 这是第一部真正的巴赫传记。在福克尔之前,人们写作巴赫生平主要依据讣告的内容,再添加一些自己的想象;在福克尔之后,作者也仅限于堆砌已有的材料。没有一部作品可以回应相关的历史问题。曾任普鲁士财政大臣的比特(Bitter,1813－1885),抱着这一目标写了一本讨论巴赫的著作,但水平仅在业余爱好者之列。② 施皮塔的作品确实在各类音乐家传记中鹤立鸡群。更难得的是,作为第一个系统科学地考察一个艺术时代的学者,施皮塔可谓一劳永逸,后辈们已经无需再在这个领域用功了。他不仅给巴赫带来新生,而且还唤醒了巴赫所处的世界。诚然,这本书不是普通读者茶余饭后的谈资,也不是音乐家附庸风雅的话题。它行文十分严谨,结构也异常复杂,作者紧密地将巴赫生平、巴赫作品分析和对当时艺术状况的考察这三者结合在一起。对于那些真正有耐心摸索施皮塔行文用意的读者,则有机会通过他来感受到巴赫作品的丰富内涵。因此,众多巴赫通俗读物的作者,将这本书视为最好的资料来源。

然而也有音乐家指出,这本书在美学层面上仍有不足之处。尽管它包含了大量令人钦佩的作品分析,语言也极具文采,让人过目难忘,但其中的美学观点就那个时代而言过于陈旧;与此同时,囿于篇幅所限,作者未能将巴赫音乐最根本的特质完整呈现出来。雷奇(René de Récy)在1885 年的一份双月刊中提出这样的批评。虽然施皮塔的美学观点已经比莫塞维斯的时代要进步一些,但他纠正流俗音乐的愿望过于迫切,过分地将巴赫塑造成正统音乐的典范。后来那些受到施皮塔影响的巴赫传记作家都存在这样的问题。他们没有沿着正确的理路完善他在艺术上的观点,却在另一方面受到他的影响——将生平经历和作品分析联系到一起讨论。对于巴赫,这样的方法极其不妥。因为没有哪个艺术家像巴赫那

223

---

① 施皮塔(Philipp Spitta,1841－1894),原本是一位语文学家,父亲是诗人,作有《诗篇与竖琴》(*Psalter und Harfe*)。1875 年起出任柏林大学的音乐史教授。他的著作在1899 年被译成英文。

② 施皮塔在第一卷的序言中讨论了他的前辈们,见第 8 页以下。C. L. Hilgenfeldt 的《约·塞·巴赫》(莱比锡,1850)同样值得关注。彼得斯的《巴赫》的第二版面世于 1880 年。我们必须承认,正是彼得斯的书让更多的人认识了巴赫。

样,生活的经历几乎不对他的创作构成半点影响,了解他的生活对我们没有任何帮助,况且,他的生活乏善可陈,毫无亮点。但是我们仍必须承认这些通俗的巴赫传记对我们理解巴赫的作用。①

根据豪普特曼,原先捐资出版巴赫作品集的人,到最后几乎都没有盈利。尽管有了完善的康塔塔曲谱,但一年康塔塔演出的数量基本维持在10 场左右,并没有比出版曲谱前增多。直到各个城镇都相继成立了巴赫爱好者协会,情况才有所好转。1862 年,《马太受难曲》在维也纳成功上演。勃拉姆斯作为当地合唱协会指挥不遗余力地宣传康塔塔。我们的时代也有弗朗兹(Robert Franz)这样的人士,用笔杆为巴赫进行辩护和抗争。② 在众多有识之士的努力下,1860 年之后,受难曲开始走上各大城镇的舞台。

弗朗兹·李斯特将门德尔松在钢琴曲创作上开创的事业进一步发扬光大,与此同时,他将巴赫的各种管风琴作品巧妙地改编成钢琴作品,使后者得到广泛的关注。对 G 小调和 A 小调赋格的改编就是成功的例子。19 世纪 40 年代,彼得斯出版社出版的曲谱将巴赫的前奏曲、赋格和众赞歌前奏曲引入了各地教堂。巴赫复兴成功的标志之一,就是 1885 年埃森纳赫的巴赫纪念碑的顺利落成。在那里,李斯特以及和他一同为复兴巴赫而奋斗的音乐家,得到了公众的赞誉。

众所周知,瓦格纳也是巴赫的崇拜者。他将巴赫视作贝多芬的导师,认为贝多芬在成长的过程中自觉摆脱了海顿的影响,而去效仿巴赫。他

①　在 1905 年的《巴赫年谱》中,施耐德列出一份巴赫文学作品的索引。值得注意的传记作者有:Reißmann(1880)、Otto Gumprecht(1883)、William Cart(法语,1885)、R. Batka(Reclam 版,1893)以及 H. Barth(1902)。Phillip Wolfrum(1906)的作品大部分篇幅都在讨论器乐作品,原本要讨论的康塔塔因为篇幅所限,作者答应另写一书讨论。这样的情况作者应该更换标题或者在标题里给出提示,否则给人雷声大、雨点小的感觉。该书的主题句是:"只有历史对我们有益时,我们才研究历史。"——每个艺术家理应获得共鸣。

最新的巴赫传记由皮罗(Pirro)用法语写成(1906)。历史研究方法所获得的进展并没有过多地反映在这类传记作品中,反倒是在各类学术报刊中能看到这方面的成果。现今的研究工作也较热衷于援引这些文章。《巴赫年谱》的出版使这类文章的热度持续不减。

②　见《新音乐杂志》,卷 47,第 49—52 页,1857 年。"评论巴赫的康塔塔,缘起于观看了一场哈勒声乐学院的康塔塔演出之后。"

在《什么是德国的》提出,巴赫深深地影响了德国精神:

> 如果我们想在一个人身上体会德国精神完美的创造力、巨
> 大的能量和深邃的内涵,我们必须专注于这个高深的音乐奇
> 才——约·塞·巴赫。在德国人民受到压制的那个黑暗的世纪
> 里,正是他保存和发展着德国精神的星星之火。看,这个聪明的
> 头脑一直藏在一顶滑稽的法式假发套里。这位伟大的导师,曾
> 是一个潦倒的领唱,曾屈就在图林根的小镇上任管风琴师,没有
> 人能叫得出他的名字。没有一件光鲜的衣服,路人甚至不会多
> 看他一眼。在他去世后,我们足足用了一个世纪,将他的作品从
> 故纸堆里拯救出来。尽管他在音乐中采用的形式和他那个时代
> 的气质极为相似,干枯、僵硬、学究气,像足了他的假发和辫子;
> 但,你看看,正是凭借这样的素材,他创造出一个何等广阔无垠、
> 气象万千的世界!对于这些创作,我只能言简意赅,点到即止,
> 因为实在难以描述;任何形容其丰富、宏伟、包罗万象的辞藻,都
> 极其无力。①

225 　　遗憾的是,瓦格纳并没有深入讨论巴赫音乐的本质,亦未述及巴赫音乐的美学意象。因为瓦格纳从未将巴赫的康塔塔视为真正的宗教音乐——这一点尤其值得注意。在瓦格纳看来,只有纯人声的合唱歌(偶尔可辅以管风琴伴奏)才能算作纯正的宗教音乐。他认为,器乐的加入会逐渐毁掉这一独特的艺术门类。这就是瓦格纳只讨论巴赫的经文歌,很少述及巴赫的康塔塔的个中原因。②

　　然而,为巴赫复兴开辟道路的,并非瓦格纳的言说著述,而是他的音乐作品。他的作品让人们重新学会发现歌词与乐音在诗歌音韵上的深刻的内在关联。瓦格纳的作品极大地变革了人们对音乐的认识。听众

---

① 《作品集》(*Gesammelte Werke*,卷十),第 65、66 页。这篇文章写于 1865 年。
② 他在《作品集》卷 I,第 169 页以下讨论了受难曲。

变得更有欲求。从这时起，只有特色鲜明的音乐才能满足听众，只有跌宕起伏的音乐才能打动听众。这使大量的音乐逐渐被人遗忘。与此同时，在瓦格纳乐剧的带动下，巴赫的宗教音乐剧得以重见天日。瓦格纳一方面与音乐中的"美"抗争到底，另一方面也在为复兴巴赫而努力，尽管他全然不知。他为巴赫经文歌中"简洁而充满诗味的歌词"打动。只有到如今，在瓦格纳的"战斗"结束以后，我们才知道他获得的胜利有多重要。他使我们的观念发生了巨大的改变，以至于我们已经无法理解，为何后贝多芬时代的人们可以对巴赫的伟大视而不见，为何那时的人们要将音乐作品区分成"愉悦的"与"不愉悦的"，连编修巴赫作品的那些人亦如此。

　　法国音乐家中历来不乏巴赫的仰慕者，从他们积极协助巴赫全集的订购工作就能看出来。古诺（Gounod）就是他们中的一员，他对巴赫的理解远远超过他改编 C 大调前奏曲的水平。老一辈的法国管风琴师也都仰慕巴赫。圣·桑斯毫无疑问也是最好的巴赫鉴赏家之一，当然还有福雷（Gabriel Fauré）。吉尔芒（Guilment）、魏多尔（Widor）和吉古（Gigout）这三位法国现代管风琴音乐的先驱，也直接受益于巴赫。小提琴家布维（Charles Bouvet）和他的小型巴赫社团，在巴赫的器乐作品上用功颇多。魏多尔领衔协和社（Concordia），在 1885 年将《马太受难曲》搬上巴黎舞台，这场演出让更多的民众认识了巴赫。由丹第（Vincent d'Indy）和博尔德（Bordès）主理的圣咏学校（Schola cantorum）①，演出过一些康塔塔作品，演出效果极佳，后来它们也成为巴黎的巴赫社团的保留节目，受到福雷和魏多尔的资助。他们选派布雷（Gustav Bret）担任指挥，并派他组建一支能够演出康塔塔的合唱队——这恐怕是当时全巴黎最富挑战的一项工作。总的来说，混声合唱队的短缺，是巴赫作品融入法国社会最大的障碍，这种情况直到多年以后才得到改观，巴赫也因康塔塔而被更多人熟识。与此同时，巴赫的作品被布歇尔

226

---

　　① 1894 年成立于巴黎的一所私立音乐学校。由 Guilment、Vincent d'Indy 和 Bordès 共同创办。——译注

（Maurice Bouchor）和福克斯夫人（Henriette Fuchs）迻译至法文（当然还有其他译者）。① 巴赫社团的指挥布雷翻译了全部康塔塔作品，出版了一个统一的译本。

瓦格纳为复兴巴赫所做的努力在法国体现得尤为明显。起先，人们对瓦格纳趋之若鹜，然而瓦格纳热潮无异于一般的时尚风潮，转眼消失殆尽，但巴赫热潮兴起，且证明了瓦格纳"诗乐一体"的艺术与法国艺术气质格格不入。正在这时，巴赫进入历史舞台。我们渐渐能明显地看到，法国的艺术观念与巴赫的音乐创作体系是一致的。巴赫的作品结构清晰，可塑性强，不像瓦格纳的作品那样形式模糊，虚无缥缈，正因如此，法国音乐家渐渐地疏远了瓦格纳。法国的军乐也深受巴赫的影响。为了推广众赞歌前奏曲，波尔多的第 57 步兵团的乐官巴尔尼埃（M. Th. Barnier）将其改编成可供军乐队演奏的版本，在广场露天音乐会上演出。

相比之下，英国在推广巴赫方面的优势要比法国大得多——他们拥有很多条件极好的合唱队。我们不妨放眼展望英国人对巴赫和亨德尔之间的争论今后将如何收场。无可否认，在英国被尊为"乐圣"的亨德尔在欧洲大陆的地位历来都比巴赫低，况且大家都会承认，巴赫的康塔塔压制了亨德尔的清唱剧，后者曾在几十年前几乎统治了整个音乐世界。在这方面，门德尔松也遭受过和亨德尔类似的命运。②

在比利时，盖瓦尔特（Gevaert）为巴赫展开的孜孜不倦的斗争也获得巨大的成功。

巴赫在罗马亦取得了成功。最初，巴赫的作品只在科伊德尔先生（Keudell）、黑尔比希夫人（Helbig）、门伽利尼夫人（Mengarini）等人的私人聚会上演出。后来科斯塔（Alessandro Costa）在这个小圈子里招募了一支小型合唱队，排演了《B 小调弥撒》。1889 年春天，他将罗马上流社会的全部名流都请到贝尔西亚那（Via Belsiana）的小教堂，观看巴赫作品

---

① 见盖瓦尔特的法文版的《马太受难曲》。Lemoine 版，巴黎和布鲁塞尔。

② 关于巴赫音乐在英国获得的进展，请参考《格罗夫音乐与音乐家辞典》。见"巴赫协会"、"巴赫合唱队"以及第五版与"约·塞·巴赫"相关的条目。亦见于《音乐时代》（*Musical Times*），1896 年 9 月至 12 月。

的演出。达努吉奥（Gabriele d'Annunzio）在他的《死之凯旋》（*Trionfo della Morte*，1894）中，详细描绘了这次演出的情况和社会各界的反应。罗马的巴赫协会在 1895 年建立。①

所有这些，无疑都只是巴赫所获成功的表象，如果真要衡量他的深远影响，我们必须去翻阅 19 世纪作曲家们的曲谱。从门德尔松开始，每位作曲家，无论水平高低，都承教于巴赫。巴赫给他们的并不是刻板的观念，而是教会他们如何用最真实、最清晰的方式表达。巴赫让他们懂得，音乐要让人印象深刻，不是靠不断地添加新意象，而要靠主题本身丰富的可扩展性。瓦格纳的作品《纽伦堡的工匠歌手》②就是巴赫这一精神最明显的体现。马克斯·里格（Max Reger）完美的复调技法亦是巴赫复兴的明证。巴赫会给现代管弦乐创作带来怎样深远的影响，目前还很难看清，但有一点是肯定的——他将我们带回到一种明确的简洁当中，并且以一种非凡的方式发展了未来几代人对曲式的理解。③

考虑到巴赫如今显赫的地位，我们则更应该警惕，不能毫无防备地轻信一切华丽的辞藻。由于崇扬巴赫已成风尚，而非冒险，很多人只是嘴上说学习巴赫。很多关于他的说法并非来自他的个人经验，而是别人的理解和想象。我们的理解到底有多深？

他的确深深地影响了家庭音乐生活，这一点毋庸置疑。创意曲、各类组曲和《平均律钢琴曲》已经成为普通百姓的宝贵财富。即便是一个没有接受过系统音乐教育的普通人，通过巴赫的作品，他也在不经意间接受了关于主题编排、分声部作曲、配器和曲式构成的最基本的原理，而且能够从中得到一种审慎的品质，使他不会受到劣质音乐的毒害。

相比之下，我们公共的音乐环境则不尽如人意。要想在我们的音乐厅里听到原汁原味的巴赫，恐怕是件难以达成的事情。我们的钢琴大师

---

① 《死之凯旋》，第 41 页以下。

② 参严宝瑜先生意见，将 Meistersinger 译成"工匠歌手"，而非"名歌手"。——译注

③ 主流音乐家们对巴赫的看法，请参见《音乐》（*Die Musik*）的"疑问解答"栏目，第 5 年刊，第 1 部分，1905－1906。

们都喜欢演奏管风琴作品的改编曲，而非地道的钢琴作品，个中原因着实让人难以琢磨。为什么他们总要演奏《A 小调前奏曲和赋格》呢？[①] 即便是李斯特的改编曲，也无法成为钢琴上的不朽名作。除了偶然情况，我们能够在哪儿听到各种组曲、《平均律钢琴曲》、《意大利协奏曲》、《半音阶幻想曲》、《A 小调键盘协奏曲》、《为双钢琴而作的 C 大调键盘协奏曲》的演出？我们能否将《勃兰登堡协奏曲》和《管弦乐序曲》安排到我们的节目单中？我们能否定期演出巴赫的世俗康塔塔？我们能从各种音乐会上演出巴赫作品的种类和数目中得到一个奇怪的结论：没有哪个城市的演出能够让听众真正亲近巴赫。

　　宗教康塔塔是一个较为特别的门类。即便受难曲演出已十分常见，但演出康塔塔还是存在各种困难。似乎它们的标题就已拒人于千里之外。许多自称要在巴赫上多用功的指挥都认为，他们的功力还难以应付康塔塔，除了那一两首早已成为经典的曲目之外。这些作品还未能真正地打动他们。然而，他们之中已经有人开始酝酿，考虑将一整晚的时间全部用来演出康塔塔。即便这样，指挥还需要绞尽脑汁、费尽口舌来说服他的唱诗班成员们，他们总会担心节目不够吸引人，又怕其过于单调。这让人回想起 1858 年汉堡的巴赫协会——这个优秀的组织为了避免让人觉得音乐会上"全是巴赫"，他们是这样安排曲目的：巴赫的八声部经文歌；肖邦的摇篮曲；《唐豪塞》中"在大厅中对歌"一幕的钢琴改编曲；巴赫众赞歌"耶稣，我的欢乐"（BWV 227）。[②]

　　还有一个问题引发了人们巨大的争议——康塔塔是否能在教堂以外的地方演出。在第二届巴赫音乐节（1904 年）上宣读的一篇论文中有这样一句箴言："巴赫的宗教作品只属于宗教。"[③]这种观点似乎合情合理，实际上并不对。如今，巴赫的康塔塔只有在极少数的情况下在宗教仪式上演出。我们不能寄望于（实际上也不可能）按照旧日莱比锡的传统来调整今

---

　　① 　这个作品（BWV 559）乃巴赫为管风琴而作。——译注

　　② 　见希塔（Joseph Sittard）的《汉堡地区音乐及音乐团体状况史》（*Geschichte des Musik-und Konzertwesens in Hamburg*，Leipzig，1890）。

　　③ 　《巴赫年谱》，1904 年，第 25 页。

天的宗教仪式。过去的宗教音乐独立于其他音乐,虽然这是事实,但却是违背音乐本性的,它只是特殊历史条件下的产物。时代在发展,宗教和艺术都获得了相对独立的空间,这对双方都是好事。宗教仪式和宗教音乐会(或者人们可以换个叫法)可以并行不悖。对于今天的我们来说,宗教音乐会应该是更为理想的形式,每场演出由三到四部康塔塔组成,按照宗教年历来挑选唱词合乎时令的康塔塔作品。这种纯粹的巴赫式仪式要优于以他的康塔塔为中心的传统仪式。然而这种形式(宗教音乐会)无疑又会引来争议。[①] 人们会认为,这样一来,教堂作为神圣宗教场所的地位会遭到贬损。如果教堂因特殊情况无法使用,演出照样可以搬到音乐厅进行,而不减损神圣的氛围。但是既然现在的教堂根本无法容得下唱诗班和管弦乐队,或者只能勉强将唱诗班放到会众的后方,巴赫又如之奈何。更为关键的是,与每一颗伟大的心灵一样,巴赫不仅仅属于教会,他应为具有宗教情怀的人类所共享。只要能够演出他崇高的作品,只要有人愿意诚挚地倾听,任何地方都能成为教堂。有幸聆听这样的作品,所有的干扰都应该悉数排除,因此将康塔塔的某个选段混同其他节目一并演出是完全没有效果的。要么就一整晚都演出康塔塔,要么就一首康塔塔也别演! 无论如何,演出一整晚的康塔塔肯定是极大的挑战,但很多成功的例子证明,所有对这种演出的恐惧,不管是真的还是凭空想象的,都毫无根据。

相比之下,巴赫其他一切的工作充其量只是康塔塔的补充。如果一个人只听过受难曲、弥撒曲和《圣诞清唱剧》,那么还不能说他真正了解巴赫。不听巴赫的康塔塔,就无法了解巴赫,只有听完巴赫的康塔塔,才有可能真正了解巴赫。为了让我们了解巴赫,历史专家和音乐批评家已经做了他们该做的事情,现在是时候让美学来取代历史学去发挥作用了,是该尝试领悟巴赫艺术的本质,挖掘其内涵和万千气象的时候了。[②] 我们

230

---

① 哥廷根的 Waldemar Voigt(见《巴赫年谱》,第 41—42 页)迫于外界压力,不得不承认宗教音乐会是演出巴赫作品最理想的方式。在斯特拉斯堡的威廉教堂,由明希(Münch)教授组织和指挥,每年都有几个类似的音乐节,全部演出巴赫的康塔塔,并且维持了超过 20 年。

② 见克雷奇马尔为巴赫协会版卷四十六所作的序言。在 1905 年的《巴赫年谱》导言中,舍林(Arnold Schering)诚挚地向所有巴赫爱好者阐述了这个论题。

非常有必要去探寻更多巴赫的时代音乐实践上的具体细节。很多东西仍然有待发现。关于巴赫作品应该如何演出这个问题，我们钻研得愈深，就愈发地觉得它复杂。它由很多不同层面的细节问题组成，这些问题只能通过粘合各式各样的历史碎片，以及日复一日的实践获得线索。

为了弄清所有这些问题，为了不断推广对巴赫的理解，我们寄望于巴赫协会（Bachgesellschaft）每三年举办一次的巴赫音乐节能给我们提供帮助。这个期望看来可以达成。这个活动至今已举办四届，每次都激发起很多人对巴赫的兴趣。① 但是，可以肯定，巴赫音乐节，以及我们凭借巴赫的荣光（ad gloriam Bachi）所做的一切，都远非我们最终想要的，而恰是那些数以千计默默无闻的乐迷，不为别的，只为寻找内心的一份满足，来到巴赫音乐节，安静、虔诚地聆听巴赫，并彼此交流感受，这才是我们最愿意看到的。只有面对这样的乐迷，真正的巴赫才能够呈现出来。

① 柏林，1901 年；莱比锡，1904 年；埃森纳赫，1907 年；杜伊斯堡，1910 年。新的巴赫协会在 1900 年 1 月 27 日成立，同一日，旧协会在宣告出版巴赫作品的使命完成后就地解散。在埃森纳赫的巴赫博物馆归属于新协会。

第十三章　管风琴作品

巴赫协会版

卷十五：奏鸣曲、前奏曲和赋格、托卡塔、帕萨卡利亚

卷三十八[1]：前奏曲、赋格、幻想曲、八首小前奏曲和赋格

卷三十八[2]：改编自维瓦尔第的协奏曲

卷二十五[2]：管风琴小曲集、舒波勒众赞歌、十八首众赞歌

卷三：为教义问答赞美诗而作的前奏曲

卷四十：其他零散的众赞歌前奏曲和众赞歌变奏曲

彼得斯版

卷一：奏鸣曲、帕萨卡利亚、田园曲

卷二、三、四：前奏曲和赋格

卷五：小众赞歌前奏曲和众赞歌变奏曲

卷八：改编自维瓦尔第的协奏曲、八首小前奏曲和赋格

卷九：零散作品增补

在巴赫全部的管风琴前奏曲和赋格中，只有在《键盘练习曲》

（*Klavierübung*）第三卷里的降 E 大调由巴赫亲自出版。除此之外，我们能得到的全部曲目均源自各种手稿（他本人的手稿占三分之一左右），还有就是抄件或抄件的抄件。在这样的情况下，我们还能留下那么多资料，实在是庆幸。有一首 F 小调的前奏曲是这样的——

232

而它的赋格，则来自基特尔（Kittel）的一个学生的抄件。这首让人赞叹的 C 小调幻想曲——

则由克雷布斯保存下来。在曲谱的末尾他注释到，他在 1751 年 1 月 10 日，也就是大师去世后的几个月，抄下这份谱子。这份手稿差点就被当成废纸，落入一个商贩手中。幸好有命运的眷顾，阿尔腾堡的宫廷管风琴师莱夏特将其拯救出来。不得不提的是彼得堡的俄国钢琴家帕斯绍，在抄写者中他属于不称职的那一类，他竟试图"改善"《多利亚托卡塔》（*Dorische Tokkata*），鲁斯特嘲讽说他的做法俨如一名俄国的书报检察官。

巴赫大多数的管风琴作品都完成于魏玛及前魏玛时期。科腾时期和莱比锡早期巴赫则鲜有这类创作。到了 1735 年前后，他又找回当初的热情，写下了气势恢弘的管风琴作品，这是他创作生命最后的，也是最成熟的时期。在创作的同时，他还在不断检查和修改他以前的作品，这项工作一直持续到他去世。

我们很难推敲出巴赫每一首前奏曲和赋格的准确创作日期，只有极少数的曲目例外。施皮塔认为著名的 G 大调前奏曲和赋格（卷二，第 2 首；巴赫协会版，卷十五，第 11 首）创作于 1724 至 1725 年之间，C 小调前奏曲(卷二,第1首;巴赫协会版,卷十五,第15首)则大致创作于1730年间。他的理由是,这些曲子的署名页所用纸张的水印,和那些年份的康塔塔曲谱的水印完全一致。

通常,我们要根据这些作品内在的编年顺序上的特征确定其创作时间。幸好,这类线索尚算清晰。对于每一个有眼光,且熟悉前奏曲和赋格的演奏家来说,巴赫的管风琴作品一般可分为四部分:在当时大师的影响下创作的作品、独立创作风格日趋明显时的作品、魏玛时期完善的作品以及晚期作品。

233

大约有12首前奏曲和赋格可以证明巴赫曾是菲斯科巴尔迪和布克斯特胡德的好学生。[①] 早期管风琴艺术的全部影响和张力悉数再现于这些作品之中。这些前奏曲里有一种激荡的力量,当然也存在缺乏完整性和不连贯的毛病;赋格则让人难以捉摸。但这些作品展现出来的协调感让我们可以预见其未来的作品会更加美好。

巴赫的音乐创作,不仅归功于他不断进步的管风琴演奏技艺,而且和他此前全面地学习拉格朗齐、科莱里和维瓦尔第密不可分,这些人的音乐在那时刚刚传入德国。他在他们身上学到菲斯科巴尔迪和布克斯特胡德无法教给他的东西——清晰以及音乐结构上的可塑性。[②] C小调赋格(卷四,第6首;巴赫协会版,卷三十八,第14首)用的是拉格朗齐的主题——

[①] 前奏曲和赋格 G大调(彼得斯版卷四,第2首),C小调(彼得斯版卷四,第5首),C大调(彼得斯版卷三,第7首),G小调(彼得斯版卷三,第5首;巴赫协会版,卷十五,第5首),A小调(彼得斯版卷三,第9首),E大调托卡塔和赋格(巴赫协会版,卷十五,第276页),C小调赋格(彼得斯版卷四,第9首),A小调前奏曲(彼得斯版卷四,第13首),主题来自莱格朗齐(Legrenzi)的C小调赋格(彼得斯版卷四,第6首),主题来自科莱里的B小调赋格(彼得斯版卷四,第8首),G大调幻想曲(彼得斯版卷四,第11首),坎佐那(彼得斯版卷四,第10首),D小调前奏曲和赋格(彼得斯版卷三,第4首),F大调田园曲(彼得斯版卷一,第86首)。最后四首作品远在其他作品之上,其创作已臻于完美。D小调赋格的主题与根据第一小提琴奏鸣曲(G小调)所写的赋格的主题是相同的,但后者创作在先。那首迷人的田园曲是门德尔松的挚爱之一。在彼得斯版里还附了几首钢琴小曲,但应该和这些创作没有联系。

[②] 有关巴赫学习意大利作曲家,以及他将维瓦尔第的小提琴协奏曲改编成管风琴作品的情况,见本书第192页。这些改编曲收录在彼得斯版卷八,及巴赫协会版,卷三十八中。

在 B 小调赋格（卷四，第 8 首；巴赫协会版，卷三十八，第 19 首）中，巴赫将科莱里的赋格——

234 从原来的 39 小节扩展到 100 小节，我们能看到他从中发展出一个新乐思的努力，并且试图用更简洁、更宽广的线条来表达。从 D 小调坎佐那（卷四，第 10 首；巴赫协会版，卷三十八，第 20 首）开始，巴赫走进了一个缤纷美妙的曲式世界，从此流连其中，再也未曾离开。在 G 大调幻想曲中（卷四，第 11 首；巴赫协会版，卷三十八，第 10 首），悠长的五声部乐段给人静谧安详之感，对位法运用精致无比，同时还有一个精简化的北方风格的过渡句，灵巧俏皮地穿插于其中。巴赫通过学习意大利作曲家，从布克斯特胡德的影响中解放出来，并成功地将两代人热烈讨论的德国管风琴音乐的理想变成可喜的现实。

在逐渐形成独立风格时期创作的作品，我们只能通过推测来决定其先后顺序。① 毫无疑问，小巧的 G 小调赋格（卷四，第 7 首；巴赫协会版，卷三十八，第 18 首）是一个关键的转折点，著名的 D 小调托卡塔和赋格（卷四，第 4 首；巴赫协会版，卷十五，第 267 页）亦是一个。G 小调赋格中呈现的那种充满活力、场面壮阔的主题，在之前的管风琴音乐中从未有过，就更不用说赋格行进得如此疾速和有力了，这与原初的赋格表达方式

---

① 我们可以列举的作品包括：G 小调赋格（卷四，第 7 首），C 小调幻想曲（卷四，第 12 首），此二首门德尔松尤为喜欢弹奏；托卡塔和赋格 D 小调（卷四，第 4 首；巴赫协会版，卷十五，第 267 页），和 C 大调（卷三，第 8 首；巴赫协会版，卷十五，第 253 页）；前奏曲和赋格 D 大调（卷四，第 3 首；巴赫协会版，卷十五，第 2 首）和 C 大调（卷四，第 1 首；巴赫协会版，卷十五，第 1 首）。

相距甚远。只有脚键盘的第二乐段不甚张扬,明显属于旧世界的风格。

在 D 小调托卡塔和赋格中那种热烈奔放的精神,成功实践了关于曲式的诸法则。整首托卡塔由一个单一但却极生动的基本乐思勾连起来,乐段行进恣意大胆,如海浪一叠一叠向前涌动。赋格中由分解和弦构成的插入乐段,则让整曲的高潮部分更加荡气回肠。

这些作品的特别迷人之处,在于它们呈现出的那种让人耳目一新的创意。它们比巴赫其他管风琴作品更能为听众带来震撼的听觉享受。在演奏它们时,亦能亲身体会一下大师弹奏时的感受。他前无古人地探索出管风琴上的所有可能性,挖掘出丰富的音色和多样的组合。

235

正因如此,D 大调前奏曲和赋格(卷四,第 3 首;巴赫协会版,卷十五,第 2 首)及 C 大调托卡塔和赋格(卷三,第 8 首;巴赫协会版,卷十五,第 253 页)中的那种悲怆,时至今日,依旧能让人动容。或许,今天的我们比前辈们更懂欣赏这些作品,因为 19 世纪丰富多彩的音乐必然会导致一种结果——在这些音乐的滋养下,人们学会如何分辨真正的悲怆和伪劣的悲怆,它树立起一个明确的标准,使人们能够更敏锐地感觉到真正的悲怆给人带来的享受,尽管其少之又少。

这些明亮的、让人精神振奋的、与前奏曲配对的赋格,特别是雄浑的C 大调前奏曲(卷四,第 1 首;巴赫协会版,卷十五,第 1 首)的那首赋格,就展现出极高的艺术水准。我们不能死板地用赋格的三段论法则——第一段好,第二段更好,第三段最好——来鉴赏这个作品,因为在某种程度上,两首 C 大调的赋格,结尾处的质量都有所下滑。

巴赫对待其青年时期的作品和真正成熟之后的作品的态度截然不同。对于前者,他从不过问,而对于后者,他会不断地修补加工,直到给它们找到最合适的曲式为止。因此,对于这类作品,最老的抄本往往不是最珍贵的,原稿当然也不是,反倒是最后修改的一稿最为价值连城。比如说,现存的 A 大调前奏曲和赋格(卷二,第 3 首;巴赫协会版,卷十五,第 6 首)的手稿就没有实际的价值,因为这份手稿只是该作品一个较早的、不完善的版本,拍子仍是原来的 3/8 拍(后来改成 3/4 拍)。需要指出的是,在一些手稿中,有些前奏曲被标示为"幻想曲"或"托卡塔",标题的使用并没有统一。有些作品甚至没有以"前奏曲"为标题,仅以法语的"管风琴曲"(Pièce d'orgue)模糊代之,还会偶尔出现意大利语的标题。①

　　花费巴赫最多心力的要数 A 小调赋格(卷二,第 8 首;巴赫协会版,卷十五,第 13 首)和 G 小调赋格(卷二,第 4 首;巴赫协会版,卷十五,第 12 首)。A 小调赋格最初的曲式是一个三声部键盘赋格,主题的具体情形如下②:

后来的主题大致也由这些元素构成,但巴赫用心经营的那条简洁漂亮的旋律此时还隐蔽在细枝末节之中,十分简略,完全没有显露出来。在经过多次修改之后,才塑造成一个较为稳定的形状,而最终成型的十六分音符

---

　　①　魏玛时期(也有一些可能是科腾时期所作)的管风琴作品有:前奏曲和赋格 F 小调(卷二,第 5 首;巴赫协会版,卷十五,第 4 首),D 小调(托卡塔,卷三,第 3 首;巴赫协会版,卷十五,第 8 首),F 大调(托卡塔,卷三,第 2 首;巴赫协会版,卷十五,第 10 首),C 大调(卷二,第 1 首;巴赫协会版,卷十五,第 15 首),G 大调(卷二,第 2 首;巴赫协会版,卷十五,第 11 首),C 小调(幻想曲,卷三,第 6 首;巴赫协会版,卷十五,第 7 首),C 小调(卷二,第 6 首;巴赫协会版,卷十五,第 16 首),A 大调(卷二,第 3 首;巴赫协会版,卷十五,第 6 首),E 小调(卷三,第 10 首;巴赫协会版,卷十五,第 3 首),G 小调(幻想曲,卷二,第 4 首;巴赫协会版,卷十五,第 12 首),A 小调(卷二,第 8 首;巴赫协会版,卷十五,第 13 首)。这其中有一些曲目只有后来的修订版本存世。

　　②　巴赫协会版,卷三,第 334 页。彼得斯版《键盘作品》,第四部分。见波恩的奥佩尔(Reinhard Oppel)的《管风琴 A 小调赋格及其演奏》(*Die große A moll Fuge für Orgel und ihre Vorlage*,见《巴赫年谱》,1906 年),第 74—78 页。

主题,力量感和欢快感相得益彰——

整个赋格的结构和主要的元素其实早已暗含于最初的形式之中。

　　A小调前奏曲同样经历了多次修改。这里有一份凯尔纳(J. P. Kell-ner)的抄本——它最核心的那条半音阶的旋律并没有在一开场那条气势磅礴的线条中显示出来。

　　最终的形式——

　　原本的形式——

237

　　马特松的《通奏低音创作规程》(Generalbaßschule)的第二版中曾提到,在1725年的一次管风琴考试中,他出了一条主题给应试者即兴发挥——

他没有直接提巴赫的名字,但声称自己十分清楚这条主题的作者是谁,又是谁第一个给出漂亮的"解答"。很自然的猜测,他在 1720 年巴赫的汉堡之行时听到这首赋格。它应该是巴赫弹奏给赖因根听的曲目之一,但巴赫可能并没有得到赖因根的褒奖,因为这个赋格的主题恰恰是从赖因根那里借用来的。①

　　巴赫将这条主题变得更加简洁和优雅,如下——

如何解释这之间的区别呢? 难道马特松援引的只是原初的版本,后来巴赫曾对其调整和修改? 还是马特松记错了,误引了别人的? 实际的情况很可能是,这条主题除了现存那个完美的形式外,根本不存在其他的形式。马特松心知肚明,但他不可能给应试者出这条主题,因为它并不符合赋格的规则。根据赋格的规则,主题里不应该有八度音程。因此,汉堡的考官大人就认为必须调整巴赫的主题,使其不违背不可动摇的艺术法则。②

　　正如 C 大调赋格、D 大调赋格那样,B 小调赋格和 G 小调赋格同样是水准较高的作品。与前二首只重视线条的明亮流畅不同的是,后二首还在结构上精益求精,呈现出哥特晚期的音乐风格。这类作品极具穿透力,细节上绚烂无比,作者将简洁而又大胆的各个线条整合起来,赋予其生命力,灵气活现,左右逢源,与中世纪的建筑艺术有异曲同工之妙。相比之下,A 小调赋格的结构要简单明了一些,远不如 G 小调赋格那么丰富,尤

238

---

① 　见本书第 172 页。
② 　作者的这个解释得益于斯图加特的凯勒(H. Keller)先生。

其在想象力方面。

　　然而,不得不说,魏玛时期的赋格精巧炫技的感觉相对之前有减弱的趋势。主题过于简单,不加修饰,而且经常被缩减,显得过于干瘪,在主题的展开中也鲜见对效果的悉心考虑。G 大调赋格(卷二,第 2 首;巴赫协会版,卷十五,第 11 首)勉强不在此列,它的主题,换成一个小调式之后,被用在康塔塔"我有过许多忧愁"(巴赫协会版,第 21 首)的第一首合唱歌中。其他作品并没有以如此直截了当的方式疾速推进其主题,反而是用了大量的音符进行丰富。这类相似的主题处理方法使这些曲子自成一格。它们是:赋格 C 大调(卷二,第 1 首;巴赫协会版,卷十五,第 15 首),C 小调(卷二,第 6 首;巴赫协会版,卷十五,第 16 首),C 小调(卷三,第 6 首;巴赫协会版,卷十五,第 7 首),F 小调(卷二,第 5 首;巴赫协会版,卷十五,第 4 首),F 大调(卷三,第 2 首;巴赫协会版,卷十五,第 10 首),D 小调(卷三,第 3 首;巴赫协会版,卷十五,第 8 首),A 大调(卷二,第 3 首;巴赫协会版,卷十五,第 6 首)。由于它们缺乏耀眼的效果,所以这些作品在演奏者和听众之中远不如 A 小调和 G 小调赋格那么受欢迎。但相比之下,它们更值得我们留存、珍视,尽管它们给人的第一印象并不迷人。因为这些作品表现了纯粹的崇高,不像此前的作品那样,崇高被隐藏在悲恸的情感之中。C 小调赋格——

和 F 小调赋格——

都极尽悲凉,因为它们将所有浮华的激情悉数剥落,只表现极度的哀伤和

无尽的热望。D 小调赋格的主题展现的是一种难以名状的沉静,它的线条犹如厚重的巨石砌起的拱门——

有人认为巴赫的赋格过于精细,并不适用于宗教场合,但他们显然不知道这一首,感受不到它带有帕莱斯特里那的风格。其实全部这些主题都无处不在地体现着宗教的观念,这一点恐怕是他们更难理解的。有一位管风琴师,在真正领悟这些音乐的特质之后宣称,如果不为它们的每一首设想一个隐秘的标题,就根本没法听进去。C 小调赋格——

239

的主题全面压倒它的半音阶对题,对于他来说,这象征着确定无疑的信仰。而对于活泼欢快,充满阳光的 A 大调赋格——

他将其题为"让人欢欣的信仰"。值得注意的是,这个主题,在稍事修改之后,成为康塔塔"踏上信仰之路"(巴赫协会版,第 152 首)开场时的管弦乐序曲,尤其要注意贯穿其中的,稍显突兀的踏步式的节奏型。

我们很难确定,到底有多少首前奏曲和赋格是同时创作的。前奏曲和赋格 A 大调,D 小调(托卡塔),C 大调和 G 大调似乎来自同样的乐思。E 小调前奏曲和赋格(卷三,第 10 首;巴赫协会版,卷十五,第 3 首)可能也属于这类情况,这个作品以其简洁明快给人留下深刻的印象。A 小调赋格的主题和其前奏曲的动机内在关联如此明显,同样属于此类,正如维纳斯是从大海的波涛中升起那般。

而另一方面,两首 C 小调前奏曲和 F 大调托卡塔似乎都比它们各自的赋格产生得晚些,显然巴赫是用新创作的作品替换了早期创作的不令他满意的作品。如果确是这样,巴赫肯定会用此前创作好的赋格的感觉来酝酿新创作的作品,以保证每两首作品能形成内在的统一。他向来都成对地考虑同一组前奏曲和赋格。如果我们发现有某些不成对的孤立作品,那一定是在他修改时淘汰出来的残次品。

我们大致可以假定,有两个时期巴赫曾修改他的管风琴作品。第一240次是在弗里德曼和埃马努埃尔分别获得乐职,演奏他们父亲的作品时,这就解释了为何 G 大调、C 大调前奏曲和赋格的最终定稿,抄于纸上的时间分别是 1725 年和 1730 年。后来一次更大规模的修改可能发生在莱比锡最后的日子里,那时巴赫已不再写作康塔塔,并重新找回对管风琴作品的兴趣。也许他早就有整理出版前奏曲和赋格全集的意愿,同样,他也曾考虑将他认真修订的大量众赞歌出版成册。可惜出版工作刚打下基础,巴赫就去世了,而他留下的一些标了编号的手稿,可以证实他确实有出版相关作品的计划。这些手稿是:前奏曲和赋格 A 小调、C 大调、C 小调(卷二,第 6 首;巴赫协会版,卷十五,第 16 首),莱比锡时期的最后三首作品——前奏曲和赋格 C 大调(卷二,第 7 首;巴赫协会版,卷十五,第 17 首),B 小调(卷二,第 10 首;巴赫协会版,卷十五,第 14 首),E 小调(卷二,第 9 首;巴赫协会版,卷十五,第 18 首)。这些作品后来被辑成一组,称为"六首前奏曲和赋格"。

在莱比锡最后的日子里,巴赫除了创作了那三首大作之外,还创作了第四首作品——降 E 大调前奏曲和三重赋格[①](卷三,第 1 首;巴赫协会版,卷三,第 173—254 页),他运用了 1739 年时的一些众赞歌素材[②],该作后辑入《键盘练习曲》第三卷。这个作品创作的时间要比最后那三首作品

---

① 该作编号为 BWV 522,它的赋格为五声部。——译注
② 这部分众赞歌也被辑入《键盘练习曲》第三卷中。——译注

早一些。

我们能从这个时期的作品(除了 C 大调前奏曲和赋格)中看到他对布克斯特胡德风格的回归。它们已不再像巴赫的中期作品那样,由一个统一的乐思构成,而是基于一对反差强烈的相异主题之上。然而,巴赫的作品结构大气、壮美、富丽堂皇,这与布克斯特胡德、菲斯科巴尔迪那种激烈、躁动的风格截然不同。传统的德国管风琴艺术在巴赫晚年的交响式(symphonisch)的作品中得到最终的升华,正如他最后一首管风琴众赞歌"当我们在最大的患难中",将帕赫贝尔式的众赞歌处理手法发挥到极致。

正是在晚期作品中运用的这种交响式的风格,使得两首来自于同样的灵感 C 小调前奏曲,在搭配了魏玛时期创作的赋格后,仍显得像是同时期的创作。F 大调托卡塔和 C 大调前奏曲则有向炫技风格回归的迹象,只是在表达上更加庄重和简洁。这两首作品都是根据一个独立的乐思,并严格遵照其特性来发展的。C 大调前奏曲让人很容易想起康塔塔"示巴的众人,都必来到"(巴赫协会版,第 65 首)的第一合唱歌。

运用了众赞歌素材的降 E 大调前奏曲,让人感觉如上帝般威严。最后那个三重赋格则是三位一体的象征。相同的主题在三个连续的赋格里重复再现,但每一个都有其独自的特征。第一段赋格沉稳、威严,速度从头到尾都绝对统一;在第二段中,主题似乎不见踪迹,只是偶尔能从其结构中辨识出来,意指一个世俗的曲式浸染了神性的光芒;第三段则变成急促的十六分音符,就好像圣灵降临时的风,从天堂吹入尘世。

在莱比锡时期的作品中,最吸引人眼球的恐怕要数 B 小调前奏曲中的阿拉伯地毯式的绚丽花样了。而 E 小调前奏曲和赋格则显得非常强有力,力量中还带着粗犷、尖锐的感觉,不多听几遍,难以把握其感觉。倘若想沉浸于 B 小调和 C 大调赋格的世界里悠然自得,同样也需要多花时间。同样地,我们只有细细品味,才能明白 F 大调托卡塔和 C 大调前奏曲中的庄严的单音调的深意。然而,这并不是说这些作品就不适合在教堂或宗教音乐会上演出,相反,对它们的演出总是欠充分。在宗教仪式中演出它们的时长远远未够。有时它们只会在礼拜仪式上出现几分钟,这实在太短了,只演奏作品片断的做法必须予以唾弃。

　　《八首小前奏曲和赋格》（卷八；巴赫协会版，卷三十八）和《管风琴奏鸣曲》（卷一；巴赫协会版，卷十五）是为指导两位长子而作。任何学生，只要有较高的钢琴演奏水平，就可以开始练习这些作品，按照巴赫时代人们的说法，"可以增进脚键盘的技巧"。相对于现代派的管风琴教法，巴赫的作品能让学生掌握得更快、更好。现代派的方法——这也可以说是它的长处——讲究循序渐进，让学生花很多时间练习各种基本功，计划系统而冗长。巴赫则不一样，他更喜欢直接让学生面对各种难题。

　　严格说来，"管风琴奏鸣曲"这个说法是不正确的。留存至今的两份手稿——一份来自弗里德曼，另一份则来自埃马努埃尔——证实了它是为羽管键琴（clavicembalo）而作。这种乐器在那时较为常见，由两组手键盘和一组脚键盘组成。它尤其适合演奏三声部的作品，这也是这些奏鸣曲全部都是三声部的原因。但这并不意味着巴赫从未在管风琴上演奏它们。他就曾在 G 大调的前奏曲和赋格（卷二，第 2 首；巴赫协会版，卷十五，第 11 首）之间插入演奏 E 小调奏鸣曲的末乐章，也曾在 G 小调前奏曲和赋格（卷三，第 5 首；巴赫协会版，卷十五，第 5 首）之间插入演奏 C 大调奏鸣曲的广板乐章。

　　假若这些奏鸣曲确是为弗里德曼而作，那它们应该问世于 18 世纪20 年代末。但它们中的某些部分肯定出现得更早些。比如 D 小调奏鸣曲的第一乐章，它的各种变形就散落在《平均律钢琴曲》（该作完成于1722 年）的第一卷中。康塔塔"苍穹诉说着上帝的荣耀"（巴赫协会版，第76 首）第二部分的进场曲——为柔音双簧管（Oboe d'amore），古大提琴（Gamba）和数字低音而作——实际上就是 E 小调奏鸣曲的柔板（Adagio）和活泼的小快板（Vivace）的一个较早的版本，创作于 1723 年。根据施皮塔，整套管风琴奏鸣曲面世于 1727 年；弗里德曼则是 1733 年到德累斯顿担任管风琴师的。

　　"我们很难穷尽这些奏鸣曲的美"，福克尔如是说。对于鉴赏行家来说，很难找到比欣赏这三条对位的美妙线条更极致的美学体验了。它们华丽欢愉地来回游走，既自由飘逸，又符合美的准则，而主题更是美不胜收。D 小调奏鸣曲柔板的主题如梦萦绕——

243　即便是巴赫本人也为之倾倒；后来他又再用这个主题为键盘、长笛和小提琴创作了一个三重奏①，整曲充满渴盼之情。

　　福克尔说，弗里德曼正是通过这些奏鸣曲掌握了高超的管风琴技巧，这个说法是可信的。② 在那个时代，它是每一位管风琴师的"帕纳萨斯之路"（Gradus ad Parnassum）③。任何学习者，只要透彻领悟其中之要，就很难继续在旧时代甚至是现代的管风琴音乐中发现难题，因为他们已在此遭遇一切困难并学会如何克服。通过这些练习，学习者可以学到好的管风琴演奏最重要的品质——绝对的精确，因为在这套极其复杂的三声部作品中，任何触键上的，哪怕是最轻微的不均衡，都会被听得清清楚楚。

　　弗里德曼的这份奏鸣曲抄件十分值得留意，彼得斯版的曲谱正是以这份稿件为基础，它比巴赫自己那份抄件（保存在埃马努埃尔那里）的润饰要多得多。巴赫那份抄件完成得比弗里德曼的还要晚一些。我们从这里也可以看出，巴赫对各种修饰越来越谨慎，当然，这也是对他的批评者沙伊贝最有力的反击方法之一。巴赫协会版本的曲谱出自巴赫的抄件。这两份手稿现在都收藏于柏林图书馆里。

　　帕萨卡利亚④（卷一，第 75 页；巴赫协会版，卷十五，第 289 页）最初是为带有脚键盘的羽管键琴而作，后来改编至管风琴上。事实上，它的和

---

　　① A 小调协奏曲的柔板。该曲为长笛、小提琴、键盘而作，附随两把小提琴、中提琴、数字低音伴奏。巴赫协会版，卷十七，第 8 首（该作的编号为 BWV 1044——译注）。

　　② 福克尔，《巴赫传记》，第 60 页。福克尔还同时提到几首他知道的三重奏。比如 F 大调田园曲（卷 1，第 86 页；巴赫协会版，卷三十八，第 22 首）和 D 小调三重奏（卷四，第 14 首；巴赫协会版，卷三十八，第 23 首）。

　　③ 希腊南部山峰，希腊传说中的诗人之山，太阳神阿波罗和音乐之神缪斯的灵地。——译注

　　④ BWV 582.——译注

声结构只能与管风琴相得益彰,因此很难理解为什么如今有人愿意冒险将其用弦乐器来演奏。另一方面,在音栓调配的需求上,没有任何管风琴作品能与之相提并论。在不断重复的低音部主题上,一共建构有 20 组不同的音色,每一组都有独特的色彩,如果不能熟练地拆分、闭合音栓,每一组音色就难以与其前后的音色形成鲜明的对比。

帕萨卡利亚(Passacaglia),是一种古老的西班牙舞蹈的名称。这种 244 曲子由一个在低音部不断重复的主题发展而成。夏空的形式则犹如一串珍珠,它的主题能在任何声部奏出。而在巴赫的这个作品中,主题曾数次在高音部分出现,所以它不能算作严格的帕萨卡利亚,而毋宁说是兼容了帕萨卡利亚和夏空的特色。

这个作品的构思受到布克斯特胡德的影响,后者的这种类型的管风琴创作有着极其深远的意义。有时我们不免觉得奇怪,巴赫的年轻时代,几乎没有这类创作。因为巴赫早就看得很清楚,此类作品总的来说缺乏内聚力,难以成为最好的管风琴音乐,而促使他冒险做出这次尝试的,完全是因为这条非凡的主题。他遵照其师的做法,为帕萨卡利亚搭配了一首赋格。但布克斯特胡德将赋格放在开头,巴赫则放在结尾,他的理由是,可以将全曲推向高潮。但退一步来说,将巴赫的帕萨卡利亚拿来和布克斯特胡德的同类型作品作比较,完全没有必要,因为学生的作品如此激动人心,能力远在其师之上。

各种内在外在的证据都足以表明,巴赫的这个作品是在魏玛后期创作的。直到 19 世纪中叶,这份手稿都依然存在。从那之后,就难觅其踪影,B 小调前奏曲和赋格的手稿也有同样的命运,据说后者可能在苏格兰的某处。这两份手稿均是彼得斯版参照的底本。

巴赫将他认为值得保留的众赞歌前奏曲,整理编辑成五套合集,大约有 90 首作品。这些作品包括:《管风琴小品》——始作于魏玛,正式完成于科腾的一套作品;出版于 1739 年的众赞歌——被收入《键盘练习曲》第三卷;1747 年由策勒(Zella)的舒波勒(Johann Georg Schübler)出版的六首众赞歌;同一时期由纽伦堡的施密特(Balthasar Schmidt)出版的基于

245　圣诞颂诗"我自高天而来"的卡农变奏曲①——后来巴赫用该作申请加入了米兹勒协会,成为他们的一分子;还有《十八首众赞歌集》,巴赫在修订它们的过程中离世。

　　另有 50 首左右的众赞歌前奏曲——大多是巴赫年轻时的作品——通过他的学生或朋友们的抄件流传下来。② 这其中的一些曲目——比如带双持续音(Doppelpedal)的"在巴比伦河畔"(卷四,第 12a)——本应毫无疑问地被巴赫选入集子里,倘若他能完成《十八首众赞歌集》的修订的话。

　　巴赫出于何种考虑,将这六首众赞歌交付舒波勒出版,我们不得而知。它们只不过是康塔塔里的三声部众赞歌咏叹调(trioartige Choralarien)③的改编曲,和他其他的众赞歌前奏曲并无共通之处,甚至很难在管风琴上顺利地演奏。④ 那时他已经有 10 多首工作时用的、质量极高的众赞歌准备镌刻成版,为何他会无视这些曲目而同意将那些只是誊在草稿上的作品出版呢?

　　基于"基督,你是光明的白日"、"哦上帝,虔诚的上帝"和"向良善的耶稣问安"(卷五,第 60—91 页;巴赫协会版,卷四十,第 107—123 页)⑤的管风琴众赞歌古组曲(Choralpartiten),是他最早期的一部分创作,每个作

---

　　① 此人出版这个作品的日期,大致可由埃马努埃尔的 D 大调键盘协奏曲的出版日期判定,后者的作品于 1745 年出版于同一家出版社,出版的编号是 27,而其父的变奏曲的出版编号是 28。见施皮塔,《巴赫生平》,卷 II,第 846 页。克雷奇马尔认为这个作品很可能早在 1723 年就已面世(见他为巴赫全集卷 46 写的序言,第 21 页)。但从作品来看,这个日期不大可能。

　　② 巴赫协会版,卷四十,第 1—102 页。这其中有一部分作品被怀疑是伪作。见第 167 页以下。

　　③ 此处的这几首出自康塔塔中的咏叹调,均是两个人声声部加一个器乐伴奏声部,作者称为"三声部",若仅将其理解为声乐曲,有些时候会将其表述为"二声部"或"二重唱"。——译注

　　④ 舒波勒版的众赞歌,见巴赫协会版,卷二十五,第 23 页以下,以及彼得斯版,卷六,第 2 首,卷七,第 38、42、57、59 和 63 首。众赞歌前奏曲"醒来吧,一个声音向我们呼唤"(Wachet auf, ruft uns die Stimme)来自于同名康塔塔(BWV 140)。(舒波勒众赞歌,编号为 BWV 645—650——译注)

　　⑤ 至今仍难以确定基于"呜呼,我这个罪人应何为"(Ach, was soll ich Sünder machen)和"在至高之处荣耀归于上帝","啊,我这个罪人该怎么办?"的组曲(帕蒂塔)是否是伪作,这并非不可能。这里的"组曲(帕蒂塔)"只不过是指称这类变奏组曲的一个泛名。

品的变奏(曲)的数目和同名的圣歌的诗节(句)数是一致的。我们不难看出，在这些作品中，巴赫对众赞歌旋律的和声调配还是欠妥当，对脚键盘的使用也比较随意。创作这些作品时，巴赫还未形成自己的风格，仍旧处于学习伯姆的阶段。这些作品创作的具体时间和地点(是否在吕纳堡或阿恩斯塔特)我们不得而知。但无论如何，作为学生习作，它们已足够优秀。如果不对原初主题的音型有十足的把握，弹奏者是无法顺利地弹出来的。巴赫后来似乎是对第三首组曲稍事修改，从明显改进的和声和最后一个变奏中的脚键盘伴奏中就可以看出来。最后一个五声部的变奏实在是绝妙之作。在此以后，巴赫就没有再写过众赞歌变奏曲(Choralvariationen)。他抛弃这种类型的曲目可能是出于纯粹艺术上的考虑，但事实上，在魏玛和莱比锡，巴赫就再也没有在日常实践中使用过这些作品。按照传统的习惯，在宗教仪式中，管风琴作品"要夹在两个唱段之间"，当圣歌的每一段歌词唱完间歇停顿时，管风琴就插入独奏。[①]

　　然而，在创作生涯的末期，巴赫又回归到这种曲式上来。他用"我自高天而来"创作了一首变奏曲，他无非就是为了将一条单一的赞美诗曲调扩展成漂亮的卡农。在最后一个变奏中，他还是按捺不住内心的冲动，在最后三个小节中，同时祭出全部四条旋律线。从这个作品中我们不难发现，巴赫倾向于抽掉玄思——这正是他晚期作品的特点——而将大量的情感融入这些众赞歌改编曲中。圣诞时的那种欢欣和喜悦充盈其中。第一个变奏就已美得让人迷醉。更为有趣的是，在这个作品刻版付印之后，还出现了一份更为完善的手稿。这个例证说明，即使在作品印行之后，巴赫还是会不断从中找到一些需要改进的地方。

　　在众赞歌前奏曲中，巴赫起初主要是在发展帕赫贝尔、伯姆、布克斯特胡德和赖因根的曲式。直到魏玛后期，他才开始有独立的构想，创作出属于他个人风格的作品——《管风琴小品》中的众赞歌前奏曲。这套作品的旋律全部是定旋律，不改变、不中断，通常出现在最高的声部。围绕着旋律则有一个独立构思的动机，它不来自该旋律的任何一部分，但灵感与

----

　　①　见本书第 23 页。

246

该众赞歌的歌词相关,这无不体现了巴赫的诗学观念——巴赫认为诗意正是音乐的特点,可以用音乐的语言将其表现出来。因此,在《管风琴小品》的众赞歌前奏曲中,旋律和歌词能够相得益彰,定旋律则被极具特色的动机装点得充满诗意。①

巴赫正是这样将他心目中理想的众赞歌前奏曲变成现实。可以想象,这个做法非常简便,同时也非常完美。没有比这些小巧的众赞歌前奏曲更能体现他丢勒般的音乐风格。通过动机中对位线条的独特质感和精准程度,他可以表达出他想说的一切,而且音乐和带标题的歌词之间的关系也交代得十分清晰。

据此,《管风琴小品》不仅在众赞歌前奏曲的发展史上具有举足轻重的地位,而且堪称音乐史上最伟大的成就之一。能用这样简洁的方式,配上如此纯美的乐音去表达这些歌词文本,可谓是前无古人,后乏来者。巴赫艺术的精髓正是通过这个作品开始进入人们的视野。他不仅仅满足于形式的完善和音色的润泽,否则他只需继续致力于其师的众赞歌前奏曲的曲式和规则即可。他的立意更加高远,在追求富有创造性地表达观念的同时,他还希望创作一套属于自己的音乐语言(Tonsprach)。在《管风琴小品》中,这种表达方式便初露端倪:这些众赞歌各具特色的动机与巴赫后来很多表达情感和画面的手段高度一致。因此,《管风琴小品》是巴赫音乐语言的一部百科全书。它也是我们理解巴赫苦心经营的康塔塔和受难曲的出发点。如果不事先搞清楚《管风琴小品》的真正内涵,巴赫艺术的基本特点——即便是今天的我们——也很难澄清和给出定论。

然而,它的标题却没能概括出这个集子的大体意思:

> 管风琴小品,指导初级管风琴师用各种风格来展开一条众赞
> 歌旋律,并完善脚键盘的练习——这些众赞歌中脚键盘均作必要

---

① 这些与旋律相独立,但又附会歌词的动机,正是《管风琴小品》中的众赞歌前奏曲的曲式的新异之处。但从完全正统的观点来看,它属于布克斯特胡德的小众赞歌前奏曲的一个变种。

声部。献给至高无上的君主，我的邻人蒙您的荣光而受教。

您的约·塞·巴赫

　　这份手稿现在收藏在柏林的皇家图书馆里。它有92页，用胶版纸装订，封底及四角以皮套保护。在每张纸的上方，巴赫都事先写下他准备创作的众赞歌的标题，因此，如果作品超出了一张纸的限度，他就要在纸下方多贴一段纸条，或者使用符号记谱法。所有这些作品都创作于魏玛。到科腾之后，他又细致地重新誊写了一遍。现存的魏玛时期的那份手稿，一度由门德尔松收藏，但它缺漏了前12首众赞歌。它的封面上有一条说明，大意是它的所有者（门德尔松）要再拿掉3页——两首作品放入他献给新婚妻子的专辑，另一首则给克拉拉·舒曼。①

　　这套众赞歌的编排顺序正是它们在教历年里演唱的顺序。这不难理解，因为在那时每个礼拜日都有它特定的赞美诗，一首赞美诗只能对应一个日子。那个时代的其他管风琴师——比如魏玛的沃尔特——也写过类似的、根据教历年编排的一个完整年度的众赞歌前奏曲。然而，在安排乐曲的具体细节上，特别是安排节庆日的乐曲时，每个作者都能获得一定程度的自由。巴赫非常懂得利用这种自由。对待这些众赞歌，他惯用的处理方式是，将圣诞节时的曲目凑在一起，组编成一部小型的圣诞清唱剧，将含有受难情节的曲目编成一部受难曲，将复活节时的曲目编成一部复活节清唱剧。② 编排时他还会考虑效果的对比。众赞歌"旧的一年过去

---

　　① 更多关于这份手稿的详情，请参见施皮塔，《巴赫生平》，卷二，第986－990页。这个版本原本就比科腾的版本少8首众赞歌，而且未被巴赫协会版所引用。

　　② 以下是各个节日的众赞歌最初的安排顺序。

圣诞清唱剧

进场曲：

　　神的儿子到来了　卷五，第19首

　　基督，上帝的独子　卷五，第22首

　　称颂全能的上帝　卷五，第38首

（基督诞生的）马槽：

　　一个男孩在伯利恒降生　卷五，第46首

　　愿你得赞美，耶稣基督　卷五，第11首

　　充满喜乐的一天　卷五，第11首

（转下页注）

了"（卷五，第 20 首）是在末日黄昏中的一曲忧伤沉思，紧接着的"喜乐在你里面"（卷五，第 34 首）则是崭新日子来临的欢快颂歌。① 内容为圣母在圣殿中向上主呈献婴儿耶稣和赞颂西面（Simeonis）的两首众赞歌②，第一首"我怀着宁静与喜悦前行"（卷五，第 41 首）描绘的是欣然面对死亡的

（接上页注）

　　天使的出现：

　　　　我自高天而来　卷五，第 49 首

　　　　天使的队列从天而降　卷五，第 50 首

　　马槽前的敬慕：

　　　　（中世纪宗教摇篮曲）在甜美的欢呼中　卷五，第 35 首

　　　　所有基督徒，一同赞美上帝吧　卷五，第 40 首

　　神秘的敬慕：

　　　　耶稣，我的喜乐　卷五，第 31 首

　　　　（中声部为定旋律）我们要赞美基督　卷五，第 6 首

　　终场赞美诗：

　　　　我们基督徒现在有了喜乐　卷五，第 55 首

　　　　助我称颂上帝的善　卷五，第 21 首

　　受难曲

　　进场曲：

　　　　哦上帝的羔羊　卷五，第 44 首

　　　　基督，你这上帝的羔羊　卷五，第 3 首

　　临终七言：当耶稣在十字架上　卷五，第 9 首

　　耶稣之死：人啊，为你深重的罪孽哭泣吧　卷五，第 45 首

　　感恩节之歌：我们感谢你，我主耶稣基督　卷五，第 56 首

　　默祷：上帝，请助我达成心愿　卷五，第 29 首

　　有关从十字架上取下（耶稣的尸体），放到坟墓里，以及从坟墓里复活的情节的众赞歌，最终没有创作出来。

　　复活节清唱剧

　　复活节晨曦：

　　　　基督躺在死亡的羁縻中　卷五，第 5 首

　　　　耶稣基督我们的救主，战胜了死亡　卷五，第 32 首

　　　　基督复活了　卷五，第 4 首

　　宣告复活：

　　　　神圣的基督复活了（该众赞歌的歌词描绘的是在坟墓旁的妇人和天使间的对话）

　　　　　　卷五，第 14 首

　　　　美好的一天显现了　卷五，第 15 首

　　　　神的儿子今天得胜了　卷五，第 28 首

　　（在巴赫协会版中，《管风琴小品》收编于卷二十五）

　　①　这两首作品的编号是 BWV 614 和 615。

　　②　这两首作品的编号是 BWV 616 和 617，它们是在圣烛节（纪念圣母马利亚向上主奉献耶稣的节日，时间为每年的 2 月 2 日）上演出的众赞歌。——译注

场景，而"上帝，请打开天国的门"（卷五，第 24 首）则对死亡无限悲伤。在论及原罪的赞美诗"由于亚当的堕落"（卷五，第 13 首）①的阴郁过后，则出现了救世主基督的赞美诗"救恩临到我们"（*Er ist das Heil uns kommen her*，卷五，第 16 首）②。

　　《管风琴小品》大致只完成了三分之一。科腾时期的手稿本来打算安排 169 首众赞歌，他只完成了 45 首，后面的全是白纸。这该如何解释？是不是正巧这时莱比锡的聘书送达，影响了他的工作进度？倘若如此，那为什么后来他的注意力重新回到众赞歌前奏曲后，他不将这项工作做完？这个集子中途夭折，肯定有其内在原因。总的来说，凡是与各种节庆相关的赞美诗，最终都顺利配上音乐；同样的，那些有很强的画面感或者特点鲜明的，特别适合配乐的赞美诗也如此。而那些最终未能完成的歌词，都缺乏这类音乐上的特性。这些歌词无法引申出特别典型的主题，它们只能被单纯地配上音乐，并不能突出诗歌或图画上的特点。这个集子里的所有众赞歌，按照巴赫，都应是一幅幅小型的"音画"，由于各种条件限制这个想法无法实现，巴赫倒也乐意接受集子未能完成的状况。巴赫对《管风琴小品》的艺术特色有近乎苛刻的追求，从以下事实就可以看出来：他没有将美妙的赞美诗如"我由衷地渴望"（*Herzlich tut mich verlangen*）③（卷五，第 27 首）和"最亲爱的耶稣，我们在此"④（卷五，第 36 首）选进集子——尽管它们的长度非常合适，也确实在那个时代使用过——只是因为它们难以构建一个富有特色的动机。

　　当格利彭克尔（Griepenkerl）在 18 世纪 40 年代中期为彼得斯版编订《管风琴小品》时，他不合时宜地调整了原来的顺序，原本每一首众赞歌的位置都各有意味，在他那儿则变成按字母顺序排序，与此同时，他还加入一些更为短小的众赞歌前奏曲和小赋格等原集中没有的曲目。在彼得斯

250

---

① 　BWV 637.
② 　BWV 638.
③ 　BWV 727.
④ 　BWV 730.

版巴赫作品卷五的《管风琴作品》中,删掉第 7,18,20,23,26,27,36,39,
43,47,52 和 53 首,就是原本的《管风琴小品》,这些(剩下的)曲目的顺序
应该是这样的:42,19,22,38,46,17,11,49,50,35,40,31,6,55,21,10,
34,41,24,44,3,8,9,45,56,29,5,32,4,14,15,28,25,37,12,48,13,16,
30,33,51,54,2,1。① 此外,在第 28 与 25 首之间,要加入众赞歌"来吧上
帝,造物主,圣灵"(*Komm Gott Schöpfer,heiliger Geist*,卷七,第 35 首)
的第一节,但施皮塔认为(卷一,第 611 页)它并不是原本的《管风琴小品》
中的曲目。后来,第二节也被添加进去。施皮塔的看法是,第一节中的脚
键盘处理并不十分符合必要声部的要求,因此很难认为它是《管风琴小
品》中的作品,但是任何一位管风琴师都可以证实,它的脚键盘部分的确
符合伴唱声部的特点,因为它演奏起来要比看上去难得多,要在每小节中
最微弱的部分击奏这些看似简单的音符绝非易事。

　　众赞歌前奏曲的第二套集子,和第一套集子②一样,也是根据旧赞美
诗集的编排来确定顺序。巴赫的《管风琴小品》是按照符合时令的音乐
(cantica de tempore)的原则排序,即,遵照教会圣历安排的赞美诗的次序
排序;而这个集子——即 1739 年的《键盘练习曲》第三卷——的曲目次
序,则由教义问答赞美诗的顺序来决定。③ 那个时候,在每一本赞美诗集
中,都有一小部分赞美诗用于阐述基督教的基本义理,巴赫理所当然会根
据这些赞美诗的次序来排定曲目。而这些赞美诗的次序则依据路德的教
义问答手册。路德用一组赞美诗体现教义问答的精要:"这些就是神圣的
十诫","我们都信唯一的上帝","我们在天上的父","基督,我们的主,来
到约旦河","耶稣基督,我们的救主"(圣餐赞美诗),"我从深深的苦难中
向你呼喊"(告解赞美诗)。巴赫为路德的这组教义问答赞美诗谱写了音
乐。为了使教义更加完整,巴赫在这五首主要的赞美诗之前加进《慈悲
经》和《荣耀经》——莱比锡仪式中圣三一的体现——即三首赞美诗"求你

---

① 　如果只有彼得斯版的管风琴师,可以按照这个顺序重排曲目。
②　《管风琴小品》是巴赫众赞歌前奏曲五卷合集中的第一卷。——译注
③　巴赫协会版,卷三,第 170—260 页。四首二声部曲(BWV 802—805)在第 242—253
页,它们原本和《键盘练习曲》第三卷无关,只是在刻版时意外地被囊括进来。

垂怜,圣父",“求你垂怜,圣子",“求你垂怜,圣灵",以及赞颂三位一体的
“赞美天上唯一的上帝",最后这首,诚然,也由三部分组成。

　　然而,路德创作过一大一小共两套教义问答手册。前者用于阐明信
仰的真谛,后者则是写给孩子们的。巴赫作为路德宗的音乐之父,觉得自
己有必要仿照路德的做法,给出两套配乐。因此他为路德的这套赞美诗
中的每一首配上一大一小两套音乐,只有“赞美天上唯一的上帝"是例
外。① 对应大问答集那套众赞歌(大版本)在音乐上宏大壮阔,为了配合
路德在歌词中传达核心教义的需要,小版本则简洁易懂,楚楚动人。这两
套作品均是以庄严的降 E 大调前奏曲开始,结束于一首对应的降 E 大调
三重赋格。

252

　　如果对照不同的版本,人们就会发现巴赫的构思别有意趣。然而,只
有在最原始的巴赫协会版中,这些曲子才是按他的思路编排的。即便是
瑙曼编订的更为实用的布赖特科夫与黑泰尔版,也将它们和别的曲目混
到一起,完全没有考虑到这些曲目的特质和彼此间的内在关联。以彼得
斯版为例,这些来自教义问答集的众赞歌重新编排后,结构应是这
样的——

　　进场:降 E 大调前奏曲,卷三,第 1 首

　　三位一体:慈悲经(大版本:卷七,第 39 首,a,b,c;小版本:卷七,第 40
首,a,b,c)

　　十诫:“这些就是神圣的十诫"(大版本:卷六,第 19 首;小版本:卷六,
第 20 首)

　　信仰:“我们都信唯一的神"(大版本:卷七,第 60 首;小版本:卷七,第
61 首)

　　主祷文:“我们在天上的父"(大版本:卷七,第 52 首;小版本:卷五,第
47 首)

　　洗礼:“基督,我们的主,来到约旦河"(大版本:卷六,第 17 首;小版
本:卷六,第 18 首)

————————

　　①　小版本中的这一首没有相应的音乐。——译注

忏悔:"我从深深的苦难中向你呼喊"(大版本:卷六,第 13 首;小版本:卷六,第 14 首)

圣餐:"耶稣基督我们的救主,让上帝的愤怒远离我们"(大版本:卷六,第 30 首;小版本:卷六,第 33 首)

结束:降 E 大调三重赋格(卷三,第 1 首)

巴赫错误地将忏悔经放在洗礼经和圣餐经之间,我们无法弄清他缘何这么做。它实际上应该放置于宣讲教义的这组曲子的最后。

这些曲目很可能是在同一时间创作出来的——在这部集子里体现得尤为明显——大致是在 18 世纪 30 年代末。大版本创作于这个时间是确定无疑的,但我们不清楚小版本的曲目是否曾组过一个更早的集子。

253　　相反,巴赫管风琴作品中的最后一部集子——《十八首众赞歌》,则并非如此。① 该集中的作品大多数创作于魏玛时期,巴赫在去世前又回头对其修改,并重写了一小部分。鲁斯特不同意这个来自施皮塔的看法,在巴赫协会版卷二十五的序言中,他认为这个集子是莱比锡时期的作品,但这种可能性不大。巴赫创作这些作品时,仍不多不少受到布克斯特胡德、伯姆和帕赫贝尔的曲式的影响。它显然和《管风琴小品》里的众赞歌不是同一个类型。

巴赫是怎样打磨这些作品的,我们可以从现有的 15 个较老版本的众赞歌集中看出。② 《十八首众赞歌》的手稿现存于柏林图书馆内,它曾经由埃马努埃尔收藏。最后一首众赞歌"当我们在最大的患难中"的手稿未写完,然而他在《赋格的艺术》中完成了这个作品,这应该就是巴赫最后的创作。③ 同样不幸的是,这些重新修订的众赞歌又再一次被混在一起,只是简单地按字母排序,这显然不符合巴赫的遗愿。尽管这个集子不像前两个集子有一个十分确定的逻辑顺序。同样,以彼得斯版为例,真正的顺序应还原成这样——

(1)来吧,圣灵　卷七,第 36 首

---

① 巴赫协会版,卷二十五,第 79 页以下。
② 见巴赫协会版,卷二十五,第 151—189 页。
③ 关于巴赫最后一首众赞歌前奏曲,见第 223,224 页。

（2）同上。另一版本 卷七,第 37 首

（3）在巴比伦河畔 卷六,第 12b 首

（4）装饰你自己吧,噢亲爱的灵魂 卷七,第 49 首

（5）我主耶稣基督,请转向我们 卷六,第 27 首

（6）哦,上帝纯洁的羔羊 卷七,第 48 首

（7）现在所有人都感谢上帝 卷七,第 43 首

（8）我不愿离弃上帝 卷七,第 56 首

（9）来临吧,外邦人的救世主 卷七,第 45 首

（10）同上。另一版本(三声部) 卷七,第 46 首

（11）同上。另一版本 卷七,第 47 首

（12）在至高之处荣耀归于上帝 卷六,第 9 首

（13）同上。另一版本 卷六,第 8 首

（14）同上。另一版本(三声部) 卷六,第 7 首

（15）耶稣基督,我们的救主 卷六,第 31 首

254

（16）同上。另一版本 卷六,第 32 首

（17）来临吧,上帝,造物主,圣灵 卷七,第 35 首

（18）当我们在最大的患难中(我走向你的宝座前) 卷七,第 58 首

根据"来临吧,外邦人的救世主"而作的三声部曲(卷七,第 46 首)给予我们一个奇怪的印象,即它看上去像是从康塔塔的一个乐章中抄过来的。"现在所有人都感谢上帝"(卷七,第 43 首)编排得有棱有角,很像帕赫贝尔那种老式风格,无论是演奏者还是听众,越熟悉就越会觉得它迷人。众赞歌"赞美天上唯一的上帝"(卷六,第 9 首)则完全属于伯姆的风格,很多人认为它充满朝气。以同样方式展开的还有基于"来临吧,外邦人的救主"的前奏曲,阿拉伯花纹式的旋律显得越来越成熟和精致,它让人看到希望。

我们在"巴比伦河畔"(卷六,第 12b)看到了更美妙和更理想化的伯姆风格。巴赫将它的旋律放置于男高音声部。有四首作品则让我们想到布克斯特胡德:"耶稣基督,我们的救主"的第二版本(卷六,第 32 首),明亮、充满生机的"来临吧,上帝,造物主,圣灵"(卷七,第 36 首)、"上帝,造

物主,圣灵"(卷七,第 35 首)以及"我不愿离弃上帝"(卷七,第 56 首)。

然而,这个集子里最重要的作品——那些线条宽广的幻想曲——都不完全符合任何一类风格。它们的主题中运用的旋律非常自由,可以是众赞歌中的一条或几条旋律线。巴赫将各种曲式熔铸到一个新的整体中,旧轮廓在这里如蓝雾中的风景,若隐若现。我们完全可以把他这种众赞歌的风格称为神秘的。这些作品主题不明显,旋律线极其自由,它表达的是内在的感觉,完全是情绪化的,似乎一切外在事物都与之无关。在这种风格的众赞歌中,"赞美天上唯一的上帝"(卷六,第 8 首),"来临吧,上帝,造物主,圣灵"(卷七,第 37 首)和"装饰你自己吧,噢亲爱的灵魂"(卷七,第 49 首)又显得别具一格。门德尔松曾被最后这首众赞歌描绘的情

255 绪深深地感染,他对舒曼说,"如果生活剥夺了我的希望和信仰,这首作品能替我将它们找回来。"①

三声部众赞歌"哦,上帝纯洁的羔羊"(卷七,第 48 首)和"耶稣基督,我们的救主"的第一版本(卷六,第 31 首)着重于表现剧烈的情感,这种夸张的情绪使人很容易相信鲁斯特而怀疑施皮塔的看法——认为这些作品是属于莱比锡时期。

施皮塔将巴赫的众赞歌划分为三类:众赞歌前奏曲、管风琴众赞歌和众赞歌幻想曲,但这种分类很难使人信服。更可靠的方法应该是,根据不同的音乐表达风格来分类——帕赫贝尔式写作赋格的风格,伯姆和赖因根"色彩缤纷"的风格,布克斯特胡德式的自由幻想曲风格。《管风琴小品》的风格则更复杂,因为多了装饰定旋律的特色动机,还有最后完美融会各种风格的气势恢弘的众赞歌。

除了使用双持续音的"在巴比伦河畔"(卷六,第 12a 首)之外,巴赫还有一些写得妙不可言、生趣盎然的众赞歌,未被收入任何选集中。其中较值得一提的是基于"坚固的堡垒"的幻想曲(卷六,第 22 首),《马利亚尊主颂》(*Magnificat*)中的庄严赋格(卷七,第 41 首),基于"全体亲爱的基督徒,欢喜吧!"(*Nun freut euch, lieben Christen g'mein*)的欢快的三声部曲

---

① 舒曼,《音乐和音乐家》,Reclam 版,卷 1,第 153 页。亦见本书第 214 页。

以及表现力很强的众赞歌"怜悯我，哦主上帝"（巴赫协会版，卷四十，第60页），最后这首较为特别，它的旋律由持续滚动的八分音符组成，这在巴赫的众赞歌前奏曲中独一无二。

"基督躺在死亡的羁縻中"（卷六，第 15 首），"耶稣，我的喜乐"（卷六，第 29 首），"我自高天而来"（卷七，第 54 及 55 首）以及"我们都信唯一的上帝"都已被认定是巴赫青年时代的作品，通过这些作品，我们可以发现巴赫早期的音乐轨迹。我们至今不清楚为什么巴赫为众赞歌"我主，我们赞美你"配的和声（卷六，第 26 首）——本是为赞美诗所作的伴奏——在所有版本中都被算作一首众赞歌前奏曲，即便瑙曼的版本也如此。

现在的当务之急，就是按最原初的版式和结构，出版一本廉价的众赞歌前奏曲集。这样就可以将在巴赫出版计划之中的系统作品和零散地流传至今的单曲区别开，后者总是被依据风格或品质随意地组编成集。只需要编一个字母索引，就能让读者在原初的结构中迅速地查找到曲目。在乐谱上附印上歌词也很有必要，因为许多当时的赞美诗已经在我们今天的赞美诗集里消失得无影无踪。①

256

---

①　本书第二十二章对众赞歌前奏曲作出了详细的阐释。

第十四章　管风琴作品的演奏

　　巴赫是怎样演奏他的管风琴作品的？或者说，这些作品应该怎样被演奏？这个实践上的问题要比很多历史问题或者美学问题更加重要。演奏的问题关系到听众是否能够真正理解巴赫的作品，而非满足于礼节性的赞叹与惊奇；演奏的好坏决定巴赫作品的美能否真切地被感受到，而非仅仅是一种信念。直至今天，这一直是我们无法回避的问题。

　　在巴赫的作品中，对演奏的说明和提示寥寥可数。例如，在 D 小调托卡塔（卷三，第 3 首）中出现过一到两次，提示转换手键盘的位置；在《管风琴小品》中则标明哪些曲目需要用两层键盘演奏；在《舒波勒众赞歌》中的几首三声部曲（卷七，第 38、57、59、63 首）中，巴赫标明了拔出 8、4、16 尺音栓的位置。这几乎已是全部。我们从沃尔特的抄本中得知巴赫演奏众赞歌前奏曲"坚固的堡垒"（卷六，第 22 首）的习惯——他在米尔豪森的新管风琴落成时弹奏了这首作品。对巴赫并不友好的批评家沙伊贝告诉我们，坐在管风琴前的巴赫是异乎寻常的沉稳和冷静。福克尔则说，巴赫组合音色之大胆足以让其他管风琴师汗颜。[①] 此外，他对连奏（das ge-bundene Spiel，意大利文作 legato）的不懈追求在他的同代音乐家中也显

　　① "他调配音栓的方法非常特别，这让许多管风琴建造者和管风琴师都吃惊不已。他们总以为巴赫的某些音栓组合不可能好听，但当他们意识到那是管风琴能发出的最美妙的声音时，不得不由衷地赞叹。那种音响效果非同寻常，他们无法用自己的音栓配置法调配出来。"（福克尔，《巴赫传记》，第 20 页）

得与众不同。他没有接触过百叶窗式强弱音器（Jalousieschwellkas-ten）——那时英格兰的管风琴已经开始引入这种装置，亨德尔就对这个发明非常着迷。德国人对这个"雕虫小技"的抵制，持续了很长一段时间。当伯尼（Burney）在巴赫去世 20 年之后来到柏林聆听管风琴时，他还是为这里没有一台琴装有强弱音装置而惊讶不已。然而，巴赫和他的同辈们绝不会想到，后来的管风琴上慢慢出现了联合音栓，可调节联合音栓，以及现代管风琴中各式各样的装置，以及出现所谓的"音乐厅"管风琴。

　　使用现代管风琴的我们，应如何演奏巴赫的作品？在音栓的组合上，我们可以实现无限种可能，音量可以自如地从最弱渐入最强（vorn pianissimo zum fortissimo），也可以通过强弱音键盘（Schwellkasten）来得到一个精致的、力量恰到好处的音调。但是，我们已经再也找不回巴赫使用的那种旧式管风琴的音色，而音色又恰恰是管风琴的命门，如果我们的分析合理，那么只能说，现代的管风琴并不适合用来演奏巴赫的作品。①

　　我们今天的音栓组合所发出的声响，要么过分喧闹，要么偏于绵软。如果我们拉起全部的基本音栓和混合音栓，或者加入簧管音栓，我们得到的音色就过于强硬，最终使人难以忍受。其他键盘上的声音往往比主键盘弱，它们通常没有配备足够的混合音栓。我们的脚键盘声音粗糙，动作笨拙，混合音栓表现欠妥，四尺音栓的配备也不够。管风琴位置安排的改变也带来许多麻烦，基本音栓和混合音栓的位置关系被打乱，影响了后者的使用。现代管风琴发出的极不自然的咆哮声同样是桩麻烦事。我们一味追求音色的强健雄浑，而忘了它们还可以丰润和秀美——通过混搭那

258

　　①　关于巴赫时代的管风琴，请见皮罗的《巴赫的管风琴》（巴黎，1895）；拙著《德法管风琴建造及演奏艺术》（*Deutsche und französische Orgelbaukunst und Orgelkunst*，Leipzig，1906）；J. W. Enschedé，《巴赫管风琴音乐在现代管风琴上的演绎》（*Moderne Orgels en Bachs Orgelmuziek*，in Caecilia，Amsterdam，4 月及 5 月号，1907）；O. Dienel，《现代管风琴在巴赫管风琴音乐中的位置》（*Die Stellung der modernen Orgel zu S. Bachs Orgelmusik*，讲座稿，Berlin，1890）；H. Reimann，《关于巴赫管风琴创作的谈话》（*Über den Vortrag der Orgelkompositionen Bachs*，Musikalische Rückblicke，1900）。同样值得注意的是迈尔霍费尔（Isidor Mayrhofer）的《巴赫研究》，卷一，《管风琴作品》（*Orgelwerke*，Leipzig，1901），这里就巴赫的全部管风琴作品进行美学分析，但却未论及演奏问题。

些美妙的人声音栓来获得和谐。老式的管风琴越来越少。今天的多数管风琴师都无法再有机会听到巴赫创作时使用的那种旧式管风琴。随着最后那批美妙的齐尔伯曼管风琴逐渐被置换，或者被翻新得面目全非，我们离这些旧式管风琴越来越远。巴赫式的管风琴已完全成为我们无法再认识的旧日之物，他谱曲时用到的一些管弦乐器同样如此。

如果我们在一台足够古老而又保养良好的齐尔伯曼管风琴上演奏巴赫的话，无论是演奏者和听众，相信都会和大师自己一样，完全不会感到有经常切换音栓的必要。因为它的基本音栓和混合音栓足以给出洪亮、有力、色彩饱满的强音（forte），响声绝不会变得疲软，如果有需要，它可以一直保持这样稳定的声响，贯穿整首前奏曲或赋格。[1] 在这种琴上演奏，内声部（Mittelstimmen）和脚键盘都能清晰地展现，而演奏现代管风琴时，内声部总是过于模糊，至于脚键盘，因为它缺乏足够的四尺音栓和混合音栓，也无法承载音色的大量叠加，所以无法清晰地（即便是最勉强地）展现出乐曲的线条。所有这些问题，都是音栓的声音太沉重导致的。即便是 40 年前的管风琴，音量仍十分正常——因为那时电鼓风装置还未发明，风力的使用仍有所节制——这正是巴赫时代的管风琴优于现代管风琴的原因。可想而知，在建造于 1860－1875 年间的瓦尔克管风琴上弹奏巴赫是一件多么美妙的事情！

巴赫演奏管风琴，能在各层手键盘之间自如转换，演奏花式也层出不穷，他一直使用其特有的音栓配置法。[2] 但值得注意的是，巴赫在演

259

---

[1] 　在阿尔萨斯还有一些这样的管风琴。可以说，正是这些琴，使我第一次感觉到，用极端现代的方式诠释巴赫的管风琴作品，让人完全无法忍受。同时我也开始四处寻找这类管风琴，能让我舒适地弹奏前奏曲和赋格，回归它们原本的自然、崇高和简洁。魏多尔（Widor）后来也认同我的这些观点。

[2] 　德国老式管风琴乐派的音乐家至今一直保留着巴赫时代的一些演奏传统。他们坚持从始至终在主键盘上——只使用基本音栓和混合音栓——演奏前奏曲和赋格。偶尔也会使用脚键盘上的簧栓。在 19 世纪最后这 30 年，此种演奏方法逐渐被视为顽固和迂腐。彼此间的争论最终以旧传统被冷漠排斥而告终，主要还是因为这种方法根本没法在声音生硬粗糙的现代管风琴上演奏。最近这些年，有人开始对错误的现代式的演奏管风琴作品的方法有所质疑，他们的目标在于唤回人们对旧式的、简洁合理的演奏方式的喜爱。比利时和法国的管风琴家如莱门斯，吉尔芒，魏多尔，吉古，向来都按照德国的老传统来演奏巴赫的作品。他们的管风琴甚至比德国琴还要轻盈和明澈。

奏大多数曲目时,几乎都只使用主键盘,既不会在键盘之间转换,也不会切换音色,他的精要在于他总在一个单独的乐思上作文章,并无太多修饰。在偶尔要用到脚键盘的曲目上,情况亦如此。比如,C 大调上的两首前奏曲(卷二,第 1 首和第 7 首)和 A 大调前奏曲(卷二,第 3 首),《管风琴小曲集》上的大多数众赞歌,以及具有帕赫贝尔的赋格风格的各种众赞歌。在这些曲目中,任何音色上的变化和强弱力度的调整都会损毁作品完美的整体感。又比如,在演奏三声部管风琴奏鸣曲时,最佳的效果乃是,三个必要声部都找到各自最佳的音色后,从开始到曲终都不再变换音色。

　　在音色的选择上,正宗的巴赫式的方法是将它们调整到完全与作品的特点相契合为止。所以,即便是花上几个月的时间来找到合适的音栓配置,也是理所当然,我们不应为此感到烦恼怨恨。至于巴赫经常在作品的开头标记的"完全管风琴"(Organo pleno)的意味究竟是什么,至今还是个众说纷纭的谜团。[①] 大致可以这样推测,当巴赫这样表述的时候,他希望将——无论如何搭配基本音栓和混合音栓——管风琴的全部力量发挥出来。然而在今天的管风琴上,这种操作必须慎之又慎——它们的基本音栓和混合音栓齐奏(Tutti)时发出的让人难受的强大音量,恐怕很难合乎巴赫的心意。

260

　　在巴赫的前奏曲和赋格中,是否应该使用簧栓呢? 在现代的管风琴中,簧栓十分常见,但它们的声音过于刺耳,会掩盖复调的结构——这是巴赫竭力反对的。尽管如此,巴赫还是会不时地在基本音栓和混合音栓上加入簧栓,正如他会在交响乐队中使用铜管音色那样。他脚键盘上的音色主要都通过簧栓构建起来,因此他对管风琴上的簧栓有着极高的要求。[②] 我们今后需要做的是,重新恢复旧式簧栓柔和美妙的音色,这样的

---

　　① 　必须指出的是,从这种表述的历史源流上看,德语区的人们还是可以区分管风琴的"全奏"和"半奏"的。因此,"Pro organo pleno"正是原来所说的"全奏"(für vollständige Orgel)的意思,这里指的是音量,而不是音栓的数量。但事实上,在旧式的管风琴上弹奏前奏曲和赋格时,使用"强"(forte)就可以了。

　　② 　见本书第 173 页及以下。

簧栓只会让基本音栓的音色更加出彩,而不会像我们今天的簧栓那样将音色弄得一团糟。①　只有这样,琴的声音才不至于无法忍受,我们可以通过细致的处理,合理运用基本音栓、混合音栓和簧栓,来得到与旧琴相似的音色效果。

有趣的是,与巴赫同辈的艺术家会不时抱怨,齐尔伯曼兄弟造琴的时候,为了使音色更加美妙,将管风琴的声音做得过于柔软。很明显,巴赫是不会这么想的。

全部音色齐奏的"最强"(fortissimo)的具体效果,可用 E 小调前奏曲(卷三,第 10 首)为标准。如果我们按部就班地演奏,不对其做出任何改变,我们就能体会到巴赫对"最强"的理解。这也意味着,任何音色或者力度上的调整,都会将这首曲子恰到好处的气势毁掉。

我们在演奏《管风琴小品》以及其他的一些众赞歌前奏曲时,音色总是偏软。因为我们未能充分将(主键盘以外的)其他键盘上那些美妙的混合音栓利用起来——这些音栓本身可能不那么好听,但如果能与一到两个簧管音栓搭配使用,则会美妙无比。由于这种技术上的缺失,我们通常只能依赖于一些音色并不出众的八尺基本音栓(它们尤其会掩盖复调创作的妙处,而四尺和二尺音栓则音量过大),尽可能将它们弹得柔美一些,以弥补音色在质感和力量上的缺失。这样的处理显然不妥,会使定旋律上的简洁效果消失殆尽。

我们必须认真琢磨究竟哪些众赞歌是用两层手键盘写成,哪些写在一层手键盘上,万不能用两层手键盘演奏后者时还洋洋自得。②　巴赫的意图总是能从作曲的风格中归纳出来。他写在一层手键盘上的声部,是不能用两层手键盘来演奏的,否则会损毁原有声响的结构和主线。相反,

①　法式的簧管音栓,尽管音色也挺漂亮,但还是不适合用来演奏巴赫。卡伐叶·科勒(Cavaillé-Coll)管风琴似乎勉强能符合要求,这个品牌的制作者较为谨慎,他们通常会极力避免管风琴发出过分强大和过于单调的音响。苏尔彼斯教堂(St. Sulpice)和巴黎圣母院中的管风琴都将巴赫的赋格呈现得非常清晰。现存的最适合演奏巴赫的管风琴位于巴黎的卡伐叶·科勒工厂(缅因大街 15 号)的展示车间里,它的混合音栓非常丰富。

②　很多管风琴师难以抗拒这类做法,如小众赞歌前奏曲"哦,上帝的羔羊"(卷五,第44 首)就是其中一例。

写在两层手键盘上的作品，他会力求将每个声部都平稳、清晰地安置在它们各自所属的手键盘上，即便是最细节处亦如此。这个原则适用于所有的巴赫管风琴作品。

当定旋律要展开成为花腔（Koloratur）时，乐段通常会因双簧管或单簧管音栓的着色而别具一格，这也是伯姆处理众赞歌前奏曲的习惯。通过运用一支强弱音键盘上的小混合音栓，配合上主音栓后再添入一支双簧管音栓，乐曲获得了美妙的混合效果。这些具有伯姆风格的众赞歌前奏曲必须用最慎重的态度来演奏。

脚键盘上的持续音（Pedal）不能弹得太重，在可能的地方尽量断开。最好是使用一组独立的音栓。通常用八尺音栓较为合适——比如众赞歌前奏曲"哦，上帝的羔羊"（卷五，第 44 首）和"神的儿子到来了"（卷五，第 19 首）。有的时候四尺音栓也合适，例如在"在甜美的欢呼中"（卷五，第 35 首）。① 当乐曲始终采用双持续音时，毫无疑问只应该采用八尺音栓，四尺音栓的声音会显得过强。这条规则经常会被漠视。双持续音的运用也有特例，比如在作品 D 大调前奏曲（卷四，第 3 首）的结尾处，就应该使用十六尺音栓。我们不得不承认，若在此处运用一个同类型的现代音色奏出"最强"（fortissimo）力度的持续音，效果远远不够迷人。

在演奏卡农（Kanon）乐段时，管风琴师无需为自己或听众们担心太多。曲子并不是为凸显轮唱而作，相反，卡农部分要服务于曲子，尤其是《管风琴小品》中的轮唱。如果我们能够正确地听出定旋律部分的旋律，就可以将其余的声部当成背景铺垫，就像缺乏经验的新乐迷完全感觉不到有一组卡农在行进那样。

在需要两层键盘演奏的众赞歌中，经验告诉我们，若要取得更好的效

262

---

① 在"我自高天而来"（卷五，第 50 首）中，纯正八尺音管的持续音毫无疑问效果更好，因为它完全不会遮盖第三声部中十六分音符的音型，后者声音通常会比较低矮。有一种错误的观念认为，"In dulci Jubilo"需要用"升 F"作为持续音。然而，巴赫这样写是为了让男高音声部位置更加清晰。因此，演奏时应该降低一个八度并且用四尺音栓。倘若巴赫知道最新的卡伐叶管风琴的脚键盘可以上升至"G"音，应该会非常高兴，这样就可以有一个原始的"升 F"音。但是，他可能更偏向于大多数管风琴建造者的意见——对于正常的管风琴来说，脚键盘到"D"已经足够。

果,应该在左手部分使用弦乐音色,在高音声部使用长笛音色,后者在高音声部中完全不会显得刺耳,但在低音声部中则会一团糟。

有两首带双持续音的大众赞歌显得特别困难,"在巴比伦河畔"(卷六,第 12a 首)和"我从深深的苦难中向你呼喊"(卷六,第 13 首)。第一首乐曲值得推荐以下的音栓配置:脚键盘用弦乐音栓,左手用笛栓,右手也用弦乐音栓,全部均用柔软的八尺音栓。① 当众赞歌前奏曲"从深深的苦难中"的持续音用全部的八尺和四尺音栓——基本音栓、混合音栓和簧栓来搭配的时候,效果十分动人。这样一来,常被漏掉的混合音栓和簧栓就可以通过联键在第二与第三手键盘上展现出来,我们也就能够放心启用全部的八尺和四尺基本音栓在主键盘上演奏上方的四个声部了,即使随后需要加入一支漂亮的混合音栓也不成问题。至此,在双持续音的上方声部如何凸显定旋律的问题就得以解决。在一些情况下,小号八尺音栓需要去除,而只采用簧管音色的四尺音栓。事实上,我们只能在旧时狭长的巴赫式脚键盘或者有弧度的环形排列的英式或法式脚键盘上,才能顺畅地演奏出连奏(legato)效果。而在扁平且非常宽的脚键盘上——在德国,这被认为是唯一正确的——则不可能做到。

此前讨论的所有作品,均不需要转换手键盘和转换音色。通常,巴赫预设了演奏者在演奏时需要根据其作品的内容和写作风格做出相应的变化。然而他并没有在这点上给出提示,因为提示就在作品里。主声部在主键盘上演奏,附属声部(大体可以通过脚键盘的隐退来辨认)在次要键盘上演奏——他希望演奏者都按此要求操作。这一点在 D 小调托卡塔(卷三,第 3 首)中有所体现,巴赫在那里标明了手键盘的转换细则,大概是写给学生看的。

至于众赞歌"坚固的堡垒"(卷六,第 22 首),我们能从沃尔特的抄本中重构巴赫的音栓配置。他的标示明显针对的是米尔豪森的管风琴,这台琴的翻新工作由巴赫主持,并且在 1709 年秋天——可能是在宗教改革

---

① 许多管风琴师错误地认为,在双持续音的乐曲中,他们必须使用十六尺音栓。很难想象,在降低一个八度后,所有四度、三度、二度音程都会变成什么样子!

节（Reformationsfest）上——为其剪彩，让其焕发新的光彩。① 首先，在第
1—20 小节，巴赫用右手控制第二层手键盘，音栓之中还选用了"三比二"
（Sesquialtera）音栓；左手控制第一层手键盘，并将此处的音色定为 16 尺
大管（Fagott 16）音栓。20—24 小节则使用第三层手键盘，并且拉出那些
柔软的脚键盘音栓（Pedal），特别是新的最低音（Subbaβ）音栓。此间他稍
稍加强了另两个手键盘上的音量，其后在 24—32 小节又回归到它们中
去。在第 24 小节低音声部短暂休止的空隙当中，他的助手——可能是沃
尔特——将脚键盘上的所有音栓拉出。32—37 小节巴赫重新回到第三
层手键盘，助手将脚键盘上声响强大的音栓闭合。从 37 小节到最后，运
用全部音栓在大键盘上演奏。这首曲目的音栓配置无法比这更简单，也
更出彩了。这两个例子均为我们展示了巴赫转换键盘的高超技艺。

　　因此，我们的首要任务，就是找出承载作品结构的基本线条。若是音
栓配置能够凸显这些线条，则十分理想。但是，不论这些配置方法多么富
有灵气，倘若它掩盖了作品的真正结构，就不够理想。我们必须谨记，每
一首赋格和前奏曲都开始和结束于主键盘上。用"弱"（piano）或"极弱"
（pianissimo）的力度来给出赋格的主题无疑是错误的，每个声部从开始处
由弱至强的渐进同样不对。无论是欢快或悲伤的主题，都应用一个确定
的、饱满的音色弹出，进入不同的声部时更应摆脱渐进叠加的效果。一条
本应壮阔开场的主题，比如 A 小调或 G 小调赋格，倘若以绵软的力度在
第三层手键盘开始弹奏，就会掩盖了乐曲的真面目，让人听着十分难
受——这无非是为了奏出矫揉造作的"渐强"（crescendo）效果。在很多赋
格演奏中，演奏者想要清晰地给出主题的想法往往会牺牲乐曲整体的结
构，为了让主题更加凸显，演奏者喜欢将它连同其他声部一道从主键盘转
至别的键盘。这是决不允许的。我们还时常听到另一种巴赫赋格的演奏
方式：乐曲行进至末尾时逐渐变弱，并将全曲结束在美妙的"极弱"（pia-

――――――――――

　　① 关于米尔豪森管风琴的详情，见施皮塔，《巴赫生平》，卷 I，第 352 页。沃尔特抄本
的音栓配置说明（施皮塔，《巴赫生平》，卷 I，第 394 页）有些含混，因为他将该曲转换到他的
魏玛管风琴上，而后者只有两层手键盘。尽管如此，要弄清楚巴赫在米尔豪森琴上的标示，
也毫不困难。

nissimo)效果上。

在一定程度上,这种现代化的处理方式正是今天音乐观念的产物。如果我们的管风琴师想要证明他们自己属于现代的音乐家,唯一能做的就是将他们的现代管弦乐风格嫁接到这些作品上。但他们却完全忘却了巴赫的管弦乐风格非常古朴,毫无现代感。他在管风琴上力图实现的效果与他在《勃兰登堡协奏曲》中致力追求的效果完全一致。因此,我们应该奉劝管风琴师们好好研读这些作品,才能洞见巴赫风格的奥妙。此时,他们应该会发现,在巴赫的作品中,产生渐进叠加的效果只能算是小事,而最终导致的使两到三种声音织体生硬地分离或结合才是大问题。关于这一点,现代的强弱音装置对管风琴师的毒害甚巨,这种设计总是诱惑他们沉迷于各种渐进的效果中。在巴赫作品中,真正的叠加效果应该出现在两或三组新的声音块加入的一瞬间,而渐弱(decrescendo)效果则出现在它们退出的位置。

另一方面,我们的管风琴结构,无法做到巴赫要求的"强奏"(forte),对位法的写作技巧也无法清晰地在我们的琴上展现出来。这使得我们要借助做作的人为效果去代替自然的声音。我们试图通过变化多端的音色、对主题的过分夸饰来增加巴赫作品的趣味。对此有必要说的是,在我们重建出理想的巴赫式管风琴之前,必须学会寻找各种明智的折衷法。这当然不是指声音的渐强或渐弱,——无论是通过百叶窗式强弱音器的小幅度变化,还是通过气动风箱(Walze)的大幅度变化,在巴赫的作品中都是错误的。守旧在音乐中总是不被接受。巴赫则是那个最无法接受新方法的人。然而,许多的乐段,比如 A 小调赋格的结束句,实际上非常需要比其本身的"强"更强大的音量。巴赫如果能通过减弱风量在第三层手键盘上得到一个更完美的"弱"(piano),便可得心应手![①] 事实上这完全可以通过百叶窗式强弱音器做到。在 A 小调赋格从 51 小节开始的美妙乐段中,巴赫也拒绝使用这个装置,从"渐弱"至"渐强"的效果,在巴赫看

[①] 只要能得到一个较好的弱音,相衬之下,他就可以做到前面所说的更强的效果。——译注

来是不合理的。今天的管风琴师当然应该利用这个装置，但必须保证不损毁赋格原有的结构，并要将作品的乐句简洁清晰地表现出来。在这个前提限制下，演奏者可以按自己的意愿演奏。如果这个规则能得到大家的普遍认可，巴赫管风琴作品的演奏就能够杜绝各种现代的自命不凡的阐释，人们也就能从那种单纯刺激兴味的艺术回归到让人满足的艺术中来。到那时候，听众就会发现，巴赫的管风琴作品一点都不复杂，反倒无比简洁。

管风琴师尤其要避免在乐曲结尾处突然渐弱（decrescendo）。在气动强弱音键盘效果的诱惑下，这种做法似乎蔚然成风。但愿有一天，我们可以不再在 F 大调托卡塔的开头使用气动强弱音键盘，以一个恰到好处的"强奏"取而代之，将"渐强"留给卡农部分戏剧性的展开。除此部分外，这首托卡塔最佳的演绎方式是始终用一个均衡的"强"，在这个力度范围内可以附带各种细微的变化——巴赫有许多作品应该这样演奏，这是其中一首。

266

在手键盘的转换这个问题上，各个作品的差异巨大。很多作品充其量只有一到两个小节需要转换到次级手键盘上，我们甚至怀疑巴赫是否会在脚键盘停止的小节中将音乐转到这些键盘上，比如 C 大调赋格（卷二，第 1 首）。通常来说，键盘的转换极其重要，我们必须十分清楚在第二键盘上进行的间奏应该从哪里开始，哪里结束。在一些赋格中，要求在乐曲的正中间进行转换，因此从结构以及演奏上看，转换可能出现在三个位置：（1）主键盘上的第一呈示部；（2）间奏；（3）第二呈示部直到全曲结束。属于这种要求的赋格包括 G 大调（卷二，第 2 首）、C 大调（同上卷二，第 7 首）、F 大调（卷三，第 2 首）、A 小调（卷二，第 8 首）、G 小调（卷二，第 4 首）、B 小调（卷二，第 10 首）。在次级键盘上进行的间奏每次都应在脚键盘停止时开始（或停止片刻后开始），在脚键盘重新进入时停止（或进入前片刻停止）。和我们今人构思的赋格不一样，巴赫构思的赋格是前后两个力量完全均衡的部分，加上中间插入的一小段辅助部分，而我们的赋格则是一个从开始延续到结束的大跨度"渐强"。

破坏了间奏在结构上的特色，就相当于毁掉巴赫的赋格。符合这个素朴结构,最震撼人心的赋格,是刚才提到的那三首——A 小调、G 小调、B 小调。这样我们就能清楚地认识到,在间奏中的某一时点出现一个渐弱(diminuendo)的必要性。在某种程度上,此时的主题已经退回到管风琴中最隐秘最高深的地方,匍匐前行,它等待着脚键盘的回归,即回到间奏开始、脚键盘停止之前的那个音色中去。管风琴师如何处理这一过程,如何转换键盘,如何将混合音栓和簧栓合理过渡到基本音栓上,并将它们展现出来,即便在最细处都能极力体现乐曲结构,是每一位管风琴师必须要考虑的。当然,管风琴师也会受到各台管风琴特性的制约。因此,他们要做的是琢磨每个赋格的结构并努力将其呈现出来,而不是自己发明一套不切实际的演绎方法。①

其他赋格也有两次以上的键盘转换。以下是要转换两次键盘的赋格:A 大调(卷二,第 3 首,59—87 小节,121—146 小节)、F 小调(卷二,第 5 首;43—64 小节,96—120 小节)、C 小调(卷二,第 6 首;59—94 小节,118—143 小节)、C 小调(卷三,第 6 首;27—50 小节,58—67 小节)、E 小调(卷三,第 10 首;15—19 小节,27—33 小节)。在壮美的 E 小调赋格(2,9)中我们还会碰到两次以上的间奏,事实上,这更符合一首幻想曲的特点。它更适合在一台次级键盘上的音栓与主键盘音栓的对比不太强烈的管风琴上演奏。由主题支配的乐段和八分音符的乐段全都应在主键盘上弹奏,十六分音符的乐段则需在次级键盘上弹奏。该乐曲的迷人魅力取决于每一次主题进入的位置以及八分音符的乐段。因此,巴赫没有记

---

① 以下是对 A 小调赋格音栓配置的建议:手键盘联键,音栓拉起——8 尺和 4 尺基本音栓,第二手键盘和第三手键盘的混合音栓。在主键盘上开始赋格演奏。在 44 小节的第一拍上加入第一键盘的混合音栓。在 51 小节左手留在第一键盘,混合音栓关闭,右手移至第二键盘。在 59 小节的后半节,左手也移至第二键盘。在 60 小节的持续的 F 音上,右手迅速(不被察觉地)转移到第三键盘,63 小节处左手也跟上,同时将第三键盘的混合音栓关闭,此时强弱音键盘风箱慢慢关闭——持续至 70 小节。71 小节右手回到第二键盘,此时第三键盘的风箱已完全闭合,混合音栓再次打开。同时,又将风箱慢慢打开,左手在接下来的小节中悄然移至第二键盘。在 78 小节的后半节主题重新在第一键盘出现,第二键盘的混合音栓也同时进入。88 小节在第一键盘加入混合音栓,右手在 91 小节回到第一键盘。94 小节持续的 E 音中加入第三键盘的簧栓,113 小节的第一拍上加入第二键盘的(簧栓),接着在 132 小节加入第一键盘的(簧栓),进而做出一个"极强"(fortissimo)的效果。G 小调赋格亦可用相同的方式(位置)进行音栓配置。

录下键盘转换则更令人遗憾。有一种极好的方法是，在第一键盘弹奏十六分音符乐段（此时有脚键盘同时进行），但不用该键盘的音栓，而通过联键借用其他键盘的音栓，在每一次主题回归的时候，才加入主键盘的音栓，最后再加入主键盘上的簧栓。

降 E 大调前奏曲（3,1）也有着相似的结构，因此也必须用相同的方式演奏。三段体的赋格，若要取得最佳的演奏效果，第一段就应在主键盘上用完整的基本音栓来演奏，或者可以用联键辅以其他键盘上精致的混合音栓。第二部分则在次级键盘上用全部混合音栓来演奏，第三部分则回归到主键盘，同时音量逐渐推至"极强"。

在一些从始至终都要使用脚键盘的前奏曲中，演奏同样是以各种不同程度的"强奏"为基础，这种交相呼应的层次取决于音色混合程度的不同，而混合音色则是通过全部基本音栓叠加联键键盘上的音栓来获得。对 G 小调幻想曲（2,4）来说，我们的建议是：开始时使用三层键盘联键，基本音栓、混合音栓和簧栓叠加；9—14 小节只保留基本音栓；从 14 小节起，在每小节的重拍处依次加入——首先是混合音栓，接着是簧栓（加入的顺序是从第三、第二到第一键盘）；在 25 小节将其全部关闭，因此 25—31 小节只用基本音栓演奏（在主键盘上）；31 小节加入第三键盘的混合音栓和簧栓，两小节之后加入第二键盘的（混合音栓和簧栓），再过两小节则加入第一键盘的，直至达到"极强"，一直保持至全曲结束。这个方法要求演奏者一直在同一键盘上演奏，可能趣味上不及许多现代的演奏方法，但能最大程度地将作品的极致简洁呈现给听众。

将这种层次渐进的"强奏"应用在 C 小调前奏曲（2,6）和 E 小调前奏曲（2,9）中同样能取得很好的效果。只是在没有脚键盘的乐段中，需要将演奏移至次级键盘上。

C 小调幻想曲让每位管风琴师都十分头疼。用现有的音色几乎无法重现最理想的美感。在做出各种各尝试之后，我们回归到一种最简单的方法中去。开始时我们以一支灵活的基本音栓为基础，在 11 至 12 小节的过渡中，加入次级键盘上全部的基本音栓和混合音栓，21 小节时回到头一支基本音栓的音色，保持至 32 小节，然后逐渐加入所有的基本音栓和次级键盘上的混合音栓,直至结束时达到全奏音色。

　　B小调前奏曲(2,10)同样是让管风琴师们痛苦无比的作品,尽管它的结构简单至极。我们应该从主键盘上开始演奏,17小节转至次级键盘,27小节将右手移回主键盘,28小节左手也回来,双手在此一直持续至43小节,然后转至次级键盘,到50小节时再回到主键盘;56—60小节同样是在主键盘,但只保留基本音栓,在60小节加入混合音栓,接着在半音阶乐段加入簧栓,并一直(在主键盘上)演奏至69小节,才移出混合音栓和簧栓,只留基本音栓;73小节我们最后一次转至次级键盘,并敏捷地将音量推至"极强",并在78—79小节间回到主键盘,同时拉起全部音栓。

　　在帕萨卡利亚中,要获得较好的效果,给出主题时要先将全部基本音栓与脚键盘联键,再在第三键盘上用"极弱"开始演奏,并在每一个变奏处启用一批新的音栓。73小节我们可以转至第一键盘,余下的四个变奏中,我们可以逐渐引入全部的基本音栓和混合音栓,最后是簧栓。105小节转至第二键盘,接着转至第三键盘,关闭混合音栓和簧栓;从114小节开始,我们慢慢关闭强弱音键盘风箱,琶音乐段则用第三键盘上的8、4、2尺音栓演奏。在129小节的最后一拍我们回到第一键盘的基本音栓和混合音栓中,在接下来的变奏中加入其他键盘上的簧栓和混合音栓,最后当然要加上第一键盘的簧栓。

270　　　要确定在哪里可以转换键盘,以及找到能够达到最好效果的方法,我们只能不断钻研作品,力图发现构成作品的最基本的准则。精妙的艺术就隐藏在当脚键盘进入时,双手又回到主键盘的那一瞬间。我们要努力从乐句的结构中推断出在回归第一键盘时是否一只手先一只手后效果会更好——倘若如此,那必然是左手先行效果更佳,因为在较低的声部进入会更加不易察觉——或者巴赫要呈现一个清晰的对比,那么必然是双手同时回到主键盘效果会更好些。巴赫本人的演奏,毫无疑问,是无比精致的,因为他明确地要求手键盘之间要靠得十分紧密,以便于他能够迅速地在键盘之间转换①。在很多有持续的乐音或和声的关键乐句中,键盘的

---

　　①　见本书第173页及以下。

转换必须做得滴水不漏，流畅自如。

按照巴赫的要求，转换键盘的时候，必须协调三层键盘的音色，以达到某种程度的统一。由于今天的管风琴的次级键盘上几乎不会有混合音栓，这条要求实难达到。同样让人遗憾的是，我们的管风琴不再像以前的琴那样，三组键盘的音色各不相同，特色鲜明。因此，转换键盘，联键，解除联键的主要效果也就失却了。这导致今天的管风琴演奏放弃了很多最自然的声效手段，而必须借助气动强弱音键盘（Rollschweller），最终使音乐变得单调乏味。

如果说演奏巴赫的根本难处在于联键装置的合与分，以及不同音色块的进与出，那么必须要承认，现代管风琴的设计并不利于实现这些操作。联键装置通过按下旋钮来工作，这就意味着演奏者无法充分利用它们，因为在演奏巴赫时双手无法空闲。此外，我们的联合音栓（Kombinationszüge）和可变联合音栓（freie Kombination）不但没有增添效果，反而在某种程度上妨碍了原有音栓的效果，而且它们还存在一个更大的不足——它们不能分别作用于每层键盘上，而是作用到整架管风琴上。按理说，在设计编排操作台时，就应该考虑让手或脚均能开合联键器，就好比手和脚同属一个整体，不应将其割裂。这样，演奏者就可以用手启用联键器，用脚关闭，或者反向操作，也可以只用手或只用脚，总之以自己最舒服的方式操作。而联合音栓和可变联合音栓的位置则可以按另一套标准来编排，使得管风琴师可以根据自己的意愿，选择用或者不用它们来辅助正在使用的音栓。如果它们也能同时用手和脚进行操作，那将是更大的进步，这些无疑都在提示我们，管风琴的设计中有许多亟需简化的地方。①

这样看来，演奏巴赫作品不仅要说服管风琴师，还要变革今天的管风琴工匠的观念。这需要我们从愚蠢的观念中解放出来，从当今的繁琐回

271

---

① 此处提到的设计构想，在 Straßburg—Kronenburg 的新教堂的管风琴上得到了实现，修建方是阿尔萨斯一家名叫 Dalstein und Härpfer(Bolchen)的公司。这架管风琴的音栓的声音秉承了齐尔伯曼式的旧风格。斯特拉斯堡的圣尼古拉教堂的管风琴同样按此规格建造，它也是一台巴赫式的管风琴。

归到从前的简洁,从声音洪亮的管风琴回归到音色丰润优美的管风琴。

我们演奏巴赫的管风琴作品,弹之愈多,速度愈慢。每个管风琴师都有这样的经验。每一线条都必须要冷静清晰地展现出来。将它们的榫接和排列关系表达清楚也同样需要时间。一旦给人留下晦涩和困惑的第一印象,整首管风琴曲的效果也就毁掉了。

有些管风琴师误以为通过加快速度能使巴赫作品变得更有趣味,这是因为他们还没有掌握层次分明地演奏巴赫的技艺——通过清晰地展示细节来使作品获得生命力。有一种错误的观念认为,巴赫着重追求的是一种单调的顺畅行进。他确实喜欢连奏风格,但他的连奏当然不仅仅是刻板的平铺直叙,而应该充满生机。连奏应该用一种精妙的技巧表达,使得听者既察觉不出演奏者在施以技巧,又能感受到一种让人陶醉的清澈明亮。在连奏时,各种音色必须化作一体地融入到生动鲜活的乐句中。这种浑然一体的表达可以化解管风琴音色的僵硬质地。这种做法使不可能在管风琴上发生的效果成为可能,即,让一些音力度重一些,另一些音则轻一些。这正是我们追求的理想。

以前,在没人知道通过拇指转位就可以实现完全统一的连奏的时候,只有一部分音能得到连奏,有一些音会因为手的移位而被断开,那时的演奏者总有一套方法,能够巧妙地将所有的音联结在一起,我们已经不再懂这些方法,通过观察前辈们的演奏——乐句总是被分开到双手上进行——我们大致能获得一些粗浅的观念。C大调托卡塔(卷三,第8首)的导入句为我们呈现出一套将乐句的各部分巧妙地联结到一起的连奏方法,E小调前奏曲(卷三,第10首)的导入句亦然。事实上,许多管风琴师完全没有意识到,这种两手间的轮替正是巴赫式的断句,他们甚至洋洋得意地用一只手来演奏这些乐句,或者用双手来弹八度音程,但得到的还是一个乏味的音阶乐段。如果我们遵循在巴赫的作曲习惯中所暗示的法则,我们不难发现,在四个音符为一组的乐句中,他的组合方式是,通过一个隐蔽的中断,将第一个音与后三个音分开,而使它进入到前一组音里,而非在它本身所属的那一组中。因此,它们的结构就不是——

这样一来,在连奏中就完全不会显得单调乏味。我们惊讶地发现,运用这个法则后,乐段当即变得清晰和生动。所以,我们就得这样弹奏——

A 小调前奏曲(卷二,第 8 首)

D 小调托卡塔(卷三,第 3 首)　　　　　　　　　　　273

B 小调前奏曲副部乐段的断句方法就是最有教益的例子之一。按音阶来断句总是不能让人满意,要获得活力和结构感,只能这样弹奏:

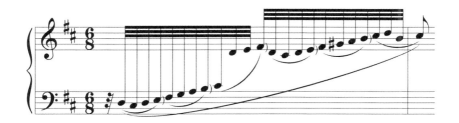

同理,清新、阳光的 C 大调前奏曲(卷四,第 1 首)中有一段精美的脚键盘独奏,我们只有采取这个法则,才能使其不至于过于生硬。在演奏另

一首 C 大调前奏曲(卷二,第 1 首)时,我们也有相同的感受。当然,这种
方法也不能贸然运用到所有的连奏中,否则只会搅乱原有的结构。通过
连线和断开等符号来演奏是更要不得的一种做法,我们只能通过更细致
和更内在的功夫进行断句。

有时,为了呈现更多变化,我们是否应该将连续的八分音符或十六分
音符乐段弹成断奏,确实是一个问题。

赋格主题的演绎方式还在争论当中,尽管我们已逐渐远离了早期演
奏中那种过分夸张的方式——他们将这种自娱自乐的演绎强加于巴赫作
品之上。一个不够简洁的表达,从根本上说是错误的,故不能将其运用到
整首曲子里,尤其是在主题进入的地方。因此,我们必须将那些打破正常
流动的音符,以及特别突出的弹跳,从该组乐音中抽出来,让它自成一格。
像这样——

274 A 小调赋格(卷二,第 8 首)

G 小调赋格(卷二,第 4 首)

F 大调托卡塔(卷三,第 2 首)

降 E 大调三重赋格的主题比较有趣,它的三次变化在表达断句时同样需要做出改变:

第一赋格:

第二赋格

第三赋格

只有这样断句,第二和第三赋格的主题才能特别清楚地呈现给听众,若将音符整齐划一地分组则无法做到。

当相同的音不断地重复时,每个音持续的时值应是原来的一半,另一半时值则休止。重复的音符在它们前后的连线之间起到放松的作用。像这样——

G 大调赋格(卷二,第 2 首)

C 小调赋格（卷三，第 6 首）

这个规则不仅适用于主题乐句，还可以处理所有的重复音。当然，亦无需过分严格地遵守。均衡分量是另一条规则。如果一个音在乐谱上的重复是在为进入其他声部做准备，那么这个音就应该按住而不再重复，它不能被弹成两个音，因为此时一个声部正在接替另一个声部。

在接下来的和弦中，重复音被拆分开，那些在间隔中行进的音应该用连奏。这样就能使主声部特别清晰。当我们实践这些规则时就会知道，即便是最简单的曲子也会变得很困难。

为了认识这些困难，以及严格按照这些规则演奏时的效果，我们可以仔细研究 E 小调前奏曲中间部分的那些连续和弦（卷二，第 10 首）。

巴赫管风琴作品的效果正是取决于这些能形成结构的演奏法，而非那种精致的音栓配置和演奏技巧。细节决定成败，我们的管风琴师们总是过分追求稳妥，过分自我陶醉，真正能掌握符合巴赫作品要求的技巧的人少之又少，有很多人甚至连正确的触键都不会。

装饰音在管风琴作品里出现得较少，但这也足够让那些粗心轻率者反省了。[①] 人们总是忘记，巴赫的颤音——按照埃马努埃尔的说法——不在主音上开始，而开始于第二个音上，如果它很长的话，最后还会有一个回转。

因此，F 小调赋格（卷二，第 5 首）的主题就应这样弹：

---

① 在"键盘作品的演奏"一章中，会有对巴赫的装饰音的仔细考察，作为对这一部分的补充。（即本书第十六章）

或者

在管风琴上应该避免过于急促的颤音。

在多利安托卡塔（卷四，第 4 首）开头的波音中，以及在 E 小调赋格（卷三，第 10 首）和降 E 大调前奏曲（卷三，第 1 卷）中，装饰音要弹成全音程。B 小调前奏曲（卷二，第 1 首）脚键盘中的装饰音则要弹成八分音符，鲁斯特说他曾在手稿中见过这样的标示，可惜现在已找不到这种标示的手稿。但是，在演奏时将两个音分隔开还是最佳选择，如：

如何挑选管风琴作品供练习用，也颇有讲究。这完全是一个习惯的问题。无论是使用瑙曼修订的版本（布赖特科夫和黑泰尔）还是施莱耶（Schreyer）的选集（Hofmeister，Leipzig），我们都能从中获得大量实践上的指引。包含在作品中的这些有洞见、有深度的评析和建议，任何一条都不容错过，而且应该牢记于心。①

然而，在日常练习中，这一类的集子并非首选。大量的指法、断句标记、连线、速度标记，以及音栓配置的建议，赋予作品过多的观念，而真正重要的东西却完全没说。我们真正需要的与其说是这种有非常丰富实践经验的版本，还不如说那种对音栓配置、手键盘转换等问题的单独的、深入的研究。关于这方面的研究至今几乎还是空白，我们要做的事情还有

---

①　施莱耶版本中的断句尤为有趣。在瑙曼的建议中，我们能看出他是一位极有见地的管风琴演奏家，较为遗憾的是，他没有在前言或者笺释当中总结出一套他的规则和演奏心得。我们非常希望有人能将其重新梳理并发表出来。

很多。①

　　一个态度端正的管风琴师,是不会用修订本来偷懒的,他会直接使用原版,并从中得出自己的评析和实践经验。

277　　　关于巴赫管风琴主题的结构,以及管风琴作品的构成,以至于它们和他的键盘作品的关系,在至今发表的论述中,仍鲜见能直抵问题根基的洞见。管风琴赋格主题的旋律,要比键盘赋格上的简单得多。只有很少的,结构浅显的切分音,几乎没有出现重音落在小节的弱拍位置的情况,重音通常都落在重拍上。巴赫非常清楚,在管风琴上只能使用这种常规的拍子,别的情况都无法做到。在键盘乐器和管弦乐队中,他的创作则会更加自如些。因此,那种将键盘赋格转写到管风琴上的作品都极其难以听懂。只有真正理解巴赫管风琴作品本质的人,才能听懂这类改编作品。

　　进一步说,这两类作品的结构非常不同。在管风琴作品中,巴赫运用的线条比键盘作品中的更加宽广和简洁。我们很难在管风琴赋格中找到主观的生命感,而在键盘赋格中,这一特点非常明显。前者更注重于表现一个观念的内在特质,而疏于顾及当下的感觉,他要用一种崇高的朴素率真来展示一个抽象的观念。正因如此,巴赫的键盘作品不如管风琴作品这般宁静致远。即便一个让人满意的(键盘改编成管风琴作品的)音栓配置,也很难找到这种感觉。认识巴赫键盘作品和管风琴作品之间的差异的最好办法,莫过于将管风琴赋格和键盘赋格放在一起,认真比较和分析它们在音乐构成上的细节。

　　在所有管风琴作品中,有一首作品处于管风琴风格的边缘。它就是A大调赋格(卷二,第3首):

　　① 　有一篇有趣的文章专门讨论了B小调前奏曲(卷二,第10首)中合乎规则的手键盘转换的各种可能性,就属于这样的范例。此处讨论的一个重要的议题是,每一次转换的位置应具体落到哪一个音符上。

每位管风琴师应该都有所体会。如果用连奏给出主题,而不逐个音符地清楚交待(这正是它本来的特色),旋律就好像一瘸一拐似的。如果按照本来要求的那样弹,即通过缩短时值而突出中间的切分音,无论弹得多么完美,都会给人一种明显的不安分之感;在结构把握上的偏好总着眼于细节而非乐曲的整体,因此更加放大了这种感觉。低音部分和结尾处的三度音序列就更不用说了,毫无疑问,我们很难再在其他地方找出这样的巴赫管风琴作品。

278

有一种有趣的观点认为,我们能够证明,这首例外的赋格不是构思自管风琴上而是基于管弦乐队,它的基本框架是来自康塔塔"踏上信仰之路"(巴赫协会版,第 152 首)的器乐序曲。

将管风琴作品改编到钢琴上的情形还是比相反方向的改编常见得多,按照李斯特的说法,钢琴之于音乐就好比刻板之于绘画,它有利于音乐作品的扩张和传播。当李斯特、圣·桑斯、布索尼、里格、菲利浦斯、达尔贝(Eugen d'Albert)、比亚那·达·莫塔、安佐格(Conrad Ansorge)等一众大师着手将巴赫的管风琴作品改编到钢琴上时,有才能的演奏者就可以通过它们学习本来没有机会学到的作品,而且能够通过钢琴巧妙地体验管风琴中才有的美感。巴赫本人就是改编艺术的积极投身者,如果他知道钢琴正在充当他的管风琴福音的使徒,一定会感到非常欣慰。

在任何事情上操之过度总是危险的。这些改编曲,即便它们本身有很高的艺术成就,从长远来说,始终是无法让人完全满足的。钢琴有时无法呈现出管风琴曲的主题,原本作品中简单自然的结构要被矫饰地替换掉,因为管风琴音色的各种力度强弱无法在即便是现代钢琴上再现出来。随着这种想法的慢慢成熟,人们最终能体会到巴赫本人的感受——热衷改编作品的时代最终会成为过去,改编的意义不在于其本身的乐趣,而在于它承载的教育功能。① 这些美妙的改编作品总是限制着每一个演奏者

---

① Friedrich Spiro 也持同样的观点,他清楚在改编的时代中,什么会最终消亡,什么会真正成为不朽。见《巴赫及其改编作品》(Bach und seine Transcriptoren),在《新音乐杂志》,1904,第 680 页及以下。

发挥更大的力量。我们不能因为它们而忘记,按照旧时德国本土最地道的方式,演奏管风琴的改编作品应采用四手联弹,一个人弹手键盘声部,另一人在低八度演奏脚键盘声部。

第十五章　键盘作品

巴赫协会版

卷三.二部和三部创意曲①；键盘练习曲（帕蒂塔、意大利协奏曲、二声部曲、哥德堡变奏曲）；升F小调和C小调托卡塔；A小调赋格

卷十三².英国和法国组曲（由于该卷出版时编订不甚严谨，这两套组曲又在卷四十五¹再版。）

卷十四.平均律钢琴曲

卷三十六.组曲，托卡塔，前奏曲，赋格，幻想曲，小前奏曲

卷四十二.奏鸣曲，改编自维瓦尔第的十六首协奏曲

卷四十五¹.前奏曲，赋格，其他曲目，归属未明作品，增补作品

（《赋格的艺术》中的两首双钢琴赋格辑于卷二十五。给 W. F. 巴赫的《钢琴小曲》辑于卷四十五¹；给安娜·玛格达莱娜的两卷曲谱[1722 和 1725]则在卷四十三²中。）

彼得斯版

卷一和卷二.平均律钢琴曲

---

①　Inventionen und Sinfonien，BWV772—801，译作"二部和三部创意曲"，英语文献中也有将此处的"Sinfonien"称作"three-parts Inventions"的——比如彼得斯版中，德语中则仍在沿用"Sinfonien"。无论原文用哪种说法，只要是指 BWV787—801 这组作品时，本译均按旧习称"三部创意曲"。——译注

　　卷三.奏鸣曲和组曲

　　卷四.幻想曲,托卡塔,前奏曲和赋格

　　卷五和卷六.帕蒂塔,意大利协奏曲,哥德堡变奏曲

　　卷七.小前奏曲,二部和三部创意曲,法国组曲

　　卷八.英国组曲

　　卷九.托卡塔,前奏曲,幻想曲,赋格,小前奏曲

　　卷十.维瓦尔第协奏曲

　　卷十三.其他曲目,增补作品,归属未明作品,给玛格达莲娜练习曲(《赋格的艺术》中的两首双钢琴赋格则在卷十一中。)

　　比希霍夫(Bischoff)版的巴赫钢琴作品(7 卷本,斯坦因格雷博〔Steingräber〕出版)编订得十分精彩,同样值得留意。由里科尔迪(Ricordi)主编,B. Cesi、C. Cesi、Longo、Marciano、Mugellini 和 Philipp 等人参与编订的通俗注解本也十分有趣,可惜的是这仅是一个(钢琴作品的)选集而非全集。

　　钢琴协奏曲会留到讨论器乐作品的章节讨论。

　　正如管风琴作品那样,键盘作品大部分都可追溯至自魏玛和科腾时期。然而,巴赫只出版了莱比锡时期的大作——六首帕蒂塔、《意大利协奏曲》、四首二声部曲以及《哥德堡变奏曲》。

　　帕蒂塔(古组曲),而非组曲——尽管在形式上确实就是组曲,是巴赫称呼带有库瑙风格的作品时用的名字。他的前辈库瑙在 1689 到 1695 年间发表了两卷的《键盘练习曲》(*Klavierübungen*),每卷中都包含 7 首古钢琴"帕蒂塔"。①

　　第一首正式的帕蒂塔出现在 1726 年,它是巴赫出版的第一个作品②。那时他 41 岁。其后的每一年他都会有一首新的帕蒂塔面世。等到出了

---

　　①　见施皮塔,《巴赫生平》,卷 II,第 635 页。

　　②　同年,米尔豪森议会推举的 Ratswahl 康塔塔"上帝是我的王"(*Gott ist mein König*)(第 71 首),获得出版的机会,然而这并非巴赫本人的要求,而是议会的提议。

六首之后,他将其合成一集,并效仿他的前辈,题名为《键盘练习曲(卷一)》(*Klavierübung Part I*)。"练习"在这里的意思,当然不是指给学生练习用,而是一种非正式的供消遣娱乐的作品。①

如果巴赫的儿子对福克尔所说属实,作品曾在当时的乐坛引起轰动。"我们从未见过或听过如此绝妙的楔槌键琴作品。只要好好学会其中几首,就算是了不起的成就。"②

《键盘练习曲》的第二卷,其中包括《意大利协奏曲》和《B 小调帕蒂塔》,③由魏格尔(Christoph Weigel)于 1735 年在纽伦堡出版。即便是沙伊贝,也不得不对《意大利协奏曲》赞叹有加。④ 有趣的是,巴赫的作品灵感来自于穆法特的《乐曲选辑》(*Florilegium primum*,1695)中的一首序曲(Sinfonia)。两者的主题极其相似,已经不能用巧合来解释:

穆法

巴赫

《键盘练习曲》的第三卷在 1739 年面世。原本只打算收录管风琴作品——据教义问答赞美诗而作的前奏曲,但四首楔槌键琴二声部曲却被

---

① 该卷的标题是:古钢琴练习曲,包括前奏曲、阿勒芒德、库朗特、萨拉班德、吉格、小步舞曲以及华丽曲(Galanterien),供艺术爱好者精神消遣之用。第一卷,在 1731 年由作者本人出版。

② 福克尔,《巴赫传记》,第 50 页。

③ 即《法国序曲》,BWV831。——译注

④ 见本书第 159 页。

281 误辑入该集子中。这些管风琴曲当然也可以用那时非常流行的带双键盘和脚键盘的羽管键琴演奏。至于这些伟大的作品是如何被管风琴师们接受的，则未有记载。

《键盘练习曲》的第四卷同在纽伦堡出版，但出版者由魏格尔换成施密特（Balthasar Schmidt），后者也是埃马努埃尔作品的出版者。《哥德堡变奏曲》就在该卷中。哥德堡是凯瑟林伯爵的羽管键琴师，伯爵是巴赫的赞助人之一，时任俄国驻德累斯顿宫廷的使臣。正是他使巴赫获得"宫廷作曲家"的封号——巴赫确实收到过委任书。哥德堡是弗里德曼的一个学生，后者那时也在德累斯顿。后来哥德堡随他的主子迁去莱比锡，据福克尔说，他仍经常拜访巴赫，讨教一切他能学来的东西。在变奏曲开头，福克尔如下记述：

> 凯泽林伯爵感觉十分不适，每晚都无法入睡。哥德堡和伯爵生活在一起，当伯爵失眠时，他整晚地守候在伯爵旁边的一个房间里，为他弹琴。有一次，伯爵提出让巴赫写一些古钢琴曲供哥德堡演奏，最好是安静和欢快的，这样能让他在不眠的夜晚中舒坦一些。巴赫认为，能最好地达到这个目的的当然是变奏曲——他此前几乎不怎么思考这种曲式，因为从头到尾都要贯彻一个相同的基础和声。伯爵后来常常称这是属于他的变奏曲。他总是听不够，在很长一段时间里，只要他睡不着，就说"亲爱的哥德堡，为我弹一段我的变奏曲。"巴赫可能从来没在一首作品上得到那么多的报酬。伯爵赠他一只金制高脚杯，里面放着 100 个路易金币。①

巴赫对变奏曲并无特别的喜好，这点可以从除了哥德堡之外，他只在青年时期写过一首"A 小调意大利风格的咏叹调及变奏曲"，简称："意大利变奏曲"（巴赫协会版，卷三十六，第 203—208 页）的事实中看出。在管

---

① 福克尔，《巴赫传记》，第 54 页。

风琴音乐中,他也几乎不在众赞歌旋律上作变奏曲。

　　《哥德堡变奏曲》的主题可在给安娜的《钢琴小曲》(1725)中找到。它是一支跟在歌曲"你是否在我身旁?"之后的萨拉班德。早在创作变奏曲的十年前,它就已存在。

　　然而,变奏并未过多在其主题上展开,反倒是在主题的低音声部上作 282文章。这样一来,巴赫才能乐思飞扬,与其说它是一系列的变奏,不如说它更像一首用明暗对比法(clair-obscur)编织而成的帕萨卡利亚。

　　第一次听这个作品着实难以习惯,我们必须慢慢熟悉它,同时要理解巴赫晚期的音乐。这时他的兴趣已不再是这个或那个旋律声部是否迷人,而是自由和娴熟地表达各种乐思。只要我们明白这一点,就能够品味到那种温文尔雅、让人舒心的欢愉,正是这种欢愉让这些看上去有些矫情的曲子变得温润无比。在最后一个变奏中,温润的欢愉转变成最爽朗的笑声,两首民谣在其中尽情嬉闹:

就这样,巴赫在晚年回归到他的祖辈们非常喜欢的集腋曲中去,这个大家族的成员最后都纷纷聚集于此,悠然自得,乐享余生。

　　在巴赫的所有作品中,这无疑是最接近现代钢琴风格的一部。如果不说作者是谁,光听倒数第二和倒数第三个变奏,或者哪怕是仅仅瞧一眼乐谱,大家都会以为是贝多芬的晚期作品。

《哥德堡变奏曲》、《意大利协奏曲》以及其后的那首帕蒂塔①均在双键盘羽管键琴上写就。即便不事先声明这一点,人们也能很快地在演奏中意识到,在一层键盘上弹奏它们相当困难,有某些段落会使双手缠绕到一起。

巴赫从未想过要出版一些其他的键盘作品,这点颇为奇怪。《平均律钢琴曲》不在考虑之列,因为它篇幅实在太大。那时,这样一份抄本的成本至少要 10 到 15 塔勒。但是,为何不出版《法国组曲》和《英国组曲》呢?可能是他认为它们还不够精巧,难度也不足。由于他的精力和财力都实在有限,只能把很小的一部分花在镂刻出版上,因此他更愿意倾力于能让他在专业音乐家和鉴赏家那里获得名声的作品上。那时的人们评价作品更看重的是才华,而非美感,这就扼杀了巴赫那些简单的组曲出版的机会。

倘若如此就认为巴赫其他的键盘作品没有得到广泛的传播,也会犯下错误。这些作品通过手抄本广为流传。事实上在 1720 年之后,几乎任何一位优秀的德国音乐家,手头上都至少拥有一份巴赫的作品。早在 1717 年,马特松就在他的著作《高级配器法》(Das beschützte Orchestre)中仅凭借他见过的一些作品,就将"著名的魏玛管风琴师约·塞·巴赫先生"归入一流作曲家之列。

除了出现在《键盘练习曲》里的 7 首帕蒂塔②,巴赫还作了其他 15 首组曲——6 首《法国组曲》、6 首《英国组曲》,以及三首规模稍小的组曲(这可能是《法国组曲》的草稿)。③ 我们已经无法得知《法国组曲》和《英国组曲》的名字缘何而来。即便是福克尔也无法说清楚这一点。④ 他的猜测

① 指和《意大利协奏曲》同时期创作的《B 小调法国序曲》(BWV 831),该作属于帕蒂塔形式。——译注

② 即 6 首帕蒂塔(BWV 825−830)和《法国序曲》(BWV 831)。——译注

③ 法国组曲和英国组曲在巴赫协会版,卷十三²中,因为 1863 年的版本没有基于原稿,这部分作品在 1895 年重刊于卷四十五¹中。三个青年时期的组曲(A 小调、降 E 大调、F大调)则在卷三十六中(1866)。该卷中还收录了一些组曲的片段和一些单独的舞曲。E 大调组曲(卷四十二,第 16 页以下)则是一些器乐作品的改编曲。降 B 大调组曲(卷四十二,第 213 页以下)和"Sarabande con partita"(卷四十二,第 221 页以下)的归属可疑。D 小调帕萨卡利亚(卷四十二,第 234 页以下)则肯定不是巴赫所作。它是韦特(Christian Friedrich Witt,卒于 1715)的作品。

④ 福克尔,《巴赫传记》,第 56 页。

是，前者的名字源于它们是按法国风格所作，后者则是"为一位品质出众的英国人而作"，但明显没有这回事。其后不久，有人尝试将帕蒂塔命名为"德国组曲"，但没有成功。

《法国组曲》曾出现在献给安娜的第一套《钢琴小曲集》（1722）里，尽管并不完全。其中的一份手稿上有这样的题字："Sex Suiten pur le Clavesin compossee par Mos: J. S. Bach（由约·塞·巴赫为羽管键琴而作的六首组曲）"。《英国组曲》的手稿上的标题同样也是用法语题写，但拼写则准确得多。有一个非常珍贵的手抄本，内含两套组曲，由盖博在 1725 至 1726 年间抄下，那时他正受教于巴赫。

《法国组曲》的创作时间已被证明不会晚于科腾时期。《英国组曲》很可能是同一时期的作品，尽管我们所能找到的所有手稿和抄本都来自莱比锡早期。初到托马斯工作的第一年里，巴赫几乎每个周日都要写一部新的康塔塔，他根本不可能有时间创作别的作品。

《英国组曲》可以追溯到 17 世纪的风笛手，他们习惯于将各种民族舞曲糅合在一起。德国的琴师吸收了他们的曲式并进一步发扬光大。这种组曲要求至少要包含四种舞曲：阿勒芒德、库朗特、萨拉班德和吉格。阿勒芒德是舒坦的 4/4 拍，有一个 8 分音符或 16 分音符的弱拍；库朗特（作 Courante）是 3/2 拍，其特点是有一连串不间断的相同音符；萨拉班德是一种庄重的西班牙舞蹈，也是 3/2 拍，重音通常被妖娆的装饰音围绕；吉格通常是平坦而急促的，可以使用各种类型的三拍子。"吉格"（Gigue）意为火腿或熏肉，是法语中对古时的小提琴的谑称，因此吉格就是指拉琴人的舞蹈。

到后来，各种舞曲形式纷纷加入到组曲之中，谁都无法拒绝。法国人，尤其是马尔尚和库普兰，认为应该引进所有可能的舞曲。他们的组曲中囊括了加沃特，2/2 拍，有半拍往上扬；小步舞（Menuett），一种简单的三拍子舞曲；巴斯皮耶（Passepied），一种和小步舞相似的布列塔尼舞蹈，在路易十四治下，融入到法国芭蕾舞之中；布列（Bourrée），快速的 4/4 拍，一种源自奥弗涅（Auvergne）的棱角分明的舞蹈。法国人还在他们的组曲里加入了古回旋曲（Rondeau）、利戈东（Rigaudon）、波罗奈兹（Polonäse），甚至是一些并无舞曲特征的独立乐段。

巴赫认真考察了他的法国同行们运用的这些丰富的组曲曲式，对他们无所不用其极的做法持保留意见①。他遵照惯例，将原本不属于组曲中的外来舞曲插入到萨拉班德和吉格之间，让吉格充当结尾。巴赫通常会将外来的乐段放在前面，因此，英国组曲是以前奏曲开始的，而在《键盘练习曲》中那些精美的帕蒂塔则始于前奏曲（Präludien）、意式序曲（Sinfonien）、幻想曲（Phantasien）法式序曲（Ouvertüren）、开场序曲（Präambeln）、②幻想曲或托卡塔等若干种曲式；而《法国组曲》则直接以阿勒芒德开始。

一般来说，在键盘组曲里，作者会对这类舞曲做出相应的调整。比

---

① 有关巴赫与当时的组曲的联系，见施皮塔，《巴赫生平》，卷二，第 84 页以下。组曲的完整历史，请参考威兹曼（Weitzmann）的《键盘音乐史》（*Geschichte der Klaviermusik*），第三版，收录在 Max Seiffert 卷一，第 91 页以下。

② Präludien、Sinfonien、Overtüren、Präambeln 都可以称为前奏曲或序曲（此二种说法亦可互换），曲式大致类型相似，但具体的含义和形式有所不同，也互有交叉之处。在西文中这些词的用法本身比较灵活，有时能够互换。由于历史和地域习惯之故，不同时期不同地区的作曲家和理论家用它们来指代的对象也存在差别。若不仔细研究作品本身以及相关的历史背景，极有可能望文生义或混淆。尤其是在近现代的音乐中，这几个词所指代的音乐形式和巴赫时代已有很明显的差异（同样亦存在联系）。因此对它们进行翻译面临很大的困难，使用固定的译名肯定不妥，只能按照不同时期的用法做出区分以及在必要时附原文。以巴赫这个时代为例（暂不在此讨论近现代的用法），这几个词具体的区分如下：1. Präludien，前奏曲，用来为其他音乐（比如声乐）奠定风格和调式的乐曲，通常是用器乐（词根"ludien"指演奏，与"唱"相对的）进行即兴演奏。它和 Präambel（拉丁语作 *praeludium* 和 *praeambulum*）几乎可以通用，但差别在于后者有时还承担介绍标题和后续曲目内容的功能，而非仅仅是音乐上的铺垫。2. Sinfonie，（意式）序曲，它是序曲一词的德文和法文写法（英：Symphony；法：Simphonie，Symphonie；德：Sinfonie，Symphonie；意：Sinfonia），此词源自希腊文"同时发声"（"syn"指"同时"，"phone"指发出声响），文艺复兴到 17 世纪左右，该词指歌剧、清唱剧、康塔塔等作品的开篇乐曲，通常是器乐。作为 18 世纪以前流行在意大利的歌剧序曲，该曲式多数以"快——慢——（舞曲式的）快"这标准的三段体构成，后来流传至意大利以外，最终演变成今天的交响曲。但在巴赫时代的作品中，Sinfonie 还仅是指序曲，特别是意大利式的三段体序曲。当 Sinfonie 指和 Invention（二部创意曲）相对应的那组作品时，沿习惯译作"三部创意曲"。3. Ouvertüre，（法式）序曲，法文作"Ouverture"，意大利文同样呼其作"sinfonia"，功能和 Sinfonie 大致一样，只是它可以由两到多部分组成，不仅局限于意大利式的三段体，有时它也可以指一个以法式序曲开头的完整作品或一套完整的组曲（比如巴赫的《法国序曲》）。4. 它和 Präludien 的区别体现于 Präludien 只承担音乐上的前奏作用，Präambel 则有（唱词）内容上的前奏和铺垫的含义，多用于声乐、歌剧等场合，按照其特殊性，将它译为"开场序曲"。——译注

如，在组曲里篇幅相当长的吉格，原本只是一种由两句8小节的乐句重复的小舞曲。意大利作曲家通常只会保留各种舞曲的节拍和节奏型，而不会纠缠于保守它们原始的特色。法国人在这方面要严谨一些，他们提出要从头到尾严守每种曲式的节奏韵律上的特点。① 巴赫则更进一步，他总是能够焕发出曲式的活力，并给每一个主要的舞曲曲式都赋予一个明确的音乐上的形象。在他看来，阿勒芒德充满活力但却悠然自如；库朗特整齐急促，庄严和优雅并重；萨拉班德则是一种庄重、大气的步态；最自由的形式要数吉格，律动如天马行空。就这样，他将这些曲式上升到最高的艺术层面，而同时又在保留它们作为舞曲的原始特点。

和管风琴音乐一样，键盘音乐中的一些作品，是巴赫给儿子和学生们的教学用曲。他的键盘教学曲目包括给初学者的前奏曲，《二部和三部创意曲》，以及《平均律钢琴曲》。

我们一共能搜集到18首供初学者用的前奏曲。② 其中7首在给弗里德曼的《钢琴小曲》中；有6首则收录在一份题为 "*Six Préludes à l'usage des Commençants composés par Jean Sébastien Bach*（由约·塞·巴赫创作的六首供初学者使用的前奏曲）"的旧手稿中，福克尔完成了它们的第一次出版。③ 其他的曲目则经学生们之手流传至今。

即便是在这些小曲目中，也能彰显出巴赫卓尔不群的伟大。他本来只是想写些简单的练习曲，但最终的成品，只要人们稍微弹过，就难以忘怀。成年人回过头来弹奏它们，也每每能找到新的欣喜。尤其迷人的是——C小调前奏曲（第119页），它的十六分音符琶音如梦如幻；断句干脆的D大调前奏曲（第131页）；热烈的E大调前奏曲（第132页），对于能够完全把握它的人来说，那种陶醉一定是他能感受到的最高涨的青春体验之一。

《二部和三部创意曲》（*Inventionen und Sinfonien*）的一份主要的手稿的标题是这样的：

---

① 见施皮塔，《巴赫生平》，卷 I，第 695 页及以下。
② 巴赫协会版，卷三十六(1886)，第 118－127 页。
③ 见其著第 54 页。福克尔仅知道这六首。

一个诚实的向导,给键盘乐器的爱好者,特别是那些渴望学习演奏的人,此处不仅清晰地展示如何简洁地演奏两声部,还进一步展示如何正确和流畅地演奏三声部;在获得好的"创意"的同时还要将其表达出来;最终达到如歌般的演奏风格,并且对创作树立起坚定的品味。阿恩哈特·科腾的乐监约·塞·巴赫创作。1723 年。

除了这份手稿外,我们还有其他两份日期更早些的手稿。弗里德曼的《钢琴小曲》,创作始于 1720 年,也同样收进了这些作品中的大多数,但作品标题有所不同;"二部创意曲"(Invention)此处作"开场序曲"(Praeambulum),"三部创意曲"(Sinfonie)作"幻想曲"(Fantasia)。[①] 当巴赫将其重新抄写一遍的时候,对曲目次序作出了调整。它们仍旧按照调号的次序排列,但在每首二部创意曲后插入相对应的三部创意曲。通常,二声部和三声部的曲目——正如其展现出的主题相关性那样——是同时写就的,因此这样的排序也是合理的。在最终的手稿中,为了教学的方便,他又重新将二声部和三声部分开。最终的版本是巴赫在大量同类作品中严格精选出来的,删去了许多平时在教学时使用的,无关紧要的小曲目。[②]

巴赫在选定标题上的无所适从完全是因为这类作品在以前从未有过。他舍弃了适合用作钢琴小曲的二声部歌谣体,也弃用他曾用于给初学者的六首前奏曲中的曲式,并最终创造出一种属于他自己的新曲式,不以外界的分类方式为准,只按照乐思的自然发展自如地演奏。这样做的结果便是,他的"创意"或是作曲法肯定不如按主题或按动机的作曲法那么悦耳动听。这种创作法必然会导致返始咏叹调逐渐变成更加自由的歌谣体。然而,他并没有因此赢得更多自由,尽管他总觉得在不断接近它。

将键盘乐曲题为"创意曲"(Invention)似乎并不是巴赫自己的创造发

---

① 见巴赫协会版,卷四十五,第 213 页以下。

② 参考施皮塔,《巴赫生平》,卷 I,第 662 页及以下。

明，这种提法早已有之，只不过是来自一些不知名的作曲家罢了，而巴赫曾把他们的作品抄给孩子们练习。[①] 他本来也可以将这些曲子简单地称作"前奏曲"（Präludien），但他认为这个标题太常见，且不能充分地表达他依照严格的对位法将心中的乐思发展成乐曲的创作特点。

创意曲并不是为羽管键琴，而是为楔槌键琴而作。那时的人们直接将楔槌键琴（Klavichord）称作"键盘（Clavier）"[②]。只有在这种乐器上，"如歌般的"演奏才得以可能，这也是巴赫创作时的主要意图。这样，在钢琴演奏的历史上，《二部和三部创意曲》就与当时很时尚的拨弦式（hackbrettartig）的声响效果形成对抗——当然，这种声音不仅仅流行于那个时代。我们能从这些曲子的每一小节中感觉它们最根本的观念，就是要表现出乐器的歌唱性和收放自如的张力。

当巴赫写下这个标题，并表示希望这些曲子能够让演奏者形成一种对作曲的坚定品味时，他根本没有预料他的愿望能被如此广泛地实现。如今大多数的现代音乐家，即便他们掌握的有关作曲技法的理论知识无法与巴赫时代的人相比，但还是能对艺术的真伪形成清晰的判断，这主要得归功于巴赫的这些小曲子。用它们来做练习的孩子，不管弹得多么机械，都能获得对声部写作（Stinmführung）的感受，并从此不会忘记。他们通常可以出自本能地感受到所有别的音乐中对声部精妙的编排，同时也能感觉到缺乏这种编排时的贫瘠。只要他们能透彻地钻研乐曲，在有才能的老师的指导下，用他们正确和优美的方式，肯定能获得一种对真正的艺术的标准——无论日后他们是否成为作曲家，当然，他们中的大多数只能成为演奏家。无论如何，巴赫的标题给人的明显感觉是，学习键盘乐器并不能局限于其自身，通过它进而学习作曲才是最终目的，这对今天的钢琴教师来说意义非凡。

这些表面上看很相似的创作大致能归结为两类，它们的区分在于乐曲的展开，完全正统的展开或者用特别夸张的观念将其展开。第一类的

---

① 施皮塔，《巴赫生平》，卷 I，第 830 页。
② 如今该词泛指各式键盘乐器。——译注

代表是著名的 F 大调二部创意曲,E 小调和 F 小调三部创意曲则属于另一类。但是,严格来说,这些曲子中的每一首都是自成一格的杰作,没有什么别的作品能与之类比。只有一个想象力无限丰富的头脑敢于写出这样的 30 首小曲,完全用相同的风格和音域,但却让每一首都与其他首截然不同,而且不费吹灰之力。面对这样不可思议的创造力,再去问是否有别的伟大作曲家能有巴赫这样的创造力,似乎都已经是个多余的问题。

两卷本的《平均律钢琴曲》创作于若干个相对分散的时期。[①] 第一卷完成于 1722 年,巴赫在自己的手稿上标注了日期;第二卷编订于 1744年,这是我们从汉堡管风琴师施温克(Schwencke)那得知的,后者在 1781年时将当时在埃马努埃尔手上的一份手稿(后遗失)誊抄了一遍,该手稿的标题页上的日期是 1744 年。

在 1720 年的弗里德曼的《钢琴小曲》里能找到《平均律钢琴曲》第一卷中的 11 首前奏曲,其中包括著名的 C 大调前奏曲。从巴赫对这首作品和其他作品(C 小调、D 小调、E 小调)的修改上我们可以推测,在最开始下笔的时候,《平均律钢琴曲》中的大多数作品都未能达到如今这般完美,但通过巴赫锲而不舍的修改,最终会找到一个让他满意的形式。

盖博在他的字典中提到,巴赫创作《平均律钢琴曲》第一卷时呆在一个让他觉得度日如年的地方,而且身边没有任何乐器。这个说法应该是可靠的。盖博的父亲曾在莱比锡前期受教于巴赫门下,这个传说很可能是他从巴赫的言语中获得的——当时老盖博正好在学习《平均律钢琴曲》,巴赫还亲自为他弹奏过三次。[②] 创作该作品时的巴赫很可能正跟着科腾的利奥波德王子四处周游,那台出现在宫廷乐器清单中的小型便携式钢琴,无奈只能留在宫中。[③] 考虑到《平均律钢琴曲》中的大多数曲子都是在一段相对较短的时间里创作的,那么这个传说无论如何都是确切

---

① 巴赫协会版,卷十四,(1866)。

② 关于《平均律钢琴曲》第一卷的起源的传说,见盖博字典第一卷第 90 页;巴赫对老盖博的教导,见同卷第 490 页以下。

③ 通常,王子会从他的室内乐队中挑选 6 名乐手组成一个完整的六重奏,陪同他出行。见 Bunge,《约·塞·巴赫的乐队在科腾》(*J. S. Bachs Kapelle zu Cöthen*),见 1905 年的《巴赫年谱》,第 27 页、第 42 页。

的。这种创作习惯恰恰就是巴赫的特点。第二卷也正是在康塔塔创作任务完成后的零碎时间里写下的。

其实，在巴赫形成要创作一个作品集的想法以前，很多前奏曲和赋格就已存在。这个看法不仅适用于第一卷，第二卷亦然。从它们原初的形式上看，两卷中的很多曲子都可以追溯到巴赫最早的时期。只要对巴赫足够精通，就能慢慢识别出哪些曲目属于这一类。比如，第一卷的前奏曲中，C 小调和降 B 大调就没有展现出与多数其他作品相同的成熟度。该卷中的 A 小调赋格也是一个年轻时期的作品，不仅主题有些松散，结构不严密，而且能明显看出它写在脚键盘羽管键琴上。低音声部末尾的最后一个音，持续 5 小节，不能单独用手来完成，必须借助脚键盘，这也正是早期作品的常见情形。除此之外，《平均律钢琴曲》中的曲目，像《二部和三部创意曲》那样，主要还是创作于楔槌键琴，而非羽管键琴上。巴赫本人似乎没有将 1744 年的集子称作《平均律钢琴曲》第二卷，而简单将其称作"24 首新的前奏曲和赋格"。

他把在科腾时期完成的作品题名为《平均律钢琴曲》，意在庆祝这次胜利——他的作品给当时的音乐界一个让人满意的解决方案，这点我们很好理解。在用旧式定调法进行调谐的乐器上，并无法用所有的调号进行演奏，因为五度音和三度音发出的是自然音调——这种音调之间的绝对差异由对琴弦的分割造成。用这种方法调音，每一个单独的音都会十分准，而其他的音——相对前者来说，就多少有些失调。五度音和三度音正好就属于各自都很准，但完全无法互相调和的音程。所以必须找到一种方法，将五度音和三度音从绝对的音调调谐成相对的音调——将它们"平均"（temperiert）一下，尽管这样会使它们各自的音调都有些失准，却能较好地搭配在一起。这一问题在 16 世纪起变得十分尖锐，当时新的排弦方法开始在楔槌键琴上出现，即分配给每一个音一条单独的琴弦；此前一条琴弦要分配给若干个音使用，通过切线法将琴弦分割成具体的长度，形成指定的音高。管风琴也急切面临着"平均"音调的问题。

291

该问题引起了意大利人扎利诺（Giuseppe Zarlino，1558）和阿隆（Pietro Aron,1529)的注意。① 到后来,哈伯斯塔特(Halberstadt)的管风琴建造者韦克迈斯特(Andreas Werkmeister,1645－1706)最终找到一种大体上有效的调音方法。他将八度音程拆分成 12 个相等的半音,这 12 个音均不是绝对纯正的音高。他关于音律调谐的论述面世于 1691 年。这个问题得以解决后,作曲家就可以用所有的调式进行作曲。然而,在过了相当长的一段时间后,用所有调式作曲(此前大家都在极力避免)才逐渐进入实践中。著名的理论家海尼兴(Heinichen)关于通奏低音的论述发表于 1728 年——即巴赫的《平均律钢琴曲》第一卷完成的 6 年之后,在该文中他承认人们很少使用 B 大调和降 A 大调,且几乎从来不用升 F 大调和升 C 大调②;这说明他对巴赫的这卷前奏曲和赋格作品全然不知。

有一段时间,巴赫的名声似乎因创作了《平均律钢琴曲》第一卷而受挫。在 1880 年曝光的一份手稿中,一个叫韦伯(Bernhard Christian Weber)的滕斯塔特(Tennstedt)管风琴师给作品取了一个和巴赫作品极其相似的名字,其上用红色蜡笔标注的日期是"1689"。但这个惊人的消息很快就被塔珀特(Wilhelm Tappert)的论证推翻,这份手稿其实并不是前辈韦伯的作品,而是 18 世纪中叶一个庸俗的模仿者干的。如果一定要给巴赫找出一个先驱,那必定是马特松,后者在他的《管风琴练习曲》(Organistenprobe,1719)以及关于通奏低音的论述中,都积极倡导要用全部调号来作曲,并在这两个地方给出一难一易两个范例。③

巴赫曾在他的崇拜者中发现一个这样的模仿者——洛本施泰因(Lobenstein)的管风琴师佐尔格(Georg Andreas Sorge,1703－1788),后者用

292

---

① 见巴赫协会版,卷十四,序言第 25 页;以及 Weitzmann-Seifferts 在《钢琴演奏史》(Geschichte des Klavierspiels)中关于这一问题的章节。

② 见施皮塔,《巴赫生平》,卷 I,第 769 页。要理解十二个相等半音的系统,我们必须记得,原本的八度音是被全部调正的,只是它们之间的间隔需要被调谐。

③ 见塔珀特的《论平均律钢琴曲》(Das Wohltemperierte Klavier),在埃特纳的《音乐史月刊》(Monatshefte für Musikgeschichte)中,1899,第 123 页以下,他对巴赫之前所有声称使用了全部 24 个调号创作的作品作过一番考察。

全部 24 个调号写过一套前奏曲和赋格，并通过巴赫的出版人，纽伦堡的施密特（Balthasar Schmidt）发行了这套作品。①

在很长一段时间里，人们一度认为《平均律钢琴曲》第二卷的手稿遗失了。18 世纪中叶，格罗夫爵士（George Grove）和普罗特（Ebenezer Prout）告诉大家它还存在，并声称它已从一个私人藏家手中转归大英博物馆所有。它是通过克莱门蒂（Muzio Clementi）来到英国的，已无人知晓他如何得到该稿；在他去世后，这份手稿由一位叫艾梅特（Emett）的先生买下，门德尔松在 1842 年造访此人宅邸时发现该稿并确认其为真迹；后来，艾梅特的女儿将其卖给她的朋友韦斯利小姐（Miss Eliza Wesley），后者 1895 年去世时将其遗赠给大英博物馆。它已不是最初的稿子，但却是由巴赫本人悉心抄写下的。他依旧将每首前奏曲和赋格抄在一张单独的稿纸上，省去其演奏时翻页的麻烦。美中不足的是，这份稿子里少了 3 页。②

《平均律钢琴曲》第一卷则有几份手稿存世。巴赫非常细心地抄写下两份给他的两个儿子。弗里德曼的抄本给了米勒，在放弃哈勒（Halle）的职位后，他不时呆在这位布伦维克（Braunschweig）大教堂的管风琴师身旁。这份手稿现存于柏林皇家图书馆。埃马努埃尔的抄本在 1802 年通过他的女儿卖给了苏黎世的出版商纳格利，估计至今还在这座城市的某个人手里。③ 另一份 1722 年的手稿曾在布达佩斯的一位沃克曼（Volkmann）先生手里，后来不幸被 18 世纪 40 年代中期的一场多瑙河洪灾污损，至今仍能看见污渍。我们根据它后来的主人的名字，称其为魏格纳

293

---

① 施皮塔，《巴赫生平》，卷 II，第 671 页。

② 关于这份手稿的历史与详细情况，见 O. Taubmann，《一份巴赫平均律钢琴曲的手稿》（*Ein Autograph des zweiten Teils von Bachs Wohltemperiertem Klavier*），辑于 1896 年的《大众音乐报》（*Allgemeinen Musikzeitung*）中（这份手稿后来移交给英国当局），以及德费尔（Alfred Dörffel）在巴赫协会版第四十五（1895）的序言中的评论，第 68—72 页。

③ 巴赫协会版编订《平均律钢琴曲》时，并没有利用这份手稿。见施皮塔，《巴赫生平》，卷二，第 665 页以下。1885 年它到了哈根布赫（Stadtrat Hagenbuch）先生手中，他是苏黎世的大众音乐协会（Allgemeinen Musikgesellschaft）的主席。多菲尔有幸考察过这份手稿，他认为这是一个相对粗糙的抄本。见他在巴赫协会版卷四十五中的序言，第 65 页以下。

(Wagenersche)手稿。①

　　有一位很特别的抄家,他将改进巴赫视为自己的职责,并试图修改两卷中的每一首前奏曲和赋格。他的主要做法是将所有不必要的烦难之处移除,赋予其新的形式。如果巴赫不是生活在那个"猪尾巴"②的时代,而且有更精致的品味的话,兴许能同意他的做法。他将第一卷中的 D 大调赋格改成这样:

　　同样是这两卷中的前奏曲和赋格,福克尔手上有许多被删减得更离谱的稿子。更让人无法相信的是,福克尔,以及后来的巴赫传记作家希尔根费尔特(Hilgenfeldt)和彼得斯,都把这些版本当成是真作,极力声称它们比大家认可的那些版本更优越。③ 巴赫的音乐缪斯诞下的这些孩子,就这样境遇悲惨地被拐跑了——它们都可怜得只剩下"皮包骨";认识巴赫的儿子,并听过他们演奏的人曾说,本来还期待听到一丝巴赫精神的气息,但在听到这样的演奏后,都感到自己变成这种笨拙无耻的狡计的受害者! 即便是策尔特这样的人,也要在简化巴赫上一试身手。这种美学上的欺骗过于猖狂,以至于那时的人们会认为这些作品来自洛可可时代,即便它们被标上巴赫的大名!

294

----

　　① 维也纳的帝国图书馆里并没有收藏《平均律钢琴曲》的手稿,邦格在 1905 年的《巴赫年谱》中的文章中提供的说法可能有误(见第 32 页)。

　　② Zopf,指假发辫子。——译注

　　③ 所有这些修订本如今都在柏林皇家图书馆里。福克尔手里的 C 大调前奏曲(第一卷)作为补注被收入巴赫协会版卷十四中。它只有 24 小节,而非 35 小节。还须注意的是,大多数版本的第 24 小节(低声部 G 音)都有错误,该误植的来源是 1781 年的施温克抄本,该本在很多方面都不可靠。

在手稿上，第一卷的标题是这样写的：——

平均律钢琴曲，用所有全音和半音上的调号，并依据大三度 do、re、mi 和小三度 re、mi、fa 而作的前奏曲和赋格。给热爱学习的年轻音乐家提供便利，也供那些早已熟识此艺的人消遣娱乐，由约·塞·巴赫构思与谱写，阿恩哈特·科腾的合唱指挥及乐监，1722 年。

《平均律钢琴曲》的第一个版本由英国人科尔曼（Kollmann）在 1799 年出版[1]；一年后苏黎世的奈格里和波恩的西姆罗克也相继出版该作。后来的版本将第二卷放到第一卷前面[2]。第一个彼得斯版面世于 1801 年。布赖特科夫与黑泰尔版则直到 1819 年才出现。当时的伦敦和巴黎的版本都是用纳格利版盗印的。第一个令人满意的版本则是克罗尔（Kroll）编辑的巴赫协会版（卷十四，1866）[3]。

我们可以从《平均律钢琴曲》中感受到艺术文化在不同时代的进步。

295

---

[1]　科尔曼和韦斯利的圈子对巴赫极其狂热。韦斯利直接称其为"老东家"。他们经常举办巴赫独奏会，为了出版一套完整的英文版巴赫作品集，他们还发起募捐。见克雷奇马尔在巴赫协会版卷四十六中的序言，第 24 页。1812 年，科尔曼在《音乐季刊》（The Quarterly Musical Register）上发表"对巴赫前奏曲和赋格的考察"（*An Analysis of Bach's Preludes and Fugues*）。

[2]　彼得斯出版的第二版（1837）由车尔尼（Czerny）编辑，克罗尔则是第三版（1862/3）的编辑。

[3]　在其他的版本中，由 Bischoff 编辑、Steingräber 出版的版本较为引人注意。这个出版社还出版过施塔德（Stade）做的关于平均律钢琴曲中的赋格的非常深入和细致的研究。同时值得注意的还有布吕克（Carl von Bruyck），《平均律钢琴曲的技术和美学分析》（*Technische und ästhetische Analysen des Wolttemperierten Klaviers*，Breitkopf and Härtel，第二版，1889 年）；雅达松（Jadassohn），《对巴赫平均律钢琴曲中的精选赋格的阐释》（*Erläuterungen zu ausgewählten Fugen aus J. S. Bachs Wohltemperierten Klavier*），此文是他的《卡农与赋格教程》（*Lehrbuch des Kanons und der Fuge*，Leipzig，1888）的附录；里曼（Hugo Riemann），《对平均律钢琴曲与赋格的艺术的分析》（*Analyse des Wohltemperierten Klaviers und der Kunst der Fuge*，Leipzig，1890，1891，1894）；斯托克豪森（E. von Stockhausen），《巴赫平均律钢琴曲中的十二首赋格的和声基础》（*Die harmonische Grundlage von zwölf Fugen aus J. S. Bachs Wohltemperiertem Klavier*，Leipzig，W. Weber）和《我们如何研究巴赫的平均律钢琴曲？》（*Wie studiert man J. S. Bachs Wohltemperiertes Klavier?*，in *Neue Musikzeitung*，1904）

当罗赫利茨(Rochlitz)在 19 世纪初与这些前奏曲和赋格相遇时,他只觉得其中几首有吸引力。他在这些曲目上打了勾,但随着演奏的推进,他惊奇地发现打勾的数目不断增加。[①] 但即便是这位巴赫的头号先知,都不会相信——倘若有人告诉他——在一百年以后,每一个受过良好音乐熏陶的人,都会认为这里的每一首曲子都很好理解。

这个作品如今已成为我们共同的财富,这一点让我们感到欣慰,然而,这个作品好比乐林中的一株苗木,仅是宽泛地流连于树林,并不可能真正悟出此树之道。我们只能一遍又一遍地重复,从中吸取养分,不断演奏,使自己真正进入到这个世界中去。任何美学式的解读相对于此都十分肤浅。这个作品真正使我们着迷的,并不是曲目的形式或发展,而是它里面反映的世界观。与其说我们享受《平均律钢琴曲》,不如说我们在受它的教化。欢乐、悲伤、泪水、哀嚎、笑声——都能在作品中找到,它将我们从俗世的尘嚣带到一种超然的静谧中,让我们看到另一种现实,我们仿佛坐拥湖光山色,远望高山和云朵,近观古木和深潭。

没有任何作品比《平均律钢琴曲》更能让我们理解,艺术是巴赫的宗教。他并不像贝多芬在奏鸣曲中那样,直接描述灵魂的情状,也没有目的明显的奋斗与挣扎,他在用一种高于生活的精神去描绘生活的现实,这种精神的深处其实是最激烈的情感冲突——暴怒的悲伤和热烈的狂喜——这正是灵魂卓越的基本表现。正是这种精神,让满载悲伤的降 E 小调前奏曲(第一卷)和无忧无虑的 G 大调前奏曲(第二卷)同样光彩照人。一旦人们能感受到上述那种绝佳的静谧,就能体会到巴赫用奥妙的音乐语言表达的这种神秘的精神——它能述说所知的一切,也能感受生活的现实,正是这种精神,让我们和光同尘,物我兼忘,也正是这种精神,让巴赫和那些最伟大的灵魂一道,接受我们的感激。

《平均律钢琴曲》汇编之后,还有 6 组前奏曲和赋格以及 12 首单独的赋格剩余出来,巴赫明显觉得它们不足以入选集子。[②] 其中的 A 大调和

---

① 见本书第 207 页。

② 这些前奏曲和赋格收录在巴赫协会版,卷三十五中。第 12 首不是巴赫的作品,而是埃森纳赫的 J. C. 巴赫。

B小调两首作品，是用阿尔比诺尼（Albinoni）的主题创作的。①

　　还有一些前奏曲和赋格，要么篇幅过大，要么关系过于孤立，都不可能被选进集子中。这类的作品有 A 小调幻想曲和赋格②，以及一组同调号上的前奏曲和赋格，③这些都是钢琴作品中的上佳之作。后来，巴赫用极其高超的技巧将这首 A 小调前奏曲和赋格改变成一个为长笛、小提琴和键盘而作的协奏曲，并在其中加入一段慢板——这个慢板则是由管风琴奏鸣曲第三号④的中间乐章扩充而成。⑤ 这首前奏曲的开头是：

赋格的开头是：

　　在协奏曲中，巴赫将后者标记为 4/4 拍，并写出了一段宽广自由的齐奏。这首 A 小调前奏曲和赋格很可能是科腾时期的作品，也许早在 1725 年就已存在。⑥ 它大概是在 18 世纪 30 年代被改编成协奏曲，那时巴赫在泰勒曼的音乐协会指挥演出，正好需要协奏曲作品。

297

---

① 巴赫协会版，卷三十六，第 173 页以下和第 178 页以下。
② BWV 904。——译注
③ 巴赫协会版，卷三十六，第 91 页以下。（BWV 894）
④ BWV 527。——译注
⑤ 这个协奏曲在巴赫协会版，卷十七，第 223 页以下。（BWV 1044）
⑥ 这个日期出现在 Peter Kellner 的一份抄稿上。

A 小调赋格的开场使用了琶音和弦,称之为赋格幻想曲恐怕更合适
些。这个精神饱满的杰出作品至少有 198 小节。①

半音阶幻想曲和赋格②是巴赫第一首广受欢迎的键盘作品,由他生
前及去世后纷繁的抄稿就能证明这点。这些稿件中最早的一份标注的日
期为 1730 年。然而巴赫创作它的时间则更早,大概是和著名的 G 小调
管风琴幻想曲③同年,即 1720 年。这两个作品中有一种内在的联系,不
仅是因为它们带有相同的,非常特别的红光烈焰,还因为它们都用器乐的
方式表现出宣叙调的风格。

在 C 小调幻想曲中,巴赫运用了那不勒斯式的键盘风格,我们可以
在亚历桑德罗(Alessandro)和多梅尼克·斯卡拉蒂(D. Scarlatti)的作品
中发现这种风格,它的主要效果来自双手的位置交换。④ 在《键盘练习
曲》第一卷的降 B 大调组曲的吉格中,巴赫也运用了这种效果。C 小调幻
想曲大约出自《意大利协奏曲》时期,可能还比后者稍晚些,大约是在(18
世纪)30 年代末期,手稿中标明了这点。该幻想曲后还有一个赋格,可惜
手稿中只留下了开头 47 小节,它应该还有更多。⑤ 但这并不意味巴赫未
完成该作品。这个作品在他抄写 C 小调幻想曲时肯定已完成,只是他未
将这个赋格抄完。由于这个小意外,我们便无法看到全曲。从曲子的开
头看,这像个形式非常独立的赋格,而不像附属于幻想曲,因此无法看到
全曲就更让人觉得遗憾。它的主题是建立在巴赫赋格中常见的一个半音
模进上:

---

① 巴赫协会版,卷三,第 334 页以下。亦见前述第 236 页,Oppel 在《巴赫年谱》
(1906)中的论述,第 74—78 页。
② 巴赫协会版,卷三十六(1886),第 71 页以下(BWV 903)。
③ BWV 542。——译注
④ 巴赫协会版,卷三十六,第 145 页以下。其他的一些幻想曲,多数是年轻时的作品,
都收录于此。其中包括形式十分有趣的 A 小调。第 138 页以下。
⑤ 这个片段在巴赫协会版,卷三十六,第 238 页。

四个规模较大的键盘作品，以键盘奏鸣曲的形式流传下来，它们都有几个乐章。但是其中有两首——A 小调和 C 大调——必须删掉，因为施皮塔在 1881 年发现它们只不过是对赖因根的《音乐花园》(*Hortus Musicus*) 中的器乐作品的改编和扩充。①

D 小调奏鸣曲也只不过是无伴奏小提琴奏鸣曲第二首在键盘上的改编。② 因此，D 大调奏鸣曲是唯一一首在键盘上创作的作品。③ 但是这首曲子却几乎没有原创性，年轻的巴赫在库瑙键盘奏鸣曲的影响下写出这首作品。在最后的赋格中，他用一段模仿母鸡咯咯乱叫的乐句自嘲了一番，主题是这样的

还有一个对题

此处的风格欢快有余、灵光稍欠。我们通过一条意大利语笔记得知这个　299
曲子要表达的意思。

共有 7 首多乐章的键盘作品被命名为"托卡塔"。其实它们同样可以

---

① 这两个奏鸣曲出现在巴赫协会版，卷四十二，第 29 页以下和第 42 页以下（A 小调——BWV 965；C 大调——BWV966。——译注）。在施皮塔著作的第一版中，他还认为它们极具巴赫特色。他给出真正事实的文章发表在他的《音乐史论文集》(*Musikgeschichtliche Aufsätze*, Berlin, 1894) 中，第 111 页以下。赖因根的《音乐花园》从那时起又由 Riemsdijk 出版，见前文第 169 页，以及施皮塔，《巴赫生平》，卷 I，第 239 页及以下，第 631 页及以下。

② 巴赫协会版，卷四十二，第 3 页以下（BWV 964——译注）。那首无伴奏小提琴奏鸣曲是 A 小调。（巴赫协会版，卷二十七¹，第 24 页以下。——BWV 1003）

③ 巴赫协会版，卷三十六，第 19 页以下（BWV 963——译注）。有另一首 A 小调的作品（巴赫协会版，卷四十五，第 168 页以下）也称作奏鸣曲。它大概是一个管弦乐曲的改编。

称作奏鸣曲。在那个时代,所有在键盘乐器上创作的,多乐章的乐曲都可以称为托卡塔,而无须考虑它的标题暗示的任何特殊曲式。在这 7 首托卡塔中,有五首——D 大调、D 小调、E 小调、G 小调、G 大调——属于魏玛前期①,另外两首——升 F 小调和 C 小调——的创作时间似乎要晚些。② 从整体上看,G 小调托卡塔最为有趣。D 小调那段忧郁悲伤的缓板(adagios)和整首 G 大调都十分简洁动人。后来的两首托卡塔,由于结尾都有些不足,给人的总体印象有所欠缺。在升 F 小调托卡塔中的下行半音主题,后来成为 B 小调弥撒中的"被钉在十字架上"(Crucifixus)的主题。它这样开始——

降 B 大调"狂想曲"(Capriccio)非常独具一格,这可能是巴赫在阿恩斯塔特时献给他的二哥雅各布(Johann Jakob)的,③后者于 1704 年在波兰加入瑞典国王查尔斯七世的军乐队,成为一名双簧管手。19 岁的巴赫为家庭离别聚会写了一首"在临别之际赠予挚爱的兄长的狂想曲"(*Capriccio sopra la lontananza del suo fratello dilettissimo*)。它以一个咏叙调开始,题为"朋友们为阻止他离开而进行温柔的规劝",接着是一个行板,意思是"描述各种导致他远走异国他乡的事件";"友人的各种伤心不舍"则用一个帕萨卡利亚式的极慢板(Adagissimo)表现,主题就是"被钉在十字架上"的那个;接下来的乐章是"友人们,在无计可施后,纷纷前来

300

────────────

① 巴赫协会版,卷三十六,第 26 页以下(按顺序分别是 BWV 912—BWV916)。D 大调托卡塔的开头让我们想起那首同调号的管风琴作品(彼得斯版,卷四,第 3 首——BWV 532)。A 大调托卡塔(巴赫协会版,卷四十二,第 243 页以下)的作者不是巴赫,而是珀塞尔(Purcell)。

② 巴赫协会版,卷三,第 311 页以下和第 322 页以下。(升 F 小调——BWV 910;C 小调——BWV 911。——译注)

③ 巴赫协会版,卷三十六,第 190—196 页(BWV 992)。关于这首作品的美学意义,请见"巴赫作品中的歌词和音调"(*Wort und Ton bei Bach*)一章。

送别";紧接的是"御马者的抒情曲",最后用"模仿御马者号角的赋格"结束了这个惹人怜爱的作品,这首作品是对库瑙四年前发表的《键盘奏鸣曲中的圣经历史》(1700)的直接响应。

同时期的另一首 E 大调狂想曲,则不那么有趣。巴赫将该作献给抚养他成人的大哥,奥得鲁夫(Ohrdruf)的克里斯托弗(Johann Christoph Bach)。①

键盘乐曲中有一些作品,本来是打算写给鲁特琴的,甚至很可能,巴赫是在鲁特琴上创作出它们的。② C 小调小前奏曲就是这样的例子——

近来的研究者宣称降 E 大调前奏曲(巴赫协会版,卷四十五,第 141 页;BWV 998)、E 小调组曲(巴赫协会版,卷四十五,第 149 页以下;BWV 996)、E 大调组曲(巴赫协会版,卷四十二,第 16 页以下;BWV 1006a)、C 小调组曲(巴赫协会版,卷四十五,第 156 页以下;BWV 997)同样是鲁特琴作品的键盘改编版;G 小调无伴奏小提琴奏鸣曲中的赋格以及无伴奏大提琴组曲中的"不谐和组曲(Suite discordable)"③也是在鲁特琴谱上流传下来的。这样看来,在 1761 年布莱特科夫(Breitkopf)目录中提到的那三首鲁特琴帕蒂塔很可能并没有失传,正如大家通常猜想的那样。因此,对于巴赫本人是否演奏过鲁特琴,我们很可能可以给出一个肯定的回答。

---

① 巴赫协会版,卷三十六,第 197—212 页。(BWV 993)

② 以下的这段评论基于泰佩特(Wilhelm Tappert)的《约·塞·巴赫的鲁特琴作品》(*Sebastian Bachs Kompositionen für die Laute*,Berlin 1901,后由 Redende Künste 重印)。在这篇文章中,作者谴责巴赫协会版的编辑没有单独发表一卷鲁特琴作品。然而他的批评也不是完全在理。

③ 指六首无伴奏大提琴组曲中的第五首 C 小调组曲,BWV1011。——译注

第十六章　键盘作品的演奏

301　　　一般的巴赫演奏者都会认为最大的困难在于装饰音。这无疑是他们的"七印"①。但事实上这个问题并没有看上去那么难。②

　　我们必须从巴赫在《键盘小曲》第三页上的解释入手，在标题"对各种记号的解释，并展示如何简洁地弹奏装饰音"下方，巴赫将每个记号所对应的装饰音的弹法都完整地写了出来，如下——

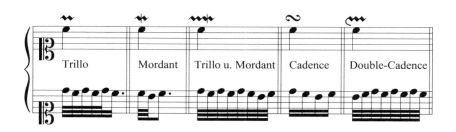

　　①　见圣经《启示录》五章、六章、七章、八章。

　　②　关于巴赫装饰音的问题可以参考如下资料：Rust，巴赫协会版，卷七，序言；Franz Kroll，《平均律钢琴曲》的序言，巴赫协会版，卷十四；Edward Dannreuther，《音乐中的装饰音》（*Musical Ornamentation*，I），第 161－210 页；H. Ehrlich，《巴赫键盘作品中的装饰音》（*Die Ornamentik in J. S. Bachs Klavierwerken*，Steingräber），该著作对组曲讨论较多；Klee，《古典键盘音乐中的装饰音》（*Die Ornamentik der klassischen Klaviermusik*，Breitkopf and Härtel）；Germer，《音乐中的装饰音》（*Die musikalische Ornamentik*，Hug，Leipzig，第三版，1899）。亦见 Bischoff 在他编的巴赫键盘作品集中（Steingräber）的阐述，以及在 Ricordi 的集子里的精彩论述。

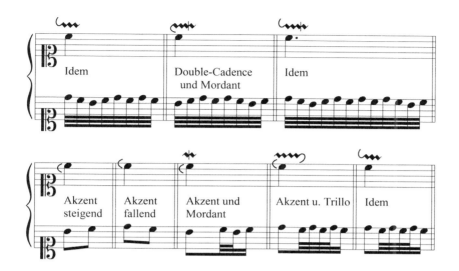

除此之外，还有一篇关于装饰音的文章，收录在埃马努埃尔的《试论键盘 302
乐器演奏的正确方式》(*Versuch über die wahre Art das Klavier zu spielen*)①。

装饰音的主要规则总结如下：

1. 巴赫将颤音简单标记为 t, tr -, ⌒⌒⌒, ⌒⌒，并不会每次都注明具体的弹法和持续时值。一般来说它占据整个音符或多半个音符的时值。

2. 通常，颤音从本音的上方辅助音上开始，只有极少数情况从本音开始。在长颤音中，允许开始时在本音上停留一会儿，再从上方辅助音开始，特别是当乐章或主题的开始处就有颤音时，如《平均律钢琴曲》第二卷中的升 F 大调赋格，或当前一个音刚好是上方音时。

3. 巴赫的颤音和现代的颤音最大的区别就在于前者要弹得更慢些。速度过快会破坏效果。我们必须时刻记住在八分音符上的 ⌒⌒ 记号，仅仅意味着将其分解为 4 个三十二分音符；同理，四分音符，即便曲目的速度偏快，也仅是将其弹成 4 个十六分音符而已。只有怀着谨慎入微的态度，才能将装饰音弹好。

---

① 柏林 1753－1762。第一部分，第二版，1759，第 45－100 页。Daniel Gottlob Türk 的《钢琴教育》(*Klavierschule*)(1789)在这方面的讨论也十分有价值。(第二版，Leipzig-Hall，1802，第 232—369 页。)

4. 如果接下来的一个音是在颤音的下方二度,那么就要将该颤音弹成上波音(Pralltriller)。这一点必须注意。

巴赫将带后倚音(Nachschlag)的颤音写成～～,意思是一个颤音再加一个上波音。倚音(Vorschlag)的上行和下行是按该符号边上的小勾～和～的反方向进行。初始装饰音加后倚音可以写成～或者～。演奏的规则同样在上述提到的《键盘小曲》中。按照埃马努埃尔的说法,长颤音都必须加奏后倚音,但在几个颤音相连的时候则无须这么做。在向下的二度音前面的～记号要弹成上波音,即,把颤音断开,且要弹得比普通的颤音快。它的最后一个音,按照埃马努埃尔的表述,要"弹击"(geschnellt),即要用很快的速度敲击琴键,然后用同样快的速度将手指朝手心方向收回,使这个音的声响与众不同。如——

帕蒂塔 卷四:Aria

埃马努埃尔建议手生的练习者处理这种上波音时,可以多弹一两个音。

他把上波音简单理解成速度偏快的颤音,只是持续时间稍长或稍短,如果本音是跳音,则要把它的时值弹得更短,这样看来,颤音的全部目的似乎就仅仅是将其弹得更响亮而已。

波音(Mordent)同样标记成～,指有隔断的颤音,它并不仅是颤动音符的数量多少的问题,而是要给予主音一个特别的音色而使颤音变得更短促。和上波音(Pralltriller)不同,它没有特别情况的限制,而它的第二音在本音下方,这也与上波音方向相反。用埃马努埃尔的话说,"滑进第二音时,波音向下走,上波音向上走。"

波音有两种主要形式,一短一长。后者又由两种类型的音组成。波音也可以表示为加长的～～。通常来说,用大二度来演奏更好。

《法国组曲》:降 E 大调萨拉班德

巴赫音乐中的回旋音标记为∿,根据《键盘小曲》中的规定,必须将之弹成等时值的四个音。如果需要延长,必须在本音上延长,倘若乐曲行进速度太快,就不能进行延长。如——

倚音(Vorschläge)标记为一条小连线或是一个小音符。它有时长,有时短。弹奏它时,重音要落到倚音上,不能落到本音上。过渡到第二个音上要用连奏,第二个音力度要轻,埃马努埃尔称其为"Abzug"。

如果装饰音时值很长,可以将其弹成本音时值的一半,或者可以弹成相等的时值,甚至是将三分之二的时值落到装饰音上。如——

不过这个规定无须严格遵守,但必须根据当时乐曲的速度要求选择合理的方式演奏。在一个长音前的装饰音可以弹得长些,而在短音或过渡音前的装饰音则要短促。因此必须考虑每一个音的具体位置和意义。根据埃马努埃尔,在三度音程之间的装饰音通常要弹得很短促,即便它跟着一个长音。长和短的装饰音交替出现在同一首作品里的例子是最有教育意义的,如三部创意曲中的降 E 大调以及 G 大调帕蒂塔中的萨拉班德。这些装饰音,如果出现在第二和第三拍上,就要弹得短促,如果出现在第一拍上,就要弹得长些。如——

305 　　降 E 大调三部创意曲

弹成这样：

帕蒂塔卷五, 萨拉班德

弹成这样：

　　当我们摸透巴赫装饰音的本质时，就会发现具体的时值并不是一个太重要的问题，真正的问题在于声音的力度和活力。由于巴赫通常会将力度音色等表达缩略到音符里，像如下的段落——

它的意思应该是第一个音要重弹,第二个音要连过去并渐弱(diminuen-
do)。音符的时值可以写成这样——

相反,当装饰音连续出现八分音符或十六分音符时,它们的第二个音就要
弹成第一个音后的"吐气",即只留该音的一小部分时值。连线在此相当
于一个力度标记。

　　后倚音,用一个小勾或一个小音符表示,通常也须很短促,尽量并进
入下一个音当中。当巴赫如下表示时——

必须要被弹成这样——

在第一帕蒂塔的库朗特当中,他这样写——

上图只不过是一种古老的,不严谨的标记法,它相当于这样——

所有这些作品中,附点都是这样使用的,它远没有实际上那么严谨。

　　这些对巴赫记谱习惯的解释只可以当作对一般情况的应对办法。如果装饰音出现太多,我们会很快失去解释的能力,对悦耳音色的本能感觉,就自然成为我们最后的救命稻草。这也是埃马努埃尔的看法。在对各种装饰音的弹法做出甄别,并给出确定的解决方案后,他最终又将决定权交回给艺术直觉,并放弃了之前一直苦苦追寻的学究式的解决方案。在习惯巴赫装饰音的基本规则后,只需再加上一点点反思,人们就能摸索出一套令人满意的解决方案,以应对复杂的节奏和音色问题。装饰音之所以不用音符而只通过符号表示,就是要给予演奏者在润饰乐曲上一定的自由,演奏者必须知道这一点。只要我们能避免一些在现代钢琴演奏上的击键习惯,并懂得一些演奏旧式装饰音的潜在规则,就必定能获得较好的效果。这样,我们是否应该以固定的方式演奏——如《哥德堡变奏曲》的咏叹调中那些数不清的装饰音,就能得到一个相对稳妥的回答。①

　　我们仔细斟酌一下就不难发现,那个时代的整个装饰音体系,无疑是作曲家对演奏家的让步和妥协,后者希望获得演奏的自由来突显自己的演奏效果。在过去的一个半世纪里,我们的演奏者能够获得的自由则越来越少。第一个挑战演奏者的这种需求的人正是巴赫。沙伊贝批评他完全没有给演奏者留下余地,巴赫无法反驳,因为他已将每个符号所代表的意思完整地写了出来。② 沙伊贝的批评有其道理。巴赫的确将装饰音从他的音乐中排除出去了。在《平均律钢琴曲》中,我们很难在实践中碰到

　　① Dannreuther,《音乐中的装饰音》,卷一,第202—204页为咏叹调提供了一个解决方案。

　　② 见本书第156页。

真正的装饰音；即便是在华丽的《意大利协奏曲》中亦难觅其踪迹；在声乐中，那更是被严格禁止。相比他的同代人，他的音乐显得毫无修饰。只有在那种雅致的类型里，比如组曲，他才会安排一些装饰音，但比起那个时代的习惯，其作用仍旧微不足道。这等数量的装饰音竟会给今天的普通演奏者带来如此大的麻烦，确实有些讽刺。然而这不是巴赫的问题，而是演奏者自身的问题。只要人们愿意花上四、五个小时，吃透前面讨论的若干规则，便能得到一个清晰的观念，这不仅能化解对作品的畏惧，而且还会发现这种"习惯"其实充满乐趣。

现代钢琴是否适合演奏巴赫，至今还未成为一个困扰普通大众的问题，因为大家都对巴赫使用的乐器毫无概念。在专业度稍高的圈子里，这个问题已经被吵得沸沸扬扬。

巴赫会怎样看待现代钢琴？肯定和对现代管风琴的看法相同。他会由衷感叹其机械性能上的精美，但不会被它的音色所吸引。埃拉德（Sebastian Erard）在 1823 年发明的复奏装置（Repetitionsmechanik）使得槌击式钢琴能形成触键音量上的级差，巴赫一直追求这种触键上的精致，这也是他相对于声音饱满的羽管键琴更加喜欢音量较弱的楔槌键琴的原因。但是，在这个装置出现以后，不断增大的音量就成为钢琴发展的唯一追求。音量变大之后，音色只会变得更呆滞，所以今天的钢琴就不可能再呈现出巴赫时代的那种音色——我们用金属的共鸣替代了清澈明亮的木质共鸣。

一件乐器的音色越呆滞，就越不适合用于复调演奏。复调需要每个声部都能独立清晰地展现出来，使听者不费功夫就能感受到这种结构。只有听过一台好的楔槌键琴或羽管键琴演奏的前奏曲和赋格之后，才会明白我们的钢琴在演奏伴奏声部时的表现有多糟糕。楔槌键琴好比一个小型的弦乐四重奏，它能够清楚交待每一处细节。在羽管键琴上，每条旋律线同样相当清晰，拨弦的音色也要比现代钢琴上的明亮畅快得多。

尽管如此，我们是否应该回归到旧式乐器上——倘若可以的话——演奏巴赫的键盘音乐，仍是个值得怀疑的问题。古钢琴已经被请出宫廷，因为我们再也无法习惯如此柔弱的声音。羽管键琴则不同。它晶莹透亮,沙沙细细的乐音很难被拒绝,通过转换键盘、联键的分合、八度音程联键,还可以获得各种不同的音色,让人几乎忘记它的琴键并没有音量的差别。它的低音声部也比其他乐器上的更清澈、动人。如果有幸听过兰多芙斯卡用她精美的普莱耶尔(Pleyel)羽管键琴演奏的《意大利协奏曲》,就完全不能够接受在现代钢琴上演奏这样的曲目了。[①]

309　　　但是,羽管键琴的狂热者们必须和无情的现实作斗争——即便是在一个很小的演奏厅里,它的声音在距琴大概 25 英尺处非常晶莹,但在近处听则会变得有些衰弱和颤抖。并非所有的巴赫键盘作品都能在羽管键琴上获得很好的效果。它适合演奏那些动机统一的、没有发生断裂的曲子,如《平均律钢琴曲》第二卷的 C 大调前奏曲,它由琶音式的分解和弦组成;也适合演奏纯粹的二声部形式,如同一卷中的 A 小调前奏曲。另一方面,由于它的声音不连贯以及无法持续发声,使得它不适合演奏那种歌唱式的音乐。这样看来,如今这些翻新的羽管键琴似乎只适合演奏巴赫音乐中一些较为冷门的作品,而不适合演奏那些被大家所熟知的,通常意义上的键盘作品。尽管如此,所有巴赫爱好者仍应该感谢那些为推广羽管键琴而付梓辛劳的学者、艺术家和乐器工匠,我们当然希望这件乐器能够更多地应用到巴赫演奏当中。与此同时,我们不能寄希望于“回到羽管键琴”的声浪就能解决这件乐器在演奏巴赫中遇到的问题。尽管施皮塔和他的同代人认为,现代钢琴已能满足巴赫的要求,但我们还是可以肯定,巴赫理想中的乐器远非如今这个样子。这在巴赫作品中的一些特殊要求上体现得尤为明显,现代钢琴如今也逐渐意识到这类问题,音量有渐弱的趋势。在一个很大的演奏厅里,我们确实需要三角琴那种强烈、厚钝的音色,倘若将其放置在一所私宅的小客厅里,它的音色就会大得难以产生美感。因此,我们必须将机械结构和声音织体完美贯通,最终使声音——无论在什么情况下都能明亮、清晰、干脆。如果这个要求能够实现,而且

---

① 见 Richard Buchmayer 的文章《羽管键琴抑或钢琴》(*Cembalo oder Piano forte*),在《巴赫年谱》,第 64—93 页。在德国,柏林的 Hirl 和杜伊斯堡的 Rehbock 都特别致力于制造羽管键琴。

我们能再现 1830 年的桌式钢琴（Tafelklavier）上的那种精致声响——达到羽管键琴的演奏效果。那么，我们就更接近于解决为巴赫音乐选择钢琴这个问题了——至少在家里演奏是如此。当人们懂得柔美地而非雄壮地弹奏巴赫时，一定会喜欢上 1830 年或 1840 年的，经过精良翻新的桌式钢琴。

310

然而，即便是对家用钢琴进行革新后，也不能完全解决这个问题，因为巴赫的脑海里总是有两种乐器同在。现代钢琴适合演奏为楔槌键琴而作的曲目，而那些算在羽管键琴名下的作品，只有在那种银质的沙沙声的映衬下，才会显现出它的美。

只有这样考虑键盘作品的演奏，思路才会逐渐明朗。直至 19 世纪中叶，在李斯特和彪罗（Bülow）向公众重新推广巴赫的时候，他们不得不向僵化、迂腐、缺乏真正巴赫气质的演奏传统开战。因此也不难理解这些推广者轻易地走向另一极端——他们认为如果巴赫再世，他定会毫不犹豫地将自己的作品建立于现代的演奏精神之上。这正是那些基于现代眼光的巴赫改编曲和"巴赫诠释方法"的由来，这种做法并没有将作品本身的特质呈现出来，反倒将巴赫打扮成为一个现代人。后来，彪罗继续在他编的巴赫作品集里误入歧途，《半音阶幻想曲》就是一个典型例子——他尝试给公众一个简单化的巴赫作品观念，而巴赫本人的意图则远没有那么简单。他一直苦苦追寻，但终究不得正果，直到在晚他一辈且思路更加缜密的钢琴家那里，才慢慢学会将巴赫的作品看作一个整体。新一代的两位典型代表人物是布索尼和维亚纳·达·莫塔（Vianna da Motta）。这一批钢琴家意见一致地认为，他们不应再过多地追求灵感和激情的微妙变化以及触键的音响效果，而要将他们的演奏着眼于表达作品本身宽广的、造型丰富的线条。

与其说巴赫是一名钢琴家，不如说他是一名管风琴家。他的音乐的建筑性要多于感性，这就是说，他用声音的结构关系来表达内心的感想。因此在他的管风琴作品以及键盘作品中，几乎无法看到那种从弱到强或从强到弱的悄然渐变。一个固定的强度会支配整个乐段，转换到另一乐段时，则会出现明显的力度对比。"巴赫的音乐通常都是恢宏大气的"，维

311

亚纳·达·莫塔说，[1]"它在宽阔的阶梯中逐层上升，就像古老的亚述人的庙宇那样"。如果想透彻地读懂一个作品，我们必须仔细琢磨它的结构，否则就只能像我们通常所做的那样，用一些随意专断的概念去附会它，试图将它套入这些概念中。

研读巴赫的键盘作品，我们必须从巴赫亲自标示出强（forte）和弱（piano）的作品开始，它们是《意大利协奏曲》、《半音阶幻想曲》以及最后一首 E 小调帕蒂塔——当然，我们必须确保手头的抄本可以信赖。这些作品为我们展示了巴赫用于塑造作品结构的简洁线条。它们的对比乐段都比较长，只有在一个完全不同类型的插入句进入时才会转变力度。即便是在帕蒂塔的最后一首应答曲（Echostück）中，力度对比仍运用得很内敛。

正是这首帕蒂塔告诉我们，在很多作品中巴赫完全没有想过要做出力度上的变化。除了在前奏曲中使用了两层键盘外，剩下的所有曲目只采用了一种音色。库朗特、萨拉班德和吉格从头到尾都是"强"，与之相类的还有加伏特、巴斯皮耶和布列中的第一首，而这三支舞曲中的第二首，则在弱音键盘上演奏。这意味着在其他组曲中的舞曲也应该用统一的音色弹奏。如果用从强到弱或从弱到强这种感性的渐变来弹奏会损毁它们的特色。

另一方面，《英国组曲》和帕蒂塔中的大部分篇幅较长的前奏曲，显然都需要用两种音色来弹奏，它们的构思与最后一首帕蒂塔的序曲如出一辙。G 小调英国组曲的前奏曲——

---

① 见他的文章《论巴赫钢琴作品的演奏》（*Zur Pflege Bachscher Klavierwerke*，*Neue Zeitschrift für Musik*，1904），第 678 页以下。这篇文章讨论了一种演奏巴赫的新潮流。

"弱"从 33 小节开始,直至 67 小节。其后是一个"强"的段落,持续至 99 小节——从这一刻开始,双手要在不同的键盘上演奏,那些从主题中引申出来的飞驰的八分音符动机,只要出现,都要在强音键盘上弹奏;109 小节到 125 小节双手都得在主键盘上;接下来的"弱"的乐段,右手移至强音键盘,左手留在主键盘,直至 161 小节;到 185 小节时,左手也要移到强音键盘上。

在巴赫标明强和弱的曲目中,我们能够清楚地知道他如何转换音色,这点颇为重要。有时候是双手同时转换,有时是一只手先一只手后。基于这点,我们很有必要回过头去研习一些管风琴作品,特别是那些线条更简洁、结构更庞大,又非常能体现"阶梯"特色的曲目。《勃兰登堡协奏曲》也不容忘记,无论是乐曲结构还是不同层次力度的使用,它们都是巴赫作品中最有启发的。我们同样要注意那些被称为"序曲"(Ouvertüre)的管弦乐组曲,巴赫只在开场的前奏曲和自由曲目中提示了转换,舞曲中则没有给出。这和最后一首键盘帕蒂塔的标示方法相同。

在这些信息的帮助下,我们就能依稀摸索出一点隐含在《平均律钢琴曲》的前奏曲和赋格中的力度处理门径。在前奏曲和赋格中,同样也存在一部分曲目是从头到尾都用一个音色弹奏的。从这些曲目的结构特点中,我们没有找到任何转换音色的逻辑上的必要,所以,任何的强弱转换都会显得很武断,最好的做法还是保持一个宜人且舒展的"强"——第一卷的升 C 小调、D 小调和 E 大调前奏曲均属此例。在赋格中我们则更能确信,作者几乎没有力度转换的考虑。

在需要用两种不同力度的音色的曲子里,这两种力度要么出现在两个同时行进的声部中,要么在乐曲中分段轮替出现。第二卷的 D 小调、A 小调、B 小调前奏曲都属于前者,在此恰当的力度处理是,把有主题出现的那个声部带到阳光下,另一个声部则埋入云雾中。很多前奏曲都是这样设计的,因此要一只手弱,另一只手强——《意大利协奏曲》的中间乐章就此标明。还有一个典型例子是第二卷的升 F 小调三声部的前奏曲,确切的做法是左手弹奏下面两个声部,右手只负责最高的声部。若将该曲弹成一段强,一段弱,则违背了巴赫在《意大利协奏曲》的中间乐章里所提示的表现意图。

在第一卷的降 A 大调和 A 大调前奏曲中,如何合理分配乐曲的光和暗,其线索就在主题进入的位置。只要主题出现的段落,无论是它出现在一个声部中还是分布到各声部里,毫无疑问,都要用"强"弹出,其余的部分则用统一的"弱"处理。

第二卷的 F 小调前奏曲就常常被糊涂地对待——

强和弱的转换是被严格决定的,至少在第一部分中是这样,主题进入的位置便是转换强弱的位置;第二部分的情况则不那么显而易见,因为主题和插句之间的界限稍显模糊。最自然的弹奏方式应该是这样——(以下数字均为小节数)1—$4^{1/2}$ 强;$4^{1/2}$—$8^{1/2}$ 弱;$8^{1/2}$—$16^{1/2}$ 强;$16^{1/2}$—$20^{1/2}$ 弱;$20^{1/2}$—$32^{1/2}$ 强;$32^{1/2}$—40 弱;$40^{1/2}$—$46^{1/2}$,右手强,左手弱;$46^{1/2}$—$52^{1/2}$,右手弱,左手强;$52^{1/2}$—$56^{1/2}$ 弱;此后一直"强"至曲终。

第一卷的 C 大调前奏曲是一个用二层手键盘的羽管键琴构建出对比效果的典型作品。乐曲的前半部分应弹作"强",后半部分则弹作"弱",这种处理在羽管键琴上会形成强烈反差。如此一来,前奏曲能产生梦境般的欢快效果,而不会产生我们常常可能误读出的悲戚效果——当我们尝试把握那玄妙的旋律,而它又徘徊于半空无法捉摸,难免悲从中来。如果我们在钢琴上用悲惋的情绪演奏,并且带上一个跨度很大且毫无间断的"渐强",效果定会让人失望——无论是它结束于"极强",抑或反巴赫之道而行之,不断渐弱至"极弱"上结束(试过几次后就会发现这样做并不可取)。唯一可以肯定的是,用现代的方式演奏这首前奏曲,至今还没有哪位钢琴家能拿得出让人满意的诠释。

第一卷的 D 大调赋格,很像一首幻想曲的线条——

最自然的处理方式是，当主题中出现上行三十二分音符的音型时，每次出现都用"强"来弹，若出现沉着的、下行十六分音符的音型时，则使用"弱"。这样，结尾处强大有力的高潮部分就能获得特别好的效果。[①]

又如，第二卷的 D 小调前奏曲——

相对于上行的、如号角般的主题，下行的应答句应用"弱"来处理。如果我们想将这首前奏曲的感觉恰当地弹出来，就要将谱子理解为巴赫的管弦乐团的总谱。仔细考察之后我们不难发现，只有几个很短的部分要用弱音来弹。这些短小的弱音插句非常符合巴赫的特色，我们能在管风琴和管弦乐作品中找到很多这样的例子。它们的小巧简洁能使插句效果倍增。[②]

315

然而，在多数的曲子里，这些小插句都仅仅被认为是结构上的处理，很少有人把它当作主题内部的张力对比。最稳妥的处理方法，还是以乐曲中的收束或复调变化作为路标。如果一个乐段前有一个隆重的收束，或者该乐段有一到两个声部休止，那么我们一般都设想它最好使用"弱"来演奏。第二卷的 E 大调赋格是值得借鉴的一个例子：(小节)1—22 强；

---

① 具体做法展开如下：(小节)1—2 强；3 弱；4—5，右手强，左手弱；6—9$^{1/4}$，双手强；9$^{1/2}$—10，下行的 16 分音符应答句，弱；10$^{1/4}$ 强，16 分音符应答句仍是弱；11—16，双手强；16—19，每一小节的第一个 4 分音符是强，余下 3 个则是弱；20，双手强；21，第一个四分音符强，余下三个弱；22 直至结束，双手强。

② 下列方案应该是最自然的：(小节)1—2$^{1/4}$ 强；2$^{3/4}$—3$^{1/12}$ 强；3$^{2/12}$—4$^{1/4}$ 强；4$^{1/4}$—5$^{1/12}$ 弱；5$^{1/4}$—16 强；17—18$^{1/12}$ 强；18$^{1/12}$—21$^{1/12}$ 弱，左手在 19 小节处强；21$^{1/12}$—32$^{1/12}$ 强；32$^{1/12}$—41$^{1/12}$ 弱；41$^{1/4}$—42$^{1/4}$ 强；42$^{1/4}$—43$^{1/12}$ 强；43$^{1/12}$—44$^{1/4}$ 弱；44$^{1/4}$—45$^{1/12}$ 弱；此后至结尾，强。

22—34 弱;35 直至结束,强。同卷的降 E 大调赋格也可以用相似的方法弹出:1—30 强;30—58 弱(在给出主题的时候,强);59 直至结束,强。第一卷的升 C 小调赋格也可作相似处理。至于如何增进"强"的力度和表现力,在巴赫心目中,触键力度并非问题的关键,真正的效果取决于音色的丰润圆满和各个声部的互相配合。

我们并不是经常能在乐曲内部的逻辑中清晰地找到转换到"弱"的证据,通常,我们能找到若干套可行的方法。例如在第二卷的 F 大调赋格中,我们从 29 小节开始"弱",而在 66 小节后半节的左手、70 小节中声部的右手、73 小节后半节中的上声部这三处都要休止。在第一卷的 G 小调赋格中,我们在 $12^{1/4}$ 小节处结束"强",后面的小节都用"弱",只有在主题出现的时候用"强",最终的全奏开始于 28 小节。在第一卷的 C 大调赋格中,从 14 小节开始"弱",直至 24 小节;在第二卷的 D 大调赋格中,"强"一直持续至 16 小节,紧接着一直到 $27^{1/2}$ 小节是"弱",然后开始全奏。

316 无法否认,在很多的前奏曲和赋格中,我们的努力都徒劳无获。我们在其中无法发现任何的力度方案,也无法找到其他的方法来替代。我们只能寄希望于尽量突出主题,同时避免太过分的对比。第二卷的 F 小调赋格就是其中一例。在第二卷的 G 小调赋格中,我们能够清楚地看见最后的全奏开始于 67 小节,但无法看清这之前的"弱"一直回溯到哪里。一个较可靠的说法是开始于 40 小节。

有一种现代观念认为,在一个"强"乐段后的收束,要用"渐弱"来处理,直至引导出接下来的"弱"乐段;或者在"弱"乐段结束后用"渐强",使音色能顺势进入"强"乐段,这样的做法是错误的,将会抹平"阶梯"的差距——这类级差本是这些作品的特色所在,因此也毁掉了支撑乐曲结构的诸线条。巴赫的收束都是有实质内容的,应该用和它之前的乐段相同的音色和力度来弹。正是这种截然的对立,赋予音乐特别的魅力,正如在《勃兰登堡协奏曲》中那样。全奏声部在一瞬间戛然而止,跟随着全奏部分最后一个和弦进来的单声部独奏,径自悬隔在半空中,久久回荡。

还有另一种错误的现代观念,即,以"极弱"开始或结束于"极弱"上。正如巴赫在某些钢琴作品以及《勃兰登堡协奏曲》和管风琴作品中标示的那样，我们要用"强"来开始和结束，在《平均律钢琴曲》中也应该这样。这个规则在一开始并不能被使用现代演奏方式的演奏者接受。他们认为这个处理过于迂腐。然而，我们弹巴赫越久，就会越厌恶各类奇技淫巧，并且深刻地感觉到，只有最简洁的方式才是唯一正确的。

直到某一天，我们肯定会敢于在演奏第一卷的降 E 小调和降 B 小调前奏曲时，在开始和结束处使用优美、饱满的音色，用整体的、庄重的眼光理解作品，取代我们现在常用的细腻的、感性的处理方式。降 E 小调前奏曲中的所有和弦，无论在上方还是下方，统统要用"弱"来处理，而所有跟它那条雄辩的主题相关的部分，包括收束，都要弹作"强"。在降 B 小调前奏曲中，我们应该用一种"力不外泄"的"强"来弹，在 13 — 14 小节用"弱"，然后又回到那个温和的"强"之中，一直到倒数第三小节；最终的收束同样用一个温和的"强"处理。

317

现时代的钢琴演奏感觉带来的另一个错误，是在演奏赋格时舍弃一切，力保主题能够顺利呈现，只要主题出现，其他必要声部将要出现的细节一律不管，这让听众觉得是在聆听主题而不是赋格。在插句乐段自然要突出主题，如果条件许可，应该按其要求在另一单独的键盘上弹；但按照赋格的逻辑开放性和总体结构来看，所有必要声部都是平等的，主题相对它们而言只是同辈中的最长者罢了。

基于上述几点，在钢琴上演奏也如同在管风琴上演奏那样，若从"极弱"开始进入主题，一直渐强直到最终的"极强"明显是错误的，这好比我们在开始时展现出一只幼狮，随即不断呈现它成长的每一个过程，直至最终成为一只雄狮。巴赫的每一条主题，无论表达的是快乐还是悲伤，最终都会触及崇高感，因此我们必须从一开始就传递这种感觉。但不得不承认，对于习惯将巴赫作品逐渐升华至顶点的现代音乐家来说，想摆脱这种思维定势，肯定相当困难。还有很多音乐家认为，赋格的本质就是从"弱"逐渐走向"极强"，并认为巴赫特别符合这个特点。

演奏巴赫音乐时运用的这种塑型式的法则，并非源自某些传统，而是奠基于作品本身。这些法则向我们证明，在他的作品中，即使我们像演奏手风琴那样在整个乐谱里写满"极弱"、"弱"、"中强"、"强"、"极强"、"渐

强"、"渐弱"也不能解决实质问题,我们最终的弹奏方式无非是两种:要么使用一种宽泛的力度方案来演奏,要么将作品置于一个统一的力度中。①如果有人认为这样的法则太过学究气,那他们就是误将它理解为单调的了。其实情况恰恰相反。当一个音质运用到某个乐段当中时,无论幅度大小,它都应该表现出层次感,但又不超出该音质固有的幅度范围。巴赫十分钟爱楔槌键琴,正是因为他能够运用这种乐器自如地做出遮蔽音色的效果。他的演奏技法比他的同辈更神奇之处,在于他能让这些细节栩栩如生。因此我们就能从他的音乐中分辨出两种力度法,一种是着眼于声音结构的力度法,它力图将乐曲的主要线条勾勒出来;另一种是着眼于细节的力度法,它的目的则是赋予这些线条生命力。我们可以把后者视作一种夸饰的力度法,它的作用类似于音乐语言中收束的效果。

巴赫的音乐是哥特式的。宏伟的哥特建筑都是从简单的动机发展起来的,但最终它呈现出的是无比丰富的细节而非干瘪的线条,并且只有当每个细节都活灵活现时,才能达到应有的效果。因此,巴赫作品的效果,取决于演奏者如何将庞大的结构和繁杂的细节一同呈现出来,各个部分要同样的清晰,同样的饱含生命力。

如果我们用完全现代的情感式的力度法——正如我们在贝多芬的作品中遇到的,来取代这种二重的声音结构力度法,各种大大小小的差异就会被混作一团,巴赫的作品因此也极容易变得不知所云。②

因此,用一个统一的力度来演奏第一卷的降 E 小调和降 B 小调前奏曲并不单调乏味,反而是在用一种简洁、深刻的悲怆来修饰它,同时也是在避免情感化的表达效果;在使用适度的"强"的基础上再施以精巧的"层次感",尽一切可能表达出最丰富的意蕴。根据巴赫式的"强"的标准,所

---

① 这两种方案同样要依据作品本身来推断和选择。——译注

② 这正是车尔尼版的《平均律钢琴曲》(1837)的问题。编辑者在曲谱中铺满了形形色色的"渐强"和"渐弱",我们很好奇,他本人是否这样弹奏过。有趣的是,他用贝多芬的演奏来为他的标记辩护,他常常听后者演奏前奏曲和赋格,据说他就是这么弹的。Steingräber版和 Ricordi 版则更不注重细节差异。从理论上说,他们的立场和车尔尼一致,他们的力度法并不是基于作品本身的结构,而是基于他们自己的嫁接和改造。这些演奏者从来不认为这些细节是艺术本身所必须的,仅把它们当作偶然的、不确定的修饰。

有的"强"和"弱"都要有一定程度的突出，对于"弱"也要赋予相应的层次感。然而，巴赫的时代还没开始使用我们的"中强"（mezzoforte），他的乐谱里完全没有"mf"的标记。他仅是为我们提供了一条收紧"强"和"弱"的纽带。另一方面，他对"弱"和"极弱"还是有所区分，他在康塔塔曲谱里做的标记就是明证。由此看来，"中强"只会让巴赫的曲目变得乏味。无论是钢琴曲、管风琴曲、管弦乐曲和康塔塔，都是如此。如果一首管弦乐曲没有达到相应的效果，我们胆敢肯定，有一半的原因来自演奏者的音色运用缺乏特点。不幸的是，我们的钢琴和器乐演奏者都只会奏出"中强"，对于"强"和"弱"，他们都无法做出有丰富层次差别的效果。有鉴于此，演奏者在诠释巴赫之前，必须先学会控制"强"和"弱"，这条要求尽管有些奇怪，但绝非无理取闹。

但是，力度上的层次仍非巴赫演奏中最本质的问题，断句和重音才是。如果我们有幸目睹极其珍贵的巴赫本人的管弦乐总谱，看看他为准备演出而做的润饰标记，就会明白这一点。在塞弗（Seiffert）出色的论文《巴赫作品的演绎实践》（*Praktische Bearbeitungen Bachscher Komposi-tionen*）[①]中，针对这个问题，公允地比较了巴赫和亨德尔的差别。"在亨德尔那里"，他说，"对力度效果的关注总是放在首位，在断句上，他只是做了一些零星的暗示。巴赫几乎没有给出任何力度提示，但他非常仔细地给出各声部的断句。"对于他们的差别，塞弗的解释是——亨德尔面对的是训练有素的管弦乐队成员，巴赫只能招募到一批乡镇乐手，但这个解释实在不能让人信服。这两种方法的差别，归根到底，由二人音乐上的差别所决定。巴赫的作品追求主题与各声部在断句上的细微差别和独特性，因此必须从每一首乐曲的整体出发考虑声音效果。亨德尔的主题和乐段正好与巴赫相反，它建立在颇为俗常的旋律线上，在断句上也就不需要过多地追求个性化的效果。

我们还要提出另一条普遍的原则——巴赫的每条主题和每一次断句，我们都必须把它视作弦乐器来演奏。这条原则不仅适用于木管乐器，

[①]　在 1904 年的《巴赫年谱》中，第 59 页。

320 在钢琴上也同样如此。在演奏《平均律钢琴曲》时,为了符合巴赫的意图,我们要尝试摆脱键盘乐器的限定,把演奏想象成我们正在指挥一个四重奏或五重奏。于是,联结音符最理想的方式,就不是一个接一个地敲打琴键,而是像几把弓同时在拉动琴弦那样。

巴赫没有在他的键盘作品中记录下他的断句和音型组合(Bindungen),部分归因于那个时代尚未形成这样的习惯,那时尚未出现我们今天意义上的"演奏家",另一部分则是由于他心中设定的演奏者无非就是他的儿子们和学生们,这些人已经十分熟悉他的规矩。在钢琴与其他乐器合奏的作品里,巴赫总是在钢琴声部给出断句标记,他认为钢琴演奏者有必要像其他乐器的演奏者那样精确地断句。我们能在小提琴奏鸣曲的许多乐章中,在键盘协奏曲如第四号 A 大调中,找到这样的例子。意义最重大的点和线①,当属《勃兰登堡协奏曲》的管弦乐声部和一些康塔塔中的那些。认真研究这些作品,有利于我们正确地掌握键盘作品的断句方法。

连奏被认为是巴赫乐派最重要的特色。它并不是我们想象中的那种千篇一律的表达风格,比如在一些管风琴作品中见到的;在组合等时值的多个音符时,它蕴含着无穷的变化。在巴赫那里,四个十六分音符远远没有表面看上去那么简单,这些原始素材能变化出多种造型,完全取决于他怎样组合它们;如——

最后一种组合法,在别处是最常见的,但在巴赫这里却次要于其他更有特色的组合法。当每组音符的第二音和第三音音高相同时,他最常见

321 的处理办法就是将它们以两个一组划分开。这种情况他一般都用短连线表示,似乎不愿让人看明白。正如《意大利协奏曲》的第一页那样——

① 指跳音符和连线符。——译注

　　同样的分组有时也会出现在没有相同音符的情况中，但我们不难看出，这类旋律一般都是以二度音程行进的。在第一卷的 B 小调赋格中，巴赫就标明了这种两两分组法，因为这种分组显然不是自明的——

　　这样看来，我们就没有充分的理由坚持，每组连线中的第二个音仅仅是换气那么简单。巴赫专家盖瓦尔特（Gevaert）就呼吁这种句子应该写成这样①——

　　这种重音的规则只在最普通的情况下有效，即每组中的第一个音正好是重拍的时候。如果遇到第二个音是重拍的情况，那只能遵从前一种方法。

前奏曲 20 卷二

①　在《马太受难曲》的声乐谱中，他在第一部分最后的合唱中就用到这种方法。

　　第四个音与前三个音分离的节奏型出现在《意大利协奏曲》的急板（Presto）中，巴赫在每一组的最后一个音上添加了一个点，确保它能够准确地从该组音符中分离出来——

322　　最常见的组合莫过于第一个音独立，后三个音联结了。这里巴赫同样用一个点确保了第一个音的自由。正如《意大利协奏曲》的开篇——

　　再者，在一串长的连线音符之中，第一个音必须和后面的音符分离。巴赫有时是这样为《意大利协奏曲》的急板断句的——

　　这里的点仅仅意味着这个音与同一组后面的音相分离；同时，还意味着它与前面一组音关系更密切。在我们的标记法中，通常都用连线将这个分离的音归入前一组音当中——

降 B 大调赋格卷二

G 大调赋格卷二

在三拍子的组合里,将第一拍用作上一条连线的结束音的情况更为常见,故不能把它当作每组音的开始。第一卷的 A 大调赋格的主题,巴赫是这样断句的——

即便在真正的三连音中,在某些情况下,将第一个音与后两个音分开,在这里轻轻换口气,也是不错的选择。因此,第二卷的降 B 大调前奏曲的其中八小节就可以如下处理——

323

这些断句方法在巴赫作品中都十分常见,因为他的主题和结构通常都有起于弱拍的特色——由弱音开始,再进入强音。尽管这不容易从小节的划分上看出来。在巴赫的音乐中,用相等的时值演奏一连串音符的做法是极其错误的。千万不能把它当成车尔尼的《快速练习曲》、①克莱门蒂或克拉梅尔②那样弹。连奏式断句法的精义是,每一句从重音开始,后面的音

----

①　School of Velocity,作品 299。——译注
②　Johann Baptist Cramer,1771－1858。——译注

也尽可能按照重音的力度弹。而巴赫的连奏则要灵活得多,并不死守钢琴的规矩。在他的音乐中,一条大连线下面通常有无数的小连线,把音符分成许多组。无论在钢琴上还是在小提琴上,他从未想过要把音符弹成等时值。每个音符都有相对的时值,要它在连线中的位置决定。这一点可以放到历史背景中去解释。如今,那种单调的连奏让各个钢琴学派都乐此不疲,要知道,这种现象是在拇指转位成为演奏的金科玉律之后才出现的。用这种方法弹连奏,肯定要比其他的指法速度更快些——比如其他手指上的相互转位、整只手一起移动、弹奏音阶时用 3、4、3、4、3、4 或 5、4、3、2、2、1 的指法等,这些都是巴赫在《键盘小曲》中教导儿子们的指法。这些指法要比我们的指法复杂得多,那些小连线正是来自这种指法。因此,巴赫的连奏和常见的钢琴连奏相比,类型更加丰富,变化更加缤繁。我们不能寄望于我们能够用理论推算出巴赫连奏的正确弹法——无论是用拇指转位还是其他更复杂的指法,任何估算都无法保证每个音都能保持着绝对精确的时值。正确的分组和指法,能够传达出巴赫在重音和断句中要表达的全部多样性,重音和断句自己会"说话"!

巴赫的断奏(staccato)只有在极少的情况下与轻快的现代断音相似。与其说它是一下重要的拨奏,不如说它是一下短而重的击弓。因此它的效果就是使音符加重而不是减轻。因此在标记上,我们最好用短划线代替点。

用断音演奏一长串八分音符或十六分音符在巴赫那儿极其罕见,他一般只通过短暂中断连奏的方式来分隔音符。比如——①

两条连线之间的十六分音符要弹成断音,但这里要轻弹,而非加重。从管

---

① 选自键盘和小提琴第四奏鸣曲中的西西里舞曲,第 9 小节。连线是巴赫本人加的。

弦乐声部的一些标记中我们可以推断出,6/8拍里最弱的几拍(以及类似的情况),在乐曲行进得比较规律的情况下,通常需要弹成轻巧的断奏,以此来打断连奏。总的来说,巴赫的断奏规则并非千篇一律,但大体上是重音而非轻音。在 A 大调键盘协奏曲最后的快板中,有一个用断奏加重拍子的有趣例子:——

这里的过渡无论从哪个角度来说都非常突然,尤其是在管弦乐队的颤音开始进入的情况下,因此这里的三连音必须有顿挫感。用轻快的断奏弹奏它们,确有违背巴赫意图的风险。

只有唯一一种节奏型需要用断奏来弹——♩♫.♫,巴赫用它来表现庄严。第二个音必须和第一个音分开,并且要让它尽量紧贴后一个音,弹奏它时不怕太重,只怕太轻;要表现出郑重庄严的效果,巴赫常常希望他的萨拉班德或吉格能体现出这种效果。据此,第二卷的升 F 大调前奏曲的低音部分要这样弹——

325

即便整首曲子都这样弹,也完全不用担心——比如第二卷的 G 小调前奏曲——只要它全部都是这种节奏型,没有一个需要连奏的音符。

对于节奏型♫和♩♫,以及它们相应的变型,它们的短音符需要我们给予适当的强调,它们似乎担心自己呼啸而过无人理会。它们的时值越短,我们弹奏时就得越注意,要让它们"说话"。因此,我们可以将它们从主音上分离出来,用很重的断奏来弹。如——

平均律钢琴曲　卷二 前奏曲 17

我们怎样判断一组音符是否需要弹成断奏呢? 首先,如果一串音符有鲜明的特征或音程间隔很大时,就需要用断音。符合这一要求的主题多少都带有轻快活泼的特点。最著名的例子要数 F 大调二部创意曲的主题——

326　《键盘练习曲》第三卷中的众赞歌幻想曲《耶稣基督,我们的救世主》的主题也同样要弹作断奏——

《平均律钢琴曲》第二卷中的 A 小调赋格的主题要这样弹——

　　这里的四分音符必须要弹作断奏，对于巴赫作品而言，这一点似是不言而喻。然而有些演奏家，对四分音符该用连奏还是断奏仍旧摇摆不定。为此巴赫特意在这些音符上加了点。巴赫万万没有想到，他加的这几个点会诱使后世的演奏家将没有加点的四分音符统统弹成连奏——为了突出它们和八分音符断奏的差别。

　　巴赫作品中的第二条运用断奏的规则是，打破了前面统一行进的一组音符的那个音，要弹作断奏。这种情况极其普遍，第一卷的 D 小调赋格就是一个典型例子，巴赫为整曲标注了断奏记号——

　　我们可以越来越清楚地看到，巴赫断句所依据的原则完全出自一套理想的弓法。然而，这套普遍适用的原则却有一处例外。在这些中断的乐句中，只有当它们的行进是波浪形的时候，才需要弹出断奏，如果它们是统一的上行或下行，且音程相距紧密，则要弹成连奏。

　　巴赫全部主题中的断奏，大致可分为两种基本类型。一种情形是为了区分主题中的各个相异的乐句，另一种主题中的断奏则完全出于一个长连奏里节奏上的需要。因此，对主题的断句就不能基于一种即兴发挥，而必须根据巴赫的连奏和断奏规则细细推敲。演奏者必须对那些典型的组合了然于心，这种组合的划分要么基于乐句之间的差异性，要么来自连奏和断奏的整体一致性。只有这样，才能将巴赫主题中的各种组合的结构呈现出来。

327

　　《平均律钢琴曲》中的一些曲目可以阐明这些要点。

　　以下主题均由差异显著的组合构成——

前奏曲 20　卷二

赋格 6 卷二

赋格 10 卷一

前奏曲 5 卷二

前奏曲 2 卷二

连奏和断奏连成一体的主题

赋格 2 卷一

赋格 21　卷一

赋格 16　卷一

赋格 1　卷一

赋格 15　卷一

赋格 2　卷一

赋格 5　卷一

赋格 12 卷一

赋格 7 二卷

重音（Akzentuierung）是和断句一脉相承的问题，它们彼此的解决都依赖于对方的正确解决。前面讨论音型组合时曾说过，巴赫大多数的主题都起于（通常是最弱的）弱拍。它们通常是由非重音引导出重音，而不是重音导出非重音。因此，要将巴赫弹得有韵律，重音不能全放在重拍，而要放在位置最重要的那拍。有别于其他作曲家，巴赫的小节线仅仅是对主题的一种外在形式的划分，主题内在的节律并不能简单地用时间单位来衡量。第一次清晰地表达这一观点的是韦斯特法尔（Rudolf Westphal），在他对《平均律钢琴曲》中 4/4 拍赋格的节律进行的研究中，他一再强调，如果将巴赫音乐中的小节线当作划分节律的标杆，只会使演奏变得毫无节律。①

　　在一个巴赫主题中，所有问题最终都会推进到重音的问题上。在这个问题解决之前，所有一切都是狂躁的，混乱的；它一旦解决，一切紧张就会如释重负，此前的一切晦暗会顷刻变得明朗。如此我们就能明白音符之间为什么会有这样的音程和时值。混乱复归秩序，狂躁复归平静。人们听到的主题犹如一枚上好的硬币，打磨得光亮无瑕。如果这个问题解决不了，我们听到的就不是一串完美融合到主题的韵律中的音符，而是一

① 见 Westphal 的《平均律钢琴曲的 C 调赋格》（*Die C Takt-Fugen des Wohltemperierten Klaviers*），见 1883 年的"音乐周报"（*Musikalisches Wochenblatt*，Leipzig 1883），第 237 页以下。即使我们并不一定同意他在音乐节律上的许多意见，他对巴赫的这一理解依旧无懈可击。

些驳杂刺耳、简单堆填在各小节里的音符。主题的统一性和完整性荡然无存,在听众耳朵里,这些音符好比一堆零散的金属材料,还未能焊接成一块硬币。这并不意味着巴赫主题中的重音和每小节的重音完全不会重合,只不过这样的可能性比较小。

　　在赋予特定的音符重音之后,巴赫的音乐会获得让人惊叹的生命力和清晰度。只要演奏者尝试按照主题的内在特性弹出重音,替代那种按正常起落所做的断句,就能够感受到这种效果。平时我们弹奏任何作品都习惯于做的那种最终的渐弱,以及由此带来的一切层次,无疑是正宗巴赫式的演奏最大的敌人之一。

　　降 E 小调前奏曲的主题能够清晰地阐明这一点——

它应该这样弹——

这样处理之后,前奏曲就好像对话体般流畅自如,获得了一种更精美的内在统一性。

　　除了巴赫旋律中的这些重音标记以外,有人认为还要再添加一条规则。这条规则看起来有些多余且不中用,然而在大多数情况下,它还是能较好地发挥效果。这条规则认为,当旋律线按某个特定方向行进时,我们应该更着重强调这条旋律线中最后的那些音符,无论这条旋律线是贯穿全曲还是不时地被打断,分成若干部分行进。在后一种情况中,每个部分最后的几个音都要着重强调,这也是为引导出最终的重音所做的准备。正是这种一段一段逐渐叠加起来的主题最容易导致误解。以下是一例正确的重音弹法——

平均律钢琴曲 赋格 11　卷二

通常,我们很容易听到前两个重音,而第三个重音"F",本处在群山之巅,效果却时常出不来,只能让这一赋格的主题变得像那个把头颅抱在自己怀里的魔鬼一样可怜。

赋格 17　卷二

这个例子与前一个颇为相似。一般的演奏者都不会将第三个重音弹成最重的一拍,反而习惯地将第二小节的第一拍弹成重音——他们认为这个音符既然占据了小节中最重要的位置,必然有其约定俗成的做法。他们完全不懂得将降 A 上的重音赋予降 D,因为他们并不知道,降 A 后面那两个十六分音符,只不过是降 D 到 C 那个乐段之前的一个精彩的延滞。

还有另一种情况——当一个音突然打断了一条旋律的时候,就要将其弹成重音,无论它是不是切分音。事实上,大多数的这类情况若不是大跨度的音程就是切分音。这种突然的停滞是巴赫很大一部分主题的重要特色。如果我们不顾这些特点,只将每小节的重拍弹出来,无疑会损毁巴赫主题的外观;如果我们恰当地弹出重音,我们就能将这些浑然天成的旋律中棱角分明的曲线呈现出来。对那些特色鲜明的音程和切分音,我们应该信心满满地将其弹成重音。

　　这个规则在细节中同样有效。在第一卷的 B 小调前奏曲中，低音部分规则的八分音符似乎在诱导我们按自然小节给出重音。然而，如果我们这样给出重音的话——

就马上会发现，这种高音声部和低音声部的节奏冲突正是这首前奏曲的活力所在，就更不用说这些重音本来还起着分隔前面音符的作用了。

　　以下的主题均是在切分音上加重的例子——

　　赋格 19　卷二

　　这里的最重音应该赋予最后一个音，尽管一开始大家可能不太敢这样尝试，但随着乐曲的进展，尤其到结尾处，大家会认识到这样做的好处。从前两个切分音处就开始慢慢叠积力度，进而引导出第三个重音。

　　赋格 16　卷二

332

　　此处的着重音方法被认为过于冒进，但多弹几遍之后我们定能发现，这个做法要比每小节的第一拍重音的表面做法好得多。这种切分式的着重音方法显然会让原本单调的那 7 个相同的八分音符变得生气盎然。

赋格 8　卷一

　　这个主题能够清楚地说明,巴赫的小节划分在决定主题的重音上几乎不起作用。巴赫在结尾处亲自展示给我们看,只有持续地在切分音上加重才是唯一正确的选择。他生怕演奏者和观众不够明白,还刻意放大了这一点,在末尾处的主题中将所有的切分音都放在小节的重拍上——

　　在《意大利协奏曲》生动活泼的第二主题中,我们可以看到切分音如何取代它旁边重拍上的重音。通常,它的重音是这样的——

　　但是这完全无法呈现出它结构中的内在特质。正确的处理方法是,让前两个切分音扮演力度叠加的角色,逐渐引导出最后的重音,像这样——

有人质疑这种重音规则过于野蛮粗暴，根本不可能正确。但是，它确实是正确对待巴赫主题原有特色的唯一可取的重音规则。听众不会觉得这种特色鲜明的方法有让人难受之处，他们只会感受到这种做法带来的好处以及活力。赋格本身不会给听众带来层次更丰富的愉悦，但是用这种方法可以让听众感受到赋格内在的韵律，而不像流俗的看法那样，仅把它们当作各种不同音程的叠加。可以预见，训练有素的听众会进一步追问一个主题的各种行进方式，这同样不是音程的叠加序列，而是由几个特别的重音连成串后，再相继呈现出与这些重音远近亲疏的音程关系。

回顾讨论管风琴作品的章节，我们不难发现，巴赫的管风琴主题和键盘主题相距甚远。前者的重音几乎都落在重拍上，因为管风琴无法呈现不同程度的重音，也不可能在一组音中突出其中一个。钢琴上存在这样的可能性，尽管也有其局限，但巴赫已将之发挥到极致。弓弦乐器的音色要比钢琴更加自由，所以巴赫的器乐作品要比键盘作品更加大胆，更加随性。

无论我们用何种力度弹奏重音，在断句的时候都要时刻保持审慎，切忌突兀。尽管有各种不同的组合和断奏，断句最终要实现的是一种整体的效果，可以有各种变化，但千万不能焦躁凌乱。要让听众完全感受不到断句，只能让他感受到这是一个自明的、迸发活力的整体，即便在最小的细节中也应如此。听到这样的演奏，听众会惊讶于他不费吹灰之力就能把握如此复杂的复调音乐。

巴赫键盘作品的速度问题没有什么要说的。随着演奏巴赫水平的提高，速度自然会慢下来；只有糟糕的演奏者才会将之弹得飞快。好的演奏要将每个声部的每次细节中的断句和重音都完美地做出来，这就意味着对速度的限制。另一方面，在正确的演奏下，即便本身速度不快，听众依然会感到已经挺快了，因为过快的速度会让他错失很多细节。千万不要忘记，即便对于一个音乐家来说，准确地把握一首巴赫的复调作品——即便他已不是头一次听——都是极其复杂的过程。当然，如果我们不在乎这些断句和重音，同时忽略掉大部分的细节，我们完全可以弹得快些，这也无可厚非，只不过会给音乐带来截然不同的另一种趣味。但是，一首巴赫乐曲的精神,通常不会取决于速度,而在于断句和重音。这样看来,弹出充盈的气度,才是每个演奏者应该追求的目标。

我们不应该用现代的眼光去理解这些先前的速度标记。巴赫的柔板(adagio)、庄板(grave)、慢板(lento)并不像我们的那么慢,而他的急板(presto)则不如我们的快。因此我们很容易将他的慢乐章拖得过长而将快乐章处理得过分急促。巴赫音乐的速度集中在一个相对较窄的范围里,[①]相当于围绕着中板(moderato)上下浮动。《意大利协奏曲》的急板(presto)通常被我们弹奏得比正确速度快两倍。如果人们认真读透巴赫在乐章中标记的复杂的断句模式,就不会犯下这样的错误。

巴赫作品中的 2/2 拍(alla breve)标记,显然也不是速度标记,我们不能将它理解为把 4/4 拍的速度加快一倍。

巴赫键盘作品的理想版本,应是在原稿基础上严格校正的版本,不需添加断句及力度标记。过去的许多版本和改编本造成的伤害已无法估计,因此我们有必要制订一个规矩——编辑者在加注时一定要给出说明,让没有原版的读者也能分辨出究竟哪些是巴赫的意图,也便于他们形成自己的判断。有人在钢琴演奏圈里做过调查,证实大多数人都不知道,在他们乐谱上的断句和力度标记,其实并非巴赫本人所写。

我们的巴赫编辑家最好参照布索尼的做法,出版作品的"诠释方法",而不是作品的"改编"。布索尼编辑的《半音阶幻想曲》(由西姆罗克出版),是这种做法里面最成功的一个例子。即便是那些在巴赫音乐的现代化限度上与他看法不一致的人,也对他的工作倾心不已。我们还同时希望,彪罗(Bülow)对此作品的改编,尽快成为巴赫诠释中的明日黄花;如果他还在世的话,相信也会同意。

那些"教学性的"键盘作品版本存在一个无法让人满意的困难——由于布满各种分组、重音、断奏记号,有半数的本子让人难以阅读,但为了阐明丰富的断句法,又不得不这么做。但愿以后的编者能够在前言和脚注

---

① 因此,那些被后人加入到作品中的并不正确的速度标记,就难以发挥作用。节拍数的标明也要相当谨慎,最好仅以脚注的方式说明一下即可。

中阐明自己的观点，尽量不妨碍乐谱本身，读者可以自行根据这些注解来理解乐曲的进展。另外一种值得开拓的好方法，是尝试在编辑中给出各种不同的断句法，取代专断的一家之言。然而，很多钢琴音乐的编者的问题并不在于过分专断，反而在于过于缺乏独立见解。相对于其他音乐，这对巴赫音乐的伤害无疑会更大。如果不能透彻理解巴赫音乐结构中的本质规律，根本无法弹出让人满意的作品。

我们的巴赫集子中各种琳琅满目的指法，其实并没有想象中的那么多好处，尽管它减少了演奏者犯错误的可能性，但也取消了人们推算出它们的乐趣。

这里提到的巴赫键盘作品的各种演奏方法，肯定会招致许多反对意见。在《平均律钢琴曲》的前奏曲和赋格中，断句的方法主要由巴赫本人在管弦乐声部中的断句法推广而来，有人认为这种推导过于极端；重音的规则被认为过分地强调细节的特征；力度规则过分依赖音乐的声音结构，这也被认为是不妥的。尽管批评甚多，但并不意味着这些规则无效。为了形成最终的演奏规则，这些做法都是必不可少的积极尝试。肯定会有一些巴赫演奏家的方法与这里提到的方法气息相通，他们也一定反对过分的、不明智的现代化演绎法，并且相信把演奏建立在审慎的艺术探究上，远比随意的自我发挥更好。

这些做法最终能在多大程度上被采用，都不是最重要的。它们真正的使命在于让演奏者有更多更彻底的反思，进而好好研读作品。无论如何，任何读者都无法比作者更深刻地感受到，在艺术的世界里制订规则，比在任何领域都更难让人满意，也更难达致完美。

第十七章 室内乐与管弦乐作品

巴赫协会版

卷二十七：六首无伴奏小提琴奏鸣曲；六首无伴奏大提琴组曲

卷九^1：为键盘和长笛而作的三首奏鸣曲；为键盘和小提琴而作的一首组曲和六首奏鸣曲；为键盘和低音提琴而作的三首奏鸣曲；为长笛、小提琴和通奏低音而作的奏鸣曲；为两把小提琴和通奏低音而作的奏鸣曲

卷四十五：为小提琴和键盘而作的四首创意曲

卷四十三^1：为长笛和通奏低音而作的三首奏鸣曲；四键盘和管弦乐伴奏协奏曲（维瓦尔第）

卷十七：七首键盘和管弦乐队协奏曲；键盘、长笛、小提琴和管弦乐队协奏曲

卷二十一^1：双键盘和管弦乐队协奏曲

卷三十一^3：三键盘和管弦乐队协奏曲

卷三十一^1：管弦乐队序曲

卷十九：勃兰登堡协奏曲

卷二十一^1：两首小提琴和管弦乐队协奏曲；双小提琴和管弦乐队协奏曲

彼得斯版

　　巴赫似乎在幼年时就能拉一手漂亮的小提琴,当他离开吕纳堡的高级中学时,已是一名成熟的小提琴手,足以应付诸如恩斯特的乐团[1]中的乐职。一直到晚年,巴赫都非常重视弦乐器。在室内乐中,他更喜欢演奏中提琴,这个位置能让他处身于声音织体的中心。[2]

　　我们没有直接的资料能够说明,他对这些乐器掌握到何种程度。但可以肯定,他有相当丰富的弦乐器演奏经验,否则无法将各种音效及特性,如此熟练地运用到他为小提琴、低音提琴和大提琴创作的复调作品中。

　　即便在键盘作品中,他也没有忘记自己小提琴手的身份,在每一页乐谱中都能看到小提琴手的痕迹。这正是巴赫钢琴和管风琴作品的特色,他要求钢琴在断句和音调上能做出如弦乐器般的质感。从根本上,他是以一件想象中的完美乐器为模板考虑一切音乐问题的,既要能像所有键盘乐器那样演奏复调,又要能像所有弦乐器那样断句。因此,即便是一件无法演奏和声的乐器,他都想在上面写出复调音乐。 338

　　小提琴复调演奏在德国有着悠久的传统。布克斯特胡德的学生,胡苏姆(Husum)的布伦斯(Nikolaus Bruhns,1666—1697)就曾这样演奏,他在拉琴的同时用管风琴的脚键盘演奏低音部分[3]。在这件事情上,意大利人远落后于北方人。

　　尽管当时巴赫创作的是三首帕蒂塔(古组曲)和三首奏鸣曲,但通常我们将其简称为巴赫的六首无伴奏小提琴奏鸣曲。从他的创作方式上我

---

[1]　魏玛大公的弟弟。见本书第 87 页。

[2]　见本书第 182 页。

[3]　18 世纪时小提琴复调演奏的情况,请参考施皮塔,《巴赫生平》,卷 I,第 679 页。

们可以推断,这几首作品创作于一段相对较短的时间里。它们都出自科腾时期,我们拥有的最早的手稿大约可追溯至 1720 年。

这份手稿的历史是玻尔肖(Pölchau)告诉我们的,他是早期巴赫热潮之中的一位狂热手稿收藏者。在这份手稿的扉页留有这样一条笔记:"此处的这部伟大作品,是巴赫本人的手迹,1814 年我在彼得堡的一堆废纸中找到它,当时它正被送往牛油店,这堆废纸此前的主人是钢琴家帕斯绍尔(Palschau)。"过了一段时间后,这位发现者将这部作品连同其他珍贵的手稿,一同移交柏林皇家图书馆。

玻尔肖将它看作是巴赫的手稿,确实眼力不足。事实上,它是安娜的笔迹,她的字迹和丈夫的神似,即便在当时都可以乱真。她在照看其中一个孩子——可能是弗里德曼——的时候抄下了这部作品,弗里德曼拿其中一页空白的地方来做练习,正好他父亲又在上面给他写了一些曲例。这个本子里没有留下空白页,编排的方式与《平均律钢琴曲》第二卷的英国手稿一致——为了省去翻页的麻烦,每首曲子都会完整地抄在同一面稿纸上。

在莱比锡晚期,安娜又抄了一份新的无伴奏小提琴奏鸣曲。她将它与相应的大提琴作品合成一集。这个集子的标题是:"第一部分,小提琴独奏,无低音声部,约·塞·巴赫作;第二部分,大提琴独奏,无低音声部,约·塞·巴赫作。莱比锡的音乐总监和乐队指挥。由贤内巴赫夫人抄写。"我们可以从中看出,巴赫那时还未被称作宫廷作曲家,因此这个抄本[①]肯定在 1736 年以前。

《无伴奏小提琴奏鸣曲》在 1802 年由波恩的西姆罗克第一次付印。1854 年舒曼为布赖特科夫与黑泰尔出版社重新编辑了一个版本,加进钢琴伴奏。门德尔松步其后尘,在 1847 年用同样的方法改编了第二首帕蒂塔中的夏空[②]。我们实在无法理解,这两位大艺术家怎会认为他们的这

---

① 这份手稿同样归属于玻尔肖。在他去世后移交至柏林皇家图书馆。这两份"巴赫真迹"颇为有趣,它们中有一些巴赫从未在其他地方用过的记谱方法,可以在一定程度上帮助我们确定作品的创作时间。在更老的手稿里,一个升号如果需要还原时,他一般会用降号"b"表示,而不用还原号;后来,大概从莱比锡前期开始,就基本只用还原号表示还原。

这些无伴奏小提琴奏鸣曲还有另一个凯尔纳在 1726 年的抄本。

② 他的改编版首先是在 Ewer & Co. (London)出版,之后才在布赖特科夫与黑泰尔出版(1849 年)。莱比锡音乐学院版,附有 David 的指法和弓法,由 Kistner 在 1843 年出版。见多菲尔(Dörffel)博采众长的序言,巴赫协会版,卷二十七[1]。

种做法能够表现出巴赫的意图。

奏鸣曲和帕蒂塔的排列很规整,每一首奏鸣曲后都有一首帕蒂塔。我们实在难以定夺在这些作品中究竟何者最值得称道——是层出不穷的创意,还是大胆将复调用于小提琴上。随着我们阅读、聆听、演奏的深入,我们会发现更多令人惊诧之处。

第二首帕蒂塔最后的那首夏空被认为是一首经典的小提琴独奏曲。无论是主题还是展开部都完全契合这件乐器的灵气,确实值得称道。仅凭一个主题,巴赫召唤出整个世界。我们似乎能听到悲伤与痛苦缠绕,最终二者皆化作一种意味隽永的顺从。

我们可以从这首夏空与管风琴的帕萨卡利亚的比较之中获得教益,后者事实上也是一首夏空。① 在管风琴上,巴赫通常只将主题的重音安排在每小节的强拍上,他十分清楚即便是再不明显的切分音都会给整个作品带来躁动,这种躁动是管风琴无法承受的。而小提琴则允许各种类型的重音,交互穿插的重音配置能给小提琴带来无与伦比的气魄和活力。因此他在这里用了大量的切分音型;这件乐器不存在伴奏声部的牵绊,只要在无拘无束的状态下,它一定能迸发出全部的力量。对观这两条主题是件有趣的事情,我们可以从中认识巴赫的管风琴和小提琴音乐的特点:——

小提琴夏空

① 见本书第 243 页及以下。夏空和帕萨卡利亚都源自古老的舞曲形式,后来发展成由一个八小节主题不断重复的 3/4 拍的舞曲。夏空中的这些主题可以出现在每个声部中,在帕萨卡利亚中主题只能局限在低音声部。

管风琴帕萨卡利亚

我们能从夏空中观察出,巴赫如何在复调写作和单声部写作之间协调轮替。为了减轻听众的负担,也为了在对比中突出复调的效果,他在复调中零散地插入许多单音。总的来说,他的音乐处处充满这种对效果的精妙计算和考量。

只要听过这些奏鸣曲,我们就能感受到他对于乐曲精神上的追求比对具体音质的要求还要高得多。这里面的多数乐段,即便让最优秀的乐 **341** 手演奏,也无法做到完美无瑕。通过琶音做出的和声(Arpeggieren der Akkorde)有时会做出极其糟糕的效果,即便在那些最精致的演绎中。用琶音奏出复调更是难以企及。因此我们有理由追问,巴赫在这些奏鸣曲中是否已超越艺术可能性的界限。倘若如此,他在这里就违背了自己的法则,因为在其他任何地方,他都会谨慎地给每一件乐器安排适当的任务,使之能顺利演奏,符合听觉上的要求。

最近,有一些对巴赫时代的音乐传统的研究,似乎能给我们一丝启发。舍林(Arnold Schering)是我辈当中最勤奋的巴赫研究者之一,他从旧文献中搜寻到一些段落向我们证明,旧式的拉弓,其弹性不是由螺丝钉控制,而是靠拇指拖拽,这种弓在巴赫时代的德国仍在使用。① 我们今天使用的琴弓的前身——扁平的、机械调节的意大利弓,直到 18 世纪初才

---

① 见 1904 年的《新音乐杂志》(*Neue Zeitschrift für Musik*)中的"巴赫集刊",第 675 页以下——《失落的巴赫时代传统》(*Verschwundene Traditionen des Bachzeitalters*)。这篇文章后经扩充完善,出现在 1904 年的《巴赫年谱》中,第 104-115 页。他引证的主要段落这样说道:"在使用很小的或中等大小的小提琴时,德国人采用吕利式的持弓方法,用拇指压住鬃毛,其他手指放在弓的背面……意大利人则不触摸鬃毛,演奏低音提琴或类似的低音弦乐器时亦如此,手指放在鬃毛和木头之间。"(Georg Muffat 在 1698 年的 *Florilegium secundum* 中的前言)。迈耶(Caspar Majer)在《新开办的音乐大厅》(*Neu eröffneter Musik Saal*,Nümberg,1741 年)中也证实了这一看法。舍林的理论在第 182 页已提到过。

传入德国,更新换代的速度尚十分缓慢。

巴赫时代的德国小提琴手因此可以随意地调节鬃毛的松紧。用今天的演奏方式,要将弓抛至低音琴弦上,才能极费力地奏出一个和弦,并且毫无美感可言。那个时代的琴手则轻松得多,他只要稍稍将鬃毛松开一点,它的弧度就可以覆盖全部琴弦。因此,小提琴复调演奏在德国极其成熟,[1]而意大利人几乎闻所未闻。早在 17 世纪末,意大利就已出现完全用机械调节的直弓。由于无法在演奏过程中调整张力,这种弓将复调演奏限制到一个极小的范围内,即便将之放松,它也无法曲成拱状覆盖琴弦,只会从弓身上垂落下来。况且,旧式德国弓的弓身也不是直的,鬃毛和弓身之间留有一个相对的空间。

小提琴和弦演奏法的最后一位代表人物是挪威人布尔(Ole Bull,1810－1880)。他的琴马非常扁,他想办法将弓身和鬃毛之间隔出一段较大的距离。[2] 有趣的是,他常常声称这个方法非他自创,而是借用自以前的小提琴技法。这种 17 世纪时的传统确实大有可能在斯堪的纳维亚半岛上一直延续至布尔的时代。

这样看来,在无伴奏小提琴奏鸣曲中,巴赫需要的是一件无所不能的乐器,即便真有这样一件乐器,也不见得能满足他的要求。我们的意大利弓以及弧度过大的琴马显然不合格。为了像他那样演奏这些奏鸣曲,我们必须锉平琴马的弧度,使琴弦尽量在同一水平线上,要将弓的形状调整至无论鬃毛从头到尾如何弯曲都无法触碰到弓身。[3] 如果弓身能稍稍弯

---

① 小提琴和弦的有趣例子,请见 J. J. Walther,*Hortus chelicus*,1694。见舍林在《新音乐杂志》上的文章,1904 年,第 677 页。

② 因此他的弓要极力弯曲。舍林没有提到布尔。在对这个著名的演奏传统的研究中,至今留有很多悬而未决的问题。科莱里的弓也是机械调节的,但不如我们的弓那么扁平。

③ 我们希望乐器工匠能尽快为我们提供这种旧式琴弓。使用这种琴弓时,要在弓身与鬃毛的头尾两端的接触点上垫入一两块木头,这样就能调整鬃毛的长度和弹性。只有经历多次试验,这种按旧方法重做的新弓才能获得更好的效果。感谢我的朋友 Hahnemann 让我有机会听到一位著名的小提琴家用如此改造的弓和琴演奏夏空和其他的小提琴独奏作品。扁平的琴马没有我们想象中那么多麻烦,因为在巴赫的音乐中我们无需经常在高把位上演奏,否则琴弦被我们拉平之后很容易会有一次触碰到两根弦的危险。据施波尔(Spohr)的说法,布尔只在低把位使用 A 弦和 D 弦。

343 曲,效果会更好。这样,小提琴手就能再一次以正确的方式演奏巴赫。当人们聆听夏空的演奏,不再听到混乱躁动,不再听到琶音,人们就会相信,这是唯一正确,也是唯一在艺术上能让人满意的演奏方式。因此我们需要有别于今天的技术,去制作一把松弛度较大的弓。任何一把弓都不可能实现"完全弹性"。① 但这种做法确实能让弓变得更加柔软,进而使音色发生变化。如果我们用鬃毛松弛的弓演奏和弦,就能获得管风琴般的效果——有点像柔软的萨利(Salizional)音栓。要获得这种理想的音色,我们可以把普通弓上的鬃毛卸下,将弓身置于琴弦下,让鬃毛覆盖于琴弦之上,再将它系回弓身。当我们拉动这把反方向的弓时,就能如松弛弓一样获得如管风琴般的轻快灵动的声音。

当我们想尽一切办法仿效旧式弓的音色时,我们就相当于放弃了现代的机械调节弓那种强有力的声音效果,即便我们用拇指将鬃毛拉至最紧,在演奏单音乐段时也无法如现代弓那般响亮。我们在用声音的强度去换取声音的美感。而人们对布尔最常见的批评恰恰就是他的音响太弱。

现代的听众是否习惯这种柔弱的音色确实是个问题。在大型演奏厅里几乎不可能用过去的方式演奏《无伴奏小提琴奏鸣曲》,因为琴声根本无法传播至远处。另一方面,在演出室内乐时,则要视具体情况采取最恰当的演奏方式。只要我们听过一次这样精心布置的夏空演奏,就再也无法忍受其他的演奏。最终的结果只会是这些小提琴独奏作品逐渐消失在大型音乐厅中,回到它们原本归属的室内乐中。

344 《无伴奏小提琴奏鸣曲》的某些乐章常常被巴赫改编成为钢琴曲或管风琴曲。② 但他也很难保证改编到新形式后就一定能获得十足的效果。这也说明巴赫在小提琴表达方法上无所不能地全面,键盘乐器只能尽力

---

① 舍林猜测,在巴赫管弦乐总谱中大量出现的回声乐段,是通过全部弦乐手同时突然地放松鬃毛来达到既定的效果。尝试在整个弦乐队中统一使用旧式弓,一定非常有趣。

② 第一奏鸣曲(G 小调)的赋格改编成一首 D 小调管风琴赋格(彼得斯版,卷三,第 4 首)。第二奏鸣曲(A 小调)则改编成一首 D 小调键盘奏鸣曲。第三奏鸣曲(C 大调)的第一乐章则改编成一首 G 大调键盘奏鸣曲。仔细观察巴赫如何改编这些曲目,如何盘活低音声部,着实非常有趣。(巴赫协会版,卷四十二,第 27 页以下。)

去迎合这种包罗万象的表达。在阅读第三首帕蒂塔的前奏曲时,我们根本无法相信巴赫竟能想到让管风琴去演奏这些重复的十六分音符。这种音型只有在弦乐器上,才能做到恰如其分的发声,比如他在"议会选举庆典"康塔塔"我们感谢你,上帝,我们感谢你"(第 29 首)的弦乐前奏曲中就用过这样的表达。① 可能是因为他当时用的是托马斯教堂的管风琴上的伴唱键盘(Rückpositiv),所以才敢冒险做出这样的尝试。

第一首奏鸣曲的赋格,据说最早构思于管风琴上。它的主题源自"圣灵降临继抒咏"(*Veni Sancte Spiritus*②)的第一乐章——

Alla breve

马特松曾将这条主题引用到他的《通奏低音创作规程》③(*Große Generalbaßschule*)上,并草拟出一段与巴赫有多处相似的展开部,尤其是他也运用了一个半音阶的对题。此外,马特松还在该作中援引了著名的 G 小调管风琴赋格的主题,却完全未提出处,因此我们不难设想,他当时手上还拥有巴赫的第三奏鸣曲的赋格。在 1720 年前后,巴赫是否曾在汉堡,用管风琴赋格的曲式演奏过上面这个主题? 即便有,他弹出的肯定也不是现存这首赋格。因为这首赋格的结构——它更容易让我们想到那首夏空——和那些在管风琴上的赋格没有任何共通之处,相反它的技法完全来自小提琴。由此可以确定,这首赋格最早创作自小提琴,而不是管风琴。④

345

---

① 这首康塔塔写于 1731 年。

② 该作品是罗马天主教会在圣灵降临节的弥撒仪式中咏唱的一种和诗,"继叙咏"拉丁文作"sequentem",即酬答诗。——译注

③ 该作品创作于 1731 年。——译注

④ 关于这个问题,见施皮塔,《巴赫生平》,卷 I,第 690 页及以下,他猜测马特松是在管风琴上听到巴赫演奏这个赋格,因为前者听到它的时间是 1727 年,施皮塔认为那时马特松可能还没见过小提琴奏鸣曲和组曲。但为什么不可能呢? 难道巴赫就不能在 1720 去汉堡的时候将这些小提琴作品一起带去么?

马特松曾在两个地方对 A 小调奏鸣曲的赋格赞不绝口——①

无伴奏大提琴的六首奏鸣曲②同样属于科腾时期。它们和无伴奏小提琴作品一样完美。这里的和弦演奏技法不会运用到小提琴那种程度，巴赫也没有采用哪怕是一个最简单的二声部复调。理由是，当时的德国人在演奏大提琴时，使用的是不可调节的固定弓。

在质感上，这些组曲让我们想起《法国组曲》。倒数第二首被称作"不谐和组曲"，需要将 A 弦下调至 G，像这样　。在最后一首作品中，巴赫需要的是一把五弦琴，在 A 弦上面增加一条 E 弦　。那时的确还可能存在五根弦的大提琴(fünfsaitige Celli)。然而，巴赫更像是在他发明的五弦大提琴(Viola pomposa)上创作这些组曲的，这样他才能按照自己的意愿调弦。我们从盖博(他是巴赫某个学生的儿子)那儿得知，巴赫在莱比锡早期的管弦乐团中运用过这件乐器。③ "巴赫时代的大提琴非常生硬"，这位字典编撰者说，"这激发巴赫发明五弦大提琴，用于演奏作品里生动活泼的低音。这种琴比中提琴稍长，琴箱也更深，声音很像大提琴，同样也是抱在手臂上演奏；这件乐器演奏音区较高和急促的乐段都更为方便。"

在考量那些带有键盘伴奏的独奏乐器作品时，我们必须注意那时候的键盘必要声部(obligat)和键盘伴奏声部(begleitend)的区别。在一首有键盘必要声部的奏鸣曲中，键盘反倒占据了主要的位置，因为它有几个必

346

---

① 《音律学精要》(*Kern Melodischer Wissenschaft*, 1737)，第 147 页；《伟大的乐长》(*Der Vollkommene Kapellmeister*, 1739 年)，第 369 页。他的两次引用都有误差(施皮塔，《巴赫生平》，卷 I，第 687 页)

② 该作在极大多数情况下都被称为"组曲"，此处却作"奏鸣曲"，作者意在和相应的小提琴奏鸣曲比较。——译注

③ 见本书第 178 页。

要声部,而独奏乐器只占一个声部。因此,巴赫的这类作品并不是"小提琴和键盘奏鸣曲"或者"长笛和键盘奏鸣曲",而是"键盘和小提琴奏鸣曲"以及"键盘和长笛奏鸣曲"。必须用一种特别的眼光看待那个时代的键盘和小提琴作品,如果复调由三个声部构成,就要将其理解为三重奏;这就是说,我们不能按乐器的数量,而要以声部的数量来考虑它们。如果称作"小提琴和键盘奏鸣曲",巴赫的意思是只用键盘负责低音声部和通奏低音。策尔特也是在这个意义上理解这些术语的。[①]

巴赫的键盘必要声部和小提琴作品,有一部 A 大调组曲[②]和六首奏鸣曲[③];小提琴和键盘伴奏作品则有一首奏鸣曲,一首赋格[④]和四首创意曲[⑤]。

键盘和小提琴组曲的水准显然不及六首奏鸣曲,前者可能是一套早期作品。巴赫从未停息过对这些奏鸣曲的改进,各种不同的抄本可以说明这一点。最后一版中较有代表性的是阿尼克尔(Altnikol)的抄本。埃马努埃尔拥有的那份手稿花饰过多。同样,弗里德曼在抄录父亲的管风琴奏鸣曲时,也会根据那个时代的品味加入各种花饰。[⑥] 我们向来对巴赫作品中的各种标记极其信任,尽管我们只有抄本,尽管这些标记都是他的儿子们做的。

这些奏鸣曲创作于科腾时期。相较之下我们不难发现,科莱里和其他意大利小提琴作曲家的作品是何等渺小! 巴赫还曾在魏玛拜学习他们的作品呢!

---

① 通常,键盘作为必要声部的作品,键盘名称置前,独奏乐器名称置后;键盘作为伴奏声部的作品,独奏乐器名称置前,键盘名称置后。——译注
② 巴赫协会版,卷九,第 43 页以下。(BWV 1025)
③ 巴赫协会版,卷九,第 69 页以下。(BWV 1014—1019)
④ 巴赫协会版,卷四十三[1],第 31 页以下。(奏鸣曲,E 小调:BWV 1023;赋格,G 小调:BWV 1026)
⑤ 巴赫协会版,卷四十五[1],第 172 页以下。(BWV Anh. 173—176)
⑥ 关于这些奏鸣曲的起源,见鲁斯特(Rust)给巴赫协会版卷九写的精彩序言。非常遗憾的是,即便在弦乐奏鸣曲卷出版之后,很多手稿都没能转交到这些资深编者手里,因此巴赫很多有趣的表述符号都未能收入其中。创意曲则是到前些年才发现的,但它们并不如奏鸣曲那样精彩。

　　巴赫的奏鸣曲,像贝多芬的奏鸣曲那样,描述灵魂的情状和内在体验,并且极力融入激情。无论他是否沉浸于悲伤中,是否被神秘的梦境缠绕,巴赫都习惯于用一支紧凑的赋格式的终曲振作精神。

　　尽管如此,悲伤还是无处不在。我们可以想象,巴赫创作这些作品时,沉浸在丧妻的巨大悲恸之中。第四奏鸣曲中的西西里舞曲的主题,与《马太受难曲》中的咏叹调"主啊请怜悯我"极其相似,两个主题都浸渍着泪痕——

　　第四奏鸣曲的西西里舞曲——

　　《马太受难曲》的咏叹调"主啊请怜悯我"——

　　除了进行和节奏,这个乐章和早期作曲家的西西里舞曲毫无共通之处。它没有抒情的牧歌情怀,满是最深沉的悲恸。小提琴声部应该用《马太受难曲》中的精神来演奏,要沉重而不应轻盈。第三和第六个八分音符应该用相同的力度处理,通过一种特定的强调,突出它们与其后的重音之差别。如果巴赫当初不是这么构思的话,他就不会在结尾处营造更炽烈的情感,通过切分音,将重音放置于弱拍旁——

我们很多的小提琴家在演奏这些奏鸣曲时用"感性的"风格取代了巴赫的"表现的"风格。一位资深的批评家在《新音乐杂志》中不无道理地抱怨道，新的巴赫协会版曲谱，会误导演奏者将本来应用自豪与活力开场的快板乐章的主题，用柔软的"弱奏"来开始——为了获得一种递进的"渐强"效果。即便是最后一首奏鸣曲[1]的主题他们也会这样处理，该主题如下——

作者的处理明显是要突出这个进行的冲动有力，巴赫后来再次用到它——在世俗康塔塔"退让吧，忧郁的阴影"（*Weichet nur*，*betrübte Schatten*，巴赫协会版，卷十一[2]）中——用意同样明显，而且这一次在曲式上更加丰满，他用其来陪衬歌词"太阳神骑着矫健的马儿飞翔"。

我们大多数的演奏者和编者添加到奏鸣曲中的所有"弱"、"中强"和"强"，到底该如何应用？在各个乐章中，"弱"、"强"、"渐强"、"渐弱"应该从哪里开始，在哪里结束？至今还没有一个音乐家能给出让我们信服的解释。在一个钢琴主题和一个齐奏主题之间那种明显的回声以及对比效果，当然不会有问题。但是，我们应怎样将细腻的差别植入乐曲，比如 B 小调或 E 大调奏鸣曲的第一乐章？在第一奏鸣曲的行板乐章中，为什么我们的演奏一会儿小声，一会儿大声？由于这种处理无关乎作品结构的核心，其唯一的效果只能是制造出一种漫无目的或浮躁的表象。如果有人要给一件精美的旧铁器刷上现代的新漆，还硬要说这样做能让它更加夺目，我们还有什么好说的呢？然而，至今没有人站出来，为添加了各种色彩的巴赫作品抱不平。

大体上，在小提琴奏鸣曲中，一个乐章需要用一个力度统一的音色演　　349

---

①　见《新音乐杂志》(*Neue Zeitschrift für Musik*，1904)，第 686、687 页。他还同样正确地批评到，这个版本的曲谱中加入了太多的断音和分组断句标记。

奏,任何乐章都是这样。这样做并不意味着单调乏味。在音色的总体范围内,我们也要用一种生动的方式,做出一些有说服力的细微变化,来表现乐曲的细节,这与钢琴作品情况一致。而在声音结构的层面上,则不可强求音色的变化,否则会干扰这些作品中宽阔而有弹性的线条。我们现代的带有情绪性的力度(Gefühlsdynamik)会抹消这些作品的结构,并且用一种错误的观念表现三个必要声部间的相互配合关系。①

我们演奏这些奏鸣曲时应该用这样的眼光:生动地、有造型地表现细节;慷慨激昂,左右逢源;让各种丰富的变化从各声部充满活力的碰撞中激发出来。用这种方法演奏的曲子给我们的第一印象,会顿时让我们相信这套演奏规则是正确的。

关于速度,行板乐章通常会被演奏得过慢,而快板乐章则被演奏得过快。② 我们极少能碰见一位演奏者,在演奏诸如第三奏鸣曲最后的快板主题时,能让听众感受到一种意气昂扬的力度——这种效果是在前进的十六分音符的基础上,突出一系列的音程关系而得到的——

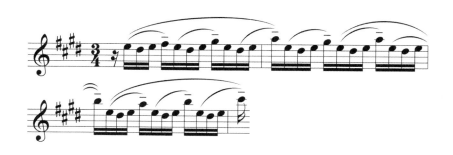

然而,即便是最好的演奏,也难以臻于完美。这是我们的钢琴的问题,它沉闷的音色难以和小提琴的音色融为一体。我们不能指望一台现代的三角大钢琴(Flügel)能够和一件弦乐器搭配起来,正如瓦格纳所说,钢琴的音色和小提琴的音色水火不容。这在巴赫的键盘奏鸣曲中着实让

350

---

① 巴赫式力度的规则,请见本书第 310 页及以下。

② 有关速度的问题,请见本书第 333 页及以下。

人头疼,因为作者考虑的是各必要声部能完全融合于一体的效果。这在他那时可以做到,羽管键琴能在琴弦和木介质的共振中产生纯净的声音。它仅仅比小提琴的音色亮一点,因为它使用的是金属弦。当羽管键琴的声部用现代钢琴代替后,各声部间由于没有同质性而失去整体和谐的效果,我们听到的只是一首用钢琴伴奏的乐器独奏曲。

　　既然如此,在以后的演出中,我们不妨尝试用过去的室内乐乐器——用一种纯净、银铃般的音色——取代我们庞大的三角钢琴或立式钢琴中那种厚重、粗野的声音,这能使钢琴和小提琴奏鸣曲的演奏,减掉一半以上的难度。在这些作品的键盘声部中,巴赫需要同时击奏两个相距几个八度的同名音,这只有在羽管键琴上才能做到。一台好的羽管键琴,比如福斯伯爵赠给弗里德曼的那台,每个音有相应的四条琴弦,两条琴弦对应中间的两个八度,一条在低八度,一条在高八度。巴赫可以通过联键器,同时击奏中间两个八度的琴弦,或者在这两条弦上再加入高八度的那条弦,或者将四条琴弦联在一起。尽管声音很小,但非常丰润。我们的现代钢琴,无法与音色晶莹剔透、生气盎然的羽管键琴相比。此外,在羽管键琴上,演奏者可以通过将主题与高八度上的音联键,更加鲜明地突显主题的效果;若主题在低声部,则与低八度音联键。我们因此可以想象,第一奏鸣曲的柔板、第三奏鸣曲的柔板、第五奏鸣曲的广板,在过去和今天的键盘乐器上演奏,究竟会有多大的差别——因为今天的键盘乐器根本无法同时演奏三个八度。其实,在第五奏鸣曲的柔板中,小提琴的双音(Doppelgriffen)以及键盘中的三十二分音符琶音,用今天的方式演奏会让人十分难受。每个音符在拥有确定性的同时又必须要营造出一种空灵的效果,这无法在我们的三角钢琴上做到;小提琴上的双音也无法展现出美感,这种美仅在松弛的弓上才能恰到好处地呈现出来。只有达到这种标准,这两个小提琴声部才能获得精巧的、管风琴般的音色,配合键盘萦绕在旁的银质音色,这正是作品所需要的。① 自然总是怜悯地奉劝我们,

351

---

① 有趣的是,这个作品的原初版本,钢琴上的不是三十二分音符,而是十六分音符。见巴赫协会版,卷七,第250页以下。

最好只用耳朵来听音乐,但事实上我们在听的同时也常在用眼睛看音乐,并根据自己所看到的来更正听觉。我们喜欢这些音乐,有时是因为我们的眼睛能从乐谱上发现美,我们的心灵能感知对位法的崇高,这就诱使我们的耳朵相信,这样的作品听起来一定十分美;即便两位演奏者都不得章法地在"极弱"到"极强"之间游走,我们也觉得很美——我们并没有在听音乐,只是在"听"自己脑海里的想象罢了。如果有人没那么幸运,只能用耳朵来听音乐,那么他一定会认为,巴赫的键盘和小提琴奏鸣曲,必须使用羽管键琴。这正是鲁斯特为原曲谱写的序言(1860)中强调的。[1] 他可能想象不到,这个准则直到 40 年之后依然不容置辩,即便是新造的羽管键琴,也会尽量在音色上符合那个时代的要求。但如今,即便我们只有现代的钢琴,也不尽会失去这些奏鸣曲的乐趣——只要我们心里清楚,这些作品完美的演奏大致是怎样的,并且不要用错误的现代演绎法去追逐这个理想。

我们不要忽略了一个演奏传统——在演奏这些奏鸣曲时,羽管键琴的低声部通常需要一件弦乐器来辅助。在巴赫的这些作品中,低调的大提琴能够胜任这个角色,特别是主题出现在最低声部的时候。我们可以用 F 小调奏鸣曲的广板做一次测试。在一份可能是巴赫本人的奏鸣曲旧手稿里,明确地建议可以选择性地使用旧式大提琴(Gamba)加强低声部的效果。它的标题是"羽管键琴和小提琴奏鸣曲,在低声部中适当用大提琴伴奏,约·塞·巴赫作"。

352 　　在必要声部间的和弦通常不会过分夺目。它们一般会被添加到对位织体比较单薄的地方,比如只有小提琴声部和低声部在进行,或者只有键盘上的两个声部在进行的时候。当乐章从低声部上的一个单音开始时,毫无疑问,一个完整的和弦肯定会随即出现,但后者像是在另一台钢琴上出现的,而不在前面那个音出现的必要声部中。乐曲整体和谐的基础,就在这种低调的方式中建立起来,即使后面有三个或三个以上声部同时行进,也不会破坏这种稳定。然而,能够如此掌控钢琴声部,当然需要高超

---

[1] 　巴赫协会版,卷七。

的技巧，并且熟识巴赫在曲目构思布置上的特色，否则无法正确地建立这种和谐。基恩贝格貌似曾经用两台钢琴演奏这些奏鸣曲，一台演奏必要声部，另一台用于加强低音效果并提供和声。①

　　巴赫还有以下几首器乐奏鸣曲：三首精美的键盘和大提琴（Gamba）奏鸣曲（巴赫协会版，卷九，第 175 页以下，BWV 1027－1029）；三首键盘必要声部和长笛奏鸣曲（巴赫协会版，卷九，第 3 页以下，BWV 1030－1032）；三首长笛和键盘伴奏奏鸣曲（巴赫协会版，卷四十三¹，第 3 页以下，BWV 1033－1035）；一首双小提琴和键盘伴奏奏鸣曲（巴赫协会版，卷九，第 231 页以下，BWV 1037）；一首双长笛和键盘伴奏奏鸣曲（巴赫协会版，卷 9，第 260 页以下，BWV 1039），后来巴赫将这个作品改写成第一键盘和大提琴奏鸣曲，但还是双长笛这首更好些。②

　　第三首键盘和长笛奏鸣曲（A 大调）的第一乐章结尾部分的曲谱缺失。它原本在其中一首双键盘和管弦乐伴奏协奏曲的曲谱里，巴赫以他习以为常的节约方式，将它写在这份曲谱每页最下面三行空白的五线谱上。有其中六页曲谱的下端不慎被裁掉，因此我们丢失了这首奏鸣曲中的 50 个小节。③ 当温特菲尔德（Winterfeld）从布雷斯劳（Breslau）的一个古董商人手里，以几个格罗申的价钱买下这份手稿时，它就已如现在这样残缺不全了。

　　长笛、小提琴和键盘伴奏奏鸣曲（G 大调）④是写给"不和谐小提琴"的，巴赫希望演奏者将上方的两根弦往下调低一个音，像这样，所以他创作的声部就相当于高了一个音。由于这样演奏的声部并不会和正常调弦时的声部有什么不同，巴赫这样做的唯一目的是让音色更加柔软，使它能够与长笛更完美地融合。

353

---

　　① 请参考鲁斯特对基恩贝格奏鸣曲抄稿中的两个键盘声部的评价。（巴赫协会版，卷九，序言，第 17 页）。
　　② G 小调键盘和小提琴奏鸣曲（巴赫协会版，卷九，第 274 页），如果是真作，那应该是年轻时的作品。
　　③ 这首曲子的残片在巴赫协会版，卷九，第 245 页以下。
　　④ 巴赫协会版，卷九，第 221 页以下。BWV 1038。

巴赫的管弦乐作品大致是完整的,他有四首大型组曲,[1]和六首协奏曲。[2]

我们无法确定这些组曲到底是写于科腾还是莱比锡。无论如何,他确实在科腾的王子面前以及莱比锡的泰勒曼音乐协会中演出过它们,1729 年至 1736 年间,他是该音乐协会的指挥。他把这些作品称作"序曲"(Ouvertüre),而不是组曲或帕蒂塔。这是那时候对管弦乐组曲的习惯称呼,因为作品的第一首"序曲"(Einleitung)占据了整个作品的主要篇幅。但是,它们几乎和《键盘练习曲》中那些真正的帕蒂塔没有区别,只是没有古舞曲——阿勒芒德、库朗特和萨拉班德,代之以更加新潮和自由的乐章。

这些(组曲中的)序曲堪称不朽的乐章,它们均按照《法国序曲》[3]中的形式来构建。它们由一个庄严的乐部开始,随后是一个悠长而明亮的快板,最后又返回此前那个缓慢的部分。当门德尔松在 1830 年在钢琴上给老迈的歌德演奏 D 大调序曲(两首里面的前一首[4])的开场序曲时,老诗人说他看到了一群衣着光鲜的人,迈着庄严气派的步伐,从一个宽阔的阶梯缓缓走下。[5] 1838 年,门德尔松指挥莱比锡音乐厅管弦乐团,[6]成功地将它们搬上舞台。这是巴赫去世后,这些美妙作品的首演。[7]

这些组曲中舞曲旋律,为我们留下了那个业已消失的雍容优雅的世界的一丝芳踪。它们是洛可可时代的完美写照。它们迷人的魅力来自于它们将力度与优雅完美融合在一起。

那首著名的"咏叹调"[8]出自第一首 D 大调序曲。

---

① 巴赫协会版,卷三十一—1(1881 年)。(BWV 1066—1069)

② 巴赫协会版,卷十九(1868 年)。(BWV 1046—1051)

③ BWV 831——译注

④ BWV 1068——译注

⑤ 亦见本书第 210 页。

⑥ Gewandhaus orchestra Leipzig.

⑦ 彼得斯出版社在 1853 年出版了它们中的一部分。该出版社不敢冒险将第二首 D 大调序曲印出。因为出版社当时没有巴赫的原稿,并不确定它是不是巴赫的作品,直到 1881 年才确定下来并出版。

⑧ 指脍炙人口的"G 弦上的咏叹调"。——译注

通常被称作"勃兰登堡"的六首协奏曲,是巴赫献给勃兰登堡侯爵克里斯蒂安·路德维希(Christian Ludwig)的作品。后者是当时的选帝侯第二次婚姻中最小的儿子,此人酷爱音乐,拥有一支优秀的管弦乐团。他大概在 1719 年结识巴赫,可能是在迈宁根(Meiningen)的宫廷里通过其姊结识的;也可能是在卡尔斯巴德(Karlsbad),当时巴赫正陪同利奥波德王子到达那里。他被巴赫的演奏迷住,请后者为自己的管弦乐团创作一些作品。巴赫满足了他的愿望,两年后向其呈献了这六首协奏曲和以下的献词:——

　　尊贵的克里斯蒂安·路德维希阁下,勃兰登堡侯爵:

　　　　数年前我有幸在阁下面前演奏音乐,并发现阁下对上天赋予我的一丁点音乐才华抱有好感,临别时我荣幸地领受阁下嘱托,呈献一些我的作品给阁下。现在,承蒙阁下仁慈的旨意,冒昧地将这些协奏曲呈上——它由若干件乐器合奏,谨表达我对尊贵的阁下最谦卑的敬意。我只能卑微地盼望阁下不要以您广受赞誉的、细腻优雅的音乐品味去苛责我这些不足以称道的作品,它们仅替我向阁下表达最崇高的敬意和最谦卑的服从,还盼您温良置之。最后,我还必须无比谦卑地恳求阁下,望您能继续慈悲宽容地怜悯我,请您相信,我内心别无所求,只愿能为阁下效劳,聊表炽热忠心。

您最谦卑顺从的仆人
约·塞·巴赫
科腾,1721 年 3 月? 24 日①

侯爵具体怎样接收这份礼物,怎样奖赏巴赫,我们不得而知。在他去世之后,这些协奏曲,连同他遗留下的其他大量音乐收藏一起,被清点整

---

　　①　原文中月份处写作"Mar",作者不确定这是指三月(März)还是五月(Mai),故在"Mar"后留了问号。——译注

理和估价。然而,它们并没有按作曲家来分类,像维瓦尔第和其他意大利人那样,而是被分成两大部分,其中一部分有各式协奏曲 77 首,另一部分有 100 首。每一首协奏曲的定价为 4 格罗申。① 所以,在 1734 年,这六首勃兰登堡协奏曲价值合计 24 格罗申。后来,这份呈献给侯爵,由巴赫亲自写下的手稿,归属于基恩贝格。后者又将其留给他的学生,普鲁士公主艾玛丽(Amalie)。公主去世后,手稿遗赠给约希姆斯塔尔学校的图书馆;最后,它被转送至柏林皇家图书馆。这份手稿精美和清晰的程度,甚至超过著名的《马太受难曲》手稿。它的全部小节线,都借助尺子划下。②

　　尽管巴赫万般谨慎,还是在总谱中留下了一处错误。在第五协奏曲的第 11 小节,中提琴上的十六分音符跟随羽管键琴必要声部上的音符作五度下行③。有趣的是,这个错误是在巴赫重新修订并抄正的校正本中出现的。他已感觉到原谱(这份谱意外地被保存下来,在管弦乐的分谱中)里的中提琴跟随独奏小提琴的上行八度音似乎有点问题。他马上将已经写到校正本中的这段音符删去,置换进一段下行的十六分音符,这如同刚逃离圈套,又跳入火坑。④ 在策尔特写给歌德的一封信中,他谈到(可能是)门德尔松时说,"这个小伙子的眼睛如猫般锐利,在他 10 岁的时候,就能看出巴赫这份高超的协奏曲总谱中,有六个连续的五度音存在问题。我可是看不出来,因为我会以为在一部如此庞大的作品中——尤其

这一段还有六个声部,这不会造成什么影响。"⑤

---

①　施皮塔在柏林的皇家档案馆里找到了这份清单。见他的《巴赫生平》,卷 II,第 129 页。

②　这些协奏曲由彼得斯出版社在 1850 年首次出版。

③　这种同向进行在那时的作曲技法中被视作错误。——译注

④　见鲁斯特在巴赫协会版,卷十九中的序言,第 17 页。这个版本的编辑家选择按旧方案出版,这样做问题相对会少一些。

⑤　《策尔特和歌德书信集》,Reclam,第二版,第 394 页,1826 年 5 月 25 日通信。还有另一处错误出现在 182 小节(巴赫协会版,卷十九,第 120 页,第 4 小节)。第一长笛跟随低声部的下行八度音中的最后三个八分音符有误。斯皮罗著名的"巴赫猜想"(Bach-Konjektur)极有创见,并毫无疑问是正确的,他认为这个错误仅仅是一次笔误。有人提议演奏这三个音时向上提升三度。(见《国际音乐界文集》,1900—1901 年,第 651—653 页)。斯特拉斯堡的路德维希教授善意地提醒我,可能很多人都不知道,这个错误并不是巴赫或其门人,而是后来的编者导致。在随后出版的集子里,有一些让人迷惑的校正,见巴赫协会版,卷三十八,第 45 页。

《勃兰登堡协奏曲》是最纯粹的巴赫对位法作品。无论是在管风琴还是钢琴上，他都不可能如此生动灵活地建构乐章，管弦乐队给予他绝对的自由，去控制和组织必要声部。此外，当我们将巴赫的表现方式理解成塑型的表现方式，并照此来推导出演奏的各种规则时，我们就会陷入到一种误解问题的危险之中，好像我们的目标是回到过去那种死板的、僵化的巴赫音乐演奏传统中。然而，我们在通读总谱的时候需要认识到，巴赫不厌其详地在总谱中标记出的各种微妙细节，即是在提醒我们，他将音乐理念诉诸造型的做法，并不意味着拘谨严肃，反倒从始至终都应该是生动活泼的。巴赫借鉴了大协奏曲的基本理念，即把作品建立在一组庞大的声音群——全奏（tutti）和一组小范围的声音群——独奏或主奏部（concertino）交替进行的基础上。各种声音群相互渗透，相互呼应，既各自独立，又共成一体，构成一种无法理解，但又无法抗拒的艺术力量。协奏曲就是由主题的沉浮和兴衰，发展与变迁组成。这些作品仿佛让我们看到，一个由所有时代的哲学所定义的万物之谜。这个谜的自我展开方式是这样的：它不断在创造对立，又不断在克服对立，周而复始，最后回到自身，这个回归的过程同时亦是它遍历万事万物的过程。当我们追逐这些协奏曲的任何一个主题时，我们会感受到一种莫名其妙的渴求和不可思议的满足。从开篇时的全奏开始，进入它和它的对立面神秘的抗争之中，直到它能自己掌控自己的那一刻，最终的全奏顺势到来。

357

巴赫的作品中通常不会只有一件独奏乐器，而是拥有相应的几组独奏乐器群。在乐章的进行中，它们互相冲突、呼应。管乐器的使用可谓艺高人胆大。在第一协奏曲中，巴赫在弦乐之外，启用了一个管乐器合奏群：包括两把圆号、三支双簧管和一支大管；其次，用长笛、双簧管、小号和小提琴组成一个相对独立的四重奏，对抗弦乐的织体；第三，他为了使音色不互相冲突，运用了三组三重奏，三组乐器的组合完全一样；第四，协奏曲中的主奏部（concertino）由一把小提琴和两支长笛组成；第五组乐器是键盘、长笛和小提琴；在第六组中，巴赫选用的都是来自弦乐器的音色——两把中提琴，两把古大提琴和一把大提琴。

研究巴赫这些作品中的细节变化会获得源源不断的惊喜。它们全部都非常简洁,亦非常饱满和丰富。比如,考察第四协奏曲的第一乐章结束前的 27 个小节,在"强奏"的主题线条之后,"弱奏"的出现将这条线从顶峰拉下至谷底;管乐也随即向下走,直至匍匐在谷底,沉溺中积蓄着一股猛烈的躁动;突然,整个乐队爆发出一个粗犷的"强奏",制止了这种躁动——后者是通过在小提琴上演奏副主题而形成的,然后渐渐走到胜利的终点。

许多指挥总是认为,巴赫作品中有不少地方值得商榷。他们认为,所有这些细节变化都不应运用强烈、尖锐的对比,而要用"渐强"或"渐弱"将之融为一体。这个看法会破坏巴赫音乐中的"阶梯"特色,维亚纳·达·莫塔提醒我们注意这个问题。还有一些指挥,为了获得更出众的效果,从"极弱"开始,将音量推至最终的"全奏"。

协奏曲的速度要求和管风琴以及键盘作品一致。演奏得越好,速度就会越慢,因为听众需要细细咀嚼所有表现力极强的细节,温婉的速度方便大家做到这一点,而过快的速度,则会使人们无法抓住丰富精彩的对位法。

《勃兰登堡协奏曲》适合在我们的大演奏厅里演奏么?只要听过任何其中一首,如施泰因巴克(Steinbach)指挥的,再看看观众们的表现,就不会有任何怀疑。这些曲目应该和贝多芬的交响曲一样,成为广受欢迎的保留曲目。斯皮罗(Spiro)在一篇热情洋溢的文章中说得很对,现代的观众需要巴赫的管弦乐作品——这些作品虽然称作协奏曲,但实际上就是交响曲。[1] 我们希望,序曲在不久的将来也能找到它们应有的位置。我们的器乐演奏家也需要学习巴赫的作品,他们会因此受益匪浅,在以后的演奏中不会再有逾越不了的困难。此外,没必要将第四协奏曲中的竖笛(flûtes à bec)更换成横笛,否则会使总体效果变得难受不堪。终将有一天,每一个乐团中的中提琴手都能演奏古大提琴,这使曾经如巴比伦囚徒般的第六协奏曲,得以复归自由。美茵茨的乐器工匠亚历山大兄弟为第二协奏曲制作

358

---

[1] 《巴赫及他的改编作品》(*Bach und seine Transkriptoren*),在《新音乐杂志》中,1904 年,第 680 页。

了一种尺寸稍小的 F 调小号，对于任何优秀的小号手来说，只需稍加练习，就可以用它来吹奏原汁原味的巴赫声部，拥有这款乐器，以后就无须转调或将这个声部移交给单簧管了。门德尔松在指挥第一首 D 大调序曲时，就曾借用单簧管；它还留在大卫①用于指挥莱比锡音乐厅乐团的曲谱中。巴赫在第一协奏曲中曾用到的小巧的高音小提琴（violino piccolo），它能奏出四尺音栓般的音色，我们非常需要为它寻找有心的制造者。

这些协奏曲不适合用太大的乐团演奏，因为它会破坏独奏乐器和全奏之间的自然比例。我们要选择介乎室内乐和管弦乐之间的阵容。在全奏中，相对于弦乐，应增加管乐所占的比重。伴奏键盘绝不能少，即便是在一个大乐团中。在一个小演奏厅里可以使用羽管键琴，若是一个大演奏厅则最好使用声音动听的桌式钢琴，也可以选用一架稍小些的旧式埃拉德三角琴。尽管现代三角琴的和声太过沉闷，但对于大型演奏会来说，我们还是需要一台现代三角钢琴，必须要用它来承担独奏声部的重任，和声可以用另一台钢琴来弹。全奏中的低声部要想取得最佳效果，应用钢琴上的八度音为其伴奏，这样能更清晰地展现低声部的轮廓，远比用双倍的乐器来加强的低声部的音量效果要好。在这些作品中的任何地方加强音量都会损害整体效果，这点必须谨记。

一旦《勃兰登堡协奏曲》和组曲能顺利地在演奏厅树立起地位，接下来就要考虑如何恢复康塔塔中的前奏曲的应有地位问题了。原则上，它们的地位在巴赫将组曲和协奏曲的乐章移植进康塔塔的时候就已奠定起来。他将第一协奏曲中的序曲用作康塔塔《虚妄的世界，我不相信你》（*Falsche Welt，dir trau ich nicht*，第 52 首）②的前奏曲（sinfonia），将第三协奏曲中的第一乐章用作康塔塔《我用全心爱至高者》（*Ich liebe den*

359

---

①　大卫（Ferdinand David，1810－1873），曾是门德尔松指挥莱比锡音乐厅乐团时的小提琴首席，在生命中的最后十年从事指挥。——译注

②　后面的这个康塔塔版本被增补进巴赫协会版，卷三十一¹，第 96 页以下。减去了高音小提琴。我们如今的第一《勃兰登堡协奏曲》是在一个 1760 年的有些简略的抄本中流传下来的，以"前奏曲"（Sinfonia）的形式，只有快板（Allegro）、柔板（Adagio）、小步舞曲（Menuett）、三重奏 I 和三重奏 II 这几个部分。见德费尔（Dörffel）为巴赫协会版，卷三十一¹写的导言，第 19 页。

Höchsten von ganzem Gemüte，第 174 首)的前奏曲。然而，把一首弦乐曲
用作宗教音乐，总感觉不够丰富，特别是在如圣灵降临节①那样的节日康
塔塔中。因此，巴赫在不改变原作的基础上，在这个作品中添加三支作为
必要声部的双簧管以及两把圆号。这是一项相当惊人的技术创举，尤其
是在他不减少其他部分的情况下。他仅仅通过将歌唱部加到 D 大调第
二组曲的快板(巴赫协会版，卷三十一，第 66 页以下②)中，便成就了圣诞
360　康塔塔《愿我们的口中充满欢笑》(第 110 首)中辉煌的合唱。人们几乎会
以为这两首作品是同时写下的，组曲的快板主题特色鲜明，似乎刚好能与
康塔塔的歌词形成呼应，它以音乐的形式表现了歌词中的欢声笑语——

　　康塔塔《在同一个安息日的夜晚》(*Am Abend aber desselbigen Sabba-
ts*，第 42 首)的前奏曲美不胜收，如入画境，特别适合作为一首独立的管
弦乐曲来演出，巴赫用静谧、恬淡的笔触，描绘了一幅暮色渐渐湮没了原
野的幽然画卷。③

---

　　①　即 Whit Monday。——译注

　　②　BWV 1069。——译注

　　③　同样合适的曲目还有：复活节康塔塔《苍穹在欢笑，大地在欢呼》(第 31 首)中的充
满朝气的 C 大调前奏曲；康塔塔《天国的王，愿你来临》(*Himmelskönig，sei willkommen*)
(第 182 首)中的"奏鸣曲"；康塔塔《踏上信仰之路》(*Tritt auf die Glaubensbahn*)(第 152 首)
和《就如雨雪从天降》(*Gleich wie der Regen und Schnee*)(第 18 首)中的前奏曲；康塔塔《谦
卑的人必得饱足》(*Die Elenden sollen essen*)(第 75 首)中的管弦乐众赞歌幻想曲《上帝所行
的一切都是好的》(*Was Gott tut，das ist wohlgetan*)。还有一些规模较小的曲目也可以考
虑：康塔塔《上帝的时间》(*Gottes Zeit*)(第 106 首)，《主啊，我渴望你》(*Nach dir，Herr，ver-
langet mich*)(第 150 首)，《我有过许多忧愁》(第 21 首)，《我一只脚踏进坟墓》(*Ich steh mit
einem Fuss im Grabe*)(第 156 首)中的那些精美的前奏曲。

键盘和管风琴作品的管弦乐改编曲都不值得推荐,即便它们中的有些作品做得像拉夫①对 G 小调英国组曲的改编那样认真细腻,但还是欠缺完美。

我们把巴赫的作品称为"键盘协奏曲"或"小提琴协奏曲"会引起误解,因为这些作品和现代的协奏曲毫无共同之处。在现代的协奏曲中,管弦乐队主要扮演一名"伴奏者"的角色,而巴赫的考虑则是,为独奏乐器配置一个特别漂亮的必要声部。如果这件独奏乐器恰好是羽管键琴,它也要同时承担起低声部的任务。

因此,巴赫首先考虑的是必要声部,其次才考虑选用哪件乐器来演奏。他的七首键盘协奏曲大多数都不是围绕键盘来构思的,就明显可以说明这一点。它们几乎全是改编曲,可能有六首改编自小提琴协奏曲。② 361

在指挥泰勒曼的音乐协会时,巴赫时常需要键盘协奏曲。改编经常都是用不可思议的速度,在极其粗心的状态下完成的;要么时间紧迫,要

---

① Joachim Raff,1822—1882,德国作曲家,作品众多,一度被人遗忘,但后来又重新引起人们的兴趣。——译注

② 这些协奏曲在巴赫协会版卷十七(1867)中,BWV 1052—1058。第一号(D 小调)由一首已佚失的小提琴协奏曲改编。前两个乐章又被再次使用到节日康塔塔《我们必须承受许多痛苦》(第 146 首)中。巴赫在第一乐章的基础上,(部分地)扩充进三个双簧管必要声部,作为这首康塔塔的前奏曲。第二乐章的慢板,被他叠加到合唱之中——这项成就可以比肩于将 D 大调组曲中的快板转写成圣诞康塔塔《愿我们口中充满欢笑》(第 110 首)中的合唱。

第二号(E 大调):这首协奏曲的序曲和西西里舞曲被用到康塔塔《我的心只属于上帝》(Gott soll allein mein Herze haben,第 169 首)中;它的终曲被当作康塔塔《我怀着渴望去寻找》(Ich geh und suche mit Verlangen,第 49 首)的前奏曲。这首协奏曲可能是完全围绕键盘构思的。

第三号(D 大调)是 E 大调小提琴协奏曲(巴赫协会版,卷二十一¹,第 2 首)的改编。

第四号(A 大调),从创作手法上看,似乎也是来自小提琴作品,尽管它看上去比其他作品更具钢琴风格。此作出处不详。

第五号(F 小调)是一首已佚失的 G 小调小提琴协奏曲的改编,这毋庸置疑,因为能从作品特色上看出来。

第六号(F 大调)来自第四号勃兰登堡协奏曲(巴赫协会版,卷十九,第 85 页以下,G 大调)。

第七号(G 小调)其实是 A 小调小提琴协奏曲(巴赫协会版,卷二十一¹,第 2 首)。在 G 小调协奏曲的结尾处六行空白的五线谱中,我们发现了 D 小调钢琴协奏曲的另外一个开头,它被补充完善为康塔塔 "精神和灵魂被扰乱(Geist und Seele wird verwirret,第 35 首)的开场曲,流传至今。

更多详情,请参考鲁斯特为巴赫协会版,卷十七所作序言。

么是他觉得这活计毫无趣味。他可以轻而易举地将小提琴形式的乐曲转写成钢琴形式，并且不作任何改变；虽说他也会在总谱里修修改改，但键盘声部中几乎都是原来的东西。① 如此随意是因为演奏羽管键琴声部的是他本人，他可以根据眼前的曲谱自由发挥，在其基础上添加新的内容。

我们没有特别的必要将这些改编曲放到我们的演奏会节目单中。除了 A 小调键盘、长笛、小提琴三重协奏曲以外——我们已习惯将它当作巴赫唯一的键盘协奏曲。任何观众，即便是第一次听，都会被它带动起情绪。它毫无疑问是每一个真诚的钢琴家放在首位的演出曲目，只要另外两件独奏乐器和整曲的演练，不超过多数指挥能够容忍的一场音乐会的排练次数。

众所周知，这首协奏曲出自 A 小调键盘前奏曲和赋格。相对于他对原曲娴熟的扩充，更让人感到骄傲的是——相信他自己也会这样认为——新曲完全承继了旧作辉煌大气的风范。中间的乐章则是来自 D 小调管风琴奏鸣曲。②

在三首双键盘协奏曲中，有两首——第一号和第三号——来自双小提琴协奏曲的改编。③ C 小调的第一号协奏曲的原作已亡佚；第三号也是 C 小调，它相当于 D 小调双小提琴协奏曲。④ 巴赫怎会冒险将两个如歌般的小提琴广板声部转换到声音断断续续的羽管键琴上，只有他自己知道答案。如果这个改编不是他本人做的，我们就要以他的名义来抵制这种"非巴赫式"的改编。巴赫并不止一次像这样让他的推广者为难，他

---

① 鲁斯特在巴赫协会版，卷十七中提供了改编曲最早的素材原型，第 273 页以下。D 小调协奏曲的第一次改编非常有趣。

② 这首协奏曲在巴赫协会版，卷十七，第 223 页（BWV 1044），此处将其称为第八号键盘协奏曲。关于它和 A 小调前奏曲和赋格，以及第三号管风琴奏鸣曲的关系，见前述，第 297 页。用了同样旋律的第五号 D 大调勃兰登堡协奏曲，可以算作巴赫的第二首完全围绕键盘而作的协奏曲。这两首作品都在独奏羽管键琴声部之外存在一个用于伴奏的羽管键琴，后者用于在全奏乐段添加和声。然而，即便在普通的键盘协奏曲中，巴赫也会使用两台键盘，就像第四号 A 大调键盘协奏曲那样，在这首作品里，他还亲自写下伴奏键盘要弹出的内容。

③ 巴赫协会版，卷二十一²（1871 年），BWV 1060—1062。

④ 巴赫协会版，卷二十一¹，第 41 页，BWV 1043。

们很难以巴赫的名义去抵制那些糟糕的改编者。

但是，这里唯一的一首原创协奏曲——C 大调的第二号，弥补了我们对另外两首的失望——倘若我们能用"失望"来形容巴赫的话。我们很容易看出它是为双键盘而作，不仅由于它里面有两个内容极其丰富的独奏声部（第三部分精彩的赋格曲由三声部构成），而且管弦乐队被巴赫置于从属地位。它不是一首有两个独奏羽管键琴声部的管弦乐协奏曲，而是一首为双键盘而作，管弦乐伴奏的协奏曲。事实上，第一乐章很可能以没有管弦乐伴奏的形式存在过。种种迹象证明这些伴奏为后来所加，并且巴赫一开始是以分谱而非总谱的形式写出它们。否则我们无法解释第一乐章中的两个地方——83 和 108 小节——管弦乐分谱上是大三度，而键盘分谱还保持着小三度——这显然与前者的逻辑不符，而且在接下来的四分音符出现以前，它还一直保持不变。如果巴赫面前摆着涵盖键盘声部和管弦乐声部的总谱，他肯定能注意到这个错误。有趣的是，这个错误并没有在演出中被发现，并且很快地在键盘分谱中改正过来。①

这一作品不需要使用伴奏键盘，两个独奏键盘足以支撑大多数的和声。这里的"羽管键琴伴奏"的任务实际上由管弦乐队来完成——其实就是一支简单的弦乐四重奏，乐队只负责通奏低音，多数时候只是处理节奏上的问题而已。如果在一个小演奏厅里演奏，确实可以考虑用一台第三钢琴代替乐队的任务。一个经验老道的演奏者可以直接看着管弦乐总谱演奏这个声部。我们甚至可以安排两台钢琴替换这些不可或缺的管弦乐伴奏任务。②

两首三键盘协奏曲（巴赫协会版，卷三十一³ ③）同样是根据上述这

① 这是根据鲁斯特的观察，见他在巴赫协会版，卷二十一²中的序言，第 8 页。巴赫协会版卷当然校正了这个错误。根据鲁斯特的猜测，巴赫采用的这种协奏曲形式，来自于一个他正在酝酿的想法：将另外那两部双键盘协奏曲的第三伴奏键盘删去——然而，在那两部作品中它确实是必要的。我们无法证明他的猜测是正确的。

② 福克尔也已发现这一点（第 58 页）。他还提到帕赫贝尔也曾写过一首双键盘托卡塔。施皮塔猜测，巴赫应该知道库普兰有一首双钢琴阿勒芒德。除巴赫的作品以外，那个时代没有很重要的，值得我们特别去了解的双钢琴作品。

③ BWV 1063—1064。

首原创的双键盘协奏曲的原则来构建的。在这两首作品里,弦乐四重奏同样退居二线。多数时候它只提供和声,以及负责支撑和烘托三键盘合奏的主声部。第二首协奏曲——无法确定它原来是 C 大调还是 D 大调——比第一首 D 小调的织体要更庞大,管弦乐占据的位置也更突出。在慢板中甚至出现三键盘为管弦乐伴奏的全奏乐段。巴赫用三个键盘做出的声音和节奏效果美不胜收。每一次聆听这部作品,我们都会被这不可思议的创造力和统筹力震撼得不知所措。

据传巴赫写作这两首协奏曲,为的是和他的两个大儿子一起演奏。如果这个说法是真的,那么这两首作品应该写于 1730 至 1733 年之间。

A 小调四键盘协奏曲改编自维瓦尔第的四把小提琴协奏曲。①

小提琴协奏曲只有一半留了下来——埃马努埃尔保存的那一半,而弗里德曼保存的另一半可能永远也找不回来。我们有三首小提琴与管弦乐队协奏曲(A 小调、E 大调和 G 大调)②;有一首小提琴和大型管弦乐队的作品只留下快板乐章的一个部分(D 大调);③以及一首双小提琴及小型弦乐队协奏曲(D 小调)。④ 佚失的小提琴协奏曲至少有三首——两首为单小提琴,一首为双小提琴,留存下来的就只有它们的键盘改编曲了。⑤

幸存的小提琴和管弦乐队协奏曲,属于那种不需要用任何方法去分

---

① 巴赫协会版,卷四十三¹,第 71 页以下。BWV 1065。意大利人的原曲出版得比它还要晚。在 19 世纪中叶,它一度被认为已佚失,然而 Hilgenfeld 还是找到了它。

② A 小调和 E 大调在巴赫协会版,卷二十一¹,第 3 页以下和第 21 页以下(BWV 1041－1042),它们改编的键盘协奏曲(G 小调和 D 大调)在巴赫协会版,卷十七,第 199 页以下(BWV 1058、1054)。G 大调协奏曲实际上是以第四号勃兰登堡协奏曲(巴赫协会版,卷十九,第 85 页以下,BWV 1049)的形式出现的,后来又改编为 F 大调键盘协奏曲,巴赫协会版,卷十七,第 153 页以下,BWV 1057。

③ 巴赫协会版,卷二十一¹,第 65 页以下,BWV 1045。结尾是后人添补的。

④ 巴赫协会版,卷二十一¹,第 41 页以下,BWV 1043;改编为 C 小调双键盘协奏曲,在巴赫协会版,卷二十一²,第 83 页以下,BWV 1062。

⑤ D 小调键盘协奏曲(巴赫协会版,卷十七,第 3 页以下,BWV 1052)相当于 D 小调小提琴协奏曲;键盘上的 F 小调(巴赫协会版,卷十七,第 135 页以下,BWV 1056)就是 G 小调小提琴协奏曲;C 小调双键盘协奏曲(巴赫协会版,卷二十一²,第 3 页以下,BWV 1060)意味着还有一首同样调号的双小提琴协奏曲存在。这里只能列出已佚失的其中一部分小提琴与管弦乐队作品。我们可以考虑将这些改编的键盘协奏曲重新改编回去成为小提琴协奏曲。

析的巴赫作品。我们可以借用福克尔简洁雄辩的说法："人们无法穷尽它 365
们的美。"A 小调和 E 大调协奏曲开始在我们的演奏厅中赢得名声。现
代的观众会被那两个柔板（Adagio）乐章迷住——小提琴跟随通奏低音翩
然律动。我们会自然而然地联系到命运的观念。A 小调协奏曲的美是朴
素的，而 E 大调则充满对生活无限的欢欣，第一乐章和最后一个乐章都
唱着喜悦的歌谣。

　　D 小调双小提琴协奏曲可能是大家较为熟悉的一首作品。它可以在
家庭中演奏，因为它的管弦乐声部可以很容易地转换到钢琴上。即便是
业余演奏者，也会十分熟悉"不太过分广板"（largo ma non tanto）的第二
乐章（F 大调）中那感人肺腑的宁静。

　　E 大调协奏曲，在策尔特的时代，已是柏林声乐学院演出的常规曲
目。这位巴赫的"改良者"认为，无论在独奏或全奏中，需要做出调整的地
方远比巴赫本人提示的要多。所以他常常修改作品的各个声部，添加表
情记号，以"改革巴赫"的形象示人。埃马努埃尔似乎是在汉堡演奏过这
首协奏曲，否则不可能如此认真地抄写各个分谱。

　　福克尔有一段著名的文字，大意是巴赫有一段时间要负责圣餐礼上
的配乐，他的多数作品都是为此而作。[1] 但在小提琴协奏曲中，他能用到
的可能只有双小提琴协奏曲中的庄板（largo）乐章。

　　在两首单小提琴协奏曲的现代演奏中，乐队规模都过于庞大。这明
显让人觉得难受，尤其是在演奏中间乐章的通奏低音时，6 把低音大提琴 366
和 12 把大提琴铺垫的音色沉重得让人无法忍受。伴奏钢琴常常被省去，
完全不考虑在只有小提琴和低声部演奏的乐段中，听众能明显地感受到
二者之间的鸿沟。伊萨伊[2]对这些协奏曲的演奏十分迷人，尽管有时也
存在过于现代的处理；而且，他将通奏低音安排在小风琴上演奏的习惯，
无论从历史、逻辑还是音乐的角度，都极其令人费解。

---

　　[1]　福克尔，《巴赫传记》，第 60 页。这个说法仅供参考。福克尔在他讨论器乐作品的
章节中也承认，这纯粹是他的猜测，对此他一无所知，只是觉得这样想会更有趣。他根本无
法想象一类如此重要的巴赫作品怎会丢失，对此只能哀悼。

　　[2]　Eugène Ysaye(1858—1931)，比利时小提琴家、指挥家、作曲家。——译注

第十八章 《音乐的奉献》与《赋格的艺术》

《音乐的奉献》：巴赫协会版卷三十一²；彼得斯版，键盘作品，卷七

赋格的艺术：巴赫协会版卷二十五¹；彼得斯版，键盘作品，卷十一

1747 年，巴赫从波茨坦回来之后，创作出《音乐的奉献》。[1] 他在 5 月 7 日受到国王的接见，7 月 7 日呈献上他的这份礼物，从创作到刻版一共只用了不到两个月的时间，况且刻版匠人还不住在莱比锡。此人名叫舒波勒（Schübler），居住在策勒（Zella），巴赫曾找他出版过几部键盘作品和六首管风琴众赞歌。

附带献词的抄本原是艾玛丽公主的私藏，后来转到约希姆斯塔尔高级中学，现在保存于柏林的皇家图书馆。巴赫的献词是这样写的：

最尊贵的国王陛下：

我以最谦卑的心，将这套《音乐的奉献》献给陛下大人，这里最华美的一段音符，正是出自您那高贵的手。陛下无与伦比的高贵品味，至今仍让我敬羡不已。我在波茨坦的时候，陛下亲自在键盘上赐我一个赋格主题，并无比仁慈地指示我在您的主题上即兴作乐。我当即以最谦恭的姿态服从您的旨意。但我很

---

① BWV 1079。——译注

快便发现，因为缺乏充分的准备，出来的效果根本配不上主题的
要求。因此我马上着手对其调整，争取完整地呈现出这个真正
带有王气的主题，好让它享誉寰宇。如今，我已尽己所能完成了
这项任务，这个作品没有任何别的目的——哪怕一丁点儿，全为
赞颂陛下的文治武功。陛下在一切人间技艺上都有卓越德行，
无论是战争与和平，特别是在音乐上的才能，让我们每一个人欣
羡和称颂。我冒昧地提请陛下，以您无比仁慈之心，屈尊将这个
卑微的作品收下，望陛下以后能继续将您最高尚、最仁慈的品味
赏赐给您最谦卑顺从的仆人。

367

作者

莱比锡，1747 年 7 月 7 日

然而，随同这份献词一同送来的，只有该作品的前三分之一，到六声
部曲(Ricercare)①为止；剩下的三分之二他可能委托其子呈交国王。第
一次送上的部分有五页，全都镶有金边，并用褐色皮革装订。纸张十分精
美、柔韧。献词部分有两页，其后是三声部寻求曲和一首卡农，紧接着有
一大张单独的乐谱，里面有无终卡农曲(Canon perpetuus)、五首各种形式
的卡农曲(Canon diversi)、增五度卡农型赋格(Fuga canonica in Epidiap-
ente)，全部均建于御赐主题(Thema regium)之上。

三声部利切卡尔曲——其实是一首赋格型的三声部幻想曲，而非赋
格——处处充满惊喜。② 比如，我们可以追问，毫无动机地进入 31 小节
的三连音到底有何意味，尤其是它刚开始并未出现，出现两次后又突然消
失了。面对这个御赐主题，巴赫为何不使用一个更庞大、更严谨的钢琴赋
格？最合理的解释是，他要保留他在国王面前演奏时的即兴风格。他在

368

---

① 所有模仿赋格式的曲子都可称作"利切卡尔"，即便有时它们的展开较为自
由。从词源上来说，这个词意旨在寻求某种事物，在音乐上，寻求的这个事物，其实就是主题。在
巴赫的时代，它指代那些特别具有独创性的赋格。

② 它的题目是：*Regis Jussu Cantio et Reliqua Canonica Arte Resoluta*，实际上是一句
根据单词"ricercar"拼出的离合诗。

献词中说的"完整地呈现",从第一首乐曲看,仅仅意味着将他在5月7日演奏的赋格稍作基本的修改。这样我们便拥有一部由巴赫亲笔写下的即兴作品。这一赋格非同寻常的自由与活力,充分说明这一点。[1] 遗憾的是,这一精彩的作品,由于没有被编入键盘作品中,它并不为多数演奏者所熟知。

御赐主题如下——

腓特烈大帝曾要求巴赫为他即兴创作一个六声部赋格。巴赫遵令照办,但不是用御赐主题,而是用自己的主题,借口是并非每一个主题都能用六声部处理。后来,作为对大帝的尊崇,他还是用大帝的主题作了一首六声部赋格。因此就有了这首六声部寻求曲,它连同两首附属卡农,构成作品的第二部分。这部分作品不如头一部分的装帧那么奢华,只有四页普通的曲谱,用别针夹在一起。

六声部寻求曲是巴赫赋格创作中最丰富的一首作品。为了让读者更好理解,他将作品写在六行五线谱上。然而,它和《平均律钢琴曲》中的任何赋格一样,可以直接在钢琴上演奏。[2]

从技术上说,这个作品是独一无二的;但我们确实又无法在其里面找到成就《平均律钢琴曲》的赋格之美的那种灵感和诗意。无论我们多频繁地演奏它,它都无法给我们一种持续的满足。该作属于巴赫的晚期作品,

---

① 据观察,他用近乎放纵的演奏来搭配主题的减值。

② 当巴赫将手稿送交刻谱师傅时,将赋格压缩成两行五线谱,这样做是为了方便演奏者。这份谱附注在巴赫协会版,卷三十一² 里,第45页以下。

主要讲究的是对位技法——虽说这不是全部,但无疑是作者的头号关切,
而创意则是次要的。

　　《音乐的奉献》以一首长笛、小提琴和伴奏键盘奏鸣曲来结尾,最后还
加进一首无终卡农曲。奏鸣曲由四个乐章组成——广板(largo)、快板
(allegro)、行板(andante)、快板(allegro)。在广板中很少出现御赐主题的
踪影;在那个赋格式的快板中,主题被当作定旋律使用;行板折回到三声
部寻求曲的动机中;御赐主题则以如下的形式搭建起终曲的框架——

　　因此,巴赫就有两首长笛、小提琴和伴奏键盘奏鸣曲。一首写于魏玛
或科腾时期,[①]另一首则写于他去世前三年。两首作品存在天壤之别。
第一首仍属于他的纯真年代,他苦苦追求声音之美。聆听时有若置身于
森林中、涧水旁,草地上的露珠如钻石般晶莹闪烁。晚期奏鸣曲给我们的
感觉如高山般巍峨,这里植被退却,层峦叠嶂,剑指云霄。《音乐的奉献》
中的这首三重奏鸣曲表现的就属于这类美。它深邃、凛冽,全然没有年轻
时代的作品中的优雅迷魅。[②]

　　我们有一份《音乐的奉献》的手抄稿,其中的键盘声部上的数字低音
由基恩贝格写出。[③] 这份由巴赫的学生完成的"作业"价值连城,它告诉
我们,作曲家对数字低音的要求是何等简洁和明确。

370

────────────

　　① G 大调:广板(largo)、活板(vivace)、柔板(adagio)、急板(presto)。巴赫协会版,卷
九,第 221 页以下。BWV 1038。

　　② 《音乐的奉献》的第一次再版由布赖特科夫与黑泰尔在 1832 年完成;彼得斯出版社
则在 1866 年推出该作。

　　③ 它再版于巴赫协会版,卷三十一²,第 52 页以下。

算上第一部分最后的卡农型赋格曲,《音乐的奉献》一共有 10 首卡农。它们都不是本来意义上的卡农——即仅追求一种准确的音响效果,而是聪慧的音乐谜题,让那个时候的音乐家都热衷于互相探讨猜想。基恩贝格在他的《纯粹作曲艺术》(*Kunst des reinen Satzes*)①中提供了前六首卡农的解决进路。它们中的两首——第四和第五——巴赫运用了音乐上的象征手法。第四首使用在反向进行中不断增时的方式处理主题,在末尾处他写道:"愿国王的好运如音符时值那样增长"(Notulis crescentibus crescat Fortuna Regis)。第五首是在一个音阶上逐级上升的环形卡农,他这样写:"音调随着国王的荣耀一同上升"(Ascendenteque Modulatione ascendat Gloria Regis)。

依据习惯,卡农的解决进路,可以通过在其他声部进入的位置处,标示出主题中的音符来指明。在奏鸣曲前的两首卡农里,巴赫略去这一暗示。他的题记是"认真找,肯定会找到"(Quaerendo invenietis)。前一首是两声部,后一首是四声部。后者的答案十分清晰,前者则允许几种不同的解决方案,阿格里科拉、基恩贝格以及弗莱堡的领唱费舍尔都曾给出过。费舍尔的方案收录在 1806 年的《大众音乐报》(*Allgemeine musikalische Zeitung*)中。②

除此以外,我们还有另外五首巴赫的卡农。一首由马尔普尔格在他的《赋格学刊》(*Abhandlung von der Fuge*)中刊出,另一首写于 1713 年,巴赫想要题献的人姓名不详,很可能是他在魏玛的同事及友人沃尔特。在 1727 年的汉堡之行中,他又题献了一首给一位叫"侯德曼先生"的行外人,后者以一首诗回赠巴赫。③ 还有一首,同样也刊登在马尔普尔格的《赋格学刊》中,根据施皮塔猜测,他将其题献给策勒的管风琴师施密特。第五首则附在豪斯曼的巴赫画像上,归属于托马斯学校。④

---

① 卷 2,第 45 页,再版于巴赫协会版,卷三十一²,第 41 页以下。亦见于施皮塔,《巴赫生平》,卷 II,第 673 页及以下。

② 巴赫协会版,卷三十一²,第 12—13 页(序言)以及第 49 页。施皮塔,《巴赫生平》,卷 II,第 675 页和第 676 页。

③ 见本书第 160 页及以下。

④ 这些卡农及其解决方案,收录在巴赫协会版,卷四十五¹(1895),第 131—138 页。亦见于施皮塔,《巴赫生平》,卷 I,第 386 页;卷 II,第 478 页,第 506 页,第 717 页,第 747 页,以及卷 II 附录,第 19 页。

计划创作《音乐的奉献》时，巴赫本有一套系统的方案——在一个主题上写出一部完整的作品，然而做出来的效果却显得不那么系统。《赋格的艺术》便是继续实践他构想的新作品。

认为巴赫未完成《赋格的艺术》显然是错误的。他在刻版未完成时就去世了，因此这部作品留下一个看似不完整的形式。在他生命中最后的几个星期里，他的几位较年长的儿子都不在身边。巴赫去世以后，儿子们在完全不了解父亲原计划的情况下，将刻版工作继续进行下去。策勒的舒波勒早已为巴赫备好印版，此前他还帮巴赫镌刻过《音乐的奉献》。①巴赫最初很可能想亲自将作品刻到铜版上，因此作品的三页手稿被他写成可以直接复制到印版上的样子。

舒波勒和巴赫的儿子们对巴赫的计划几乎一无所知，其中一大明证就是他们完全没有注意到巴赫有一张详细的勘误表，幸好它传到了我们手里。对于曲目的编排情况，他们也不清楚。此外，他们有时会将一段简单的变奏当作一首新曲目加入到作品中，比如赋格 14 就与赋格 10 是相同的，仅是前者少了开头的 22 小节。鲁斯特认为该集子的整体风格表明他的长子们并没有对其作过改动，然而并非如此，他们只是动作过于草率罢了。

在巴赫的草稿里有一首拥有三个主题的大型赋格。他一直奋战到最后，都未能把它完成。埃马努埃尔和弗里德曼都认为，它本应在《赋格的艺术》的计划之中。尽管未完成，他们还是将它印了出来。但是，为了让这部作品不以这种不完整的方式结束，他们在后面加进了一首管风琴众赞歌"当我们在最大的患难中"——巴赫曾用它来献给阿尼克尔（Altnikol）。没有人能说清楚用这两首作品来结束《赋格的艺术》是不是巴赫的真正意图。在某种意义上说，它们的确属于《赋格的艺术》，但说它们与整部作品有所区别也可以成立。它们确实和前面的典型的赋格没有任何相似之处，因为它们都不是建立在那个相同的主题上。但从另一个角度看，

---

①　原版的四个印本流传至今，此外还有一个巴赫在更早前留下的手稿。这部作品首先由苏黎世的纳格利重新出版，后来莱比锡的彼得斯出版社也出版了该作。

它们的创作技巧都十分精细——比如,巴赫在管风琴众赞歌中娴熟地将主题反转过来——巴赫如此悉心考虑,很可能是要将它们当作《赋格的艺术》的附录。

未完成的赋格曲的三个主题如下——

巴赫用这三个主题完成了三个不同的赋格,正当他准备将之连成一体时,手稿便中断了。

最后一个赋格的主题拼出了巴赫的名字。在魏玛时,巴赫就曾与他的同事沃尔特戏说他名字的四个字母很有特色,很能代表巴赫家族在音乐上的禀赋。沃尔特曾在一篇单薄的小文章的结尾处提起此事,还特别强调这个特别的"说法"是大指挥巴赫先生本人提出的;①他还在他的《音乐辞典》(1732)里将该文题献给一位旧时的朋友。这让我们感到非常奇怪,按理说巴赫应该跃跃欲试,何以能等到生命中的最后一年,才使用这个有趣的主题创作赋格。福克尔也曾问过弗里德曼这个问题,后者肯定

---

① 亦见本书第 161 页。

地说,除了这个赋格之外,他父亲的确从未用这个主题创作过其他的赋格。① 因此,各种号称是巴赫用 B-A-C-H 写成的赋格,其实都不是他本人的作品。有四首这样的作品,其中有一首,即便不像是巴赫所作,也颇为有趣。施皮塔曾尝试为其中的至少两首作品"恢复名誉",但是它们最终都未被辑入巴赫协会版曲谱中,连列为"疑似作品"的机会都没有,编辑者只列出了它们的主题。②

B-A-C-H 主题很受现代音乐人的欢迎。李斯特和舒曼都曾用它来创作赋格。在里格(Reger)的音乐里,即使没有明确标明,我们也能想象到我们会时常遇到它。巴布兰(Barblan)用 B-A-C-H 完成的一首管风琴帕萨卡利亚也同样值得我们铭记。

《赋格的艺术》在巴赫去世的几个月后出版,定价为 4 塔勒,却一份都没有卖出去,埃马努埃尔邀请马尔普尔格(1718－1795)为该作品作序。在 1752 年莱比锡的复活节集市上,该作在更换新封面之后重新发行,还附带上著名理论家马特松的推荐语。人们开始依稀感受到它的价值,马特松也给予热情的赞誉,③但依旧无人问津。直到 1756 年,埃马努埃尔才卖出可怜的 30 份。总共 130 元的收入还不够支付出版费用,遭受挫败的儿子把父亲最后一部作品的印版,按照废旧金属的价格卖了出去。这便是《赋格的艺术》的命运。

福克尔在他的传记中不无忿恨地说到,"如果有一部这种档次的作品,出自像巴赫这样鼎鼎大名的人物,假若在德国以外的任何地方,人们仅出于纯粹的爱国情怀,就能出版至少十个精装版;而在德国,它们的销售收入,连支付铜版和刻印的费用都不够。"④

或许福克尔对同胞的愤怒有些过分。因为这并不是个人的过错,恰是整个时代的问题,导致我们伟大乐长的作品没有获得成功。音乐开辟

---

① 福克尔将此事告诉 Griepenkerl,后者又将它告诉 Roitzsch,从 Roitzsch 那里开始,此事便成为一个有趣的传说。

② 施皮塔,《巴赫生平》,卷 II,第 685－686 页。这四首伪作的主题,见巴赫协会版,卷四十二(1892),序言,第 34 页。

③ 他的评论请见本书第 197 页。

④ 福克尔,《巴赫传记》,第 53 页。

374 了新的门径,远离原来的赋格风尚,而那些仍沉迷于赋格的人已经不再是
赋格创作大师,而仅是赋格的学究,即便他们说得再好,都不足以理解真
正的巴赫。即便是在马尔普尔格的序言里,也会给我们留下这种印象。
他仅用了序言的一小部分,并以一种狡黠的温和立场,批评那些拒绝承认
赋格作为音乐的根本基石的新趋势。①

《赋格的艺术》包含 14 首赋格和 4 首卡农,它们的主题如下——

严格来说,这个主题并不有趣,它算不上灵光乍现,只能勉强说具有
多个层次的"可操作性",且有反转的可能。然而在反复聆听后,它会渐渐
被我们喜爱。它将我们带进一个静穆和严肃的世界,这里荒芜、僵滞,没
有色彩,没有光线,没有运动;它既不使人高兴,也不使人苦恼,然而却使
我们无法逃脱。

前四首赋格,无论是对主题的处理本身还是它们的反向进行,都给我
们留下相同的印象。从第五首开始,主题的单调感被打破。前四个音符
的匀称节拍开始出现各种变化,主题获得一种庄重的移动——

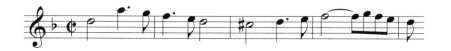

从第 8 首赋格开始,主题变得更富有生气,到 11 首时,它已呈现出如
下的形式——

----

① 　见巴赫协会版,卷二十五¹,序言,第 15—16 页。

所有赋格的可能形式,包括一些巴赫以前从未使用过的形式,一并出现在《赋格的艺术》里。我们仿佛步入万花丛中,已经认不出哪一朵更娇艳,只是难以相信这竟是一个人的杰作。尽管它们互不相同,各具特色,但声部间的流动又是如此自然和率性,它们的轨迹好像从未经过人工安排,几乎看不出各种技术上的痕迹。

巴赫的目的是要将《赋格的艺术》创作成一部纯理论性的作品,他在曲谱上推演出各种赋格,并把它们称作"对位法"。

最后四首赋格两两构成一组,每一组赋格中,一首赋格和另一首赋格上的音符刚好能形成准确的反向对应,就好像从镜子里阅读曲谱那样。它们是三声部乐曲,反向赋格在正向赋格之后。巴赫再次笑傲各种技术难度之上,这些乐曲自始至终都非常生动,处处闪现光芒,似乎一首乐曲和自己的镜像偶遇,仅是纯粹的巧合。

巴赫本人肯定对此骄傲万分。他还将最后一组赋格改编为双键盘作品,并特意添加了一个第四伴奏声部,这样才能将两件乐器完全运用到位。这两首改编形式的曲子被列为《赋格的艺术》的附录。当该作品在19世纪被重新出版后,这两首作品被钢琴家紧抓不放,很快便成为人们耳熟能详的名篇。它们的主题如下——

第十九章　巴赫与美学

　　在我看来,纯粹音乐、音乐绘画、情节音乐①和音乐语言,都是音乐理论中固有的本质性问题。只有音乐史家,才会认为音乐绘画、描叙性音乐,或者明确标榜"讲故事"的音乐,是到了 17 和 18 世纪才在意大利、德国和法国音乐中出现的历史性倾向。无论巴赫之前两、三代的图画性音乐和文学性音乐多么幼稚,我们从其蕴含的表现方式和潜能已能看出,它们与诸如李斯特、理查·施特劳斯的最现代、最精巧的情节音乐一样,具有共同的本质和目标。

　　然而,图画性音乐这门古老的艺术,却并不完全是原始的。虽然我们或许可以说,弗罗贝格尔(Froberger)、库瑙(Kuhnau)以及意大利、法国素描小品②

---

　　①　Programmusik 在汉语里通常译作"标题音乐"。虽然这种音乐往往附有标题,但"有标题"只是表面特征,不能标示本质,而且混淆了本义,造成误导。

　　这种音乐的特别之处,在于借用文学的方式叙述故事情节;由于对情节的描绘是其关键,所以在此采取"情节音乐"的译法。

　　在本书第十九、二十章中,施韦泽借"巴赫的音乐是抽象还是具象"这一问题作为楔子,讨论了美学中的一个根本问题:文学、绘画、音乐之间的界限,应该如何厘定? 他提到的一系列概念:"纯粹音乐"、"音乐绘画"、"情节音乐"和"音乐语言"等等,皆处于一个相互关联的逻辑整体之内,并囊括了艺术表达的三种最根本可能性——声音、图像—视觉、语言,所以应该把它们置于一个统一的参照系中进行理解:"纯粹音乐"是立足于表达抽象情感、思想等的音乐自身,"音乐绘画"诉诸视觉,以音乐模仿绘画,对事物的外在质感进行描绘,"情节音乐"则如上所述,仿照文学进行故事情节的叙述,并包含一定的图像描绘。——译注

　　②　德语 Charakterstück,根据《牛津音乐辞典》的定义,此词难以确切解释,包含心情写照和气氛描写。在施韦泽的语境中,强调其描绘外观的方面,故译为素描小品。

的作曲家们，只不过是幼稚的音乐画家，他们越过了纯粹音乐的边界，却没有意识到他们应该遵守的分寸。但是汉堡剧院的作曲家们却心中有数。在他们眼中，音乐是对行动、场景和思想的再现。他们认为自己能够用声音表现所有事物。马特松甚至就如何明晰而准确地用音乐表达情感，列出了具体的指示。

泰勒曼 1744 年为圣三一节之后第八个礼拜日写的一首康塔塔，在全部十二个大调上奏出了完整的五度圈（vollständiger Quintenzirkel），以此表现装扮成羊群的伪先知们。这种象征主义手段实在过于抽象了。但在其他很多作品里，泰勒曼为表现图像效果所定下的目标及其实际成就，还是相当令人佩服。

巴赫所处时代的音乐，选择以"表现力"来作为自己的根本追求，以此与任何其他方面相区别；它借此明确了自己的目标：图像性的描绘，以及写实主义。巴赫目睹这种音乐的完善过程，而且最终成为它的集大成者。虽然我们的音乐美学家们知道这一点——因为它已被音乐史充分证明了——但他们并没有尝试全面考察那个时代的音乐，也不过问它揭示了艺术的哪些本质，反而将之视作对纯粹音乐暂时性的、病态的反动，对其置若罔闻。

377

巴赫的《随想曲》(Capriccio)描写了自己与弟弟的离别。巴赫通过这首描述性的奏鸣曲，证明了他是自己时代的"表现性"音乐的弘扬者。然而，美学家们不去仔细观察一下，这种精神是否也表现在巴赫后来的作品中，就硬将《随想曲》当作他少年轻狂、取悦流行趣味的表现；甚至觉得我们可以因为他的前奏曲与赋格这类"纯粹音乐"而原谅这种轻率行为。但他们既不去分析巴赫在众赞歌、康塔塔和受难曲中结合歌词创作的音乐，也不理会那个时代音乐在整体上的图像性倾向是否在巴赫的作品中得到反映。

在这些音乐美学家里，唯独莫泽维斯（Johann Theodor Mosewius）尝试领会巴赫音乐的形象性表现力[1]。只可惜他后继无人。他的《巴赫的教会康塔塔》(Johann Sebastian Bach in seinen Kirchenkantaten，1845 年)

---

[1]　参见本书第 215 页及以下。

虽然被广泛引用,但其中的关键思想却未对巴赫研究产生丝毫影响。

自 19 世纪后半叶针对现代音乐的争论开始以来,人们对巴赫的看法,就不再像莫泽维斯那么客观务实了。人们常常不得不很勉强地承认,巴赫音乐中的模仿性和图像化效果非常明显;比如在众赞歌"由于亚当的堕落,一切都堕落了"(卷五,第 13 首)中,亚当的堕落通过低音声部的下行七度来表现;或者在"在十字路口的赫拉克勒斯"的一段咏叹调里,音乐描绘了歌词提到的巨蟒;同一段音乐里还有很多鲜明的例子。如果人们察觉到这些细节,他们会觉得有责任对其轻描淡写、一笔带过,以免损害巴赫作为一名古典风格作曲家的声誉,并避免人们怀疑巴赫令纯粹音乐沦落为表现性音乐。施皮塔更是小心翼翼地保证无人会被巴赫那些具有表现性的音乐误导,由此质疑他作为纯粹音乐的大师身份,或因此而无法领会"巴赫艺术的正确理念"。

施皮塔认为巴赫的康塔塔中,有个方面尤其危险。每提及此,他依然觉得有必要把人们关在护栏里,免受其害:"虽然巴赫善于用图画式的音型点缀其作品,但他这么做,并非基于对音乐图像表现功能的根本信念。那些形象只不过是惊鸿一瞥,不管有无,皆不会影响作品整体上的价值和可理解性。在研究巴赫时,我们会发现一些引人注目的旋律线,或是惊人和谐的曲调,恰好与某个关键的、表达感情的词相契合,这时我们总是太过乐于认为,它们之间具有紧密而深层次的联系;但相对于作曲家的本意来说,这往往是我们自己的一厢情愿。"①这是典型的施皮塔式观点。他在其他方面的分析非常精彩,也富于洞察力,却恰恰在发掘文学性与巴赫音乐表现力之间最内在的联系这一点上,失败了。那些显而易见的音画例子,并没有促使他去思考巴赫其他的形象性音乐是否也产生自歌词所暗示的图画与思想,也没有让他考虑巴赫音乐的氛围作为一种情感状态,究竟是宽泛抽象,还是来源于具体的乐思。他理解不了,音乐可以犹如清澈的流水反映歌词之内容。他希望捍卫音乐,避免人们认为其太过具有描绘性。所以施皮塔觉得具有显著表现性的音乐主题,与"描绘和表现性

---

①   施皮塔,《巴赫生平》,卷 II,第 406 页。

的词句"相契合,是一种纯粹的偶然,并警告我们,不要"认为它们有非常紧密而深层的联系",因为这"对于作曲家的本意来说,往往是我们自己的一厢情愿"。于是,为了证明巴赫的音乐没有具体的描述性,就不得不把他作品中最显著的特征,解释为一种音乐上的偶然事件。这让人想起著名的荷兰哲学家阿诺德·海林克斯(Arnold Geulincx),他很害怕哲学的唯物主义,以至于拒绝承认思想与意志对四肢的运动有任何影响,而且认为上帝将肉体与灵魂,设计成两个完全同步的钟表似的装置,所以肉体和灵魂总能在同一时间做同样的事。于是,从表面上看,只有通过两者的直接关联才能实现的现象,事实上不过是思维活动与肉体运动之间的一个永恒而注定的同步行为。同理,施皮塔对音乐唯物主义的畏惧,使他仅凭"音乐艺术的真正本质"的几个权威律令,就否定了对巴赫音乐中文学与音乐关系进行认真探究的必要性。他否决了所有进一步了解巴赫对待歌词态度的尝试。但这个问题,并不仅仅与理解巴赫的作品有关,更涉及到普遍意义上音乐的本质。

这种观点是情有可原的,因为那些钟情于纯粹音乐的人,在巴赫作品臻于完美的音响建筑与复调里获得了极大的满足,以至其音乐中表现的任何其他东西都显得次要了。施皮塔也一样,他有种本能的忧虑,担心巴赫会被曲解,被用来为某种现代的图像音乐服务,而这对于他和他的门徒而言,是绝对不能接受的。此外,他还部分地受到一种审美趣味的影响,此种趣味不无道理地憎恶古代音乐肤浅的现代化改编方式,这种方式有时候甚至取代了全面的研究,还自诩拉近了古代大师与我们时代的距离。

于是,正当瓦格纳和柏辽兹不断令音乐家们的听觉遭受冲击时,巴赫的康塔塔年复一年地再版,却没有一个人意识到,在那大卷大卷灰色的乐谱中,蕴藏着戏剧性与图像性音乐的珍贵宝藏,也没有人知道它们可以为我们的美学家打开何等广阔的视界。直到今天,我们的美学家除了几首管风琴众赞歌之外,对巴赫的两百多首康塔塔仍旧一无所知,这是他们的过失——即使其中的佼佼者也不能免责。这些作品所蕴含的、异常富于表现力和图像性的音乐,对关乎音乐本质的理论——不论是已被普遍接受的,还是仍然具有争议的——竟然都没有产生丝毫的影响。

人们本应懂得,美学最迫切的任务,是研究这些最新的发现,并在其中找寻所有音乐共同面对的根本问题的答案——旋律创作的本质。这个吸引力足够大,因为只需翻阅一下五到六卷的康塔塔,就会对其中不断出现的独特之处、内在的一致性、同一主题的各种变体,以及一些无法解释的奇怪细节感到惊讶;在巴赫的康塔塔中,这些情况比任何其他音乐都出现得更频密。单单是《圣马太受难曲》的各个主题,就给我们设置了多大的谜团! 比如犹大的悔罪咏叹调"请把我的耶稣交还我"(*Gebt mir meinen Jesum wieder*)中欢快的旋律;或者低音咏叙调"啊,我们的血肉被迫背负十字架"(*Ja freilich will in uns das Fleisch und Blut zum Kreuz gezwungen sein*)中狂野的双声部长笛伴奏;还有"虽然我所有的哀号皆是徒劳"(*Können Tränen meiner Wangen nichts erlangen*)中不匀称的旋律(从音乐的角度来看,这是如此没有意义)——总之,想一下所有这些令音乐家惊讶的东西,他研究作品越深入,就越沮丧地感到,这些作品显得无法解释;他也不知道该如何演奏,因为他无法理解它们的含义,除非有一天他意识到,这些现象既非孤立,也非偶然,而是由某种外在的强大力量激发;这种力量并不遵从和谐的主题结构的所有原则。

381 　　然而,美学研究错失了这个能对艺术实践产生直接作用的良机;对于巴赫受难曲、康塔塔、众赞歌前奏曲主题动机提出的独特问题,它熟视无睹,而且完全没有察觉,这位古典大师,可能有一套完全属于自己的、精确的音乐语言,它让各种理念获得确切的表达。另一方面,演奏或演唱康塔塔的艺术家们对进入这些作品的门径有一种直觉。他们的实践经验,为其带来很多惊人的发现。但他们不懂得理顺知识的逻辑关系,而只是用含混的术语在同行之间谈论它们;演奏家和演唱家所关注的,仅仅是在实践层面找到恰当的途径让作品自己说话。

所以,在我们所坚持的音乐美学中,没有巴赫的位置。在讨论音乐本质的文献里,巴赫被提及的次数少得令人失望。即使在贡巴里欧(Jules

Combarieu)的《音乐与诗歌的共鸣》(*Les rapports de la musique et de la poésie*)①这部全面的论著中,巴赫也鲜被提及。作为法国人,贡巴里欧可以借口说自己的德语水平令他无力把握巴赫的康塔塔。然而德国的美学家们,却不见得有多少更深刻的了解。这不仅仅是由于巴赫真的还不很知名,更与我们研究音乐的总体思路有关。我们的美学家们,并不从艺术作品本身出发。他们的研究,通常正好始于音乐终止之处。对他们来说,叔本华、洛策(Rudolf Hermann Lotze)和黑尔姆霍茨(Hermann von Helmholtz)比巴赫、莫扎特、舒伯特、贝多芬、柏辽兹和瓦格纳占有更重要的位置。与探讨音乐的著作相比,探讨绘画的论著里有着全面得多、彻底得多的美学。所以,音乐美学无法解决具体的音乐向它提出的问题也就不足为怪。最终,所有从定义和声音生理学中推演出来的理论,都得到了应有的关注,而音乐学中的真正问题——音乐绘画、描绘性音乐、情节音乐、音乐与其他艺术门类的合作——却都被几句补充性的话,礼貌地打发掉了。

---

① Alcan,Paris,1894.

第二十章　诗性①的音乐与图画性的音乐

　　巴赫的作品给我们的第一印象,是双重的。一方面,它们传递的信息极具现代性;另一方面,我们又觉得它们与贝多芬之后的艺术毫无相似之处。巴赫的音乐,顽强地努力超越"音乐—声音"这个媒介天然具有的不确切性,希望通过音乐实现对歌词内容最全面而准确的呈现——在这一层意义上,他的音乐极为现代。它的目标是图像性和表现性。但是在表现诗歌内容的手法和风格上,它却与现代音乐存在着分歧。横亘在巴赫与瓦格纳之间的,不仅仅是一个半世纪的时间,更是一道观念的鸿沟。巴赫代表了与瓦格纳全然不同的表现性音乐。所以,很有必要先辨清表现性音乐的性质及其各个门类。

---

　　①　在本书中,施韦泽广泛使用"poetisch"一词表达一对相反的意思,造成了一定的混乱,在此有必要略作说明。施韦泽有时用"poetisch"表达"文学性"。但有时却受德国浪漫主义音乐美学的影响,用它表达另一个意思。

　　在《纯粹音乐的理念》(*Die Idee der absoluten Musik*)中,卡尔·达尔豪斯阐述了这个词在此语境中的特殊含义。在这里,"poetisch"绝不是指音乐与文学的亲缘关系,而是描述一种纯粹的、绝对的艺术状态;它不依赖于客观世界的任何具体存在。这种状态是艺术独有的灵魂,各种艺术媒介皆可表现,但以音乐为最适合的途径。所以这种状态与音乐天然地亲近,也常常在诗中得到呈现。纯粹"poetisch"的音乐独立于文学,既不讲故事,也不描述人或物;在德国文学家蒂克(Ludwig Tieck)看来,任何带有情节的、文学化的音乐,都是这种纯粹"poetisch"音乐的反面。蒂克和舒曼都将"music-poetic"看成纯粹音乐的核心。(参见Carl Dalhaus,《纯粹音乐的理念》,第 69 — 70 页。)可见,"poetisch"在这里指抽象的"诗性",正好与"文学性"对应。

　　本章集中论述"诗性"问题,译者依据原文意思,对"poetisch"作相应处理。——译注

　　这个问题,其实是一个总体性问题的分支——各种艺术,是如何合作的? 如果仅从每一门艺术自身的立场出发思考这个问题,总会得到错误的答案。事实上,这个问题具有普遍性,关涉到我们对艺术作整体思考的根本立足点。在此,必须先清除阻碍我们获得真知的陈腐套路。

　　我们依据艺术描绘世界的媒介,来给艺术分类。通过声音表达自我的人,被称为音乐家;借助色彩的,是画家;使用词语的,则是诗人。事实上,艺术家藉以自我表达的材料,是次要的。并非某人仅仅是一个画家,一个诗人,或是一个音乐家,而是他集这些身份于一身。一个艺术家的身上,包含了各种艺术倾向;仿佛他灵魂里居住着不同的艺术家。他的作品,是这些艺术家合作的产物;在他的每一个想法中,所有艺术家都有自己的一份分工。唯一的区别在于,在某个艺术灵感中,这个艺术家占主导地位;在另一个灵感中,则是另一位艺术家主导,但他们永远懂得选择最适合自己的语言。

　　"另一个艺术家",以及"另一种语言"提供的可能性,有时候在艺术家的意识中非常突出,以至于他不得不在各种媒介之间犹豫徘徊,不知道应该耕耘哪一种。歌德正是如此。当他从韦茨勒(Wetzlar)回来时,内心正在绘画和诗歌之间徘徊。在《诗与真》中,他讲述了如下一段经历:

　　　　我沿着兰河(Lahn)散步,漫无目的,但心里被各种感觉纠缠着;正当人处于这种心境时,沉默的自然才分外讨人喜欢。我的双眼是受过训练的,懂得在自然风景中寻找图画与超越图画之美;现在它们陶醉于满布植物的岩石、沐浴在阳光中的山峰、笼罩在迷雾里的平原、高耸的城堡,以及在远处微笑的蓝色山丘。我顺着河的右岸漫步;离我下方不远处,一条小溪掩映在茂密的柳枝后面,在阳光中流淌。一股由来已久的渴望在我胸中再次苏醒——我真希望能把这些景物好好画下来。碰巧我左手握着一把精巧的小刀;突然间,我听见灵魂深处发出了一个无法抗拒的命令——把小刀投向小河吧! 如果它掉进水中,我成为画家的愿望就会实现;如果它被柳枝阻挡,没有跌入河里,我就应该放弃这个想法。这个念头来得迅速,实施得也迅速。我来不及顾虑这把合金小刀多么有用,就用左手把它尽可能远地扔向小河。但我马上处于一种模棱两可的境地——古人就曾经对占卜的这种结局作过抱怨——最远处的柳枝挡住了我的视线,看不见小刀有没有掉进河里。但我清楚地看到,河水像喷泉般溅起了水花。我并没有把这看作是对我有利的结论;它在我心中唤起的疑虑,带来了不幸的后果——从此我对绘画的追求,变得更加漫不经心、断断续续,由此自己实现了占卜的预言。

384

　　尽管如此,他还是没有放弃绘画。他的构图水平的确是业余的;对绘画杰作的理解,也并不如他自以为的那么全面。但他像画家一样观察和描述万事万物。他总是庆幸自己有天赋,能够以画家的眼睛看世界,他们的画作总是宛如在他跟前。在他眼里,威尼斯就是威尼斯画派创作的一系列图画。歌德风格中最深邃之谜,正在于他毫不刻意,却能凭借寥寥几句话,让整个场景呈现在读者眼前;把读者们既没有见过、也没有听过的一切,传达给他们,仿佛身临其境。在《浮士德》里,我们读到的与其说是一个个场景,不如说是一幅幅生动的图画。歌德在不同场景中,描绘出自己人生不同时期的肖像,既有田园牧歌般的、单纯的、悲剧性的、滑稽的、幻想的,也有寓言性的。他描绘风景,并不仅仅用词语,而是像画家一样,真的目睹过实物;而且他使用的词语,就像相互呼应的色彩点;如此一来,它们将活生生的场景,召唤到读者眼前。

　　自歌德的时代以降,很多作家都从绘画转向语言;但他们的思维,本质上始终是图像性的,只不过他们会选取自己最擅长使用的材料来描绘世界。丹纳①毫无疑问是一个画家。当我们阅读凯勒②的故事时,我们必须明白:在掌控着钢笔的,不是一个诗人,而是一个有戏剧感的画家;唯有这样,我们才能领会其松散但无比清晰的结构。米开朗基罗就更是如此了——在他身上,诗人和画家,哪个更伟大? 我们把海涅誉为最伟大的抒情诗人。但难道

---

　　① 依波利特·阿道尔夫·丹纳(Hippolyte Adolphe Taine,1828—1893),法国评论家与史学家。

　　② 戈特弗里德·凯勒(Gottfried Keller,1819—1890),瑞士德语作家。

我们不应该从"总体艺术"的立场,称他为抒情诗人中最富灵感的画家吗?伯克林①是一个混迹画家之间的诗人。恰恰是诗歌的想象,把他引领向那些美妙却终究虚构的风景中。他梦幻般的想象力达到了多么强烈的程度,以至不可能的构图,甚至骤眼看来令人不快的错误,对他而言都不是问题。他之所以使用铅笔与调色板,只不过因为他觉得唯有如此,才能最生动地表达自己诗中的原始力量。他的画作,是语言无法表达的诗性意象。所以对他的批评主要来自法国画家,也就再自然不过了。法国画家秉持客观的现实主义原则,对诗歌和绘画的这种关系没有共鸣,并且从纯粹绘画的立场,向具有这种倾向的艺术宣战,正如纯粹音乐的信徒,向建立在诗歌思维上的音乐宣战一样。画家们批评巴塞尔博物馆中伯克林描绘瘟疫的画作,实在是尖刻而有失公允。这幅画仿佛是天才儿童的习作;但是如果我们把它作为诗歌来欣赏,就立刻会意识到它真正的伟大所在。

德国绘画与法国绘画的根本区别,正在于对待诗歌的这种不同态度。任何人,只要接触过两国的艺术家,分析过德国画家在巴黎获得的最初印象、法国画家对德国作品的观感,并尝试理解双方不公正的判断,就很快会发现,他们分歧的根源,来自于对诗歌的不同态度。比起法国画家,德国画家更像诗人。所以法国人批评德国人的画对自然缺乏真实、客观的感受。另一方面,尽管德国画家仰慕法国同行超绝的技艺,却因为其对想象力刻意的舍弃而感到不快。在两国的文学中,观察自然的方式互相对立,故而德国人创作出精彩的抒情诗;这恰是法国人永远无法做到的。

所以,画中本有诗,诗中本有画。在某些特定地方,两种艺术各自的性质,取决于相互间或强或弱的比例关系。而它们的表达方式,往往会让人不知不觉从其中一个逐渐过渡到另一个。

音乐与诗歌亦是如此。我们把席勒认作一个诗人,他却认为自己其实是个音乐家。1792 年 5 月 25 日,他在致克尔纳②的信中写道:"当我坐下来表达一个思想时,控制我的永远是它的音乐性本质,而非其内容方面

---

① 阿诺德·伯克林(Arnold Böcklin,1827 — 1901),瑞士画家。

② 克里斯蒂安·戈特弗里德·克尔纳(Christian Gottfried Körner,1756 — 1831),德国法学家,席勒的友人。

的清晰观念,对此我常常举棋不定"。① 与歌德情况不同,在席勒的词语背后,不是纯粹的直觉,而是声音与韵律。他的描述是声音性的,而没有逼真的图像性,不为读者呈现鲜活的场景。他的风景其实都是剧场般的背景装饰。拉马丁②是又一个音乐家,因为他的暗示多于描画。音乐之于尼采,就像绘画之于歌德。他认为作曲才是自己的天赋,是他命中注定的天职。然而他的音乐,却比歌德的绘画更差劲。这些笨拙的作品,怎么能让他配得上被称为音乐家? 然而他的确是一个音乐家。他的著作就是一部部的交响曲。这位音乐家并不阅读它们;他听见它们,仿佛他正在翻阅一份乐队总谱。他所见的并非词语和字母,而是不断发展和交织的主题。在《超越善恶》(*Jenseits von Gut und Böse*)③中,他甚至运用了赋格形式的短小间奏——这是贝多芬常用的手法。这种特质来自何处? 谁能分析它? 无论如何,尼采本人对自己著作的音乐性,有全面的自觉。这就是缘何他对那些"把耳朵塞进抽屉里"、只用眼睛读书的现代人,感到如此恼火。再者,通过思想之间的清晰联系、通过它们明显的不相关性和不连贯性,我们可以看到,写作《查拉图斯特拉如是说》的那位诗人,不是以词语的逻辑,而是以声音的逻辑处理他的思想。在彻底完成一个思想的论证且显然离开它之后,他会在毫无先兆的情况下,再次提起这个思想,就如音乐家会让一个主题再现一样。

瓦格纳是又一位音乐家中的诗人,只不过他不仅仅是文字表达的大师,同时是音乐表达的大师。尼采对瓦格纳不论是爱是恨,都达到了无人能及的地步;他总结了如下的著名公式:"瓦格纳是画家中的音乐家,音乐家中的诗人,但最重要的一点:他是戏子中的艺术家。"④对于瓦格纳而

387

---

① 　见席勒《席勒与克尔纳通信》(*Briefwechsel mit Körner*,Veit,Leipzig,2nd ed. 1894),第一册,第 453 页。

②　阿方斯·德·拉马丁(Alphonse de Lamartine,1790—1869),法国诗人、作家、政治家。

③　一译《善恶的彼岸》。

④　此处所引尼采的原文为:"Wagner gehört als Musiker unter die Maler,als Dichter unter die Musiker,als Künstler überhaupt unter die Schauspieler"(见《超越善恶》第 256 节)。尼采话中的前两句总结了瓦格纳艺术的特质,并且似有赞扬意味;后一句表面上指瓦格纳具有戏剧才能,实则讽刺他的艺术夸张而不真诚。此可以该节下文为证。为表达此义,将"Schauspieler"译为"戏子"。——译注

言，某些画家也属于音乐家。他曾经说，意大利文艺复兴时期的大师们，"几乎全都是音乐家；我们凝视他们描绘的圣徒和殉道者，并陶醉其中；这时候，正是音乐的精神，使我们忘记了自己其实正在用眼睛观看"。①

艺术中的每一个灵感，在本质上都是综合的；它总是非要找到确切的表达方式不可。无论在绘画里，在音乐里，还是在文学里，都从来没有一种所谓纯粹艺术的东西，足以被称为唯一恰当的表达方式，而让其他方式显得无效。因为在每一个艺术家背后，都藏着另一个艺术家，他想有自己的发言权；区别只在于，在某些人身上，那"另一个"艺术家的角色很突出，而在另一些人身上，他的角色却难以察觉。这就是全部区别所在。艺术本身既非绘画，也非文学、音乐，而是三者合作的创造物。

不同艺术之间存在的这种紧密而又紧张的关系，使每门艺术都有一种扩张的愿望，必须达到自身最极致的可能性，方甘罢休。但随即它又想去侵占别的艺术领地。不光音乐希望像另外两门艺术那样去描画和叙述，绘画与文学亦然。文学希望描绘出必须用眼睛观看的画；绘画希望抓住的，则不仅是可见的场景，更是其背后诗的感觉。然而，音乐借以表达的媒介，实在太不适宜描述实在的观念了，所以它想清晰表达诗歌与图像观念时，很容易就达到能力的极限。正因如此，图画与文学的倾向，在一切时代都对音乐创作造成极其有害的影响，并催生一种伪艺术，它自以为是地幻想自己能描绘某些事物和思想，实则那已经远远超越了它的能力范围了。这种伪音乐靠做作与自欺存活。它傲慢地把自己看做唯一完美的音乐，结果只能令它声名狼藉。

于是我们明白了，为什么人们会对音乐中的文学与绘画意图存有疑惑，并在一些关键地方，采用"纯粹音乐"这个概念——这正是他们错误地贴在巴赫和贝多芬作品上的所谓"纯粹艺术"的标签。 388

但是，并非只有艺术才是综合的；我们对它们的感知和接受方式更是如此。在每一次对艺术的真正体验中，一个人拥有的全部感受与思考的潜能，都在起作用。这个过程融合了多种形式，但是接受的主体很少会意

---

①　瓦格纳，《贝多芬》，《瓦格纳文章全集》，第九卷，第 146 页。

识到自己想象力中真正的综合感知过程；他一般只注意到表面的"主旋律"，以为它就是全部内容；只是很偶然地，他才会意识到还有"弦外之音"在起作用。

比如，很多人错误地以为，他看到了一幅画，但其实他是听到了它；他的艺术感受，来自画布中的场景产生的无音之音。观者如果没有在威廉·迪迪埃-普热①描绘的鲜花盛开的荒野中听见蜜蜂的声音，就说明他没有用艺术家的眼光来看这幅画。同样，一个人如果在看一幅最普通的松树林绘画时，没有听见无限远处掠过树顶的风声之交响，并陶醉其间，那他就是一个缺乏艺术敏感的人。

音乐也不例外。音乐感受力在一定程度上是对声音进行想象的能力；它能够以任何方式进行，包括线条、思想、形式，以及事件。不论我们是否察觉，我们其实永远都在各种意象之间建立关联。

我们可以问问听过乔瓦尼·帕莱斯特里那②作品的人，让他们描述其带来的庄严感受。大部分人都觉得自己身处教堂宏伟的穹窿下，看到阳光穿过祭坛窗户，照进幽暗的建筑。其实我们经常在进行艺术性的想象，只是对此并不自知而已。这可以通过一个简单的实验来说明：不妨尝试去观看，但刻意禁止自己进行听觉联想；或者聆听，但不让任何视觉联想越过意识的门槛——这样一来，我们身上那一直被认为是不相干的"另一个"艺术家，就会立刻站出来，捍卫自己的发言权。

每一种艺术感受，实际上都是一个综合行为。艺术创作，只不过是人以艺术的态度面对世界时产生的一次特殊经历。世间万物，给予我们艺术的印象；某些人具有天赋，能够通过语言、色彩、声音或文字，再现这些印象，其他人则做不到。不是说这些有天赋的人，比其他人更富有艺术家的感受力，只是他们能够表达，而其他人则不能。有时候，我们发现艺术在那些只具有接受能力的人身上，产生了强烈的影响；我们看到他们缄默的想象，是如何地丰富了别人的作品。所以，艺术感知能力是人所共有

389

---

① 威廉·迪迪埃-普热（William Didier-Pouget，1864－1959），法国画家。
② 乔瓦尼·帕莱斯特里那（Giovanni Pierluigi da Palestrina，1525/1526－1594），意大利圣乐作曲家。

的,个别伟人获得了表达这种艺术感知的天赋,只是出于偶然。

艺术,是对各种意象之间审美关联的综合表达。艺术家通过作品向我们传达他们感受到的意象;有时候他们对此是自觉的,有时候则不自觉;这些意象越复杂、越强烈,我们获得的印象就越深刻。正是靠这种方式,艺术家才能在他人心中,挑动鲜活的想象感觉——我们将之称为艺术,以此与我们在日常生活中看到、感受到的东西相对立。

我们的感官在艺术作品中所能感受到的那部分,其实只是想象力两种活动之间的中介——所有艺术都借符号与象征来表达。没有人能够解释,艺术家如何能在我们心中构筑起他自己亲身经历过的鲜活体验。没有任何艺术行为,是对它所要再现的内容的充分表达;它最重要的力量,来自未被言说的那部分。

在文学与绘画中,这种情况没那么容易被察觉,因为这两门艺术所使用的,也正是日常生活中的语言。但是,我们只需读一首歌德的诗,检验一下构成它的词语,及它在我们心中唤起的丰富暗示,就立刻意识到,词语在艺术中已经变成暗示性的象征了;藉此,两种艺术家的想象力联手了。瓦格纳说:"事实上,要看一个诗人有多伟大,最好的办法是看他克制住没有说出来的是什么,以此让那不可被表达的东西,偷偷地向我们言说自己"。[①]

在绘画中,表达的不完善甚至更加明显。观众不知要加入多少自己的想象,才能让一幅着色的画布变成一片风景。一幅蚀刻画的确对想象力提出了超常的要求,因为黑白色所表达的,只是风景的象征符号,并且并不比一个符号具有更多的现实性。然而对于任何一个懂得诠释它的人来说,这象征性的轮廓,恐怕是构筑起完整的视觉想象的最有力方式。

这样一来,对绘画的艺术表达来说,"这暗示了什么"比幼稚的"这是什么"来得更有价值。它会随着熟悉程度的增加而被掌握、消化。有时甚至艺术表达不成功,象征的意味对观众并不清晰,看起来只是线条与色彩的堆叠——要么是因为艺术家在其中放进了太多东西,要么是因为观众

390

---

① 　瓦格纳,《未来的音乐》(*Zukunftsmusik*),见《瓦格纳文章全集》第七卷,第172页。

没有把握到他要表达的内容。

音乐的表达完全是象征性的。如何将即便是最一般的感情与观念转换成声音，始终是一个谜。音乐感官生理学的最新研究成果，对我们毫无助益；它虽然为音乐美学占据了一方很不错的园地，却终究不会产生任何成果。正如汉斯立克（Eduard Hanslick）所说："最关键的问题——我们对声音的感知，通过怎样的神经过程转变为一种情愫和心境——还是没有，而且将永远不会得到解释"。①

音乐的表达越是野心勃勃，它所包含的象征因素就越明显。它会立即向听众的想象力提出一些要求；这些要求虽然出发点是好的，却不可能被接纳，而且会与艺术表达中更具暗示性的成分产生激烈冲突。然而，如果我们认为，所谓的绝对音乐使用了一种没有象征成分的语言，那就错了。它同样需要听者的想象力参与，只不过比起具体的描述，它更关注抽象的情感和抽象的线条美。唯其如此，音乐的想象力才有可能最大限度地表现纯粹的灵感。

我们常常以"即时的可理解性"为标准，并根据绝对音乐的立场，认为一门艺术只有能对毫无准备的听众立刻产生效果，才是有效的。可是据此标准，完美的声音表达将不可能实现。这好比认为一门外语，必须能让人在第一次听到时立即就被理解，才算一门语言一样。每一门语言都是依靠约定俗成的规则运作的，其中，某一特定的情绪或思想与某一特定的声音组合相对应。在音乐中亦然。任何人如果明白一部乐曲的语言，懂得特定声音组合所代表的意义，就能领会音乐的意思；否则，即使这些意思始终在那里，都无法被理解。然而，极少数作曲家伟大到能自创一门语言，能有效地传达其思想的关键部分。而其他人，一旦越出被普遍接受的情绪界限，就开始不知所云——虽然他们以为自己说的话仍然能够被理解。最后，他们为自己的音乐加上一个情节，就像古时候幼稚的画家，在人物的嘴上挂一条写着字的带子，表明他们在说什么。这种幼稚的描述性音乐不仅仅存在于过去。一般水平的现代音乐，甚至最新潮的交响诗，不论技巧与创造

---

① 《论音乐的美》（*Vom Musikalisch-Schönen*），第一版，1857 年；第十版，1902。

力多么高超，都始终是幼稚的，因为它们希望实现的精确表达，事实上从未被实现过，而且可以说是音乐本身无法做到的。

音乐产生自具体的形象，却只能以有限的可理解性去表达这些形象，这的确是音乐的悲哀。然而，我们决不能根据音画的这种不确切性，认为刺激音乐产生的那些幻想，也相应地是不确切的，更不能认为这种音乐就是绝对音乐。韦伯（Weber）的《音乐会小品》（Konzertstück），就是一个具有警示意义的例子。1821年，在《自由射手》（Freischütz）首演当天早晨，韦伯把他刚刚完成的《音乐会小品》拿给妻子看，为她和自己最得意的弟子本尼迪（Benedict）演奏，并边弹边解释这音乐描绘的内容：

392

"'小广板'。女主人站在城堡的高台上，忧郁地凝望远方。她的丈夫正随十字军远征耶路撒冷。她完全没有他的消息。他死了吗？她还会再见到他吗？

"'热情的快板'（Allegro appassionato）。太可怕了！她仿佛看到他躺在战场上，受伤了，被遗弃了。鲜血从他伤口中涌出……然而她无法赶到他身旁！

"'柔板，进行曲的速度'（Adagio e tempo di marcia）。远方树林中一片骚动，武器在闪烁。渐渐走近了——他们是抬着十字架的骑士。旗帜飘扬，人们爆发出高声的欢呼……他就在其中！

"'活跃地，非常急速'（Più mosso，presto assai）。她奔向他。他拥抱她。树林与田野也加入到对他们忠贞的爱的颂歌中来。"

韦伯的学生当场记下了这段"解释"，然而韦伯不允许这段文字随音乐一起出版。[①] 如果它不是被偶然保存下来的话，无人能想象到《音乐会小品》所描述的情节；于是它也就会被看作一首纯音乐。

贝多芬的音乐，虽然往往被称为绝对音乐，但它们也是受真切的场景激发写成的。当被问及对《D小调钢琴奏鸣曲》（Sonata in Dminor，Op. 31 No.2）的解释时，贝多芬答道："请读一下莎士比亚的《暴风雨》"。在写

---

① 　参见约翰内斯·韦伯（Johannes Weber）有趣的《音乐的幻象与表达的真理》（Les illusions musicales et la vèritè sur l'expression，第二版，Paris，1900）。

《F大调弦乐四重奏》(*String Quartet in F major*，Op. 18 No. 1)的柔板时，他脑海中想到的是《罗密欧与朱丽叶》里面坟墓的场景。E大调钢琴奏鸣曲(*Sonata in E major*，Op. 81)甚至附有贝多芬的亲笔描述；它描述了告别、分离与重逢。尤其在他最后的室内乐里，我们会有种更加强烈的感觉：每个思想在音乐中的逻辑，都是根据某种具体的情绪编排的；只是没有线索能让我们确切地通过音乐，重构作曲家脑海中的情景。

393　　当李斯特的想象力被阅读诗歌的经验触发时，正是他即兴演奏的最佳状态。

　　汉斯立克在《论音乐的美》中，的确承认了这种情况的存在，但在他眼里，这种音乐是文学的附庸，仅仅是一种例外，与绝对音乐有本质上的区别。音乐所唤起的具体意象，对我们理解音乐本身毫无用处。他说："贝多芬在写每一部作品时，是否都基于一个确切的题目，这在美学上是没有意义的；因为就作品而论，这些题目并不存在。在我们面前的，只有作品本身，没有任何注释；正如法官审讯时，不会考虑没有被行为反映的所有证据一样，当我们作美学判断时，在艺术作品本身之外，也不存在任何证据。"①

　　这是不对的。当然，在我们面前的确只有绝对音乐。但这音乐是一套符号，它记录了真切的意象在心目中唤起的图景的情感特质。这套符号永远吸引听众的幻想，要求他们把这些情感的戏剧，重新复原为具体的事件，并找到一条路；沿着它，人们可以尽可能真切地看到曾经引导作曲家的那些创造性想象。一些优秀的作曲家不得不承认，他们无法把握贝多芬晚期的作品。这既没有贬低他们自己，也没有贬低贝多芬；它只不过表明，他们的想象与贝多芬的想象没有交集。

　　一般的听众是很容易满足的。即使最劣拙的小逸事，都足以让他"找对作品的感觉"，并获得所有他期待的东西。为作品加上暗示性的标题，很快就能让贝多芬的奏鸣曲与门德尔松的《无词歌》流行起来。现在我们变得比较决绝，不再容忍这种不尊重创造性想象的行为了。对于那些并

---

① *Op. cit.* p. 98 ff.

非作曲家亲口说的东西,对于我们自己的诗意直觉,以及虽有一定真实性、却无法表达、从而无法传达给别人的感觉,我们一概置之不理。只有伟大的作曲家们,才有权利根据自己的经验,为别人指明聆听音乐的道路。

　　瓦格纳大胆地将贝多芬伟大的《升 C 小调四重奏》,解释成"某一天中贝多芬的生活"。引子似的柔板,给我们一种早晨醒来时忧伤的印象。这种忧伤被克服了。在急板里,贝多芬把他"无以言表的愉快眼光"投向外部世界。他沉思着凝望生活。在短小的柔板——"一段沉郁的冥想"——之后,他醒来了,并在终曲的快板中,"奏响了这个世界闻所未闻的舞蹈"。① 或许贝多芬会用完全不同的话描述自己音乐的内容。但是瓦格纳的解释并不是可以拿取乐的"评注",就像其他种种音乐解说那样,此处意味着:"一位诗人在言说"。

　　就像诗人中有画家与音乐家一样,音乐家中也有诗人与画家。他们之间的区别,取决于他们身上那"另一位艺术家"拥有多少发言权。抽象的诗性音乐更偏向于思想,图画性的音乐则更多地偏向于具体外观与质感;一个诉诸情感表达,另一个则诉诸感知形象的感官。有关声音绘画、情节音乐、再现性音乐的讨论之所以这么不得要领,正是由于它们预设了这样一个前提:任何不符合绝对音乐原则的东西,都是犯罪;它们没有考虑到,音乐中的两大主潮是时而平行,时而交叉的。

　　贝多芬和瓦格纳更接近诗人,而巴赫、舒伯特和柏辽兹则更像画家。

　　贝多芬常常被瓦格纳称为诗人;后者认为那"另一个艺术家"在前者心中的觉醒,是前者音乐生涯的关键转折。在第一阶段自由而漫不经心的创作之后,是另一个阶段,这时贝多芬的语言看似肆意而奇崛,他的乐思仅仅由一种思想性的目的贯穿起来,但这种目的无法由音乐以文学语言般的明晰性表达出来。随后阶段,敏感的作曲家因为无法被听众理解而遭重创,人们仅仅把他当作一个疯癫的天才。② 他的一系列交响曲,体

① 瓦格纳,《贝多芬》,见《瓦格纳文章全集》,第九卷,第 118 页。

② 瓦格纳,《歌剧与戏剧》(*Oper und Drama*),见《瓦格纳文章全集》第三卷,第 344 页。

394
395

现了他寻求音乐超越自身的局限而成为综合艺术的不间断努力。终于，在第九交响曲里，音乐抓住了语言，实现了对自我的救赎，并把分裂的各种艺术合为一体。

我们可以从另一个角度，看待第九交响曲终乐章对合唱的引入——把它看作一个错误，看作交响曲的结尾，而不是一部真正的音乐戏剧的开端。但这并不影响瓦格纳对贝多芬音乐发展历程判断的正确性。

或许瓦格纳过分地从自己的角度来诠释贝多芬了。事实上，贝多芬的乐思比瓦格纳更具图像性。不妨比较一下他们用语言表达自己的方式，这是考察一个人思想形成过程的一条线索。瓦格纳绝对没有贝多芬那种突兀、激烈的风格。前者绝少诉诸图画——这跟柏辽兹全然不同，柏辽兹脑海中充斥了图画。对于一个音乐家来说，瓦格纳的写作总是超常的理性和抽象。从一般音乐家们的谈话中可以看出，他们总是偏袒于图像。他们解释任何东西，都总会诉诸图像，堆叠起一个又一个的类比，混合恰当与不恰当，运用非常奇怪的表述，然后就觉得，他们成功地使不可表达的思想变得可以理解了。而像瓦格纳这样，只求表达思想的情感本质的人，是非常罕见的。即使舒曼都比瓦格纳更具有图像性。后者无论在文字中还是在音乐中，都永远不是纯写实的。他甚至不能接受绘画仅仅表现形象，而认为它应该表现思想。在他看来，正是由于与宗教逐渐脱节，文艺复兴绘画完美的创造性逐渐衰落了。他认真地认为，从那时起，这种艺术就一直颓败下去。

瓦格纳希望他的图画性音乐不是引人想象，而是唤起人们的情感。即使音乐表达了视觉的形象，这种图像性也不是最终目的，而不过是一个指代思想的符号。他宁愿彻底放弃对形体的想象，而用音乐把行为在情感的维度上，活生生地展现于观众眼前。他曾经说，最伟大的声音图画，诉诸情感而非想象（即音乐描绘的外在对象能为听众所目睹）。[1] 按他的说法，真正的声音图画，应该是戏剧的音乐。因而瓦格纳所反对的，是俗套意义上的声音图画，因为这种音乐并不在对对象的视觉呈现之

---

[1] 《歌剧与戏剧》，见《瓦格纳文章全集》，第四卷，第 234 页。

外,更追求对各个感官的感染。他说:"我们要在音乐中表现的,无非感觉与情愫。"

他的主题,在本质上是以和声为导向的。这些主题通过一个基本的和弦,从和声的海洋中浮现并被赋型,就如思想从情感的深渊中浮现一样。他的转调,并不只具有音乐上的意义,而更具有纯粹抽象的意味。唯有当转调与人类情感中的事件相契合时,它们才真正具有意义。

像舒伯特或柏辽兹这样的人,他们的艺术更加写实。固然他们会表达感情,但他们最独特之处,往往在于紧抓图像不放,而且是以图像为表现的终极目的。他们的音画诉诸我们感知形体的感官,而且在某种程度上是以此为目的的。瓦格纳则从来不会这样。舒伯特歌曲的伴奏,比瓦格纳的所有音乐都更具有写实性和绘画性。

柏辽兹音乐的图像性甚至更加明显。他的艺术循着一条全然不同的道路,与瓦格纳毫无交集。对于柏辽兹来说,声音图画的完美之处,不是纯粹的感情表达,而是夸张的轮廓勾勒。他的音乐以表现对象的外观为目的。即使他为戏剧创作的音乐,都是为了实现情节音乐突出的明晰性。所以我们会以两种方式同时"看到"表现的对象——在舞台上和在音乐中。而瓦格纳则只以一种形式传达给我们,但却是完整地——音乐并不复制可见的行动本身,而是表达行动的情感对应物,若非如此,它将始终得不到表达。

正是柏辽兹对外观表现的坚持,使瓦格纳无法理解他的音乐。瓦格纳告诉我们,在柏辽兹《罗密欧与朱丽叶》交响曲动人的爱情场景中,他一开始为主旋律的发展所着迷。但随着音乐不断推进,他的着迷感消失了,随之而来的是彻底的不快:"这些动机的确出现在莎士比亚著名的阳台场景中,但作曲家最严重的错误在于,他忠实地复制了戏剧家对它们的处理方式"。[1]

我们不妨再看看,柏辽兹从歌德的《浮士德》中选取了哪些素材——

---

[1]　瓦格纳,《论李斯特的交响乐创作》(*Über Franz Liszts Symphnonische Dichtungen*),见《瓦格纳文章全集》,第五卷,第 250 页。

全是一系列适合声音图画的场景，而且是随意的选择，完全不考虑戏剧本身。

舒伯特和柏辽兹的主题，并不像瓦格纳那样，在本质上以和声为导向。它们也不像瓦格纳的主题那样，建筑在某个基本的和声上。它们的根源来自于对图画的想象，就像制图匠画出的描绘性线条。个中区别，很难详细定义，但对想象力而言，已经足够分明。然而它揭露了两种音乐在本质上最根本的区别。

舒伯特和柏辽兹音乐中的图像元素，并非总是明晰得足与瓦格纳彻底对立。虽然他们之间存有这么多的差异，但在一点上，他们与瓦格纳乃至贝多芬之后的大部分音乐，是一致的：即通过声音表现一系列具有时间序列性的思想——不论是以歌曲还是情节音乐的形式——而且并不像纯粹的图像性音乐那样，把自己局限于捕捉一种感情、一个事件的某个意蕴充盈的瞬间，然后从图像性的方面去描画它，而全然不理会之前和之后的时刻。他们依循的是事件在时间上的展开过程，所以他们是专注于情节的音乐家。巴赫并不这么做。他是图画性音乐最坚定不移的代表——瓦格纳的反面。他们是两个极点，二者之间，囊括了所有"形象性"音乐的潜能。

第二十一章　巴赫作品中的文字与音乐

　　巴赫的音乐及其文字之间的关系，亲密得犹如水乳交融。[①] 即使从最表面的因素看来，这一点都非常明显。他的乐句结构，不是大致切合诗句的结构，而是与之完全相同。在这方面，我们可以拿亨德尔与巴赫作对比。在亨德尔那里，带有很长歌词的旋律，由独立的片断极娴熟地组合起来。然而在这个过程中，词句不得不牺牲它天然形式中的某些因素，来适应音乐的天然形式。这就使音乐与词句在节奏上的冲突无可避免。我们会得到这样的印象：仿佛亨德尔式的旋律一旦掉在地上，旋律与词句就会立即断裂；然而巴赫音乐中的这两个因素，则始终不会分离，因为他的乐句，只不过是声音对词句的临摹。他的音乐的确是朗诵性多于旋律性。巴赫恰如圭多·阿德勒（Guido Adler）心目中的瓦格纳一样，是文艺复兴时期伟大音乐的产物。

　　巴赫的乐句在旋律上带给我们的印象，来自于他清晰而完美的形式感。虽然他的乐思是朗诵性的，但写出来的却是旋律性的。巴赫的声乐主题，无论是宣叙调、咏叙调、咏叹调，还是合唱，都是以朗诵方式构思的，

399

---

　　① 参见阿诺尔德·舍林（Arnold Schering）有趣的论文《巴赫对唱词的处理》（*Bach's Text-behandlung*，Kahnt，Leipzig，1900 年）。这篇论文第一次讨论了巴赫音乐的诗歌因素，而且论述得当，颇为深入。另参见安德烈·皮罗宏大的研究著作《巴赫的美学》（*L' Esthétique de J. S. Bach*，Fischbacher，Paris，1907），该书不但完美地印证了本书得出的结论，而且完善了它。

却永远奇迹般惊人地显出旋律的形态。他使用的唱词,从形式上来看,是最不适于音乐的。一段《圣经》中的诗句,并不符合任何音乐的分句,甚至不合语言的断句,因为它是根据翻译的需要,而非节奏感的需要。其他词作者为巴赫提供的原创歌词也好不到哪里。它们同样缺乏内在统一性,不过是对《圣经》和赞美诗集印象的刻意拼贴。然而同样的句子,如果被巴赫谱成音乐,就立即变得妥贴。

巴赫作品中语言与旋律的朗诵性统一,让人联想到瓦格纳。但这对后者来说,是理所当然的,因为瓦格纳的唱词本身就是根据音乐来构思的,音乐只是为语言添加了音程的起伏。但巴赫的情况却更奇妙——在这里,音乐似乎赋予语言更高的生命力,让它们脱离平庸,显出其真正的意味。这种奇迹在他的康塔塔和受难曲里频繁地出现,以至我们都习以为常了。但是随着研究不断深入,我们不禁发出越来越大的惊叹:这个深邃的灵魂,真切地从自然界每天都发生的现象中,发掘出了最伟大的奇迹。

一旦我们通过巴赫的谱曲,接触到《圣经》中的一段诗篇,从此就再也无法以别的韵律想象它了。任何人听过《圣马太受难曲》之后,当他或她再想起晚祷词时,无论是否有意,都会给唱词配上巴赫朗诵乐段的音调与节奏。没有谁听过康塔塔《来临吧,外邦人的救世主》(第 61 首)之后,会不按巴赫的分句来歌唱"看哪! 我站在门外叩门"(*Siehe! Ich stehe vor der Tür und klopfe an*)①这句话。即使他忘记了具体的旋律起伏,只要听过几次,就能发现旋律的基本结构简直与词句的基本结构完全吻合,两者在他脑海中也就无法分离了。

但是如果我们认为,在任何为文字作的优秀配乐中,音乐都具有同等强大深远的影响力就错了。巴赫这种能力,除了瓦格纳以外,任何人都不具备——包括舒伯特。其中的非凡之处,在于巴赫的音乐所产生的印象,与其说取决于旋律音程的起伏,毋宁说来自朗诵的重音分布与音节长度

400

---

① 《启示录》三章 20 节:看哪,我站在门外叩门,若有听见我声音就开门的,我要进到他那里去,我与他,他与我,一同坐席。

本身；当然，他的主题旋律太有特点，在音程起伏方面太突出了，以至人们单靠这些方面也能记住他的音乐。

　　巴赫朗诵乐段的最杰出例子之一，是康塔塔《就如雨雪从天降》（第 18 首）①中如咏叙调般的宣叙调开端。文字原本几乎是平均地分列的，这里却被音乐整合成一整段宏大的乐句；巴赫如有神助，消除了文字的所有生硬之处，并带给我们这么一种印象：仿佛诗的灵感，经过几个世纪的等待，终于等来了这段音乐，找到了自己真正的轮廓。

　　即使巴赫在结构上更像咏叹调的作品，仍然保持这种纯粹朗诵性的特质。比方说，如果严格按照音乐的音节长度与重音来朗诵康塔塔《这人是有福的》（*Selig ist der Mann*，第 57 首）②，你就会明白巴赫的朗诵性乐段是多么传神了。

401

　　如果他为之谱曲的诗句是押韵的，并具有固定的长度，那么他就越过这些因素，直接把握住诗句的内在形式。他的乐句永远不会受制于韵律的反复。在《圣马太受难曲》咏叹调的歌词中：

　　　　我心甘情愿地负担起

　　　　十字架与圣杯

　　　　为我的救主而饮

在这里，我们觉得音乐肯定无法超越诗句韵律的束缚了。然而巴赫通过重音与伴奏的安排，成功使我们的注意力远离韵律，当乐句被恰当地唱出时，我们就不再会注意韵律了。第一个"我"必须以重音处理，这既是音乐决定的，也显然取决于它与前面咏叙调"救主倒下了"（*Der Heiland fällt*）的关系。

---

　　① 《以赛亚书》五十五章 10－11 节：雨雪从天而降，并不返回，却滋润地上，使地上发芽结实，使撒种的有种，使要吃的有粮。我口所出的话也必如此，决不徒然返回，却要成就我所喜悦的，在我发他去成就的事上必然亨通。

　　② 《雅各书》一章 12 节：忍受试探的人是有福的，因为他经过试验以后，必得生命的冠冕，这是主应许那些爱他之人的。

这个乐句如下：

如果诸多歌唱家都按照诗人的分句和韵律而非巴赫的乐句来演唱，那效果欠佳就不能归咎巴赫本人了。

我们只要翻看一下《救恩、能力现在都来到了》（*Nun ist das Heil und die Kraft*，第50首）①中的各个声部，就会发现巴赫即使纯粹在写赋格乐段时，都会以朗诵的方式来安排乐句的抑扬顿挫。

虽说巴赫的方法非常有效，但它给人的第一印象并非总是自然的。诚然，巴赫把词句转换成音乐的方式往往显得颇生硬；按照文学的标准，节奏、结构、重音、音节长度——所有这些因素感觉都不对。一个在诗歌中应该被重音强调的音节，在旋律里却被消融进非重音部分；而另一个完全不重要的音节，却被鲜明的伴奏衬托而成突出的元素；偏偏在我们不期待有停顿的地方，却正好有停顿。巴赫为了挖掘语句的音乐潜能而做的每一步，就其自身而言，都是不可理解的。在宣叙调与咏叹调中，我们同样不难发现，他处处违反自然重音规律。然而，只要我们把作品作为整体来把握，遵照巴赫安排的音长，自由地唱出音符，就会感到作品一下子变得立体起来——仿佛具有一种听觉的透视性——这一切，是细致的分析所无法传达的。这种艺术抗拒狭隘的细读方法。它来自对细节协调的一种直觉的领悟，作曲家一眼就看到了这种协调的总体效果。由此可见，音

402

---

① 《启示录》十二章10节：我听见在天上有大声音说："我神的救恩、能力、国度，并他基督的权柄，现在都来到了，因为那在我们神面前昼夜控告我们弟兄的，已经被摔下去了……"。

乐家们那些错误的自由处理,实在是有效地破坏了巴赫音乐的效果;这些音乐家对各种怪异的分句感到困惑,所以想通过这种自由的处理,来弥补巴赫音乐中的"反常"特质。①

　　巴赫不仅把词句的形,甚至还把它的神转化成音乐。这明显地体现在他为众赞歌所作的和声处理中。埃卡德和普里托里乌斯等等这些众赞歌音乐最杰出的大师们,为旋律配上和声;而巴赫为歌词配上和声。对他来说,众赞歌旋律在本质上具有一种不确定性;唯有与具体的文本结合才能获得独立性格;而文本的本质,巴赫则通过和声来表现。

　　韦伯很早就看出,巴赫康塔塔和受难曲的众赞歌乐章,不仅仅具有音乐性。巴赫的儿子菲利普·埃马努埃尔·巴赫在出版它们时,没有附上对应的歌词。他完全不了解父亲综合性的艺术主旨,只想为世人呈献一套最优秀的众赞歌音乐而已。② 到了 19 世纪初,当福格勒神父的数学——美学和声体系受到广泛推崇时,作为他学生的韦伯,认为这是自己老师的荣耀,因为他超越了老巴赫在众赞歌音乐中的成就,比后者更具有系统性——而惊人的事实却是,后者在全然不知道福格勒体系的情况下,竟能写出如此丰富的和声。抱着这个目的,韦伯从巴赫和福格勒的作品中各选取了十二段和声进行比较,显示老大师比不上新一代的大师,因为他的很多怪异的和声发展不具有合理性。③

---

　　① 　关于这一点,参见阿尔弗雷德·霍伊斯(Alfred Heuβ)的文章《巴赫对宣叙调的处理;特别考虑到他的受难曲》(*Bachs Rezitativ-behandlung mit besonderer Berücksichtigung der Passionen*),收入 1904 年《巴赫年报》,第 82 页以下附于文章之后的讨论,尤其是其中莫里兹·魏斯的观点非常有意思;不过这也说明,此问题迄今还极少被研究过。

　　② 　《约翰·塞巴斯蒂安·巴赫的四声部众赞歌(由菲利普·埃马努埃尔·巴赫收集)》(*Johann Sebastian Bachs vierstimmige Choralgesänge, gesammelt von Philipp Emmanuel Bach*)。第一部分,1765 年,第二部分,1769 年。参见巴赫协会版,卷三十九,第 177 页以下。

　　③ 　韦伯,《选集》(*Ausgewählte Schriften*,Reclam,pp. 89－97);《巴赫的十二首众赞歌,由福格勒修改,由卡尔·玛利亚·冯·韦伯作分析》(*Zwölf Choräle von Seb. Bach, umgearbeitet von Vogler, zergliedert von Karl Maria von Weber*)。格奥尔格·约瑟夫·福格勒于 1749 年生于维尔茨堡(Würzburg);在意大利学习音乐与神学,在罗马担任神父,并于 1775 年定居曼海姆,在那里建立了一所音乐学校。后来他居住在巴黎、斯德哥尔摩和伦敦。1807 年他成为达姆斯塔特的宫廷乐长,并在那里创建了一所音乐学校;韦伯和迈耶贝尔(Meyerbeer)都是那里的学生。他于 1814 年去世。

把这种观点归咎于韦伯的缺乏判断力是错误的,其实,他的观点很公正。从纯音乐的立场看,巴赫的和声完全像谜一般,他写出的音符序列本身,并不构成一个审美的整体,我们必须要结合诗歌与词语的表达来理解。从康塔塔《我这个可怜的人,谁能把我从速朽的肉身中解救?》(*Ich elender Mensch*,*wer wird mich erlösen vom dem Leibe dieses Todes*,第48首)的"如果痛苦与惩罚不可避免"(*Solls ja so sein*,*dass Straf und Pein*)[①]中,可以看到,他任由这些因素引领他远远甩开纯作曲的自然原则。作为纯音乐,这完全令人无法接受;巴赫的用意,是要表达出作品所暗示的对原罪的所有激烈的痛苦。

菲利普·埃马努埃尔·巴赫应该对世人的误解负责:他只出版了众赞歌音乐而没有附上唱词,此举表明他并不理解自己父亲艺术的本质。因此柏林的合唱指挥路德维希·埃尔克(Ludwig Erk,1807—1883)对巴赫的贡献就功不可没——他连同歌词一并出版了作曲家专门为它配的众赞歌前奏曲音乐。[②]

如果我们使用埃尔克的版本,仔细观察同一段旋律的连续安排,就会发现它们是按照诗歌的和声,表现各种性格特质。一段宽广、胜利的大调旋律正在行进,然后一个悲悼的主题突然进入,并主宰了乐曲。在《圣马太受难曲》的"最心爱的耶稣,你犯了什么罪"分曲中,当唱到"啊,伟大的王"一句时,它的旋律是多么威严。低音部的八分音符进程,从纯音乐角度完全无法解释,但它成功表现了胜利的战车。我们可以说,在巴赫的众赞歌中,每一句话,每一个词,都得到了描绘,而且被塑造得具有抢眼的浮雕式效果。

瓦格纳对自己作品中的一处转调曾经如此评论:骤眼看去这转调显得太大胆太突兀,但事实上并非如此,因为它来自两个动机的相遇,而这

---

① 这里采用的"啊神与主"("Ach Gott und Herr")的旋律。

② 路德维希·埃尔克,《约翰·塞巴斯蒂安·巴赫的众赞歌和圣乐咏叹调》(*Johann Sebastian Bachs Choralgesänge und geistliche Arien*),莱比锡,彼得斯:第一部分,1850,第二部分,1865。这个版本不断再版。最近众赞歌由阿尔贝·马豪特(Albert Mahaut)出色地译成了法文,并附有樊尚·丹第(Vincent d'Indy)热情洋溢的前言(布赖特科夫与黑泰尔,1905年6月)。

两个动机在之前已近频繁出现过了；因为我们的耳朵对此已经熟悉，所以就觉得那夸张的和声很自然了。巴赫的众赞歌创作，遵循类似的原则。旋律是听众已经熟悉的，所以他就能运用最大胆的和声，而听众的耳朵又不会把握不了旋律的连贯性。

　　然而，唯有在合唱队不是唱出旋律、而是唱出歌词，不是强调旋律的重音、而是歌词——巴赫如此强烈有时甚至过分强烈地通过和声突出的歌词——的重音的前提下，他的众赞歌的诗歌特质，才能被彻底展现。我们越深入研究这些众赞歌，就越感觉到其中被压抑的激情表达，这在整个文学中都找不到可与之匹配的例子。

　　巴赫为管风琴写的众赞歌，只有一小部分留存了下来；①但仅这部分已经足以让我们知道他的创作方法了。当安斯达德红衣主教会议指摘巴赫延长他的假期时，他们也借机抨击他过分夸张激烈的众赞歌伴奏。会议报告如是说："应该向他指出，他在众赞歌中，作了很多奇怪的变奏，并且糅杂了很多怪异的音调，令信众感到困惑。"②如果我们看看《在甜蜜的欢呼中》（卷五，第 103 首）中的和声，就能明白这段谴责了；这段音乐是为信众的歌唱伴奏的。巴赫在人声旋律线的换气空隙中，加进华彩乐段，其实无关紧要，因为这是那个时代的惯常做法。但当旋律再次进入时，却消失在和声的洪流里。当然，我们必须记住，既然信众的歌唱是由合唱队带领的，巴赫应当被允许拥有一定限度的自由。

　　在这狂飙突进的时期，强调诗歌的倾向已经显露出来了。克雷布斯为我们保存的众赞歌"我自高天而来"（*Vom Himmel hoch，da komm ich*

405

---

　　①　布赖特科夫的 1764 年目录提到约翰·塞巴斯蒂安·巴赫的一部《根据 240 段流行的莱比锡旋律谱写的众赞歌全集，附有以音符标注的通奏低音》（*Vollständiges Choralbuch mit in Noten aufgesetzten Generalbasse von 240 in Leipzig gewöhnlichen Melodien*），售价 10 塔勒。这部众赞歌集遗失了。在谢梅利（Schemelli）1736 年的《歌集》（*Gesangbuch*），列出了巴赫的一部分用数字标示的低音声部；它们有可能是引自他的莱比锡众赞歌集。见施皮塔，《巴赫生平》，卷 III，109 ff。我们还拥有巴赫配的一些和声，保存在他学生的抄本里。它们被收进彼得斯版的众赞歌前奏曲集中。（彼得斯版巴赫管风琴作品，卷五，pp. 39，57，102 No. 1，103 No. 2，106，107；卷六，No. 26；同时参见巴赫协会版，卷四十，第 60 页以下；以及彼得斯版，卷五 pp. 60，68，102，103 中为众赞歌组曲配的和声。）

　　②　见施皮塔，《巴赫生平》，卷 I，第 313 页。

her,卷五,第 106 首)里,旋律被欢快的音阶乐段围绕,与它们交织,这是因为巴赫要描述诗歌中提到的天使。在这个充满青春朝气的时期,众赞歌乐章有一个特点,即对和弦进行叠加,并且尽量避免让任何声部处于绝对主导位置。

在"我主! 我们赞美你"(*Herr Gott! Dich loben wir*,卷六,第 65—69 页)①中,可以看到巴赫成熟时期的伴奏风格。这里每段诗篇都获得独立处理。和声很清晰,音乐高度对位化,但与现代的众赞歌伴奏相比,它却反常地从头到尾都生动活泼,而且有很多经过音。在这里,表现诗歌的意图非常明显。歌词中任何具有鲜明性格的内容,在音乐中都立即得到描述。听听"你神一般的力量与荣光"(*Dein göttlich Macht und Herrlichkeit*)这一段,在所有声部上威严的四分音符行进,还有随着歌词"求你帮助我们,主"(*Nun hilf uns, Herr*,第 67 页,第 19 小节及以下)出现的悲伤的半音阶动机;它描述了耶稣临终前的痛苦。② 诗句"请帮助你的子民"(*Hilf deinem Volk*,第 67 页,第 39 小节及以下)以一种特定的节奏被描述(这种节奏在康塔塔和众赞歌前奏曲中,表达的是安宁与平静)——这仅仅是因为"祝福"一词出现在这里。③ 随后当歌词提起天堂的极乐时,我们马上听到巴赫描写欢乐的动机(第 68 页,第 6 小节及以下)。④ 然后(第 69 页,第 13 小节及以下),那忧伤而充满渴望的祈祷"求你怜悯我们"(*Zeig' uns deine Barmherzigkeit*),以颤动的半音来表现。最后,当唱到"亲爱的主,我们的希望在你"(*Auf dich hoffen wir, lieber Herr*)这句话时,用在"帮助你的子民吧,耶稣基督,请保佑你的孩子"中、表示安宁与平

406

---

① 《我主! 我们赞美你》(*Te deum laudamus*)。在旧的赞美诗集中,它被称为《圣安布罗斯与圣奥古斯丁赞美诗》(*Hymnus S. Ambrosii et Augustini*)。

② "主啊,快来帮助你的仆人们,
　　他们被你的宝血所救赎。"

("Nun hilf uns, Herr, den Dienern dein, Die mit deinem teuren Blut erlöset sein.")

③ "帮助你的子民吧,耶稣基督,
　　请保佑你的孩子。"

("Hilf deinem Volk, Herr Jesu Christ, Und segne was dein Erbteil ist.")

④ "一直看顾他们,在永恒中高举他们。"

("Wart und pfleg ihr zu aller Zeit und heb sie hoch in Ewigkeit.")

静的节奏再次出现。任何人只要对巴赫抒情风格的宗旨有哪怕是最粗浅的认识，都会发现他的音乐极传神地再现了唱词中所有最显眼的细节。通过研究唱词及为其所配的众赞歌和声可以看出，在巴赫的作品中，词与乐相互依存，不可分割。然而，只有在众赞歌前奏曲和康塔塔中，才能全面地看出诗歌对音乐的影响，因为这里的声音绘画更加独立自足。

不言自明的是，巴赫紧紧地把握到了诗歌氛围里最美妙的细节。瓦格纳的评论在此处完全适用：音乐应该表达那不可表达的，也即纯粹艺术中最根本的东西；这超出了语言的能力，因为在此目的面前，语言显得过于思辨了。

巴赫对圣经词句的理解往往不落窠臼；这种理解源自深邃而非常个人化的情感。他为《圣马太受难曲》中"最后的晚餐"场景配的音乐，既令人震惊，又让人困惑。这里没有一丝一毫的悲恸。音乐散发着宁静与威严的气息；越接近尾声，低音部的八分音符就越显得庄重。巴赫想象耶稣站在门徒面前，脸上闪耀着光辉，预言到有一天，在天父的王国神圣的晚餐上，他会再次与他们一道饮杯中的酒。巴赫借此把自己从对这一幕的俗套理解中解放了出来；而且，他通过艺术直觉，获得了对这个场景更恰当的理解——这是基督教神学从未做到过的。

受难曲中宣叙调的起始句"除酵节的第一天"（*Aber am ersten Tage der süßen Brote*）具有明快甚至可说是欢快的情绪；门徒们的合唱也是如此："你吃逾越节的筵席，要我们在哪里给你预备"（*Wo willst du, dass wir dir bereiten das Osterlamm zu essen*）。巴赫延续着这精致而相对快乐的情绪，直到耶稣说出"我实在告诉你们，你们中间有一个人要卖我了"为止。作品第二部分"你当然也是他们中的一员！你的口音背叛了你自己"（"*Wahrlich! Du bist auch einer von denen, denn deine Sprache verrät dich.*"）这一句话，被轻描淡写、一笔带过，没有丝毫感情。因为这只不过是士兵们随口说出的话——这是巴赫通过想象力重构圣经真实场景的又一佳作。

事实上，巴赫的作品里到处都是这种深邃的洞察、这种对情感与行为的鲜活表现。更有甚者，巴赫不时会以最惊人的方式强调文字中的情愫：他将满足感转变为热烈的欢乐，将忧伤转变为剧烈的绝望。然而即使在这种对情感的强化中，他都没有忽略其间细微的差别：他的音乐表现各种程度的欢乐与哀愁。但所有这些都饱含了分外充沛的感情。只要他用声音来表现一种感觉，就必然把它表现到最极致。

在康塔塔《啊，亲爱的基督徒，要有信心》(*Ach，lieben Christen，seid getrost*，第 114 首)的第一段合唱中，他将"有信心"("getrost")表现得如此欢畅，以至音乐的强度远远超出了文本。康塔塔《我的上帝所意愿的，任何时候都能成就》(*Was mein Gott will，das g'scheh allzeit*，第 111 首)第一段合唱所表达的隐忍之中，也有同样欢乐的情绪。

管风琴众赞歌中的情况也一样。众赞歌前奏曲"我怀着宁静与喜悦前行"(*Mit Fried' und Freud' fahr ich dahin*，卷五，第 41 首)和"那些只接受亲爱的上帝主宰的人"(*Wer nur den lieben Gott läβt walten*，卷五，第 54 首)所表达的，是一种雀跃的欢乐，完全不同于文本所传达的平和的信心。

408　由此可见，巴赫敢于通过任何手段让音乐尽可能具有鲜明的表现力。与其说他仅仅为文本配上优美的音乐，不如说他在语词之间孜孜于寻觅一种感情；这种感情经过提炼与强化之后，能够符合音乐表达的要求。他重塑文本，以令它适合于他想使用的音乐表达方式。文字终归不过是音乐的剪影。巴赫与其文本的关系，是主动而非被动的；他给予文本的灵感，远多于文本给予他的灵感。他的音乐让文字升华到一个更高的境界，以一种经过变异的形式，呈现出诗歌平庸与空洞背后的深刻意义。

正因为如此，对于任何通读过巴赫作品的听众而言，他所采用的文本，几乎没有哪个是缺乏品味的。那些针对康塔塔唱词的抱怨，甚至让这些听众觉得有点不耐烦；因为他们能从中听出巴赫加入的所有诗意——相比之下，歌词作者的原作不过是笨拙的镜像。①

----

① 当然不可否认，很多文本往往不得不被重新修改。含有对"因原罪而起的病"的论述的康塔塔《啊，亲爱的基督徒，要有信心》(*Ach，lieben Christen，seid getrost*，第 114 首)里，有一段宣叙调"啊罪人，要有耐心"(*O Sünder，trage mit Geduld*)，不对它作任何改动是完全错误的。唱词的翻译应该非常自由，只需传达出巴赫在音乐里要表达的意思即可——换言之即那个理想的文本。这个原则在布赖特科夫与黑泰尔出版社出版的法文版中得到体现。古斯塔夫·布雷(Gustave Bret)对《他们都会从示巴王国出来》(*Sie werden aus Saba alle kommen*)的翻译正是这方面的典范。

康塔塔《啊，亲爱的基督徒，要有信心》(*Ach，lieben Christen，seid getrost*，第 114 首)中的女中音咏叹调，其歌词的陈腐令人惊讶："噢死亡，你不再令我恐惧，因为只有通过你，我才能得自由，而人终有一死。"。然而，当配上音乐演唱这些词句时，它们竟然如此雄辩地表达出得救的灵魂那无上的愉悦，那个痛苦的词"gestorben"(死去的)的出现，仅仅是为了被战胜与超越。"人终有一死"这一句话，给了巴赫一个机会，让他把文本谱成一曲关于死亡与变相的诗篇。

还有无数类似的例子。我们得到这样的印象：作曲家甚至对文本中的具体词语及其表现出的空洞都毫不在乎，这并不仅仅是因为它们对于他和他的同时代人皆表达了同样的趣味，还因为他很清楚，当他将自己的一腔诗情倾泻进文本之后，这些词语本来的意义就基本被挤压掉了。正是出于对自己长处的一种相似的自觉，让他把精力投向了同时代的意大利曲式"返始咏叹调"(*da capo* aria)①；他暗中意识到，在自己的音乐天赋面前，即使是这么一种形式都能够勃发出生机。

巴赫和莫扎特对待劣拙文本的态度存在巨大差异。他们两人都通过各自的音乐让我们忘记文本，但却以颇为不同的方式做到。莫扎特是通过音乐的美把我们的注意力从文本上引开，而巴赫则通过他的音乐赋予文本新的深度和新的形式。

当诗歌表现一系列内容时，巴赫如何处理他的音乐？他在多大程度上试图通过声音再现这一系列思想？

他并没有这么做。在他的作品中，的确能找到很多例子说明音乐严谨仔细地跟从了诗歌中的每一个细节。比方说，在康塔塔《来临吧，外邦人的救世主》(第 61 首)里，"整个世界都为他惊叹"(*Des sich wundert alle Welt*)这一句，有一种活跃感，使它在其他诗行之中显得尤为突出。但在所有这些例子中，与其说巴赫是对文本里不断发展的思想进行独立的音乐再现，不如说他在突出那些孤立而关键的诗行与词语。无论文本提供

---

①　*Da capo* aria，返始咏叹调，是巴洛克时期流行的曲式。乐曲分为三段，第一段由独立的素材组成完整的乐段；第二段与第一段在音乐织体、速度和情绪上构成对比；而第三段则是第一段的反复。——译注

了多么吸引人的场景,巴赫都不会一行一行地对它们亦步亦趋;相反,他所把握的是那些典型的情感内容,那些对他来说能够代表整体氛围的关键词,然后通过传神的旋律动机表现。他确信这种方式才真正表达了诗歌本身。无论我们是在读《管风琴小曲》(Orgelbüchlein)中的一首众赞歌前奏曲,还是某一首康塔塔里的大型合唱,情况都一样。在第一小节出现的动机,几乎会毫不例外地一直保持到最后一小节,仿佛作曲家对文本的细节毫不在意似的。

410　　　比方说,如果乐队一开始时演奏出热烈充沛的欢乐动机,那么即使后面的诗句表达出全然不同的另一种情绪,它也不会舍弃这个动机。如果后面出现了一些特别典型的词语,它们会被和声衬托凸显出来。康塔塔《做好准备吧,我的灵魂,要警醒、祈求和祷告》(Mache dich, mein Geist, bereit, wache, fleh und bete,第 115 首)的第一段合唱,像在《醒来吧,一个声音向我们呼唤》(第 140 首)的合唱中一样,被一个向上攀升的、激动的动机支配着;它象征"警醒"(wachen);乐曲并不因后面出现的"祷告"(beten)这个概念而改变它的情绪;巴赫所要做的,只是通过一个鲜明突出的转调向我们呈现它。在众赞歌幻想曲中也一样,某些词语的影子似乎偶尔在音乐之上掠过。

　　从总体上看,我们可以说,巴赫在他的音乐里只考虑文本中最关键的场景,把自己限制在表现最基本的情绪上。对他来说这往往意味着对比;他会通过两个性格鲜明的动机的冲突来表现这种对比。关于这一点最经典的例子,是康塔塔《虽然你们将哭泣哀号,但世界将会感到喜悦》(第 103 首)的引子合唱。巴赫对激烈对比的喜好,令他尤其乐于使用这类文本。即使诗歌中暗示的冲突是偶然的,巴赫也会紧紧把握住它,把它作为作品中最根本的内容。

　　在描述他兄长离去的随想曲中,巴赫踏上了通向情节音乐的道路。然而,与库瑙(Kuhnau)用幼稚的情节音乐讲述整个故事的情况不同,巴赫清醒地意识到音乐准确传达内容的能力的限度;它仅仅表现少数具有形象塑造潜力的场景,手法鲜活得令人赞叹。巴赫年轻时代在这方面的实验,后来启发他追求其他方面的表现力。他在艺术上的伟大正是在于,处在一个热衷于骄傲而做作的情节音乐的时代,他从一开始就超越了它们,并且自始至终都不曾尝试在音乐中表现音乐无法表现的东西。

那些幼稚的情节音乐作者——不管是过去的,还是现代的——就像《圣经》图画的作者那样,依赖于故事里的每一个细节,欺骗自己说只要在画布上凑齐了所有相关的人与物,他们就真的表达出这些场景了。而事实上,他们却没能向观众传达出真正的内容,即事件本身。一个拿着匕首的男人;一个绑在一堆木头上的男孩;树丛中一只羔羊的头;一张长满胡子的脸从云端向下望——他们以为,这就是献祭以撒。一个男人和一个女人在一口井旁边;背景是一座市镇;通向它的路上成对散落着十二个人——这就被认为是讲述了耶稣和撒玛利亚女人的故事。真正的行动是被观众根据传统习惯加上的,由此把画布空间上并列的一组组人物,安排进有先后次序的时间里。一般来说,《圣经》里的故事极少具有真正意义上的"可画性",因为这些事件并不等于能够完整地包含并清晰地呈现整个行动的情景。于是,绝大多数的《圣经》画家,假定观众对所画的题材已经有丰富的知识,所以给予我们的不是绘画,而只是插图,它们越出了真正绘画的边界,一如描述性的情节音乐越出了真正音乐的边界一样。

然而,巴赫并没有让俗套的众赞歌和圣经知识误导他,却用音乐描述文本里所有细节和重要情节。他把自己限制在音乐表达的真正可能性范围内。在某些情况下,别人可能会认为,不妨循着对文本的惯性理解,去随意涂抹图像主义的画笔,但巴赫却始终不会逾越规矩。

所以,巴赫并不尝试表现文本中所有的场景和情节的发展。他表达的是思想中最根本的元素,而非表面的变化。事实上,他强调一切典型的细节,勾勒出对比,运用最有表现力的细微差异;但思想的变化,它的挣扎,它的斗争,它的绝望,它的达至平静——所有这些贝多芬和后贝多芬时代的音乐所要表现的,在巴赫这里都找不到。这完全是另外一种完美。他对情感的表现,具有一种我们在别的音乐中绝少遇到的力量与动人感。他对一种感情的各个细微变化的塑造能力,非常独特。

所以,虽然巴赫追求的是一条与瓦格纳相距极遥远的道路,但他的音乐也是在最严格和最深刻意义上充满感情的音乐。两位作曲家的目的,都是要在音乐中实现诗的思想;两人都避免情节音乐,也即幼稚地把诗歌翻译成声音;两人都严格地把自己规限在音乐表现力的真正限度之内。但有一个方面,他们是不同的:巴赫描述思想的静态生命,而瓦格纳则描述它的动态生命。没有什么比巴赫的音乐更不符合瓦格纳对音乐性质的定义了。瓦格纳认为,和声的变化具有必然性,因为它们由诗推动,并且其表达的感情需要借音乐的力量来强化。而巴赫的转调并非如此。一般来说,它们的性质是纯粹音乐性的。它们同样具有必然性,但这种必然性指的是,巴赫的转调来自于对一直潜藏在主题中的元素的一种逻辑性展开。至少在这层意义上,那些以"巴赫的音乐是纯音乐"为理由,反对以任何方式对巴赫作现代化(无论是好的还是坏的现代化)的人,是正确的。如此一来,虽然表达得含混,他们说出了这么一个真理——与贝多芬和瓦格纳不同,巴赫不把一种感情表现为具有时间性质的戏剧性事件。理解这一层区别,对演奏巴赫的音乐是头等重要的。它让我们意识到,为了提高那些诗歌情节的和声表现力,而把贝多芬式或瓦格纳式的强弱变化加在巴赫头上是错误的。巴赫的音乐完全属于另一套体系。

贝多芬和瓦格纳在音乐中作诗;而巴赫则在其中绘画。巴赫以画家的方式创作他的戏剧。他并不描画一系列的事件,而是捕捉意蕴最丰盈、包含整个事件的瞬间,然后通过音乐描绘它。这正是歌剧对他没有太大吸引力的原因。他在青年时代就知道汉堡的剧院;他与德累斯顿戏剧界的主流人物也有友好的关系。然而他从没写过一部歌剧,这不能归结于外部环境的不适宜,而是因为与瓦格纳不同,巴赫并不认为动作与音乐是一体的。对他来说,音乐的戏剧就是一连串戏剧性图画;他在他的受难曲和康塔塔中实现了它们。

在巴赫的音乐中,诗歌的思想是镶嵌在主题里的。与瓦格纳的音乐不同,它不是某个从声音的海洋深渊涌出的、由和声决定的旋律;巴赫艺思的根源,更接近于柏辽兹对主题的创新。它与后者主题的相似之处,在于其感情的烈度以及一种图画性倾向,因为两者是同一种致力于形象塑造的想象力的产物。巴赫对声音绘画的观念与瓦格纳不一样。对于后者而言,独立自足的声音绘画只是一个权宜之计。他的理想是让音乐像戏剧一样指向情感，而非想象。而巴赫，则诉诸观念的想象。声音绘画对他来说就是目的。他要追求的理想，不仅仅是这种图像主义的自我表达，而是把它推向极致的现实主义。

他在一个文本中首先要寻求的，是一些形象或观念，它们必须能够成为具有绝对形象塑造力的音乐表达的对象。这种形象既可能是主题思想的根基，又可能只不过是文本中偶然的小细节；但无论是哪一种情况，它们对巴赫来说都是文本中最根本的元素。巴赫就是以这种方式创作的；他完全不介意它是否能准确传达出那首诗本身的感情内容。

巴赫对一个好的诗人的定义，是看他能创造出多少可以"翻译"成声音的形象。我们有时候不禁好奇：为什么巴赫没有厌倦他的专用词作者彼坎德（Picander）那些蹩脚的诗？然而，如果考虑到这些歌词所包含的丰富多样的表现潜能，我们就会立即明白是什么东西，一次又一次地把他吸引了过来。巴赫也不拒绝词作者一次又一次给他同样的图景；相反，他每一次在音乐中表现它们，都总是能够发掘出新鲜感。我们会有很深刻的印象：巴赫要的正是这样一种图像的可能性。他甚至原谅他的词作者在众赞歌诗节①的经典文本中加入自创的不相关的细节。在《圣约翰受难曲》中，他禁不住要在耶稣死去时加入裂开的幔子和地震，虽然在第四福音书中这些事件并没有发生。

瓦格纳与巴赫之间的差异，在他们对待自然现象的想象上显露得最为明显。瓦格纳通过他的感情来构思自然；巴赫则是通过想象——在这方面他很像柏辽兹。巴赫非得让听众真的看见了旋风中的尘埃、天空中翻滚的云海、落叶和咆哮的波浪时方才满意。所以当诗人们江郎才尽、无计可施的时候，只需加入对自然的描写，就一定能满足巴赫。这也解释了为什么巴赫的世俗康塔塔，正是不折不扣的自然之诗。②

然而，巴赫最了不起的地方在于，这种对自然的描画始终是**音乐性的**。福格勒神父，另一个被韦伯拿来与巴赫并列的大师，同样以声音绘画

414

①　比如众赞歌康塔塔《我将心思意念都交给神》（*Ich hab' in Gottes Herz und Sinn mein Herz und Sinn ergeben*，第 92 首）的第二首诗。

②　在法语翻译中，世俗康塔塔《退让吧，忧郁的阴影》被恰当地称为"春天康塔塔"。

为目标,但他发现,虽然这很受听众欢迎,音乐家们却持保留态度。他说:"他们抱怨我尝试在管风琴这件全能的乐器上表现自然现象,比如雷声、地震、崩塌的墙,等等。"①他告诉我们,自己在乌普萨拉的乡村教堂里,不但成功地表现出儿童的哭闹声和狗吠声,还让一个聋哑人"感觉"到了雷声。这肯定不能作为巴赫艺术的注释。不管他的音乐多么写实,都被严格控制在音乐象征主义的限度之内。在这里,所有表现力都一如既往地蕴藏在主题之中;而正是它,唤起了听众在观念上的想象。

巴赫的声音绘画永远都恰如其分。它持续的时间总是符合特定场景的需求,一秒都不多。而当我们仔细看看他的宣叙调伴奏的时候,这种对尺度的完美把握显得尤为令人惊叹,而且不乏极充沛的活力。在《圣马太受难曲》中,他为每一个描述基督受难的关键词语,都给出了最极致的音乐表述。但它们全然没有阻碍故事的进展,在这里声音绘画只是强化了词语的形象塑造能力。

巴赫创作方法的一个典型例子,可以在康塔塔《看吧,我要派许多渔夫》(*Siehe, ich will viel Fischer aussenden*,第 88 首)的第一段咏叹调中找到。词句来自《耶利米书》十六章 16 节:"我要召许多打鱼的,把以色列人打上来,然后我要召许多打猎的,从各山上、各冈上、各石穴中猎取他们。"在第一部分,弦乐画出湖中翻滚的波浪;而第二部分则回荡着管乐演奏的铿锵号角。

有时候,巴赫会在一段音乐中连续描绘出好几个关键词。

在巴赫家族中,绘画的天赋是与音乐的天赋共存的,这是一个有趣的心理现象。巴赫家族中来自梅宁根分支的萨穆埃尔·安东·巴赫,在 30 来岁时曾向约翰·塞巴斯蒂安·巴赫学习;他不仅是一个称职的管风琴家,更是一个出色的蜡笔肖像画家;而且,他的双重天赋还被他的后代继承。② 约翰·塞巴斯蒂安·巴赫的孙子,即菲利普·埃马努埃尔·巴赫的儿子,更是放弃了音乐,改行当了画家。这让他父亲大跌眼镜。

---

① 《素歌的体系》(*Choralsystem*)(1800),第 102 页。
② 要了解巴赫家族梅宁根支系中的蜡笔画家的更多信息,请参照沃尔弗鲁姆的《约翰·塞巴斯蒂安·巴赫》,第 13、14 页。

415

触发巴赫去描画一幅音乐图画的理念,对我们来说并不总是那么清晰。我们往往要花费不少时间去发现,他是如何在音乐中实现他的文本的。然而,我们一旦把握住了音乐的意思,就很难再去想象一首诗还可以用什么别的角度来表现。虽然他的描绘往往很大胆,但其最终持续停留在我们脑海里的印象,绝对令人满意。这正是他的艺术真实性的根本证明。

不仅仅是那些明显的图画性内容,就连每一个典型的行动,都被巴赫从图画的角度看待。像苏醒(erwachen)、飞升(auffahren)、起立(auferstehen)、攀登(steigen)、翱翔(emporschwingen)、加速(eilen)、蹒跚(straucheln)、踉跄(wanken)和坠落(sinken)这样的字眼,只要出现,就有可能成为主题的核心内容。但值得注意的是,对于一些并没有真的写在文本中而只是被暗示的行动,巴赫的想象力同样不放过表现它们的机会。不少极为瞩目的主题的动机,都可以以此来解释,否则将很难被理解。

比如说,在《圣马太受难曲》的咏叙调"啊,我们的血肉被迫背负十字架"中,那怪异地闪烁恍惚的长笛伴奏,还有其晦涩的结尾,是什么意思呢?——

前面的宣叙调告诉我们,人们把耶稣的十字架让古利奈人西门去背。巴赫从这个细节中,想象到耶稣在十字架重压下蹒跚而行、跪倒在地、倒下;巴赫在伴奏里描绘了这个场景,咏叙调同时对它做出评述。

如果一位指挥家准确把握住了这段宣叙调的意思,就不会让长笛手把旋律以那种惯常的感伤的**渐弱**方式把音符分成三个一组,而会要求他

416

们给予每一组的第三个音特别重的强调,并且保持这种抑扬顿挫的语调直到结尾,不作任何的**减慢**或**渐弱**处理。以此方式,无需任何解释,这个简单的动机就能在听众的想象中,召唤出基督在十字架的重压下踉跄而行的形象。

康塔塔《要把你的饼分给饥饿的人》(第 39 首),可以作为巴赫用音乐表现行动的又一个例子。歌词①如下:"不是要把你的饼分给饥饿的人,将飘流的穷人接到你家中,见赤身的给他衣服遮体,顾恤自己的骨肉而不掩藏吗?"初看起来,这里的音乐显得奇怪地支离破碎。施皮塔②推测,它的灵感来自撕碎面包的声音。事实上,他甚至觉得必须加上一个补充说明:"巴赫与庸俗琐碎的音乐的距离,可以从后续的段落看出;这里同样的伴奏延续到其他的词句中。它只是给予这段音乐一种特别细腻柔和的性格;这正是巴赫所要达到的主要目的。"

这里施皮塔对声音绘画的解释和他给出的理由,都是错的。理由是错的,因为让音乐所描述的画面一直延续到相关的文字内容结束之后,这有什么好指责的呢?解释是错的,因为没有哪个听到这段音乐的人,会把它想象成一幅撕碎面包的画面。那么它的意义是什么呢?单调重复的器乐伴奏以及低音部有规律的四分音符,听起来更像是进行曲。人声声部的进入带来一种不平静感;仿佛我们听到某种蹒跚的步伐在面前经过。其中一个主要的主题如下——

可以看出,音乐描述的是悲哀的人被搀扶着进入屋子的情景。一旦"带进屋里"(führe ins Haus)这句话被说出,伴奏中对图画的描绘就立即停止,转而去表现其他的主题了。

---

① 《以赛亚书》五十八章 7 节。
② 施皮塔,《巴赫生平》,卷 II,第 561 页。

在康塔塔《所有人的心中都有高傲与软弱的一面》(*Es ist ein trotzig und verzagt Ding*,第 176 首)中,施皮塔被第一首咏叹调的加沃特舞曲节奏吓坏了①。他说:"作为一段音乐,它是绝对迷人的,但它完全不符合文本的内容,文本讲述的是基督徒在耶稣这个属于上帝的、创造奇迹的人面前表现出的谦卑。"如果不是有手稿为证,巴赫的这位出色的传记作者,真的希望相信这段音乐是被从别的康塔塔中移植来的,而与这里的文本没有丝毫的联系。他的论断是:"我们所能做的,唯有指出两者之间的不相关性。"

其实一旦我们明白到,在这里巴赫的构思完全是指向行动时,文本与音乐之间所谓的不协调就会立刻消失。歌词如下:"当我去见我的主人时,您(这里指太阳)的光芒会被云雾遮盖,因为我害怕白天。"前面的宣叙调交代了背景:尼哥底母等待太阳下山后再去见耶稣。在咏叹调中,他正在路上;而随后的宣叙调里他已经跟基督在一起了。所以咏叹调表现的是黄昏之中,他小心翼翼但兴奋地走在路上时的独白。贯穿整个乐章的节奏——♩ ♩ ♩ ♩ ♩ ♩ ♩ ♩ ♩ ♩ ♩ ♩ 正是整段文本中唯一能够被音乐捕捉住的东西。在这里,音乐完全没有打算表现纯粹的"感觉"。

这一类的例子表明,当我们研究巴赫时,从文本到音乐之间表面上看最短、最直接的路径,往往并不是正确的。要发现他真正的想法,我们必须经常跟随他走遍那些围绕其思想的岔路,它们在本质上具有极强的图像倾向。他的音乐常常是描绘某个场景的图画。

与这种图像特质相联系的,是一种富于塑形性的象征主义;巴赫的音乐以此来传达抽象的思想。在康塔塔《你要爱主你的神》(*Du sollst Gott,deinen Herrn,lieben von ganzem Herzen*,第 77 首)的第一段合唱中,他甚至敢于用音乐解释耶稣的话:整个律法都包含在爱的诫律之中。他把合唱建立在众赞歌"这些就是神圣的十诫"的定旋律之上,以延长的形式在低音乐器上奏出它,又以压缩的形式由小号演奏。而且,为了在大的戒律和小的戒律之外,加上耶稣在山上宝训中说的小戒律,合唱与乐队还额

---

① 施皮塔,《巴赫生平》,卷 II,第 560 页。

外加上一个动机;它取自乐曲旋律的头几个音符。这个乐章是他的作品中为数众多具有典型象征主义的段落;虽然同样地大胆,但其观念从根本上还是音乐性的。

巴赫甚至禁不住要为"时间"这个抽象的概念找到一个音乐上的象征。在以众赞歌"谁知道,我离我的终点有多近/时间到了,死亡来了"(*Wer weiß, wie nahe mir mein Ende / Hin geht die Zeit, her kommt der Tod*)写成的康塔塔(第 27 首)中,时间的飞逝,通过乐队中一个神秘的钟摆敲击声来暗示,它在整个起始合唱中都没有停顿过。在康塔塔《一切唯听从上帝的旨意》(*Alles nur nach Gottes Willen*,第 72 首)的第一段合唱中也有类似的表现。

所以巴赫音乐中的图像性达到了这样的程度:一旦有可能,他的主题和动机就都由思想的图像性联想来塑造,不论这种联想是直接还是间接地出现在文本中,也不论这是不是它的一个主要主题。如果有些动机没有其他同类动机提供参照,我们将很难一下子看出它们的图像性来源。但是如果我们按照形式的一致性和恰当性来编排众赞歌幻想曲、康塔塔和受难曲的主题与动机,会发现一旦巴赫需要为同类思想找寻对应的音乐,那么一整套图像与思想的对应组合,就会仿佛遵循某种内在的规律似的自动生成。

同时我们会发现,一些情感及与之对应的视觉形象,会以同样的程式被表达。以自信的、坚强的步伐推进的动机,象征力量、权威、坚定的信仰;那些步履大胆的动机,则象征傲慢与反抗;其他一些在步履上迟疑踌躇的动机,则象征犹豫,或死亡的沉寂。考虑到巴赫作品中这些频繁出现的、确切的音乐程式,我们不得不承认,他创立了一套完整的声音语言。

瓦格纳坚持认为,贝多芬也有一套同样的语言。他说:"它(即器乐音乐)那些长长的、联结起来的声音段落,以及各种长度的片断,在贝多芬那双诗人的手中,都变成了一门语言的元音、音节、词语和语段;这门语言中,那些迄今为止未有人听过、无法言说也从未被言说过的东西,都找到了表达自己的声音。这门语言中的每一个字母,都是一个具有无限灵魂深度的元;对这些元素的组合,体现了判断力的无限自由。而这一切,只有在音乐诗人的手上才是可能的;他渴望对那最深不可测的激情进行一种浩瀚无边的表达。"①

　　谈到他自己时,瓦格纳尤其提到创作《漂泊的荷兰人》的阶段:"我不得不像学习一门语言一样,去掌握音乐表达的能力……但现在我已经彻底地掌握了音乐的语言;我现在感到如鱼得水,仿佛它就是我的母语;当我有感而发的时候,无须再为表达的形式而感到困惑;它完全在我的掌握之中,能够满足我的需要,根据自己内在的节奏去传达一个确切的印象或感觉。"②

　　但另一方面,瓦格纳不承认巴赫有一套完善发展的语言。在《音乐中的犹太教》(*Das Judenthum in der Musik*)里,他几乎因为门德尔松受到巴赫影响而责备前者:"巴赫的音乐语言形成于音乐史中的这样一个阶段:此时普遍的音乐语言正努力争取更精确的个性化表达;它仍然深受形式主义和迂腐习气的束缚,以致于纯粹人性化的表达,只在巴赫身上找到表达的途径,而这则要归功于巴赫超常的天才。巴赫的语言与莫扎特、贝多芬语言的关系,跟埃及的斯芬克斯与希腊的人类雕刻的关系是一样的:就像有人面的斯芬克斯拼命要从动物的躯体中挣脱出来,巴赫那高贵的人的头颅,使劲要从假发中挣脱出来。"③

　　当瓦格纳作出这种判断的时候(1852 年),他不可能全面了解巴赫的作品。但即使到后来,当他仔细研读过那些康塔塔之后,他仍旧坚持自己的观点。从他自己的立场出发,瓦格纳不可能承认巴赫的音乐语言,与贝多芬或他自己的音乐语言具有同等的价值,因为它不表现一系列连续的情感发展,而只表现一种确切的感情。瓦格纳对图像性的强烈偏见,则仅仅强化了他的观点,即巴赫无法超越幼稚的写实音乐的理念。

　　但是,如果我们承认纯粹的音乐和图像性的音乐,是艺术的两个同样正当的基本倾向,我们就不应该认为巴赫那种单纯的关于情感与图画的

---

　　①　《未来的艺术作品》(*Das Kunstwerk der Zukunft*),《书信集》,第三卷,第 110 页。
　　②　《致我朋友的一封信》(*Eine Mitteilung an meine Freunde*),《书信集》,第四卷,第 387 页。
　　③　《书信集》,第五卷,第 101、102 页。

420

语言,是一种落后的形式且被贝多芬和瓦格纳所超越,而应该看到它是一种特定的音乐想象力的表现。与巴赫康塔塔的音乐语言最接近的,是舒伯特歌曲中的伴奏;后者同样大量运用图像性的联想。

巴赫的独特之处,是他音乐语言的清晰性与完整性。因为它的元素绝大部分是图像性的,所以比贝多芬和瓦格纳更能够被确切地展示。我们的确可以讨论他语言的根源及其衍变。有很多频繁而有规律地出现在康塔塔和受难曲中的表达方式,引起我们注意;几乎所有这些表达方式,都可以被大致归结为二十至二十五个基本主题,其中绝大部分在本质上是图像性的。这些主题,包括上文提到的"步伐"主题,表现坚定、犹疑、踟蹰;描述骚动的带有附点的主题;描述休憩的、优雅而起伏的旋律;当提到"撒旦"这个词时像蛇一般盘旋蜷曲的线条;当提到天使时出现的迷人的、流动的动机;象征狂喜、单纯或热烈的欢乐的动机;表达消沉或是高贵的悲伤的动机。我无意在这里为巴赫的主题编出一个系统的目录。我只想指出任何音乐家都很容易能够自己证实的一点,即巴赫音乐语言这个宝藏,并非由任何特别丰富多样的主题和动机组成,而是由多层次的差异和对比构筑起来的;借助这种差异和对比,几个基本的程式,就能够表达出典型的思想和感情。如果不是因为每一个形式和套路的这种有趣的多样性,巴赫的音乐语言几乎可以说是单调的。

巴赫创立了一种音乐语言,这件事情本身并非只值得为美学家提供消遣,而有必要为每一个音乐演奏家所了解。如果不知道他音乐中动机的意思,我们是不可能按照正确的速度、正确的韵律和正确的分句去演奏他的作品的。演奏他的作品,单纯的"感觉"是不足够的。即使是最审慎的评论家,如果不将巴赫的音乐语言作为一个整体来考虑,那么当他们尝试对作品进行分析时,都会犯严重的错误。这些错误可以在上引施皮塔关于康塔塔《要把你的饼分给饥饿的人》(第 39 首)和《所有人的心中都有高傲与软弱的一面》(第 176 首)的评论中找到。只有一个办法可以让我们避免陷入荒诞的结论——对全部康塔塔作对比研究。它们能够互相解释。除非一个人了解所有康塔塔,否则他不可能恰当地评价其中任何一首。

如果听众只局限于寻求一种对巴赫的音乐描绘方法的简单提示,那么他们可能会得到一些简短的解释。如果它们引导听众把康塔塔看作"现代音乐"，那我们应该反对这种解释。对巴赫不明智的现代化，是正确理解其作品的最大障碍。

对一个普通人来说，很多解释看起来的确显得荒诞，但它们其实并非如此。不过，这应该归因于巴赫自身，因为他的音乐总是具有非凡的探索性。除此之外，在他作品的某些段落里，有一些谜永远无法被彻底解决，要对它们作清晰的阐释，总是无法避免武断。然而一幅音乐图画往往被认为是无法破译的；但一旦我们碰巧在另一部康塔塔中遇到一幅类似的图画，前者的意义就会立刻变得明晰起来。

理解巴赫的音乐语言，对演绎他的纯器乐作品同样有意义。他的《平均律键盘曲》、小提琴奏鸣曲、《勃兰登堡协奏曲》中的很多主题，如果用康塔塔中相似主题的对应文本去解释，就会显出极不同的面貌。

人们对于巴赫创造了完整的音乐语言这一立论，可能会提出两个反对意见——第一，他偶尔会非常轻率地对自己的作品作滑稽的模仿；第二，就我们所知，他从来没有对他的学生和儿子们，提到他的任何有关音乐图像描绘的意图。从历史的角度，两个反对意见都是不可回答的。但是它们也无法推翻我们从乐谱中得出的结论，而只是令我们不禁发问：巴赫究竟在多大程度上意识到，他的音乐语言是一种为他自己所独有的表达方式，并且是深刻的艺术沉思的结果？但是对这个问题，我们同样无法给出一个确定的答案，因为在巴赫这里，比任何其他天才更难以确定有意识和无意识的界线。他的音乐语言如此明晰，给人印象如此深刻，以至我们不得不承认它是一种刻意的创造。不像瓦格纳，巴赫从来不觉得有必要向他自己或是别人解释自己的思维过程。我们恐怕永远无法为他们两人的情况，找到一个心理学上的共同基础。

对于巴赫音乐语言的根源和发展，我们同样知之甚少。早在阿恩斯塔特和米尔豪森时期写作的众赞歌—组曲（Choralpartiten）中，某些诗性的理念已经得到非常突出的强调。康塔塔《噢上帝，虔诚的上帝》（卷五，第 68 页及以下）的最后一节尤其如此。第七段诗行提到了死亡与下葬，这时一段美妙的旋律线，描述了坠入到地狱的过程；在康塔塔《我一只脚

423

踏进坟墓》(第 156 首)和其他地方都有类似的旋律:

第七段诗行提到了沉睡的灵魂期待复活。巴赫把它构思成一种痛苦的渴望,于是根据自己在《随想曲》"悲悼"乐段中已经使用过的半音阶主题,写了一系列变奏——

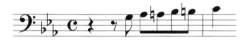

在最后一段变奏中,复活的灵魂对三位一体,唱出了激情洋溢的赞歌。我们在这里听到了巴赫其中一个最典型的、象征宁静的幸福的节奏——

424　　　我们在他青年时期的其他作品里发现,诗性的理念以一种比较确切的方式获得表达。在一首以康塔塔《耶稣,我的喜乐》(*Jesus,meine Freude*,卷六,第 29 首)主题写成的众赞歌前奏曲中,我们首先见到一幅这个世界的焦灼躁动的景象,它令不安的灵魂追寻耶稣;当唱出"上帝的羔羊,我的新郎"(Gottes Lamm, mein Bräutigam)这句话时,它找到了他;一个美妙的、"柔美"(*dolce*)的四三拍子段落,描述了灵魂极度愉悦的状态。

　　基于复活节众赞歌《基督躺在死亡的羁縻中》(卷六,第 15 首)写的幻想曲,以沉重的下行十六分音符开始,仿佛束缚着旋律,把它拖进深渊——

而唱到"我们应该感到喜悦"(*Des sollen wir fröhlich sein*)这一句时,音乐变得明亮起来,以欢快的三连音流动着(卷六,第 41 页),并且以一曲奔腾的凯歌作结。

　　然而,这并不是刻意的、长期追求的实验。这种音乐语言的完整性与完美性,像是一蹴而就的。体现它的最早文献,是《小管风琴曲》(卷五)①中的那些众赞歌。这套曲集中,包括了他认为值得保留的、对魏玛时期作品的即兴演绎。巴赫给予这部作品的标题,足以显示它所包含的丰富的音乐灵感的宝藏(他后来在科滕为它作了一个整洁的抄本)。作品本身证实了这种印象。它们代表了一种特殊的众赞歌前奏曲类型;它们来源于简单旋律本身,而支撑这旋律的,则是一个具有彻底的对位风格的动机。这个动机包含着诗歌的思想;在某种意义上,它是对旋律的诗性描述。而且我们会在这里发现巴赫在音乐中用来表达图像与感情的那些动机。这 45 首众赞歌,可谓巴赫音乐语言的词典,是理解他的整个音乐世界的一把钥匙。

　　当巴赫构思这套曲集时,他正值 30 多岁。从这时起直到去世,他都没有哪怕是一丁点地偏离其对于音乐的诗性理念,或是偏离他用以表达思想的音乐语言。他的康塔塔的语言,与《小管风琴曲》的音乐语言是完全一致的。

　　不过我们还是可以察觉到一个变化——随着时间的推移,巴赫思维 425

---

①　见本书第 245 页及以下。

中的图像化倾向变得越来越明显。早期的作品还会更多地照顾到旋律性。后来,图像化倾向一发不可收拾。最后,巴赫写的主题,都具有极为显著的形象性,但对我们的耳朵而言却并不那么动听了。例如,两首精彩的众赞歌幻想曲《耶稣基督,我们的救主》(卷六,第 30 首)和《基督,我们的主,来到约旦河》(卷六,第 17 首),几乎越过了音乐"悦耳"的这条界线。又比如说,在深挚动人的康塔塔《我信,亲爱的主,请帮助我除去疑惑》(*Ich glaube,lieber Herr,hilf meinem Unglauben*,第 109 首)中,巴赫描绘了闪烁发光的信仰,我们得到的印象是,音乐中图像性的偏向恐怕太过显著了。

在这里,我们一定会觉得巴赫错了。他已然越出了音乐的合理界限。然而,他的错误,与那些幼稚的声音绘画作曲家毫无共同之处。他们的失败,是因为他们错误地理解了音乐本质;而巴赫的失败,则是因为他对用来表达自己的音乐语言,精雕细琢到了臻于完美的境地,以至对于智力平庸的人来说,音乐的旋律性与优美性完全让位于塑造形象的目的。这是一个只有天才才有能力犯的错误。

第二十二章　众赞歌的音乐语言:图像性与象征性的表现

　　当众赞歌的文本为巴赫提供一幅图画时,无论它是多么外在和写实,巴赫都将其作为自己音乐的基石。在康塔塔《由于亚当的堕落,一切都堕落了》(卷五,第13首)中,亚当的堕落由这段固定低音来描绘——

　　在复活节赞美诗《神圣的基督复活了》(*Erstanden ist der heilige Christ*,卷五,第14首)中,低音奏出了如下动机——

而在其他部分,我们找到这样的发展——

众赞歌《我自高天而来》（卷五，第 49 首）和《天使的列队从天而降》（卷五，第 50 首）中天使们的登场，由一连串互相交织的上行与下行的音阶来表现。在《我自高天而来》（卷五，第 92 页）的第一段卡农变奏曲，以同名众赞歌主题写的小赋格（卷七，第 54 首），以及对该主题简单的和声配曲（卷五，第 106 首）中，巴赫都尝试表现同样的图景。

当他编排《在至高之处荣耀归于上帝》的旋律时，他时刻记得，这应该是天使的歌唱，所以把它谱写成极为华丽迷人、轻快的二重奏或三重奏（卷六，第 3 至 11 首）。这些幻想曲的其中两首里，上行与下行的运动，几乎表现得太过真实了；天使的飞升与消失，由上行的结尾乐句来表现（卷六，第 8、10 和 11 首）。

赞美诗《啊，多么无常，啊，多么徒劳》（*Ach wie flüchtig，ach wie nichtig*，卷五，第 1 首），将生命之短促比作浮云，"骤然升起，又骤然消逝"。巴赫通过一段精巧的音阶，再现了这一图景。大约两年之后，他根据同一首众赞歌写了一个合唱（第 26 首康塔塔）；它完全就是这幅小巧的图画的扩充。在世俗康塔塔《被平伏的风神》（*Der zufriedengestellte Aeolus*）的第一段合唱里，能发现同样的构思；唯一不同的只是，在这里巴赫的笔法更富于活力，表现出风在无拘无束地嬉戏，并将空中的云朵向四方吹散。这三个例子，显示了巴赫音乐语言中基本元素固定不变的本质：

众赞歌前奏曲《啊，多么无常，啊，多么徒劳》（卷五，第 1 首）

众赞歌康塔塔《啊,多么无常,啊,多么徒劳》(第 26 首)

《被平伏的风神》(音乐戏剧)

　　根据《基督,我们的主,来到约旦河》(卷六,第 17 首)写的幻想曲,以及第七号康塔塔中用相同旋律写的第一段合唱的乐队伴奏,表现了波浪的涌动。在低音部旋律上,快速的十六分音符以美妙的、波浪般的线条摩挲而过。以同一段众赞歌写的一首小幻想曲(卷六,第 18 首),真算得上所有音乐中最有趣的微型小品之一。它构筑在四个动机之上——(1)旋律的第一

句,(2)它的倒影,(3)速度加快了的同一个旋律,(4)对(3)的倒影:

第一句:它的倒影:

速度加快了的同一个旋律:

428 　对(3)的倒影:

这四个动机,共同编织起一幅极具现实感的、大小波浪潮起潮落、互相覆盖的图画。然而,它是为眼睛而非为耳朵绘制的图画。

众赞歌《这些就是神圣的十诫》(卷五,第 12 首),第一段旋律中重复十次使用了踏板,这是一种颇为原始的象征主义。在根据同一首众赞歌写成的小赋格曲中(卷六,第 20 首),旋律开头部分的主题同样重复出现了十次。而依据这个"教理答问手册赞美诗"写的精彩的众赞歌前奏曲,蕴含的象征主义则更为深邃。它的目标是要再现文字中的教义。在一首长长的幻想曲中,每个独立的部分都各自为政,没有节奏,没有布局,没有主题,也不顾及其他部分。这种音乐上的无序性,描述了律法出现前尘世的道德状况。随后律法被揭示了。根据贯穿全曲的众赞歌旋律写成的威严的卡农,表现了这一事件。这个理念本身是宏大的;但众赞歌前奏曲的效果并没有达到预期。对秩序与无序的对立作抽象的表现的确不是音乐的本分。

这种较为外在化的音乐绘画的例子，相对来说属于少数。巴赫真正的伟大之处，并不表现在这些地方，而在于一种精神化的音乐绘画；在其中，图画只作为词语和思想的象征符号。

"步伐"动机

宁静甚至富于旋律性的线条，表现了力量与信心；而犹豫、摇摆不定的步伐，则暗示了倦怠与软弱。

《小管风琴曲》中倒数第二首圣诞众赞歌——《我们基督徒现在有了喜乐》（卷五，第 55 首），对圣诞的福音流露出坚定的信念。它由下面这个在低音部分不断重复的稀疏的音型来象征——

如果不是巴赫在其他众赞歌中用类似的方式来表现坚定的信仰，那么，他对抽象内容的这种诠释，就显得过分大胆了。

从这个角度看，根据《我们都信唯一的神》（卷七，第 60 首）而作的伟大的前奏曲就尤其有意思了。它由一段温柔的、如梦的幻想曲构成；这首幻想曲的主题来自众赞歌文本第一句的动机。要理解巴赫怎样用这段音乐表现《信经》，我们必须记住路德的教义答问手册中对信仰的定义——它的本质在于赤子一般的爱，以及对天父的信心。信仰作为"绝对的信心"这个理念，由低音部"步伐"动机来表现——

在据圣餐礼赞美诗而写的众赞歌前奏曲《耶稣基督，我们的救主》（卷六，第 30 首）中（见于教义答问手册赞美诗的众赞歌集），巴赫希望描绘路

429

德宗关于圣餐礼的教义。我们知道路德反对茨温利(Huldrych Zwingli)
的理性主义;后者认为圣礼中的词句是象征性的,而整个庆典只是一个简
单的纪念仪式。而对路德而言,圣礼教义的本质,是相信它具有现实的作
用,能通过礼仪去除原罪。这"我因荒谬而信仰"(credo quia absurdum),
令巴赫构思出一个具有宽阔空间感的主题。仿佛有人站在一艘摇晃的船
上,又开双脚紧触地面,以此来保持身体稳定——

430   这个主题是形象性而非音乐性的;而且巴赫对它作了过多的发展;其中应
该把各部分连成整体的定旋律,被分裂成了断片,中间穿插了长长的间
奏。所以作品的整体效果并不有机统一。

　　总的来说,为《键盘练习曲》(Klavierübung)第三部分里教义答问手
册赞美诗作的所有大型编曲,都存在这种情况。它们与《小管风琴曲》的
众赞歌建筑在同样的结构上,词语所蕴含的情感,由围绕定旋律的形象性
动机表现。这在《小管风琴曲》中的效果是出色的,因为乐章都很短,而且
各部分都由不间断贯穿全曲的旋律连成一体。然而,一旦形象性的动机
不再仅仅是为旋律提供复调的伴奏,而变成独立的图画,而且定旋律先后
出现的各个线条被长长的间奏分开时,我们得到的,就是一首不论在思想
性上,还是在形式上,都不能令人满意的音乐了——思想性上差强人意,
是因为这时形象性动机要实现的,不再仅仅是对旋律作文学式的描述;而
形式上差强人意,则是因为作品实质上变得没有形式了。《小管风琴曲》
中的众赞歌,相当于音乐中丢勒(Albrecht Dürer)的版画;而《键盘练习
曲》里长长的众赞歌前奏曲,则像是在大幅画布上作的蚀刻画。

　　摇摆不定的步伐象征了倦怠。众赞歌《上帝,请打开天国的门》(卷
五,第24首)的歌词,描述了一个走完人生历程的人,拖着疲惫的步伐走
向通往永恒的大门。在低音部的节奏中,我们听到朝圣者犹豫的

步伐——

同样,众赞歌《上帝,请助我达成心愿》(卷五,第 29 首)中,文本表达了与 431
《上帝,请打开天国的门》相同的意思;它的低音部疲惫地蹒跚而行。

在众赞歌《当耶稣在十字架上》(卷五,第 9 首)中,耶稣筋疲力尽的躯
体低垂在十字架上的形象,由下面的节奏表现——

可见,图像性的理念主要是由低音部的主题表现的。伯姆(Böhm)[1]
的固定低音,在巴赫的众赞歌中扮演了重要角色。在《一个男孩在伯利恒
降生》(卷五,第 46 首)中,文本描述了来自东方的智者朝拜耶稣,而低音
部则描绘了持续而深沉的敬仰之情——

唯有当我们记得《旧约》中,弥赛亚的胜利以榨葡萄酒的形象来表现
时,复活节众赞歌《神的儿子今天得胜了》(卷五,第 28 首)中的固定低音
才能够被理解。前奏曲低音部的步伐正是来自这一观念——

---

① 伯姆(Böhm Georg,1661—1733),德国管风琴家,作曲家。

康塔塔《上帝在欢呼中升天》(*Gott fähret auf*,第 43 首)的咏叹调《是他,就是他》(*Er ist's,er ist's*),证明了这种解释的正确性,因为前者的文本提到了与《旧约》相同的图景。在这里巴赫的音乐再次暗示了傲慢的步伐;他甚至毫不犹豫地用到这样的间奏——

432　　　　在复活节众赞歌《基督躺在死亡的羁縻中》(卷五,第 5 首)中,死亡的羁縻被表现为沉重的低音,它将旋律拖向深渊——

表现幸福安详的动机

当巴赫希望表现某种特定的亲昵的愉悦,或欣喜的赞颂时,他往往会使用一个富于节奏感的动机;在众赞歌《让我们赞美主》(*Herr Gott,nun sei gepreiset*,卷五,第 22 首)中,能找到它的典型表现形式——

在以《噢上帝,虔诚的上帝》(卷五,第 74 页及以下)写成的第九段变奏中,它再次出现,描绘了赞美天父与圣子的词句——

> 上帝天父,愿你被赞美,在这里,在高高的天堂,
>
> 神之子,耶稣基督,我愿永远赞美你。

我们能在众赞歌《愿你得赞美,耶稣基督》(卷五,第 17 首)和《我们在天上的父》(卷五,第 48 首)中找到同样的节奏。同样的节奏,竟然也支配着赞美诗《人皆有一死》(*Alle Menschen müssen sterben*,卷五,第 2 首),骤眼看来,这显得有点奇怪。第一节诗的结尾提到了死亡,它是"在为虔诚者预备的巨大荣光中分娩"(*Genesen zu der großen Herrlichkeit, die den Frommen ist bereit*)的死亡;这塑造了巴赫音乐的性格。于是,提及死亡之必然性的赞美诗旋律,包裹在一个被即将来临的荣光所照耀的动机之中。

节奏 ♪♫♫♪;♫♫♪ 常常以极隐蔽甚至是乔装的形式出现,以致我们起初很难辨认出它。在上述这些情况中,它表现了这种特定感情的最为深沉和亲切的状态。正是通过此类节奏,巴赫在众赞歌《耶稣,我的喜乐》(*Jesu, meine Freude*,卷五,第 31 首)里表现出神秘的崇拜——

433

在圣诞众赞歌《称颂全能的上帝》(卷五,第 38 首)的低音音型中,这个节奏具有一种更确切的形式。

表达悲痛的动机

巴赫用两种方式表现悲痛。当他要描述一种高贵的哀悼感时,会使用一系列成对相连的音符;而表现饱受折磨的悲痛,则使用由五个或者六个音符组成的半音阶动机。

表现高贵之哀悼的动机的典型形式,可以在根据《噢,上帝的羔羊》写的众赞歌(卷五,第 44 首)中找到——

第二组成对相连的音符,必须轻轻唱出,唯有如此,这个动机能显得像一阵出自灵魂深处的叹息。

表现悲痛的半音阶动机,是像这样的——

它甚至出现在巴赫的早期作品中,比如《随想曲》里"悲伤的"乐段。在以《噢上帝,虔诚的上帝》(卷五,第 73 页)写的第八段变奏中,它又一次出现,巴赫希望在这里描述坟墓中的死者等待复活的痛苦渴望。《小管风琴曲》的众赞歌里,半音阶动机频繁出现。它贯穿《旧的一年过去了》(卷五,第 10 首)里忧伤的音乐沉思,而且决定了受难众赞歌《基督令我们有福》(卷五,第 8 首)动人的和声。众赞歌前奏曲《人啊,为你深重的罪孽哭泣吧》(卷五,第 45 首)将近结尾处,它被用来表达耶稣在十字架上的痛苦。

表达欢乐的动机

434   对于欢乐,巴赫同样有两种表达模式。有时他把它表现为一系列长长的、活泼的八分音符或十六分音符音阶;有时则采用节奏♩♪♩♪♩♪♩♪♩♪。

第一种模式被用来表现非常直接和天真的欢乐。它见于众赞歌《神圣的基督复活了》(卷五,第 14 首),《那是我们的救赎向我们走来》(卷五,第 16 首),《神的儿子到来了》(卷五,第 19 首),《喜乐在你里面》(卷五,第 34 首),《在甜蜜的欢呼中》(卷五,第 35 首),《所有基督徒,一同赞美上帝吧》(卷五,第 40 首),和《一个男孩在伯利恒降生》(卷五,第

46 首）之中。

第二种动机用来在众赞歌《我怀着宁静与喜悦前行》（卷五，第 41 首）表现年迈的西面（Simeon）的欢乐——

它表达了活泼和充满光彩的欢乐。在众赞歌《那些只接受亲爱的上帝主宰的人》（*Wer nur den lieben Gott lässt walten*，卷五，第 54 首）里，巴赫甚至用它来表现对上帝之善的满怀欢乐的信心。它的涵义随着节奏的变化而不断变化。要表达的欢乐感越活泼，动机也随之变得越活泼。在两部复活节众赞歌《如此欢乐的一天》（卷五，第 11 首）和《荣耀的一天显现了》（*Erschienen ist der herrlich' Tag*，卷五，第 15 首）中，可以找到对应的例子；在众赞歌《主，我的希望在你》（卷五，第 33 首）和《我不愿离弃上帝》（卷七，第 56 首），以及受难赞美诗《我们感谢你，我主耶稣基督》（卷五，第 56 首）中，它采用了一种更极端的形式。

巴赫非常喜欢这个欢乐动机；由于它的节奏包含了丰富的潜能，巴赫能够描绘欢乐的所有微妙的层次——从宁静神秘到无拘无束。众赞歌前奏曲中最活泼的欢乐主题之一，是《喜乐在你里面》（*In dir ist Freude*，卷五，第 34 首）中的固定低音——

当要表现狂喜状态时，巴赫并不是使用一个动机，而是让一个满怀激情的阿拉伯风乐段奔腾于平静的和声之上。康塔塔自然比众赞歌为此类表达方式提供了更大的空间，因为巴赫清楚这类乐段在转调时所要求的灵活性和多样性；而且这唯有独奏乐器能够做到，但即使在最好的管风琴

上都很难做到。像 B 小调弥撒的《我们赞美你》（*Laudamus te*）里的那种小提琴独奏，不可能放到管风琴上来。另一方面，圣诞众赞歌《我们要赞美基督》（柔板，卷五，第 6 首）里，把旋律交织在一起的简单的阿拉伯风格又极为有效。它包含了无限的、不可言说的欢乐。同样地，在《我们在天上的父》（卷七，第 52 首）出色的改编中，他要再现路德宗教义答问手册里对主祷文的精彩解释。巴赫使用了一个自由而灵活的旋律线。可惜，像《键盘练习曲》中绝大多数其他大型众赞歌一样，这首高贵的作品的长度太夸张了，使它在总体上并没有达到预期的效果。①

表现"说话"的动机

对于巴赫的前辈来说，只要衍生自旋律线的动机在音乐上具有良好的效果，他们都会在众赞歌中使用；但他们并没有考虑到反复出现的众赞歌动机的文学意味。然而，巴赫明白到音乐动机必须能令人想起对应的词句。所以，在《小管风琴曲》中，只有当歌词的反复具有意义时，衍生自众赞歌的动机才会被采用。

在众赞歌《这些就是神圣的十诫》（卷五，第 12 首）中，他重复使用了十次旋律开端的动机，仿佛"这些就是神圣的十诫"被宣布了十次。在根据《助我称颂上帝的善》（卷五，第 21 首）写的前奏曲中，各个声部用属于它自己的旋律音符，重复着这句邀请进行对话。众赞歌《我主耶稣基督，请转向我们》（卷五，第 25 首）中，巴赫以同样的方式在音乐上表现"主耶稣基督"；而《当我们在最大的患难中》（卷五，第 51 首），各声部重复着"在我们最需要帮助的时刻"这句话。以《在至高之处荣耀归于上帝》（卷六，第 3 至 11 首）写的多首众赞歌，全部采用由旋律头几个音符构成的动机；根据《垂怜经》（卷七，第 39a，b，c 首）写的众赞歌，也是基于同样的程式。在根据《我们在天上的父》（卷七，第 52 首）写的杰出的众赞歌中，正是"天

---

① 然而，同一个选集里的三首《垂怜经》和众赞歌《我从深深的苦难中向你呼喊》（卷六，第 13 首）并非如此。与其说它们被写成自由的幻想曲，不如说是按照帕赫贝尔（Pachelbel）的众赞歌风格写成。它们总体上的效果是辉煌的。

父"这个词不断在音乐中重复出现；在据《我们都信唯一的神》（卷六，第60首）写的前奏曲中，各声部重复着"信仰"。而《小管风琴曲》的众赞歌中，①频繁地使用卡农曲式并不具有文学上的意义。

"表现性"的众赞歌

"表现性"众赞歌这个术语，在这里指那些词语、短语或是思想在音乐上得到再现的众赞歌。巴赫非常勉强地运用这种方法来再现文本；他只有在文本极短而且极具形象性时，才会这么做。

一般来说，他满足于特别强调这一个或那一个词；例如，深沉忧伤的《旧的一年过去了》（卷五，第10首）那引人瞩目的大调上的结束乐段，由整首诗，尤其是第一节诗充满慰藉的结尾引发。《喜乐在你里面》（卷五，第34首）接近结尾处的颤音，对应于文本中的"哈利路亚"。在以《来临吧，圣灵》（卷七，第37首）写的神秘的众赞歌中，"赞颂上帝"由一串欢快的十六分音符表达。《我要与你告别》（*Valet will ich dir geben*，卷七，第50首）最后那上行的结尾部分，在文本中得到解释——

> 永别了，你这个虚假而邪恶的世界；
> 你罪恶的生活不会令我快乐。
> 我渴望天堂中更好的生活；
> 在那里，曾经侍奉上帝的人会获得永恒的回馈。

众赞歌《人啊，为你深重的罪孽哭泣吧》（卷五，第45首），好几个诗歌中的思想都在音乐中被清晰地表现出来了。第19小节到20小节的半音阶动机强调了"他为我们而牺牲"（"dass er für uns geopfert würd"）这句话；上行的十六分音符，听起来就像一阵叹息与呻吟——

437

---

① 　彼得斯版，卷五，第3首，第8首，第15首，第19首，第35首，第37首，第44首。

它对应于诗行"他背负我们罪孽的重担"（"Trug uns'rer Sünde schwere Bürd"）；最后一小节带有"极轻柔"标记的乐段，是由这句话引发的："久久地在十字架上忍受煎熬"（"Wohl an dem Kreuze lange"）。在这首众赞歌前奏曲的开头，巴赫没有尝试在音乐里表现哪个具体的词语，因为文本似乎没有为他提供任何值得这么做的素材。①

在以《在至高之处荣耀归于上帝》（卷六，第 8 首）写的众赞歌前奏曲的结尾，那长长的、温柔的柔板，是为了表达"现在是无尽的和平，所有对峙都已终结"（"Nun ist groß Fried' ohn' Unterlaß, all' Fehd' hat nun ein

---

① 赞美诗的头两节如下：——

> 人啊，为你巨大的罪哭泣吧。
> 为了人的罪，基督离开父的怀抱；
> 从天堂降落到尘世；
> 诞自一位纯洁温柔的童贞女，
> 他为我们而降生为人；
> 他要成为神与人的中保。

> 他给予死者以生命
> 使人摆脱疾病的纠缠，
> 直到时候迫近，
> 那时他将为我们牺牲，
> 背负我们罪孽的重担
> 久久地在十字架上忍受煎熬。

在随后很长的段落部分中，这首诗继续描述基督受难的所有苦痛。

Ende")；赞美诗的第一节诗以之作结。

使用有力的赋格曲式的众赞歌《我从深深的苦难中向你呼喊》（卷六，第 13 首），在临近结尾处，表达"欢乐"的节奏（♫♩ ♫♩ ♫♩）出现了，并最终以胜利的姿态融合了前面所有的元素。显然文本中没有任何细节暗示音乐上的这种处理。然而，巴赫要尝试在这里表现的，是路德宗关于悔罪的信条；根据此信条，所有真诚的悔罪，都将导向对救赎欣喜的肯定；所以在这里，欢乐的动机与阴郁的音乐搏斗，最终得胜。可见这个表现欢乐的动机具有深远的意义。它与前述精彩的大调华彩表达了同样的思想。

巴赫经常同时使用两个甚至更多的动机来表达诗歌的思想。在复活节众赞歌《神圣的基督复活了》（卷五，第 14 首）中，低音部奏出了表现复活的动机，而中间声部的八分音符则表达了欢乐。在《一个男孩在伯利恒降生》（*Puer natus in Bethlehem*，卷五，第 46 首）中间声部奏出了东方智者的喜悦，而低音部则描述了他们的敬仰之情。

在以《当我们在最大的患难中》（卷五，第 51 首）写的小前奏曲中，文本以一种分外亲切的方式被转译成音乐。来自旋律开端的动机的性质，决定了低音部的三个声部要不断重复"在我们最需要帮助的时刻"这句话。在这悲伤的基调之上，旋律以十六分音符流淌而过，像一首来自天国的抚慰之歌；而且它那微妙的结尾，仿佛平息了其他声部。

巴赫只在两首众赞歌前奏曲中，再现了文本中全部的细节变化——它们是《哦，上帝的羔羊》（卷七，第 48 首）和对《耶稣基督，我们的救主》（卷七，第 31 首）的改编。

众所周知，众赞歌《哦，上帝的羔羊》由三个相似的诗节组成，它们相互之间的区别，只表现为头两节以"请垂怜我们，哦耶稣"（"Erbarm dich unser, o Jesu"）作结，而第三节以"赐予我们你的宁静，哦耶稣"（"Gib uns deinen Frieden, o Jesu"）作结。巴赫在他的幻想曲中，只再现了前两节诗的基本氛围；到第三节，他也以颇简单的方式开始，在固定低音之上保持一种超然的八分音符律动。但当唱到"你背负了我们所有的罪孽"（"All Sünd hast du getragen"）的那一刻，仿佛刹那间这段忏

悔所包含的整个深度,一下子全部显现在各个声部之中。它们抓住这
个动机——

并且一次又一次重复它,"你背负了我们所有的罪孽……你背负了我
们所有的罪孽"。到了"否则我们一定会绝望"("Sonst müßten wir verza-
gen")这句话时,半音阶的动机表达了绝望感。在一段激动的呐喊之后,
和声沉得越来越深,仿佛一种恐惧感渗透了所有声部,而且它们只敢低声
沉吟其感受到的恐惧——

但乐曲一旦行进到"赐予我们你的宁静,啊耶稣"时,所有的焦虑都被一扫
而空。一种难以压抑的喜悦感从起伏的八分音符串中喷涌而出。我们会
倾向于认为,这种效果,就如在某些圣诞众赞歌里一样,表现了圣灵从云
端向尘世的人类发出"让尘世和平"的呼唤。与那些依据天使般的歌"在
至高之处荣耀归于上帝"而写的前奏曲一样,《哦,上帝的羔羊》中的最后
一节诗以一段上行乐句结束,仿佛来自天堂的信使在带来人们所祈求的
和平之后,回到他们自己的王国——

在《键盘练习曲》中，巴赫把《耶稣基督，我们的救主》的旋律处理成一首圣餐礼众赞歌。他并没有过多纠缠于唱词，而是把它写成了一首幻想曲，其中对通过圣礼来赎罪的坚定信仰，由一个形象性的"步伐"动机表现。在后来以这首众赞歌写的前奏曲（卷六，第 31 首）中，巴赫用音乐描绘了第一节诗的四句诗行——

> 耶稣基督，我们的救主，
>
> 为我们阻挡上帝的愤怒，
>
> 并以他悲苦的受难，
>
> 把我们从地狱的痛苦中拯救。

根据第一行诗而作的幻想曲热情充沛，仿佛被"救主"这个词的魔力所穿透。在它之后立即出现了象征上帝暴怒的动机；这个动机的节奏，有点像《圣马太受难曲》中当耶稣被鞭笞时，合唱队唱出的咏叙调"求上帝垂怜"（*Erbarm' es Gott*）的伴奏——

440

第三部分是以表现悲恸的半音阶动机写成的幻想曲；巴赫分别以相似和相反的方式，以之描述"辛酸的痛楚"，并这样来结束——

最后一行诗"他把我们从地狱的痛苦中拯救",通过短促但富于表现力的复活动机来表现——

我们仿佛能在这动人的结尾中,看到救主强大的手臂把人类向上提升,把他们从地狱中救出。这个动机在第一次出现时,就已经具有压倒一切的力量了——

在结尾句,这胜利的升华,以一个延续三小节的旋律线来表现。面对这种音乐,我们真不知道最值得赞叹的是哪一方面——是它的简洁性呢,还是它的明晰性?

第二十三章 康塔塔的音乐语言

巴赫特别喜欢用音乐来表现波浪的运动。他的歌词作者彼坎德了解
这一点，所以在世俗康塔塔中，他汇聚了萨克森和波兰所有的河流，让它们
唱出对君主的赞美。这类音乐绘画中最佳的例子，大概要数康塔塔《轻轻
滑行吧，嬉戏的浪花》(*Schleicht，spielende Wellen*，巴赫协会版，卷二十)
里令人愉悦的波浪；这首康塔塔是为奥古斯都三世的生日而作。它第一段
合唱的主要主题，与舒伯特著名的《船歌》的伴奏，有着有趣的相似——

巴赫：

舒伯特：

在以平息风暴(《马可福音》六章 35 — 41 节)为主题的教会康塔塔

《耶稣在沉睡,我能期望什么?》(*Jesus schläft,was soll ich hoffen?* 第
81 首)中,巴赫首先描绘了不断涌动的波浪,然后是暴风雨的爆发。《基
督,我们的主,来到约旦河》(第 7 首)第一段合唱的乐队伴奏,表现的是约
旦的波浪。值得注意的是,在描绘流水的运动和琉璃似的湖面时,巴赫的
手法是多么富于变化。

　　一个词往往就足以在巴赫的音乐中引出"波浪"动机。男低音在康塔
塔《我愿意背负十字架》(第 56 首)的一段咏叙调中唱到:"我在尘世的漫游
就像一段航行"("Mein Wandel auf der Welt ist einer Schiffahrt gleich")。
单凭这句话,巴赫已经有足够的理由,让大提琴演奏下面这个贯穿整个乐
章的音型了——

442

　　康塔塔《退让吧,忧郁的阴影》(巴赫协会版,卷十一²)中咏叹调"在爱
中锻炼自己"(*Sich üben im Lieben*)的低音音型——

可以通过歌词中不断出现的句子"泉水从这里涌出"("Hier quellen die
Wellen")得到解释。

　　在《赞美你的运气吧,得上帝庇佑的萨克森》(*Preise dein Glücke*,*ge-
segnetes Sachsen*,巴赫协会版,卷三十四)的一段宣叙调中,仅仅因为有
"波罗的海",伴奏中就有了波浪似的音型——

在康塔塔《看吧，我要派许多渔夫》中，巴赫想象革尼撒勒湖就在他眼前；根据《旧约》的记载，耶稣在湖岸上，命令门徒作世人的渔夫。这一神启般的异象，启发了巴赫使用波浪动机——

在康塔塔《我感到满足》(*Von der Vergnügsamkeit*，巴赫协会版，卷十一²)中，"海洋"这个词偶然的出现，触发了巴赫作出类似的描绘。康塔塔《我的灵魂歌颂主》(第10首)中的宣叙调叙述了上帝的许诺：让亚伯拉罕的后代像海滩上的沙一样多。巴赫马上觉得有必要通过如下的伴奏，把听者带到海边去——

　　巴赫也热衷于描述云的运动。他常常通过同向或反向互相交叠的音阶音型来表现这种运动。典型的例子可以在康塔塔《啊，多么无常，啊，多么徒劳》(第26首)的合唱，康塔塔《被平伏的风神》(巴赫协会版，卷十一²)①开头出色的音乐绘画，以及康塔塔《我于尘世有何求》(*Was frag' ich nach der Welt*，第94首)的男低音咏叹调"这个世界恍如烟雾与阴影"(*Die Welt ist wie ein Rauch und Schatten*)中找到。

　　在婚礼康塔塔《退让吧，忧郁的阴影》(巴赫协会版，卷十一²)的开头，如蒸汽般向上浮动的琶音，象征冉冉升起的雾气。康塔塔《我最亲爱的耶稣不见了》(*Mein liebster Jesus ist verloren*，第154首)的咏叹调，把我们

443

---

　　①　见本书第427页。

的罪孽比作乌云;它由下面这个急促而且不安的动机表现——

在巴赫的音乐中,我们常常听到丧钟的隆隆声。他甚至不需要任何确切的词汇来触发这类音乐图景;仅仅触及到死亡,或是事物的终结,对他而言就已足够。有时我们听到的只是通过弦乐拨奏描绘的、从远处隐约传来的钟声;而更多的时候,巴赫会动用整个乐队的音响,表达切近而响亮的钟声。这一类乐队作品中最有意思的,是康塔塔《最亲爱的上帝,我何时能死去》(第 8 首)第一乐章和《葬礼康塔塔》(*Trauerode*,巴赫协会版,卷十三²)①宣叙调"丧钟那振聋发聩的声音"(*Der Glocken bebendes Getön*)中交响性的伴奏。在这些图画中,巴赫的目标是要实现一种非凡的声音与节奏的现实主义。康塔塔《基督,我的生命》(第 95 首)里面的咏叹调"福佑之时,快敲响吧",低音部分如下——

拨奏

在康塔塔《来临吧,外邦人的救世主》(第 61 首;第一个版本)的宣叙调"看哪,我站在门外叩门"中,巴赫写的伴奏描述了主的敲门声——

---

①　另外参见康塔塔《来吧,甜蜜的临终一刻》(*Komm, du süße Todesstunde*,第 161 首)、《我不会离弃我的耶稣》(*Meinen Jesum laβ ich nicht*,第 124 首)、《主耶稣基督,真正的人,真正的神》(*Herr Jesu Christ, wahr' r Mensch und Gott*,第 127 首)、《主,请不要审判你的仆人》(*Herr, gehe nicht ins Gericht mit deinem Knecht*,第 105 首)。

他同样喜欢在音乐中表现笑声,就如我们在康塔塔《愿我们的口中充满欢笑》(第 110 首)的第一段合唱,和《被平伏的风神》(巴赫协会版,卷十一²)的咏叹调"我将多么欢快地笑!"(*Wie will ich lustig lachen*!)中听到的一样。同样值得注意的是康塔塔《我主耶稣基督,你是至高的善》(第 113 首)中宣叙调"你那安慰的话语,让我心灵欢笑"(*Jedoch dein heilsames Wort macht*,*dass mir das Herze lacht*)的固定低音。康塔塔《你要去哪里?》(*Wo gehest du hin?* 第 166 首)中,咏叹调"当命运之神笑的时候,我们要小心了"(*Man nehme sich in acht*,*wenn das Glücke lacht*)的主题如下——

作为音乐家,巴赫被魔鬼的主题强烈吸引着。由于它在《圣经》的头几章中被表现为一条蛇,巴赫常常通过扭曲缠绕的动机来描绘它。根据巴赫的神学观,撒旦等同于魔鬼;所以只要当撒旦以"那邪恶的"的称谓被提到时,他就会引入扭动的蛇的形象。

在米迦勒节康塔塔《战斗开始了》(第 19 首)的第一段合唱,以及康塔塔《我主上帝是坚固的堡垒》(第 80 首)的诗节"假如世界充满恶魔"("Und wenn die Welt voll Teufel wär")中,巴赫召唤了一整队魔鬼,对抗神圣的力量。在康塔塔《神的儿子要显现出来》(*Dazu ist erschienen der Sohn Gottes*,第 40 首)中,我们可以听到一个非常典型的撒旦动机。

男低音咏叹调的歌词如下——"地狱般的毒蛇,你不害怕吗? 那个将要打碎你的头的胜利者诞生了"。在音乐中,我们不仅看到蛇的扭曲,甚至能听到古老的预言中提到的那个愤怒的巨轮,将要碾碎它的头——

445

当唱到"那个将要打碎你的头的人"(*Der dir den Kopf als ein Sieger zerknickt*)这句话时,低音部象征蛇的动机抵达了音域的最低点。同一首康塔塔的下一段宣叙调中,提到了蛇在伊甸园的情景。它由一段轻轻摇晃的乐句表现——

巴赫想象它从树上垂下来,面对着夏娃,并以奸诈的言语魅惑她。于是伴奏也同样有种悬在空中的感觉;只有偶尔在某处,一个起承托作用的低音音符才会进入。

在康塔塔《噢,圣灵与水的洗礼》(*O heil' ges Geist-und Wasserbad*,第165首)中,词作者将耶稣比作"能治病的小蛇"(Heilschlänglein);他是在引用《约翰福音》中的话——在这里,耶稣被钉上十字架的事件,被比作摩西在荒野中举起一条蛇。[1] 任何其他作曲家,都不会注意这毫无品味的语言;然而,巴赫却一定很感谢它,因为这让他有机会描述"能治病的小蛇"的运动——

---

　　[1]　《约翰福音》三章14－15节:"摩西在荒野怎样举蛇,人子也必照样被举起来,叫一切信他的都得永生。"

至于天使们,巴赫也为它们创作了一个动机。它建立在轻盈、浮动的节奏上;这个动机出现在《圣诞康塔塔》的序曲中;双簧管表现了牧人的音乐——

同样的动机也出现在《圣诞康塔塔》同一部分结尾的众赞歌"我们在你的殿堂赞颂你"(*Wir singen dir in deinem Heer*)中;那些参加天使音乐盛宴的凡人,唱出这段赞美诗。前面的宣叙调已经提到这一点。 446

康塔塔《战斗开始了》的咏叹调"请留下,天使们,请与我在一起"(*Bleibt,ihr Engel,bleibt bei mir*)的音乐,如果不是因为写于《圣诞康塔塔》之前十年,我们几乎可以认为它是根据后者的序曲直接复制而来——

同一个动机也出现在康塔塔《新生的婴儿》(*Das neugeborene Kindel-ein*,第 122 首)的三重奏"噢,我们是有福的"(*O wohl uns!*)中——

由于文本中并没有提到天使,所以人们大概会觉得,低音部的这个音型与天使动机之间的相似纯粹是偶然的。然而,如果我们看看前面的宣叙调,就马上会明白,为何巴赫会在这里引入天使的动机了。它的歌词如下:"那些天使们以前回避你,仿佛你是受诅咒的;现在它们却充盈于上行之诗"①。一如在《圣诞康塔塔》的众赞歌中一样,巴赫在这里想象着天使与人类一起歌唱。

歌词一旦暗示到一个动作,只要它能够被音乐再现,巴赫都不会放过。他永远不会放过"飞升"和"上升"这样的词语。众所周知,他是如何在 B 小调弥撒中,表现"我期待死者的复活"("Et exspecto resurectio-nem")的第一声号角的——

　　复活节康塔塔《你以你之口认信耶稣》(*So du mit deinem Munde bek-ennest Jesum*,第 145 首)中二重唱"我的心,我活着是为了你的喜乐"(*Ich lebe, mein Herze, zu deinem Ergötzen*)的伴奏,是基于一个相似的上升音型——

---

①　上行之诗(höher Chor),即《圣经·诗篇》中一百二十篇至一百三十四篇,一说是以色列人在节期敬拜时,唱诗班登耶路撒冷圣殿阶梯时唱的诗歌,亦称"登阶之诗";另一说是以色列人每年在前往耶路撒冷朝圣的路途中,登锡安山时所唱的诗歌,故又称"朝圣之诗"。——译注

康塔塔《请将耶稣基督铭记于心》（*Halt im Gedächtnis Jesum Christ*，第 67 首）的咏叹调"我的耶稣复活了"（*Mein Jesus ist erstanden*）由以下这个动机统摄——

它在康塔塔《醒来吧，一个声音向我们呼唤》（第 140 首）和《做好准备吧，我的灵魂，要警醒、祈求和祷告》（第 115 首）那些宏大的合唱中再次出现；这里它表现了歌词中提到的上升运动。

在康塔塔《欢快地飞升》（*Schwingt freudig euch empor*，第 36 首①）中，有一个非常典型的主题，很像翅膀在拍打——

在康塔塔《那些信并接受洗礼的人》（*Wer da glaubet und getauft wird*，第 37 首）的咏叹调"信仰是灵魂的翅膀"（*Der Glaube schafft der Seele Flügel*）伴奏中，我们能听到同样的拍打声。

---

　　①　原文误作第 96 首。——译注

　　康塔塔《主不与我们同在之时》(*Wo Gott der Herr nicht bei uns hält*，第 178 首)的宣叙调"他们张大了嘴巴"，被音乐如此表现——

　　在《圣马太受难曲》中，动机的反向运动象征了"救世主在他的父前倒下"；它也在康塔塔《我将心思意念都交给神》(第 92 首)中表现了"看！看！看它如何破碎、爆裂、倒下！"("Seht，Seht，wie bricht，wie reiβt，wie fällt！")这句话；康塔塔《我的信心在于信实的上帝》(*Ich habe meine Zuversicht*，第 188 首)开端的咏叹调中，当唱到"当万物都打破，当万物都倒下"("Wenn alles bricht，wenn alles fällt")这句话时，这个动机再次出现。

　　同样，一个表现"堕落"的动机，伴随着康塔塔《苍穹诉说着上帝的荣耀》(*Die Himmel erzählen die Ehre Gottes*，第 76 首)中众赞歌"主啊，请怜悯我们"(*Es woll' uns Gott genädig sein*)的伴奏。它横跨七度的音域令人想起众赞歌前奏曲《由于亚当的堕落，一切都堕落了》(卷五，第 13 首)。它的曲调如下——

　　众赞歌的文本并没有为这个动机提供存在的理由，但它之前的宣叙调却有所提示。它以这句话作结："愿这最卑微的祈祷蒙你垂听"("Drum sei dir dies Gebet demütigst zugeschickt")。于是伴奏就要令众赞歌成为一段卑微谦逊的祈祷，而且要令人想象到，它是由一大群跪着的信众唱出。

　　如果巴赫觉得复杂的手法能更逼真地表现运动，他绝不会在这个任务面前退缩。在康塔塔《主，请以你的话语养护我们》(*Erhalt' uns*，

Herr，bei deinem Wort，第 126 首）的咏叹调"倒在地上吧，你这膨胀的傲慢"（*Stürze zu Boden，schwülstige Stolze*）中，他并不满足于仅仅描绘倒下的动作，还表现了不断尝试再爬起来的企图，直至受到最终一击——

　　倒下与重新站起的尝试，也在康塔塔《我们的救赎来临了》（第 9 首）的咏叹调"我们堕落得太深"（*Wir waren schon zu tief gesunken*）中得到描述——

　　大多数音乐家都知道，巴赫如何在康塔塔《凡自高的必降为卑，自卑的必升为高》（*Wer sich selbst erhöhet*，第 47 首）的第一段合唱中，表现耶稣的话："凡自高的必降为卑，自卑的必升为高"——

449

　　巴赫在表现运动手法上的一贯性，能够从康塔塔《上帝在欢呼中升天》（*Gott fähret auf mit Jauchzen*，第 43 首）的一段宣叙调中看出来；他处理"被驱散"这个词的方法，与处理《圣马太受难曲》中耶稣的话"我将惩罚牧人，羊群将被赶散"的伴奏，一模一样——

在康塔塔《啊上帝，请从天堂望向我们》（*Ach Gott，vom Himmel sieh darein*，第 2 首）的女低音咏叹调中，巴赫以一幅音画来表现这句话："主啊，除掉与你的话语相违背的教导"；这幅音画使我们获得一个印象，即在整

个乐章中,人声与伴奏并不是一致的。这个乐章很像以天使的歌《在至高之处荣耀归于上帝》(卷六,第 5 首)写的小众赞歌前奏曲;巴赫尝试在这里描绘云间的天使那迷人的律动。

他也在音乐中表现动作将行而未行那一瞬间的状态。一个典型例子,是康塔塔《发声吧,雷霆般的话语!》(*Tue Rechnung,Donnerwort!*,第168 首)中的咏叹调"啊心灵,挣脱玛门的锁链吧"(*Herz,zerreiß des Mammons Kette*);这是一个十足的音乐上的《拉奥孔》①式的设计——

在圣诞康塔塔《我们要赞美基督》(第 121 首)中,能看出巴赫在音乐中走得有多远。咏叹调的唱词"当约翰在娘胎中认出耶稣时,高兴得跳了起来",来自《路加福音》中的这个段落:"伊利莎白一听马利亚问安,所怀的胎就在腹里跳动"。巴赫的音乐就是一长串强烈的骚动——

巴赫从来不会放过表现跑步或行走的词句。在康塔塔《看啊,我们走

---

① 参见莱辛,《拉奥孔:论画与诗的边界》。——译注

向耶路撒冷》(*Sehet*,*wir gehen hinauf nach Jerusalem*,第159首)开头的
咏叙调中,他好像在描画耶稣走在门徒的前面,然后朝他们转过身来一动
不动地站着,再次重复那些门徒们无法理解的悲伤的话语——

在康塔塔《我去是与你们有益的》(*Es ist euch gut*,*dass ich hingehe*,
第108首)中,诗行"我去是与你们是有益的,我若不去,保惠师就不到你
们这里来"①,巴赫为低音部安排了"行走"的动机,同时在它之上,双簧管
吹奏出高贵的阿拉伯风乐段,表达崇高的安慰感——

在康塔塔《你要去哪里》(第166首)中,"行走"的动机又一次被用来
表现文本的内容。另一个典型的例子,是康塔塔《踏上信仰之路》(第152
首)的赋格前奏曲主题——

---

① 《约翰福音》十六章7节:然而我将真情告诉你们,我去是与你们有益的。我若不
去,保惠师就不到你们这里来;我若去,就差他来。

在康塔塔《看啊，天父向我们展示了怎样的爱》(*Sehet，welch eine Liebe，hat uns der Vater erzeiget*，第 64 首)的宣叙调"去吧，世界！尽管留住属你的东西吧"(*Geh' Welt! Behalte nur das Deine*)中，巴赫用如下的低音音型来表现"去吧，世界！"这句话；它与《圣马太受难曲》耶稣与门徒出发去苦难地的情景，有一致的表现手法——

康塔塔《啊主，我这个可怜的罪人》(*Ach Herr，mich armen Sünder*，第 135 首)中，伴着唱词"去吧，你们这些作恶的人"(*Weicht，all' ihr Übeltäter，weicht*)的音乐，暗示了在惊恐中奔跑的形象——

452

快速奔跑的动作，在康塔塔《耶稣，你是我的灵魂……》(*Jesu，der du meine Seele*，第 78 首)的咏叹调"我们以虚弱但奋发的步伐快速前进"(*Wir eilen mit schwachen，doch emsigen Schritten*)低音部中，又一次以迷人的方式被表现——

在康塔塔《新契约中的欢乐时刻》(*Erfreute Zeit im neuen Bunde*，第

83 首)中,唱词"快点,充满欢乐的心灵"("Eile,Herz,voll Freudigkeit")由一段类似的音乐来表现;巴赫把所有这些表现运动的四分音符段落,标记为"拨奏"——当然是非常重的拨奏。

　　他通过不同声部间互相模仿、类似卡农①的段落,来表现一个人跟随另一个人,或是在他身边疾走的形象。

　　仅通过众赞歌前奏曲,我们无法全面把握巴赫的"步伐"动机所包含的广阔的象征内容。审慎、平静的步伐表现了决心与坚定的信仰——比如说,B 小调弥撒《信经》中的低音伴奏——

在《忏悔经》的低音声部中,有同样超然的姿态。

　　如果音符之间的音程间隔很大,它们就象征力量、傲慢与反抗。典型例子包括《圣诞神剧》②中合唱"主啊,当傲慢的敌人愤怒时"(Herr,wenn die stolzen Feinde toben)的主题——

---

　　①　以下只是众多例子中的一部分:复活节神剧中伴有合唱的二重唱"来吧,赶快,跑起来"(Kommt,eilet und laufet),《圣约翰受难曲》中的咏叹调"我仍追随你"(Ich folge dir gleichfalls)和"加快脚步,你们这些喜欢争论的灵魂"(Eilt,ihr angefochtnen Seelen),康塔塔《我不会离弃我的耶稣》(Meinen Jesum laß ich nicht,第 124 首)中的咏叹调"我的心,赶快脱离这个尘世"(Entziehe dich eilends,mein Herze,der Welt),以及康塔塔《啊,多么无常,啊,多么徒劳》(第 26 首)中的咏叹调"我们的生命如湍急的流水"(So schnell ein rauschend Wasser schießet,so eilen unsres Lebens Tage)。

　　②　原文 Oratorio 中译一般有"神剧"、"清唱剧"两种译法。从表演形式来说,Oratorio 由独唱家、合唱团和乐队合作演奏,所以"清唱剧"这种译法容易引起误解。从作品内容来说,巴赫时代的 Oratorio 大多取自圣经题材,据此,本书一律采取"神剧"这个译法。——译注

这个颇有视觉感的乐思,在康塔塔《救恩,能力现在都来到了》(第 50
首)的主题中被进一步发展——

从同一个母题中,推演出《马利亚尊主颂》中的"他显示了力量"("Fe-
cit potentiam")——

以及"他击倒强大的人"(*Deposuit potentes*)低音部的主题,尤其是它
的结尾——

这个动机表现了"强大的人"这个概念;而当小提琴表现"(他)击倒"
("deposuit")这个概念时——

在康塔塔《我的灵魂歌颂主》(第 10 首),这首德语《马利亚尊主颂》的咏叹调"上帝叫有权柄的失位"(*Gewaltige stößt Gott vom Stuhl hinunter*)中,两个动机融合成一个主题——

这些动机,使我们明白到巴赫要在 E 小调管风琴赋格中表现的宏大乐思——

"骚动"动机

454　　当巴赫需要表现战斗的骚乱时,他从这些"步伐"动机里,选取了特定的一组,好像希望向听众再现万马奔腾、战鼓齐鸣的场景。

康塔塔《我主上帝是坚固的堡垒》(第 80 首)中,就有这种动机的典型例子。这里巴赫用它构造第二段诗的伴奏音乐:"我们的力量什么也不能成就……正义的人在为我们战斗"——

"骚动"的动机以一个稍微不同的形式,出现在康塔塔《来临吧,外邦人的

救世主》(第 62 首,第二版)的咏叹调"斗争吧,征服吧,强大的英雄"(*Streite*,*siege*,*starker Held*)中——

它还以另一个形式,在康塔塔《我主上帝是太阳与盾牌》(*Gott der Herr ist Sonn' und Schild*,第 79 首)中为信徒的祈祷伴奏:"上帝,啊上帝,永不抛弃你的子民……虽然敌人猛烈地攻击我们"——

"骚动"动机在康塔塔《警醒! 祷告!》(*Wachet*! *betet*! 第 70 首)最后的咏叹调中再次出现——

在这里,它表现了万物终结时的喧嚣。在为复活节后的第一个礼拜日写的康塔塔《请将耶稣基督铭记于心》(第 67 首)结尾的咏叹调中,巴赫把它运用到描述耶稣向十一个门徒显圣的宏大的音画中。音乐描画了笼罩在这些受惊吓的人周围的骚动气氛；看见耶稣时，他们唱到："我们有福了，耶稣助我们战斗"（"Wohl uns，Jesus hilft uns kämpfen"）；而一旦救世主说出了"愿你们平安"（"Friede sei mit euch"）这句话时，"骚动"动机就静止了。

在康塔塔《谁知道我离我的终点有多近》（第 27 首）的咏叹调"晚安，你这尘世的扰攘"（Gute Nacht，du Weltgetümmel）中，还有另一个属于同一类型的动机。

巴赫音乐语言的这种明晰性，展现在如下方面：在《圣约翰受难曲》中，耶稣的话"我的国若属这世界，我的臣仆必要争战，使我不至于被交给犹太人"，由衍生自"骚动"动机的这个音型伴奏——

巴赫通过切分音的"步伐"动机，表现精疲力竭和虚弱。

一段疲惫、拖沓的行走，在康塔塔《我一只脚踏进坟墓》（第 156 首）中得到表现。巴赫以这种方式，把到达旅途终点的尘世朝圣者放到墓中——

在康塔塔《我怀着宁静与喜悦前行》（第 125 首）中，疲惫的动作被表现得更像是向前倒下——

与此类似，康塔塔《要把你的饼分给饥饿的人》（第 39 首）开端合唱的 456
第一部分，由一个疲惫前行的形象所统摄，因为巴赫紧紧抓住"将漂流的
穷人接到你家中"这句话，描绘一列列蹒跚而行的人被带进栖身之所。①

在康塔塔《在我所行的一切中》（第 97 首）中，有如下一段：

> 如果我很晚才休息，
> 倘我夙兴夜寐
> 在虚弱和束缚中
> 躺下或前进……

巴赫用来表现躺下和起来的动作的主题，真是太形象了——

疲倦和迟疑的步伐也表现了犹豫不定的心理状态。我们能在康塔塔《我
信，亲爱的主，请帮助我除去疑惑》（第 109 首）中，找到这类精雕细刻的图
画。咏叹调"我的希望多么渺茫"（*Wie zweifelhaftig ist mein Hoffen*）
的主题特别值得一提②——

---

① 关于这段合唱的问题的讨论，参见本书第 416 页以下。

② 同时参见康塔塔《我主基督，上帝的独子》（*Herr Christ，der ein'ge Gottessohn*，第
96 首）的咏叹调"我游移不定的步伐，一时向左，一时向右"（*Bald zur Rechten，bald zur
Linken lenkt sich mein verirrter Schritt*），以及康塔塔《主，请不要审判你的仆人》的咏叹调
"我们颤栗和蜷缩"（*Wir zittern und wanken*）。

融合成一体的几个"步伐"主题,以完美的形式表现了疲倦的人在基督身上找到安息。同类的主题包括那些美妙圣洁的摇篮曲,巴赫在其中描述了死亡的喜悦的倦意。康塔塔《基督,我的生命;死亡是我的收获》(*Christus, der ist mein Leben, Sterben ist mein Gewinn*,第 95 首)中,乐队如此处理这个动机——

另一个著名的例子,是康塔塔《我受够了》(*Ich habe genug*,第 82 首)的咏叹调"小憩吧,困倦的双眼"中高贵的主题——

节奏 ♩.♪♩♩.♪♩♩

音乐家们往往将节奏 ♩.♪♩♩.♪♩♩.♪♩♩ 与尊严和庄重的感觉相联系。它被用在旧式法国风格序曲的"庄严"乐段,与瓦格纳乐剧《帕西法尔》圣杯场景中的所指意义相同。旨在阐明路德宗义理的教义答问众赞歌集的开头,有一首降 E 大调前奏曲,就是以这个节奏形式写出的,因为它要表现非凡的威严感。巴赫在复活节康塔塔《基督躺在死亡的羁縻中》中又一次用到它,表现第六节诗"于是我们庆祝这崇高的节日"("So feiern wir das hohe Fest")。在棕枝主日（Palmsonntag）康塔塔《天国的王，愿你来临》（第182首）中，这个节奏形式表现了"天国的王"——

在好几段提到耶稣的神性的咏叹调中，都出现同样的节奏。圣诞康塔塔《愿你得赞美，耶稣基督》（第91首）中，它被用以表现歌词"神背负着困厄"（Die Armut，so Gott auf sich nimmt）——

康塔塔《主耶稣基督，真正的人，真正的神》（第127首）的第一段合唱中，它再次出现。康塔塔《苍穹在欢笑，大地在欢呼》（*Der Himmel lacht，die Erde jubilieret*，第31首）中，但是"生命之王"这个字眼，就令巴赫觉得有足够理由使用这一节奏形式—— 458

我们千万不能将这个庄严的节奏与另一个表面类似的节奏混淆。后者也是每拍分为两个音符的附点节奏音型；它的特点是：总是以活泼的三拍子出现，一般以弱拍开始，中间穿插着其他时值的音符或停顿；而表现威严的节奏则是较慢的4/4拍子，以强拍开始，而且期间没别的音符。

这另一个节奏，可以归纳为如下模式——

它表现骚动的情欲，有时候是欢乐的，但更多是悲伤的。巴赫尤其会用它来表现恐惧和绝望。

《圣约翰受难曲》中表现彼得忏悔之情的咏叹调"啊我的心智"(*Ach mein Sinn*)中有它的典型形式。另一个例子出现在康塔塔《啊上帝，这是怎样的心灵哀痛》(*Ach Gott，wie manches Herzeleid*，第 58 首)开篇的二重唱中——

459

在康塔塔《噢永恒，你这雷霆般的话语》(*O Ewigkeit，du Donner-wort*，第 60 首)中，巴赫也用这个节奏表现"我临终的床让我害怕"这句歌词——

当巴赫想表达缓慢而沉重的动作时，也会运用 ♪♪♪♪♪♪ 这个节奏形式。例如在《圣马太受难曲》的咏叹调"来吧，甜蜜的十字架"(*Komm，süßes Kreuz*)中，音乐伴随着亚利马太的约瑟背负十字架的脚步。它也可以表现鞭笞的动作——就如《圣马太受难曲》中的咏叙调"求上帝垂怜",或者表现愤怒的蛇头部的扭动,例如在咏叹调"当毒舌刺伤我时,要忍耐"(Geduld,Geduld,wenn mich falsche Zungen stechen)中。

　　这个节奏形式具有多义性,是因为用它来表现运动的好几个例子中,都有超过一种解释的可能性。尽管如此,巴赫在每一次使用这个节奏时要表现的信息,都是确定无疑的。通过音节和对乐句的设计,他每次都赋予这个节奏独一无二的性格,使它对歌词的表现一目了然。

　　单就上文引用过的例子而言,这个节奏的所有形式,有一个共同特征,即短音是强拍而非弱拍,这样它就不是跟在前一个音之后的叹息,而是后一个音之前的着重强调。如果要精确地标记,表现庄严和激情的节奏应该是这样的——

这与下面的情况并不矛盾——当他为这些节奏写连音符时,总是将处在同一拍的音符连起来,就如这样——

他这样写,只是要表明整个乐段要连奏。问题不在巴赫的连音符上,而在于短音应该被处理成强拍还是弱拍。如果处理成强拍,那么听众自然会在脑海中把它认定为后一个音之前的着重强调。《啊上帝,这是怎样的心灵哀痛》开篇的二重唱中可以作为证据。虽然巴赫表明速度是"柔板",并这样标注连音符号，但整个乐章由"激情"节奏主导。只有当我们以一定的强度演奏短音,而不是轻轻演奏它时,这段音乐才会产生应有的效果。留意一下它表现出的内在不安感,或者《噢永恒,你这雷霆般的话语》(第 60 首)中的咏叹调"我临终的床让我害怕"。这种感觉来自巴赫使用的音域跨度颇为极端的序列。

　　这两首咏叹调以有趣的方式呈现了这个问题,因为歌词包含了激越和平静两种可能的表现方式。两首咏叹调都以对话形式"啊上帝,此刻我遇到怎样的心灵之哀痛啊"("Ach Gott,wie manches Herzeleid begegnet mir zu dieser Zeit")这句哀叹的话,由"要忍耐! 要忍耐"("Geduld! Geduld")来回应;充满恐惧的呐喊"我临终的床让我害怕",得到这样的回应:"救主的手会遮盖我"("Mich wird des Heilands Hand bedecken")。所以,能否正确演奏它,取决于我们是否知道巴赫要表现的是哪种情感。如果不是因为要放弃表现激情的节奏形式♩♫.♫.♩,我们可以设想这段音乐是表现歌词中安静的抚慰之情的。我们也不应该忘记这个总体原则,即如果一段歌词包含了两种情感供巴赫选择,他往往会选择更激越的一种,而把表现歌词的总体思想这个任务抛在脑后。

　　事实上,他也采用♩♫.♫.♩这个节奏,其中短音是作为前一个音符的补充,需要尽可能轻柔地奏出。如果精确标记的话,应该是这样——

　　这个节奏形式属于表现光明与魅力的运动这一大类型之中表现象征性的主题,比如和平与幸福。它与表现庄严和激情的节奏形式的相似性,只存在于乐谱上;在实际演出中、在听众的耳中,它们没有任何的共同点。从外在方面看,它与"庄严"节奏的区别在于,它通常是三拍子的;它与"激情"节奏的区别在于,它永远不以强拍开始。①

　　巴赫音乐中♩♫.♫.♩节奏的各种形式,在实际演奏中非常重要。一般的指挥家对此问题并不清晰,把它们处理成一个样子,从而消除了巴赫想要的具体音乐性格。我们应该对巴赫音乐中这种节奏形式的出现、

---

　　①　这个节奏的典型例子,见本书第 464 页。

意义和正确的演奏方法，作专门而深入的研究。

表达幸福感的节奏

在康塔塔和众赞歌中，以这个节奏 构建的动机，都表现了迷人的幸福感。康塔塔《响起吧，歌声》（*Erschallet，ihr Lieder*，第 172 首）中的二重唱"来吧，温柔的天堂的风，不要再让我等待"，有低音部的这个音型伴奏——

但是，这个节奏大多不以其原本的形式出现，而是有各种变化。康塔塔《哭泣，哀叹，忧虑，恐惧》（*Weinen，Klagen，Sorgen，Zagen*，第 12 首）的咏叹调"要忠心……雨过之后必定是祝福"（*Sei getreu…nach dem Regen blüht der Segen*）的伴奏中，它以如下形式出现——

我们在康塔塔《看吧，我要派许多渔夫》的二重唱"只要呼唤上帝，我们所做的一切都会得到充盈的福佑"中也见到它的影子。在康塔塔《致基督升天》（*Auf Christi Himmelfahrt allein*，第 128 首）中，它与"欢乐"动机一起出现——

462

　　有时候它会采用十六分音符节奏，变得更加活泼，比如在康塔塔《赞颂主吧，我的灵魂》(第143首)中——

　　即使康塔塔《信实的上帝，拿去我们所有······》(*Nimm von uns, Herr, du treuer Gott...*，第101首)的宣叙调"啊，上帝，因着你的信实，我们的家园将得到和平与安宁"(*Ach！Herr Gott, durch die Treue dein, Wird unser Land in Fried' und Ruhe sein*)的伴奏音型中，我们都可以察觉到这个表达幸福感的节奏的基本形式——

　　在康塔塔《升华的血与肉》(*Erhöhtes Fleisch und Blut*，第173首)的"神圣的心绪看并尝到上帝的善"这一段中，我们又一次认出它：

　　另一个表达幸福感的节奏，出自轻柔地涌动的波浪的灵感。康塔塔《人啊，颂扬上帝的爱吧》(*Ihr Menschen, rühmet Gottes Liebe*，第167首)的"在上帝的恩典和爱中欢乐"这一段音乐中，如下的伴奏出现在低音部——

《葬礼康塔塔》中，有一首咏叹调讲述王后之死带来的愉悦，其中低音部有这么一段——

可以把它与康塔塔《到现在为止你们没有以我的名义祈求什么》（*Bisher habt ihr nichts gebeten in meinem Namen*，第 87 首）中的咏叹调"啊天父，请宽恕我们的罪"（*Vergib，o Vater，unsre Schuld*）相比较——

463

《复活节神剧》咏叹调"我死亡的忧愁会是柔和的"（*Sanfte soll mein Todeskummer*）的主题是这样的——

康塔塔《我的身体无一处健康》（*Es ist nichts Gesundes an meinem Leibe*，第 25 首）的第一段合唱的中间乐段，"平和"这个词，由一个描绘平静地流动的水的动机表达——

在所有这些例子中，波浪的律动是要表达一种精神上的象征意味；当我们把它们与世俗康塔塔《起来吧，嘹亮的号角之声》(*Auf，schmetternde Töne*)的宣叙调"宁静的普莱塞河泛起微澜"相比较时，就能看出这一点——

巴赫以这个节奏  的动机表现温馨而宁静的欢乐，通常采用12/8拍子，或者9/8拍子，但偶尔也会用6/8拍子和3/4拍子。其他作曲家很少采用这类节奏。然而巴赫却很喜欢它们，以之创作出最动人也最自由的精彩乐句。这些主题与表现天使的动机之间的相似性是显而易见的。两者都要表现超脱于尘世之上的一种优雅的律动；巴赫借此表现征服了悲伤的、升华了的欢乐。

这些主题中的最佳例子，是康塔塔《到现在为止你们没有以我的名义祈求什么》的咏叹调"我愿意受难，我愿意沉默"——

464

我们也可以康塔塔《我们感谢你，上帝》(*Wir danken dir，Gott*，第29首)的咏叹调"以你的爱想念我们，以你的慈悲拥抱我们"(*Gedenk' an uns mit deiner Liebe，schleuβ uns in dein Erbarmen ein*)作为例子——

康塔塔《上帝爱这世界》(*Also hat Gott die Welt geliebt*，第 68 首)的第一段合唱中，一个类似的主题表达了上帝永恒而热烈的爱——

从这个主题中再次衍生出一个相对沉重的形式，其中的第三个八分音符需要以加强的力度演奏。巴赫用它来表现哀伤的情感。典型例子包括小提琴与键盘乐器第四奏鸣曲的西西里舞曲，以及《圣马太受难曲》里的咏叹调"请你垂怜"的小提琴伴奏。

表现"平和"与"幸福"字眼的动机，除了这三个主要的形式外，还有第四个，它在表面上跟表现"庄严"的节奏相似。其中一个例子是康塔塔《请将耶稣基督铭记于心》(第 67 首)最后一首咏叹调中的"愿你们平安！"——

要表现恐惧，巴赫会采用一系列重复出现的八分音或十六分音；也就

是说,他把恐惧表现为颤栗或抖动。这种方法本身是颇为原始的,但巴赫用它达到了很强烈的效果,例如康塔塔《发声吧,雷霆般的话语!》,一系列不间断的颤栗贯穿整首作品。另一个例子是《圣马太受难曲》里的合唱"啊痛苦!他受尽折磨的心在颤抖"(*O Schmerz! Hier zittert das gequälte Herz*)。

康塔塔《警醒! 祷告!》(第70首)中的"发抖吧! 你们这些心硬的罪人"(*Erschrecket! ihr verstockten Sünder*)这一句,由不断重复的十六分音符和弦伴奏——

同一首康塔塔中的咏叹调"啊,这伟大的一天"(*Ach, soll nicht dieser große Tag*)中,巴赫采用抖动的低音表现末日审判的恐怖;康塔塔《看啊,看有谁的悲伤如我这般深沉》(*Schauet doch und sehet, ob irgend ein Schmerz sei*,第46首)中,又一次提到世界末日,低音颤动的恐怖效果被半音阶动机加强——

康塔塔《在同一个安息日的夜晚》（第 42 首）中，巴赫描绘了门徒们在耶稣死后的焦虑。在前奏曲之后的宣叙调中，采用了《约翰福音》里的诗行"晚上，门徒所在的地方，因怕犹太人，门都关了。耶稣来站在当中"，颤抖的低音是唯一的伴奏——

466

巴赫采用两个动机来表达悲伤；它们出现在《管风琴小曲》中，分别是五个或者六个音的半音阶序列，表现折磨的悲伤，以及成对的整齐音符序列，仿佛一连串叹息。

巴赫常常使用半音阶动机来突出某个特定的词——比如圣诞节康塔塔《基督徒们，铭记这一天》（*Christen, ätzet diesen Tag*，第 63 首）的终曲合唱的"但永远不要让撒旦折磨我们"这一句——

康塔塔《愿你得赞美，耶稣基督》（第 91 首）的一段宣叙调中，"流泪谷"（Jammertal）这个词也以同样的方式被强调。

他常常将半音阶作为固定低音使用。康塔塔《耶稣，你是我的灵魂……》(第 78 首)的第一段合唱建立在这个低音形式上——

467　　根据汉斯·萨克斯之歌而作的康塔塔《我的心,你为何忧伤》(*Wa-rum betrübst du dich , mein Herz* ,第 138 首),第一段合唱的固定低音是这样的——

一个著名的例子,是《B 小调弥撒》中的"钉十字架"(*Crucifixus*),低音音型重复了十三次——

表现叹息的动机以两种形式出现——一种是写实的,另一种是理想化的。前者是要表现真实的叹息;后者的叹息是精神性的,动机表现的是高贵的悲叹。

康塔塔《我的叹息,我的眼泪》(*Meine Seufzer , meine Tränen* ,第 13 首)中,表现"叹息与可怜的哭泣"这句话的音乐暗示了一种逼真的哭泣声——

《看啊，看有谁的悲伤如我这般深沉》第一段合唱中，中提琴一直没有停止叹息——

康塔塔《我有过许多忧愁》（第 21 首）中的"叹息，眼泪，忧愁，患难"（"Seufzer，Tränen，Kummer，Not"）这些词语，被以这样的方式翻译成音乐——

不可否认，很多时候，巴赫夸张了歌词中悲伤的氛围，以便让乐队有借口表达哀痛。但即使他总是用同样的动机来描绘悲伤，实现夺目的效果，我们都始终不会对此感到厌烦——这不仅仅得益于他精湛的艺术和动机永远新鲜的形式，还因为他表现的方法完全是出自天然的。正是这种浑然天成的感觉，令巴赫的音乐语言如此臻于完美。

468

　　表现高贵的悲伤的动机与其他动机的区别，主要在于它音符之间的间隔较短，旋律走向较为流畅，从而让和声稍微消解了悲伤的情感。

　　《葬礼康塔塔》的一段宣叙调中，表现悲伤的动机以这种形式出现——

《圣马太受难曲》第一部分结尾宏伟的众赞歌合唱"人啊,为你深重的罪孽哭泣吧",其伴奏的旋律线中,有一个典型的例子:

巴赫完全了解这个动机对他的意义;这一点可以在康塔塔《我们必须承受许多痛苦才能进入上帝的国》(第 146 首)中看到。它的开篇合唱,取材自一首键盘协奏曲的慢板,它建筑在一对连音上,巴赫只不过在其上加上众赞歌声部而已。这个乐章很著名,它这样开始——

在这里有一点很有趣:旋律的自然运动不时被大的音域跳跃打断。巴赫很多表现悲伤的主题中都有这个特征。它最引人注目的形式,出现在康塔塔《这人是有福的》(*Selig ist der Mann*,第 57 首)"我的耶稣,如你不爱我,我宁愿死去"这段话的伴奏中——

469

　　还有其他例子,可以说明巴赫怎样表现崇高的悲伤,例如康塔塔《我愿意背负十字架》的开端,和为复活节之后第三个礼拜日而作的康塔塔《哭泣,哀叹,忧虑,恐惧》(第 12 首)的序奏。康塔塔《天国的王,愿你来临》(第 182 首),有着精彩的受难氛围,其中咏叹调"耶稣,让我跟随你,不论幸福与痛苦"的低音是这样的——

　　康塔塔《我的叹息,我的眼泪》(第 13 首)中的悲悼众赞歌"已应许我的上帝",以同一个表现高贵的哀伤的节奏为伴奏。

　　在一种理想化的形式里,高贵的哀伤的动机表现了对最终解脱的向往。康塔塔《苍穹在欢笑,大地在欢呼》(第 31 首)中的死亡摇篮曲"来吧,最后的时刻,将我的眼睛闭上",是这样开始的——

表现欢乐的动机

470

　　在康塔塔中,巴赫使用与众赞歌中相同的两个动机来表现欢乐。第一个由一系列快速音符构成,以直接而天真的方式表现欢乐;第二个则以节奏形式 ♫♪ ♫♪ ♫♪ ♫♪ 或 ♪♫ ♪♫ ♪♫ ♪♫ 为基础,更突出活泼激烈的感觉。

　　第一个动机的其中一个例子,可以在康塔塔《新契约中欢乐的时刻》(*Er freute Zeit im neuen Bunde*,第 83 首)开篇咏叹调的小提琴独奏中——

　　巴赫特别以这种方式,表现圣诞节的欢乐气氛,这可以在一系列圣诞合唱中看出,比如为圣诞节第三天而作的康塔塔《我在你里面得喜乐》(第133首)。康塔塔《人啊,颂扬上帝的爱吧》(第167首)的终曲合唱"歌颂与赞美吧"(*Sei Lob und Preis*)的伴奏是这样的——

　　第二个动机是康塔塔和众赞歌中最常见的动机之一。它有多种形式,所以能够表现多种形式和层次的欢乐。在巴赫的作品中,最少有两百种动机建立在这个表现欢乐的节奏形式上,但这在亨德尔和贝多芬的作品中则很少见。它的典型形态,可以在《B小调弥撒》的"我们赞美你"(*Laudamus te*)小提琴独奏中找到——

471

德语演唱的《马利亚尊主颂》——康塔塔《我的灵魂歌颂主》(第 10 首)——的开篇合唱,低音部分以这种方式演奏——

康塔塔《上帝我主,我们赞美你》(第 16 首)的第一段合唱有同样的律动——

康塔塔《来临吧,外邦人的救世主》(第 62 首;第二稿)开篇合唱乐队伴奏的主要动机,也属于同一个类型——

康塔塔《上帝,人们在寂静中赞美你》(第 120 首)的合唱"欢呼吧,你们这些喜悦的声音"(Jauchzet,ihr erfreuten Stimmen),同样完全由欢乐的动机主宰。

宣叙调伴奏中运用这个节奏的例子,见于《赞美你的运气吧,得上帝庇佑的萨克森》(巴赫协会版,第三十四卷);巴赫用这个节奏表现臣民对君主的忠诚和热爱,欢乐地拜倒在君主的脚下。

巴赫尤其喜欢用这个欢乐动机建构低音音型。有很多例子,其中三个典型的如下:

472 　　康塔塔《那些只接受亲爱的上帝主宰的人》(第 93 首)的二重唱"他知道真正欢乐的时刻"——

　　康塔塔《赞颂主吧,我的灵魂》(第 69 首;第一稿)的开篇合唱——

　　《我最亲爱的耶稣不见了》(第 154 首)的咏叹调"多欢乐啊,现在耶稣被找到了,我不再悲哀"——

　　这些动机所表现的欢乐,仍然有点克制。如果歌词的主题更加大胆,那么欢乐的感觉也会更热烈。

　　当耶稣让彼得放下手上的渔网,让他不要害怕,许诺让他成为人类的渔夫;根据巴赫为这些话所作的伴奏可以判断门徒们一定心中充满了欢乐——

但与更热烈的动机相比,即使这个动机也显得太含蓄了。其中一个是为复活节之后第三个礼拜日而作的康塔塔《虽然你们将哭泣哀号,但世界将会感到喜悦》(第 103 首),其中咏叹调"噢悲伤的声音,恢复过来吧……我的耶稣又再出现了;啊无上的欢乐"的低音部分——

所有热烈的欢乐动机中最热烈的一个,是众赞歌康塔塔《愿主得赞颂,我的上帝》(*Gelobet sei der Herr*,*mein Gott*,第 129 首)咏叹调"愿主得赞颂"的低音音型—— 473

狂喜并不是由确定的动机,而是由独奏乐器奏出梦幻的阿拉伯风乐段表现。其中一个例子是康塔塔《醒来吧,一个声音向我们呼唤》二重唱"你何时来临,我的救赎"的小提琴伴奏。康塔塔的第一首咏叹调中,双簧管唱出了异常优美的春之歌,而弦乐中的琶音描绘了向上浮动的雾霭——

康塔塔《我实在告诉你们》(第 86 首)的咏叹调"我要采摘玫瑰,即使荆棘会刺伤我",又一次表现了极度的狂喜——

其他例子包括:众赞歌康塔塔《在我所做的一切中》(第 97 首)咏叹调"我相信他的善"(*Ich traue seiner Güte*)的小提琴独奏;众赞歌康塔塔《上帝所行的一切皆是好的》(第 100 首)女高音咏叹调中的长笛独奏;还有两首表达对死亡的向往的康塔塔《最亲爱的耶稣,我之渴望》(*Liebster Jesu , mein Verlangen* ,第 32 首)和《我受够了》(第 82 首)中的双簧管独奏。

474　各个主题之间的合作

由于巴赫如此多的音乐动机具有确切的意义,我们能够理解他同时或相继使用两个或更多的动机,以充分表达歌词的意思。只要稍稍翻看一下任何一册康塔塔,都能找到例子。在《圣诞节神剧》中,当东方三博士告知希律王弥赛亚的诞生时,他很震惊;不过他思忖到:"为什么你要害怕呢? ……噢,难道你不应该为此欣喜吗?"巴赫通过依次使用恐惧和欢乐的动机,表现这段心理过程——

康塔塔《虽然你们将哭泣哀号,但世界将会感到喜悦》的开篇合唱中,使用表现欢乐的动机和表现悲哀的半音阶动机。

《耶稣,正是倚靠你,我的灵魂……》的开篇合唱,耶稣受难及他带来的救赎,通过欢乐和悲哀两个对立动机表现——

《请将耶稣基督铭记于心》的咏叹调"愿你们平安",和《谁知道我离我的终点有多近》(第 27 首)的"晚安,你这尘世的扰攘"之中,欢乐的动机和骚动动机互为对照。

康塔塔《人啊,颂扬上帝的爱吧》中,有如下一段话:"上帝的话并不会欺骗我们,一切都如他所应许的那样发生。他在天堂对我们祖先作的应许,已经成为现实"。低音声部的步伐动机,象征上帝坚定的承诺,而欢乐动机则赞美上帝对承诺的兑现——

这种解释，在复活节康塔塔《你以你之口认信耶稣》（第 145 首）中得到佐证。开篇合唱的歌词"如果你以你之口，认耶稣是主，并从心底里相信，上帝让他从死亡中复活，你就是有福的"，通过两个主题表现；它们对应于"glauben"（信仰）和"selig"（有福）这两个词——

康塔塔《啊，亲爱的基督徒，要有信心》（*Ach lieben Christen，seid getrost*，第 114 首）的第一段合唱中，我们听到表现恐惧的颤抖动机和表现欢乐的升华动机并列共存——

　　根据歌词描绘的画面的需要,巴赫甚至会同时采用三个主题。康塔塔《倚靠上帝的人有福了》(第 139 首)中,他需要表现这句话:"像沉重的束缚,不幸从各个方面将我压倒;但突然,帮助我的手出现了,慰藉之光从远处向我闪耀"。在音乐里我们听到三个主题,第一个主题通过表现缠绕形象的典型动机,象征了"沉重的束缚将我压倒"——

476

一个上升的主题描述了"帮助我的手",从废墟中伸出;第三个主题描述了晃动的光,我们已经在很多康塔塔中熟悉了它的风格。

　　康塔塔《主,如你所愿》(第 73 首)的一首咏叹调中,巴赫先是表现了叹息,然后是死亡的来临,最后是丧钟的鸣响。康塔塔《以法莲哪,我应该对你做什么》(第 89 首)第一段合唱的伴奏也是由三个主题组成,第一个表现上帝的震怒,第二个表现悲伤的疑问,第三个则是叹息与哀悼。

　　同一个乐思往往由几个互相关联的动机表现。在《圣诞节神剧》的各个大合唱中,我们常常听到两个或三个表现欢乐的不同动机;在表现悲伤时,我们也听到各个不同的叹息动机。

　　巴赫还往前更进一步。他不仅通过不同的搭配和顺序来组织意义各异的动机,而且尝试将两个动机编织在一起,表达复杂的情感。在这里,我们可以看到他对自己的音乐语言是多么自觉,这可以看出这种语言是多么大胆。这种复合主题的例子,在其他作曲家中鲜有见到。

　　一个典型的例子,是康塔塔《救恩、能力现在都来到了》(第 50 首)的主题,它由强力动机和欢乐动机结合而成。

477　　　巴赫以音乐主题作为他的语言,表现了歌词的整个内容——上帝的胜利,以及对撒旦失败的欣喜。

　　康塔塔《我的叹息,我的眼泪》(第 13 首)一首咏叹调的歌词是这样的——"叹息与可怜的哭泣在忧虑与疾病面前毫无帮助;但对仰望天堂的人来说,总会有一束欢乐的光照进他悲伤的心怀"。巴赫的主题,正是叹息动机逐渐向欢乐动机过渡的过程——

《圣马太受难曲》中,我们会发现有很多主题是由两个动机构成的。①
第二部分开头的咏叹调和合唱,同时描述了匆忙的脚步和锡安女儿们在
客西马尼园中寻找她朋友时的悲伤。咏叹调"看哪,耶稣伸出手来握住我
们"中,我们听到救赎的钟声,还有上帝将被救赎的人类放到十字架上的
耶稣的肩上。在"当毒舌刺伤我时,要忍耐"的音乐中,我们首先听到"忍
耐"这个词以轻柔的八分音符唱出,然后毒舌的中伤通过急速的来回运动
表现——

咏叹调"如果我面颊上的眼泪徒劳,噢,请你们带走我的心"的主题是
这样的——

478

巴赫想让我们目睹耶稣被鞭笞的情景。前两小节描述了在他背上鞭挞的
动作;这个动机来自之前的咏叙调"求上帝垂怜"的伴奏。锡安的女儿看
到了耶稣的折磨,发出如下的呼喊。上述动机是对它的音乐性延续——

---

① 参见第二十八章论《圣马太受难曲》。

虽然我列举了巴赫音乐语言的主要来源,以及他使用它们的主要方法,但这远远不能展现其音乐表达方法的全貌。我只想借此引发读者的思考和研究,表明演奏很多巴赫作品的关键,在于领会作曲家赋予特定动机的意义。

当然,上述分析只触及到这些主题通常具有的意义。例如,在《圣约翰受难曲》的"钉十字架"段落中,♫♫♫这一节奏形式与欢乐动机毫无关联,而只是让音乐的律动变得更加活跃。巴赫在康塔塔《可怕的终末快要临到你们》(第 90 首)的咏叹调"在施行报复的法官之震怒中熄灭"中采用它来表现同样的效果。如果我们以为每一个主题中的二连音进行都是叹息动机,同样是错误的。巴赫的音乐语言不过是在表达特定的情感时,偏好采用特定的节奏,两者的联系如此浑然天成,以致每个有音乐感的人都能体会到它是独一无二的。这并不影响巴赫以其他方式运用这些节奏,尤其是当表现的对象是某种运动时。我们也不应忘记,很多节奏虽然在纸上看起来相同,但巴赫实际上是以完全不同的方式构思它们。他的作品以一种奇特的方式令我们意识到,对于有机地再现声音这一点而言,我们的记谱方式是多么不完美。所以,我们可以较确定地说,在巴赫的音乐中,同一个节奏并不表现两种不同的情感,而且他音乐语言中的表现成分比任何其他作曲家都更为清晰准确。基本上不可能在别的作曲家的作品中,找到这么多词语的象征。有人说过,在音乐中,节奏大致与辅音相对应,而旋律音域的起伏及和声则相当于元音,因为它们赋予节奏以音色。如果这种比较在总体上是正确的,那么它也与巴赫的音乐语言非常切合。音域起伏所赋予节奏的声音织体,确定了情感的性质。巴赫的音域起伏也自有一种独特的意义,不过要找到它们的通用范式,远比找到节奏的通用范式要难。不过我们可以确定地说,当他要表现欢乐时,经常会使用跨越六度的跳跃;而不适或恶心的感觉,则常常通过减三度来表现。奇怪而相隔很远的不协和音则被用来表现痛苦和恐惧。

我们越深入研究巴赫的康塔塔,就越会发现,他的音乐语言中,只有最粗糙的部分能被归纳为某种通用范式。与此同时,我们也意识到,到目前为止我们对这种语言的了解是多么不足，还有那么多丰富的涵义，可以通过对其作品的比较研究得到展现。只有全面了解这些问题，演奏家才能领会巴赫音乐语言的个性和完美性，并在实际演奏中表现它们。

第二十四章　阿恩斯塔特、米尔豪森、魏玛与科腾时期的康塔塔

　　福克尔坚称,巴赫最早期作品中的天赋的确很明显,但它们"也包含了很多不必要的东西,很多不成熟的、花俏的、缺乏品味的成分,所以它们无论如何都不值得留给大众"。[①] 在这位巴赫第一部传记作者看来,巴赫直到 35 岁——即 1720 年——才完美地掌握了复调艺术。[②]

　　这简直是奇谈怪论。巴赫的所有康塔塔,只有最早的三、四首,显得带有实验的味道;随后的康塔塔中,他的风格已经确立、完成了。历史上鲜有哪个作曲家的成熟期,像巴赫这样来得如此简短。

　　复活节康塔塔《因为你不会将我的灵魂留在地狱》(*Denn du wirst meine Seele nicht in der Hölle lassen*,第 15 首),属于阿恩斯塔特时期。巴赫似乎也在后来的某个场合演奏过它。如北方作曲家们的康塔塔一样,它被赋予华丽壮观的配器。终乐章众赞歌"因为你从死亡中复活了"中间奏曲式的庆典号角乐段,给人留下深刻的印象。巴赫写出这首间奏曲时,年龄大概在十八九岁之间。

　　康塔塔《上帝是我的王》(第 71 首)创作于米尔豪森,时间是 1708 年 2 月 4 日,是为新一届市议会的当选而作。每年的这一天,48 个议会成员中三分之一的人员开始履行管理市政的职责,直至明年的同一天为止。

---

① 福克尔,《巴赫传记》,第 49 页。
② 福克尔,《巴赫传记》,第 23 至 25 页。

选举之前先举行教堂仪式。在这个场合演奏的康塔塔，一般会被印刷出版。这首作品正是如此；它是巴赫在世时唯一一首出版的康塔塔。但是它的印行，却并非为了酬谢巴赫，而是为了表达对米尔豪森市议会的尊崇。①

这次庆典专门配备了一个大型乐队——三支小号、两支长笛、两支双簧管、一支巴松管、两组小提琴、一组中提琴、倍低音维奥尔（"violone"）、定音鼓和管风琴。每个乐器都演奏一个固定低音声部，但不单独演奏，而是以组为单位演奏——第一组由小号演奏，第二组由长笛、双簧管和巴松管演奏，第三组由弦乐演奏。合唱团被分为齐唱组（tutti，巴赫把它称为 *coro pleno*）和另一个人数较少的部分，后者只演唱标有"不齐唱"（*senza ripieni*）的段落。这部作品的魅力，来自于三组乐队声部和两组合唱队声部之间的配合与对比。为第 74 首诗篇祷文而作、由合唱团和乐队演奏的音乐——"你不愿将你斑鸠的灵魂交给敌人"——饱含丰富的感情。②

在康塔塔《我的主，我从深深的苦难中向你呼喊》（*Aus der Tiefe rufe ich，Herr，zu dir*，第 131 首；《诗篇》一百三十篇）总谱的结尾，写着这么一句话："应格奥尔格·克里斯特·艾尔玛先生的要求，由米尔豪森管风琴师约翰·塞巴斯蒂安·巴赫谱成音乐"。艾尔玛是童贞圣母教堂的主牧师；他热爱教堂音乐，也是巴赫的朋友。

这首康塔塔运用的乐器只有弦乐、双簧管和巴松管。每一页上，都能看出巴赫开始尝试把自己从北方作曲家们影响中解放出来的痕迹。乐队间奏不再像前两首康塔塔那么长了。然而，在众赞歌的运用上，这位年轻作曲家仍然遵从布克斯特胡德（Dieterich Buxtehude）的做法。咏叙调"主

---

① 当时出版的只有各声部的分谱，总谱没有出版。在歌词本中这首康塔塔被称为"庆典教堂经文歌"（*Glückwünschende Kirchen-Motette*）。两位在任市长分别是阿道夫·施特雷克尔（Adolf Strecker）和格奥尔格·亚当·施泰因巴克（Georg Adam Steinbach）。巴赫亲笔写的总谱和各声部分谱都保存了下来。

② 施皮塔在兰古拉村（Langula）的合唱指挥办公室中，找到了一段巴赫康塔塔的残篇，是属于米尔豪森时期的（施皮塔，《巴赫生平》，卷 I，第 339，340 页）。婚礼康塔塔《主顾念我们》（*Der Herr denket an uns*，巴赫协会版，卷十三，第 75 页及以下）肯定也属于这一时期。它可能是为斯塔博（Stauber）牧师的第二次婚姻而作（施皮塔，《巴赫生平》，卷 I，第 369 页及以下）。这首康塔塔的乐队部分中，巴赫只使用了弦乐器。

啊,你要算清罪孽"(*So du willst,Herr,Sünde zurechnen*)中,女高音以
"我主耶稣基督,你是至高的善"的旋律唱出"怜悯我,哦主上帝"这句歌
词;同一段旋律也在咏叙调"我的灵魂在等待"中被使用。整部作品的情
愫如此深挚,效果又那么自然,现代听众一定会像 1707 年米尔豪森的听
众一样,被它打动。

482　　魏玛时期的头几年,巴赫为我们留下了两首康塔塔——《主啊,我渴
望你》(*Nach dir,Herr,verlanget mich*,第 150 首),和《上帝的时间是最
好的时间》(*Gottes Zeit ist die allerbeste Zeit*,第 106 首,又名《悲剧的篇
章》,以下简称《时间》)。

　　第一段音乐,包含了巴赫表达悲恸与欢乐的典型手法。为了表达呐
喊"主啊,我向往你"所蕴含的痛苦,他运用了半音阶序列,这在后来的康
塔塔中经常出现——

在咏叹调"然而我现在和将来都会感到欢乐"(*Doch bin und bleibe
ich vergnügt*)中,低音部由象征欢乐的动机主导——

　　然而,乐曲结尾的形式是建筑在固定低音上的一段夏空舞曲;从中已
能看出写作 B 小调弥撒"钉十字架"(*Crucifixus*)那位大师的影子了。

　　我们不知道悼念康塔塔《时间》是为谁的逝世而写。施皮塔的研究表
明,这段时间公爵家中无人去世。主角似乎是一位老人,因为这合乎"我
怀着宁静和喜悦前行"(出自西面的赞歌)这句话的意思。

这首作品的歌词与音乐都同样完美。它根据圣经诗句写成，包含了《旧约》中对死亡的恐惧，以及《新约》中对死亡的向往之间的对立。"你当留遗命与你的家，因为你必死！"("Bestelle dein Haus，denn du wirst sterben！")，先知以赛亚说，此时合唱队加入进来："这是旧的契约"("Es ist der alte Bund")。但马上一个女高音插话了，仿佛从另一个世界带来了末世的最后召唤："是的，来吧，主耶稣，来吧"(Ja，komm Herr Jesu，komm！)；乐队在其上配以众赞歌"我把自己的事情交托上帝"。我们仿佛看到受难地的十字架。灵魂重复着耶稣的话："我将我的灵魂交在你手里"，随后是对那个与耶稣一同钉十字架的小偷说的话："今日你要同我在乐园里了"。得到抚慰的灵魂唱到："我怀着宁静与喜悦前行"。最后众赞歌"荣光，赞美，尊崇和荣耀"(Glorie，Lob，Ehr' und Herrlichkeit)和着旋律"主，我的希望在你"唱出。最后一句，"以耶稣基督之名，阿们"，被推演成一首精彩的幻想曲，然后以乐队修饰过的主题终结。

483

这首康塔塔的文本有可能是巴赫自己编写的。它肯定不是出自任何一个魏玛诗人，因为在那个时代，不会有哪位诗人愿意委屈自己去使用非原创的诗歌。但无论如何，以音乐的标准来看，这算得上所有歌词中最完美的一个了。

作品开始于一首小奏鸣曲，由两把长笛、两把古大提琴、通奏低音和管风琴演奏。它建立在一个 E 大调动机上，表达出极度的悲痛；这个动机贯穿整首作品。如果我们领悟了这些和声，就会感到被远远地带离尘世的痛苦；巴赫脑海里可能想着《启示录》中的词句，它们也会出现在听者的脑海里——"上帝要擦去他们一切的眼泪，不再有死亡，也不再有悲哀、哭号、疼痛，因为以前的事都过去了。"(见《启示录》二十一章 4 节)

除了两把长笛和两把古大提琴之外，整首康塔塔没有使用其他乐器。它们的音色像蒙着一层纱，属于音乐中最本质的元素。我们仿佛看见一幅秋天的风景，空气中浮动着一层蓝色的雾霭。

这首康塔塔的戏剧冲突性，以及其音乐与文字的亲密关系，令它深受早期巴赫仰慕者的喜爱，尤其是策尔特(Carl Friedrich Zelter)。它的第一次重新公演，是在 1833 年 5 月，由舍尔布勒(Schelble)指挥法兰克福圣切奇利亚协会完成。① 它在同年 12 月再次演出。之后听众仍然要求加演，于是在随后两年里分别加演了一次。它在 1830 年首次由西姆罗克出版社出版。《圣马太受难曲》将巴赫的音乐从屈辱的遗忘中拯救出来，但正是这首《时间》康塔塔为它的复兴铺平了道路。即使我们熟悉了所有康塔塔之后再回过头来，还是能从这首作于 20 岁末的作品中获得愉悦。《时间》是尤里乌斯·斯托克豪森最喜欢的康塔塔。

484　　　总的来说，这些早期作品不可忽视；它们是巴赫仅有的以纯粹传统风格写成的康塔塔。当他开始为魏玛宫廷的教会仪式创作时，他决定采用新的风格，并依照所萨洛莫·弗兰克（Salomo Franck）和艾尔德曼·诺伊迈斯特（Erdmann Neumeister）为他写的自由体歌词来作曲。弗兰克住在魏玛，诺伊迈斯特当时在索劳（Sorau）②；不久之后的 1715 年，他移居汉堡。巴赫转向现代康塔塔的时间，大概在 1712 年。③ 当他在 1714 年被任命为乐长之后，他的职责包括每年为教会提供一定数量的音乐。与过去由圣经诗行和赞美诗构成的戏剧性文本不同，现在摆在他面前的是蹩脚的诗歌，它们总是按照同样的套路被剪裁。咏叙调被"三段体"咏叹调和清宣叙调取代。而且合唱队完全退居到背景，仅在开始和结束时露面——这使整体布局变得更加单调。这里再也没有康塔塔《时间》和《我的主，我从深处求告你》中，那种独唱与合唱间的鲜活互动。而且，作曲家也不再努力把作品塑造成一个整体；它们变为一串互相割裂的乐段。

　　我们不禁要问，巴赫为什么会一下子完全放弃他在之前的康塔塔中娴熟运用的丰富艺术手法呢？除了一个例外，他再也没有回到传统形式中——对此我们该如何解释？当我们翻阅圣经时，最令人感到惋惜的是，巴赫，一个圣经学者，竟然克制着不为这么多精彩的段落谱曲，它们一定深深吸引作为音乐家的他——而这一切，仅仅是由于在他所采用的康塔塔形式中，没有连贯的圣经段落。试问哪个崇拜巴赫的人，不愿意拿两百

---

① 参见本书第 214 页。
② 即现在的波兰城市扎里（Żary）。——译注
③ 关于旧式和新式康塔塔的问题，参见本书第 69 页及以下。

首他的教堂康塔塔,换一百首像《时间》这样的作品呢?①

　　要确定最早期康塔塔的创作顺序并不困难,因为其整体风格表明,它 485
们一定作于任何其他作品之前。再者,在《我的主,我从深处求告你》中,
巴赫自己写明是创作于米尔豪森的。

　　至于后来的大部分康塔塔,它们创作的先后顺序则不那么容易确定。
只有极少数作品封面标有创作年份;其余的时间需要通过内在证据和外
在佐证来推断。施皮塔和鲁斯特(Rust)分别从事了这项研究,而且两者
的结论大致相符。② 旁证包括笔迹、注释风格和纸张。巴赫的笔迹随着
年岁变化,这一点可以在巴赫协会版卷四十四的样本中看出。所以,相同
字迹写的康塔塔应该属于同一时期。不过记谱法的某些特征,提供了更
确切的证据。巴赫最早在 1732 年采用双十字符号。于是我们基本可以
肯定,使用这个符号的康塔塔属于那一年或之后。进一步的证据来自他
写抒情双簧管声部的方法。根据沃尔特(Johann Gottfried Walther)的
《音乐百科词典》(*Musiklexikon*),这个乐器发明于 1720 年;它的音高比一
般双簧管低一个三度。巴赫最初使用它,是在 1723 年的康塔塔《苍穹诉
说着上帝的荣耀》(*Die Himmel erzählen die Ehre Gottes*,第 76 首)。作
为一个新乐器,它自然会对记谱造成一些困难。巴赫进行了实验。在 B
小调弥撒(1733 年)中,他用新的方法谱曲;在《美好的韦德劳》和《轻轻滑 486
行吧,嬉戏的浪花》两首世俗康塔塔(它们肯定作于 1737 年)中,他又采取
另一种方法。这些事实足以让我们判定,一首康塔塔究竟是写于 1723 年

---

　　① 有一个很奇怪的现象:巴赫音乐推广的先锋之一莫里兹・豪普特曼(Moritz Hauptm-
ann),虽然很推崇《悲剧》康塔塔,却认为它的音乐结构是“一个由不同乐章拼贴起来的怪
物”。见豪普特曼致奥托・雅恩(Otto Jahn)与豪塞尔(Hauser),转引自施皮塔,《巴赫生
平》,卷 I,第 461 页。施皮塔如此解释巴赫采用“三段体”咏叹调的原因:“当巴赫熟悉了意
大利的‘三段体’咏叹调之后,他意识到自己以前采用的方法浪费了他的精力,因为用这种
形式,他可以更简洁、更好地表达很多东西,而并不会损失自己的任何原创性。”(卷 I,第 460
页)但是我们很难理解在悲剧康塔塔的风格中,有什么“浪费精力”的地方;同样令人难以理
解的是,在“三段体”咏叹调中,有什么东西会比在旧式咏叙调中获得更好、更简洁的表达?
施皮塔在尝试解释无法解释的东西,而同时又要避免落入唯一可能的解释方式——即巴赫
附庸于当时的风尚。

　　② 参见施皮塔的评论,以及鲁斯特的几篇前言。本书随后的章节采用施皮塔的时间
顺序,其价值只有专业的历史学家才能完全体会。

至 1733 年之间，1733 年至 1737 年之间，还是在 1737 年之后。但是铁证来自纸上的水印。所有手稿一共展示出大约六种不同的印记，表明巴赫每次都购买大量纸张。由此可以推断，写在印有相同水印的纸上的康塔塔，属于同一个时期。如果可以确定某一首康塔塔的创作日期，通常就能确定十多首其他康塔塔的创作顺序。

帮忙抄写分谱的人，偶尔会提供一些极具价值的线索。如果他们是埃马努埃尔·巴赫或弗里德曼·巴赫，我们就能确定这些康塔塔最晚的创作时间，因为我们知道这两个儿子是什么时候离开父母家的。另外，还有一些有趣的证据，来自用于宗教作品的世俗康塔塔素材。我们几乎知道所有世俗康塔塔最初的创作时间；由于改编一般是在原作创作之后不久进行，所以我们也就能大致确定改编版本的创作时间了。

对于莱比锡时期的康塔塔，如果我们有礼拜日和宗教节日演出时散发的印刷歌词，问题就很容易解决。然而，这类唱词只留存下三分之一：一个是为 1731 年复活节一系列庆典和随后的两个礼拜日而作，一个是为同一年中的五旬斋系列节庆和三一节而作，另一个则是为 1734 年的圣诞节而作（即《圣诞康塔塔》）。①

皮坎德已出版的诗作，能在一定程度上补偿这些节目单的缺失；皮坎德为大部分莱比锡康塔塔谱写了唱词。巴赫的这些康塔塔是写好后立刻要被使用的。所以唱词的出版日期反映了音乐的创作时间。

除了这些外在佐证，还有内在的证据。巴赫常常会在很短的时间内，

写出一系列具有内在关联的作品，似乎他希望以几个例子，探索他在那个时期所专注的同一种形式。于是，经常有四到五个依照教会年历顺序排列的康塔塔具有突出的相似性；这种相似性通常最明显地体现在开篇合唱的结构上。当然，这些作品都属于同一个时期。

所以，我们没有必要确定每一首康塔塔的顺序，只需辨认出具有内在和外在共性、能清晰地与其他作品相区别的康塔塔系列，然后以其他方法确立其中一两首作品的时间，就能借助它们确定该作品系列所属的确切

---

①   见巴赫协会版，卷四十五^1（1895），前言，第 76 页及以下。

时期。施皮塔有时通过外在旁证(比如写在同一种纸张上的康塔塔)而下的结论,可能过于以偏概全了。但这并不影响他对时序问题的总体结论的敏锐度和精确性。

这样一来,枝节问题就没有多少实际意义了。即使不能确定某部康塔塔是早一年写成还是晚一年写成,又如何呢?巴赫的康塔塔,并没有贝多芬交响曲那种明显的、贯穿始终的艺术上的演进。

贝多芬在两首交响曲之间所穿越的距离,几乎要大于巴赫在一百首康塔塔中穿越的距离。① 巴赫属于那种罕见的并不发展、而始终保持在很高境界的天才。几乎可以说,他的康塔塔构成了一个封闭的体系,最后一首与第一首相似(这里的第一首,从他采用新风格算起)。

在魏玛时期,巴赫把弗兰克大约十二首的诗歌谱成了音乐。他很喜欢这位诗人,被他的神秘主义和对自然深沉的感受所吸引。他喜欢弗兰克,可能还因为与诺伊迈斯特等人相比,弗兰克更习惯采用圣经的诗句;总的来说,他算是新流派中最保守的一位。

《我有过许多忧愁》(第 21 首),一直是巴赫与弗兰克合作写出的最著名的康塔塔之一。总谱封面写着"供不同场合演奏。十三人的乐队:三把长号、三把坦布拉琴(Tamburi)、一支双簧管、两把小提琴、两把中提琴、一支长笛、一把大提琴;四声部,配以通奏低音;J. S. 巴赫作"。学者们孜孜不倦的搜寻,始终未能找到定音鼓演奏的部分;不过,如果熟悉巴赫的风格,要填补它并不难。在这首作品的实际演出中,定音鼓是绝对不可或缺的。

这首康塔塔分为两个部分;第一部分在布道之前演奏,第二部分则在布道之后。这种结构的其中一个结果,就是使作品没有真正的高潮;我们不清楚在哪一时刻,悲痛被慰藉取代。

它在很多方面都很像《时间》康塔塔。跟后者一样,它开始于一首乐队序曲,建立在双簧管和第一组小提琴之间富于情感的对话上,其他乐器

_____

① 这当然是就他成熟时期的康塔塔而言。在现存几首青年时代康塔塔中,可以看出非常快的进步。

提供和声支撑。大合唱中不同声部交替转换,乐队则静止了;乐队努力获得独立的地位,但只是偶然成功;它常常只是在伴奏上重复了合唱声部的旋律,或者干脆完全休止。

第一段合唱的主题如下——

它与一首管风琴赋格曲的旋律基本一致,唯一的不同在于后者是大调(卷二,第 7 页)。合唱"你要仍归安乐"由众赞歌"那些只接受亲爱的上帝主宰的人"中的两首诗篇编织而成,声音非凡地浑厚宏伟。

咏叹调"叹息、眼泪、忧愁、患难"悲伤的主题,几乎可以说是由一声声叹息织成,非常典型——

咏叹调"咸泪之泉"(*Bäche von gesalznen Zähren*),音乐对歌词"暴风和波涛"("Sturm und Wellen")中的"暴风雨",作了精确传神的描绘;真是难以想象比它更好的表达方式了。马特松有点幸灾乐祸地说,这里的朗诵乐段并非完美无瑕。[①] 我们不得不认同他的观点:"我"("Ich")这个词在第一段合唱开始时的四次重复,的确有点考虑不周。不过,马特松对二重唱"来吧,我主基督,救活我吧"中朗诵乐段的批评,却没有道理。

即使杰出的巴赫传记作家施皮塔,也觉得这段二重唱不合他的趣味:"这首二重唱有一种特质,是教堂音乐必须自始至终避免的——戏剧性……当不同声部来回纠缠于'啊,不! 啊,是! 你恨我! 我爱你!'这些

---

① 详细内容参见本书第 155 页。

话时，巴赫对复调技巧的沉迷（当然这肯定是不由自主的）使作品的戏剧性达到了一种几乎令人不快的程度……唯一情有可原的地方是，在那个时代，女高音部分由男童演唱，这多少能够防止它变成迷人的爱情二重唱，但是今天它总被演唱成这样。"①

施皮塔这种担忧是没有根据的。任何人只要愿意真诚地享受教堂音乐，都会陶醉于这段热情而富戏剧性的音乐，也会被灵魂与他的安慰者之间的对话深深打动。唯一的不足，在于"三段体"这种形式；巴赫以此塑造他的二重唱，这导致中段"啊耶稣，抚慰我的灵魂和心灵吧"（"Ach Jesu, durchsüße mir Seele und Herze"）已经了驱散了任何忧虑与悲伤之后，"来吧，我主基督，救活我吧"（"Komm，mein Jesu，und erquicke mich"）在结尾又再出现。但那种神秘的爱之光辉，被巴赫的音乐表达得淋漓尽致；无论如何都不能以宗教音乐之名禁止这种效果。因为既然《雅歌》收录在《圣经》中，它的寓言性语言就获得了允许。巴赫这位路德宗信徒和神秘主义者，与他的词作者弗兰克一样，也很喜欢《雅歌》。

这一点，可以在两首康塔塔《来吧，甜蜜的临终一刻》（第 161 首）②和《啊，我看见，在我去往婚礼的路上》（*Ach ich sehe，jetzt da ich zur Hochzeit gehe*，第 162 首）③中看出来；其中，《雅歌》与末世启示的思想融合在一起。由两支长笛伴奏的那首歌表达了热烈的渴望，其歌词如下：

来吧，甜蜜的死亡时刻

此时我的灵魂将饱尝

来自狮子口中的蜂蜜。

让我的告别变得甘甜；

不要耽搁，啊我最后的光，

我亲吻救主的那一刻。

490

---

① 施皮塔，《巴赫生平》，卷 I，第 231 页。
② 为圣三一节之后的第 16 个星期而作，1715 年。
③ 为圣三一节之后的第 20 个星期而作，1715 年。

管风琴以众赞歌"我衷心地渴望"（*Herzlich tut mich verlangen*）来为它作伴奏。

咏叹调"我衷心地渴望"从渴望的叹息中发展出来——

在宣叙调中，灵魂自己把死亡幻想成一幅"温柔的睡眠"图景；立刻，乐队向下沉浸到愉悦的倦意中——

一旦涉及到复活这个观念，欢乐就喷薄而出，并以清晰的音调延续，同时女低音唱到："响起来吧，最后的钟声！"（"So schlage doch，du letzter Stundenschlag!"）。合唱以这段众赞歌诗节作结——

> 如果这是我主的意志，
> 那么我愿意，今天就让大地
> 带走我肉身的重负。

这首送葬之歌被乐队狂喜的三十二分音符环绕。

相对而言，康塔塔《啊，我看见，在我去往婚礼的路上》具有一种更凛然的美。咏叹调"我在我的上帝里面感到欣喜"（*In meinem Gott bin ich erfreut*）中，低音部分欢快地起舞。合唱只在最后的众赞歌中加入。

　　康塔塔《我的上帝，要多久，啊，还要多久》(*Mein Gott，wie lang'，ach lange*，第 155 首)①的开始，同样没有合唱。它的开端，是同一个八分音符长达十二个小节的不断反复；这创造了焦虑的效果。② 女高音唱到——

> 我的上帝，要多久，啊，还要多久？
> 我的悲苦太深重了。
> 我见不到痛苦与忧虑的尽头。

　　"务要信仰，务要盼望"，女低音和男高音以抚慰的语气说；同时，巴松管和大提琴不间断地演奏奇怪的延长音型；巴赫用它来象征坚定不移的信仰。而唱到"耶稣懂得在恰当的时刻，通过他的帮助，使你快乐"时，一个三十二分音符的动机进入了；它构成主题的中间部分，意义也变得确切起来。下面这个主题，被巴赫用来象征坚定的信仰与欢乐的希望的结合——

　　女高音咏叹调"我的心啊，投入至高无上的神那充满爱的怀抱吧"(*Wirf，mein Herze，wirf dich noch in des Höchsten Liebesarme*)，散发出一种很感官化的激情。弦乐狂野的节奏——

---

①　为主显节之后的第二个礼拜日而作，1716 年。
②　参见本书第 465 页及以下。

融合成一个长长的和弦;然而它表达的并非休憩的感觉,反而是颤抖与战栗;此时低音乐器承接起那充满激情的主题。这个过程重复了五次。巴赫以音乐逼真地再现了这个文本,简直无可比拟。

　　男低音独唱康塔塔《愿你平安》(*Der Friede sei mit dir*,第 158 首)简单而不引人注目。就如传世版本的标题所示,巴赫把它用于两个场合——圣烛节(Mariä Reinigung)和复活节礼拜二(der dritten Ostentag)。文本可能出自弗兰克之手。巴赫在这首作品中没有运用管弦乐队,而仅仅用了低音提琴、管风琴和独奏小提琴。

　　巴赫为 1715 年的棕枝主日(Palmsonntag)和复活节写的两部作品,洋溢着春天的阳光。在写作第一首作品《天国的王,愿你来临》(第 182 首)时,他不得不迁就大斋期期间规模有限的乐队。他只用了一把长笛和弦乐组,却能够在乐队引子中,通过威严的音乐节奏表现"天国的王"这个词①。当"天国的王,愿你来临"这句话被郑重朗诵出来时,即使马特松也找不到什么可挑剔的地方了。这里巴赫对声部的特别编排方式,出现了两次。这种编排很有意思:全部四个声部,从女高音到男低音,轮流重复"Willkommen"这个词[原意是"欢迎"的意思]。随着作品进一步展开,受难的氛围变得越来越明显。男高音咏叹调"耶稣,无论幸福与痛苦"(*Jesu*,*laß durch Wohl und Weh*)由"悲伤"的动机做伴奏——

在这之后是一首以"耶稣,你的受难是我纯粹的欢乐"(*Jesu, deine Passion*

---

　　①　这个主题在本书第 457 页被引用。

ist mir lauter Freude）写的众赞歌合唱，采用的是帕赫贝尔的风格。终曲的合唱，"让我们去往欢乐之地撒冷"（*So lasset uns gehen in Salem der Freuden*），无论在主题上还是结构上，都与康塔塔《示巴的众人，都必来到》（*Sie werden aus Saba alle kommen*，第 65 首）开头的合唱具有明显的相似。

这是其中一个非常令人印象深刻的例子，它表明巴赫的伟大之处不在于表达手法的繁复多样，而在于他总是尝试完美地以同一种方式表达同一个思想。所以对于他来说，要写出两首不同的音乐来描绘一个既欢快又庄严的游行，是不可能的。

493

　　复活节康塔塔《苍穹在欢笑，大地在欢呼》（第 31 首）的演奏，需要一个以当时的标准看来巨大得怪异的乐队——三支小号、定音鼓、三支单双簧管、第一组和第二组小提琴、第一组和第二组中提琴、巴松管、第一组和第二组大提琴，以及通奏低音。在乐队引子这个大规模的独立篇章中，巴赫以非常精彩的方式，让天堂欢笑，大地开怀——个中精彩之处，为语言所不胜。开篇的合唱规模庞大。男低音咏叹调"生命的王子，强有力的战士，尊贵的神子"（*Fürst des Lebens，starker Streiter，hochgelobter Gottessohn*），自然是由表现庄严感的动机主宰——

502 论 巴 赫

为了避免任何指挥家以过快的速度破坏肃穆的效果,巴赫明确将乐章的速度标记为"非常缓慢地"(*molto adagio*)。

在结尾处,诗人与音乐家共同对死亡进行具有神秘主义的沉思。弗兰克的歌词是:

> 来吧,最后的时刻;合起我的双眼,让我看见耶稣欢乐之显现与明亮的光。

巴赫为它写了一首光辉灿烂的摇篮曲——

在最后的众赞歌之上,再一次浮现由小提琴与小号共同唱出的"辉煌"的声音。

在另一首写于魏玛的复活节康塔塔《我知道我的救主活着》(第160首;歌词为诺伊迈斯特所作)中,我们不知道巴赫为什么只用了小提琴和通奏低音(后者通过巴松管加强效果)。外在的因素或许对他作出了如此极端的限制。无论如何,这首康塔塔写于《苍穹在欢笑,大地在欢呼》的一年或两年之前。

魏玛时期的圣灵降临周康塔塔系列中,只有一首流传下来,即《爱我的人都会持守我的话》(*Wer mich liebet, der wird mein Wort halten*,第59首;歌词为诺伊迈斯特所作),而且它只是后来对原作做的改编。开篇的二重唱配器很奇怪——两支小号、定音鼓和弦乐。在最后的咏叹调中,我们遇到巴赫最为铺张华丽的欢乐动机之一——

　　歌词是这样的——"尘世所有的王国，都无法与上帝的荣耀媲美；这种荣耀令我们快乐"。作品最后部分的众赞歌并没有流传下来。

　　巴赫在魏玛时期写了很多基督降临节和圣诞节的康塔塔。《来临吧，外邦人的救世主》（第61首；歌词为诺伊迈斯特所作）是为1714年基督降临节的第一个礼拜天而作①。在第一段合唱中，巴赫根据一段古老的降临节赞美诗建筑起一首法国风格的序曲；他也的确给了它"序曲"的标题。在庄严的第一部分中，各个声部依次唱出众赞歌"来临吧，外邦人的救世主"恳求般的旋律；然后它们合在一起齐唱"认出童贞女之子"（Der Jungfrauen Kinderkannt）。巴赫标示了"欢快地"（gai）的"快板"部分，以"整个世界都为他惊叹"开始；当唱到"上帝让他降生"时，庄严的第一部分再现。对于将一首法国风格序曲与一段中世纪众赞歌相结合这种实验，无论怎么看，这里合唱的声音效果的确是非常精彩的。结尾处根据旋律"晨星多么美丽地闪耀"以众赞歌幻想曲形式写的"阿们"段落也同样精彩。整部作品洋溢着一种甜美、魔幻的青春气息，它甚至令颇为简陋的和声结构也别具一种魅力。

　　咏叹调"我的整个心，打开你自己吧，耶稣要来临并住在你里面"（*Öffne dich，mein ganzes Herze，Jesus kommt und ziehet ein*）从主题的角度来看，非常有意思：它从以下动机发展而来——

这首咏叹调由宣叙调"看啊！我站在门外叩门"（《启示录》三章20节）引　495

---

　　①　这是第一个版本。还有第二首康塔塔（第62首），同样以这个古老的降临节赞美诗写成。

入。巴赫让后者的低音部奏出守夜人雄辩的呐喊，并以严格的拨弦和弦伴奏，表现了被期待的那个人的敲门声。① 单凭这首宣叙调，就足以使这首康塔塔有资格担当起复兴巴赫的重任了。

众所周知，在《来临吧，外邦人的救世主》的封面上，巴赫写了一句话："基督降临节的第一个礼拜天莱比锡晨祷的委约"。由于它还标有 1714 年这个年份，施皮塔由此得出结论，巴赫那一年基督降临节的第一个礼拜天被库瑙邀请去莱比锡，演奏他的一首康塔塔。后来出现的一个说法可能性更大——巴赫是后来才在圣托马斯教堂创作这首康塔塔的，可能是在 1722 年的基督降临节的第一个礼拜天，他的假期，也即在他申请成为莱比锡的乐长之后。②

《我的灵魂颂扬上帝的恩典与仁慈》(*Meine Seele rühmt und preist Gottes Huld und reiche Güte*，第 189 首，为复活节之后的第四个礼拜日而作)③ 这首为男高音写的精致的独唱康塔塔，可能属于魏玛时期的后期。它由两首精致漂亮的咏叹调组成；伴奏由长笛、双簧管和小提琴演奏。

独唱康塔塔《永恒之爱的仁慈之心》(*Barmherziges Herze der ewigen Liebe*，第 185 首，由女高音、女低音、男高音和男低音演唱，为圣三一节之后的第四个礼拜日而作)的音乐所表现出的美感，使那干瘪、说教的文本显得有点相形见绌。

康塔塔《警醒！祷告！祷告！警醒！》(*Wachet！betet！betet！wachet！* 第 70 首；歌词为诺伊迈斯特所作)写于 1716 年，在《来临吧，外邦人的救世主》的两年之后。将两者作对比，可以看出巴赫在这么短的时间内的进步。此时他已如此彻底、完美地掌握了一种表达与暗示的手法，以至以后的年月里虽然确有变化，但再也没有超越它。在《警醒！祷告！祷告！警醒！》中，他不仅仅将文字谱成音乐，更描画出了末日审判的图景。在开篇的合唱中，小号向人类发出了凌厉的召唤——

496

———————

① 参见本书第 443 页及以下。

② 有关这个问题，参见里希特，《巴赫年鉴》(*Bachjahrbuch*)，1905 年，第 57 页及以下。

③ 近年来学者普遍认为这首康塔塔不是巴赫所作；作者据信是格奥尔格·梅尔希奥·霍夫曼(Georg Melchior Hoffmann，1679－1715，德国作曲家、管风琴家)。——译注

在宣叙调"恐惧吧，顽固的罪人"中，他描绘了遭神谴而知道自己罪恶之人的战栗；然而，当提到救主把得救的人带到极乐世界时，这一切立刻停止了。宣叙调"啊，难道这伟大的日子不应该……"(*Ach soll nicht dieser große Tag*)活跃的低音部，让我们想起了康塔塔《噢永恒，你这雷霆般的话语》(第60首)的开端；在随后的咏叹调中，唱到"回响，轰鸣，最后一击"("Schalle，knalle，letzter Schlag")这句话时，巴赫描画了世界末日的景象；他运用了我们熟悉的"骚动"动机——

与这段图像性音乐形成鲜明对比的，是表现在末日来临时被选中得救的神秘渴望的段落。在咏叹调

> 虽然嘲讽者用他们的口舌
> 侮辱了我们，
> 我们仍会
> 在高天的云上得见耶稣。

中，第一个小提琴乐段让我们联想起B小调弥撒中的《我们赞美你》(*Laudamus te*)。可能巴赫在脑海中，想到了《彼得前书》的段落"你们虽然没有见过他，却是爱他。如今虽不得看见，却因信他就有说不出来、①

---

① 见《彼得前书》一章8节。

满有荣光的大喜乐。"更加超凡脱俗的是柔板段落,它开始和结束了最后一首咏叹调"有福的复活之日……耶稣引领我抵达宁静"。①

497　　康塔塔《预备好道路》(*Bereitet die Wege*,*bereitet die Bahn*,第 132 首)和《心、口、行为与生活》(*Herz und Mund und Tat und Leben*,第 147 首)是为基督降临节的第四个礼拜日而作。两首作品的歌词都出自弗兰克的诗歌。

　　《预备好道路》写于 1715 年。《以赛亚书》四十章 3 节"在旷野预备耶和华的路"被谱成明亮和欢乐的音调,由男童声高音唱出,乐队伴奏围绕着它,仿佛一束束阳光。在咏叹调"啊,想想救世主给你的恩赐"(*Ach*,*bedenket was der Heiland euch geschenket*),小提琴洋溢着光彩的阿拉伯风曲调,缠绕着人声声部。文本来自《启示录》七章 14 节的一段诗:"这些……曾用羔羊的血把衣裳洗白净了"。巴赫从神秘主义的角度理解它。出现在弗兰克诗中的最后的众赞歌被省略掉了。当巴赫在莱比锡写作这首作品时,他有可能以另一首众赞歌替代它;这首众赞歌被印在额外的纸上散发给合唱队,从而最终没有流传下来。在圣托马斯大教堂,装饰性的音乐只在基督降临节的第一个礼拜天上演。如果巴赫想在那里演奏魏玛时期的降临节康塔塔,就必须稍作修改,以使之适于其他礼拜日的演奏要求。这次他去掉了最后的众赞歌,以另一部取代它。他为降临节的第四个礼拜日创作的另一部康塔塔,《心、口、行为与生活》,写于莱比锡,时间是在纪念童贞马利亚探访伊利莎白的庆典期间,并相应地修改了封面的标题。他可能也修改了音乐,比如把它分作第一部分和第二部分,因为在莱比锡时期的初期,他主要采用两部分康塔塔的形式。在开篇的合唱和咏叹调"我要为耶稣的奇迹而歌唱"中,巴赫让小号发挥出辉煌的效果。其他乐段也处理得非常精致细密;流畅的三连音节奏贯穿其间,而在那两首为合唱队和乐队写的众赞歌幻想曲中,效果尤为突出:"有耶稣,我是多么幸福"(*Wohl mir*,*dass ich Jesum habe*)和"耶稣始终是我的欢乐"(*Jesus bleibet meine Freude*)。

---

　　① 根据施皮塔,《巴赫生平》,卷 II,第 191 页,现在流传下来的这版康塔塔,是 1723 年莱比锡的一个修改版。康塔塔《苍穹在欢笑,大地在欢呼》(第 31 首)可能也是这种情况。

我们会不由自主地想起康塔塔《最亲爱的以马内利》（第 123 首）开篇的合唱，它遵循同样的程式。

然而，即使在这种亲密的情愫中，巴赫都没有放过弗兰克的文本为他提供的任何音乐绘画的机会。女低音宣叙调"至高全能者的神奇之手"（*Der höchsten Allmacht Wunderhand*）提到当马利亚问候伊利莎白时，后者腹中的婴孩"蹦跳和雀跃"。巴赫在音乐中通过双簧管奏出一连串分成短促小组不断重复的、骚动的音型，描述这一情节——

498

他并不在乎表现同一段里其他词语的意思。在康塔塔《我们要赞美基督》（第 121 首）咏叹调"约翰的欢喜跳动已经认出你，我的救主"（*Johannis freudenvolles Springen erkannte dich，mein Heiland，schon*），他又一次描写了怀着施洗约翰的母亲身体的颤动；只不过这里的音乐绘画更加逼真。①

圣诞康塔塔《一个婴孩为我们而生》（*Uns ist ein Kind geboren*，第 142 首，歌词为诺伊迈斯特所作）②整体上的特质，似乎表明了它是写于那两首降临节康塔塔之前三到四年，即大约 1712 年到 1714 年。其中一个证据，来自那段干巴巴的朗诵，以及构成最后部分的众赞歌幻想曲那没有彻底展开的形式。

---

①　本书第 450 页。

②　新的研究认为这首康塔塔并非巴赫所作，而可能出自库瑙之手。——译注

同样地,康塔塔《踏上信仰之路》(第 152 首,为圣诞之后的礼拜日而作),有一连串并不完美的朗诵段落。这很令人惊讶,因为根据施皮塔的观点,它属于 1715 年。巴赫决意要进行形象化的描绘,于是为"(救主)在以色列死去"这句话写出了如下这句由低音部演奏的乐段——

弗兰克文本中缺乏和谐感且空洞的节奏,与音乐的缺陷相呼应。巴赫尝试替他对文本作出修改,由此可见,巴赫显然为这些缺陷感到尴尬。他把"建立他的信仰根厦"改成"奠定他的信仰根基",把"在这个时候"改成"永远";把"在哀伤与屈辱之后"改成"在痛苦与屈辱之后"。但在结尾耶稣与灵魂的对话这一段中,他则给予诗人信心,接受了他写的一切:"我如何能拥抱你,灵魂们最爱的人?……""务要舍己,放弃你的所有。"耶稣带上这个灵魂进入了一段奇迹般的吉格舞曲——

这里,巴赫的音乐开始显示出它的"魅惑性"本质,一如他后来在《太阳神与潘》(Phöbus und Pan)中显示的那样。施皮塔的确对此再次提出了抗议,他认为二重唱的色彩有违严肃的教会音乐风格。①

这首康塔塔以一段愉悦的乐队前奏曲开场,它建立在"步伐"动机之上——

① 施皮塔,《巴赫生平》,卷 I,第 554 页。

后来巴赫以之发展出一段管风琴赋格。① 这里并没有使用到合唱队。

　　当文本提供了机会时，巴赫在这个阶段运用的朗诵效果，可以在 1713 年至 1714 年的康塔塔《就如雨雪从天降》（第 18 首）中看出来。根据《以赛亚书》五十五篇 10 节开篇一段写的宣叙调，是一首无可比拟的杰作。连祷文"主我的神，我的心会在这里"（"Herr Gott, hier wird mein Herze sein"）中的朗诵，具有惊人的效果；其中合唱队四次加入进来，演唱"请垂听我们，亲爱的主"（"Erhör' uns, lieber Herr Gott"）。很可惜，虽然诺伊迈斯特比弗兰克更具词语节奏感，但表达的思想却往往十分空洞。

　　咏叹调"我灵魂的珍宝是上帝的言语"（*Mein Seelenschatz ist Gottes Wort*）自始至终由一段愉快的"波浪"运动作伴奏；连施皮塔都对此印象深刻。文本中似乎并没有提及这个形象，除非我们假设，这段极其干瘪空洞的文本里，那常常被重复的词"网"在巴赫心中唤醒了由次级联想引发的音乐意象。

　　这首康塔塔以一首宏伟有力的序曲作为前奏，它采用夏空舞曲形式，建筑在这个主题上——

如果我们还记得，在康塔塔《踏上信仰之路》中，乐队引子的灵感源于文本开篇的词语；如果我们也记得为六旬斋礼拜日所作的康塔塔中的序曲主题，与表现坚定信仰的动机具有同样的结构，那么，如下这个假设就不会显得那么不可思议：他在此处想要象征的，其实是后面那段上帝的不可动

---

① 见本书第 239 页。

摇、不可抗拒的话语。

当他为弗兰克的文本写作圣三一节之后第二十三个礼拜日的康塔塔《各得其所》(*Nur jedem das Seine*,第 163 首)音乐时,巴赫恐怕并未感到多么愉快。文本中既无诗性的意象,也无图像性的灵感。当然了,与其说这是诗人的错,毋宁说是由当天的福音书(《马太福音》二十二章 15 — 22节)决定的;这段福音是关于圣经中的奉献典故的。对纳税作宗教意义上的评价,这并不是一个特别适于康塔塔的话题。巴赫显然很无奈;他把最后的咏叹调"把我从我之中拿走,把我给你"(*Nimm mich mir und gib mich dir*)写成了对话,这样一来至少他可以使用二重唱的形式。与此同时乐队奏出了"我不会离弃我的耶稣"的旋律。终曲的众赞歌取自黑尔曼(Johann Heermann)的赞美诗"我应该逃向哪里?"(*Wo soll ich fliehen hin?*);这里巴赫只为其配上了通奏低音。①

在科腾,由于王室接纳了改革后的新教,所以那里并没有教会音乐。自 1717 年至 1723 年,也即巴赫 32 岁至 38 岁的阶段,他几乎不写康塔塔,即使写,也是非常偶然地出于某些特殊目的。能够确定属于这一时期的,仅有两首康塔塔《凡自高的必降为卑,自卑的必升为高》(第 47 首)和《这千真万确》(*Das ist je gewißlich wahr*,第 141 首)②,其文本来自国务卿黑尔比希(Johann Friedrich Helbig)发布的、按照一整年的节日编撰的康塔塔诗歌集。

501   巴赫用来表现堕落者的升华与高尚者的堕落的两个主题,已经作为他典型的塑形方法被引用。③ 表现图画的目的也可以在乐队引子中看到;比如从第五小节到第七小节的低音部下行段落。然而,这段合唱的精彩之处,却并非在于它的图像性效果,而在于巴赫成功地将之谱成如此自然、悦耳的音乐。

---

①   为大斋期之后第三个礼拜日写的康塔塔《所有因上帝而生的》(*Alles was von Gott geboren*),同样属于魏玛时期。然而我们今天听到的,不再是一首独立的作品,因为巴赫后来把它几乎整个地融合到康塔塔《坚固的堡垒》中去了。

②   新的研究认为这首康塔塔并非巴赫所作,而可能出自格奥尔格·菲利普·泰勒曼(Georg Philipp Telemann,1681 — 1767,德国作曲家及器乐演奏家)之手。——译注

③   见本书第 499 页。

　　这种图像性效果,在两首咏叹调中得到延续。在第一首"谁想被称为真正的基督徒,就必须做一个谦卑的人"里,第一小提琴描述了"谦卑"(*Demut*)的形象——音符虽然努力上升,却还是持续地被迫向下——

咏叹调"耶稣,让我的心低垂"(*Jesu, beuge doch mein Herze*)中双簧管和小提琴演奏的主题,建立在相同的思想上。我们仿佛看到一支树枝起伏的线条,有人弯曲它以测其韧度。

　　施皮塔认为这首作品乃巴赫为汉堡而作。1720 年,圣三一节之后的第 17 个礼拜日——康塔塔表现了这一天的福音书内容——是在 9 月 22日。但巴赫直到 11 月才抵达汉堡;他的行程因妻子的去世而被推迟。所以,他是否在那时候写作了这首康塔塔很值得怀疑。它是少数几首巴赫仔细标示了分句与表情记号的康塔塔之一。在巴赫协会版乐谱中,第一首咏叹调的独奏乐器,被错误地标上"管风琴固定声部"("organo obligato")[①];这里的"固定"应该是指小提琴。如果今天要上演这首康塔塔,那么宣叙调中的歌词"人是粪,是尘,是灰,是泥"(Der Mensch ist Kot, Staub, Asch' und Erde)肯定要作修改。

　　为降临节的第三个礼拜日而作的康塔塔《这是确实的》有些费解。在第一段合唱中,我们可能会作出这样的假设:朗诵段落被故意写得很幼稚,巴赫的目的是要通过同等长度的音符,表现赤子般的忏悔本质。这个

502

---

　　① "Obligato"是指"严格按照乐谱演奏",与"随意、自由演奏"("Ad libitum")相对。——译注

手法非常有效。然而,随后的咏叹调却让人怀疑巴赫使用现成的音乐来配黑尔比希的文本。很有可能,巴赫的确是有意要用这种方式,来朗诵"耶稣,灵里穷乏之人的慰藉"这句话。施皮塔认为开篇的合唱是改编自某个现成的二重唱。

与科腾时期间接有关的,是为复活节第三日写的康塔塔《一颗知道他的耶稣活着的心》(第 134 首)。它建立在一首科腾时期的"庆典"康塔塔之上;由于总谱的第一页遗失了,我们得知它的标题。我们真该感到惋惜,如此美妙的音乐竟被这劣拙的文本毁掉了;第一首咏叹调的开端就是一个典型例子——

在以后的日子里,巴赫两次重拾这首康塔塔,尝试去改进它;现存的好几个段落都显示了这一意图。然而,他并不能调整主要的乐段。

于是,总的来说一共有约二十五首康塔塔,可以被确定地归入莱比锡之前的时期。

第二十五章　1723 年及 1724 年的莱比锡康塔塔

　　根据巴赫的讣告记载,他写了整整五套完整的供教会年历使用的康塔塔系列。在莱比锡,这种教会音乐在礼拜日和节庆上演;①所以巴赫肯定写了 295 首康塔塔。共有 190 首流传下来;其中大约 165 首属于莱比锡时期。巴赫在圣托马斯教堂担任了 27 年的乐长。所以他大约每年写 6 首康塔塔——如果我们将之与像泰勒曼这样的作曲家的创作量相比,就不算一个很大的数量了。

　　然而,这些作品的创作,并非平均地分布于各个年份。在莱比锡的后期,巴赫没有写多少教会音乐;所以在早期,他每年写的康塔塔有时达 20 首之多。

　　关于在莱比锡公演的第一首巴赫康塔塔,在约翰·塞巴斯蒂安·里尔默(Joh. Seb. Riemer)的《(巴赫)年鉴》中有如下记载:"在 2 月 7 日的复活节礼拜日,塞巴斯蒂安·巴赫先生,科腾的乐长,接受了(莱比锡)乐长职位的试用考察;这个职位因为库瑙(Kuhnau)先生的去世而空缺。"②这里并未给出康塔塔的标题;它是《耶稣带上十二门徒》(第 22 首)。

　　这首康塔塔不知名的词作者,从基督受难前最后一个礼拜日的福音

---

　　①　见本书第 109 页及以下。
　　②　见里希特(Bernhard Friedrich Richter),《约翰·塞巴斯蒂安·巴赫如何获选为托马斯学校的乐师》(*Die Wahl J. S. Bachs zum Kantor der Thomasschule*),收录于 1905 年的《巴赫年鉴》,第 58 页。文中提到的年份是 1723 年。

书中(《路加福音》十八章31-34节),只选取了第一和第四经段——基督
向门徒宣布他即将面临的受难;很不幸地,他跳过了第二和第三经段中富
于表现力的一系列画面。遵循惯例,低音部以咏叙调表现出耶稣的话;乐
队——弦乐以及双簧管——加上了一份交响性的伴奏,精彩地表现出耶
稣的悲伤,以及他内心的坚定。整个乐章多少具有一种进行曲般的性格。
随后的合唱,"可是他们什么都没听懂",传神地再现了门徒彼此间的
质问。

以切分节奏写成的迷人的咏叹调"耶稣,让我跟随你"(*Mein Jesu,
ziehe mich nach dir*),描画出文本中暗示的图景——

建立在"欢乐"动机上的咏叹调"我一切的一切,我永恒的善"(*Mein
alles in allem*,*mein ewiges Gut*),其飞翔的能量具有压倒一切的气象。
最后的合唱有令人陶醉的乐队伴奏。

我们不知道这首康塔塔有没有令莱比锡人满意。它从头至尾都很迷
人。施皮塔认为巴赫之所以如此设计它,完全是为了不偏离库瑙的风格
太远。

504 在1723年5月30日,圣三一节之后的第一个礼拜日,新任的乐长以
康塔塔《谦卑的人必得饱足》(第75首)向莱比锡人作自我介绍。我们从
《莱比锡学院学报》(*Acta Lipsiensium academica*)中得知,这次演出获得
"很好的评价"。[①] 作品分为两个部分;不过除此之外,它与那首"庆典"康
塔塔一样结构简单。就像在《来临吧,外邦人的救世主》(第61首)中一样,
第一段合唱采取法国风格序曲的形式。雍容的"庄严"乐段,包含"谦卑的
人必吃得饱足;寻求耶和华的人必赞美祂"("Die Elenden sollen essen,

---

① 见施皮塔,《巴赫生平》,卷II,第184页。

dass sie satt werden，und die nach dem Herrn fragen，werden ihn preisen"）的歌词；而"快板"乐段则包含"你们的心将永远活着"（"Euer Herz soll ewiglich leben"）。在这里，众赞歌"上帝所行的一切都是好的"有同样迷人的乐队伴奏，它由旋律的第一个动机衍生而出。第二部分开端的序曲，是一首以同一个主题作的幻想曲。这是巴赫唯一一次以纯乐队风格处理的一首众赞歌。在独唱曲中，最引人瞩目的是带有精彩小号伴奏的男低音咏叹调"我的心信仰并爱着"（*Mein Herze glaubt und liebt*）——

另一首卓越的小号康塔塔《苍穹诉说着上帝的荣耀》（第 76 首），供圣三一节之后第二个礼拜日演奏。任何人一旦听过它，都不会忘记巴赫为开篇合唱诗篇中的两节诗所写的非凡旋律。这一乐章，是巴赫最有力的创造之一；弥足令人陶醉。

　　即使巴赫没有在这首康塔塔的封面，标明它是为 1723 年圣三一节之后的第二个礼拜日而作，我们仍能确定它与上文提到的康塔塔属于同一时期。从其分为两个部分的形式，其第二部分中富于交响性的引子，其众赞歌的乐队伴奏，其贯穿两个部分的同一个主题，其独唱曲特质——这一切皆十分明显地显示，它与另外一首康塔塔是孪生姊妹。

　　这首康塔塔中的众赞歌"主啊，请怜悯我们"伴奏中，下行的低音音型——

505

来自前一段咏叙调"愿这最卑微的祈祷蒙你垂听"的结尾。我们仿佛看见
一群信众曲膝跪拜。

在男高音咏叹调中,那傲慢而叛逆的动机——

象征了"憎恨我吧,啊,我的敌人"这句话。在提到"以信仰拥抱耶稣"的
中间乐段中,人声的旋律线互相交织纠缠,暗示了受迫害的灵魂在它的
救主中寻求庇护。咏叹调"百姓,听听上帝的声音吧"(*Hört, ihr
Völker, Gottes Stimme*)中,女高音的声音唱出了它对尘世富有吸引力的
呼唤;它往往被演奏得过于缓慢,以至丧失了光彩与美感。在如咏叙调
一般的宣叙调"上帝不会让我们感受不到祂"(*So läßt sich Gott nicht un-
bezeugt*)中,乐队非常传神地描绘了"天堂受到了触动,灵魂与肉体被感
动了"这句话。

在莱比锡的头几个月中,巴赫并不限制自己只采用同一个诗人的作
品。直至 1724 年,他才固定地与皮坎德合作。我们很少能确定此前的词
作者的名字。有时,他会回头使用弗兰克和诺伊迈斯特的文本。从后者
的作品中,他选取了康塔塔《无瑕的良知》(*Ein ungefärbt Gemüte* ,第 24
首)的歌词;这首康塔塔作于圣三一节后的第四个礼拜日。它同样以一首
众赞歌作结;它的乐队伴奏充满魔力。在合唱"你们所意愿的一切,人们
都应为你成就"中,演唱基督的言说的方式,往往过于缺乏连贯性。一开
始,"Alles"这个词被重复了四次,"Alles nun"则被重复了两次;"赋格"之
前的"快板"乐段,和着"你们所意愿的一切"这句话喷薄而出。幸而马特
松没有见到这首康塔塔。

为圣三一节之后第七个礼拜日而作的康塔塔《啊灵魂,不要恼恨》(*Ärgre
dich, o Seele, nicht* ,第 186 首,歌词为弗兰克所作),封面标有 1723 年这
个年份。它开篇合唱的朗诵更富表现力。在这里,第一部分终乐章带乐

队伴奏的合唱，几乎成了一首众赞歌幻想曲；很可能它在第二部分之后被再次演奏。在男高音咏叹调"我的救主通过他的恩典向我们显现"中，双簧管奏出了"欢乐"动机。在女高音咏叹调"上帝要拥抱贫穷人"（*Die Armen will der Herr umarmen*）中，低音部和小提琴那缠绕着主旋律的音型，具有一种超然的温柔；以吉格舞曲形式写成的最后二重唱"灵魂啊，不要让任何苦难把你与耶稣分离"（为女高音与女中音而作），洋溢着一种酒神般的欢乐。

这首康塔塔的总谱，是巴赫整洁的抄本中最完美的一份；它可能是对魏玛时期一首康塔塔的大幅修改与扩充。对弗兰克的文本的修改颇令人满意；它可能出自巴赫当时的词作者之手。另一方面，为圣三一节之后第十三个礼拜日作的独唱康塔塔《自称基督徒的你们》（*Ihr, die ihr euch von Christo nennet*，第 164 首）的总谱，字迹极潦草，几乎难以辨认。巴赫尽己所能，为弗兰克关于基督之爱的干瘪文字，谱写了富于温情的音乐。在最后的二重唱"天堂会向那些没有合起来的手敞开"中，他禁不住要在音乐中表现与文字描述相反的运动——长笛、双簧管和小提琴共同演奏的主题，由乐队低音部以反向形式奏出。

巴赫可能为降临节的第一个礼拜日，演奏了自己的一首魏玛康塔塔。由于莱比锡的教堂在接下来的礼拜日中不再演奏音乐，巴赫有足够的时间为三个与圣诞有关的节日作准备。在第一个节日里，他创作了《基督徒们，铭记这一天》（第 63 首）——一首高贵而生动的节庆音乐。在开端和结尾的合唱中，乐队除了弦乐组之外，还包括四把小号、三把双簧管和一把巴松管——当然还有定音鼓。在第一段合唱的"来吧，赶紧和我一起来到马槽前"这句话中，巴赫营造了迷人的效果；这里女高音总是比其他声部先三拍进入。在最后的合唱里，当唱到"撒旦可能会折磨我们"时，我们听到半音阶的"悲伤"动机。谁若认为巴赫无法以讨人喜欢的流行风格创作音乐，就应该听听二重唱"向天堂呼唤并祈祷吧，来吧，基督徒们，来到队列中"。

康塔塔《神的儿子要显现出来》（第 40 首）的音乐，属于塑造形象的类型。在第一段合唱中，"为要除灭魔鬼的作为"这句话总是以　　*507*

♪♪♪♩｜♪ ♪♪♪ ♪♪♪ ♪的节奏唱出，从而制造一种丑陋而令人生疑的效果。在男低音咏叹调"地狱般的蛇，你不害怕吗？那个将打破你的头的人诞生了"（*Höllische Schlange！Wird dir nicht bange？Der dir den Kopf als ein Sieger zerknickt，ist nun geboren*）中，第一组小提琴奏出了扭曲的"蛇"动机，而乐队其余部分♫♪｜♫♪｜♫♪｜♪♪｜节奏，则表现了征服者稳重的步伐。当唱到"他将作为胜利者打破你的头"这句话时，"蛇"的动机下降到了低音部。宣叙调"那条蛇，伊甸园中的蛇"由晃动的音型伴奏，暗示了树上那诱惑人的爬虫，在夏娃眼前来回摇荡。①

　　我无法想象策尔特（Zelter）是如何根据文字"你们是上帝的子女，却不自知"来安排第一段合唱的。但也不应该太严厉地责怪他，因为巴赫自己就把这段合唱处理得非常蹩脚；他把它用在 F 大调弥撒的"藉着圣灵"（*Cum sancto spiritu*）中。

　　康塔塔《看哪，天父向我们展示了怎样的爱》（第 64 首）可能是为圣诞节第三天所作。第一段大合唱由一个精彩而严格的赋格构成；这里，各个乐器都没有独立的角色，而仅仅是加强了声部效果而已。它就像一首理想化的旧式经文歌；它令我们为巴赫没有写更多此类合唱而扼腕叹息。

　　宣叙调"那么，世界！"（*Geh'，Welt*）由低音部的"急促"动机伴奏——

此后，从中又衍生出了另一个动机，小提琴在咏叹调"这个世界所拥有的东西"（*Was die Welt in sich hält*）中，用它暗示了这个世界的事物无一不是转瞬即逝的。如果忽略那首短小且不重要的男低音宣叙调的话，那么这首康塔塔只需要两个独唱——女高音和女低音。其中的三首众赞歌非同一般，令人印象深刻。

508

---

　　①　关于这些主题，参见本书第 444 页。

也就是说，从 1723 年的 5 月到 12 月，巴赫至少写了八首康塔塔。至于其他礼拜日，他要么使用自己魏玛时期的作品，要么使用其他作曲家的作品——不过在莱比锡时期的头几年，他不可能经常使用后一种方法，因为每一位乐长都把尽可能多地创作教会音乐视为一种荣耀。巴赫可能很少演奏库瑙的康塔塔，因为前任乐长的遗产继承人带走了库瑙在圣托马斯教堂书架上的一切；这与巴赫自己的继承人在他死后所做的事情一样。

康塔塔《为主唱一首新歌》（*Singet dem Herrn ein neues Lied*，第 190 首）可能是为 1724 年的新年而作。很不幸，流传下来的作品残缺不堪，以至完全无法被演奏。在第一段大合唱中，我们只拥有人生声部，以及第一、第二小提琴声部。可能是由于巴赫把这首康塔塔的音乐，重新用到了"锡安，赞美你的主吧"（"Lobe Zion deinen Gott"）的歌词上，庆祝 1730 年 6 月 25 日《奥格斯堡信纲》发布两百周年，所以它的各个部分被分散了。现在流传下来的，仅仅是没有用上的段落。然而，终曲庄严的众赞歌却是完整的，而且虽然最初使用的文本意义不同，它仍然令人赞叹地切合新年音乐的节庆氛围。康塔塔的文本可能是皮坎德所作，因为我们在他的作品集中，能找到 1730 年的新版本。

新年之后的第一个礼拜日，巴赫可能演奏了康塔塔《亲爱的主，请看我的敌人》（*Schau，lieber Gott，wie meine Feind*，第 153 首）。在这里，他只让合唱队演唱众赞歌；这大概是由于巴赫不可能一下子为圣托马斯教堂的合唱队创作带有很多装饰奏的音乐；尤其考虑到它们要在新年期间在大街上演唱。男高音咏叹调"尽管肆虐吧，令人哀伤的风暴"（*Stürmt nur，stürmt，ihr Trübsalswetter*）的形象化音乐描述很精彩。女低音咏叹调"如果我必须在十字架和哀伤中度过人生"是巴赫最优美的抒情作品之一。这首康塔塔后来在教会中变得非常受欢迎。

在主显节——耶稣受洗的日子，人们庆祝救世主在尘世的显荣。为 1724 年主显节而作的康塔塔（第 65 首）相应以《以赛亚书》六十篇 6 节的预言开始："示巴的众人都必来到"。当我们聆听这首合唱时，仿佛看到早期意大利艺术家绘画中东方智者及其随从前进的行列。圆号、长笛和双簧管奏出威严的行进音乐。和声的进行刻意被作惊人的简单处理；即使"齐奏乐段"也被用来表现天真的效果。[①]

行进停止了，随着长笛和单簧管的伴奏，我们听到了中世纪的众赞歌——

> 国王们从示巴来，
>
> 带来了黄金、乳香和没药。
>
> 哈利路亚，哈利路亚。

这里文字的意思要求由儿童清新的嗓音而非混声合唱团演唱，而尤其不应具有感伤的意味。很可惜众赞歌中最高的两个声部总是由女声演唱，这就缺少了恰当的音质和声乐演唱的灵巧。

两段咏叹调是对这幅图画的沉思。在第一首中，"黄金与俄斐城[②]都太微不足道了……耶稣想要的是心灵"，巴赫运用了表现亲密的同一个动机——

众赞歌前奏曲《主，我的盼望在你》（*In dich hab' ich gehoffet*，*Herr*，卷五，第 33 首）就是根据这个动机写成的。另一方面，随后的咏叹调"请把我带上，请把我的心作为礼物带上"（*Nimm mich dir zu eigen hin*, *nimm mein Herze zum Geschenke*）则闪烁着激情的火花。这段乐章充满了眼泪与欢呼，令人想起贝多芬那首著名的奏鸣曲[③]，对"送别"（Wied-

---

① 关于与此对应的另一段合唱，参见本书第 492 页。

② Ophir，《圣经》中提到过的城市，以富有而闻名。见《列王纪上》九章 28 节。——译注

③ 指贝多芬的降 E 大调"告别"奏鸣曲（"Les adieux/Lebewohl"），作品 81a。——译注

ersehen)场景的描绘。这个主题的配器效果很好;它是这样的①——

其他由"效果"主导的康塔塔,是为 1724 年主显节写的另外两首—— 510
《我最亲爱的耶稣不见了》(*Mein liebster Jesus ist verloren*,第 154 首)和《耶稣在沉睡,我能期望什么?》(第 81 首);它们分别是为主显节之后的第一和第四个礼拜日而作。两首都有戏剧性的文本,合唱队都只演唱众赞歌。

在前一首中,男高音咏叹调唱到"我的耶稣不见了,这把我推向绝望"这句歌词时,对悲伤和渴望的表达感人至深。唱到"雷霆般的话语"这个词时,乐队奏出十六分音符的颤音,就像在康塔塔《噢永恒,你这雷霆般的话语》(第 60 首)中一样。而这段音乐的节奏,则让我们想起《圣约翰受难曲》中表达彼得绝望之情的咏叹调"啊,我的理智"(*Ach,mein Sinn*)。

在女低音咏叹调"耶稣,让我找到你"(*Jesu,lass dich finden*)中,我们听到这么一个愉悦而诱人的呼唤——

同时在低音部奏出一个单调而不安的音型,它又由小提琴和中提琴在更高的音域上重复——

---

① 巴黎的巴赫协会正是借助包括它在内的一系列康塔塔获得成功的。

这些音型把原罪描绘成黑压压的乌云,根据文本,它们掩盖了救世主的灵魂。二重唱"耶稣找到了,我是有福的",是对前述消极内容的积极否定,因为它的两个欢乐动机只不过是前面提到动机的变形——

尚是孩子的耶稣的回答"岂不知我应当以我父的事为念吗?"[1],来自圣经,被写成咏叙调的形式;这里只使用到女低音、男高音和男低音。

511　　　　康塔塔《耶稣在沉睡,我能期望什么?》(第 81 首)描述了平静风暴的情节(《马太福音》八章 23 — 28 节)。第一首咏叹调的伴奏描画了波浪最初的涌动,预示着风暴的到来——

听者很少能够意识到这个伴奏的意义;这应归咎于通行但缺乏说服力的演奏方式。任何指挥家如果想恰当地处理伴奏,都必须先要求弦乐演奏家下一番苦功,才能够让连音八分音符的第二个音得到恰当的强调,以表现第二和第四拍的反拍子,从而达到巴赫要暗示的躁动不安的效果。

---

① 见《路加福音》二章 49 节。

风暴的逼近,通过男高音咏叹调"汹涌的波浪"来描述。这尚不是我们要见到的巨大的波浪,而只是白色的浪尖,由小提琴快速的三十二分音符暗示。然后耶稣起来了。"噢,你们这小信的人哪,为什么胆怯呢",他在一首美丽的咏叙调中说。此刻风暴减弱了。弦乐上行的八度表现出波浪一层叠着一层,然后瞬间溃退——

在这一切之中,我们听到耶稣的呼唤,"平静下来吧,不安的大海"。巴赫并没有描述海浪平复的一幕——这典型地符合他的习惯,因为在音乐绘画中,他往往只抓住一个瞬间进行描述。

我们不知道谁为巴赫提供了这一系列康塔塔的歌词,但此人是位真正的诗人。很可惜巴赫并没有继续与之合作。再没有人如此简练而精致地为巴赫改编福音书的故事了。

这后一首康塔塔同样只使用了女低音、男高音和男低音。可能在那个阶段,巴赫并没有称职的女高音,又或者,男童的嗓音因新年期间的演唱而毁坏了。我们几乎可以这么认为,合唱队在演唱节庆康塔塔期间的表现,使巴赫醒悟到,他不能对他们抱太大期望。这可能同样反映在如下事实中:为童贞女马利亚的洁净礼而作的康塔塔《新契约中欢乐的时刻》(第 83 首)也是为女低音、男高音和男低音写的独唱康塔塔。中段的曲调被冥想般的宣叙调"主啊,现在释放你的仆人安然去世"(*Nunc dimittis*,《路加福音》二章 29 — 31 节)打断。文本可能出自皮坎德之手。开头欢快的女低音咏叹调,以及结尾的男高音咏叹调,"快点,满怀喜悦的心"(*Eile,Herz,voll Freudigkeit*),包含了为小提琴独奏写的一些美妙段落。

为四旬斋之前的礼拜日作的康塔塔《你,真正的神,大卫的后裔》(*Du wahrer Gott und Davids Sohn*,第 23 首)的文本,出自这么一位诗人之手,

512

他拥有卓越的天赋,能够将福音书的故事塑造成精炼的图画。那两个盲人坐在耶利哥附近的路边,充满期待地祈求先知的到来。① 双簧管唱出了他们的悲叹。低音部则在二重唱中插入了一个奇怪的进行曲节奏;仿佛两个盲人听到了远方传来的耶稣的行列。随后是沉思的宣叙调"啊,不要就这么走过,所有人的救主!"(Ach, gehe nicht vorüber, du aller Menschen Heil!),在此之上,小提琴和双簧管加上了康塔塔主要的众赞歌,"基督,上帝的羔羊"。

之后的合唱"所有目光都等待着你,全能的上帝",给人这么一个印象,即一大群人以急促而没有节奏的步伐移动着——

耶稣还没有出现。然后是一个送葬进行曲,以及众赞歌"基督,你这上帝的羔羊"。是他了! 送葬进行曲消失了。两个被治好的人跟随着队伍,边走边再一次唱道:"基督,你这上帝的羔羊。"

如果巴赫写这些康塔塔是为了引起人们注意的话,他的确做到了;乐段之间不应该有停顿,这样会破坏图像的连贯性。施皮塔认为它们写于科腾时期,巴赫最初想以之代替《耶稣拣选十二门徒》(第22首)作为考察试用期的作品,在莱比锡演奏。如果是这样的话,我们就应该在科腾寻找这个如此富于洞察力的诗人。这并非不可能;而且它能解释为什么巴赫没有继续与之合作。

巴赫为复活节写了康塔塔《基督躺在死亡的羁縻中》(第4首),其中无比强烈的表现力历来广受赞誉。每一段诗节仿佛都在音乐中被雕琢出来了。第二节诗中的词语"力量"("Zwingen"和"Gewalt")由豪迈的音型表现,它贯穿全曲——

① 诗人并没有根据指定的福音书段落(《路加福音》十八章31—34节)创作他的作品,而是根据《马太福音》二十章29—34节的版本;只有后者提了那两个盲人。

诗句"耶稣基督,神的儿子,来到我们这里"小提琴伴奏中的十六分音符,
表现出生机勃勃的欢乐。在合唱中,我们看到扭结起来打斗的身体,仿佛
米开朗基罗的绘画一样。第六段诗歌"于是我们庆祝这最崇高的宴席"的
低音部,建筑在庄严的节奏之上——

　　这些康塔塔,属于全部作品中最有力同时又最困难的几首。一个不
适应演唱巴赫音乐的合唱队,应该推迟几年演奏它们;他们需要的不是几
个星期的练习,乃是几个月的研习。

　　为复活节之后第三个礼拜日所作的康塔塔《哭泣,哀叹,忧虑,恐惧》
(第 12 首,歌词为弗兰克所作)的第一段合唱,是 B 小调弥撒中"受难"一
节的素材,它们同样都有半音阶的固定低音——

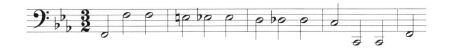

咏叹调"要虔诚"(*Sei getreu*)由众赞歌旋律"耶稣,我的欢乐"("Jesu,
meine Freude")伴奏。

　　如果圣灵降临周康塔塔《响起吧,歌声》(第 172 首)属于 1724 年,那
么巴赫可能重新修改了它,以作后来某次演奏之用。写在大张纸上的人
声部分,事实上只可能写于 1727 年之后,因为它们标有"M A."的水印。
在二重唱中运用连奏管风琴这一事实,则标明它属于更晚的年代;直到

1730 年之后,巴赫才开始以此种方式使用管风琴。而文本则肯定是由弗兰克所写。

带有三把小号的开篇合唱,有一种精彩的流动感。在歌颂圣三位一体的咏叹调中,只使用了三把小号和定音鼓。咏叹调"噢,灵魂的天堂,被神的灵充满"(O Seelenparadies,das Gottes Geist durchweht)中的小提琴音型,好容易能够被解释:它象征了天堂的风神秘的运动。任何人只要听过冷杉在远方瑟瑟的歌声,都能够在这里辨认出它来。

在二重唱"来吧,你这天堂里柔和的风"(Komm,du sanfter Himmelswind)的乐队低音部中,我们听到跟众赞歌前奏曲《所有人终有一死》(Alle Menschen müssen sterben,卷五,第 2 首)一样的、表现极乐的动机——

管风琴奏出华丽的阿拉伯风音型,带来了圣灵降临节旋律"来吧,圣灵,我的主"的芬芳。然而,这里最好用双簧管代替管风琴。

圣灵降临节礼拜二的康塔塔《令人向往的欢乐之光》(Erwünschtes Freudenlicht,第 184 首)的分谱上,标有水印"I M K"。巴赫在 1724 年至 1727 年间使用这种纸。这首康塔塔极有可能是为 1724 年创作的。它以这段宣叙调开始——

> 噢,期盼已久的欢乐,
> 带来了新的盟约!
> 我们这些曾经游走在死荫的幽谷中的人,
> 现在知道上帝送来了我们渴望已久的牧人。

如果巴赫没有在这段宣叙调中写出那段表现牧人呼唤的长笛段落,

那他就不会是巴赫了。它听起来断断续续，仿佛牧人在很远的高峰行走着，而他的旋律断片似地漂浮下来——

另一段长笛演奏的田园牧歌般的旋律，主导了迷人的二重唱"有福的基督徒，喜悦的羊群"，并且有乐队美妙的伴奏；它的长度，即使是一般的听众都不会察觉。在最后的合唱中，长笛还有另一段愉悦而诱人的旋律，"好牧人"——

没有哪首康塔塔像这首一样适合让我们了解巴赫抒情的一面。①

在圣三一节康塔塔《噢，圣灵与水的洗礼》(*O heiliges Geist-und Wasserbad*，第 165 首)中，开头的咏叹调以赋格曲式写成。② 巴赫以这种方式坚持正统教义，表达对洗礼带来的神恩的坚定信念。咏叹调"耶稣，我的死亡之死亡"(*Jesu, meines Todes Tod*)，建立在一个引人注目的主题之上，它描述了文本中提到的"能治病的小蛇"的扭曲形态。③

为圣三一节之后第十一个礼拜日而作的康塔塔《当心，不要假装畏惧上帝》(*Siehe zu, dass deine Gottesfurcht nicht Heuchelei sei*，第 179 首)同样以一首赋格开始，而这次则是合唱。音乐是灵巧而有趣的——就这

---

① 施皮塔错误地认为，这首康塔塔欢快的性格表明，它是根据一首世俗康塔塔改编的。见施皮塔，《巴赫生平》，卷 II，第 229 页。

② 这是一首为女高音、女低音、男高音和男低音写的独奏康塔塔。它的歌词——并非格外优秀的一首——是由弗兰克所作。

③ 这个主题在本书第 445 页中被引用。

个文本来说，这是巴赫理应作出的处理方式。

随后的礼拜日，巴赫可能演奏了带有宏伟的开篇合唱的康塔塔《赞颂主吧，我的灵魂》（*Lobe den Herrn*，*meine Seele*，第 69 首，第一稿）。他使用了节庆乐队来伴奏——弦乐、三把小号、三把双簧管和巴松管。

我们并不知道 1724 年的圣诞康塔塔是哪几首。

在莱比锡时期的前 18 个月，我们一共拥有巴赫的 20 首礼拜日康塔塔。另外，还有两首为教会作的节日康塔塔。

每年的 8 月 24 日圣巴多罗买节，会选出新的市议会。就职前的教会仪式在随后一个礼拜的其中一天举行，通常是礼拜一或礼拜五。在 1723 年，是礼拜一，8 月 30 日。① 巴赫为这个活动创作了康塔塔《赞美你的主吧，耶路撒冷》（*Preise*，*Jerusalem*，*den Herrn*，第 119 首）；歌词可能为皮坎德所作。这首辉煌的作品由两段合唱"赞美你的主吧，耶路撒冷"和"主为我们成就了好事"构成。第一首以法国序曲的形式写成；人声部分直到"快板"乐段方进入。"肃穆"的乐段是一幅具有不可阻当之势的庄严图画。演奏的乐器包括弦乐、三把双簧管、两把长笛、四把小号和一个定音鼓。然而，小号只在那些节庆号角般的间奏曲中使用——这是一个增强效果的手段。宣叙调"你是如此的气度不凡，可爱的城市"（*So herrlich stehst du*，*liebe Stadt*）由如下的木管乐段引出，又由它作结——

在咏叹调"菩提树下的人们，你们有福了"（*Wohl dir*，*du Volk der Linden*），我们听到庄严的节奏。独唱歌手们——他们的唱词一般都是非常蹩脚的、对行政官员，尤其是莱比锡地方官员的热烈赞美——多少有点被合唱团淹没了。

---

① 施皮塔，《巴赫生平》，卷 II，第 192 页。

巴赫去世之后，这首康塔塔的第一次上演，是由门德尔松指挥，在 1843 年 4 月 23 日于莱比锡音乐厅（Gewandhaus）举行，以庆祝圣托马斯学校巴赫纪念像的揭幕。

另一首教会的庆典康塔塔，《最令人向往的欢乐节日》（*Höchsterwünschtes Freudenfest*，巴赫协会版，卷二十九），是为莱比锡附近的施当塔尔村庄里的教堂管风琴落成而作。它在 1723 年 11 月 2 日礼拜二首演，由巴赫自己指挥。① 尤其有趣的是，它以乐队组曲的形式写成。开始的大合唱展示了序曲的三段体布局；第二段咏叹调"上帝，请助我们得偿心愿"（*Hilf, Gott, dass es uns gelingt*）是一首加沃特舞曲；第三首"唯独至高的存在"（*Des Höchsten Gegenwart allein*）是一首吉格舞曲；最后一首，"噢，这对我们来说是多么幸运啊"（*O wie wohl ist uns geschehen*），则是一首小步舞曲。然而，加沃特舞曲式的咏叹调和小步舞曲式的咏叹调中的朗诵段落，实在是太奇怪、太不完美了，以至我不禁猜测，巴赫一定是从某个乐队组曲或世俗康塔塔中，直接借用它们的。②

---

① 它的日期已经从教会敕令中获得确证。这部新的管风琴由齐尔伯曼（Silbermann）的学生扎哈里亚斯·齐尔德布兰德（Zacharias Hildebrand）建造。参见施皮塔，《巴赫生平》，卷 II，第 194 页。

② 空洞的朗诵段落并没有使施皮塔醒悟。如果借用的假设成立，那么他对巴赫采用乐队组曲来写作康塔塔这一事实所作的全部思考，都不再成立。

第二十六章　《马利亚尊主颂》①与
《圣约翰受难曲》

517 巴赫协会版,卷十一¹.《马利亚尊主颂》

巴赫协会版,卷十二¹.《圣约翰受难曲》

在莱比锡,每逢盛大的宗教节日,在晚间礼拜仪式的布道之后,都会以音乐会形式上演《马利亚尊主颂》。

巴赫两度为这段经文(《路加福音》一章 46 — 55 节)谱曲。其中一首采用女高音独唱,已经遗失。但是鲁斯特(Rust)在巴赫协会版卷九卷¹的序言中说,他大约于 1855 年间,在德恩(Dehn)的收藏中见过这份总谱;如果这个情况属实,那么巴赫的作品竟然在煌煌巴赫协会版编者的眼皮底下丢失了。至于另一首《马利亚尊主颂》,我们现在拥有两份总谱,年代较早的一份以降 E 大调写成,而年代较晚的一份则以 D 大调写成,且显示了作品最终完成的形态。西姆罗克(Simrock)在 1811 年出版的第一版,以降 E 大调版本为底本;这一版的编者玻尔肖(Pölchau),当时不知道还有另外一个版本。1730 年制作的整洁的 D 大调总谱抄本,甚至比巴赫

---

① Magnifikat 歌词取自《路加福音》(路 1:46 — 55),讲述童贞女马利亚探访伊利莎白的故事。此时伊利莎白正怀着未来的施洗约翰。当童贞女马利亚问候伊利莎白时,约翰在母亲腹中跃动。在伊利莎白赞美了马利亚的信仰后,马利亚唱出了《尊主颂》(Magnifikat)作为回应,其内容为对上帝的赞颂。《尊主颂》又称马利亚之歌。据此,将 Magnifikat 译为《马利亚尊主颂》。——译注

自己抄写的《圣马太受难曲》和《圣诞神剧》乐谱更加精美。

这首康塔塔可能是巴赫为 1723 年圣诞节的晚间礼拜仪式所作；这一点，我们至少可以根据几个乐章推断出来，因为它们不属于原来的文本；对照年代较早的那份总谱会发现，这些乐章是被插入到《马利亚尊主颂》的诗节之间的。在"我的灵魂因我的救主而欣喜"（*Et exultavit*）之后，演唱了"我自高天而来"这一段；在"全能的上帝"（*Quia fecit*）之后是"快乐吧，欢呼吧"；在"他彰显了力量"之后是"在至高之处荣耀归于上帝"；在"他使饥饿的人变富足"（*Esurientes implevit*）之后则是赞美诗"耶西的枝子开出了花朵"。这些赞美诗并不是由站在大管风琴旁边的合唱团演唱，而是由对面楼座的歌手演唱，并由一个小型管风琴伴奏。似乎这些赞美诗属于莱比锡晚间崇拜的一部分。库瑙曾经根据它们写过一首康塔塔。施皮塔推测，在巴赫的时代，圣托马斯教堂仍然保留着中世纪时模拟圣婴诞生场景的习惯，虽然市议会早在 1702 年就已经要求废除这个旧习俗。[1] 按照这种观点，巴赫的《马利亚尊主颂》，就的确是表现伯利恒马槽一幕的戏剧配乐了。

如果《马利亚尊主颂》在其他节日上演，那么与节日没有直接关联的段落，自然就会被省略掉；这也是巴赫没有把这些段落收进 D 大调版本的总谱的原因。这份总谱后来归巴赫的儿子埃马努埃尔所有；我们从一份流传下来的文件中得知，后者于 1779 年在汉堡根据此版本演出了这部作品。

由于晚间崇拜仪式留给《马利亚尊主颂》的演奏时间非常短，巴赫因而不得不对音乐作出相应调整，不过它的品质并没有因此受到损害；其令人赞叹的精炼度，令这部音乐的美感在最佳条件下显露无遗。

---

① 参见鲁斯特为巴赫协会版，卷十一写的序言，以及施皮塔，《巴赫生平》，卷 II，第 198 页及以下。这些额外的乐章的文本，是巴赫直接从库瑙处借用的；他遵循前者的做法，在"荣耀经"中使用直接从古希腊文原文译出的正确拉丁文版本"et in terra pax, hominibus bona voluntas"（"愿尘世得和平，愿人类得祝福"），而非按照习惯使用错误的通俗拉丁语译本"et in terra pax hominibus bonae voluntatis"。然而，他没有让最后三个词连在一起，反而将"bona voluntas"与"hominibus"分开，从而使意义产生混乱。额外的乐章，可以在巴赫协会版卷十一第 101 页及以下找到。

　　第一段大合唱由不间断的十六分音符奏出的"欢乐"动机主导。虽然此处使用了三把小号,但配器听起来并不厚重,因为巴赫极为小心细致地使用管乐。这同样给他显示"他的力量"和"荣耀经"带来很好的效果。可能在"荣耀经"中,人声声部三连音的上行以及相互重叠,在风格上太像乐队的表现手法了,以至很难获得我们期待的效果。

　　在策尔特心目中,以"根据他的应许"(*Sicut locutus est*)所作的赋格,是巴赫缺点极多的作品之一。他大概会希望它"在形态上更加整齐,而且第五个声部以更恰当的方式引入"。虽然埃马努埃尔在这段合唱中标明"清唱",但它必须由管风琴演奏的和声来伴奏。即使在温柔的"他让以色列……"(*Suscepit Israel…*)三重奏中,巴赫也不会舍弃管风琴伴奏。低音提琴和巴松管的休止,只说明乐队的低音部应该以轻柔的八尺音栓演奏。我建议这个乐章的每个声部,都应该由四至五个歌手演唱,以获得巴赫所要求的丰满音色,而又不影响双簧管在"我的灵魂歌颂主"中演奏的固定低音。可能当时巴赫的风琴师在一些音色较轻柔的键盘上加强了这个旋律的效果。

　　在咏叹调"我的灵魂因我的救主而欣喜"的低音部和结句中,我们听到典型的巴赫式欢乐动机,仿佛一束耀眼的阳光,突然穿透降临节柔和的暮色——

　　听众常常听不到这个动机,因为旋律结句往往被处理得太弱,以至让它难以辨认。为额外的众赞歌"快乐吧,欢呼吧"(在圣诞节演奏时加上)做伴奏的低音部,只是这个动机的节奏的变形——

在女高音咏叹调"他眷顾了卑微者"（*Quia respexit humilitatem*）中，被选中的少女"卑微的地位"由下行的、像鞠躬一般的音型表现，并由此引出一段伴奏，它蕴含了无法形容的美——这真是一幅名副其实的圣母音乐肖像——

在"看哪，从此以后"（*Ecce enim ex hoc beatam*）中，人声声部歌颂着她的名声，她将永远被称为有福的人；但即使在此处，伴奏仍然保留着这个谦卑的动机。

"他的仁慈"（*Et misericordia*）中，长笛和加了弱音器的弦乐，奏出了"利都奈罗"的器乐间奏（ritornelli），仿佛来自天堂；如果条件允许的话，它应该由三到四把人声，而不是一把人声演唱。

合唱"他显示他的力量"建立在一个宽广的主题上；这个主题跨过广阔的音程行进，象征着经文中"力量"这个词——

在男高音咏叹调"他把强大的人赶下宝座，他使卑微的人升高"（*De-posuit potentes de sede，et exaltavit humiles*）的伴奏中，巴赫使用了三个动机。第一个是向下运动的，表现了"他把强大的人赶下宝座"这句话。

520

第二个,是又一个有力的"步伐动机";它以不同的形式时而出现在低音部,时而出现在小提琴声部;这正是"强大的人",他是这样被表现的——

第三个动机,温柔地向上行进,表现了"使卑微的人升高"这句话——

这些动机反映了好几段诗句的朗诵内容,从而帮听众辨认每个动机的涵义。要注意,如果想表现出"让卑微的人变得崇高"的主题那漂亮的上行线条,小提琴不能这样分句——

而必须这样分句——

"他使饥饿的人变富足"的伴奏,来自两个动机。第一个属于"欢乐"

动机的其中一个形式,仿佛充满阳光的微笑——

它表现的是"他使饥饿的人变富足"这句话。另一个则是"赶下"(*Depo-suit*)动机的弱化版本——

521

巴赫根据这个动机所象征的动作,来构思"他令富足的人空手离开"这句话。

　　当然,在实际演奏中,这两个动机必须清晰地区分开来。"欢乐"动机必须以"弱"的力度演奏;而另一个动机则需在一开始进入时就采用"强"的力度,而且速度必须稍稍加快。① 如果在整个乐章中,两个动机都以这种对比的方式来区分,那么听众立刻就能明白它们的意义了。

　　很可惜,我们没有《马利亚尊主颂》的通奏低音伴奏,所以重担就落在了管风琴家身上——他需要从很多声部中挑选出和声,然后根据自己的感觉来完成它们。在很多独唱段落,尤其是在"全能的上帝"(*Quia fecit*)中,根本没有乐队演奏,这时极少有人能成功地处理伴奏声部,而让自己和听众都满意。

---

　　①　这些十六分音符,应该尽可能演奏得刚烈有力。它们必须令人产生一种鲜明的怨恨的印象。在前奏曲的结句(第七小节)中,有一个向"欢乐"主题过渡的乐段——

　　当然,这一小节必须急速而轻柔地演奏。我觉得不妨在十六分音符乐段的每次长笛演奏中,都加上弦乐。

《圣约翰受难曲》很可能是巴赫同类作品中的第一首。如果《圣路加受难曲》真是巴赫所作,那么这就是第一首。然而,施皮塔很少明确他关于这首作品真实性的立场。[①] 乐谱抄本是否是巴赫的手迹,值得商榷;然而当我们尝试确定作品的日期时,就会遇到无法解决的困难。施皮塔将它归到第一个魏玛时期。这是不可能的,因为那个时期的康塔塔,比这首受难曲成熟得多,而且乐谱的手稿也不属于那个时期;它属于莱比锡时期的中期。这会导致我们作如此推测:巴赫在其艺术臻于完美的成熟期,重新抄写了自己年轻时的一部不重要的作品;这符合上述事实所反映的情况。然而,这也是不可能的——如果巴赫重拾以前的作品,他一定会彻底改进它的。另一方面,我们知道,他对别人的作品,则持一个相对而言低得多的评判标准。

所以,最顺理成章的假设是,巴赫大约在 1730 年间抄写了另一位作曲家的受难曲,打算演奏它。可能在抄写过程中,他偶尔作了些修改,这就能解释,缘何这部并不杰出的作品中,会偶然显露出巴赫天才的痕迹。布赖特科夫出版社 1761 年的巴赫作品目录中,并没有对收入这首受难曲作过任何解释。在那个时期,人们对巴赫作品并不怎么加以甄别:在他的文件中,只要是他手写的,都会被看作是他的作品。

对于音乐演奏家而言,这首《圣路加受难曲》是否真为巴赫所作完全无关宏旨,因为没有谁会有兴趣演奏它。

由于阿格里科拉(Agricola)和埃马努埃尔在巴赫的讣告中,将受难曲的数目定为五首(他们没有给出更多的细节),所以很有可能他们也认为《圣路加受难曲》是巴赫的原作。在前面的说明中,他们很粗略地罗列了"很多部神剧、弥撒、马利亚尊主颂",由此足见他们对巴赫作品的列举之笼统。

所以,事实上巴赫一共写有四首受难曲。其中只有两首流传下来。[②]那两首遗失的作品作于《圣约翰受难曲》之后——其中一首可能在其后一到两年。在 1725 年,巴赫的作词人皮坎德出版了《在圣周四和受难日对

---

① 施皮塔,《巴赫生平》,卷 II,第 335 页及以下。
② 有关这 5 首受难曲,参见施皮塔,《巴赫生平》,卷 II,第 333 页。

受难的耶稣的沉思，根据神剧的形式构思》(*Erbauliche Gedanken auf den Grünen Donnerstag und Charfreitag über den leidenden Jesum, in einem Oratorio entworfen*)。由于他随后的所有与教会有关的创作都是为巴赫而作，所以可以确定，巴赫委约皮坎德创作了这首受难康塔塔，然后把它谱成音乐。

　　作品的唱词，简直蹩脚得不可思议。[①]　皮坎德以描述基督受难的一段短小而有韵的叙事文字，取代了福音书的版本。在咏叹调中，他达到了劣拙品味的顶峰，下面的例子将这一点显露无遗：

<!-- 523 -->

传道者：

　　终于，这一群由凶手组成的军队来了，

　　带着长矛与棍棒，

　　犹大是他们的带路人，

　　他把他们引向耶稣。

　　彼得想用剑，

　　与这些狂暴的敌人周旋，

彼得（咏叹调）：

　　该死的叛徒，你的心到哪里去了？

　　被狮子和老虎抢走了吗！

　　我要把你的心撕碎，我要将你的心切割，

　　好让水獭和蛇吞吃它的碎片，

　　因为你是受诅咒的种！

　　皮坎德诗歌作品的第三部分中，有一段"根据圣马可的福音而作的受难音乐，1731 年受难日"的歌词文本。巴赫不但委约创作了这首诗，而且规定了诗节的形式。巴赫为王后克里斯蒂安妮·埃伯哈丁逝世而作的

─────────────

　　①　歌词见于施皮塔，《巴赫生平》，卷 II，第 873 页及以下。

《葬礼康塔塔》一直没有机会上演,他对此感到很不情愿,所以希望把它改写成一首受难曲。皮坎德完满地完成了巴赫交给他的任务;巴赫只需要在原有音乐之上,重新创作开篇和结束的两段合唱,以及新诗作中的三首咏叹调就可以了。① 所以,我们很可能已经拥有《圣马可受难曲》最精彩的部分了。我们无需再像人们一度期望的那样,寻找任何与受难曲有关的新发现了。

当施皮塔尝试确定《圣约翰受难曲》的创作日期时,他并没有考虑到巴赫有可能是在被任命为乐长的几周之前,在 1723 年于莱比锡完成了创作。他依据部分分谱所使用的纸张,想当然地推断巴赫在科腾创作了它;还认为文本和音乐都是在仓促中写就。然而,他后来表明,这种仓促是没有理由的;因为直到复活节之后巴赫才被提名担任乐长。而且既然 1723 年轮到圣托马斯教堂来演奏受难曲,莱比锡市议会也不可能容许受难曲的创作,因教堂乐长职位的空缺被推迟。② 更有可能寻找一部替代的作品,这跟它处理康塔塔创作的做法一样。我们知道,虽然新教堂在 1729 年没有乐长,受难音乐却没有受影响,而是由其中一位候选作曲家创作。我们可以假设,在圣托马斯教堂乐长职位空缺期间,他们采取了同样的程序。在所有候选作曲家中,巴赫离莱比锡最近;当时他在科腾没有音乐任务,所以很容易过去;我们知道在新年之后,他开始创作一首受难曲,并写出了各个分谱;所以基本上可以肯定,市议会委约巴赫创作 1723 年的受难音乐,于是他创作出了《圣约翰受难曲》。

这是莱比锡市民第三次在受难日晚间礼拜中,听到"现代"风格的受难音乐。在 1721 年,库瑙曾经被迫以他憎恶至极的歌剧风格创作了一首受难曲。③

---

①　鲁斯特是第一个指出《葬礼康塔塔》与这部遗失的 1731 年受难曲之间联系的人。关于这一点,参见他论述巴赫将同一部作品用于不同用途的习惯的著名论文(巴赫协会版,卷二十², 第 9 页及以下)。

②　后面这个论点,是基于 B. F. 里希特在 1905 年的《巴赫年鉴》(第 63 页及以下)中准确的评论。

③　有关旧的受难曲与新的受难曲的问题,参见本书第 71 页及以下;关于库瑙在这场争议中的立场,见本书第 78 页及以下。

《圣约翰受难曲》的歌词,是基于汉堡市议员布洛克斯(Brockes)著名的诗歌而作——马特松、亨德尔和凯泽(Keiser)都曾据之进行谱曲。[①] 然而,巴赫只在某几段咏叹调中使用了它。它以诗歌的形式对基督受难所作的夸张叙述,被其他作曲家视为杰出的诗歌成就;而巴赫却以第四福音书的文本代替了它。

在布洛克斯的咏叹调中,巴赫只截取了一些孤立的思想,然后自由地按自己的方式对其进行加工。这时,他身边一定有个诗歌触觉极敏感的人协助他。新的版本明显优于旧版。它避免了原版的枯燥无味,而且使其戏剧性构思获得更好的表达。比如,我们可以比较一下这两个段落——

布洛克斯:	巴赫:
耶稣受难时;	在我心中,整个世界
苍穹与大地与他一同受难	与耶稣一同受难,
月亮披着悲伤的衣裳,	太阳披上悲伤的衣裳,
为造物主的倒下作见证;	撤下帘幕,岩石崩塌,
在耶稣的血中,	大地震动,墓穴裂开,
仿佛火、太阳的光芒与炙热,全部熄灭	因它们感受到造物主身躯变冷:
人让耶稣痛彻心扉,	此时此地的你,要做什么?
冰冷的岩石也裂开,	
它们也感受到造物主身躯变冷。	(女高音)
你要做什么,我的心?	融化吧我的心,在泪的洪流中,
在苦泪的洪水中窒息吧,	为要赞美至高者,
为赞美上帝!	向大地和苍穹诉说那困苦,
	因你的耶稣死了。

对此,我禁不住要假设,协助巴赫创作《圣约翰受难曲》的这个敏感但不知名的诗人,正是创作康塔塔《示巴的众人,都必来到》(第 65 首)、《我最亲

---

① 有关布洛克斯受难诗的质量及其意义,参见本书第 81 页及以下。

525

爱的耶稣不见了》(第 154 首)和《你,真正的神,大卫的后裔》(第 23 首)①
歌词的那位诗人。

在首次公演时,《圣约翰受难曲》并不具备现在的形式。它以众赞歌
合唱"人啊,为你深重的罪孽哭泣吧"开始,这段音乐现在被放到《圣马太
受难曲》第一部分的结尾。它包括三段咏叹调——"天空崩塌,大地震
裂!"(*Himmel reiße,Welt erbebe*!)、"碾碎我吧,岩石和山峰"(*Zerschmet-
tert mich,ihr Felsen und ihr Hügel*)以及"受苦的灵魂啊,不要蜷缩"
(*Windet euch nicht so,geplagte Seelen*)——巴赫在后来的一些演出中,
以其他咏叹调代替了它们。它以众赞歌"基督,你这上帝的羔羊"结束;这
段音乐后来被移植到康塔塔《你,真正的神,大卫的后裔》中。所有这些修
改,可能都是为了《圣约翰受难曲》在 1727 年新的一次演出而作。在被删
去乐段的位置上,巴赫写了那精彩的引子合唱"主,我们的君王"(*Herr,
unser Herrscher*),咏叹调"啊我的心智"和"想想他沾满鲜血的脊背"
(*Erwäge wie sein blutgefärbter Rücken*),咏叙调"察验我的灵魂"(*Betra-
chte meine Seel*),以及终曲合唱"啊主,让你亲爱的小天使……"(*Ach
Herr,lass dein lieb Engelein...*)。

526 　　为了后来的另一次演出,巴赫重新修改了各个分谱,并完善了某些细
节。② 比如,这些修改中包括如下指示:在第一段合唱的某些声部,只有
大提琴和巴松管演奏八分音符,而低音提琴和管风琴则演奏四分音符。
同时,他标出了各声部的分句和强弱幅度指示。这前后一系列的修改,能
够从各个分谱的现状中推断得出。

《圣约翰受难曲》的乐谱,并非从头至尾都是巴赫的手迹,但巴赫对整
份总谱的抄写作了极为细致的监督。这个抄本中原来的通奏低音声部也
遗失了。所幸赫灵(Hering)应埃马努埃尔的要求抄写这部受难曲时,有
机会见到这个声部的乐谱,并把它加插进自己的抄本中。巴赫协会版总
谱中的数字低音正是基于这个抄本。

---

① 　参见本书第 511 页及以下。
② 　参考了所有这些材料之后,我们可以从各个部分中,推导出四次由巴赫自己指挥的
《圣约翰受难曲》的演出。

　　《圣约翰受难曲》音乐的气质，是由第四福音书中受难叙事的性质所决定的。它缺少圣马太版本的质朴与自然。后者为我们呈现了一系列短小的场景，因而可以在其中加入抒情性的沉思；在圣约翰的叙述中，情节在形式上相对而言更加紧凑和戏剧化，文本根本没有留出歇息的空间。所以咏叹调几乎只能被强行穿插进去。

　　在音乐性方面，《圣约翰受难曲》的文本也要弱于《圣马太受难曲》。它缺少了最后的晚餐、客西马尼（基督被犹大出卖的地方）、耶稣被抓捕的情节（这几段构成了《圣马太受难曲》的第一部分），以及诸多其他鲜活的笔触。巴赫自己意识到了这些缺点。所以他用《马太福音》中的几段情节来补充第四福音书的叙事——彼得哭泣、幔子裂为两半、地震以及耶稣之死。

　　总的来说，圣约翰所叙述的基督受难，是一幅组图；它只描绘了大祭司和彼拉多审判耶稣的重要场景。它具有一种高蹈激昂的氛围。巴赫感受到了这个特质，并将之再现于音乐中。他通过祭司和众人的合唱推进情节的发展。

　　值得一提的是，除了"把他钉上十字架"这一段之外，巴赫在别处使用了三个合唱队，其中两个用了两次，一个用了三次。我们可以通过如下假设解释这种安排：巴赫希望通过把众人狂野的呐喊设为几个小的主题并频繁地进行重复，使其具有更强烈的效果。对于祭司长说"不要写'犹太人的王'"这一幕，我们不禁要问，究竟是什么因素，促使他以轻浮、嘲讽的士兵之歌"我们向您致意，犹太人的王"，来表现这一严肃的场景？可能在受难叙事中，某些诗节结构纯粹偶然的相似，促使巴赫决定给它们配以相同的音乐；只是现代的评论家不愿意承认这一点。

　　在这些群众的合唱中，巴赫并没有试图强化戏剧性因素。他把群众皆刻画成狂躁的人。"这并非作恶者"和"我们不应该处死任何人"这些段落，如果从歌词的意思出发，它们应该被处理得更加平静、更具有沉思性；然而巴赫却安排了一个延长了的半音主题，以实现无可比拟的恐怖效果——

527

在"把他钉上十字架"这一段中,一群激动的人发出了长长的呐喊;这一意象,主宰了整个主题的性格——

在间奏曲中,"把他钉上十字架"以愤怒的上行十六分音符重复,仿佛疯狂的众人,向天堂举起了上千只手臂。

528　　　在"我们有律法"("Wir haben ein Gesetz")和"你若释放这个人"("Läβest du diesen los")的主题中,虽然音乐尝试放慢下来,但仍然具有一种狂野的意味;这个段落被可怕的四度音程所支配,在"把他钉上十字架"中,这是非常典型的特征——

在"恭喜,犹太人的王"("Sei gegrüβet")的主题中,我们听到对士兵讥讽地下跪的表演——

这段音乐,由一个突兀而不断重复的、表现顺从的动机进行伴奏;这一动机由长笛与双簧管以十六分音符奏出——

今天的听众难以理解这一伴奏的本质,因为长笛与双簧管基本上是听不见的。如果采用一个大型的合唱团,那么应该在高八度上增加一个短笛,以加强乐队的效果。在"把他钉上十字架"的某些部分,在高八度上双倍地加强木管乐器是同样必要的;为"不要这人,要巴拉巴"("Nicht diesen,sondern Barrabam")以及"我们不应该处死任何人"伴奏的狂怒的十六分音符,不应该被演奏得太过强烈。总的来说,若要想表现出《圣约翰受难曲》的音乐的那种魔鬼般的性格,使用的乐队就不应太大。

在合唱"我们不要撕破,只要拈阄"(*Lasset uns den nicht zerteilen*)中,很难在器乐的低音声部恰当地表现出十六分音符乐句,来描述骰子在碗中晃动的意象。巴赫也没有在这里使用整个合唱队,而只是为每个声部安排三到四把声音——这的确更符合场景需要。管风琴家可以恰当地以清晰的八尺或四尺音栓;这样极有助于实现那个十六分音符动机应有的效果。如果他技巧足够高超,听众就不会注意到他在演奏;所有人都只会以为这是大提琴丰满的音色,并对此感到满意。

在《圣约翰受难曲》中,宣叙调的伴奏全部由管风琴担纲;它并不像《圣马太受难曲》一样通过弦乐四重奏突显耶稣所说的话。不过,巴赫为管风琴家演奏这些段落规定了一种特定的声音色彩。

在宣叙调中,巴赫再次以令人赞叹的方式,用音乐再现了圣约翰叙事

529

中独特的色彩。他以耶稣的话语谱成的音乐,传达出了第四福音书开端对耶稣的描写;那是一种天堂般的、几乎具有抽象的超越性的氛围。而在圣马太的叙述中,耶稣则更富有人性。当音乐家处理《圣约翰受难曲》中关于耶稣的那部分音乐时,如果掺进哪怕一丝一毫的感伤意味,都是最严重的错误。这部分音乐必须以一种朴素而崇高的悲悼之情唱出。

描述帷幕撕开、地面震动的场面的那些音乐绘画,像是《圣马太受难曲》中对应场景的草稿。在"当下彼拉多将耶稣鞭打了"("Da nahm Pilatus Jesum und geißelteihn")的伴奏中,我们听到低音部的节奏,模仿落下的皮鞭;在《圣马太受难曲》的咏叙调"上帝,求你垂怜,救主被缚住手脚了! 被鞭笞!"(*Erbarm es Gott, hier steht der Heiland angebunden! O Geißelung!*)中,有同样的节奏。接近结尾处应该采用渐快的速度。"痛苦地哭泣"这一句的花腔装饰音比《圣马太受难曲》中要长,而且一直延伸到咏叹调"请怜悯我"(*Erbarme dich*)中。

这些咏叹调,将第一个莱比锡时期康塔塔的独唱乐章特有的非凡青春感和鲜活感表露无遗;这些乐章的魅力正在于此。在女高音咏叹调"我仍迈着欢快的步伐追随你"(*Ich folge dir gleichfalls mit freudigen Schritten*)和男低音咏叹调"加快些,你们这些受诱惑的灵魂"(*Eilt, ihr angefochtnen Seelen*)中,那种步伐加快的感觉,被巴赫以其惯用的急速模仿段落表现出来。在上述的后一首咏叹调中,合唱"去哪里? 去哪里?"的插入,绝不能有任何渐慢或渐弱。对此问题的回答"去骷髅地"("Nach Golgatha")和"去十字架山"("Zum Kreuzeshügel")应该以弱力度奏出,采用一种超然的速度;而且,它与最后一个"去哪里?"之间,要有尽可能长的停顿。把这个乐章与复活节神剧《来,赶快,跑起来》(*Kommt, eilet und laufet*,巴赫协会版,卷二十一)开篇二重唱相应的段落作一对比会很有意思。后者同样以粗线条铺展开来,但其步伐的加快却显得更超然。如果巴赫不是明确地给出了"低音合唱声部休止"(*Basso in ripieno tacet*)这个指示的话,其实很值得在《圣约翰受难曲》的这个乐章中,尝试让三到四个歌手来演唱低音声部,因为这里的音域太低,一把人声很难在乐队中清楚地被听到。

带有众赞歌的男低音咏叹调"我信实的救主"(*Mein teurer Heiland*),

如果我们只阅读乐谱,可以感受到它是多么完美;但要在实际演奏中达到理想的效果却是非常困难。而在众赞歌中,每个声部采用两到三把人声就足矣。

在咏叙调"察验我的灵魂"和随后的咏叹调"想想吧"(*Erwäge doch*)中,洋溢着一种无以言传的幸福感。和声摇漾在大调与小调之间;两把柔音维奥尔(viole d'amore)的音色,像是蒙了一层薄纱,恰到好处。这就像含着眼泪的微笑;我们仿佛被带到了"天堂之花"盛开的土地。在咏叹调可爱的回旋的旋律线里,我们好像看到了歌词里提到的彩虹,横跨这个得到救赎的世界——

这个乐章的演奏效果,应该让听者觉得眼前出现了一幅轻盈而梦幻的图景。然而,歌唱家总是唱得太过拖沓,令其显得过于沉重。很可惜,柔音维奥尔演奏的部分往往由加了弱音器的中提琴代替,而后者并不能轻易演奏高音声部。另外,咏叙调中琉特琴演奏的部分,是否应该由弦乐拨弦演奏效果最佳? 这个问题也尚待商榷。这里羽管键琴应该能够实现最佳效果。还有,究竟是该使用钢琴还是竖琴,也是个未解决的问题。

女低音咏叹调"为将我从罪的束缚中释放,我的救主被绑起来了"(*Von den Stricken meiner Sünden mich zu entbinden*, *wird mein Heil gebunden*)中阴郁的美,鲜有被表现出来;这要归咎于过分拖沓的速度。富于表现力的切分音符主题——

531

以及低音声部中，这个仿佛艰难而努力地向上的主题——

应该合起来理解：它们表现了耶稣被捆绑的痛苦。如果这种律动被放慢两倍，并且作过分的渐慢，它就失去了意义，而仅仅剩下疲惫拖拉的感觉。

咏叹调"融化吧，我的心，在泪的洪流中"（*Zerfließe, mein Herze, in Fluten der Zähren*），像是由灵魂的叹息交织而成；而前一首咏叙调"在我心中，整个世界与耶稣一同受难"（*Mein Herz, in dem die ganze Welt bei Jesu Leiden gleichfalls leidet*）中，表现恐惧的战栗动机的低音，也被保留。如果要让听众理解叹息动机的意义，木管乐器就不能强调小节的强拍，而应以如下这种方式强调连音线的最后一个音——巴赫已经将这一指示清楚地写出来——

在咏叹调"啊，我的理智，你最终要去往何方"（*Ach mein Sinn, wo willst du endlich hin*）中，巴赫描绘了一种疯狂激动的悲恸之情。我们仿佛看到一个人在绝望中到处乱奔。在结束处，巴赫没有重复间奏曲，而是让音乐突然爆发出一声尖叫。他明确地标出，这最后两小节需要以强的力度演奏；不过即使如此，指挥家们仍然经常以渐慢和渐弱的方式结束。

咏叹调"成了"是从下行的音阶发展而出，这时耶稣在死亡的边缘，低下头，说出了最后的话语——

532

Es ist voll - bracht.

在活泼的间奏曲"犹大的英雄因强力而胜利了"（*Der Held aus Juda siegt mit Macht*）中，应该考虑采用几个鲜亮的童声合唱，取代原来的女低音独唱。

最后的大合唱，同样是建立在下行的动机上——

为了延续前一段文本的内容"只因是犹太人的预备日，又因那坟墓近，他们就把耶稣安放在那里"，巴赫当然要描述耶稣下葬的场景。像这样的动机——

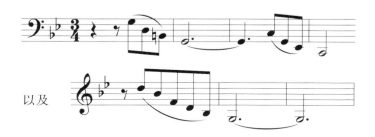

必须尤其小心地演奏，绝不能对洋溢在整个乐章中的温柔情愫有丝毫的损害。

我们大概可以假设，巴赫并不满足于以合唱"人啊，为你深重的罪孽哭泣吧"作为《圣约翰受难曲》的引子，因为众赞歌的歌词不能充分体现第四福音书的氛围；后者的气质，确切地表现在下面这一句经文中："主啊，我们的君王，你的名字在全世界都是荣耀的；你通过自己的受难向我们启示,你,神真正的儿子,无论何时,即便在最深重的屈辱中都很荣耀"。

533　　音乐尝试传达出受难与荣耀的双重感觉。长笛和双簧管表达出与受难相关的乐思;在整个乐章中,它们都不住地叹息和恸哭——

巴赫的通奏低音标明,管风琴要在高八度上伴奏双簧管和长笛持续的不协和音。这让音乐染上了一层奇特、凄楚而阴森的色彩;一开始这会令听众感到不舒服,因为无法理解这种音乐如何与"主啊,我们的救赎者,你的名字在全世界都是荣耀的"这句话相配。

弦乐庄严而超脱的十六分音符,象征了荣耀的神子威严的气度——

柔软的管风琴音色,在低音部的不断重复,完美地表现这种涵义——

与第四福音书的叙事一样,巴赫的音乐以这种方式,同时传达了受难与荣耀两种情感。救世主的受辱,通过从小提琴到低音声部严肃的十六分音符段落来象征。这在"主啊,我们的救赎者"和"通过你的受难向我们显明"第二次出现时奏出。我们还应留心在唱到"即便在最深重的屈辱中"这句时,人声的下行;还有"都很荣耀"这句话中奋力向上的十六分音符。

语言的解释,不免会对这种音乐象征主义作出粗糙的歪曲。不过连施皮塔都承认,这段合唱需要解释,而从纯粹音乐的立场看,它是无法通过理性来理解的。

如果我们不减少巴赫在"即便在最深重的屈辱中"这句话中标出的"弱"的效果,那么大幅度的强弱对比在这一乐章中基本是不可能的。虽然巴赫的这个标记,是针对低音部之外的整个乐队,但反复的实践证明,在"通过你的受难向我们展示"这句话中采用弱的力度(且不管这种处理如何吸引人)是完全错误的。另一方面,合唱的朗诵,应该尽可能突出强弱的对比。十六分音符音型在低音部出现了三次;要处理好它,必须靠管风琴家的协助,以便令它既不太突兀又能让每位听众都能清晰听到。

第二十七章　1725 年至 1727 年间写作的康塔塔

　　写于 1725 年至 1727 年间的康塔塔，基本可以通过乐谱纸上的"I M K"这个水印标志辨认出来。至于 1727 年为王后克里斯蒂安妮·埃伯哈丁逝世而作的《葬礼康塔塔》，巴赫使用了印有"M. A."水印的纸张；自此之后，巴赫好几年一直都使用这种纸张。

　　王后逝世之后，国家规定的公众哀悼期是四个月。所以，从 1727 年 9 月到 1728 年 1 月没有任何康塔塔上演；连管风琴演奏也停止了，于是巴赫有了一段休息时期。不过，这对于他来说，并不完全是有利的，因为国丧期意味着音乐家收入的大幅削减。

　　这一时期大部分康塔塔文本的作者都是皮坎德。他的第一套康塔塔诗歌，涵盖了从 1724 年的基督降临节第一个礼拜日，直到 1725 年对应的礼拜日之间的整个阶段。巴赫去找皮坎德合作，可能是因为他写作速度很快、有能力，以及如他自己所吹嘘的那样，具有一点音乐知识。然而，他的作品瑜不掩瑕。他并不懂得为自己手头的福音书场景赋予诗意。大部分时候，他都写得很随意，表现平庸。他的文本实在太缺乏鲜明的性格，以至于只要加上很小的修改就可以供福音书中任何其他的礼拜日使用。下面是皮坎德空洞无物的语言的一个典型例子——康塔塔《当心，不要假装畏惧上帝》(*Siehe zu，daβ deine Gottesfurcht nicht Heuchelei sei*，第 179 首)中的一段宣叙调：

如今的基督教状况堪忧,如今的基督教状况堪忧:

世界上的大部分基督徒都是中庸的折中主义者和

傲慢的法利赛人;

他们表面上显出虔诚的样子,

像芦苇一样低垂着头,

然而在他们心里,

却有着顽固的骄傲;

他们的确走向上帝之所,

履行表面的义务,

但是做到这样,

就能让人成为一个基督徒了吗?

不,伪善者也能做到这一切。

在这个时期的康塔塔中,有些作品具有极多的内在相似性,使我们觉得它们有紧密的内在关联——比如说那两首独唱康塔塔《你要去哪里?》(第 166 首,为复活节之后第四个礼拜日而作)和《我实在告诉你们》(*Wahrlich, ich sage euch*,第 86 首,为复活节之后第五个礼拜日而作)。由于这两个礼拜日是相邻的,所以这两首作品也应该是在同一个时期写出。

在《我实在告诉你们》的开篇咏叹调中,伴奏要描述的是耶稣复活之后,超自然的灵活轻盈的脚步——

在《圣马太受难曲》中,巴赫也以同样的手法来描述耶稣的预言:他在复活之后,会先于门徒们去加利利。这里的八分音符当然不能被演奏成连音。在充满生气的咏叹调"我愿心怀天国,不把心灵留给尘世"中,低音部有一个"步伐"节奏——这是受"我离开还是留下"这句话的启发。咏叹调"人啊，当命运之神笑的时候，我们要小心了"的伴奏，带有迷人而光彩的笑声。①

536　　　这些康塔塔姐妹篇之间的一个共同特点，就是通过给人声独唱配上定旋律，以及自由的乐队伴奏，来从一首众赞歌中发展出一首咏叹调。在第一首康塔塔中，弦乐在"我请求你，我主耶稣基督"（"Ich bitte dich, Herr Jesu Christ"）的旋律上加上了一个忧伤的动机；第二首康塔塔采用了这段众赞歌：

> 上帝，永恒的善，
> 在他的言语中承诺
> 以他之名立誓的，
> 他都会如约实现……

乐队则加上一个丰满而富有张力的三声部伴奏，很好地表达了上帝话语的坚定感觉。②

　　第一首咏叙调"我实在告诉你们：你们因我的名无论向父求什么，他必赐给你们"（*Wahrlich，ich sage euch！So ihr den Vater etwas bitten werdet in meinem Namen，so wird er's euch geben*）给人以同样的印象；它由五声部赋格的形式写成。人声旋律作为乐队赋格的第五声部出现，其坚定的感觉，象征了以耶稣之名所做的祈祷必将得到实现。

　　这首康塔塔，包含了"我要采摘玫瑰"和"上帝果真帮助人"（*Gott hilft gewiß*）两首咏叹调，是巴赫最受欢迎的康塔塔之一。

　　分别为圣三一节之后的第九和第十个礼拜日而作的两首宏伟的音乐

---

① 这首咏叹调的主题在本书第 444 页被引用。
② 这首众赞歌的旋律，不应该由独唱女高音来演唱，而应该由六个训练有素的男童声音来担纲。在"永远仁慈的上帝"（"Und was der ewig' güt'ge Gott"）的伴奏中，弦乐应该帮助加强两支双簧管的效果，以便给予音型以必要的坚定感觉。低音声部需要一支巴松管来加强效果，从而使三重奏获得一种整一性的音色效果。

戏剧,《主,请不要审判你的仆人》(第 105 首)和《看啊,看有谁的悲伤如我这般深沉》(第 46 首),也显然诞生自同一时期。它们开篇的大合唱有一点尤其相似,就是绘画性的描述交给乐队伴奏声部去表现,而人声声部,则明显地简单得多。我们在此遇到了一种很新颖的康塔塔形式。

《主,请不要审判你的仆人》的开篇合唱使用的手法既精炼,又有效。在低音部,我们听到一个描述焦躁的颤抖的音型——

两支双簧管用来伴奏这个音型的旋律,由两个动机组成——

537

这其中的第二个动机,是为人们所熟悉的"叹息"动机的变体。要解释第一个动机,我们则必须参考其他同样以切分音风格写出的主题;而我们发现,它们总是象征了某种东西被拉扯或拖动的意象。[①] 如果这些切分音和"叹息"得到恰当的重音处理,我们就能想象到人类呻吟着不情愿地被拖到末日审判席前的情景。

在咏叹调"罪恶的想法如何地颤抖和蹒跚"(*Wie zittern und wanken der Sünder Gedanken*)中,双簧管在弦乐的八分音符音型之上缠绕——

---

① 比如,我们可以用康塔塔《耶稣拣选十二门徒》(*Jesus nahm zu sich die Zwölfe*,第 22 首)中的咏叹调"我的耶稣,把我带到你的身旁"的主题(在本书第 503 页被引用),与之作比较。

在宣叙调—咏叙调"但那些在自己的最后时刻，知道谁是自己救主的人，是有福的"（*Wohl aber dem，der seinen Bürgen weiß... wenn seine Sterbe-stunde schlägt*）中，我们听到了葬礼的钟声——然而，它不是悲伤的，而是欢乐的。在咏叹调"如果耶稣是我的朋友，那么钱财对我而言就一文不值"（*Kann ich nur Jesum mir zum Freunde machen，so gilt der Mammon nichts bei mir*）中的愉悦感演变成了没有束缚的狂欢，仿佛一个人激动地从牢笼中跑出来。高声部与器乐低音部之间的对立，产生出一种近乎令人不能承受的震撼效果——

538　　在终曲大合唱"现在我知道了，你要使我平静"（*Nun ich weiß，du wirst mich stillen*）中，我们可以观察乐队从平静到可怕的战栗之间的过渡——

康塔塔《看啊，看有谁的悲伤如我这般深沉》开篇合唱的第一部分，有很精彩的朗诵；它像是 B 小调弥撒中《你除去尘世的罪孽》（*Qui tollis*）的草稿——

在乐队中，我们听到小提琴不断地叹息

长笛也奏出了同样的动机，不过速度加快了一倍——

这段音乐整体上的效果，是一段宏伟得直达天庭的悼歌。

在宣叙调"你这被毁灭了的上帝之城，悲叹吧"（*So klage，du zerstörte Gottesstadt*）中，弦乐奏出拖长了的悲伤的呼唤；在此之上，长笛描述了那将要肆虐耶路撒冷城的"震怒之浪"（"des Eifers Wasserwogen"）。从低音部的音型中,可以感受到咏叹调"你的风暴从远处集结"(*Dein Wetter zog sich auf von weitem*)那骇人的性格——

539

最后一首咏叹调中长笛的主题——

描述了"但是耶稣,即使在承受苦难的时候,都要做虔诚人的保护者和救星。他会满怀爱心把他们召集在自己身边,像对待自己的羊群一样"("Doch Jesus will auch bei der Strafe der Frommen Schild und Beistand sein; er sammelt sie als seine Schafe, als sein Küchlein liebreich ein")这句话。① 这段伴奏的低音声部由双簧管演奏,田园牧歌般的气质非常美丽;巴赫鲜少写出更真挚的音乐。它与前面气氛阴沉的分曲构成极为强烈的对比。对"如果复仇的风暴"("Wenn Wetter der Rache")这句话精彩的描画尤其值得注意。

　　另一部具有戏剧性的康塔塔是为复活节之后第一个礼拜日而作的《请将耶稣基督铭记于心》(第 67 首)。充满力量的开篇大合唱中,"留在"("Halt")一词重复了三次,我们大概可以对这样的处理提出反对。随后,是咏叹调"我的耶稣复活了";这是一段具有非凡魅力的音乐,其中大胆的

---

　　①　这段咏叹调中的八分音符,应该以轻轻的拨弦奏出,以达到恰当的效果。

上行音型，雄辩地描述了基督的复活。然而，康塔塔中最精彩的部分，要数男低音咏叹调“愿你们平安”(*Friede sei mit euch*)。它以表现“骚动”的动机开始——

然后突然之间，呐喊停止了，表现变形的动机以宁静超然的威严姿态进入——

尘世以及它的所有悲痛转眼间皆烟消云散。复活了的主重新与他的门徒 540
一起，以“愿你们平安”这句话抚慰他们。尘世在他们周围再次骚动起来，却丝毫不影响他们的宁静；“我们是有福的，耶稣助我们奋斗……耶稣让我们得宁静……噢主啊，请帮助我们，让我们得胜”这个段落压倒了一切不安。每一次当耶稣对他的门徒说出“愿你们平安”这句话时，骚动都会立即静止。

与其说这是一首咏叹调，不如说是一段交响式的绘画。作为德国人的巴赫，正在试图冲破腐朽的意大利艺术的藩篱。他的戏剧精神，促使他回过头去，寻求更宏大而更简洁的艺术类型——这正是他最初的出发点——并为自己创造出自由的形式。

在为主显节之后第三个礼拜日而作的康塔塔《主啊，如你所愿》(*Herr, wie du willt*，第73首)中，巴赫遵循同样的道路；这体现在风格自由的咏叹调“主啊，如你所愿”之中。它的歌词由三行诗句组成：

主,如你所愿,让死亡之痛将叹息排出心中······

主,如你所愿,将我的躯体放在尘土中······

主,如你所愿,让丧钟敲响······

在第一句中,我们听到了叹息——

然后人声向下运动,仿佛坠入了坟墓——

最后葬礼的钟声响起——

开篇的大合唱同样予人深刻的印象。乐队和管风琴奏出下面这段焦虑的动机——

Herr, wie du willt

541　这个动机来自众赞歌主题的开头;它与贝多芬第五交响曲的"命运"动机

具有明显的相似性。乐队尝试把它强加到合唱队的演唱中,而此时合唱队则正在演唱众赞歌(被宣叙调所打断)。合唱队一开始尚还抵抗。最终,随着这一动机不断以更大的急迫感重复,合唱队屈服了,把它重复了三次,乐章随之结束。这种戏剧冲突之美分外吸引人,使我们很容易忽视男高音咏叹调"啊,只让欢乐的精神沉入我的心中"(*Ach senke doch den Geist der Freuden dem Herzen ein*)的魅力;这首咏叹调中有轻柔地流泻而下的八分音符。

　　然而巨人为自由而战却是徒劳。在米迦勒节康塔塔《战斗开始了》(第19 首)中,他被打败了。第一段大合唱,描述了撒旦及其徒众与天使长米迦勒之间的斗争。大蛇以巨大的力量扭动起来,向上发动攻击——

当唱到这些话时:

> 但米迦勒胜利了,
> 围绕着他的军队,
> 击败了撒旦的残忍。

动机被扭转过来,激动而混乱的众人瞬间坠入深渊——

然后巴赫以粗线条的一笔彻底破坏这幅震撼的画面：在结束处，当撒旦的部下被打败后，作曲家写出一个反复记号，"一场战斗开始了"整个第一段，又重复了一次。[①] 巴赫纯粹依照惯例插入的这段反复，对文本逻辑和音乐逻辑当然都是一种破坏；这表明，巴赫这位独一无二的天才，在其所处时代的陈规律令面前是多么无助。单单从这段反复中，我们就可以看到巴赫艺术的整个可悲命运。在音乐图像性理念的本质中，一定有某些因素导致了它的两个最伟大的代表人物——巴赫和柏辽兹——意识不到很多天赋中庸的人都能够察觉的东西。

542

　　咏叹调"请留下，天使们，请与我在一起"的音乐，理所当然是取自于优雅的"天使"主题——

小号加上了众赞歌"啊上帝，请让你亲爱的小天使……"（*Ach Gott，laβ dein lieb' Engelein …*）。这样一来，即使以巴赫的标准来说，这个乐章都显得太长了。所以，不应该过于死板地遵从"柔板"的速度标记。终曲的众赞歌"请让你亲爱的天使与我同行"（*Laβ dein Engel mit mir fahren*）以自由的乐队伴奏，达到极为庄严的效果。

　　在这个时期的其他戏剧性康塔塔中，没有哪一首像《主，请不要审判你的仆人》和《看啊，看有谁的悲伤如我这般深沉》一样，在外部结构上构成如此完美的整体。它们由独立的分曲组成；但这些分曲在效果上往往具有巨大的力量，以至我们意识不到内在凝聚力的匮乏。

　　为圣三一节之后第一个礼拜日作的两部分众赞歌康塔塔《噢永恒，你这雷霆般的话语》（第 20 首，第一版）的第一段大合唱，按照法国风格序曲

---

　　①　随后的宣叙调"赞颂上帝！恶龙倒下了"（*Gottlob! der Drache liegt*），本来应该足以阻止他重复未决的战斗了！

的形式展开。"活跃的"乐段由"噢永恒，无时间的时间"开始；相对于"庄严的"乐段，它显得很短。① 合唱的效果得益于乐队伴奏的生动感，以及众赞歌音型的极端简洁性。

咏叹调"噢永恒，你令我充满恐惧"，由"叹息"动机主导。在咏叹调"醒来，醒来，在号角响起之前"中，巴赫理所当然地使用了小号。这个精致的小号乐段，即使在最吹毛求疵的音乐美学家眼中，都是无可挑剔的。在女低音咏叹调"噢人类，拯救你的灵魂，飞离撒旦的奴役"中，音乐对歌词的描绘颇为极端——

没有别的音乐能比之更现实地描绘出身体痛苦挣扎的场景了。②

为圣三一节之后第九个礼拜日而作的康塔塔，《发声吧，雷霆般的话语》（第 168 首，歌词由弗兰克创作），其第一首咏叹调颇令人迷惑。我们不太清楚，其中弦乐激动的音型描绘的是什么——

它强烈地暗示了《圣马太受难曲》中咏叹调"求你垂怜"的鞭笞场景。事实上，这个音型也象征了一系列的打击。巴赫记得词作者脑海中的歌词，

---

① 歌词的最后几个词，与"庄严的"乐段的重复并不相匹配。无论如何，在这段众赞歌合唱中采用序曲形式，效果并不非常令人满意。

② 这些咏叹调的歌词，部分来自里斯特众赞歌的诗节。

"我的话岂不像能打碎磐石的大锤吗"①并在音乐中描绘了相应的锤子敲击声。如果演奏得足够活跃,这个乐章非常令人印象深刻。如果咏叹调"我的罪孽,无论大小,都终将被清算"并没有深深打动我们,那也是正常的。另一方面,咏叹调"挣脱玛门的锁链吧"的低音伴奏,那种宏大有力的感觉,产生了迷人的效果——

544　　　复活节之后第六个礼拜日的康塔塔《人要把你们赶出会堂》(第44首),"赶"这个词,带有可怕的力量。恐惧的印象在低音乐器的五度进展中被加强——

并且在第二双簧管的音型中被进一步强调。随后合唱队进入,唱出歌词"然而这一刻终将来临,那些杀害你的人……"

　　咏叹调"这始终是基督徒的安慰",一开始有点令人困惑——

---

　　①　《耶利米书》二十三章29节:耶和华说:"我的话岂不像火,又像能打碎磐石的大锤吗?"

不过这些带有庆典气氛的三连音,在"欢乐的太阳在笑"("Lachen der Freudensonne")的音型中得到解释。巴赫把握住这些词句,因为他从中看到了进行声音绘画的机会。

主显节之后第三个礼拜日的康塔塔《一切唯听从上帝的旨意》(第 72 首,歌词由弗兰克所作),开篇合唱的主旋律是受到一个次要词汇的启发而作。这个词是"时间"——"一切唯听从上帝的旨意……不论在好还是坏的时候"。巴赫通过钟摆的敲击声进行表达,正如在康塔塔《谁知道我的终点有多近;时候到了,死亡来了》中一样。低音中单调的节奏,由乐队承接着演奏——

在合唱中贯穿始终。合唱队在这个令人印象深刻的钟摆声中,唱出动人的歌词。

咏叹调"我的耶稣要成就它"的近似于舞曲的前奏曲中,高音声部几次在一个和弦上停止,而旋律的低音部——

545

则继续着。同样采用这种手法的唯一一首咏叹调,是康塔塔《我的上帝,还要多久》(第 155 首)中的"我的心啊,投入至高无上的神那充满爱的怀抱吧";这段充满激情的乐章,描述了心灵在上帝的怀抱中休憩。把这段音乐特征记在脑中,我们再来看咏叹调"我的耶稣要它得以实现"的文本,这段音乐立刻显示出它的涵义——它表达了"虽然你的心灵中载满了沉重,它将会温柔地在他的怀抱中安息"。从这个例子可以看出,巴赫音乐的意义,有时需要通过对两段颇不相关的乐段作比较才会显露出来。

　　为六旬斋而作的康塔塔《轻率的心怀二意者》(*Leichtgesinnte Flat-tergeister*,第 181 首),开篇咏叹调的主题如下——

它始终没有展开,仅仅被反复演奏。人们不禁会觉得,巴赫正在描绘"轻率的心怀二意者",他们像空中的禽鸟,捡拾种子;福音书在六旬斋这一天(《路加福音》八章 4 — 15 节)中提到他们。我们仿佛看到一大群乌鸦,降落到田野中,伸长着腿,拍打着翅膀。

　　在随后的咏叹调中,低音部的拨奏象征"有害的荆棘"("die schädlichen Dornen")。极富美感的终曲合唱"最高的上帝,让我们在任何时候"(*Laß, Höchster, uns zu allen Zeiten*),平衡了作品其他部分过于严苛激烈的音乐。

　　为圣三一节之后第十三个礼拜日而作的康塔塔《你要爱主,你的神》(*Du sollst Gott deinen Herrn lieben*,第 77 首),它的开篇合唱——"你要爱主,你的神"——采取了象征性的处理方式。巴赫对圣经的知识,令他想到耶稣对"十诫中哪一诫最大"这个问题的回答是律法和先知一切道理的总纲被总结在爱的戒律之中①。巴赫在他的音乐里,通过以乐队演奏众赞歌"这些就是神圣的十诫"的定旋律,来衬托宣布新戒律的合唱队。次要的戒律由小号奏出带附点的主题来表现;管风琴的低音管以二分音符奏出主题,象征较重要的戒律。乐队的其他部分,奏出旋律开端的动机,以此象征最不重要的戒律,即律法的次要点和标题。就像耶稣从旧的

546

_____

　　① 《马太福音》二十二章 34 — 40 节。在《路加福音》十章 23 — 37 节中,没有这个结束段落。在此,我们可以清楚地看出,巴赫为了给音乐找到形象性的素材可以走得多远,以及当他想到在文本之外、他自己想表达的东西时,可以多么毫不犹豫地偏离文本本身。

律法中,发展出新的、关于爱的律法一样,巴赫也从古老的众赞歌的头几个音符中,构筑起他的合唱主题。遗憾的是,文本的进一步发展,并没有给予巴赫写出更精彩音乐的机会。

《察验我吧,上帝,察验我的心》(*Erforsche mich,Gott,und erfahre mein Herz*,第 136 首,为圣三一节之后第八个礼拜日而作)和《带上属你的东西离开》(*Nimm was dein ist,und gehe hin*,第 144 首,为七旬斋而作)这两首康塔塔的诗歌,似乎对巴赫触动极小,以至他只使用已有的音乐进行拼凑,比如那些不完美的朗诵段落。① 唯一值得关注的原创部分,是经文歌式的合唱"带上属你的东西离开"。在这里,乐队的低音着力表现"离开"一词——

为复活节之后第二个礼拜日而作的康塔塔《以色列人的牧者啊,求你留心听》(*Du,Hirte Israel,höre*,第 104 首),把我们带入一个全新的世界。我们不禁要问,这位纵情于最精致的抒情性的作曲家,与那个写出几乎过于具有形象性的音乐的作曲家,是同一个人吗? 一个充满魅力的三连音,贯穿了第一段大合唱和终曲的咏叹调"幸福的羊群"(*Beglückte Herde*)。在咏叹调"我的牧者躲藏得太久……然而我加快自己虚弱的脚步"(*Verbirgt mein Hirte sich zu lange... mein schwacher Schritt eilt dennoch fort*)中,双簧管描绘出了一段满怀喜悦匆忙赶路的图景。这首作品狂喜的和谐之音,以及完美的优雅感,能够在一瞬间对所有听众产生感染力;它最适于用来消除大众对巴赫音乐的偏见。

547

---

① 大合唱"察验我吧,上帝"肯定不是巴赫的原作。在 A 大调弥撒的"天父的荣耀"(*In Gloria Dei Patris*)中,效果要好一点,但是在这里,巴赫可能使用了一些借来的材料。二重唱中强烈而骄傲的主题,同样完全与文本无关。对于康塔塔《带上属你的东西离开》中的两段咏叹调,我们可以很有信心地说,巴赫不可能故意以这种方式表现它们;但如果把它们放到后来创作的一段音乐里,就能完全被其歌词所解释。

　　为仲夏日而作的康塔塔《人啊，颂扬上帝的爱吧》(*Ihr Menschen*, *rühmet Gottes Liebe*, 第 167 首)，以及为圣三一节之后第十七个礼拜日而作的《荣耀上帝的名》(*Bringet dem Herrn Ehre seines Namens*, 第 148 首)，也充满纯真的魅力。前者的终曲大合唱"歌颂与赞美吧"里，欢快的乐队伴奏效果尤其强烈。

　　为圣诞节之后的礼拜日而作的康塔塔,《年终岁末颂扬上帝》精彩的文本出自诺伊麦斯特之手。从巴赫所写的音乐可以看出，他对这个文本非常满意。他用小调写出快乐的、芭蕾舞风格的伴奏，烘托出描述旧的一年过去、新的一年"荣耀地来临"的唱词——

　　然后是一首简单的、以"我的灵魂，赞美主吧"(*Nun lob*, *meine Seel*, *den Herren*)写作的经文歌合唱；在其中，乐器仅仅起到加强人声效果的作用。在这个乐章的结尾，巴赫写了"174 个小节"！

　　新年康塔塔《上帝我主，我们赞美你》(*Herr Gott*, *dich loben wir*, 第 16 首)两段合唱，采取更加通俗的风格。在第一首中，乐队低音持续演奏着"欢乐"的动机——

　　在第二首中，合奏乐段之间穿插着低音提琴的独奏。

　　巴赫这个时期作品中少量的神秘主义因素，是由文本造成的。两首康塔塔赞美了对死亡的渴望。第一首,《既然我不让你离去，那么祝福我吧》(*Ich laβe dich nicht*, *du segnest mich denn*, 第 157 首)是为男高音和男低音写的独唱康塔塔，为圣烛节而作。开篇二重唱交响化的伴奏，让我们想起了《耶稣拣选十二门徒》(第22首)的第一首咏叹调。然后，一束欢乐的光，带着不断增加的明亮感，漂浮在对死亡的期待之上。咏叹调"我紧紧地抓住我的耶稣"(*Ich halte meinen Jesum feste*)就像一支天堂里的圆圈舞。终曲咏叹调"是的，是的，我紧紧地抓住耶稣"(*Ja，ja，ich halte Jesum feste*)，有一种几乎过分的欢乐感。

548

　　从皮坎德的诗歌中，我们得知这首精彩的康塔塔作于1727年2月2日的马利亚行洁净礼日；以及，四天之后，在王室老管家约翰·克里斯蒂安·冯·潘尼考的葬礼上，巴赫演奏了这首康塔塔。①

　　死亡与青春，是为圣三一节之后第十六个礼拜日而作的康塔塔《最亲爱的上帝，我何时能死去》(第8首)的主题。这首康塔塔是根据福音书中拿因寡妇的儿子的故事(《路加福音》七章11－17节)写出的。当他们抬着男孩走向门口时，阳光明亮地照耀在田地上；草地上的鲜花，和着塔楼上飘来的钟声；远处和近处都能听到小鸟的啁啾声和嗡嗡声。关于这首管弦乐音画，施皮塔说，它是由钟声和鲜花的芬芳交织而成的，而且充满着春天时坟地的气息。

　　在咏叹调"我的灵魂，当我的末日之钟敲响时，为什么你要害怕呢"(*Was willst du dich，mein Geist，entsetzen，wenn meine letzte Stunde schlägt*)中，死亡的钟声在小调上奏出，仿佛乌云把它的阴影投在微笑的草地上。这些感觉在咏叹调"走开，你这疯狂、徒劳的忧虑……我的耶稣召唤我了；谁会拒绝?"(*Doch weichet ihr tollen，vergeblichen Sorgen…mich rufet mein Jesus，wer sollte nicht gehn?*)中被驱散一空。在这里，喜庆的长笛以快速的吉格舞曲节奏引领弦乐与人声。

　　如果没有一个真正优秀的、熟悉巴赫音乐的乐队，千万不要尝试演奏这首精彩的作品。它是巴赫为数极少的、带有具体分句与力度指示的康塔塔之一；这意味着，巴赫要求在演奏中作出极其严谨细致的处理。

----

①　参见施皮塔，《巴赫生平》，卷II，第243页。

第二十八章 《葬礼康塔塔》与《圣马太受难曲》

巴赫协会版,卷十三³ 《葬礼康塔塔》

巴赫协会版,卷四 《圣马太受难曲》

王后克里斯蒂安妮·埃伯哈丁(die Kurfürstin‐Königin Christiane Eberhardine)①在 1727 年 9 月 7 日逝世,整个萨克森都悼念她——民众不仅是为了服从官方确定的为期 4 个月的国丧期,而是发自内心地哀悼她的离世。她的丈夫为了得到波兰王位,在 1697 年变成罗马天主教徒,为此她一直远离丈夫,过着寂寥的独居生活。因为她所承受的这份苦楚,民众几乎把她当作圣人崇拜。

10 月 17 日在圣保罗教堂举行的悼念仪式,不是由市政厅组织的,甚至不是长老会的命令,而是最初出于私人的意愿。一个叫汉斯·卡尔·冯·克尔希巴赫的弗莱堡矿业顾问,曾经请求宫廷批准为逝者举行悼念仪式。由于仪式举行的地点圣保罗教堂属于大学的教堂,所以邀请函由校长发出。悼念仪式的组织者委约高特舍特(Gottsched)创作《葬礼康塔塔》的歌词。至于音乐,本该请大学教堂的礼拜指导戈尔纳(Görner)创作。议会听说组织者邀请了圣托马斯教堂的乐长来创作,就尝试命令取消委约。最后事情的解决办法是,巴赫获准创作这首音乐,但当局公开规

---

① 关于王后克里斯蒂安妮·埃伯哈丁,参见施皮塔,《巴赫生平》,卷 II,第 444 页及以下。

定,这个批准仅此一次,巴赫不能由此推断,他有权为其他大学庆典创作音乐;而冯·克尔希巴赫则需要付给戈尔纳 12 塔勒的补偿。①

巴赫乐谱的题词如下:

> 葬礼音乐,在冯·克尔希巴赫先生为波兰王后、萨克森选帝侯王妃克里斯蒂安妮·埃伯哈丁举行的赞颂与哀悼仪式上演奏……王后原名布兰登堡——拜罗伊特的玛格拉维尼,受洗于莱比锡的圣保罗教堂——1727 年 10 月 18 日由约翰·塞巴斯蒂安·巴赫演奏。

550

日期是错误的,正确的时间应该是 10 月 17 日。② 乐谱结尾的日期是 10 月 15 日,说明巴赫是到了演出前两天才完成创作的,所以不可能有机会进行多次排练。

高特舍特的颂歌四平八稳,但既没有诗意,也缺乏深度。值得注意的是,它没有提到逝者丈夫的悲哀。诗人不可能于此处着墨,因为人人皆知道他们的婚姻非常不幸,王后曾在感情上受到丈夫极大的伤害。

虽然文本以分节诗体写成,但巴赫决心以“现代”的流行风格来处理,将诗节写成意大利宣叙调和咏叹调的形式。他以此方式极巧妙地解决了各个技术难题。

《葬礼康塔塔》的音乐迷倒了福克尔。他说:“这首作品的合唱乐段实在太迷人了,任何人一旦开始演奏它们,必定爱不释手,直至演奏到作品的结尾为止。”③

第一段合唱“王后,请你再多看一眼”,从头到尾贯穿着庄严的节奏。听众深受它宏大、雍容与沉郁的和声的震撼,以至忘记乐章的长度。

随后的两个乐章,由高贵的悲悼动机统摄。在咏叹调“安静下来,你们这些优美的琴弦”(Verstummt, ihr holden Saiten)中,小提琴持续奏出

---

① 见本书第 105 页及以下。

② 在斯库尔(Sicul)的《哭泣的莱比锡》(Das thränende Leipzig)(1727 年)中,有对此次悼念仪式的记载。参见施皮塔,《巴赫生平》,卷 II,第 447 页。

③ 福克尔,《巴赫传记》,第 36 页。

抽泣与叹息——

551 描述葬礼钟声敲响的宣叙调,极其动人——

> 钟声的泛音,荡气回肠
>
> 在我们不安的灵魂中唤起哀愁
>
> 它渗入我们的骨髓与血管
>
> 这可怕的声音
>
> 每日都在我们耳边回响
>
> 啊,但愿它能让整个欧洲
>
> 都知道我们的悲痛!

　　当女低音唱着这些词句时,钟声在乐队中响起——起初是小钟的声音,然后到较大的钟,穿越不同的音域,一直降到低音部。然后轰鸣声静止了,长笛、双簧管、小提琴和中提琴渐次沉默,直到只有两把维奥尔琴演奏着旋律,最后是低音提琴单独演奏——

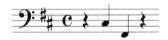

　　巴赫以这种方式,表现丧钟声音的开始与终结;这与康塔塔《基督,我们的主,来到约旦河》(第7首)表现河流急速的波浪,具有同样逼真的效果。另一方面,康塔塔《最亲爱的上帝,我何时能死去》(第8首)中丧钟的敲响,则又是一幅更理想化的图景;巴赫得以把它扩大为一个宏大的乐章。在《葬礼康塔塔》里,简洁性是构筑这幅丧钟图景的一个本质元素——它只由十一个小节组成。

"丧钟震颤的声音"消逝的那一刻,死亡和它带来的痛苦被征服了;然后音乐仿佛改变了形态。咏叹调"女英雄多么快乐地死去"(*Wie starb die Heldin so vergnügt*)中,维奥尔琴奏出的主题,仿佛天国中一个安宁的微笑——

继之而来的宣叙调,以"啊,有福之人！ 当造物主召唤他离去时,他伟大的精神升华到自然之上,不惧怕坟墓和棺木"这句话作结。 在这里,巴赫通过低音部一段从头至尾贯穿整个乐章、美妙而超然的音乐形象,描述了胜利者抵达永恒的彼岸时心中获得的安宁——

552

在这些超脱的波浪音型之上,两把抒情双簧管(oboi d'amore)演奏的音乐,像是"欢乐"动机的变形——

在咏叹调"噢王后,请把你明朗的目光,从永恒的蓝宝石殿堂,转向我们的卑微"(*Der Ewigkeit saphirnes Haus zieht*,*Fürstin*,*deine heitern Blicke von unsrer Niedrigkeit zurücke*)中,巴赫的神秘主义获得淋漓尽致的表达。 和着简单的伴奏,长笛奏出一段阿拉伯曲风的旋律,仿佛圣者的

舞蹈——

除了这些独唱乐段之外,这部作品还包含两段精彩的合唱,其中一首——"献 给 你,伟 大 女 性 楷 模"(*An dir, du Vorbild großer Frauen*)——以赋格形式写成;另一首——终曲大合唱"噢王后,你不会死去"(*O Königin, du stirbest nicht*)——是简单的歌曲形式,以温柔的三连音流淌而出。

至于《葬礼康塔塔》的配器,巴赫借助抒情双簧管、维奥尔琴和琉特琴,着力营造出一种特殊的色彩;然而,因为今天缺少维奥尔琴和琉特琴演奏家,相应的乐段往往由一般的弦乐器演奏,导致当代演出中很少能实现这种效果。有一点非常有趣,值得我们注意:在非连奏乐段,巴赫使用琉特琴来增强乐队低音部的效果。这说明他着重强调这些基本音型的显要性。无任何时,只要有琉特琴,他一定会尽量在康塔塔中使用它们,以加强通奏低音的效果。

553　　很遗憾,用数字标记的管风琴部分已经随原来的分谱一并遗失了。巴赫自己手写的乐谱几乎无法辨认,而且显然是在极仓促的情况下写成的。一部规模如此宏大的作品,要在两到三个星期之间写出,出现这种情况是可以理解的。

鲁斯特为这首精彩的作品作了很大贡献:在巴赫协会版中,他以万灵节为题材为之写了一套完整的歌词,而这正是现在普遍使用的版本——因为我们不可能在每次演出中,都纪念克里斯蒂安妮·埃伯哈丁!

巴赫在 1728 年秋天开始创作《圣马太受难曲》;期间,他在 11 月中旬得知他的朋友、科腾的利奥波德王子逝世的消息,同时收到为其葬礼创作纪念的委约。这显然是在王子逝世 3 个多月之后发出的;确切的日期至今已不可考。巴赫正忙于手头上的《圣马太受难曲》,要在这么短的时间内写出一首新的作品，当然是不可能的；于是他请皮坎德为《圣马太受难曲》已经完成的部分音乐量身定造歌词，以用作悼念颂歌。于是，悼念王子的作品就由《圣马太受难曲》的 8 首咏叹调和终曲咏叹调组成。至于开篇的大合唱"哀哭吧，孩子们，向全世界哀哭"（*Klagt，Kinder，klagt es aller Welt*），巴赫使用了《葬礼康塔塔》的第一段合唱，这表明在这个阶段，《圣马太受难曲》的开篇合唱还没完成。

　　这正是福克尔手上的那份为双合唱团作的悼念音乐的乐谱。值得注意的是，他似乎没有发现这首作品与《圣马太受难曲》的共同点，否则他一定会作评论。施皮塔推测，福克尔对《圣马太受难曲》只有非常粗浅的了解。在巴赫 1818 年去世后，人们为他编制的作品手稿清单里，没有悼念音乐的手稿；此后也始终没有找到它。在很长的一段时间里，人们都以为巴赫最优秀的作品之一已经遗失，并为此感到无比惋惜；直至鲁斯特在为巴赫协会版，卷二十²（1870 年）写的序言中，根据文本的性质，证实这首作品就包含在《圣马太受难曲》之中。

554

　　如果比较两部作品的歌词，我们会惊讶地发现，巴赫仅凭极为表面的一致性，就可以置换歌词。比如，想象一下歌词"利奥波德，到你的安息之地去吧"，竟然可以就着咏叹调"我守候在我的耶稣身旁"（*Ich will bei meinem Jesu wachen*）的旋律唱出！从这种处理朗诵的手法中，我们不难了解新作的诗歌只是最低限度地考虑到音乐的文学性与图像性用意。真是难以想象，写出《圣马太受难曲》的人，与劣拙地篡改这首音乐的人，竟然是同一位！

　　《圣马太受难曲》文本的编排布局，经过极精密的安排。可能因为巴赫对皮坎德 1725 年写的受难曲诗歌①太不满意了，所以这次不愿意再容他为所欲为。我们有这么一个印象：巴赫详细地写出了作品的总体构思，并且具体到每一个细节，而皮坎德基本上是在巴赫的监督下创作文本的。

　　巴赫从布洛克斯的受难曲诗歌②中，摘取了"锡安的女儿"一段。皮

---

①　参见本书第 522 页及以下。

②　关于布洛克斯的受难曲诗歌，以及它与巴赫的联系，参见本书第 81 页及以下。

坎德获准从巴赫魏玛时期的词作者弗兰克的诗歌里借用一些灵感,作为自己咏叹调的歌词。1725 年受难曲中的一些思想也被再次使用,并得到改进。

作品的戏剧结构既简洁又精巧。基督受难的故事被塑造成一系列图画。每每到了需要塑造画面形象的地方,叙事就会暂停,而刚刚发生过的场景,会成为虔诚沉思的对象。这些段落通常由咏叹调表现,它们由一段类似咏叙调的宣叙调引出。在短小的间奏段落,基督徒旁观者的感受,通过众赞歌诗节来表达。挑选这些诗行的任务,落到了巴赫身上,因为在那个时代,没有哪个自视甚高的诗人,会愿意承担这种次要的工作。但恰恰是这些过渡性的众赞歌诗节,充分展示了巴赫诗性触觉的全部深度。在德国教会的所有赞美诗中,没有哪一首比巴赫选择的歌词更切合具体情景。

《圣马太受难曲》总共分成大约 24 段场景——12 段小场景,由众赞歌表现,12 段大场景,由咏叹调表现。要在表现受难故事情节的同时,给予仪式性祈祷元素足够的比重——在这方面,巴赫提供了完美的解决方案;恐怕不会有更好的处理办法了。我们越深入了解《圣马太受难曲》的戏剧布局,就越能够体会它真是一部旷世杰作。

与巴赫的合作给予了皮坎德最好的灵感。在《圣马太受难曲》中,他创作出了自己最优秀的诗歌;遣词非常生动,极富图像感;少有他的其他作品中枯燥讨厌的元素。场景获得简洁的描述,沉思是单纯的,但也往往是极深邃的。咏叙调—宣叙调的文本,的确算得上他最佳的作品;就算只是阅读文本,都能感觉到一种音乐感。

面对《圣马太受难曲》这样的杰作,我们不禁扼腕叹息:巴赫与皮坎德没有合作写出涵盖整个教会年历的全套康塔塔——他们二人,一个可以贡献深邃的音乐,另一个可以贡献灵巧丰富的词汇。

即使皮坎德完成歌词之后,巴赫仍然会作出修改。皮坎德把作品第一部分的开头塑造成带有合唱的咏叹调形式,与第二部分的第一分曲一样。在他的构思中,"来吧,女儿们,与我一起哀悼"和"看啊,新郎!看他……像一只羔羊"是由锡安的女儿来演唱,而合唱队只是不时加入

"谁？……怎么样？……什么？"这类短促的疑问。巴赫的音乐触觉令他有相反的想法。他的灵感让他看到了耶稣被牵引着穿街过市，走向十字架；巴赫看到人潮在大街上激愤地涌动；看到他们互相呼号和应答对方。正是这种神启般的想象，促使巴赫将这段引子，改写成一曲由双合唱团演唱的宏大音乐。在现在的歌词中，原作者所用的单数代词形式仍没有改过来——"与我一起哀悼"——这正是巴赫改动文本时留下的痕迹。

所以，如果把这段双合唱团音乐诠释成一首超验冥想式的悼歌，以精细而缓慢的方式奏出，就真是犯了极大的错误。此处，音乐的主旨是刻画有血有肉的现实，它要描绘人群激愤地涌动、大声呐喊、吼叫的场景。人声部分并非空洞的华彩，而是对一大群人相互冲突的声响的真实再现。女高音唱出的第一个乐句的性格，明显地表现了这一点——

如果我的这个观点正确，那么乐队的前奏也应带上沉重的重音，并且传达出一种内在的骚动感；这样就能通过低音部在相同音符上的重复，以及和声恐怖的严酷感召唤出一种不安宁的氛围。无论如何，通行的演奏速度都太拖沓了；我们越研读合唱部分，就越会坚信音乐的效果主要应该来自朗诵本身具有的凌厉感，而非刻意做作的强弱对比。

第一部分终曲中的众赞歌合唱"人啊，为你深重的罪孽哭泣吧"（卷五，第45首）存在类似的情况。乐队的伴奏建立在高贵的悲恸动机之上——

如果只看乐队部分,可能会自然而然地选择较为庄严的慢速来演奏这个乐章;但如果考虑到合唱部分,我们就会意识到,乐章的速度应该大大加快。更进一步细致地研读之后,我们发现众赞歌的每一条独立的线条都非常动人;如果不采取较鲜活灵动的处理方式,它的效果将会丧失。所以如果乐队在序奏中采取正确速度,一开始可能显得太快,但一旦合唱队进入,这个速度的合理性就会得到印证。核心的问题,自始至终在于如何平衡两种不同的速度,所以有必要最大限度地采取弹性处理。有鉴于此,我建议演奏时放弃通常的渐慢和渐弱,避免不必要地破坏音乐的流动性,妨碍听众感受乐章逻辑上的整体感。唯有在歌词和乐句有需要的时候,速度才应该减慢——比如说当唱到"我们罪孽的沉重包袱"这句话时。乐章的结尾应该如何处理,仍然有待商榷。这里出现的"adagiosissimo"("极慢的柔板")标记,也出现在众赞歌前奏曲"人啊,为你深重的罪孽哭泣吧"的最后一个小节里;我们可以据此认为,在受难曲中,合唱团和乐队应该以缓缓的渐慢,柔和地一起消逝。

557

第二部分的终曲大合唱,与《圣约翰受难曲》的对应部分一样,被构思成一首葬礼音乐。在这里,下行的动机也奠定了乐章的基调;人们的目光仿佛追随着遗体下葬到坟墓。要表现出这一乐章的全部魔力,像这样的低音音型——

应该柔和而清晰地演奏出来。

从众人的合唱中,我们可以看到《圣约翰受难曲》与《圣马太受难曲》在叙事方面的巨大差异;巴赫把这种差异反映到音乐里。在《圣约翰受难曲》中,合唱曲的情绪具有戏剧性的激越感;而在《圣马太受难曲》中,合唱曲的情愫则接近史诗式的超脱。它们相对较短,而且在某些方面更具音乐性;与其他受难曲不同,它们的目的不在于表现被延长了的、冲突性的呐喊。在《圣约翰受难曲》中,众人的合唱是行动的承载体;而在《圣马太受难曲》中,它们则只是整个叙事的一部分。我们不妨比较一下两部作品是如何处理"把他钉上十字架"这一段的;还需注意,巴赫不曾为"巴拉巴"(Barraban)段落写过任何合唱。

在十字架下的合唱——"你这拆毁圣殿的"(Der du den Tempel Gottes zerbrichst)和"他救了别人"(Andern hat er geholfen)中,具有更多 558 《圣约翰受难曲》合唱中特有的魔性。歌词"就从十字架上下来吧"(So steig herab vom Kreuz),在音乐中获得了极生动的描绘。低音音型是这样的——

这些众人合唱的乐器部分有很多精彩的细节;遗憾的是,它们常常在演奏中丢失了;我们的乐队与合唱队相比,声势显得太弱了。唱到"你真是他们一党的"(Wahrlich, du bist auch einer von denen)这一句时,谁还会听到长笛傲慢的笑声? 谁又会在"把他钉上十字架","向我们预言","那对我们而言是什么"和"让他的鲜血流淌到我们身上"这些话中,听到同样的笑声? 在这些合唱段落中,虽然其他乐器都基本上要与声乐部分保持一致,但巴赫为长笛的合奏分配了一个非常独立的声部。如果在此加上一把短笛,就会与《圣约翰受难曲》的很多合唱曲一样获得良好的效果。

奇怪的是,为什么现在人们安排合唱队时,很少考虑到戏剧表演的对话性因素? 事实上,我们现在会听到 400 个歌手齐唱这样的段落:"您希望我们在哪里置办逾越节的晚餐","主,是我吗"(由两个门徒说出),"真的,你也是他们中的一员"(由两个士兵和那个侍女说出),"这个人真是神的儿子"(在十字架下由军队队长和守卫说出)。其实,巴赫只为每组角色安排了 3 个或者最多 4 个歌手。在演出整部《圣马太受难曲》时,如果有双合唱团供他使用,那么他只需复制六套或者八套声部分谱。每个合唱团都维持原来的人数,只有小提琴数量增加一倍。所以对巴赫来说,不存在使用整个合唱队还是其中一部分的问题;然而对于在今天拥有巨大合唱队的我们来说,这却是个问题。可能在将来,如下方法会被广泛采纳:把上述合唱段落分配给每个声部由五到六把人声组成的小合唱团,这样既能达到戏剧演出的要求,又能实现音乐上的效果。有一种错误的观念,认为在教堂里,只有大型合唱团才能产生足够的效果。我们必须摒弃这种看法。

559　　在关于受难的叙事中,基督与传福音者的宣叙调的美感与极致的表现力,没有任何分析能够描述。人们注意到,与传福音者相比,基督演唱的宣叙调更具咏叙调意味。它们也仅由弦乐伴奏。当小提琴柔和而明亮的和声进入时,我们仿佛看到了救世主头上神圣的光环。

　　一般来说,传福音者的朗诵,性格很平白,描绘也很客观。这样一来,反而使某些经过伴奏强调或者由花腔唱段表现的词语,具有更强烈的效果。比如说客西马尼苦难地场景中,"而开始感到悲伤与非常沉重",以及"倒在他的面前,开始祈祷"两句,以及在彼得不认主之后"凄楚地哭泣"一句。相对而言,基督的话语则经过更精心的处理;不过此处,我们再次惊叹巴赫的表现手法何其精简! 一般而言,巴赫只需一段简单的收束乐句,就能够突出某个词语的效果。很偶然地,乐队所描绘的图景才会因为本身的魅力而吸引听众的注意力。众人在被驱散过程中说出的话,通过几个不同的和声再现。在诗节"当他们唱出赞美诗的时候,他们走向橄榄山"中,低音部一些沉重的步伐——

象征了救世主开始走上他的受难之路。后来救世主褪掉了尘世的肉身,形相发生了变化之后,他的步伐变得极为不同。当复活的救主向门徒保证,他会比他们先到加利利的那一刻,乐队暗示了救主乐观愉悦的步履——

如果这些鲜活的图像性细节,没有在乐队中获得清晰而富于表现力的演绎,听众就无法察觉它们,比如耶稣对熟睡中的门徒说话的伴奏。在动机——

中,乐队必须能让我们看到,心中充满极大痛苦的主耶稣,摇晃着自己的门徒,把他们从睡梦中叫醒。然而,小提琴总是把这个段落,特别是其中的颤音演奏得太过轻柔,结果那种应有的激动感完全没有传达给听众。在耶稣向判官预言的段落"你们必看见人子坐在那权能者的右边,驾着天上的云降临"①中,十六分音符音型描述了将要成为主耶稣的宝座的云朵,在地平线上集结,但是它应有的效果也很少被传达出来。

560

为耶稣在最后晚餐中说的话伴奏的音乐,表达的不是悲伤,而是主耶稣必胜的信念;他在这顿哀愁的最后的晚餐中向门徒许诺,他将会与他们一起在天堂坐席。②

在 1829 年的演出中,门德尔松为"看哪,圣殿的幔子被裂开了"的伴奏作了配器。这违背了巴赫的意图。巴赫关注的,是表现"撕开"这个动作的音阶音型。管风琴师应该协助实现这种效果,因为如果仅由大提琴和低音提琴演奏,听众是无法清楚地听见这些音型的。和声应该由另一个键盘演奏,采用音栓,应该有张力但不过分强烈。很多人都认为,管风琴师在此可以用极强的力度自由地演奏一段幻想曲,但此种观点既无历

---

① 参《马可福音》十四章 62 节。

② 关于这个乐段,参见本书第 399 页和第 406 页。

史依据,也不符合艺术原则。与传福音者的所有乐段一样,这段音乐最首要的目的,是关于受难叙事的朗诵;伴奏部分必须仅仅以暗示的方式进行烘托。然而在咏叹调中,乐队却是自为一体的。它传达思想、表现情节。在这里,可以说乐队不是人声的伴奏,而是恰恰相反。

　　如果我们更深入地研读这些乐段,会发现有两点值得注意。第一,主题的目的是表现图像,这是确定无疑的;第二,咏叹调和咏叙调般的宣叙调之间,有一种主题上的联系。咏叹调的旋律,往往是从它之前的咏叙调—宣叙调伴奏中对应的乐思衍生而来。

561　　无需敷言,《圣马太受难曲》中"沉思性"音乐的独特之处,并非总是那么明显。当文本和故事的场景没有提供特别具有图像性的内容时,音乐就独立地表达纯粹的情愫。在第一首和最后一首独唱段落中,这一点尤其明显。咏叙调"在夜晚,天气变得清凉"(*Am Abend*, *da es kühle war*)中,巴赫表达了夜幕降临时的宁静;咏叹调"我的心,变得纯洁吧"(*Mache dich*, *mein Herze*, *rein*)表达了时而雀跃、时而平静的喜悦感。这两个乐段都是独一无二的。我们禁不住一次又一次地问自己,究竟是什么原因,使这些曲调如此完美地传达出那神秘而无以言表的神圣情感——每当我们念及基督下十字架的情景时,这种情感就会降临到我们心头。

　　《圣马太受难曲》中,创作时间较早的几个独唱乐段——咏叙调"你,亲爱的救主"(*Du lieber Heiland*)、"忏悔与懊悔"(*Buß und Reu*)和"流血吧,你这亲爱的心"(*Blute nur*, *du liebes Herz*)之间,具有主题上的一致性。三个乐段的歌词都提到了泪水、叹息和悲悼之情;相应地,它们的音乐也由巴赫式典型的"叹息"动机主导——

咏叙调-宣叙调,"你,亲爱的救主"

咏叹调,"忏悔与懊悔"

咏叹调,"流血吧,你这亲爱的心"

在此处,音乐真的应该抽泣起来!然而,要实现这种效果,乐队必须奏出连音音符,让它们听起来像一声声逼真的叹息,并完整地表现巴赫借助分句传达的全部内涵。歌唱家们的确要为对这些乐段所作的错误诠释负部分责任;他们总是用太慢的速度,并因为渐慢处理而使节奏游移不定,以至乐队无法表达出恰当的涵义。

562

在咏叹调"流血吧"中,速度应该稍快一点。尤其要注意,乐队不能够强调主题的重拍,而要凸显出第一小节的第二个八分音符和最后一个四分音符、第二小节的第二个和最后一个四分音符、第六小节的第二个和第六个八分音符;应该通过强调它们,让旁边的其他音符几乎隐没。

由于其主要的动机,以及它充满感情的特质,这段音乐处在抽象的抒情艺术与具体的再现艺术之间的临界点上。即使在此处,我们仍然能发现巴赫的想象力是何其迅捷:他一下子就抓住了最细小的借口,进行音乐绘画——在咏叹调"忏悔与懊悔"的"我的泪滴"这一句中,他使用的动机,形象地描绘了眼泪滴下来的动态——

在咏叙调"虽然我的心在眼泪中游弋"(*Wiewohl mein Herz in Tränen schwimmt*)的伴奏中,乐队描述了泪水的流淌——

重音不应该落在重拍上，而应该每次皆落在第二、第四、第六和最后一个八分音符上。

　　前面的沉思场景，充满对耶稣的哀悼。而到了明亮的 G 大调咏叹调"主，我愿把心给你"（*Ich will dir mein Herze schenken*），则以一段欢乐的告解，终止了哀悼的情愫。

　　描述客西马尼的段落，有三个场景主要由祈祷般的冥想主导——耶稣带着门徒到来、他的祷告以及被捕。

　　在诗节"我的灵魂悲伤至死；请你留在这里，与我一同守望"中，出现了沉思的元素。唱词的前半段描述耶稣灵魂的痛苦；它在宣叙调"痛苦啊！他受折磨的心终于颤抖了"（*O Schmerz, hier zittert das gequälte Herz*）中获得表达；后半段是述说他们将留守在他身旁的祷词，由咏叹调"我守候在我的耶稣身旁"表现。

563　　第一首咏叹调，由长笛和双簧管痛苦的悲叹声伴随——

与此同时，低音提琴在同一个音上奏出抽泣般的一段持续十六分音符。这种十六分音符表达了恐惧与战栗——这一点在康塔塔《噢永恒，你这雷霆般的话语》（第 60 首）明确地表现出来；而且，它们仅仅继续着不久之前的八分音符，这些音符伴奏耶稣"我的灵魂已经超越了悲痛，站在死亡的边缘"这句话。在演奏中，木管乐器演奏家需要明白，这些八分音符不能均匀地演奏，而应该只强调每小节的第三个和第七个，所有其他音符，即使是处在小节重音上，都应该被处理成它们的准备或补充：只有这样，意义才能获得准确的表达。这样一来，我们不但能听到叹息声，乐队伴奏也会变得非常明晰通透，让人声得以在自然舒展的状态下被听到，而不像往常那样，被淹没在长笛和双簧管中。如果低音部要奏出正确的效果，必须这样来分句——

正是低音部和长笛各自抑扬顿挫的对比,传达出了巴赫希望暗示的那种痛苦的不安。

中段那精致的众赞歌"所有这些痛苦,都是为了什么?"(*Was ist die Ursach aller solcher Plagen*),必须同样注意歌词中的愤恨与悲怆。它应该以极弱的力度唱出,同时有一种紧迫的律动感;歌词必须以激动的低语来表现。

随后咏叹调中的合唱"这样我们的罪孽将会沉睡"(*So schlafen unsre Sünden ein*)应该轻柔地演唱,仿佛在梦境中;但必须保证速度不要太慢,因为这不是由合唱队,而是由守夜人的信号决定的——

管乐器应该强调象征守夜人信号的如下四个音符,而非那些十六分音符,只有这种方式,才能清晰地表现出这个动机的涵义—— 564

主要的重音落在最后一个音符上;十六分音符只不过是用于填补间隙。

巴赫以一段宣叙调—咏叙调和一段咏叹调,来表现客西马尼苦难地的祷告。咏叙调"救世主在他的父前倒下",乐队伴奏采用下行十六分音符——

只有在"通过受难,他提升自己,也将我们从堕落中提升"这段话之后,伴奏才暂时变为上行音型。

咏叹调"我愿意背负十字架,饮下这杯苦酒"(*Gerne will ich mich bequemen Kreuz und Becher anzunehmen*)的主题是这样的——

它象征了谦卑的虔敬之情;旋律线一开始先是下行,然后是尝试向上,最后以再次下行而告终。类似的动机带有相同的象征意义,频繁地出现在其他康塔塔中。这个主题结构上的性质——尤其是最后一个下行段落——决定了它必须有种沉重感。唯其如此,听众才能在眼前看到一个人的身躯,在不断地下沉。

处理二重唱"我的耶稣就这样被抓起来了"(*So ist mein Jesus nun gefangen*)时,我们必须坚持这样的原则:巴赫的音乐,首先是对场景的描绘。他的音乐图画是由歌词"他们把他带走了,他被抓了起来"决定的。巴赫在脑海中,看见人群在客西马尼苦难地阴郁的树木间涌动,被缚的耶稣就在前方被驱赶着;巴赫想象好几个虔诚的信徒紧跟着耶稣,悲伤地呼喊"放开他,停下,不要绑着他"。音乐描述了一个充满动态的场景。它的两个主要动机的结构,以及互相间的配合,营造了一种紧张的 4/4 拍子节奏——

整段音乐几乎有种进行曲般的性格,而这又因为有规律的八分音符运动而得到加强;后者减弱了附点的效果,而且主宰了一大段弦乐的齐奏。不过最具决定性的要数那些四分音符:它们同样由弦乐齐奏暗示脚步的声音。在"他们把他带走了,他被抓起来了"这段歌词上,如果我们听到这样的动态——

被清晰地表现出来,那么音乐的意义就会立刻明朗起来。但是,在通行的演奏方式里,我们完全听不到这种脚步,也不会意识到这段音乐独特的进行曲性质。歌手往往对整段音乐进行过分的减速处理,毁掉了所有节奏感;它只剩下一种摇摆不定的效果,各个乐器互相推搡,以至所有人都渴望合唱"闪电与雷鸣……"尽快到来,结束这令人难受的声音。但是,如果采取坚定而迫切的节奏,并以此牵引人声声部,那么巴赫所要求的效果,就会立刻呈现出来。如果再进一步仔细研究,我们甚至可以认为,花腔段落是在模仿一路上的呼喊与悲叹。

　　要恰当地演奏这部作品,我们还必须正确表现乐谱手稿上的指示:"大提琴与中提琴搭配"。里茨(Rietz)在他编辑的巴赫协会版《圣马太受难曲》乐谱上,隐去了这个指示,而只在序言的注释中提到它,这样等于确保人们不会注意到它。这是不可原谅的错误。他这么做,是因为他没有在乐队总谱的原稿上找到大提琴声部。他从来没有想到,巴赫手下的大提琴,是可以低八度演奏中提琴的声部的。如果要让这段二重奏具有恰当的低音支撑,就必须在弦乐齐奏段落加入大提琴。

　　曾经出现在《圣约翰受难曲》中的咏叹调"啊,受苦的灵魂啊,不要蜷缩"(*Ach windet euch nicht，geplagte Seelen*)，①可以作为《圣马太受难曲》这段精彩的二重唱的参考。前者的这个切分音动机，可以在后者中找到直接的对应——

毫无疑问，这个动机是象征"扭曲"（"winden"）一词的。可以说，巴赫在《圣马太受难曲》中使用这个动机时，在他眼前出现的是被缚的基督，一个正在锁链中挣扎的形象。

在聆听"闪电与雷鸣……"这段合唱时，我们经常感到失望，责任往往出在管风琴家身上，因为他们常常让持续的极强和弦盖过所有其他声音，即使最有力的合唱团都显得软弱无力。象征远方雷声翻滚的八分音符是整个乐章的基础；不消说，在很多演奏中，它们完全听不见了——

管风琴家的主要职责，是要表现出这些八分音符翻滚般的效果；这是巴赫在乐谱上清楚注明的。长时值的和弦，应该在第三层手键盘上以强力度奏出；短时值和弦的作用是将各个部分联结为整体，应该在第一层手键盘上演奏。如果低音旋律线被清晰地奏出，那么整段合唱的效果就有了保证。

567　　　《圣马太受难曲》第二部分的开端，场景同样设在客西马尼苦难地。骚动已经平息，夜幕降临。锡安的女儿孤独地游荡在花园里，寻找她的主。她悲叹道："啊，现在我的救主不见了"（"Ach，nun ist mein Jesus

---

① 　参见巴赫协会版，卷十二[1]，第148至151页。

hin")。忠诚的信徒的合唱随之而来,试图安慰她。巴赫的主题表现的正
是这个场景。它包含两个动机。第一个——

描述了锡安的女儿慌乱的步伐,她四处寻觅,时而停下,时而转向别的方
向,时而又仓促向前,时而又停下来四处张望。这个动机与其他康塔塔中
的"步履"动机一致,我们由此可以确定其意义。通过把它与康塔塔《我身
体无一处健康》(第 25 首)的咏叹调"啊,我这可怜人,从哪里能得到启示"
(*Ach,wo hol' ich Armer Rat*)的男低音主题作比较,我们可以对其含义
得出确切的结论。在后者中,巴赫同样描述了慌乱仓促的步伐——

同时也请注意伴奏中的"步伐"——

　受难曲咏叹调的第二个动机,附在第一个动机之上;它再现了锡安女
儿的悲叹与哀号。在它的第一部分,我们听到半音阶的"悲叹"动机,

不时插入的横跨七度的音型,加强了它的效果,让它变得更为凄惨;叹息最终变为狂野的抽搐。音乐是这样的——

568　只有正确理解了这个主题,才能恰当进行演奏。一开始,从巴赫所作的分句就可以看出,前两个八分音符必须分开来演奏,而重音落在第二个八分音符上。气氛必须是沉重的。这样才能表现出步伐的感觉。随后的颤音必须带有愤恨感;上行音符的最高音,无论怎么强调都不为过;只有这样,听众才能辨认出这个可怕的音型:

结尾绝不能演奏得很弱,而应该非常粗犷,带着加强的力度,以及一种向前冲的动态。速度必须是骚动和迫切的。每当人声休止的时候,巴赫都标明力度是"强"。在序奏的几小节里,听众应该被一种恐怖吓倒;他们应该在眼前看到一个失魂落魄的女人,在阴暗的树林中挥舞着双手,寻寻觅觅。即使在人声伴奏力度为"弱"的段落中,这段音乐典型的节奏与停顿方式都不能有丝毫模糊。巴赫的这种构思,不仅让器乐伴奏更加有力,而且令独唱和合唱部分会因之获得更好的效果。独唱与合唱需要带有动感和一种愤恨的情绪,而不能采用感伤的"渐慢"和"加速"。

　　咏叹调"当毒舌刺伤我时,忍耐,再忍耐!"(Geduld,Geduld! *wenn mich falsche Zungen stechen*)的主题也是由两个动机组成。宁静的八分音符象征了"坚持"这个词;随后的几小节中,我们看到毒舌发出的狠毒的话语——

咏叹调"主啊请怜悯我"的主题来自它之前的宣叙调"凄楚地恸哭"——

宣叙调

咏叹调"求你垂怜"

569

这样,我们就能在沉思的歌词所对应的音乐中,辨认出彼得的哭泣。

　　要知道巴赫多热衷于在音乐里再现眼中所见、耳中所闻,咏叹调"把我的耶稣交还我",可算是最佳例子。欢快的音乐(G大调)显然与犹大背叛耶稣的情节毫无关系。但是,巴赫的乐思确是来自歌词。他抓住的是这句话:"你们看,那钱,谋杀者的酬金,回头的浪子把它扔到他们的脚前!"音乐正与这个场景相匹配:巴赫首先写出一段快速上行的音型,暗示犹大的登场,以及他手扔钱币的动作,然后是银币在神殿石板地上的滚动。所以这个主题也是分为两个部分。在理解第一个动机时,我们绝不能忘记，康塔塔《啊，亲爱的基督徒，要有信心》(第 114 首)的咏叹调"麦子若不落进地里，就结不出籽粒来"(*Kein' Frucht das Weizenkörnlein bringt，es fall denn in die Erde*)中，巴赫表现了播种人的手臂动作。在演出中，我们应该注意巴赫本人所作的分句，音乐的语气应该与之保持一致。

咏叹调"把我的耶稣交还我"，第一个动机

咏叹调"把我的耶稣交还我"

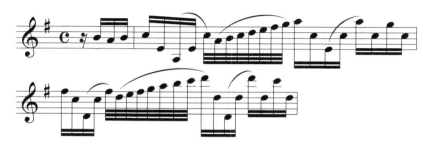

570　一旦音乐的意义得到正确把握，演奏者就不会再采用软弱和感伤的演奏方式让乐队伴奏显得凄怆了；他们会表现出它应有的清新与自然，突显出断奏和过渡的音阶段落。

　　在这一系列极富动态和图像感的乐章之间，宣叙调—咏叙调"他向我们所有人行善"(*Er hat uns allen wohlgetan*)和咏叹调"我的救主因爱而死"(*Aus Liebe will mein Heiland sterben*)构成了暂时的休憩。巴赫心目中希望如何演奏这首咏叹调，现在已经很难确定。是超脱，是充满活力，还是接近于狂想曲、带点悲怆与激越来演唱呢？随后的三段沉思的乐章，描述了耶稣被鞭笞、在十字架的重压中倒下，以及在骷髅地的死亡时刻等情景。宣叙调—咏叙调和咏叹调中的各个动机，描述的是相同的场景。

　　第一个场景："然后他把巴拉巴交给他们；他鞭笞了耶稣之后，把他交出去钉十字架。"

在咏叙调"上帝，求你垂怜！他们缚了救主的手脚。鞭笞！责打！伤口！"(*Erbarm es, Gott! hier steht der Heiland angebunden. OGeißelung! o Schläg, o Wunden!*)中，我们在乐队的声音里听到皮鞭落下的声音——

由于咏叹调"如果我面颊上的眼泪是徒劳，那么请带走我的心"描述的也是鞭笞的场景，所以它的主题中包含的动机，也描述鞭笞的动作。不过，现在与它纠缠在一起的，还有虔诚的灵魂哀求的哭号；在鞭笞的动机之上，附着了十六分音符，后者表现的是颤抖的感觉。如此一来，这个主题独特的形式就得到了解释——

关键点在于最后的段落：不能过分强调最后两个音符——

这样，呼喊才能真正穿透听众的灵魂。声乐部分是建筑在第二个动机上的，这本身就解释了这个动机的意义。速度必须尽量活跃；即使人声进入后伴奏稍稍减弱，仍然要以足够的力度，表现典型的节奏和停顿间隙；歌唱家应该跟随着乐队；这样整个乐章的效果就会非常精彩。

　　第二个场景："他们出来的时候，遇见一个古利奈人，名叫西门，就勉强他同去，好背着耶稣的十字架。"

　　宣叙调—咏叙调"是的，我们身上的血与肉情愿背负十字架"(*Ja,*

571

freilich will in uns das Fleisch und Blut zum Kreuz gezwungen sein）的
伴奏，描述了耶稣在十字架下最后的蹒跚步履。我们看着他向前倾侧，最
终跌倒——

要想让这个动机表达出应有的意味，十六分音符之后的八分音符必须被
着重强调。

在咏叹调"来吧，甜蜜的十字架，我想说：我的耶稣，让我来背负它吧"
中，由下行音符组成的动机，被转化成力量的象征。古利奈人西门承担起
了十字架的重负，并开始奋力前行——

通奏低音伴奏赋予音乐以进行曲的性格。正确的速度应该表现出一种沉
重而谨慎的脚步。维奥尔琴独奏要有活力，三十二分音符须有恰当的
重音。

第三个场景："他们坐下来，看着在那边的他……与他同上十字架的
盗贼，也一样看着他"。

喧嚣的群氓消失了，满口嘲讽的盗贼闭嘴了。十字架周围，一片寂
静。黑暗弥漫在空中。最后的时刻马上要到了。跟别的作品一样，巴赫
在这里以丧钟的声音表现终结——在宣叙调—咏叙调"啊骷髅地，不幸的

572

骷髅地!"(*Ach Golgatha，unselges Golgatha*!)中,阴沉的丧钟宣布了救
世主之死——

随后,一缕阳光穿透层云。一道爱与怜悯之光从垂死的救世主身上发出。
虔诚的灵魂唱到:"看啊,耶稣伸出手来握住我们!"葬礼的钟声静止了,清
晰愉悦的救赎之钟声,响彻大地。同时,在由低而高发展的旋律中,我们
看到了救世主将人类聚拢到他的十字架上——

《圣马太受难曲》第二部分的歌词出现在皮坎德于 1729 年复活节出
版的《严肃、诙谐和讽刺的诗集》(*Ernst-scherzhaften und satyrischen Ge-*

dichten)中;据此可以断定,巴赫的这部作品是创作于同年的受难日,即 4 月 15 日。作品的手稿并没有提供任何关于创作时间的线索。这份手稿是为以后的某次演出准备的,时间大约在 1740 年代初。

我们今天也拥有原版的乐队分谱;巴赫在上面标有强弱和分句记号。它们包括两套完整的管风琴分谱,可见每个合唱团各配备一架管风琴。不过,在经过改装而能分开单独演奏之前,圣托马斯教堂的管风琴是无法提供这样的伴奏的。在受难曲的第一次演出中,同一架管风琴为两个合唱队提供伴奏。

如果巴赫将两个合唱团与其各自的乐队一起,安排在管风琴的两侧,则可以推测,他把第二合唱队安排在大管风琴正对面的小走廊上,放在那里的小管风琴负责前者的伴奏。但是,这不太可能:如果两个合唱队之间间隔这么大,它们的演唱基本上无法保持一致。

鉴于其长度,整部《圣马太受难曲》不可能不间断地演奏完毕。它需要整个一下午的时间,上下两部分之间作一到两个小时的停顿。我建议在礼拜六晚上演出第一部分,然后在礼拜日下午演出第二部分(最好是受难节期间的一个礼拜日)。最恰当的方式,应该是在礼拜四晚上演出第一部分,然后在礼拜五受难日的下午演出第二部分。如果必须要一次完成演奏,那么所有沉思性的宣叙调—咏叙调、众赞歌都必须完整保留。

我们不知道《圣马太受难曲》的首演,给当时的观众留下怎样的印象;很可能这部作品没有引起任何注意。在同一个受难日的同一时间,在当地的新教堂,一个叫哥特列博·弗洛伯(Gottlieb Fröber)的作曲家创作的受难曲也在上演;他正在竞争那个教堂空置的乐长职位。对于莱比锡的公众来说,可能弗洛伯的受难曲、而非圣托马斯教堂乐长的受难曲,才是当日的焦点。

第二十九章　1728 年至 1734 年间的康塔塔

巴赫写于 1728 至 1729 年间的康塔塔，流传下来的数量并不多。原因之一可能是由于有很大一部分遗失了；另一方面，也可能因为在创作《圣马太受难曲》期间，巴赫并没有多少时间写新的康塔塔。无论如何，在皮坎德为 1728 至 1729 整个教会年创作的作品中，巴赫只为其中一部分写了音乐。根据施皮塔的说法，在现存的九部康塔塔中，有五部作于 1729 至 1730 年间，有四部则作于 1731 年。

为圣诞节作的康塔塔《愿赞美与荣耀归于至高的善》(*Ehre sei Gott*)，并没有以本来的形态传世；巴赫将其大部分都融进婚礼康塔塔《上帝是我们的信心所在》(*Gott ist unsre Zuversicht*，巴赫协会版，卷十三，第 3 首)中了。我真希望无论如何，男低音咏叹调"啊，你们这可爱的一对"(*O du angene-hmes Paar*)都能够回复原本作为圣诞音乐的面貌，因为作为摇篮曲它实在太特别了。它的配器包括巴松管、双簧管和两把加了弱音器的小提琴①。

---

① 这段咏叹调适合于插入到别的圣诞康塔塔中演奏。它原来的文本如下：
O! du angenehmer Schatz,
Hebe dich aus denen Krippen,
Nimm davor auf meinen Lippen
Und in meinem Herzen Platz.
（噢！你这幸福的宝贝，让我把你从摇篮中抱起，让我的嘴唇亲吻你，并在我心中留给你位置。）
咏叹调"欢乐与愉悦"(*Vergnügen und Lust*)也同样来自这首圣诞康塔塔。婚礼康塔塔的第一部分似乎也源自别的作品。

　　巴赫为 1730 年的新年庆典写了康塔塔《上帝,你的名乃是荣耀》(*Gott*,*wie dein Name*,第 171 首)。他对作品的开篇合唱非常满意,以至后来把它改写成《B 小调弥撒》中的《全能的天父》(*Patrem omnipotentem*)。在"主啊,您威名之荣耀如白云般高蹈远扬"(*Herr*,*so weit die Wolken gehen*,*gehet deines Namens Ruhm*)一段中,两把小提琴奏出的音型非常迷人地编织在一起,我们仿佛看见朵朵白云飘过天堂。带有木管乐器间奏曲的终曲合唱"荣耀只属于你"(*Dein ist allein die Ehre*),值得在每个新年弥撒中演奏①。

575　　主显节之后第三个礼拜日的康塔塔《我一只脚踏进坟墓》(第 156 首②),体现了巴赫表现运动意象的典型手法。在序曲中,弦乐提示了一个走向坟墓之人的步伐;低音部分不断对动机作变奏——

在咏叹调中,下葬的动作由这个动机的切分形式来表现——

高音弦乐不断重复它,并尽可能保持节奏的所有微妙感觉——

---

　　①　女高音咏叹调"向前再向前"(*Fort und fort*),改编自世俗康塔塔《被平伏的风神》(巴赫协会版,卷十一²,第 189 页及以下)中的"得到满足的风神"("Angenehmer Zephyrus")。

　　②　为女低音、男高音和男低音作的独唱康塔塔。

以此来清晰地表达这句话所暗示的意象："我一只脚踏在坟墓里；很快，我的病躯就会沉入其中"。我们可以想象，巴赫此刻一定想到了斯特拉斯堡圣托马斯教堂中，让·巴蒂斯特·皮加勒为萨克森伯爵莫里兹所作的纪念碑；这位英雄步入石棺的动作，被极为精彩地刻画下来。为了缓和节奏上的不安感，巴赫以众赞歌"上帝，请按你的仁慈对待我"（*Machs mit mir*，*Gott*，*nach deiner Güt*）承接这首咏叹调。

四句斋前的礼拜日康塔塔《看啊，我们走向耶路撒冷》（*Sehet，wir gehen hinauf nach Jerusalem*，第 159 首①）中，序奏式的二重咏叙调也同样建立在一个"步伐"的动机上——

七度音程之后的插曲令人印象深刻：耶稣停下他的步伐，转向门徒，告诉他们他行将死去。在女低音独唱间奏曲中，自省的灵魂伴随着救世主走向十字架。一段精彩的男低音咏叹调结束全曲；这部作品的文本构思得很好。

复活节康塔塔《你以你之口认信耶稣，认他是主》（*So du mit deinem Munde bekennest Jesum，daß er der Herr sei*，第 145 首）的开篇合唱，体现了巴赫朗诵段落（Textdeklamation）中最有意思的一种类型。比方说，看看他如何表现"主"（Herr）这个词。我们可以假设合唱队的"齐唱"段落在终曲"你将得到祝福"（"so wirst du selig"）中进入，此处乐队爆发出"欢乐"的主题动机。②

七旬斋康塔塔《我的福气让我满足》（*Ich bin vergnügt*，第 84 首）③肯定

576

---

①　为女低音、男高音和男低音作的独唱康塔塔。

②　施皮塔引用了这首康塔塔开篇的众赞歌"我的心，快起来！上帝的日子"（*Auf，mein Herz！des Herren Tag*）。二重唱"我活着，我的心"（*Ich lebe，mein Herze*）中充满力量的"复活"主题在本书第 447 页中被引用。

③　女高音独唱康塔塔。

是写于 1731 年。它包含两首精彩的咏叹调,其中一首建立在象征幸福的节奏 ♩♪♪·♪♪̄ 之上;与康塔塔《请将耶稣基督铭记于心》(第 67 首)一样,它表达了歌词"愿你平安"的意味。第二首咏叹调"我愉快地吃着我仅有的面包"(Ich esse mit Freuden mein weniges Brot)中兴高采烈的无忧无虑感,由双簧管与小提琴欢快的对话表达。这首优秀的康塔塔的文本,改编自皮坎德的《我的福气让我满足》(Ich bin vergnügt mit meinem Stande)。施皮塔认为它最初是一首为安娜·马格达莱娜作的私人性质的宗教音乐。

　　圣灵降临节之后第二天的康塔塔《我用全心爱至高者》(第 174 首),同样是只为独唱而作。为了补偿合唱队的缺失,巴赫借用了第三勃兰登堡协奏曲(巴赫协会版,卷十九,第 59 页及以下)的第一乐章作为序奏。由于这个乐章原本只是为弦乐写作,所以巴赫增加了两把圆号和三把双簧管,并让它们发挥出极好的效果。咏叹调"信仰之手,紧紧抓住你的救赎"(Greift das Heil, ihr Glaubenshände)的主题,有意写得十分硬朗,以此来象征信仰的坚定无比——

低音乐器持续以八分音符演奏。这个乐章因为"欢乐"主题的介入而变得活泼,这样一来,这段音乐的确表达出了诗歌中描写的、信仰所蕴含的欢乐的信心。

　　在《太阳神与潘》(1731 年)乐谱的一页上,写有米迦勒节康塔塔《人们欢快地歌颂胜利》(Man singet mit Freuden vom Sieg,第 149 首)开篇合唱主题的草稿。然而,由于巴赫根本没有时间写新的音乐,他借用了魏玛世俗康塔塔系列中的最后一首,《热闹的狩猎,我心之所愿》(Was mir behagt, ist nur die muntere Jagd,巴赫协会版,卷二十九,第 29 页及以下),只是在其中添上新的歌词。① 二重唱"请保持警醒吧,神圣的守望者

577

---

① 演奏这首世俗康塔塔时,通奏低音部分可以按照新的康塔塔的安排来处理。

们,黑夜快要结束了"(*Seid wachsam*,*ihr heiligen Wächter*,*die Nacht ist schier dahin*)只有一支巴松管作伴奏。我们仿佛看到深沉的暮色中,一簇簇的光线在浮动。咏叹调"上帝的天使永不屈服"(*Gottes Engel weichen nie*)是充满音乐魅力的杰作。

根据乐谱上的一段指示,为圣三一节之后第二十一个礼拜日而写的康塔塔《我的信心在于信实的上帝》(*Ich habe meine Zuversicht*,第 188 首)①的序奏,来自对 D 小调键盘与乐队协奏曲的管风琴改编——

在终曲合唱中,管风琴也有一段通奏低音需要演奏。

是什么因素促使巴赫这样使用管风琴? 以前一般以为直到此时,圣托马斯教堂管风琴的伴唱键盘(*Rückpositiv*)才配备一个独立的键盘,让它可以脱离大管风琴单独演奏。而巴赫利用这个机会,在此键盘上伴奏康塔塔中难度较高的段落,并加上额外的装饰。这只是施皮塔的猜想;有一段材料记载,1730 年有 50 塔勒花费在管风琴的修缮上,他依据这个事实,想象那些钱是花在购买新的键盘上面。然而,在 1908 年的《巴赫年鉴》中,B. F. 里希特证明了这个猜想是错误的。市政厅的档案显示,那 50 塔勒只是花在清洁乐器和改善音色上。况且,如果里希特编写的康塔塔年表正确,那么这些有管风琴声部的康塔塔并非在圣托马斯教堂,而是在圣尼古拉教堂上演。所以,这些声部应该是巴赫为他钦佩的教堂管风琴师约翰·施奈德写的,让他有机会展示自己高超的技巧。

除了《我的信心在于信实的上帝》,他同时还为管风琴写了七部康塔塔。

如果我们对这些作品怀有特别的期待,那么在一定程度上我们会感到失望。首先,它们包含了很多从别的器乐作品中借来的乐章。大部分

578

---

①　为女高音、女低音、男高音和男低音写的独唱康塔塔。

为管风琴和乐队写的段落,都借用自键盘协奏曲①。其至个别咏叹调都是来自于器乐作品。比如康塔塔《我的心只属于上帝》(第169首)的咏叹调"在我里面死去"(*Stirb in mir*),就只不过是E大调键盘协奏曲里的西西里舞曲,巴赫在其中加上了人声声部。改编的技巧是大师手笔;但无论在乐谱上看起来多好,音乐听起来却不对头。康塔塔《精神和灵魂被扰乱》(第35首)完全是由已有的器乐乐章拼凑而成的,但我们无法确定它的来源。康塔塔《我怀着渴望去寻找》(第49首),将音乐会风格运用到管风琴的一些乐段,似乎也是由已有的素材拼凑而成。即使二重唱"我永远永远爱着你"(*Dich hab ich je und je geliebet*)也是改编而来,这一点可以从有缺陷的朗诵段落看出:

在这方面,康塔塔《谁知道我离我的终点有多近》(第27首)中的女低音咏叹调"欢迎! 我想说"(*Willkommen! will ich sagen*),也不过是又一个例证。

女低音康塔塔《愉悦的休憩,可爱的灵魂的欢愉》(*Vergngüte Ruh , beliebte Seelenlust* ,第170首)中,似乎绝大部分内容都来自新创作的材料。咏叹调"如何折磨我"(*Wie jammern mich doch*)中的三重奏伴奏非常有意思:管风琴演奏两个声部,小提琴和中提琴合奏演出第三个声部;而低音声部缺席。很遗憾,这首作品的歌词完全无法令人满意。

---

① 康塔塔《我的信心在于信实的上帝》(第188首)将D小调协奏曲作为它的序曲,而这首协奏曲本身又只不过是一首小提琴协奏曲的改编;康塔塔《我的心只属于上帝》(第169首)来自E大调键盘协奏曲;这首协奏曲的末乐章则成为康塔塔《我怀着渴望去寻找》(第49首)的序曲;议会选举康塔塔《我们感谢你,上帝》(*Wir danken dir* ,第29首)的前奏曲,则改编自E大调无伴奏小提琴帕蒂塔的第一乐章。

　　然而，这些康塔塔令人失望的效果，与巴赫引入管风琴的方式有关。管风琴只演奏两个声部。由于较低声部与乐队的低音是一致的，所以它实际上只有一个固定低音声部，从头至尾几乎没有间断。对管风琴的这种颇为乏味的处理，本不应该出自巴赫之手。在管风琴与乐队之间，没有对比性的转换，这两种截然不同的音色的对立性也没有得到利用。我们不禁要问，这位大师在那些前奏曲与赋格中，展露出管风琴各个层面的丰富性和独特的复调效果；为什么却在这里分派给管风琴一个如此无足轻重的功能？他也完全没有考虑到运用管风琴和乐队结合所带来的效果，这着实令人惊讶。

　　但这并不意味着，我们无法很好地再现这些作品的效果。比如说，《我的心只属于上帝》和《我们感谢你，上帝》（第 29 首）的前奏曲，在一个音域清晰的管风琴上演奏，会有一种银色的光泽，效果极佳。但是，在咏叹调的伴奏中，管风琴部分就差强人意了，因为它其实只代替了一支长笛，而且效果还不是那么好。即使是一般的听众，只需听过几个小节，都能感觉到这段伴奏缺乏表现力。

　　除了"音乐会"风格的管风琴，当然还有用作伴奏、演奏通奏低音的大管风琴。故而为管风琴而作的这些康塔塔，实际上需要两部管风琴。当只有一部时，"音乐会"风格的管风琴必须兼顾通奏低音部分。这种情况下，最好通过踏板维持低音部分，而以左手演奏和弦，右手演奏必要声部（obbligato）。圣尼古拉教堂的管风琴没有伴唱键盘；当巴赫在这里演出这些康塔塔时，本应由两部管风琴负责的声部，只能由一部乐器来承担。我们比较确定《我们感谢你，上帝》的演出，就属于这种情况。一份为后来在 1749 年于圣尼古拉教堂演出的乐谱流传了下来。第一段合唱属于类似亨德尔式简洁风格的合唱。至于咏叹调"请顾念我们"（*Gedenk an uns*）是否改编自某一首器乐协奏曲的西西里舞曲，则暂时无法确定。

　　康塔塔《谁知道我离我的终点有多近》的合唱令人印象深刻。弦乐和低音通过缓慢却势不可当的钟摆般的节奏，描绘了歌词"时间在流逝"——

580

当合唱队的声音吟唱着时光的消逝时,双簧管的哀嚎与之混合在一起①。

终曲咏叹调"晚安,你这尘世的扰攘"的伴奏以不同的方式进行描绘。伴奏具有交响化的性格。歌词"晚安"使用了一个宁静的主题,而"尘世的扰攘"则使用了人们熟悉的"骚动"动机。这样一来,这个乐章与康塔塔《请将耶稣基督铭记于心》的咏叹调"愿你平安"使用了完全一样的歌词。

从长远来看,对管风琴必要声部的运用,终究没能令巴赫自己满意;他也没有再写类似的康塔塔。

581　　大约在 30 年代初,巴赫本人似乎也意识到了他的康塔塔歌词的不足之处。他回到众赞歌康塔塔上来。皮坎德首先尝试在自由的"现代"风格康塔塔与众赞歌康塔塔之间妥协,并说服巴赫采用众赞歌诗节与自由体诗歌杂糅的文本。比方说,他以沉思性的宣叙调,穿插于《谁知道我离我的终点有多近》之中。在为圣三一节之后第五个礼拜日写的康塔塔《那些只接受亲爱的上帝主宰的人》(第 93 首)中,他在两段诗歌里采用了这种手法。其中一首采用了如下形式的措辞:

　　　　(附带众赞歌的宣叙调)
　　　　我们所有这些沉重的焦虑,对我们意味着什么?

_____

①　康塔塔《一切唯听从上帝的旨意》(第 72 首)也使用了钟摆般的节奏来象征时间。参见本书第 544 页。

······它们只以千斤的痛苦与悲伤,压迫着心灵。

我们所有这些苦恼的叹息,对我们意味着什么?

它们只为我们带来严重的灾难。

　　在这里,巴赫处理旋律的方法,与皮坎德处理文本的方法一致。人声独唱的主题皆源自定旋律的前几个音符。咏叹调"只需短暂地静候"(*Man halte nur ein wenig stille*)中的动机变化多端,表达欢快、漫不经心的状态,这个动机也来自旋律的开端——

此种手法可能非常精巧,但在艺术上并不令人满意。它甚至扭曲了旋律,而且否定了巴赫最具独创性的原则;他从来没有在别处这样处理过众赞歌诗句。

　　在大合唱中,他首先以自由的风格用几个声部奏出各个线条,然后让整个合唱团齐唱同一旋律线;由此实现了非常精彩的效果。在宣叙调"沉重的忧虑于我们何益?"(*Was helfen uns die schweren Sorgen?*)中,低音声部仿佛在沉重的压力下被粉碎——①

　　但是巴赫似乎没有在这首风格驳杂的康塔塔中获得多大乐趣。他又一次转向了较简单的众赞歌康塔塔。这批康塔塔中有 15 首,可能都是那

---

　　①　咏叹调"他能辨认真正欢乐的时刻"(*Er kennt die rechten Freudenstunden*)中的"欢乐"动机请见本书第 472 页。

段时期创作的。①还有其他一些康塔塔,我们根据其管风琴声部的风格,以及咏叹调和宣叙调标记着"休止"②这一事实,可以确定它们也应该属于这一时期。这并不表明管风琴就没有参与,只是大管风琴上的演奏者停止了,而巴赫在独立的伴唱键盘上依据乐谱演奏伴奏。然而,当这些康塔塔在圣尼古拉大教堂再次演奏时,他必须为主管风琴的各个声部提供数字低音标记,并且从头写出完整的通奏低音。但在圣托马斯教堂,他还是会如常地在他的伴唱键盘上为独唱者们伴奏。

583 所有这些康塔塔都有非常出色的大合唱,尤其是《上帝所行的一切都是好的》(第 99 首),《愿赞美与荣耀归于至高的善》(*Sei Lob und Ehr*,第 117 首),《赞颂上帝,荣耀的全能的王》(第 137 首)和《愿主得赞颂》(第 129 首)。其中最后一首终曲,有极其宏伟的伴奏。这些大合唱都遵循同样的套路。女高音演唱定旋律,其他声部唱数字低音。乐队的伴奏是独

---

① 1. *Christus,der ist mein Leben*(《基督,我的生命》,第 95 首)

2. *Der Herr ist mein getreuer Hirt*(《主是我亲爱的牧人》,第 112 首)

3. *Ein' feste Burg ist unser Gott*(《我主上帝是坚固的堡垒》,第 80 首)

4. *Es ist das Heil uns kommen her*(《我们的救赎来临了》,第 9 首)

5. *Gelobet sei der Herr*(《愿主得赞颂》,第 129 首)

6. *Ich ruf zu dir,Herr Jesu Christ*(《我呼唤你,我主耶稣基督》,第 177 首)

7. *In allen meinen Taten*(《在我所行的一切中》,第 97 首)

8. *Lobe den Herren*(《赞颂上帝,荣耀的全能的王》,第 137 首)

9. *Nun komm,der Heiden Heiland*(《来临吧,外邦人的救世主》,第 62 首,第二版)

10. *Sei Lob und Ehr*(《愿赞美与荣耀归于至高的善》,第 117 首)

11. *Wachet auf,ruft uns die Stimme*(《醒来吧,一个声音向我们呼唤》,第 140 首)

12. *Was willst du dich betrüben*(《为什么你要让自己悲伤》,第 107 首)

13. *Was Gott tut,das ist wohlgetan*(《上帝所行的一切都是好的》,第 98 首,第一版)

14. *Was Gott tut,das ist wohlgetan*(《上帝所行的一切都是好的》,第 99 首,第二版)

15. *Was Gott tut,das ist wohlgetan*(《上帝所行的一切都是好的》,第 100 首,第三版)

康塔塔《上帝所做的任何事情,都会做好》第三个版本的开端合唱与第二个版本是一样的。第三版有可能被用作一首婚礼康塔塔。前两版似乎是在相近的两个时期创作的。另一首众赞歌康塔塔《现在所有人都感谢上帝》(第 191 首,巴赫协会版,卷四十一)只留存下未完成稿。康塔塔《在我所行的一切中》开端合唱所采用的序曲形式,使我们可以推断它是根据一首魏玛或科腾时期康塔塔而写的。

② 参见第 97 首、第 99 首、第 129 首和第 177 首。

立的,不过它的动机都是来自众赞歌的旋律。

巴赫无穷无尽的发明创造能力在此表露无遗。他能够依据同一个原则写出好几个合唱,同时赋予它们鲜明的个性,而它们的相似之处又注定会更尖锐地凸显每一首的独特个性。不过,这些康塔塔中的咏叹调效果则没那么理想。巴赫在与根本不合适的歌词较劲。有好几处,他尝试按众赞歌诗句来写宣叙调和咏叹调。然而结果并不成功;诗节不规则的形式与咏叹调的布局相悖;而且前者统一的格律又难以容纳合适的旋律主题。有诗节的咏叹调无疑长得令人生厌。[①]

在其他地方,巴赫采用了根据众赞歌诗节写的歌词;它们也是自由体诗歌,不过不像是出自皮坎德之手,因为它们极为笨重,不适合用于音乐。

结果,这些独唱乐段中鲜有立刻能打动听众的。其中写得最好的一首是《愿赞美与荣耀归于至高的善》中的女中音咏叹调“我愿赞美你,噢上帝,从此刻直至生命尽头”(*Ich will dich all mein Leben lang, o Gott, von nun an ehren*)。康塔塔《上帝所行的一切都是好的》(第 100 首)里男低音咏叹调的音乐本身是非常精彩的,但朗诵段落则有点平庸乏味;它的缺陷与随后的女低音咏叹调对比之后尤其明显。后者朗诵段落所达到的完美境界,即使以巴赫的标准衡量,都是罕见的。

不过,这些众赞歌康塔塔的独唱段落,富于非凡的图画塑造效果。康塔塔《为什么你要让自己悲伤》(第 107 首)中的独奏小提琴,有一系列狂野的音阶段落,巴赫通过标记“vivace”(活泼地)指明了它的速度。歌词如下:“你必须跟他一起冒险……你会与他一起赢得对你有利的东西。”这个例子表明,当巴赫被一幅图景吸引时,他就会忍不住去描绘它;而为了这个目的,他会略去音乐中本来应该表达的诗歌总体情绪。随后的男高音咏叹调“即使撒旦从地狱中起来对抗你”,给予巴赫一个机会去描绘巨龙身体扭曲的状态——

584

---

① 康塔塔第 97 首、第 100 首、第 107 首、第 112 首、第 117 首、第 129 首、第 137 首和第 177 首中的众赞歌诗节,是以咏叹调和宣叙调的形式写成。

康塔塔《在我所行的一切中》(第 97 首)中,咏叹调"我夙兴夜寐"(*Leg ich mich späte nieder, erwache frühe wieder*)的歌词,由一个暗示躺下和起身的动机来表现——①

这些众赞歌康塔塔,大部分都缺乏统一的整体感;而问题在于歌词,它们由一串诗节堆砌而成,既缺乏内在的戏剧连贯性,也没有足够鲜明的音乐性格令各段得以区分。此外,大部分众赞歌中的诗节都太臃肿了。在这种众赞歌线条上创作的康塔塔,需要较短的赞美诗,它们每一首都应该暗示一种不同的音乐上的性格。理想的众赞歌数量很少。不过,一旦巴赫遇到高水平的歌词时,就会创作出最完美的戏剧艺术品,比如康塔塔《我主上帝是坚固的堡垒》(第 80 首)和《醒来吧,一个声音向我们呼唤》(第140 首)。

585　　《我主上帝是坚固的堡垒》很可能是为 1730 年的宗教改革节写的;由于这恰好是奥格斯堡告解书发布两百周年,所以这一年的节日庆典尤其盛大。第一节大合唱中,巴赫在有力的旋律线上构筑起了"坚固堡垒"的

---

　　① 康塔塔《愿主得赞颂》第一首咏叹调中华丽的"欢乐"动机,请见本书第 473 页。康塔塔《来临吧,外邦人的救世主》(第 62 首)中的咏叹调"争斗吧,征服吧,强大的英雄"的"骚乱"动机,请见本书第 454 页。康塔塔《我们的救赎来临了》(第 9 首)中,对歌词"我们堕落得太深"的音乐描绘,参见本书第 448 页。

形象,通过帕赫贝尔式宏伟的众赞歌赋格来象征它。每个独立赋格的结尾,都是用延长了的主题写的卡农,从管风琴的脚键盘长号音栓到乐队的小号都参与演奏。这个乐章的长度达到 228 个小节。

在第二段诗节里,上帝选中的人,代表我们进行战斗,这通过我们熟悉的"骚动"动机表现——

随后女高音合唱的众赞歌诗节"单凭我们自己,什么也不能成就"("Mit unsrer Macht ist nichts getan")加入进来,仿佛呼唤英雄来帮助她们;英雄以胜利之歌作答:"所有自上帝而生的,注定终要胜利"。

第三节诗描述了恶魔对上帝之城的进犯。旋律的头几个音符表现一个战斗的信号,一群令人讨厌的、扭曲着的身体随即扑到城墙上——

它们爬起来,又倒下去,稍稍恢复了又再次站起进行攻击,然后又跌进深渊——这群狂野、骚动的群氓,巴赫在康塔塔《战斗开始了》中也曾描绘过。我们不时会听到令人肝胆俱裂的号角。从战斗的漩涡中,响起了虔诚者高昂的歌:

> 哪怕世界充斥着魔鬼,
> 想把我们吞噬,
> 我们也不会很恐惧……

586 在最后一次尝试之后,凶猛的进犯被粉碎。这段众赞歌诗节的音乐框架,出自魏玛时期康塔塔《所有因上帝而生的》①中,充满神秘主义的乐章"到我的心房里来吧"("Komm in mein Herzenshaus")和"他们是多么幸福"("Wie selig sind doch die")。路德宗与神秘主义——这就是圣托马斯教堂的乐长为宗教改革节所作的信仰告白。

康塔塔《醒来吧,一个声音向我们呼唤》讲述了圣三一节之后第二十七个礼拜日的福音书中十个童女的寓言。② 一般情况下,圣三一节之后只有二十六个礼拜日。只有复活节来临较早的年份,这个礼拜日才会进入教会年历中。

开篇合唱描述了苏醒的状态。一切都在搏动;新郎来了;处女们被惊醒,相互搀扶着——

音乐家们对这段合唱的处理,折射出人们对于巴赫音乐看法的演变。法兰克福的尤里乌斯·斯托克豪森(Julius Stockhausen)③曾经让乐队从"极弱"开始,经历缓慢的"渐强",仿佛远方的噪音逐渐临近。齐格弗里德·奥赫斯(Siegfried Ochs)④则以"强"开始,并采用很快的速度,以暗示由"醒来吧"这句话造成的突如其来的局促感。当然是后者的处理正确。如果要实现合适的效果,那么十六分音符上行段落中带附点的音符就必须得到强调。基本上无需担心强调得太过;语气越强烈,听众就越容易理解动机音型的意义。⑤

---

① 这首康塔塔是为四旬斋中的第三个礼拜日创作的。因为在莱比锡,受难节期间不演奏康塔塔,所以巴赫无法在那里使用它。
② 见《马太福音》二十五章1—13节。——译注
③ 尤里乌斯·斯托克豪森(1826—1906),德国歌唱家、指挥家。
④ 齐格弗里德·奥赫斯(1858—1929),德国合唱指挥、作曲家。
⑤ 施皮塔(《巴赫生平》,卷II,第291页),认为,这个十六分音符动机表达了"一次又一次流淌在快乐而富表现力的乐段中"的一种"神秘的喜悦"。

第二段诗歌"锡安听见守夜人们的歌唱"，由一个简单的舞蹈旋律支 587
配——

它与众赞歌旋律不协和地糅合在一起，仿佛它们之间毫无关联；守夜人的
呼喊穿破了紧随着新郎的游行队伍的音乐。为了使这段音乐获得应有的
乡村风格，巴赫使用了弦乐合奏，并附上低音提琴伴奏。①

　　游行队伍到来了。庆典大厅中唱起了"愿荣耀归于你"（"Gloria sei
dir gesungen"）。五个愚蠢的处女被拒之于门外，绝望地守在黑夜中。

　　我们一直要等到柏辽兹的出现，才能再次听到堪与之相比的戏剧性
和图画性音乐。

　　众赞歌中间的诗节镶嵌在前后两段耶稣和灵魂的神秘对话之中。这
些段落精湛的技艺，与《我主上帝是坚固的堡垒》中的冥思段落一样，似乎
来源于魏玛时期的某个模型。

　　这两首康塔塔让巴赫意识到短小的众赞歌对于众赞歌康塔塔写作的
优势。此时他萌生了两个想法，即从各个不同的赞美诗中，挑选出描述性
的诗节来编一个众赞歌文本，以及在康塔塔《基督，我的生命》（*Christus,
der ist mein Leben*，第 95 首）②中，采用一些表现死亡各个方面的众赞歌。
第一段众赞歌——

　　　　基督是我的生命，

---

　　①　当然，这里必须填上管风琴的和声。众赞歌应该由几个男高音、而不是一个独唱者
来演唱；因为歌词是"锡安听见守夜人们的歌唱"。根据施皮塔的观点，"这首康塔塔的神秘
气息，在这一段里获得了最彻底的表达"。他认为"它就像灵魂们在极乐中的舞蹈"。
　　②　为圣三一节之后第十六个礼拜日而作。

死亡是我的奖励

588　描写了死亡的寂寞。乐队以一首惆怅的、葬礼般的摇篮曲调①伴奏，一个表达着深深的渴望的音型编织在其中——

在宣叙调"我要怀着喜乐与此世告别"（*Mit Freuden will ich von hinnen scheiden*）中，摇篮曲调渐渐消失，过渡到众赞歌"我怀着宁静与喜悦前行"低音声部静静地移动的八分音符之上，旋律自信地前行。随后女高音合唱②唱出离开人间时欢乐的赞美诗，"我要与你告别"；双簧管以"欢乐"动机伴随着它；这个动机有点过分活泼了——

低音声部的音型象征了"我向往着彼岸"（"Hinauf steht mein Begier"）。

面对死亡时的欢悦心情，同样出现在精妙的男高音咏叹调"福佑之时，快敲响吧！"之中；弦乐器的拨弦传神地描述了远方的钟声。巴赫在这里悉心营造的微妙效果，应该被仔细领会。

这首美妙的康塔塔的合唱比较简单，但很少得到上演。虽然男高音咏叹调对演唱者超常的技术要求，很可能与之有一定关系，但施皮塔有失公允的评价难辞其咎。

---

① 这段摇篮曲的动机见本书第 456 页及以下。
② 把定旋律声部交给一个独唱者，是非常不合适的。因为这样一来，她就不可能在所有双簧管和小提琴合奏的掩盖下被听见。

当年的 6 月 25 日至 27 日,莱比锡各个教堂,都为奥格斯堡告解书发表周年纪念举行盛大的庆典。巴赫并没有为这个庆典创作新的康塔塔。他重新找出 1724 年的新年康塔塔《为主唱一首新歌》(第 190 首)①,以及两首为议会选举而作的康塔塔《上帝,人们在寂静中赞美你》(*Gott,man lobt dich in der Stille*,第 120 首)②和《你们要为耶路撒冷求平安》(*Wünschet Jerusalem Glück*);后者已经遗失了。这正是巴赫与议会发生矛盾的时期。可能因为他心情很不愉快,所以没有为节庆写新作品。在宗教改革启动两百周年(1717 年 10 月 31 日)期间,巴赫正与魏玛公爵交恶,所以并没有获得节庆康塔塔创作的委约。结果,巴赫在世时举行过两个宗教改革周年纪念节庆,但他都没有为此创作任何音乐。

与众赞歌康塔塔密切关联的,是对话康塔塔《噢永恒,你这雷霆般的话语》(第 60 首)③和《啊上帝,这是怎样的心灵哀痛》④。

前一首康塔塔是关于"恐惧"与"希望"的。"恐惧"(女低音)唱出众赞歌"啊永恒,你这雷霆般的话语",乐队描画出颤抖的状态。然后我们听到"希望"(男低音)抚慰人心的声音,不停地重复"主,我等候你的救赎"。两者都向着死亡前进,沮丧的灵魂悲叹道:"啊,通向最后战斗的艰难之路"……"我临终的床榻让我害怕";激动不安的乐队加入了一个动机,它让我们联想到《圣约翰受难曲》中彼得绝望的咏叹调。"希望"安慰地唱到"救世主的手会保护我"。在结束处,我们听到圣灵的声音在一段美妙的咏叙调中响起:"从现在开始,在主里面死去的人是有福的!"(*Selig sind die Toten,die in dem Herrn sterben,von nun an!*)这首康塔塔以鲁道夫·阿勒优美的赞美诗"主啊,如能取悦于你,足矣"("Es ist genug, Herr, wenn es dir gefällt")结束。

589

---

① 见本书第 508 页。

② 这首康塔塔有一部分与悼念康塔塔《我主上帝,万物的统治者》(*Herr Gott,Beherrscher aller Dinge*,第 120a,巴赫协会版,卷十三¹)相同。合唱"欢呼吧,你们这些喜悦的声音"由于其鲜明的欢乐动机而尤其美妙。

③ 第二次创作,D 大调。女低音、男高音和男低音独唱康塔塔,为(1732 年?)圣三一节之后的第二十四个礼拜日而作。

④ C 大调。女高音和男低音独唱康塔塔,为(1733 年?)新年之后的礼拜日而作。巴赫协会版本中把它列为第二次创作,但 A 大调版本可能写作时间在后。

另一首对话康塔塔《啊上帝，这是怎样的心灵哀痛》根据相似的方式写就。开篇的二重唱"啊上帝，此刻我遇到怎样的心灵之衰痛啊……忍耐，我的心，要忍耐！"再现了"我临终的床榻让我害怕"的音乐氛围。我们绝对不能依据"柔板"的速度标记，把这个乐章演奏得太慢、太轻柔。器乐伴奏必须处处爆发出被压抑的绝望感。① 另一方面，尽管有众赞歌"我要经历艰难的旅途，才能在天堂见你的面"（*Ich hab' vor mir ein' schwere Reis' zu dir ins Himmelsparadies*），最后的二重唱不能演唱得过于欢乐。与合唱"噢心灵，要有信心，要有信心！ 这里是恐惧，那里是荣耀"（*Nur getrost，getrost，ihr Herzen！ Hier ist Angst，dort Herrlichkeit*）曲调相同的乐队，必须主导哀叹的叙述。还应该注意低音乐器、中提琴、第二声部小提琴有活力的脚步，快乐地加速走向天堂；第一声部小提琴的十六分音符在其上流淌着。

如果这两首对话康塔塔的构思是来自皮坎德，那么他对激发巴赫的音乐灵感起了很大作用。这两首作品所表现的创作激情跃然纸上。

巴赫在这一时期写的独唱康塔塔，数量多得不寻常；这是由 30 年代初圣托马斯教堂合唱团低劣的质素造成的。算上这两首对话康塔塔，我们就一共有 11 首独唱康塔塔了。其中两首是女高音康塔塔——供圣三一节之后第二十三个礼拜日上演的《虚妄的世界，我不相信你！》（*Falsche Welt，dir trau ich nicht！* 第 52 首），以及供圣三一节之后第十五个礼拜日使用的《让上帝处处皆得赞颂》（*Jauchzet Gott in allen Landen*，第 51 首）。

《虚妄的世界，我不相信你！》的序奏，取材自第一勃兰登堡协奏曲（巴赫协会版，卷十九）。第一首咏叹调的伴奏，"即使被驱逐，我也甘愿"（"*Immerhin，wenn ich gleich verstoβen bin*"）具有鲜明的描绘性。它以我们所能想象的最激烈的方式，描画了"拒绝"（"*verstoβen*"）一词——

---

① 所有这一类的乐章，都必须演奏得凝重。第 60 首康塔塔中的二重唱"我临终的床榻让我害怕"，往往被演奏得让人丝毫感受不到音乐中的恐惧。与这些二重唱有关的问题，参见本书第 459 页及以下。

在终曲咏叹调"我与亲爱的主同在,尘世就由它去吧"（*Ich halt' es mit* 591
dem lieben Gott，die Welt mag nur alleine bleiben）欢乐的主题中,音乐提
醒我们,这是一个被遗弃的人,他如今在上帝那里找到了幸福。

康塔塔《让上帝处处皆得赞颂》是一首为花腔女高音和小号写的、辉
煌而神采奕奕的作品;第一段咏叹调的器乐主题风格如下——

巴赫为最后一首咏叹调选用了"愿上帝得赞美与尊崇"（*Sei Lob und Preis*
mit Ehren）,其中的"赞颂上帝"乐段被写成带有乐队伴奏的女高音与小
号协奏曲。这首咏叹调,值得所有对巴赫有兴趣的女高音歌唱家每天练
习。然而,它必须由一把清澈的男童声音演唱时,才能获得最佳效果。①

独唱康塔塔中最有名的,是女低音康塔塔《来临吧,期待已久的时刻》
（*Schlage doch，gewünschte Stunde*,第 53 首）。严格来说,这不是一首康

---

① 这首康塔塔的歌词还存在着另一个版本,其中一段如下:
  让上帝在所有地方得到赞颂！今天让我们与天使一起,为上帝唱一曲赞美之歌
  （"*Jauchzet Gott in allen Landen! Mit den Engeln lasst uns heut' unserm Gott*
  ein Loblied singen"）
  这暗示了巴赫曾经把它用作庆祝米迦勒节的音乐。

塔塔,而是如流传下来的旧手稿扉页上所印的那样,是一首"哀悼咏叹调"。由于巴赫在这首作品中采用了两把大钟,所以福克尔认为"它并不属于巴赫品味最纯正的作品。"①

　　另一首女低音康塔塔《要抵制罪的诱惑》(*Widerstehe doch der Sünde*,第54首)②,以一个警惕性的七和弦开始——

低音提琴和中提琴的颤抖,加之小提琴的叹息,赋予乐章一种令人不安的效果。它是要描述歌词中提到的、对罪孽之咒的恐惧。咏叹调"犯罪的人是属魔鬼的"(*Wer Sünde tut, der ist vom Teufel*)有类似的性格。它是一个人声、中提琴和小提琴之间严格的三重奏。主题如下——

在和声方面,这个乐章的粗粝绝无仅有。

　　男高音独唱康塔塔《我,可怜的人,罪的奴隶》(*Ich armer Mensch, ich Sündenknecht*,第55首)的开篇咏叹调,措辞一如既往地并不很活跃,以致整个绝望的哭喊意味都消失了。重音应该落在第二拍上。乐队应该如此分句——

---

① 福克尔,《巴赫传记》,第62页。
② 乐谱上并没有标明,这是为哪个礼拜日写的。

592

这一段——

应该以很有力的"渐强"来演奏,与节拍的安排相反,最后一个八分音符必须重重地得到强调,从而在一定程度上打乱节奏。这个动机描述的是"我战战兢兢走到上帝面前接受审判"。它暗示了痛苦的挣扎,很容易让人联想到康塔塔《主,请不要审判你的仆人》的引子主题。[1]

最后,音乐的动机——

其分句应该与自然的节拍相悖,重音落在休止之后的轻拍八分音符上。要恰当地表现音乐,所有带有 6/8 拍子痕迹的迷人感觉都必须被去除;它的总体氛围应该是急促不安的。

对于男低音独唱康塔塔《我乐意肩负十字架》[2]一开始的咏叹调,究竟应该采用下面的哪一种演奏方式,还无法确定——

或者

Ich will den Kreuzstab

593

---

① 参见本书第 536 页。
② 为圣三一节之后第十九个礼拜日所作。

根据歌词的自然语调,似乎应该采用后一种。但是,第一种方式更富有形象的描述性,因为它通过强调最后的附点音符,带出了上行乐句的整个幅度和凌厉感。① 余下的乐段中,伴奏声部完全取材自表达悲伤的旋律动机。这一段音乐惯常的演奏速度,恐怕是太慢了,以至破坏了它与终曲"在那里,我立即将忧愁放进坟墓"("Da leg' ich den Kummer auf einmal ins Grab")的对比。

伴随着宣叙调"我在尘世的漫游就像一段航行"的精致的"波浪"动机②,如果由一把独奏大提琴演奏的话,将无法表现它应有的效果。如果加上一支巴松管和一个中提琴,效果反而会自然而清晰地显现出来。在终曲咏叹调"终于,终于我的轭……"(*Endlich, endlich wird mein Joch*)的合奏段落中,同样应该在双簧管之外加上小提琴,以便凸显音乐中难以抑制的欢乐。

这是巴赫作品中最精彩的一首。不过它对歌唱家的戏剧想象力提出了史无前例的要求;后者需要将从对死亡的消极等待到欢欣渴望之间的过渡,雄辩地表现出来。

为马利亚行洁净礼日写的男低音康塔塔《我受够了》(第82首)同样以死亡为主题。它描写了一个老人对天堂怀着乡愁,感觉已经疏离了尘世的一切。第一首咏叹调中,乐队衬托着人声与双簧管阿拉伯风格的旋律,难以言说的喜乐在十六分音符乐段喷涌而出。随后是光辉的死亡摇篮曲"小憩吧,疲惫的眼睛;轻轻地、幸福地合上它"(*Schlummert ein, ihr matten Augen; fallet sanft und selig zu*)——

① 由于升C音和D音都得到强调,所以个中区别自然是不大的。乐队和歌手之间对重音的处理存在区别,也未尝不可。

② 在本书第441页及以下中被引用。

然而到了这里，最终的情绪又转为狂喜，在咏叹调"我期待着死亡"（*Ich freue mich auf meinen Tod*）中表现出来。

巴赫还把这首康塔塔改编为由女高音演出，可能打算让他的妻子在家庭音乐会中演唱。他在写给她的 1725 年的《键盘小曲》中包括咏叹调"小憩吧"，但只有人声声部的完整乐谱。他会在演奏中自己加上即兴的伴奏。

在康塔塔《看吧，我要派许多渔夫》（第 88 首）[①]中，我们能找到巴赫音乐绘画语汇系统的典型样本。乐队以流动的"波浪"动机伴奏诗节的前半段，仿佛要在听者眼前呈现出宁静、充盈的湖水景象，渔夫正在登船；当唱到"然后我会差派很多猎人，他们会在所有山上捕获它们"这一句时，这个伴奏突然停止，管乐器奏出了快乐的号角。

在康塔塔《以法莲哪，我可向你怎样行》（*Was soll ich aus dir machen，Ephraim*，第 89 首）[②]的第一首咏叹调伴奏中，可以找到巴赫气氛描绘的最佳范本之一。基于《何西阿书》十一章 8 节的歌词如下——

> 以法莲哪，我可向你怎样行？
> 以色列啊，我可向你怎样作？
> 我怎能使你如押玛？
> 我怎能使你如洗扁？
> 我回心转意，
> 我的怜爱大大发动。

这段歌词借助三个主题在音乐中得到再现。低音提琴演奏的第一个主题，象征了上帝的震怒——

---

① 《耶利米书》十六章 16 节。女高音、女低音、男高音和男低音独唱康塔塔，为圣三一节之后第五个礼拜日所作。有意思的是，巴赫以"欢乐"动机来伴奏咏叙调"不要害怕，因为从今以后，你们将会是人们中的渔夫"（*Fürchte dich nicht，denn von nun an wirst du Menschen fangen*）。参见本书第 472 页。

② 供女低音、男高音和男低音演唱的康塔塔，为圣三一节之后第二十二个礼拜日而作。

595

双簧管唱出呼喊与叹息——

悲伤的问题由小提琴提出——

这些动机互相交织和穿插,却没有结论,象征着上帝的心绪被对以色列的矛盾态度所纠缠。

小提琴声部主题暗示了悲伤的主题;这一点从康塔塔《我这个可怜的人,谁能把我从速朽的肉身中解救?》(第 48 首)的开篇合唱中得到印证,其中的乐队伴奏,建筑在一个与"以法莲哪,我可向你怎样行?"一模一样的主题上。

康塔塔《我信,亲爱的主,请帮助我消除疑惑》(第 109 首)①第一段合唱,是一个多声部朗诵的神来之笔。歌词中痛苦的焦躁,得到无比动人的表现。咏叹调"我的希望里包含很多疑惑,我焦虑的心摇摆不定"(*Wie*

---

① 为圣三一节之后第二十一个礼拜日而作。

zweifelhaftig ist mein Hoffen，wie wanket mein geängstigt Herz）整整一首都在描绘某个人犹豫地踱着步①。为了这个目的，巴赫采用了凝重的节奏——

巴赫曾经在《圣马太受难曲》的咏叹调"来吧，甜蜜的十字架"中，以这个节奏描绘基督背负沉重的十字架蹒跚而行的情景。作品以众赞歌"谁盼望着上帝"（*Wer hofft in Gott*）简化了的旋律结束；它那分外具有张力的乐队伴奏，可能象征了信仰的坚定。

在康塔塔《主，你的眼目看顾信的人》（*Herr，deine Augen sehen nach dem Glauben*，第 102 首）②的第一段大合唱中，巴赫特别为歌词的三个部分做了独立的形象刻画，所以除去最后的总结段落，这个乐章实际上由三个合唱组成。这首音乐中的某些乐思，表现出精妙的刻薄感觉；它们可能出自中段的主题，"你猛击他们，他们却不觉"——

男低音咏叹调"你要蔑视他丰富的恩典吗？"（*Verachtest du den Reichtum seiner Gnade*），以七度的跳跃开始——

---

① 参见本书第 456 页。
② 圣三一节之后第十个礼拜日上演。

596

康塔塔《我的身体无一处健康》（第 25 首）①中，第一首合唱的乐队伴奏围绕一系列的叹息构筑而成——

与此同时，长号、短号和长笛奏出众赞歌"啊主，我这个可怜的罪人"。

低音提琴伴随咏叹调"啊！我这个可怜人，从哪里能得到启示"（*Ach, wo hol' ich Armer Rat*）奏出的主题，有意思的地方在于，它一模一样地再现了我们在《圣马太受难曲》的"啊，现在我的耶稣不见了"中听到的焦急而踟蹰的脚步。

贯穿最后一首咏叹调"倾听我拙劣的歌"（*Öffne meinen schlechten Liedern*）的，是双簧管配上弦乐，与三支长笛之间优美的对歌。

597　　皮坎德在一段宣叙调中，把世界比作医院。实际演出时，必须把这个宣叙调删除；它简直超越了我们容忍低劣趣味的所有底线。②

埃马努埃尔修改了父亲在上述两首康塔塔（第 102 首和第 25 首）中的一些错误，并在汉堡指挥它们上演。他的修改版本被保存下来了，但它们表明，巴赫的儿子们没能很好地理解父亲的作品。康塔塔《主，你的眼目看顾信的人》就是依据这个作了部分调整的版本，在 1830 年首次印行。

我们恐怕永远无法想象，巴赫怎么能把这首康塔塔的主要合唱曲改

---

① 圣三一节之后第十四个礼拜日上演。
② "整个世界都只不过是一座医院，
　　这里的人不计其数
　　还有襁褓中的婴儿
　　都受到疾病的折磨。
　　这人的胸口
　　被罪恶的欲望之火折磨
　　那人病倒了
　　在他自己虚荣的腐朽气息之中；
　　另一个人对金钱产生贪欲
　　因此过早被投入坟墓。"

编成一首《慈悲经》、把女低音咏叹调"灵魂的悲哀"改编成《你除去尘世的罪孽》（*Qui tollis*），把男高音咏叹调"颤抖吧"改编成《因为只有你是神圣》（*Quoniam tu solus*）。[①] 真难想象比这更加粗鲁的歪曲！

蓝天仿佛悬挂在基督升天节康塔塔《那些信并接受洗礼的人》（第 37 首）中。在最后一首咏叹调里，不难想象巴赫是如何把歌词"信仰令灵魂长出翅膀，让它飞升华到天堂"（"Der Glaube schafft der Seele Flügel, daß sie sich in den Himmel schwingt"）翻译成音乐形象的。

---

① 参见 G 小调和 F 大调两首小弥撒（巴赫协会版，卷八）。

第三十章　世俗康塔塔

巴赫协会版,卷十一,第二部分(1861 年)。

巴赫协会版,卷十,第二部分(1870 年)。

巴赫协会版,卷二十九(1879 年)。

巴赫协会版,卷三十四(1884 年)。

巴赫在世俗康塔塔方面的成就,比他在教堂康塔塔方面的成就遭受了更长久的遗忘。福克尔就只知道农民康塔塔。[①] 巴赫协会版本的出版让好几部作品重见天日;它们曾经无人知晓。还有多少杰作是不可挽回地遗失了啊！不过,我们还是拥有了足够多的世俗康塔塔——大概 20 首——来欣赏巴赫天才的另外一面。

他的第一首世俗康塔塔源自魏玛时期。它题为《热闹的狩猎,我心所愿》[②],在 1716 年 2 月 23 日克里斯蒂安·冯·萨克森-魏森菲尔斯公爵 53 岁生日的盛大狩猎宴会上首演。巴赫的主人恩斯特·威廉公爵受邀赴宴,以"雅致的宴会音乐"为朋友带来了一个惊喜。宴会期间,这首康塔塔在猎场看护人的木屋中上演。克里斯蒂安公爵恐怕万万不会想到,是这首康塔塔、而非他作为地方长官的治理,让他的名字流传后世。

---

① 福克尔,《巴赫传记》,第 62 页。

② 巴赫协会版,卷二十九,第 3 页及以下。

很显然，巴赫是怀着亲切的感情写作这首作品的。歌词由魏玛高级长老法庭秘书萨罗莫·弗兰克创作；巴赫对他写的教会康塔塔诗歌评价很高。[1] 根据当时流行的趣味，词作者回到古代异教神话中，让各色各样大大小小的神向庆典的主人公致敬。歌词的主题如下。恩底弥翁觉得自己遭到爱人戴安娜的怠慢，所以批评了她。她借口说今天自己必须参加狩猎，并给自己最崇拜的英雄克里斯蒂安一个庆贺之吻——恩底弥翁对此没有异议。他们和好，并为杰出的执政共同演唱了一曲颂歌。为了让作品具有不可或缺的音乐上的丰富性，乡村的潘神以及牧群的女神帕勒丝也加入进来——这就使康塔塔一共有六段宣叙调、八段康塔塔和两段合唱。

音乐非凡地富于表现力，而且有一种扣人心弦的新鲜感。作品以华丽的号角开始和结束。在咏叹调"你难道不再想陶醉于爱神的网中"（*Willst du dich nicht mehr ergötzen an den Netzen*）中，恩底弥翁在一个活跃的低音定旋律之上，缠绵地唱出了他的爱之哀诉。潘的歌，建立在一个宏伟庄严的节奏模式上——

599

帕勒丝的咏叹调"羊可以安心地吃草"（*Schafe können sicher weiden*）具有田园牧歌的性格，由两支长笛伴奏。在结束处，潘唱出了吉格舞曲形式的歌"田野与草地啊，显示你们的丰腴吧"。

这首康塔塔后来多次被用于别的场合。它曾经在音乐爱好者、萨克森-魏玛的恩斯特·奥古斯特的生日上演，唯一必须的修改只是把克里斯蒂安的名字换成恩斯特·奥古斯特。在乐谱上，新的名字直接写在旧的名字之下。巴赫毫不担心名字的发音轻重有所不同，故而朗诵段落也失

---

① 它见于弗兰克的《神圣与世俗的诗》（*Geistliche und Weltliche Poesien*，Jena，1716年）第二部分。

去意义。他淡定地让歌手们唱道①——

Der treu - e　　Ernst Au - gust!

后来,泰勒曼协会在选帝侯弗里德里希·奥古斯特命名日上演了这首作品。我们可以从一个附在乐谱手稿上的印刷版歌词中看到,巴赫对文本只作了必不可少的修改。这一次,这首作品的标题是"引人入胜的诸神之战"(Verlockender Götterstreit)。后来,它又一次在克里斯蒂安·冯·魏森菲尔斯公爵和他的夫人露易丝·克里斯汀(斯托尔伯格女伯爵)的一个宴会中演出。这一次演出中,最后的合唱歌词如下:

> 公爵与他的露易丝·克丽丝汀呵,
> 愿优雅拥抱他们,愿幸福为他们效劳
> 他们快乐地徜徉于鲜花和三叶草间,
> 另一位戴安妮,
> 令王族的荣光更加夺目,
> 她是克里斯蒂安侯爵的冠冕!

关于这同一首康塔塔所有不同用途的信息,都来自乐谱上的标识。

它其中的一些乐段,被融合到教堂康塔塔中。终曲合唱"你们这些最可爱的风景"(Ihr lieblichste Blicke)被改编成了米迦勒节康塔塔《人们欢乐地歌颂胜利》(Man singt mit Freuden vom Sieg,第 149 首)的开篇合唱。它的狩猎音乐和两段咏叹调,被 1731 年圣灵降临节《上帝爱这世界》(第 68 首)引用;后者的男低音咏叹调"你为我的福祉而生"(Du bist ge-

---

① 这种情况也出现在戴安妮和恩底弥翁的第一段宣叙调(第 9 页),潘的宣叙调(第 11 页),和戴安妮与恩底弥翁的二重唱(第 23 页)中。

boren mir zugute），来自潘的咏叹调"王是他领地的潘神"（*Ein Fürst ist seines Landes Pan*），而著名的女高音咏叹调"我虔信的心灵"（*Mein gläubiges Herze*）是对帕勒丝的歌"既然毛茸茸的羊群"（*Weil die wollenreichen Herden*）的扩充和改编。后者的三十六个小节，被扩展成七十八个小节；旋律——

是新的，但低音的线条——

则取自那首世俗康塔塔。这个改编的效果并不完全令人满意。以狩猎为主题的康塔塔以其特有的方式，比圣灵降临节康塔塔显得更优美和平衡；在后者之中，我们难免看到新瓶装旧酒的痕迹。①

　　科腾不如魏玛，并没有合唱队资源可供巴赫使用。大概是在科腾的第一年，他为主人写了生日庆典音乐《利奥波德殿下》（*Durchlauchtster Leopold*）。在其中，他不得不将就着使用女高音和男低音二重唱。② 然而，在两段结构的咏叹调中，他尝试营造一种合唱团的效果；他把第二组小提琴和中提琴组与乐队其余部分分离，让它们扮演女高音和男低音之

---

① 巴赫曾经以这个主题写过一首小三重奏，由小提琴、双簧管和键盘乐器演奏。见巴赫协会版，卷二十九，第 250 － 251 页。

② 巴赫协会版，卷三十四，第 3 页及以下。他的确把两段结构的终曲标记为"合唱"，但它是由两位独唱家演唱的。朗诵段落非常奇怪——比如说唱到"也带上"（"Nimm auch"），"幸福的"（"Glücklich"）和"愿人们"（"sei dem Volke"）这些词的时候——让我们觉得这段音乐本来是为别的歌词写的。

间的第二、第三声部。

　　那时候似乎没有诗人可以承担作词的任务。作品中韵律生硬的散文让我们联想到巴赫曾经自己尝试写的诗。所以说小夜曲的歌词出自巴赫之手，也并非没有可能。迷人的音乐焕发着愉悦与幸福的气息。

　　为了不浪费它，巴赫把它用在圣灵降临节康塔塔《升华的肉与血》（第173 首）中。歌词的修改方式可以从第一段宣叙调中看出来——

　　　　《利奥波德殿下》：
　　　　利奥波德殿下，
　　　　整个安哈尔特
　　　　再次愉悦地歌唱；
　　　　你的科滕在你面前鞠躬，
　　　　利奥波德殿下！

　　　　《升华的肉与血》：
　　　　升华的肉与血，
　　　　上帝与之同在，
　　　　他在尘世即向他们
　　　　允诺天上的幸福；
　　　　成为至高者的孩子吧，
　　　　升华的肉与血！

　　在 1725 年，科腾公爵迎娶纳索的夏洛特·弗里德里克·威廉敏公主为第二任妻子。那时候巴赫定居在莱比锡，但还保留着科腾乐长的职衔，以及与宫廷的联系——当然还有为大型场合作曲的任务。在 1726 年 11月 30 日公主的生日，巴赫从莱比锡带来他手下最好的歌手，演出了庆典康塔塔《欢乐地向空中升华吧，到那崇高的巅峰》（*Steigt freudig in die Luft，zu den erhabenen Höhen*）。稍后不久，他使用同样的音乐为莱比锡的一位教授——可能是盖斯纳校长——庆贺生日。在这个场合，康塔塔的名字更改为《欢快地飞升》(*Schwingt freudig euch empor*)①。

音乐对直上云霄的欢乐感觉进行了逼真的描写——

这首康塔塔的节庆氛围，促使巴赫把它改编后在基督降临节的第一个礼拜日使用；不过他保留了一开始的词句，因为它们对音乐来说是必不可少的。这就是《欢快地飞升》的来源。

大约在 1733 年间，科腾的世俗康塔塔又被重新使用了。它被修改来配合文本《欢乐苏醒了》(*Die Freude reget sich*)，由学生们在法学教授约翰·弗洛伦·日维努斯的生日上演唱。后者是巴赫的好友。②

另一首科腾时期的康塔塔《天堂为季节戴上恩典之冠》(*Mit Gnaden bekröne der Himmel die Zeiten*)③——大概写于 1721 年——可能在新年节日或者王室的某个家庭庆典中演出。它由独唱和二重唱组成。结尾是一首合唱，不过极为简单。这首作品后来也被改编成一首教堂康塔塔，配上新的歌词《一颗知道他的耶稣活着的心》(*Ein Herz，das seinen Jesum lebend weiß*，第 134 首)。它是为复活节之后第三日而作。

为女高音独唱写的婚礼康塔塔《退让吧，忧郁的阴影》，是一首格外动人的音乐。我们现在无法获悉巴赫这首宴会音乐的男女主角是谁。④ 它是很偶然地流传下来的；如果不是因为彼得·凯尔纳（Peter Kellner）的

602

---

①　有在这个场合使用的乐谱版本流传下来。见巴赫协会版，卷三十四，第 41 页及以下。

②　这首作品的四套不同版本的歌词，见于巴赫协会版，卷三十四，前言，第 16 页及以下。

③　巴赫协会版，卷二十九，第 209 页及以下。它的开头没有完整保留下来。关于这首康塔塔的创作时间顺序，参见施皮塔，《巴赫生平》，卷 II，第 823 页和第 824 页。

④　巴赫协会版，卷十一²，第 75 页及以下。

学生林克(Rinck)把它抄写下来,它很可能就永远失传了。

它的歌词远远超越巴赫经常使用的那些平庸的"应景"文本。主题是关于冬天的逝去与春天的来临。菲比斯(太阳神)策马穿越新的世界;丘比特穿梭于大地上一切有爱人在亲吻的地方;愿新婚夫妇的爱情能够克服和超越外物的短暂以及不确定。

巴赫为这首富于表现力的诗,写了分外清丽优美的音乐。开篇的咏叹调中,弦乐奏出恍如蒸汽般的上行十六分音符,描写了在春风吹拂之下飘散的迷雾——

603　同时,双簧管唱出如梦般充满渴望的旋律;似乎只有巴赫掌握写作这种旋律的奥秘。①

描写太阳神所驾驭的行伍穿梭于复苏的世界的咏叹调,以这种方式开始——

----

① 对它的引用参见本书第 473 页。

在第六小提琴与键盘奏鸣曲①最后的快板中，找到了这段主题的草稿；由于前者写于科腾，所以婚礼康塔塔可能也写作于同一个时期。

当巴赫在莱比锡定居下来后，他可能会预期收到很多委约，为各种场合作曲。各个城市都需要这类作品。每个盛大的家庭节庆、每个有名望的人物的生日都需要有专门创作的音乐助兴。此外，还有很多大学的活动——学生对他们最喜爱的教授的"喝彩"、大学官方的庆典，以及爱国节日期间的活动安排。巴赫肯定从这类委约中增加了可观的收入。那个年代，创作一首应景音乐的报酬一般是 50 塔勒。根据当时的标准，这并不算很高；但是两到三个这样的委约，对于一个乐长的收入还是有很大改观的。

在这方面，现实多少有点令巴赫失望。由于他对大学教堂职务的据理力争，冒犯了学校管理层②，他根本没有受到任何来自大学方面的委约。因为他一直没有指挥过任何莱比锡音乐协会的活动，所以他在头几年中与学生也没有什么接触。公众并没有把他看做一个能够写出优雅而感伤的旋律的作曲家。也有可能因为在莱比锡贵族的眼中，区区一个科腾-魏森菲尔斯总乐长，并不特别配为他们的节庆创作音乐。所以我们大概可以推断，在莱比锡期间，巴赫只被委托创作了一小部分应景音乐。戈纳尔（Görner）和其他三四流人物，以及后来巴赫自己的学生，都比老大师更加符合时尚的品味。如果不是他在 1729 年继任了泰勒曼的音乐协会指挥，他就没有任何机会以一个节庆作曲家的身份登台。

为他的世俗康塔塔作词的是皮坎德；比起宗教性的主题，皮坎德处理世俗主题要出色得多。他的注意力的确都集中在后者；对于教堂康塔塔，他只是把《圣经》和《诗篇》中的词句拼凑起来，根本没有加进任何原创性的东西。然而在世俗康塔塔中，他显示出了真正的创造力，而且总是能够赋予神话主题的场景以一定的趣味。他在图像描写方面丰富的词汇，在这些作品中发挥了重要作用；而他对自然的真挚感觉，也偶然地让他成为

604

---

① 　参见本书第 348 页。关于这首奏鸣曲的介绍参见巴赫协会版，卷九，第 154 页及以下。

② 　参见本书第 105 页及以下。

一个真正的诗人。巴赫的世俗康塔塔之所以不仅仅是应景之作,而且还具有真正的自然诗之艺术特质(具体的创作目的只是次要的),这其中有皮坎德的一份功劳。

《被平伏的风神》①充分体现了皮坎德娴熟的技巧。巴赫这首作品是为 1725 年的学生们庆贺哲学博士奥古斯特·弗里德里希·穆勒(1684—1761)的命名日而作的。在康塔塔中,风神提议,考虑到夏日行将结束,在这个特别的日子里,应该恢复被囚的风们的自由。它们都为将要在四处进行的扫荡而狂喜;风神则列出它们被允许做的事情,然后在期待中哈哈大笑。温文尔雅的西风神杰夫留斯唱出了送别之歌。果实之神珀莫娜出来乞求风神们照顾满树的硕果,推迟它们的行动,但无功而返。帕拉斯则比较幸运。她呼吁风们的统治者不要打扰艺术女神们在赫利孔山上举行的宴会——而这正是向奥古斯特·米勒先生致敬的宴会。对于这个恳求,风神感到无法拒绝。他把已经被放出来的风们又召回了洞穴中。帕拉斯、珀莫娜和杰夫留斯唱起了喜庆的三重唱,随后是两位女神的二重唱。终曲是一首辉煌的大合唱"奥古斯特万岁".②

这里的音乐分外地生气勃发。第一段合唱以及风神的宣叙调描述了风那没有节制的、奔放的冲劲。③ 咏叹调"我将多么欢快地笑"充满了豪放的笑声。与此形成巨大对比的,是杰夫留斯的咏叹调"清新的影子,我的欢乐"(*Frische Schatten,meine Freude*)中那种带着秋意的伤感——

---

① 科腾时期的庆典康塔塔《欢乐地飞升》(第 36C 首)(1726 年)的歌词也是皮坎德所写。参见本书第 601 页。

② 巴赫的词作者心目中想象的,当然是维吉尔《埃涅阿斯》中著名的场景。

③ 参见本书第 427 页。

在珀莫娜的咏叹调中,我们看到叶子从一根根树枝上疲惫地飘落下来。

帕拉斯的咏叹调中,有着怎样的一种温厚熨帖的风度啊！风神的咏叹调"回来吧,回来吧,带翅膀的风！"(*Zurücke, zurücke, geflügelte Winde*!),伴奏只是用木管乐器,蕴含着克制的力量。女神们的二重唱中 G 大调的主题闪耀着多么灿烂的阳光——

而所有这一切,都是献给奥古斯特·米勒的;他万万不会想到,巴赫的音乐是一场艺术的盛宴,将会让他的名字一直流传到遥远的后世！

　　后来,巴赫自己糟蹋了这部杰作。1734 年 1 月 17 日弗里德里希·奥古斯特二世在克拉考被加冕为波兰国王;在这个月,巴赫与泰勒曼协会一起演奏了题为《敌人们,吹响你们的号吧》(*Blast Lärmen, ihr Feinde*)的庆典康塔塔——这不过是对为米勒庆生的作品的歪曲。歌词似乎是由巴赫自己重写的,因为在布赖特科夫印行的歌词上没有标注任何作者的名字,而在当时,没有哪个二流诗人会容许自己的名字被漏掉。[1] 在这个新版本中,出现了"勇敢"、"正义"和"恩典"等字眼;但它们跟音乐的理念和情绪完全不合拍,所以这种结合颇为荒谬。施皮塔根据这首作品得出结论,说巴赫肯定没有把描叙性作为他的音乐的重心。[2] 这是一个错误。

　　① 　这份歌词现在存于德累斯顿的王室图书馆。它刊行于施皮塔,《巴赫生平》,卷 II,第 881 页及以下。

　　② 　施皮塔,《巴赫生平》,卷 II,第 457 页。

它只能证明当时巴赫为了确保他的协会能够抢先庆祝加冕仪式,是何等仓促地写就这首音乐。由大学主办、于 2 月 19 日演出的加冕庆典颂歌,出自戈纳尔之手。

康塔塔《来自律动弦乐的不协和音合奏》(*Vereinigte Zwietracht der wechselnden Saiten*)①是为莱比锡大学罗马法教授哥特里布·科尔特(1698－1731)的任命仪式而作,写于 1726 年。作品开始时的进行曲由管乐器在入场仪式中演奏,所以它只出现在演奏乐谱里,而没有被包括在正式的康塔塔之中。

在这首作品中,巴赫采用了第一《勃兰登堡协奏曲》的第二段快板和终曲三重奏。② 快板变成了开篇的合唱,而三重奏则被改编为由大乐队演奏,作为一段器乐反复(*ritornello*)。女低音咏叹调"铭记这段回忆",从其伴奏来看,有可能也是从别处借用的。在歌词那枯燥乏味的寓言里,所有被拟人化了的美德现身来劝告大学的青年人,让他们向新任教授学习;而音乐没有对它们进行深入的描写。对巴赫而言,咏叹调"你们这些已经选择我的道路的人,不要退缩"(*Zieht euren Fuß nicht zurücke*,*ihr*,*die ihr meinen Weg erwählt*)对艺术之神的儿子们作的、关于"勤奋"的啰嗦乏味的说教,与他有何相干? 巴赫所看到的,只是自由的步伐显示出的音乐形象,所以把沉闷的说教写成了一曲趣味横生的芭蕾音乐;只需用一个乐器替代男高音,就可以把它变成一首舞曲——

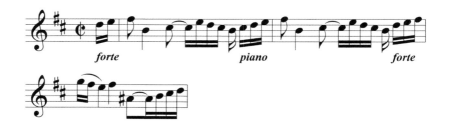

---

① 巴赫协会版,卷二十,第 73 页及以下。
② 巴赫协会版,卷十九,第 16 页及以下和第 30 页。

为了保证传达出这个乐章的优雅感，巴赫精心标记出各个乐器声部的分句和表情。乐队由小号第一、第二和第三支，柔音双簧管第一和第二支、英国管、小提琴第一和第二把、中提琴和通奏低音组成。根据各个声部判断，除了第三支小号和鼓，每一个声部的乐器数量都应该加倍——即使木管乐器也如此。对于低音提琴、大提琴和巴松管，只有四个不带数字的通奏低音声部被写出来。

1733 年之后一段时间——现在无法确定精确的日期——这首作品同样被配上歌词《起来吧，昂扬的号角那响亮的声音》(*Auf, schmetternde Töne der muntern Trompeten*)，在奥古斯丁三世的命名日上演。①

这个时期的好几首应景之作，基本上可以确定是遗失了。我们仅仅知道它们的标题，以及歌词的个别段落。对于康塔塔《看啊，以色列的牧者》(*Siehe, der Hüter Israels*)，我们所知的仅仅是标题；布赖特科夫在米迦勒节的列表上把它列为"毕业"康塔塔。在 1732 年 6 月 5 日，刚刚重建的圣托马斯学校举行了隆重的封圣仪式。巴赫为此写了《快乐的日子，令人渴望的时刻》(*Froher Tag, verlangte Stunden*)，它的歌词还保存在该学校的图书馆。② 我们从斯库尔(Sicul)的《欢呼的莱比锡》(*Das froh-lockende Leipzig*)中得知，康塔塔《飘散吧，明亮的星星》(*Entfernet euch, ihr heitern Sterne*)在 1727 年 5 月 12 日国王奥古斯丁二世的生日那天晚上八点，由大学学生在市集广场上演出。③ 国王本人当时在莱比锡，并在阿佩尔寓所的窗户旁聆听了演出。而大学教堂的庆典仪式音乐则由戈纳尔创作。

莱比锡商人海恩里希·沃尔夫与齐塔奥的税务代办赫佩尔的女儿，在 1728 年 2 月 5 日举行了婚宴，巴赫为此写作了康塔塔《喜庆的普莱瑟市》(*Vergnügte Pleißenstadt*)。歌词由皮坎德创作；他为了给巴赫提供进

---

　① 新的歌词，附上几段额外创作的宣叙调，刊行于巴赫协会版，卷二十，第 141 页及以下。

　② 刊行于巴赫协会版，卷二十，第 51 页及以下。歌词由巴赫的同事温克勒先生所作。

　③ 见于巴赫协会版，卷二十，前言，第 43 页。也参见施皮塔，《巴赫生平》，卷 II，第 459 页。莱比锡市立图书馆中存有一份歌词。

行音乐绘画的机会,把朗诵部分安排给了河流。后来,巴赫改写了歌词,以太阳神阿波罗和赫尔墨斯取代普莱斯和耐斯,让他们唱出对莱比锡及其市议会的赞颂。① 至于它是什么时候、为了什么场合演奏,我们并不了解。假如这正是在巴赫与市议会不和的时期,那么我们可以想见创作这个歌词对他来说甚至比写出旋律更艰难。事实上,歌词也一如我们所期望的那样。

《菲比斯与潘之间的竞争》(*Der Streit zwischen Phöbus und Pan*)和《咖啡康塔塔》都属于滑稽讽刺的类型。两首作品都作于 1732 年。

《菲比斯与潘之间的竞争》的主题,由皮坎德采自奥维德。但是,为了保证音乐的活泼气质,他加入了自由发挥的段落。② 在六重唱中,莫努斯、赫尔墨斯、特莫鲁斯、米达斯、太阳神和牧神潘命令风们回到他们的洞穴中,不要打扰计划中的歌唱比赛。巴赫当然不会放过这么一个进行音乐绘画的好机会;我们仿佛真的看到了翻滚的云雾——

609　评判团被安排好了。太阳神选择了特莫鲁斯作为他的辩护人,而牧神潘选择了米达斯。于是太阳神唱出了一段旋律,其中包含了好几个巴赫习惯用来表达无法言说的向往的主题——

---

① 　两个版本的歌词都见于巴赫协会版,卷二十,第 46 页及以下。也参见施皮塔,《巴赫生平》,卷 II,第 465 页和第 891 页。

② 　巴赫协会版,卷十一,第 3 页及以下。

牧神则唱了一段农民的舞蹈曲调"跳舞，跃动，就如心的颤动"（"Zum Tanze, zum Sprunge, wie wackelt das Herz"）；其曲调和歌词都很平民化，就像露天市集中的歌唱一样——

中间段落是一个广板；巴赫以棱角分明的4/4拍子节奏，讽刺地再现了太阳神感伤的主题

歌词如下——

> 如果音乐太费力
> 嘴巴唱得又拘束，
> 哪能唤起玩笑呢。

特莫鲁斯把胜利判给了太阳神，然后歌颂了"从魅力中诞生"的音乐。而米达斯则在一首乡村乐师风格的咏叹调里，把奖颁给了牧神，证实了他关于牧神的评判是正确的。作为对其"疯狂的野心"的奖赏，牧神获得了驴子的耳朵。赫尔墨斯却宣布"傲慢自大的吹嘘"最终总是赢得"傻瓜的敬意"，然后我们在咏叹调的伴奏中听见了钟声叮当响——

最后,所有人联合起来,唱出了对"迷人的音乐"的赞歌,这不但给人类、也给众神带来了欢乐。为此我们可以平静地忍耐"斥责"和"奚落"。

早在 1856 年,巴赫著名的学者德恩(Siegfried Dehn)就曾经推测,巴赫的这首作品并不是一般的讽刺,而是有具体指涉。[①] 他认为这首康塔塔针对的是弗莱堡(萨克森)的校长比德尔曼。在 18 世纪中期,有一次牵涉甚广的争论,焦点是在古典教育的改革中,音乐在原有课程中的地位是否应该保留。这位好为人师的先生在 1749 年发表了一本小册子,名为《音乐的生命》;他说,不仅仅是音乐对教育有害,而且学习艺术的通常是学校里最坏的孩子。他的目的是要贬低和冒犯他的乐师多勒斯(Doles)。后者一年前在和平百年纪念歌唱比赛中获得了巨大的成功。和他的学生忍受比德尔曼一样,巴赫也不得不忍受他这边的大学校长。他后来对由这个小册子引起的争论产生了强烈兴趣;当时每个有一定名气的音乐家,尤其是马特松,都猛烈地抨击了这个倒霉的作者。巴赫本人因为健康原因,无法亲自写作,但他让诺德豪森的一位叫舒罗特尔的音乐协会会员,代为执笔写了一篇反驳文章。这让巴赫非常得意,以至他在 1749 年 12 月 10 日写信给在弗兰肯豪森的艾尼克说,他"确信这些批驳能够清理那位作者的双耳,让它们懂得怎样听音乐"。[②]

巴赫的确很有可能通过一首讽刺性的康塔塔,攻击这个心怀恶意的校长。但是,如果我们仔细分析,会发现《菲比斯与潘之间的竞争》其实与这桩公案没有关系。它针对的并非鄙视艺术的人,而是一个肤浅的评论家。一个关键的证据就是,歌词早在 1732 年就在皮坎德诗集的第三卷中出版了。所以,这首康塔塔只可能是针对巴赫的批评者沙伊贝(Scheibe)的。[③]

611

---

① 《作为辩论家的约翰·塞巴斯蒂安·巴赫》(*Johann Sebastian Bach als Polemiker*),收录于维斯特曼的 1856 年《统计月报》(*Monatshefte*)。

② 施皮塔(《巴赫生平》,卷 II,第 737 页及以下)对这次争论作了详尽的记录。有关历史文献见于阿德隆(Jakob Adlung)和马尔普尔格(Friedrich Wilhelm Marpurg)的著作。

③ 奥图·林德纳(Otto Lindner)在论文《比德尔曼与巴赫》(刊载于 *Vossische Zeitung*,1860 年 7 月 1 日和 8 日)中,对德恩的假设提出质疑。正确的说法见于鲁斯特为巴赫协会版,卷十一写的序言,以及施皮塔(《巴赫生平》,卷 II,第 473 页及以下)。

虽然后者关于巴赫音乐的观点迟至 1737 年才刊载于《音乐评论》，[1]但他的敌意可以追溯到 1729 年，当时巴赫并没有支持他参选圣托马斯教堂的管风琴师。从此，他不放过任何诋毁巴赫音乐的机会，所以巴赫也有理由在泰勒曼协会通过音乐来讽刺他。这些实事解释了这部作品的性格，以及其最初的创作时间。歌词的观点是明确的。米达斯恰恰就是沙伊贝。后者曾批评巴赫的音乐枯燥晦涩而混乱，并且坚持认为它矫揉造作而牵强，因为它并不直接诉诸人的感官。所以巴赫让米达斯唱出了如下的话——

> 潘！你让我精神抖擞，
> 我一听到你的歌
> 立刻就能记诵。
> 现在我要在森林中漫步，
> 把你的歌教给树们听。
> 菲比斯的歌唱得太复杂了；
> 但你那只可爱的嘴巴
> 唱得轻松又自在。[2]

所以，这首康塔塔与瓦格纳的《纽伦堡的工匠歌手》有异曲同工之妙。巴赫通过自己的音乐，亲自表达出欢乐而新鲜的讽喻，有力地批驳了有关他的各种误解，并且像所有伟大的人物一样，以此支撑自己继续创作。在太阳神和特莫鲁斯的咏叹调中，他让自己的艺术被表现为具有神一般的魅力——这时候巴赫的心情已经很愉快了；从创作《圣马太受难曲》时就开始压抑着他、并弥漫在致爱尔德曼信中的悲观情绪，现在已经一扫而空。

---

① 关于沙伊贝与巴赫，参见本书第 155 页及以下。

② 巴赫协会版，卷二十九，第 141 页及以下。文本取自皮坎德的《亦庄亦谐和讽刺诗集》(*Ernst-Schertzhafte und satyrische Gedicht*，第 3 卷，Leipzig，1732)。《菲比斯与潘之间的竞争》收录在同一卷中。

612 　　这首康塔塔肯定在比德尔曼论争期间再次上演。这时候巴赫并没有指挥任何学生的合唱协会;但他的朋友圈和他一样,感觉被比德尔曼的攻击伤害了,所以重新翻出这部作品从中取乐。这解释了为何在一份流传下来的歌词手稿上标注着 1749 年的日期。最后一首宣叙调的最后两行诗句经过了修改,以特别针对那个恶意的教师。在 1732 年,它们是这样唱的——

　　　　太阳神,再次拿起你的里尔琴吧;没有什么比你的歌更令人愉悦的了。

现在,它们被改成这样——

　　　　太阳神,别管霍腾休斯和奥比留斯的恼怒,加倍增强你的音乐和歌唱!

奥比留斯是贺拉斯式的校长,"随时准备攻击";拉丁演说家霍腾休斯则很可能暗指讨厌的圣托马斯校长埃内斯蒂;他特别专注于拉丁文演说。

　　咖啡康塔塔《安静,莫妄论》(*Schweigt stille, plaudert nicht*)没有很大的野心,只是供消遣之用。1727 年,皮坎德出版了他的第一册诗集,其中有一个故事,拿当时大众对咖啡的热爱来开玩笑。他说,法国国王禁止这种饮料,使得举国都感到伤心;女人们死去,仿佛瘟疫肆虐;这种状况直到禁令终止才有所改变。值得一提的是,1703 年在巴黎出版了一套康塔塔曲集,里面有对咖啡的赞美。第一部德语咖啡康塔塔的歌词由戈特弗里德 · 克劳泽(Gottfried Krause)于 1716 年创作;音乐的作者则不得而知。[1]

---

　　[1]　参见施皮塔,《巴赫生平》,卷 II,第 141 页及以下。众所周知,在 18 世纪有很多公国明令禁止人们在其领地公开或者私下喝咖啡。赫塞的弗里德里希在 1766 年发布了类似的命令;它实行了超过 20 年;嗅到咖啡味而报告当局的人,会得到罚款的四分之一作为奖励。(参见《法兰克福时报》1907 年 7 月 26 日。)

　　皮坎德诗歌的情节如下。父亲史伦德里安(意为陈规)希望女儿丽申戒掉喝咖啡的习惯。① 女儿请求道："噢父亲,不要那么严厉。如果我不 613 能每天喝我的三小杯咖啡,我就会像一小片烤羊肉干了。"她的请求由一段俏皮的赞美咖啡的咏叹调助阵。所有的威胁都是徒劳的——她愿意放弃散步,放弃她那时尚的裙子,甚至她帽子上的银丝带。她一天不订婚,就一天都不会戒掉咖啡。"那么,今天就办这事吧,爸爸,"她在一段咏叹调中说。父亲还没来得及出门去找新郎,女儿就已经放出话来:"任何求婚者要到我家来,都必须先在婚姻承诺书中保证,允许我有喝咖啡的自由。"

　　巴赫为这段歌词创作的音乐,完全不像他的风格,反而更像奥芬巴赫。这部作品可以当做独幕轻歌剧来演出。

　　在 1739 年 4 月 7 日礼拜二,一位"外国音乐家"(einfremdus Musikus)在法兰克福贸易中心预告了一场音乐会,其中"史伦德里安先生和他的女儿丽申会登场。"②肯定是指皮坎德的诗歌;至于音乐,我们则无法确定是巴赫所作,还是这位外国音乐家自己的作品。如果是前者,那么这将是我们所知巴赫作品唯一一次在别的城市上演。

　　女高音康塔塔《喜悦》(我感到满足)可能也是作于 30 年代初期。③它似乎是为安娜·玛格达琳娜写的,也有可能在巴赫的家庭音乐会中演出;这时他年长的儿子们尚和他住在一起,并一起参与演奏。它的音乐价值不高。巴赫被这个文本吸引有点不太寻常。初看起来,它似乎只是在赞美某种家庭的娱乐,是关于如何放下不必要的忧虑和欲望。不过宗教的意味还是悄悄地渗透进来;真正的满足感来自上帝赐予的宁静与平和。这样一来,这首作品以空洞开始,以对"神圣的富足"的赞美作结。这种富 614 足令穷人都像王子般富有。这就是巴赫精神状态的写照——表面上是一个随遇而安的 18 世纪市民,内里却是一个深邃的德意志神秘主义者。

　　不过即使是巴赫,都会追逐空洞的东西。1733 年,他到德累斯顿接

---

　　①　巴赫总习惯把咖啡拼成"Coffee",而非德语的"Kaffee"。
　　②　《法兰克福新闻》,1739 年。参见施密塔,《巴赫生平》,卷 II,第 473 页。
　　③　巴赫协会版,卷十一,第 105 页及以下。

受宫廷作曲家的头衔。我们不会感到意外，他在等待这个头衔期间，为了获得王室的垂青，演出了一些爱国康塔塔。他在 7 月 27 日提交了他的申请；9 月 5 日，他在泰勒曼协会指挥了一部"音乐戏剧"《十字路口的赫拉克勒斯》，庆祝选帝侯 11 岁的生日。[①] 我们从收录此歌词的皮坎德诗集中知道这些细节。乐谱手稿上只写有"为一位萨克森王子所作的祝贺康塔塔"的标题。

主题是我们常见的。享乐与德行都想抓住象征年轻王子的赫拉克勒斯。在信仰的回声的警告下，他抗拒了前者的诱惑，进入德行的怀抱，由此作品以大合唱"人们的欢乐，你家族的欢乐，兴盛吧，高贵的弗里德里希！"（*Lust der Völker*，*Lust der Deinen*，*blühe*，*holder Friederich*！）作结。

鉴于音乐协会（Collegium Musicum）的夏季聚会在城门前的齐默曼花园中举行，我们有理由推测这首康塔塔是在露天演出的。这正是巴赫在莱比锡创作的大型世俗康塔塔的上演模式。

巴赫为皮坎德的诗歌配的音乐，考究而富于魅力，充满鲜明的性格。正如施皮塔所言，亨德尔的《赫拉克勒斯的抉择》（*Wahl des Herakles*），要远远逊于巴赫的同一题材作品。不过，施皮塔批评后者被"过度的情感"所破坏；这对于作品的题材和类型而言，都不适合；[②]我们不知这一批评所指为何。施皮塔总是倾向于低估巴赫世俗康塔塔的价值。

615　尽管《赫拉克勒斯的抉择》极少在音乐会上演出，但它还是很有名的，因为它的六个主要段落，被融合到巴赫当时正在创作的《圣诞节神剧》之中了。

乐曲开头的大合唱"让我们担忧"（*Laßt uns sorgen*），与《圣诞节神剧》的合唱"怀着感恩"（*Fallt mit Danken*）无异。

"享乐"为赫拉克勒斯唱的有睡意的歌，在《圣诞节神剧》中变成婴儿耶稣的摇篮曲。这首著名的咏叹调如下——

---

① 巴赫协会版，卷三十四，第 121 页及以下。
② 施皮塔，《巴赫生平》，卷 II，第 629 页，第 639 页。

我把原曲和改编版本的歌词都摘引于此,供大家比较——
《赫拉克勒斯的抉择》:

> 睡吧,我最亲爱的,感受宁静,
>
> 追随燃烧的思想。
>
> 品尝贪婪胸中之快乐
>
> 不需理会任何限制。

《圣诞节神剧》:

> 睡吧,我最亲爱的,享受宁静,
>
> 然后在一切繁盛前醒来!
>
> 让你的心灵愉悦,
>
> 感受那欢乐!
>
> 我们在那里心旷神怡

　　神剧中的咏叹调"前行吧,我的救主"(*Flößt,mein Heiland*),也是取自《赫拉克勒斯的抉择》。它的原型是咏叹调"忠诚的回声";其中,英雄赫拉克勒斯要求回声回答他。这里音乐的效果由文本得以印证。《圣诞节神剧》的对应段落里,回声的效果却没有文本上的支撑,因为不存在问答的情节。

　　《圣诞节神剧》中的咏叹调"我只为荣耀你而活"(*Ich will nur dir zu Ehren leben*),正是取自"你要乘着我的翅膀翱翔"("Auf meinen Flügeln sollst du schweben")。在这里,音乐又一次暴露了哪些是原创,哪些是借用的。康塔塔的咏叹调中,暗示了飞翔的翅膀的动作;我们仿佛看到一只雄鹰,拍打几下翅膀高高地飞起,然后在空中宁静地回旋——

616　神剧中咏叹调的歌词,无论如何与这段如此生动逼真的音乐扯不上关系。为什么巴赫不花点心思,在新的歌词中为词语与音乐找到一个共通的形象呢?

　　神剧中的咏叹调"做好准备吧,锡安"(*Bereite dich*,*Zion*)和世俗康塔塔中对应的"我不想听你说"(*Ich will dich nicht hören*)情况也一样。只有在原版咏叹调里,中间段落的主题才有意义。有一段时间小提琴独奏中止,一个奇怪的音型在低音部出现——

这究竟在表现什么呢? 这是我们早已熟悉的、巴赫用来表现蛇或恶龙缠绕的动机。事实上,康塔塔的文本中有提到蛇靠近年轻的赫拉克勒斯。但是,《圣诞节神剧》里面,这个动机却没有任何意义。

　　赫拉克勒斯与德行之间的对话"我是属于你的",也在神剧的二重唱"我主,你的垂怜"(*Herr*,*dein Mitleid*)中意义尽失。任何熟悉巴赫的主题创造能力的人,都不会怀疑咏叹调的两个动机表达了最活泼的欢乐感。

在原来的版本中,这些主题都是生发自歌词的。赫拉克勒斯对德行的选择,带有一点爱情的甜蜜——

> 我是属于你的;你是属于我的! 我亲吻你;亲吻我吧!

改编之后的文本,却毫无光彩,也绝不会引发出这么热烈的音乐。

　　依据这一部作品所作的这些改编,都是只会在巴赫身上才发生的典型例子。真是难以置信,作为一个如此强烈地坚持音乐的描绘功能的艺术家,竟会在另一个场合如此削足适履地扭曲自己的音乐,去适应新的歌词。施皮塔说,"我们应该感到庆幸,除了宣叙调和最后一段合唱之外,整部《赫拉克勒斯的抉择》都融合进一年之后创作的《圣诞节神剧》里去了。"①我们可以补充道:我们的运气究竟如何,还是存疑的,因为改编过来的乐章给我们以非常不愉快的印象。即使不了解改编过程的听众,也会觉得词与音乐之间并不和谐。这让人无法完整地在艺术上享受它。施皮塔因这些肤浅的改编而窃喜,因为它们印证了他自以为的真理,即在巴赫的艺术中图像性与表现性元素只是偶然现象,而非本质特征。真正的音乐家不应在意这些理论,而会为《赫拉克勒斯的抉择》被拼凑到《圣诞节神剧》中从而令人无法一窥其原貌而惋惜。

　　1733 年 12 月 8 日,《赫拉克勒斯的抉择》写作不到 3 个月之后,巴赫演出了一首新的康塔塔,向王室致敬。它的标题是《让铜鼓与号角齐鸣——向王后致敬的音乐戏剧》(*Tönet*,*ihr Pauken*,*erschallet Trompeten*,Dramma per musica der Königin zu Ehren)。②从手稿末尾的记录可以看出,巴赫直到演出前的晚上才完成这部作品:"完成于 1733 年 12 月 7 日,DSGl"。有一点很有意思:大部分向王室致敬的康塔塔,包括《赫拉克勒斯的抉择》,都写有"J. J."(Jesu Juva,意为"拯救我,耶稣")和"SDGl"(Soli Deo Gloria,意为"荣耀只属于上帝")这两句格言。

_____

①　施皮塔,《巴赫生平》,卷 II,第 460 页。
②　巴赫协会版,卷三十四,第 177 页及以下。12 月 8 日是王后的生日。

这部作品的歌词一定是出自巴赫之手,因为布赖特科夫出版社出版的乐谱中没有写出词作者的名字。① 不过文本中方言的性质和出现的次数,足以告诉我们谁是作者。第一段合唱可视为巴赫诗作的一个例子:

618

发声吧,铜鼓! 响起来吧,号角!

清脆的琴弦,响彻长空!

歌唱吧,朝气蓬勃的诗人们,

王后万岁! 大家欢呼道。

王后万岁! 这是萨克森人的祝福,

愿王后健康长寿!

这部作品中最精彩的段落,也流传到《圣诞节神剧》里面了。但是,这里的改编并没有以扭曲原有音乐为代价,因为两份歌词都属于同类,表达了同样的欢乐情感。

1734 年 1 月,为庆祝奥古斯特二世在克拉考的加冕典礼,巴赫将《被平伏的风神》重新配上歌词《敌人们,吹响你们的号吧!》。②

同年的秋天,国王与王后到访莱比锡。巴赫急忙写出康塔塔《赞美你的运气吧,得上帝庇佑的萨克森》(*Preise dein Glücke,gesegnetes Sachsen*),于 10 月 5 日在城市广场上、国王夫妇的窗前上演。③ 萨罗门·里默尔记录道:"晚上 9 时,这里的全体学生在国王夫妇御前演出一首谦恭的小夜曲,使用到小号和鼓;作品由圣托马斯教堂乐长约翰·塞巴斯蒂安·巴赫创作。演出期间,600 名学生手持大型火炬;四位伯爵作为统领参与了音乐的制作。"④

在宣叙调中,提到了当时发生的事件,其中包括法国人在波兰王位交接中的行径:

----

① 歌词的原版印刷本藏于德累斯顿的皇家图书馆,其中写明节目单是送到宫廷里的。

② 参见本书第 606 页。

③ 巴赫协会版,卷三十四,第 245 页及以下。

④ 巴赫协会版,卷三十四,序言,第 30 页。

> 当一切都在我们身边轰响，
>
> 的确，当法国的威力（虽然它已经被多次瓦解）
>
> 从南方到北方，都以刀剑和烈焰威胁我们的祖国
>
> 这些城市如此幸运；你，我们菩提树有力的守护神，
>
> 而且还不止你一个……

这个阶段的教堂康塔塔的文本中，也表现出由战争引起的忧虑。 619

　　这首加冕康塔塔的音乐，质量上有点不平均。好几个乐章像是从别的作品中借来的。只有一首是来自《圣诞节神剧》。① 第一段合唱后来成为 B 小调弥撒中的"和散那"（Hosanna）。

　　两天之后的 10 月 7 日，是国王的生日庆典。巴赫早已为这个节日准备好了康塔塔《轻轻滑行吧，嬉戏的浪花》，在音乐协会上演。② 歌词是皮坎德所作；他又一次为巴赫提供了一份音乐动机极其丰富的歌词。他让维斯图拉河、易北河、多瑙河和普莱瑟河一起歌颂萨克森属波兰的运气；这正是它们流经的土地。这正是巴赫所需要的东西；他完全顺应歌词的意思，并在每一首分曲中描写了波浪变化多端的嬉戏。

　　在第一段合唱中，它们形式丰富的运动，由三个动机合作表现——

这段音画的逼真感真是惊人。一个单调的节奏中包含的所有不规则性和

---

　　①　这个改编的手法同样很粗暴。咏叹调"激荡着怒火的武器"（Durch die von Eifer entflammten Waffen）的音乐，换成宗教性质的歌词"点亮我暗淡的感官"（"Erleucht auch meine finstern Sinne"）。这首世俗康塔塔的歌词不是出自皮坎德之手，也不像是巴赫所写。

　　②　巴赫协会版，卷二十，第 3 页及以下。

意外感,单单通过声音,就赋予这首海浪之歌无以伦比的魅力。

歌词如下:

　　　　轻轻滑行吧,嬉戏的浪花,轻柔地低语! 不,快快奔腾!

由于演绎的方式影响很大,巴赫自由地为原版的声部分谱加上附点、连音符号和强弱标记。它们通过最细微的细节向我们表明,巴赫的音乐在他心目中应该如何演奏。

关于易北河的咏叹调"每一个波浪都呼喊出那珠玑之言——奥古斯特",恰当的运动方式由小提琴独奏表现——

在关于多瑙河的咏叹调中,波浪的律动以一种非常复杂的风格表现。而关于普莱瑟河的咏叹调的动机则是这样的——

最后一段合唱之中,律动始终是超然而高贵的——

这样，在 13 个月中（从 1733 年 9 月到 1734 年 10 月），巴赫创作了 5 首康塔塔歌颂王室。他将自己的忠诚表达殆尽；然而他还得再等两年，才能获得自己梦寐以求的头衔。

在此之后，世俗作品的创造变得越来越不频繁。康塔塔《圣托马斯在悲伤中一动不动地坐着》(*Thomana saß annoch betrübt*) 在 1734 年 11 月 21 日于小埃内斯蒂的就职典礼上上演。作品现在已经遗失了。差劲的歌词保存在里默尔的记录中。[1]

4 年之后（1738 年），另一首向王室致敬的作品上演。里默尔的记录作如是说：

> 4 月 28 日早上，大约在 9 点，沃德马尔·冯·施默陶男爵在圣保罗教堂作了一番庄严的演说，内容关于阿米莉亚公主和西西里国王陛下的婚姻。晚间 9 点，大学的学生带上很多火炬，在广场上演了一首精致的晚间音乐，还采用小号和鼓。这是一首谦恭的剧作，出自乐长约翰·塞巴斯蒂安·巴赫先生之手；随后冯·希尔罗丁伯爵、冯·施默陶男爵、冯·莱普尼兹先生和冯·马绍尔先生非常感激、恭敬地将这首康塔塔呈献给国王和公主，并被允许亲吻国王、公主的手。[2]

我们不知道作曲家是否也享有这等荣誉。伯恩鲍姆在为巴赫反对沙伊贝所作的辩护（1739 年）中，提到这首康塔塔，证明"宫廷作曲家先生写出动人、富有表现力、自然、规整、品味高尚的作品"[3]。音乐现在已经遗失。歌词假借所罗门和大卫之名，颂扬奥古斯特二世和他的父亲。康塔塔的标题是《欢迎你们，统治尘世的诸神》。

621

---

① 参见巴赫协会版，卷三十四，序言，第 58 页及以下。康塔塔《请与我们同在，天色将晚》(*Bleib bei uns, denn es will Abend werden*) 第 6 首咏叹调"尊贵的神子"(*Hochgelobter Gottessohn*)，似乎就是取自这首世俗康塔塔。

② 参见巴赫协会版，卷三十四，第 48 页及以下。歌词也收录其中。

③ 参见本书第 158 页，以及施皮塔，《巴赫生平》，卷 II，第 462 页。

　　我们总共有 3 首来自巴赫最后创作阶段的世俗康塔塔。第一首《美好的韦德劳》(*Angenehmes Wiederau*)，作于 1737 年。① 同年 9 月 28 日，约翰·克里斯蒂安·冯·亨尼克在进入领地韦德劳时向这个地方致敬。他曾经是一位仆人，因为布鲁尔伯爵的恩典而发家，成为韦德劳的领主。皮坎德希望讨好这位新贵，所以创作了这份文本，并请巴赫创作音乐。康塔塔的开篇合唱，算得上巴赫作品里最意气昂扬的一首。它在作品结尾再次奏响。我们不难理解，巴赫愿意在节庆作品中重复使用它——仲夏日康塔塔《喜乐吧，获得救赎的人们》(*Freue dich，erlöste Schar*)中又有它的身影。《美好的韦德劳》的四首咏叹调也被用到后者之中。其中第二首改编得非常不理想。这一点只需粗略比较一下两首作品的歌词，就能看出来：

　　《美好的韦德劳》：

> 任何能让灵魂喜悦的事物，
> 任何令人惬意和尊崇的事物，
> 世世代代都属于你。
> 我的充盈，毫不保留地
> 呈现于你，
> 我全部的储备，都归你所有。

622　　《喜乐吧，获得救赎的人们》：

> 来吧，你们这些受诱惑的罪人，
> 快点跑过来，亚当的子女，
> 你们的救主在召唤！
> 来吧，你们这些迷失的羊，
> 从罪的沉睡中醒来，

---

　　①　巴赫协会版，卷三十四，序言，第 36 页及以下，第 325 页及以下。

恩典的时刻到了！

康塔塔《在我们新的监督者带领下》(*Mer Hahn en neue Oberkeet*)，是为领主进入领地而写的致敬作品。1742 年 8 月 30 日，总管卡尔·海恩里希·冯·迪斯考成为冯·克莱恩朔斯(Kleinzschocher)的领主。[①] 作品就在这个场合上演。灵感似乎又是来自皮坎德。由于冯·迪斯考是他在海关的上司，他当然有理由向前者致敬。冯·迪斯考还有可能是巴赫在德累斯顿的赞助人。至少我们从 1752 年的记载中知道，冯·迪斯考夫人是巴赫长子威廉·弗里德曼的教母。[②]

对于巴赫来说，创作一部乡村风格作品的想法，可谓其来有自，因为他对幽默风格很感兴趣。几乎所有乐章都以舞蹈曲调写成；序曲由一连串舞曲组成。作品情节大概如下：村民们一起来欢迎领主，向他送上祝福，然后到酒馆里享受免费的啤酒。歌词由皮坎德精心编织起来。他让巴赫有机会将市镇的音乐和乡村的音乐作对比。巴赫也采用了民歌旋律。其中一段——

近来以"向快乐的狩猎，出发"(*Frisch auf zum fröhlichen Jagen*)[③]的歌词流行起来。另一段——

---

① 巴赫协会版，卷三十九，第 175 页及以下。

② 参见比特，《C. P. 埃马努埃尔·巴赫与 W. F. 巴赫》，第 2 卷，第 215 页。

③ 有关出处，参见施皮塔，《巴赫生平》，卷 II，第 659 页及以下；其中也引用了其他民歌旋律。

似乎来自当时一首著名的摇篮曲。第三段以间奏曲的形式在一首宣叙调
中出现——

同一个旋律也出现在《哥德堡变奏曲》中。这首康塔塔可能还包含了其他
民歌旋律，只是我们已经辨认不出来了。

　　上演这首作品的乐队编制，一般包括一把低音提琴，一把中提琴和一
把小提琴。在歌曲"要花费一万杜卡特"（*Es nehme zehntausend Dukaten*）
中加入小号。咏叹调"整个克莱恩朔斯定会变得温柔和甜蜜"（*Kleinzs-
chocher müsse so zart und süße*）以镇上的风格配器，即长笛与弦乐。巴赫
对借鉴怀有激情，只有这个理由才能解释为何"愿你不断成长，高兴地笑"
使用了潘神的获奖之歌"又跳又舞"，[①]而非原创音乐；又或者他对这首作
品实在满意，所以希望再次听到它？

　　康塔塔《啊，美丽的一天》（*O holder Tag*），是为婚礼宴席而作的一首
"餐桌音乐"。[②] 如果它的歌词可信，那么这对新人都是音乐家。歌词中
讨论的问题是：在这样的场合里，是否需要有音乐的位置？最后答案是肯
定的，尤其因为人们考虑到艺术的守护神。新人各自获得一份笔迹分外
精致、以丝带绑好的总谱；它们现在藏于柏林的皇家图书馆。

　　这首康塔塔可能出自巴赫最后的创作阶段；它属于一个富于魅力的
艺术，巴赫对《菲比斯与潘之间的竞争》所表现的这种艺术很以为自豪。[③]
咏叹调"安静，长笛们"（*Schweigt, ihr Flöten*）顽皮而富于魅力；其中被吓

624

---

　　① 　参见本书第 609 页。在巴赫协会版，卷十一，第 38 页，可见这首曲子的原初形式。
　　② 　巴赫协会版，卷二十九，第 69 页及以下。与另外一首婚礼康塔塔《退让吧，忧郁的
阴影》一样，这一首也是为女高音创作的。
　　③ 　咏叹调"伟大的赞助者，你的愉悦"（*Großer Gönner, dein Vergnügen*）取自康塔塔
《美好的韦德劳》，在后者中，歌词是"就如我献上我的泪水"（"*So wie ich die Tropfen
zolle*"）。参见巴赫协会版，卷三十四，第 338 页。

着的长笛,无法奏出完整的主题,而只能唱出一些短促的片段,随即谦卑地停止——

　　这次首演之后不久,巴赫为康塔塔配上了一首新的歌词,"噢,令人惬意的旋律",赞美艺术。① 这首改编曲在弗莱明伯爵府上演出;甚至有可能是在音乐协会其中一次聚会上。这次聚会上显然还重新演出了《菲比斯与潘之间的竞争》。弗莱明伯爵是巴赫在德累斯顿的赞助人。新版本的应景康塔塔,似乎暗示了比德尔曼争议。② 其中一首宣叙调如下:

　　　　亲爱的音乐之神,虽然

　　　　你的演奏,

　　　　愉悦了很多耳鼓,

　　　　你仍然感到悲伤,若有所失。

　　　　因为有很多人,

　　　　蔑视你,

　　　　我明白你的哀叹:

　　　　安静,长笛们,安静,音符们……

第一首宣叙调的最后一段——

　　　　其他艺术的学问

　　　　是尘世智慧布散的烟雾;

---

① 这首康塔塔将会以此形式出现在巴赫协会版,卷二十九,第 245 页及以下。

② 参见本书第 610 页。

> 但唯独你
>
> 从天而降，临到我们，
>
> 你必然有若天堂……

体现了最纯粹的巴赫精神。

　　巴赫有两首意大利文康塔塔流传下来——《爱的叛徒》(*Amore tra-ditore*)和《他不知道那种痛苦》(*Non sa che sia dolore*)。① 第一首为男低音与键盘伴奏而作，这种情况对于巴赫来说是绝无仅有的。第二首为女高音独唱而作，伴奏是弦乐与长笛。一首精彩的序曲拉开了康塔塔的序幕。根据我们对巴赫的了解，如我们所料，两首作品都没有试图模仿意大利风格。歌词以德语化的意大利语写成。从第二首的几个细节中，我们可以推测，这首作品是安慰一位意大利艺术家的，他正要离开德国，回到自己的祖国。

　　巴赫的大部分世俗康塔塔都是应约为特定场合而作，因此我们大可不必太在乎它们。我们有理由认为，在这种情况下创作的作品，肯定是仓促和机械地完成的，所以不属于一流的艺术。但是，巴赫和他那一代人并不这么认为。如果他有时间，他会很享受写作这些作品的过程，而且非常仔细地指导演出；从经过认真修改的乐曲分谱，以及其中包含的大量分句、强弱标记，可以看出这一点。

　　所以，是时候更正一个误解，把那位富有魅力的巴赫，介绍给音乐界了。这些作品大部分都是在上一辈人的时代已经出版了。但是只有一、两首非常偶然地获得上演。像《菲比斯与潘之间的竞争》、《赫拉克勒斯的抉择》、《被平伏的风神》、《退让吧，忧郁的阴影》、《轻轻滑行吧，嬉戏的浪花》和《噢，令人惬意的旋律》这些作品，应该经常在我们的节目单中出现。即使《咖啡康塔塔》和《在我们新的监督者带领下》，在纯粹的猎奇之外，也应该得到更多的注意。

---

　　① 巴赫协会版，卷十一，第 93 页；第 29 页，第 45 页及以下。前者有一个很好的德语翻译。另一首意大利语康塔塔 *Andro dall' colle al prato* 已经遗失（译注：此作品并非巴赫所作）。参见施皮塔，《巴赫生平》，卷 II，第 467 页。

　　奇怪的是，有一些人已经上演过这些作品了，但他们的经验，却丝毫没有起到引领风气的作用。至于观众，当他们第一次听到这些作品时，丝毫没有奇怪的感觉，反而热情地接受它们。巴黎的巴赫协会很有魄力，在其最初的几场音乐会上，就已经演出了一些世俗康塔塔，包括《退让吧，忧郁的阴影》《咖啡康塔塔》和《在我们新的监督者带领下》。巴黎巴赫协会的成功，在很大程度上也应归功于这些作品。

　　它们的文本并没有为我们提供特别的难题。在上演时，一些根本性的修改是有必要的，比如奥古斯特二世和他的家庭、科尔特先生、米勒先生，以及各种门类的科学，对于今天的我们而言，已经不能引起丝毫兴趣了，所以他们的名字应该从歌词中去除。恰当的改编方法应该由音乐本身决定。关键在于认清作为音乐灵感源头的歌词是哪些。在《被平伏的风神》中，只有几首宣叙调和最后的大合唱需要修改；其他作品则需要更大规模的改动。我们何时才能找到一个合适的诗人，能创作出配得上《轻轻滑行吧，嬉戏的浪花》、配得上巴赫的想象力的波浪之诗？或许有人会提出反对："我们有权力对文本进行这样的修改吗？"我们的回答则是：巴赫自己为我们给出了答案——他不是将婚礼康塔塔《啊，感恩的日子》改编成对音乐的赞美诗《噢，令人惬意的旋律》吗？我们也不需要纠结于那些宣叙调。当巴赫自己进行改编时，只要不再需要，就会毫不犹豫地抛弃它们。

　　歌唱家们应该坚持要求指挥家给他们机会，演出巴赫为他们创作的这些精彩音乐。女高音们尤其要争取演唱独唱康塔塔《噢，快乐的旋律》和《退让吧，忧郁的阴影》。

626

第三十一章　经文歌与歌曲

巴赫协会版，卷二十九

以巴赫之名传世的经文歌中，只有 6 首出自他之手——《为主唱一首新歌》；《圣灵帮助我们战胜软弱》（*Der Geist hilft unsrer Schwachheit auf*）；《不要害怕》（*Fürchte dich nicht*）；《耶稣，我的欢乐》（*Jesu，meine Freude*）；《来吧，耶稣，来吧》（*Komm，Jesu，komm*）和《所有外邦人，一起赞美主吧》（*Lobet den Herrn，alle Heiden*）①。其中，第一首、第二首、第四首和第五首是为双合唱团写的。

627　　　我们拥有《所有外邦人，一起赞美主吧》和《圣灵帮助我们战胜软弱》的手稿；其他都只有抄本。第一个出版巴赫经文歌的人，是施希特（Schicht），巴赫在教会乐团的后继者之一。他在 1803 年通过布赖特科夫与黑泰尔出版了这些作品。②

----

① 经文歌《我不放开你》是约翰·克里斯蒂安·巴赫的作品，约翰·塞巴斯蒂安·巴赫只是抄写过一份总谱而已。这实在是一首很精彩的作品，不应该因为它不是约翰·塞巴斯蒂安所作而不上演。其他曾被认为是约翰·塞巴斯蒂安所作的经文歌中，值得一提的是《愿上帝得赞美与尊崇》、《赞美、荣耀与智慧》（*Lob'，Ehre und Weisheit*）、《我的心，要留意了，歌唱吧》（*Merk' auf，mein Herz，und singe*）、《我们的变化在天堂》（*Unser Wandel ist im Himmel*）和《全世界都赞美上帝》（*Jauchzet dem Herrn alle Welt*）。关于这些作品的真伪问题，参见乌勒内尔（Wüllner）为巴赫协会版卷三十九所作的精彩序言。

② 他的版本包含 6 首经文歌。《我不放开你》被列为约翰·塞巴斯蒂安·巴赫的作品。其他 5 首经文歌是巴赫的真迹；唯独缺少《所有外邦人，一起赞美主吧》。

每个礼拜日，圣托马斯教堂和圣尼古拉教堂都会分别在早晨礼拜和晚祷时颂唱两首经文歌。有鉴于此，我们有理由相信巴赫应该写了大量这类作品。如果的确如此，那么无论如何，这些作品多少会有一些流传下来。然而，似乎他没有费神为普通的礼拜日创作新的经文歌，而是安排演唱传统的作品。我们手上所有这些经文歌，并不是为平常的礼拜日、而是为特殊的日子而作。我们偶然得知其中 3 首的创作因缘：《耶稣，我的欢乐》是为一位叫里斯（Reese）的女士的葬礼所写（1723 年）；《不要害怕》是为代理市长夫人、温克勒女士的葬礼而作；《圣灵帮助我们战胜软弱》的声乐分谱上写着"为教授及校长埃内斯蒂葬礼而作的经文歌"，埃内斯蒂卒于 1729 年 10 月。

在莱比锡，礼拜日的经文歌通常用拉丁文演唱。但是，我们手头并没有巴赫为拉丁文谱写的经文歌。恩斯特·路德维希·盖博（Ernst Ludwig Gerber）说，在 1767 年圣托马斯教堂的圣诞节礼拜仪式上，他曾经听过巴赫一首很优美的拉丁文经文歌，这是为双合唱团写的。可是在过去，"经文歌"（Motette）这个词的指涉太过宽泛——即使策尔特和门德尔松都曾经以这个词指康塔塔——所以我们不足以从盖博的叙述中得出任何确切的结论，认为巴赫有严格意义上的拉丁文经文歌传世。

所以我们只能够确定这一点：在平常的礼拜日，巴赫使用别人创作的经文歌，而不是他自己的。那个时候的音乐家，对礼拜仪式中程序性的部分并不感兴趣，而只专注于"主要的音乐"——康塔塔。与克劳泽事件①相关的文件中有一些线索，几乎足以令我们作出推测，巴赫本人甚至都没有指挥经文歌演出，而是让他的助手去负责。在 1736 年 8 月 19 日的日记中，他提到自己不得不亲自指挥经文歌，说明这并非他的惯常做法。②

巴赫的经文歌中不存在与文本相关的问题，因为巴赫遵循惯例，不使用原创歌词，而是用圣经的段落和众赞歌诗篇。他组织、融合这些文字的

628

---

①　参见本书第 121 页及以下。
②　这段日记在施皮塔，《巴赫生平》，卷 II，第 903 页。

技艺,与他选择受难曲的众赞歌诗篇的技艺一样杰出。经文歌《不要害怕》结尾的合唱"你不要害怕,我已经救赎了你"（*Fürchte dich nicht, ich habe dich erlöset*）,巴赫通过插入"主啊,我的牧人,所有欢乐的源泉,你是我的,我是你的"这段众赞歌,实现了极精彩的效果。经文歌《耶稣,我的愉悦》中,有类似的深沉而动人的一笔——他通过插入《罗马书》的一段经文,凸显了神秘的赞美诗句。我们不妨把这段文本看作巴赫关于生死的布道。

　　这些经文歌中蕴含的音乐美曾被莫扎特称赞;他在聆听《为主唱一首新歌》时,瞬间领悟了巴赫的伟大。① 策尔特写信给歌德说,后者哪怕是有幸听一下巴赫的经文歌,都能感到自己"处在整个世界的最中心"。② 的确,随着这首音乐响起,我们仿佛不再看见身边这个尘世,不再看见它的躁动、焦虑和悲伤。我们仿佛与巴赫独处,他用自己心灵的宁静,安抚着我们的灵魂,令我们从无常的尘世中抽身。当余音飘逝之际,我们会感到必须双手紧握,感谢大师给予人类的艺术馈赠。

629　　这些经文歌究竟应该只由人声清唱,还是要加上管风琴或乐队伴奏?这一问题还有待讨论。我们必须记住,在巴赫的时代,人声清唱的风格已经被德国作曲家抛弃了。他们的声乐作品都带有器乐伴奏。但是,如果以这种自由风格处理人声,那么它们必须以特定的方式被衬托。那个时代,在阿尔卑斯山的这一边,"无伴奏合唱"（*a cappella*）并不是指只有人声的音乐,而是指乐队并不具有独立的地位。人们曾经理所当然地以为,要用管风琴来提供和声基础,而乐队则与人声演奏/演唱相同的旋律。尤其管风琴伴奏,被认为是不可或缺的。从马特松的《受保护的管弦乐团》（*Das beschützte Orchestre*,1717 年）中我们得知,到了他的时代,已经没有任何歌唱家能够不借助管风琴或者羽管键琴的帮助而演唱的了;在库瑙担任乐长期间,圣托马斯教堂的男孩在大街上演唱时,会使用一个小型便携式单键盘风琴;基恩贝格和策尔特认为,所有"无伴奏合唱"（*a cappel-*

---

① 参见本书第 202 页,罗赫利兹关于莫扎特突然迷上巴赫的记载。
② 参见本书第 210 页。但是,有可能策尔特是用"经文歌一词"来指"康塔塔"。从门德尔松那里我们知道,策尔特曾经为小规模的听众演奏康塔塔。

la)演唱都应该有管风琴伴奏。所以,假如巴赫在他的经文歌中只采用人声,那就是与那个时代惯常的做法相反。

而且,就《圣灵帮助我们战胜软弱》这首经文歌而言,有通过数字标记的管风琴声部,以及旋律相同的器乐声部流传下来,而且全部是巴赫的手迹。第一组合唱团由弦乐伴奏,第二组是双簧管、英国管和巴松管。在巴赫的手稿中,却没有标注这些配器——这说明在巴赫看来,演奏这些器乐声部是理所当然的事情,而且在其他经文歌中,他的处理办法一样,只不过它们的器乐声部分谱没有流传下来而已。《所有外邦人,赞美主吧》无论如何都一定是有管风琴伴奏的——因为乐谱的人声低音声部之外,还有一个独立的通奏低音声部,据此可以证实这一点。

还有一些作品本身的证据,证明其他经文歌中,人声也由管风琴伴奏。下面这个乐段,一定是由管风琴演奏的,因为我们很难相信,巴赫会让第一组合唱团演唱这么长的音符——

630

我们还须记得,双合唱团演唱的经文歌的安排方式,使两个低音声部的组合,很容易地能够起到通奏低音的作用;在《圣灵帮助我们战胜软弱》中,巴赫的通奏低音声部就是在这个基础上建构的。当两个低音声部都休止时,他让管风琴家与男高音合奏,并奏出低音;通过这一点,我们可以看出他对和声填充的依赖达到何种程度。

再进一步说,经文歌与巴赫其他的声乐作品是同一类。在康塔塔中,有为数极多的乐段,实质上就是经文歌。① 它们没有独立的乐队伴奏;乐

---

① 比如,康塔塔《我去是与你们有益的》(第 108 首)中的合唱"真理的灵会来临"(*Wenn aber jener,der Geist der Wahrheit kommen wird*);《上帝爱这世界》(第 68 首)中的合唱"信他的人,不会受到审判"(*Wer an ihn glaubet,wird nicht gerichtet*);以及《我们要赞美基督》(*Christum,wir sollen loben schon*,第 121 首)、《假如上帝此时不与我们同在》(*Wär' Gott nicht mit uns diese Zeit*,第 14 首)、《我从深深的苦难中向你呼喊》(第 38 首)和《啊,上帝请从天堂望向我们》(第 2 首)各首中的开篇合唱。

队与声乐声部演奏同样的内容。这些合唱证明，巴赫的做法离严格意义上的"无伴奏合唱"（*a cappella*）十分遥远。乐队声部对他来说，与其少，毋宁多。弦乐和双簧管并不能让他满足；一般来说，他都要采用四把长号——每个人声声部配一把。

根据历史事实，我们实际上可以肯定，巴赫是使用管风琴和乐队为他的经文歌伴奏的。[①] 然而在艺术中，历史事实永远都不是唯一的决定性因素。很有可能因为巴赫手上的合唱团非常不尽如人意，才使乐队的伴奏必不可少。但是既然我们现在有了训练有素、规模足够大的合唱团，就不仅仅可以、而且应该放弃器乐伴奏。

631　有一点毋庸置疑：尤其是那些双合唱团的经文歌，如果担纲演出的合唱团有足够纯熟的技巧和力度，会获得非凡的效果。但这并不能完全解决问题。如果深入细致地研究作品，留意那些大胆的声部走向，还有以稍微牺牲音色的优美为代价，叠加尖锐的和声的做法，我们最终会确信，这种声乐写作的自由度，是建立在一种和声基础结构之上的；有鉴于此，经文歌的演出，最好由中型规模的合唱团担纲（大约 60 人），同时加上管风琴伴奏。

如果这种观点获得接纳，那么经文歌的上演次数会比现在更加频繁，因为当前流行的看法是，只有那些技艺最顶尖的合唱团才敢于挑战它们；而且即使很多优秀的巴赫合唱团，都不能在经文歌的"无伴奏合唱"段落达到要求。如果要为人声配以器乐伴奏，我们不但要采用弦乐，还需要双簧管和巴松管，巴赫在其康塔塔的经文歌段落，就总是这么做。如果乐器数量足够多，我们会获得特别愉悦的音色，而且每一个声部的细节都会展露无遗。如果采用器乐伴奏的结果令人失望，那多半是因为只是用了弦乐器，而且规模太小。众赞歌的定旋律可以由长号伴奏。

---

① 在这里必须要提到盖博，他说自己曾经于 1767 年在莱比锡一次礼拜仪式中，听到一首巴赫的拉丁文经文歌，并说只由圣托马斯教堂的合唱团清唱，"没有任何伴奏"。问题是，这里的"没有任何伴奏"，是指只有管风琴，还是连管风琴都没有？ 如果巴赫不用管风琴伴奏经文歌，那么他的学生基恩贝格也不会坚称，礼拜仪式中的每一首合唱都有管风琴伴奏。我们还须记得，在四旬斋期间，管风琴停止演奏，经文歌也暂不上演了。

我们主要通过谢梅利(Georg Christian Schemeli)的赞美诗集,知道巴赫在圣歌领域的作品。① 根据最新的研究,在这本书的 69 段旋律里,有24 段的创作时间不可能早于巴赫。根据书中序言所述,"这些旋律的数字低音一部分由莱比锡的约翰·塞巴斯蒂安·巴赫先生创作,一部分由他改编",所以这 24 段旋律可能就是出自他之手。我在论述众赞歌历史的章节中已经指出,它们是圣歌咏叹调,而不是众赞歌旋律。其中最知名的是"我的耶稣,这是怎样的心灵痛苦"(*Mein Jesu, was für Seelenweh*)、"来吧,灵魂,就在这一天"(*Kommt, Seelen, dieser Tag*)、"来吧,甜蜜的死亡"、"我站在你的马槽旁边"(*Ich steh an deiner Krippe hier*)。

在安娜·马格达琳娜的《键盘小曲》中,有巴赫为"我的心啊,要沉思坟墓和钟声"(*Gedenke doch, mein Herz, zurücke ans Grab und an den Glockenschlag*)和"你当知足"(*Gib dich zufrieden*)谱写的旋律。后者与巴赫为谢梅利写的旋律相比,较为简单。

巴赫献给他毕生伴侣的"你是否在我身旁",格外动人。

美妙的长歌"你想把你的心送给我吗"中的旋律,估计不是出自巴赫之手。他为妻子将它抄录在《键盘小曲》中,并标明是"乔万尼的咏叹调"。但是,那段关于烟斗的咏叹调似乎出自他的手笔。与《键盘小曲》第一册的另外两首歌"你是否在我身旁"和"沉思坟墓和钟声"一样,它包含了对死亡的沉思。

632

---

① 　有关谢梅利的赞美诗集,以及巴赫在其中的分量,参看本书第 19 页。

第三十二章　神剧①

我们手上有《圣诞节神剧》原始版本的总谱和分谱,后者上面还有巴赫亲手作的细致修改。在一个独奏段落中间,他发现乐谱抄写员错误地要求管乐演奏家转调,于是改正了这个错误指示——从这一点就可以看出,巴赫是多么严谨地检查乐谱。总谱和分谱现藏于柏林的皇家图书馆,它曾经为埃马努埃尔·巴赫所有,封面上有他手写的话:"作于 1734 年,作曲家时年 50 岁"。我们现在还保存有这部作品首演时使用过的歌词簿。

巴赫自己使用的标题"神剧"（Oratorium）带有误导性。一部神剧指一段《圣经》中的故事情节。但这部作品并没有《圣经》的情节。它由抒情性的沉思音乐构成,并以宣叙调连接。后者的内容是马太和路加讲述的

---

① 　原文 Oratorium,意指基本上没有戏剧表演成分、只用音乐表达故事情节的作品。通常由人声和乐队共同演出。其意义近于"音乐剧",但音乐剧在现代已经是 Musikal 约定俗成的翻译,故不采用。汉语中有"清唱剧"的译法,由于容易造成"没有乐队只有人声"的印象,故亦不采用。虽然广义的 Oratorium,特别是 20 世纪以后的作品不一定以神为主题,但巴赫的 Oratorien 皆采用基督教题材,故折衷采用"神剧"译法。——译注

圣诞故事。

再者,巴赫从未将全曲作为一个整体来演奏,而是把它分成六个部分,分别在圣诞节的三天、元旦、新年第一个礼拜日和主显节六个日期上演。所以,所谓的《圣诞节神剧》,只不过是巴赫为 1734 年圣诞节写的一系列六首康塔塔。它们与其他康塔塔的不同之处,仅在于一种共同的情感氛围贯穿六首康塔塔的始终;它们共同讲述了基督诞生的整个故事。

估计早在 1733 年,巴赫就开始构思这套康塔塔系列了。这段时期,他正为了获得"宫廷作曲家"的头衔,尝试创作好几部应景作品,赞颂王室。这些音乐绝不可能在首演之后就被束之高阁。其中的合唱段落,具有一种堂皇喜悦的氛围,使它们特别适合在圣诞节的庆典上演出。所以,我们几乎可以说,巴赫写作《圣诞节康塔塔》,就是为了确保《赫拉克勒斯的抉择》和歌颂王后的《让铜鼓与号角齐鸣——向王后致敬的音乐戏剧》中最精彩的段落,能够不被遗忘。《赫拉克勒斯的抉择》已经在 1733 年 9 月 5 日上演了,而《让铜鼓与号角齐鸣》则在同年的 12 月 8 日演出;两者都是由泰勒曼协会担纲。

在原始版本的乐谱上,我们可以分辨出借用的现成乐段和新创作的部分——前者字迹认真整洁,而后者则是在匆忙之中写下,而且有时几乎无法辨认。除了借用自《赫拉克勒斯的抉择》和《让铜鼓与号角齐鸣》的乐段外,还有一些显然是来自誊清本。基本可以确定,它们也不属于专门重新创作,而是借用自一些现在来源已经无法确定的应景音乐。所以能得出如下结论:《圣诞节神剧》中,所有大型的序奏合唱,和几乎所有最精彩的独唱段落都是借用的。

这种做法对《圣诞节神剧》艺术价值的影响,我们既不应高估,也不能低估。施皮塔对此并不介意,认为虽然音乐原本是为另一份歌词写的,但这丝毫不减音乐本身的美感。其他人则认为,合唱和咏叹调的原始出处被发现之后,整部作品的魅力大大减退。对于这种观点,我必须强调,合唱和咏叹调应该区别对待。合唱好得仿佛跟原作一样;朗诵段落极其精彩;歌词的情绪和思想与音乐完全匹配,仿佛后者就是专为这些词句创作

634

635

的。听众获得的印象是，它们的魅力和美感要超越世俗康塔塔歌词的水平。

而咏叹调呢，则不具备这种词语和音乐间的贴切。尤其是"我只为荣耀你而活"、"做好准备吧，锡安"和"我主，你的垂怜"这三段清楚地表明，音乐的灵感是来自别的歌词中的观念和意象。[①] 即使最业余的听众，都能感觉到诗歌与音乐之间的这种不协和；这些咏叹调中大部分都没有很大的感染力。多亏了巴赫精心编排新的歌词，使朗诵段落并不总是像改编自别处，但它们肯定不如其他咏叹调那么自然。然而，所有这些，只不过证明了《圣诞节神剧》的主要优点不在于咏叹调，对其进行删节也不是犯罪，仅此而已。

三首讲述圣诞故事情节的合唱——"愿荣耀归于上帝"、"让我们去那里"和"我们刚刚诞生的王在哪里"——真是无比美妙。第一首的开端让我们不禁联想到 G 大调管风琴幻想曲（卷四，第 11 首）鲜活的青春朝气；其余两首，又以其非凡的简洁和凝练令人赞叹。在演出中，"让我们去那里"的美感常常被过快的速度破坏了；人们忽略了一点：牧羊人离去时的激动和仓促，已经由长笛和第一小提琴的十六分音符表现出来了；速度过快会破坏效果，妨碍听众领会到它们的意味。我建议在"愿荣誉归于上帝"和"让我们去那里"的低音声部，增加几把巴松管，以便更好地表现动听的八分音符动机。

皮坎德以短小的沉思性宣叙调伴随故事情节，这是一个非常好的想法。这些宣叙调写得很好，启发巴赫写出了一些美妙而充满激情的音乐。尤其精彩的是"那么去那里吧，牧人们，去吧"（*So geht denn hin，ihr Hirten，gehet*），"以马内利，噢，甜蜜的名字"（*Immanuel，o süßes Wort*），"只有你的名字会铭刻在我心中"（*Wohlan，dein Name soll allein in meinem Herzen sein*），以及带有宣叙调的众赞歌"他在贫穷中来到世上"（*Er ist auf Erden kommen arm*）——牧笛伴随着最后这一首。

效果最动人的，恐怕要数有独立乐队伴奏的那几段众赞歌了。当合

---

① 更多的细节，请参阅本书第 615 页及以下。

唱叙述马利亚在马槽中轻轻抱着圣子时,歌词唱到:"啊！我心爱的小耶稣,我要在我的心房为你铺一张洁净柔软的小床,让你休憩";随后我们听到三把小号吹出的堂皇的间奏曲——这是伯利恒马厩中为圣婴奏响的一曲高贵的摇篮曲。众赞歌"噢主啊,与你的众人一起,我们歌唱",伴奏取自第二部分序曲开端天使的动机,因为在此之前的宣叙调已经提示了,它要表现天使和人合唱的歌。在众赞歌"耶稣,请你引导我的行为"(*Jesu, richte mein Beginnen*)中,圆号声部充满了纤细的柔情。最后的众赞歌,"现在你的仇得报了"(*Nun seid ihr wohl gerochen*),有精彩的小号演奏,是一曲无可比拟的辉煌凯歌。

具有独立乐队伴奏的众赞歌,见于第一段莱比锡时期的康塔塔中,但并不见于写作《圣诞节神剧》的阶段。这部作品中实在有太多东西,令人联想到巴赫早期的风格了,如果不是作品的日期如此地无可争议,我们真的禁不住相信它应该写于十年前。这是巴赫的一个特别之处——年代对于他身上的艺术生命是没有影响的。50 岁的时候,他可以写出像是 25 岁一样青春朝气的音乐。

大部分听众无法领会第二部分序奏的美感;它让他们稍稍感到失望。与亨德尔《弥赛亚》不同,这不是温柔的田园牧歌;它表现的情感氛围,听众觉得难以体会。即使以最温柔的方式演奏,它还是带有某种骚动的感觉。在它之后,是描绘牧人在夜里守护羊群的情景;作为这个情景的序奏,它没有表现出满天星空的印象,并不符合我们的预期。要在这么活泼的乐章中,表现出大自然宁静的超越,恐怕没有哪个指挥家能够做到。任何人在听过几次令人困惑的演出之后,恐怕都禁不住要问:诠释者们强加到音乐里、[①]但永远表现不出来的情感,是否真的就是巴赫自己想表达的?

然而,如果这段序奏得到恰当的理解,它就会有颇为不同的意味。其实,弦乐和长笛演奏的动机通常被巴赫用来表现天使,[②]而且这个乐章是

---

① 根据施皮塔的观点,"这段序奏的基本情绪,是复活节的优雅,与冬夜星空冷峻感觉的结合"。(施皮塔,《巴赫生平》,卷 II,第 411 页)

② 参见本书第 445 页,那里引用了这首序奏的两个主题。

由两组乐器演奏的,它们的关系是对比性的——四支双簧管演奏的是完全属于自己的主题,而且无论与弦乐重叠还是交替,都独立于后者之外——任何人只要了解以上这几点,就不会对这首序奏的涵义有任何疑问了。它表现的,是天使与牧人一起演奏音乐的情景。巴赫又一次用音乐画了一幅画。牧人们在野外醒来,吹响了牧笛;在他们头上,一群天使已经在飞翔,准备向他们显灵。牧人的音乐与天使的音乐融合起来。巴赫的构思,是以这首序奏引出宣叙调"而在同一个国度也有一群牧人,他们待在野外……看,主遣来的一个天使就在他们旁边"。如果这样来理解,我们就不再需要用慢速和轻柔的力度,去除这段序奏的活跃感了;我们可以按它的本来面目演奏。长笛和小提琴声部必须有力地被突出,以表明这是天使们欢乐的音乐。双簧管应该始终以弱力度演奏,并且采取稍慢的速度。当弦乐单独演奏或者短暂打断双簧管的时候,则需要用强力度演奏;尤其是那些短促的插句,必须表现出欢呼的效果。当弦乐与双簧管合奏时,前者一般需要弱奏,仿佛天使在倾听牧人的笛声。这样一来,我们不但能赋予这个乐章以令人赞叹而又自然的丰富感,而且对于听众而言,它们的意义也一下子明晰起来。

小提琴演奏的那个动机,应该以较重的语气奏出,第三和第九个八分音符应该得到一定程度的强调,以稍稍与其随后的音符分开——

完整演奏《圣诞节神剧》需要两个晚上。如果条件允许,应该把第一场演出安排在基督降临节或者圣诞节,把第二场安排在主显节。如果只有一个晚上,最好对作品进行适当删减,而不要仓促地奏完全曲,因为这样会使听众过于疲惫,无法享受第二部分的动人之处。第二部分的删节,应该少于第一部分。我们秉持的总体原则是,不要去掉精彩的序奏大合唱、众赞歌、宣叙调,或者任何与圣诞故事情节相关联的段落;所有的删节只能限于咏叹调。①

如果在教堂里举行大型的演奏，我们可以放心删除所有咏叹调，无需顾虑作品会只剩下躯干；事实上，这样能令故事的情节显得更加清晰，也更美妙动人。② 摇篮曲"睡吧，我最亲爱的"（*Schlafe，mein Liebster*）应该被保留，但它的位置应该移至与之相关的叙事段落——"他们匆匆赶来，找到了马利亚与约瑟……但马利亚把它们守在自己心中，沉思它们"的末尾，然后当母亲再次与儿子独处时，她就对圣子唱出了这首摇篮曲。③

今天流传下来的复活节神剧《来吧，赶快，跑起来》（*Kommt，eilet und laufet*，巴赫协会版，卷十一）的版本，只不过是一部大型康塔塔。但是，我们从原版的分谱可以看出，它本来的形式是一部真正的神剧。雅各的母亲马利亚（女高音演唱）、抹大拉的马利亚（女低音演唱）、彼得（男高音演唱）和约翰（男低音演唱），共同在其中扮演主要戏剧角色。开篇的男高音和男低音二重唱，表现了彼得和约翰在跑向坟墓路上的对话。后来巴赫感到这个设计对于一部宗教戏剧而言，效果有所欠缺；他去掉了人物的名字，将开篇二重唱改为大合唱，只保留中间乐段的二重唱形式。很可惜，我们现在拥有的第三版、也即定稿版的乐队分谱是残缺的，所以鲁斯特在编辑这部作品时，觉得需要在第二个与第三个版本之间作出折衷处

639

---

① 比如，咏叹调"啊，伟大的王"、"快乐的牧人"（*Frohe Hirten*）、"我的心，拥抱这些奇迹吧"（*Schließe，mein Herze*…）和"照亮我黑暗的思想吧"（*Erleuchtet auch*…）这些咏叹调，可以完全删去。带有回声效果的咏叹调"前行吧，我的救主……"（*Flößt，mein Heiland*…）和"啊，什么时候"（*Ach wann wird die Zeit*）可以作大幅度删节。较短的宣叙调"上帝向亚伯拉罕应许的"（*Was Gott dem Abraham*…）和"是的，是的，我的心"（*Ja，ja mein Herz*）也可以省去。

② 在这里我仅指那些长而独立的咏叹调："做好准备吧，锡安"、"啊，伟大的王"、"快乐的牧人"、"我主，你的垂怜"、"我的心，拥抱这些奇迹吧"、"前行吧，我的救主……"、"我只为荣耀你而活"、"照亮我黑暗的思想吧"、"啊，什么时候"、"只是一个点头"和"愿你那些傲慢的敌人"（*Nun mögt ihr stolzen Feinde*）。那些对情节作沉思的独唱曲，必须予以保留。我建议放弃独立的咏叹调，并不是因为我对它们总体上评价不高，而是考虑到小规模的音乐团体，可能因为无力聘请独唱家而无法上演《圣诞节神剧》，但事实上，删去这些精彩的独唱段落后，整部作品的效果仍然非常好。

③ 如果这样安排，那么"去那里吧"和"是的，是的，我的心"就必须删掉。巴赫把摇篮曲安排在天使的报喜之后，真是不可理喻。即使在演奏中不删掉其他咏叹调，这首摇篮曲也应该移到上述的位置。

理。他将第一个主要段落和中间段落处理成二重合唱,而直到结束处才引入四声部大合唱。①

　　第一乐段包含一段精彩的对奔跑的描绘。有趣的是,最初版本中的歌词是"来,快跑过来";而后来那个版本中的歌词,变得更加活泼,也更朗朗上口——这恰是出自巴赫之手。

640　　　男高音演唱的咏叹调"我死亡的忧愁会是柔和的",表达了一种动人的宁静感。人声由加了弱音器的第一组和第二组小提琴伴奏;同时竖笛以同样的旋律附和小提琴;这是巴赫写过的圣歌摇篮曲中最迷人的一首。恍惚间我们似乎身处梦中,目光越过和缓地律动的大海,投向永恒的彼岸②——

　　基督升天节神剧《赞美天国的上帝》(第 11 首)被巴赫称为一部神剧,然而文本中却鲜见圣经故事的痕迹。它可能与复活节神剧属于同一个时期。开篇有力而活跃的大合唱,有可能是来自某一首世俗的节庆康塔塔;我们能从这类颇为蹩脚的朗诵段落中,约略猜测出这一点——

Sucht sein Lob——recht zu —— ver - glei - chen.

还有这段——

---

　　①　参见他在巴赫协会版,卷二十一³ 的序言。我们基本能够确定,这首作品写于 1736 年。两次修改的日期则无从推断。
　　②　歌词应该稍作调整;"(维罗妮卡的)头巾"("Schweiβtuch")这句话重复得有点太多了。

不过，它们并没有破坏这一神采奕奕的乐章的效果。

终曲的大合唱以赞美诗"上帝升到天国"最后一节为主题，采用了众　641
赞歌幻想曲的形式：

　　　　　那美妙的时刻，

　　　　　究竟何时到来，

　　　　　我何时能目睹

　　　　　荣耀之中的他？

　　　　　时日啊，究竟何时

　　　　　我们才能问候救主，

　　　　　亲吻救主呢？

　　　　　来吧，迎接主的到来！

巴赫为这段诗节所配的音乐，闪烁着热烈而神秘的爱。伴奏不断地重复
着这个热情的动机——

第三十三章　弥撒曲

巴赫协会版,卷十一　B小调弥撒曲

巴赫协会版,卷七　四首小弥撒曲

巴赫协会版,卷十一¹　四首《三圣颂》(*Sanctus*)

　　当巴赫在 1733 年 7 月 27 日申请得到宫廷作曲家的头衔时,①他给君主寄去了一部 B 小调弥撒曲的《垂怜颂》(*Kyrie*)和《荣耀颂》(*Gloria*)分谱。他并没有寄出总谱,而是把它留在自己手上。在当时,演奏大型作品不使用总谱是普遍的做法。

　　这些分谱现在收藏于德累斯顿的萨克森国王私人图书馆。鉴于它们并没有任何被使用过的痕迹,我们有理由怀疑,这首被巴赫用来争取宫廷乐长职衔的作品,是否真的曾经上演过。巴赫自己写出了大部分的分谱,并添加了分句标记和表情记号。

642　　《荣耀颂》不仅包含了"在至高之处荣耀归与神,在地上平安归与他所喜悦的人",还包含弥撒中所有与之相关的部分——《赞美天主》(*Lauda-mus*)、《感恩颂》(*Gratias*)、《我主耶稣》(*Domine*)、《你除去尘世的罪孽》、《你坐在天主右边》(*Qui sedes*)、《你是唯一神圣》(*Quoniam*)和《与圣灵同在》(*Cum Sancto Spiritu*)。

----

　　①　参见本书第 120 页及以下。

有一点很奇怪：巴赫在原版分谱的扉页上，将《垂怜颂》与《荣耀颂》合起来称为《弥撒》，将随后的《信经》（Credo）、《三圣颂》（Sanctus）与《和散那》（Osanna）章节分别标注为独立的部分。而我们知道，这些章节全部合起来才组成完整的弥撒曲。埃马努埃尔·巴赫也按照父亲的方式，在自己的音乐文库目录里，把它们列为四部独立的作品。巴赫还列了四首规模较小的《垂怜颂》"弥撒"和《荣耀颂》"弥撒"。他作出这种奇怪的命名方式，个中原因不得而知。将《垂怜颂》和《荣耀颂》称为"弥撒"，与"小弥撒曲"是毫无关联的。

施皮塔认为《信经》、《三圣颂》与《和散那》可能是在 1734 年至 1738 年间写成。巴赫似乎并没有把这些篇章寄给宫廷。

《信经》的分谱后来进入到埃马努埃尔的收藏中；他为弥撒曲的这个部分添加了自己写的乐队序奏，在汉堡指挥了它的演出。《三圣颂》的分谱也流传了下来；它们现收藏于柏林的皇家图书馆。在这一章节原版乐谱的结尾处，记录着一段话，说明这是属于波希米亚的斯伯克伯爵的。

斯伯克伯爵弗朗兹·安东①是波希米亚的执政官；他与莱比锡的艺术家和学者关系密切。他似乎对音乐极有兴趣；当他听说有人在巴黎发明了法国圆号之后，派出了两个仆人去巴黎学习演奏这种乐器。他 1738 年在自己的领地利萨逝世；那时候巴赫还在世。巴赫肯定不会忘了向安东的继承人要回属于自己的东西；所以，柏林图书馆里的分谱，无疑就是波西米亚执政官当年演奏《三圣颂》时使用的乐谱。

巴赫协会出于慎重的考虑，也可能是抱着发现《和散那》分谱的希望，在 1854 年请求布拉格音乐学院的院长，核查一下安东伯爵遗留的音乐文件的下落。伯爵领地的一位官员回复说，"很多年前，很多古旧的乐谱一部分赠给别人，一部分遗失了；一部分给园丁包裹树干了"。②

于是，我们今天拥有完整的 B 小调弥撒曲原版总谱（原为埃马努埃尔所有），以及《垂怜颂》、《荣耀颂》、《信经》和《三圣颂》的原版分谱。

---

　①　参见施皮塔，《巴赫生平》，卷 II，第 523 页。
　②　参见巴赫协会版，卷六，序言。由于现存《三圣颂》分谱结尾处的文字已经无法辨认，所以它是否就是巴赫当年寄给安东伯爵的那一份，现在已经无从确定。

　　可能巴赫从来不曾在莱比锡的礼拜仪式中,完整地指挥过这部作品;但施皮塔可以肯定,他曾经分别上演其中的选段。他很可能在圣三一节礼拜日演出过《信经》;也可能在某些哀悼日的主要仪式上使用《垂怜颂》,因为这种时刻不演出康塔塔,而改唱《垂怜颂》;至于《荣耀颂》,我们拥有一份在 1740 年专门制作的总谱,上面附有标题"基督诞生节"。①

　　还必须补充一点:B 小调弥撒曲的某些段落是借用自其他作品的。《感恩颂》来自康塔塔《我们感谢你》(第 29 首);《你除去尘世的罪孽》来自《看啊,看谁的悲伤如我这般深沉》(第 46 首);"全能的天父"来自《上帝,你的名乃是荣耀》(第 171 首);《十字架上》来自《哭泣,哀叹,忧虑,恐惧》(第 12 首);《和散那》来自世俗康塔塔《赞美你的运气吧》(Preise dein Glücke);《羔羊经》来自康塔塔《赞美天国的上帝》(第 11 首)。但是,这些不是简单直接的挪用,而是重新改编;这种改编非常彻底,所以与其说是借用,毋宁说只是隐约有原作的影子。这些段落虽然取自现成的作品,但我们对它们音乐上的价值评判并不会因此而受影响。

　　B 小调弥撒曲最显著的特点,在于它所蕴含的崇高感。《垂怜颂》的第一个和弦,就把我们带进了宏伟深邃的情感世界;直到"赐予我们安宁"最后的结束句为止,我们都始终身处这个世界之中。仿佛巴赫真的在努力写作一首"普世性"的弥撒;他竭力表现最广义、最客观的信仰。某些精彩而辉煌的合唱段落,的确颇有一种"天主教"(katholisch)的意味。但是在其余乐章中,我们又感受到与他的康塔塔中同样的主观、亲切、个人化的精神;我们可以把这看作巴赫身上新教徒元素的展现。崇高与亲切并不互相渗透,而是并置;它们互相分离,就像巴赫的虔诚情感中,存在着客观性和主观性两个方面。所以,B 小调弥撒既是天主教的,也是新教的;而且,它就像它的作者自身的宗教意识一样,神秘莫测,不可解释。

　　这部作品的双重性质,在最初几个乐章中就已经很明显。《垂怜颂》中,引子性质的"天主垂怜"段落是一个大型的乐思;它向上帝发出一个诚

644

---

　　①　关于这部《荣耀颂》的信息,参看施皮塔,《巴赫生平》,卷 II,第 521 页。当巴赫协会版在 1855 年编辑 B 小调弥撒曲时,这份总谱尚未被发现。

恳的祷告；普世性质的基督教会，呼唤天堂中的圣父，并在他面前匍匐；我
们仿佛看见，一个又一个国家的人们奔涌着加入到这段祈祷中来。① 另
一方面，"基督垂怜"却阳光明媚、宁静安详；它是灵魂向自己的救主发出
的愉悦而充满信心的祷告。在最后一段"天主垂怜"中，第一段的阴郁气
氛被克服了；我们听到的不再是呐喊与恳求，而是平静、沉着的悲悼。超
然的节奏，以及凄凉的和声的变化，像是信仰与希望的象征，与这种悲悼
相混合。间奏曲活跃的段落——

之中，我们听到了第一段"天主垂怜"热切祈求的余响；而这，只不过愈发
衬托出主要主题的超然感——

对于《荣耀颂》应该如何与《垂怜颂》衔接尚存有疑问。我们不禁想不
作停顿地连续演奏，以获得强烈的对比效果。但其实还是作比较长的停
顿更好；由此，听众和演奏家都可以在寂静中，体验《垂怜颂》与《荣耀颂》
两个世界之间的距离，然后从小调的深渊升华到大调和声的巅峰；从这里
的第一组 D 大调和谐开始，赞美与感恩的情感世界在他们眼前展开。

过分强调巴赫的标记"活跃地"，对于演奏这个乐章没有什么好处。
大合唱的第一段结束、"愿无上的荣耀归于主"段落开始之前，绝对不能有

645

————————————

① 我不能理解，为什么有些指挥会在这个乐段结束时采用"极弱"力度，而不是"极
强"。主题最后一次在低音声部进入时，是最充满力量的。

任何的渐慢和渐弱。明显很厚重的配器,证实了这个乐章不能以弱力度演奏。乐章的长度也决定了它不适合采用惯常的慢速度。"愿尘世善良的人得安宁"中分句的构筑方式,显示了巴赫希望歌手在演唱"人间得安宁"这段音乐时,有一定的活泼感觉。

"我们赞美你"(*Laudamus te*)中精致的小提琴伴奏,体现了典型的巴赫式"欢乐"动机①。跟最后一段"求主垂怜"一样,《我们向你感恩》(*Gratias agimus*)的两个相关联的主题之间,存在着速度的冲突。美妙、愉悦而超然的主题表现了开篇第一句歌词——

而"为了你的荣耀"这句歌词则被配上一个活泼得多的动机——

646 在巴赫看来,它们之间的差异非常大;所以他不同时使用它们,而是把合唱乐章写成一连串的乐段,一时根据这个动机构建,一时又按照那个动机构建。既要保持每个乐段恰当的速度,而又不破坏作为整体的速度的一致性,正是演奏这个乐章的难点所在,但同时也是它的魅力所在。

《荣耀颂》、《我们赞美你》和《我们向你感恩》共同构成一个乐思,所以相互之间不能作丝毫停顿。在《我们向你感恩》之后,则可以稍稍休止瞬

① 参见本书第 471 页。

间，然后再从《我主耶稣》开始对基督的赞美，一直延续至《信经》。在这里，《我主耶稣》、《你除去尘世的罪孽》、《你坐在天主右边》、《你是唯一神圣》和《与圣灵同在》的歌词之间紧密的联系，必须要在乐章的连续演奏中获得表现。

这些乐章的独唱部分通常都处理得太慢了——尤其是某些歌手，沉溺于随意的渐慢处理中，以至损害了音乐自然的律动感。[①] 在《你是唯一神圣》的全奏乐段中，我建议用两把、甚至更多的大提琴来增强固定低音巴松管的效果。在伴奏声部，不妨尝试用两支巴松管与两把大提琴交替演奏。

在《荣耀颂》末尾"与圣灵同在"结束之后、《信经》开始之前，是 B 小调弥撒中第一次长时间的停顿。从这里开始，一直到《三圣颂》为止，所有乐段都紧密相连。它们分成三组。第一组是关于天父的，包括"我们信"和"全能的天父"；第二段则是关于基督的，由"我信唯一的上帝"（*Et in unum deum*）、"道成肉身"（*Et incarnatus est*）、"钉十字架"（*Crucifixus*）和"复活"（*Et resurrexit*）组成；第三段讲述的对象是圣灵，包括"我信圣灵"（*Et in spiritum sanctum*）和"悔罪经"（*Confiteor*）。三组应该有非常短的停顿分隔；而每一组内的各个乐章则需要紧密衔接，不作停顿。[②]

一般弥撒中对《尼西亚信经》（*Symbolum Nicaenum*）教义的表述，往往是最令作曲家头疼的部分。希腊的神学家们在其中作出了对基督本质的定义，虽然正确，却干巴巴；恐怕没有哪段文字，比它更缺乏音乐性了。也没有哪部弥撒曲，像巴赫这部弥撒，能够彻底地克服《信经》中的这个困难。他最大程度地利用了文本中所有戏剧性的思想；在一切可能的地方，

647

[①] 我曾经在海德堡聆听沃尔弗鲁姆（Philipp Wolfrum）教授指挥 B 小调弥撒，他在这些乐章中采取快而紧凑的速度，我对这种处理尤其信服。他在各个段落中使用的速度，基本上体现了这部作品的理想速度选择；我希望他能够公布节拍器的数值，以让这些处理得到广泛应用。

乐谱中的速度标记对于独唱段落而言是太慢了，但对于整部 B 小调弥撒来说是适用的。《我们赞美你》往往被处理得无比拖沓。

[②] 我在这里特别强调对各个段落组合的恰当安排，因为这对 B 小调弥撒整体演奏效果至关重要；而且很多现代指挥家对教会礼拜仪式了解不足，很难避免在具有内在连续性的作品中胡乱作出错误的停顿。

读出隐含的情感。

单是在文本的铺排方面，就已经体现了巴赫的大师手笔。适合作精彩的声音绘画的歌词，两度被巴赫用来进行创作；其他段落则被压缩，作了紧凑的处理。"悔罪"段落的效果，很大程度上依赖于对《信经》最后部分演奏的精确安排，以及各段之间的紧密联系。整部 B 小调弥撒、尤其是《信经》中最引人注目的特点之一，就是巴赫出类拔萃的拉丁文语感。那些非常大胆的花腔段落，都不过是对音节长短与词语音调自然感觉的艺术化提升。

《信经》的创作，也体现了巴赫在神学方面的修养。希腊神学家费煞苦心去证明基督与上帝的同一性，同时却区分出位格的差异与独立；巴赫深知他们的用意。对于坚守教义的巴赫来说，"我信唯一的上帝"中的几个平行段落——"上帝之上帝"、"光之光"、"受生而非被造"、"相同本质"，绝不是唱出来的空话；他知道这种语言的组合程式意味着什么，并把它们转译为音乐。他让两个歌手演唱相同的旋律，但又让两者有细微差别；一个声音跟随另一个声音，以严格的卡农方式模仿；一个声音出自另一个声音，就好像基督出自上帝——

648

连乐器都加入到卡农中来。它们以特别的方式，表现了上帝与圣子本质的共同性与位格的差异；这个动机

。

总是用不同的乐器演奏,采用两种迥异的分句方式:

要么是〔谱例〕,要么是〔谱例〕。

巴赫借此向我们证明,音乐能够比语言程式更清晰、更完整地表现宗教义理。他在这些段落中对《尼西亚信经》相关教义的诠释,可以说解决了困扰东方世界很多代人的各种争议。巴赫的诠释,甚至使那些对教义不感兴趣的人,都能够接受和领会。

在"我信唯一圣灵"(*Et in unum spiritum sanctum*)晶莹通透而清新流畅的音乐中,巴赫的想象力在"生命的赐予者"(*vivificantem*)一词面前一触即发;他将圣灵描述为"赋予生命者"——

在这个乐章的结尾,在"他从天而降"(*Descendit de coelis*)这句歌词上,我们听到了下降的动机——

在"圣灵感孕"中,圣灵在人间上空盘旋,仿佛在找寻一个它能够进入的肉身—— 649

在"上帝成为人"（"Et homo factus est"）这句歌词上，音乐下沉到一个不安的结束句上。

与此同时，下降的动机在低音部重现，象征着圣灵道成肉身。

"钉十字架"乐章建立在一段固定低音上；而后者则来自表达悲悼的半音阶动机；这里合唱的感觉与其之前的段落一样，柔软而轻盈；所以和声中那种无以言传的悲伤被赋予了一层非人间的超脱意味；可能作曲家的脑海中，正想到垂死的基督说的"成了"这句话。

"复活"这一段表现了人类得到救赎的辉煌胜利。我们必须注意的，不仅是大胆的主题那优美的线条，还有自然得近乎完美的歌词与旋律的搭配——

大合唱"我们信"这一句，采用《尼西亚信经》那个著名而精彩的古老旋律——

低音声部坚定而充满信心的八分音符序列，象征了坚定的信仰。只要每一个音符都不连奏，而是相互分开奏出，并恰当地分组，就会得到最

好的效果——

速度绝对不能太慢,否则听众无法领会到结尾处主题的渐慢;这个过程从人声低音部开始,一直延伸到整个乐章。

巴赫不可能将"悔罪"乐章的合唱建立在古老教会旋律上,因为它无法衍生出一个能够以复调方式展开的主题。所以他必须自己创作一个主题;不过他还是两度引入古老的曲调——第一次出现在从第 73 小节开始,男低音和女低音的加速对唱之中;第二次则是男高音胜利的高歌。它是这样的——

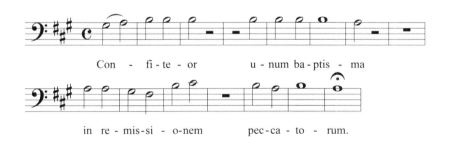

对《我盼望死后的复活》(*Et expecto resurrectionem mortuorum*)的处理,再次体现了非常典型的巴赫风格。我们本来会期待带点神秘氛围和向往意味的音乐;但与此相反,乐队通过欢乐的"复活"动机,表现了末日审判被基督选中的欢庆与喜悦——

巴赫依循自己的正确直觉,意识到《信经》中一切都趋向一个宏大的结局;他绝不能用过分亲和的音乐来削减这种宏大感。我们需要注意,在《全能的天父》中,具有神秘主义色彩的字眼"不可见"——"万物的创造者,可见和不可见的"——被巴赫忽略了,因为他不想打断音乐既有的精

651 彩的流动。很多指挥家想当然地觉得,按照巴赫的习惯,一定会以显要的方式着重表现这个字眼,表现创造不可见的地狱的神秘感。于是,他们便施展各种方法,试图挽救这个词,比如让它以"极弱"唱出,并采用"渐慢"的速度;或者毋宁说指挥家们一厢情愿希望把它唱成这样,因为这种处理方式实在与巴赫音乐的结构太背道而驰了。而结果也往往极差,只让合唱团变得不稳定,让乐章的结尾变得无法理解。

在《三圣颂》中,巴赫作为一个严谨的《圣经》学者,脑海中自然联想到《以赛亚书》六章的开头部分;歌词正是取自这里。其中讲述了上帝如何坐在高高的宝座上,被天使环绕;天使们互相呼喊:"圣哉!圣哉!圣哉!万军之耶和华",声音非常响亮,以至"门都被推动了"。就像施皮塔所说,巴赫的音乐正是以表现这种"相互呼唤"为目的的。由于这样的效果,很难通过他在弥撒曲中惯用的五声部复调方式实现,所以他写出了六声部的合唱。在所有音乐中,大概没有哪部作品像它这样,完美地表达了"崇高"这个美学和哲学概念。低音提琴为了支撑这些多声部的三连音,以最超然而有力的"步伐"动机推进;这个动机在巴赫的作品中俯拾皆是——

巴赫罕有地以谨慎的方式使用小号和定音鼓,但仍然创造出辉煌的效果。在《天上和人间都充满你的荣耀》与《和散那》之中,他再次审慎地使用小号和定音鼓;这对整个乐章而言具有不可估量的好处。

652 《降福经》(Benedictus)和《羔羊经》(Agnus Dei),大概最清晰地体现了巴赫与贝多芬对于弥撒的理念和构思。在交响曲作曲家贝多芬的构思

中,这两个部分,是作为戏剧的整个弥撒的高潮;对于以宗教为指向的巴赫而言,在这个部分中,一切逐渐消逝。在贝多芬的《羔羊经》中,痛苦而恐惧的灵魂发出呐喊,渴望救赎,其情感的烈度几乎达至骇人的程度;而巴赫的《羔羊经》,则是已得救赎的灵魂之歌。

在《降福经》中,巴赫可能使用了自己其他作品的素材;关于这一点,我们至少可以从这个乐章颇为突兀的风格以及词语的重复中略猜一二。

"赐予我们安宁"这个乐段,同样表现了满怀信心和希望,对安宁的赞颂,而非向往得到安宁时的祈祷。巴赫让这段歌词配上"我们向你感恩"(*Gratias agimus*)的旋律大有深意。温柔的演奏风格并不切合这一乐章的气质。

当 B 小调弥撒出版时,由于《信经》的数字低音部分是埃马努埃尔抄写的,但又无法证实作者是谁,所以整个段落被删去了,这是一个非常严重的错误。既然数字是埃马努埃尔所写,无论如何总比没有要好,因为没有谁比他更有资格重写一段遗失的部分了。乐谱编辑对这个乐段不信任,很可能是因为标有数字的和弦并不总是与必须演奏的声部相一致。但是如果按此原则,很多巴赫自己亲手写的数字低音也应该被删除。其实它们的独立性质,已经足以证明它们的真实性。我希望巴赫协会新版的 B 小调弥撒,能够更正这个错误,重新配上埃马努埃尔的数字低音(后者现藏于柏林图书馆)。[①] 任何为 B 小调弥撒做过管风琴伴奏的人,无论他多么熟悉巴赫音乐,都很清楚一点:要想象出其中的和声,尤其是独唱段落和《圣灵感孕》中的和声是多么困难。

巴赫协会版总谱在"我信"和"悔罪"两个段落上,同样误导了我们。根据这版乐谱,"我信"由合唱团演唱,管风琴伴奏,第一和第二小提琴演奏主旋律;在"悔罪"中,只有管风琴在演奏。如果巴赫协会版总谱是对埃马努埃尔的分谱的忠实复制,那么错误肯定就出自分谱。巴赫肯定不打算只用管风琴来伴奏这两段合唱;在整份总谱中,没有任何其他一处地方,小提琴组以这样的方式在合唱之上演奏必奏声

---

① 关于这个问题,也请参见塞弗在 1904 年的《巴赫年报》上的评论,第 72 页及以下。

部。"我信"和"悔罪"应该按之前《垂怜颂》的方式演奏,也就是说,弦乐器和木管乐器也演奏与人声部分一样的旋律。再者,巴赫常常在经文歌的同类合唱中,用铜管乐器补充人声的效果;[①]如果我们考虑到这一点,就知道它们不可能在弥撒中静止——尤其当音符时值比较长的时候。毋庸敷言,如果要让"我信"中两个必须演奏的小提琴声部被听见,无论如何一定要由木管乐器来加强效果。还有一点也是确定无疑的:"悔罪"的音准,以及"我信"快要结束、低音声部开始减慢时的音准,必须借助一件乐器加强人声的效果,才能被听清楚;否则,即使听众看着乐谱,也无法领会。[②] 即使如此,鉴于现时使用的大型合唱团声音厚重,我们还是需要管风琴的帮助。在这些段落里,管风琴家应该使用踏板演奏通奏低音,用一只手在副键盘上奏出和声,另一只手在大管风琴上的八英尺和四英尺主音栓和混合音栓上,演奏上面提到的段落。只有这样,这些古老的旋律才能穿透厚重的复调织体,按照巴赫的构思辉煌地展现出来。

　　《垂怜颂》和《荣耀颂》在 1833 年由苏黎世的纳格利出版社出版;后者在埃马努埃尔的继承人施温克逝世后,获得了原版的总谱。它们的反响很不好,所以纳格利也就没有动力去出版整部作品了;其余部分后来由波恩的西姆罗克在 1845 年第一次出版。柏林歌唱学会(Singakademie)原来保存有一份《信经》的总谱,策尔特在上面对小号的某些高音段落作了调整,希望令之更容易演奏,同时也标示了一些删节建议。这表明他曾经演出过弥撒曲的这个部分,或者至少是计划要演奏它。他致歌德的信件没有提到任何信息。B 小调弥撒曲的第一次完整演出是由柏林歌唱学会于

654

---

①　参见本书第 630 页及以下。
②　当巴赫自己指挥演出的时候,他会口头指示乐手演奏人声声部,而不会把这个要求写在乐谱里,因为在他看来,这是不言自明的。这解释了为何在说明巴赫的意愿时,总谱和分谱都传达了错误的信息。不过也有人认为,在"全能的天父"和"期待复活"段落,乐器应该沉默——巴赫希望通过这种方式,加强乐器在后来进入时的效果。这是不无道理的。但我的回答是,还是必须用弦乐器和木管乐器增强人声声部的效果,因为正确地表现"我信"和"悔罪"两段的音准,重要性要高于一切其他考虑。这种轻重的权衡,是基于如下理由:在康塔塔中,巴赫总是用弦乐、木管和长号来伴奏同类的经文歌大合唱;而且与"我信"和"悔罪"段落创作手法相同的《垂怜颂》,也是使用了所有乐器来加强合唱的效果。

1834 年和 1835 年举行;①这部作品最完美的演出,可能要数齐格弗里德·奥赫斯指挥柏林爱乐合唱团的那次了。②

当巴赫获得宫廷作曲家的头衔之后,他曾向宫廷送去四首《垂怜颂》与《荣耀颂》(他称之为弥撒曲),以证明自己的努力。③ 由于非常仓促,所以这次他没有浪费时间去写新的作品,而是主要从现有的康塔塔中拼凑出这些弥撒。④ 这些改编颇为草率,有些甚至缺乏逻辑。比如在 G 小调弥撒中,巴赫将《荣耀颂》的词句加入到康塔塔《一切唯听从上帝的旨意》(第 72 首)气氛阴沉的第一段合唱中。A 大调弥撒的《荣耀颂》改编自康塔塔《请将耶稣基督铭记于心》(第 67 首)中,为男低音独唱与合唱团作的《愿你们平安》(*Friede sei mit euch*)。对早前作品的记忆,让巴赫在新乐章的器乐伴奏中,再次表现了使徒们身处尘世的不安,与复活的主带给他们的宁静形成对比。不过,在新的改编中,巴赫毫不在意音乐本身的意思。他把紧凑的合唱配上器乐伴奏,又为"在至高之处荣耀归于上帝"配上"动荡"的动机。在好几首这样的改编中,他甚至不在乎正确表达歌词

655

————————————

① 第一部分的演出在 1834 年 2 月 20 日举行;第二部分则在 1835 年 2 月 12 日。

② 时间是 1896 年 4 月 24 日,地点在伽里森教堂。

③ 这些弥撒曲中的 G 大调和 A 大调两首,一定是创作于 1739 年。施皮塔正确地推断另外两首(即 G 小调和 F 大调)出自同一时期。由于巴赫并没有演出这类弥撒曲的机会,我们只能推测它们是在德累斯顿上演而作。

④ 如下的乐章,可以在保存下来的康塔塔中找到:

F 大调弥撒:《你除去尘世的罪孽》和《你是唯一神圣》(*Quoniam*)来自《主,你的眼目看顾信的人》(第 102 首);而《与圣灵同在》则来自《神的儿子要显现出来》(第 40 首)。

A 大调弥撒:《荣耀颂》来自《请将耶稣基督铭记于心》;《你除去尘世的罪孽》来自《当心,不能假装畏惧上帝》(第 179 首);《你是唯一神圣》来自《我主上帝是太阳与盾牌》(第 79 首);《与圣灵同在》来自《察验我的心》(第 136 首)。

G 小调弥撒:《垂怜颂》来自《主,你的眼目看顾信的人》;《荣耀颂》来自《一切唯听从上帝的旨意》;《感恩颂》、《我主耶稣》和《与圣灵同在》来自《万物都在等候你》(*Es wartet alles auf dich*,第 187 首)。

G 大调弥撒:《垂怜颂》和《你是唯一神圣》来自《当心,不能假装畏惧上帝》(第 179 首);《荣耀颂》和《我主耶稣》来自《我主上帝是太阳与盾牌》(第 79 首);《感恩颂》来自《我的心,你为何忧伤》(第 138 首);《与圣灵同在》来自《凡以感谢献上为祭的,便是赞美我》(*Wer Dank opfert*, *der preiset mich*,第 17 首)。

更多的相关信息,可参考巴赫协会版,卷八,序言。施皮塔认为 A 大调弥撒的《垂怜颂》是巴赫的原创;但是考虑到其中偶尔出现颇为拘谨的朗诵段落,它似乎也是借用自另一部作品——可能是一部已经遗失的康塔塔。

的意思。

F大调弥撒曲的《垂怜颂》可能是唯一原创的音乐。它包含一段短小而令人赞叹的四声部合唱，其中圆号和双簧管三次伴奏众赞歌旋律"基督，你这上帝的羔羊"（*Christe，du Lamm Gottes*）；巴赫在康塔塔《你，真正的神，大卫的后裔》（第23首）中也曾用到它。在男低音声部中，我们听到了连祷文的最后一段《垂怜经》。贯穿整个乐章的两段旋律如下：

"基督，你是上帝的羔羊"

《垂怜颂》

由于连祷文只在大斋期和圣灵降临节演唱，而在圣灵降临节的第一

个礼拜日,《垂怜经》的演唱是"附带器乐伴奏"的,所以施皮塔据此推断,F 大调的序奏乐章就是为这个礼拜日而作。它代表了天主教与新教音乐精彩的结合。

巴赫不得不从他的康塔塔中拼凑出这些弥撒曲,从这一点可以证明用于莱比锡礼拜的弥撒曲,其中一些段落并不是他自己创作的。他从各个作曲家处,借用了弥撒乐章,甚至是整部弥撒曲。这些作曲家既有知名的,也有不知名的,有德国的,也有意大利的,①但他没有自己创作的意愿。他甚至没有自己创作《三圣颂》供宗教节日使用。流传下来的根据这段经文所写的四首曲目,包括 C 大调、D 大调、D 小调和 G 大调;其中可能只有 D 大调是他自己的作品。他始终没有写出一首短小精练的弥撒曲作为《尊主颂》的搭配,我们对此恐怕永远会引以为憾。

---

　　① 　参见鲁斯特在为巴赫协会版乐谱卷十写的序言中列出的作品目录,以及施皮塔在《巴赫生平》,卷 II,第 510 页所作的更正。

第三十四章　1734 年之后的康塔塔

我们手上保存有大概 70 部巴赫 1734 年之后写的康塔塔。其中大概有 30 部写于 1735 年至 1736 年间；余下的大部分是众赞歌康塔塔，作于 1737 年至 1745 年。

康塔塔《赞美主吧，我的灵魂》(*Lobe den Herrn，meine Seele*，第 143 首，第二次创作)，有可能在 1735 年的元旦上演。咏叹调《万般不幸与恐惧》(*Tausendfaches Unglück，Schrecken*)的歌词，描述了过去几个月里，邻邦的人们如何惨遭战火的肆虐；而在上帝的庇佑下，此地却在这一年里得享安宁。施皮塔的研究表明，与这段歌词所描述的事件最为相符的当属 1734 年，当时几乎整个欧洲都因为波兰王位更替(1733 年至 1735 年)而遭受战争蹂躏，唯独萨克森不但得以幸免，还有幸见证其统治者作为和平的维护者在当年 12 月进驻华沙。康塔塔的歌词主要由《圣经》诗篇一百四十六章的三节诗，以及众赞歌《你是和平之王，我主耶稣基督》(*Du Friedefürst，Herr Jesu Christ*)的两节诗组成。结束处的大合唱中，女高音声部演唱众赞歌的第三诗节，其他声部以"赞颂上帝"伴唱，效果尤佳。乐队由弦乐、英国管、三把圆号和定音鼓组成。在咏叹调《耶稣，你羊群的救主》(*Jesu，Retter deiner Herde*)中，弦乐替众赞歌伴奏，而英国管与通奏低音声部之间，有一段有趣的对话。

为主显节之后第四个礼拜日而作的康塔塔《假如上帝此时不与我们同在》(*Wär' Gott nicht mit uns diese Zeit*，第 14 首)，依据的是路德对诗

657

篇一百二十四篇所作的发挥；它似乎也作于 1735 年。开篇是仿效帕赫贝尔的风格写作的赋格式合唱。跟众赞歌前奏曲《当我们在最大的患难中》（卷七，第 58 首）一样，巴赫在这里通篇对旋律片段进行倒置处理，用它们与每段赋格的主题构成对立，以精湛的技艺编织起这段大合唱。定旋律声部完全交由器乐演奏。这可算是巴赫声乐作品中最难演奏的篇章之一。如果演绎恰当，听众会对这部作品技巧上的各种细致安排浑然不觉；他所感受到的，只会是音乐散发出的超然宁静。

　　两段咏叹调以鲜明的写实风格与合唱形成强烈对比。第一首咏叹调《我们的力量太弱，无法对抗敌人》（Unsre Stärke heißt zu schwach，unserm Feind zu widerstehen）中，乐队描述了尘世斗争的纷乱，虔敬的人向上帝求助。第二首《上帝，凭借你强有力的支持，我们不再受敌人的威胁》（Gott，bei deinem starken Schützen sind wir von Feinden frei），其中"强有力的支持"，通过两支双簧管和通奏低音一段棱角分明、充满力量的三重奏表现。人声以一个新的、豪迈的主题进入，仿佛在表现"自由"这个词。这首咏叹调，突出体现了巴赫对不同力度作出精确区分的能力。想要在演出中恰当地表现它的性格，我们就不能按照现时的标准，对"活跃地"（vivace）这个标记作太夸张的处理。[①] 658

　　鉴于有关宗教改革的康塔塔《我主上帝是太阳与盾牌》（第 79 首）的歌词中，也提及战争带来的惨痛，所以它也有可能与 1735 年的一系列事件有关。在第一段合唱中，构思宏大的交响曲式伴奏建立在两个主题之上。第一主题，以宏伟的号角开始，是一段胜利的庄严赞歌——

随后这段旋律被用作众赞歌《现在所有人都感谢上帝》的伴奏。第二个主

① 施皮塔正确地指出，在宣叙调的开端，歌词应该采用这个语序："Ja, hätte Gott es zugegeben"，而非按照巴赫协会版中的语序"Ja, hätt' es Gott nicht zugegeben"。

题的赞美具有压倒一切的力量——

开头和结尾的大合唱,都保持着这种庄重而超然的气质。相比之下,中间
的乐段,人声则专注于第二主题的热烈赞颂。① 这是巴赫所有合唱中最
精彩的篇章之一,散发出耀眼的光芒,仿佛我们在晨曦的荣光中凝视一场
胜利的战斗。

　　在战斗正酣之际发出的呼喊"上帝啊,上帝,不要遗弃你的子民",剧
烈的冲突通过"骚动"动机表现。② 正如施皮塔所说的那样,这段音乐描
绘的画面,分明让人联想到康塔塔《我主上帝是坚固的堡垒》(第 80 首)
中,带合唱的咏叹调《单凭我们自己,什么也不能成就》。

　　在为复活节之后几个礼拜日写的康塔塔中,有 9 首作品,其歌词的主
题表明,它们是相互联系的。它们的演出时间从复活节后的第二个礼拜
日,一直延续至圣灵降临期的第三日。施皮塔意外地在玛丽安娜·冯·
齐格勒(Marianne von Ziegler)的《韵文试笔集》(*Versuch in gebundener
Schreibart*)(第一部分)中,发现了被巴赫用作歌词的诗作;它们出版于
1728 年。③

　　与皮坎德的歌词相比,这些文本中圣经词句占的分量重得多;这给予
巴赫充足的机会,写作咏叙调和经文歌式的合唱。咏叹调的歌词采用自

659

---

　　①　施皮塔,《巴赫生平》,卷 II,第 553—554 页认为他在这段合唱中,看到"乐器间精巧
的配合,一直延伸到定音鼓的节奏中"。巴赫后来在 G 大调弥撒(巴赫协会版,卷八,第 162
页及以下)的《荣耀经》中采用了这个乐章。

　　②　参见本书第 454 页。

　　③　施皮塔在他的巴赫传记中猜测,这些歌词出自一个"新诗人"之手,但他一开始无法
确定诗人的身份,直到后来写作《音乐史文集》(*Musikgeschichtliche Aufsätze*,Berlin,1892
年)时才得以确定。关于玛丽安娜·冯·齐格勒,参见本书第 100 页。《上帝在欢呼中升天》
(*Gott fähret auf mit Jauchzen*,第 43 首)和《我是一个好牧人》(*Ich bin ein guter Hirte*,第
85 首)两首康塔塔的歌词都不见于她的诗集。不过它们的风格令人确信,作者只能是她,而
不可能是其他人。

由诗节形式,而非返始咏叹调严格的三段体程式,当然也更令巴赫感到得心应手。作为诗歌,这些歌词比皮坎德的要好得多了。在翻看乐谱时,我们可以想象巴赫为这些新文本作曲时的愉悦。他显然是一口气创作了这组康塔塔。施皮塔把创作年份定在 1735 年。①

复活节之后第二个礼拜日的康塔塔《我是一个好牧人》(第 85 首)需要四位歌唱家演出。它以巴赫式的抒情风格写成。淳朴而真挚的男高音咏叹调"看看爱之所为"尤其精彩。女高音咏叹调"主是我亲爱的牧人"根据旋律"荣耀归于最高的上帝"的主题,按照众赞歌前奏曲的形式写成。

康塔塔《虽然你们将哭泣哀号,但世界将会感到喜悦》(*Ihr werdet weinen und heulen*, *aber die Welt wird sich freuen*,第 103 首),为复活节后第三个礼拜日而作。充满力量的第一段合唱"虽然你们将哭泣哀号,但世界将会感到喜悦……你的悲伤会变成欢乐",其主题构筑在欢乐的节奏与哀痛的动机的持续对比之上——

660

男高音咏叹调"再次振作起来吧,悲伤的声音"中,表现"欢乐"的动机把乐队的所有声部,全部带进狂喜的舞蹈之中。这里的音乐表达了诗歌中段的词句"噢,无上的喜悦"("O Freude, der nichts gleichen kann")。

复活节之后第四个礼拜日的康塔塔《我去是与你们有益的》(第 108 首)的歌词,采用了耶稣在告别时刻说的两段优美的话。巴赫以男低音咏叙调的形式,把第一段话谱成音乐:"我去是与你们有益的。我若不去,保

---

① 本书第 472 页有引用这首咏叹调的男低音动机。

惠师就不到你们这里来"(《约翰福音》十六章 7 节);弦乐以温柔的拨奏八分音符,伴奏抒情双簧管阿拉伯风的旋律,以此表现救世主的逝去。乐队的图景令人想起《圣马太受难曲》对这段话的描绘:"但我复活以后,要在你们以先往加利利去。"①

第二段话以经文歌的形式写成——"只等真理的圣灵来了,他要引导你们明白一切的真理"(《约翰福音》十六章 13 节)。在男高音咏叹调"没有任何怀疑能影响我"(*Mich kann kein Zweifel stören*)中,小提琴奏出的八分音符毫无目的地游荡象征了怀疑;而坚定地行进的低音部分表现了不可动摇的信仰。然后信仰的欢乐在女中音咏叹调"我心向你渴求的,啊,你将给予我"(*Was mein Herz von dir begehrt, ach, das wird mir wohl gewährt*)中获得表达;第一组小提琴以各种可能的形式表现"欢乐"动机。这首康塔塔完美地表达了《约翰福音》所记载的、耶稣临别时候说的话。

661 这些歌词构成了复活节后第五个礼拜日的康塔塔《到现在为止你们没有以我的名义祈求什么》(第 87 首)②的基本素材。男低音咏叙调"在世上你们有苦难;但你们可以放心,我已经胜了世界"(*In der Welt habt ihr Angst; aber seid getrost, ich habe die Welt überwunden*)既简洁又富于感染力。女低音咏叹调"啊,天父,请宽恕我们的罪"中,双簧管奏出的叹息和呻吟,由上行的低音声部带上天堂。终曲的男高音咏叹调"我愿意受难,我愿意沉默",是巴赫最美的创造之一。第一组小提琴环绕着人声,仿佛跳着天使之舞——

这首咏叹调形式上的有趣之处在于,它具有巴赫同时期其他音乐的

---

① 参见本书第 559 页。
② 由女低音、男高音和男低音演唱的康塔塔。

典型特征。它使用了三段体返始咏叹调的程式,但又有所变化:人声旋律
与乐队不同。歌词以自由的咏叙调形式朗诵。于是在这些乐章中,巴赫
在一定程度上把自己从意大利咏叹调的窠臼中解放出来。他创造的这种
折中形式,在很多方面都很理想。

　　在大型的三段体耶稣升天节康塔塔《上帝在欢呼中升天》(第 43 首)
中,齐格勒的歌词在音乐方面的优点获得清晰的展现。她为第一段合唱
选择了《诗篇》中精彩的段落"神上升,有喊声相送;耶和华上升,有角声相
送"①。不出所料,巴赫用大胆的上行线条表现"上升"的意象;小提琴演
奏的主要音型横跨两个八度,延续四个小节。女高音以这句话开始——

三把小号增强了它们的效果。合唱简洁的形式使音乐的表现更加强而
有力。

　　男高音咏叹调"累万盈千的人伴着车辇"(*Ja tausendmal tausend be-
gleiten den Wagen*),小提琴齐奏出一段旋律,一次又一次地起伏,其风格
让人想到《圣马太受难曲》中咏叹调"我愿意背负十字架"独特的旋律
线。② 在两个地方,旋律摇曳的动态,都有其含义。它们象征了尘世与天
堂的运动,根据文本,两者都趋向于上帝的座驾。

　　女高音咏叹调"我的耶稣现在已经……"(*Mein Jesus hat nunmehr*)
的进行曲形式,与康塔塔《我去是与你们有益的》③的序奏咏叙调很相似。
歌词中提到了圣子"回到"圣父身边。可能这可以解释,为什么步伐般的
节奏贯穿整个乐章。

　　男低音咏叹调"就是他,就是他,独自一人"(*Er ist's, er ist's, der*

662

---

　① 　见《诗篇》四十七篇 5 节。
　② 　参见本书第 564 页。
　③ 　参见本书第 660 页。

ganz allein），只由小号伴奏；根据《旧约》中的意象，它把获得胜利的基督描述为榨酒者。巴赫当然不会放弃这个机会在音乐中表现豪迈的步伐，也毫不犹豫地在低音部写下这样的步伐——

　　女低音咏叹调"我的灵魂已经看到，他坐在天父的右边，向敌人发起进攻"（*Ich sehe schon im Geist*，*wie er zur Rechten Gottes auf sene Feinde schmeißt*），骤看起来让人十分惊讶。这狂热的音乐，似乎与歌词的内容并不匹配。这个乐章忧郁的调子，在歌词的最后段落中得到解释："我站在这里，在路边，充满渴望地看着他"。两支双簧管的对话中，有一种圣洁的乡愁。巴赫这一时期的咏叹调里，这个乐章的形式属于较自由的一种。

　　规模较小的耶稣升天节康塔塔《致基督升天》（*Auf Christi Himmelfahrt allein*，第128首），①以一首众赞歌合唱开始，它所依据的旋律是"在至高之处荣耀归于上帝"；乐队加上一条独立的、向上发展的伴奏线条。器乐部分最突出的一个动机，取材自众赞歌的头几个音符——

　　男低音咏叹调"嘹亮的声音，响起来，响起来"是一段可供独奏小号炫技的音乐。它建筑在"欢乐"动机之上；它的风格让我们想起康塔塔《虽然你们将哭泣哀号，但世界将会感到喜悦》（第103首）中的男高音咏叹调"再次振作起来吧"。作为巴赫的第二部升天节康塔塔，它结尾的效果也同样是深思多于辉煌。

---

　　①　在这些节日，巴赫需要创作两首康塔塔，因为晚间礼拜仪式同样需要音乐伴奏。

复活节之后第六个礼拜日上演的康塔塔,《人要把你们赶出会堂》（*Sie werden euch in den Bann tun*,第 183 首,第二次创作;由女高音、女低音、男高音和男低音演唱的康塔塔）,在引子咏叙调（歌词为"人要把你们赶出会堂;并且时候将到,凡杀你们的,就以为是事奉神"与随后的乐章之间,有一种对立关系。它们表达了对死亡充满喜悦的期待。女高音咏叹调"无上的安慰者,圣灵,是你为我指明当行的路"（*Höchster Tröster, heil' ger Geist, der du mir die Wege weist, darauf ich wandeln soll*）中,欢快的舞蹈主题,伴随着充满信心的脚步迈向死亡——

五句节康塔塔《爱我的人都会守持我的话》（第 74 首）的第一首合唱,是对魏玛时期同标题康塔塔（第 59 首）开篇二重唱的改编。咏叹调的音乐"来吧,我的心向你敞开"也来源于此。前几个词有缺陷的咏叙,足以表明玛丽安娜·冯·齐格勒的歌词是被硬生生套上去的。用耶稣离开前的话"我离开,但我将回到你身边"写的咏叙调,其中包含"步伐"动机的发展——

必须清晰地强调,让它从八分音符中凸显出来,否则通奏低音伴奏就无法获得正确的效果。最后两首咏叹调很长,但相对缺乏深度。

为圣灵降临节第二天创作的康塔塔,《上帝爱这世界》（第 68 首）,其中两首咏叹调"我虔信的心灵"和"你为我的福祉而生",取自魏玛时期的世俗康塔塔《热闹的狩猎,我心之所愿》。[①] 而合唱段落则是重新创作的。

664

---

① 巴赫协会版,卷二十九,第 25 页及以下及第 12 页及以下。同时参见本书第 599 页。

第一曲合唱歌词取自《约翰福音》三章 16 节[1]优美的段落；伴奏中有温柔摇曳的节奏，巴赫喜欢以此表现愉悦的宁静感——

另一段类似于经文歌的合唱，增加了弦乐和管乐来配合人声；巴赫在这里写出特别严肃的音乐，表现已经在进行中的末日审判；圣约翰在下面这段话里提到它："信他的人，不被定罪；不信的人，罪已经定了"[2]。

圣灵降临节第三天的康塔塔《他按名字呼唤他的羊群》(*Er rufet seine Schafe mit Namen*，第 175 首)[3]，由三支长笛演奏的咏叙调和咏叹调开始。在这两段可爱的牧歌中，巴赫采用了竖笛(Flûte à bec)，而非横笛。男低音咏叹调"张开吧，我的双耳"由两把小号伴奏。[4]

巴赫在 30 年代中期创作的复活节康塔塔中，有两首值得一提：《心灵啊，快乐起来吧》(*Erfreut euch，ihr Herzen*，第 66 首)和《请与我们同在》(*Bleib' bei uns*，第 6 首)。它们都是为复活节礼拜一而写的。

《心灵啊，快乐起来吧》宏伟的开端合唱曲，表达的情感令人感到非常舒服。它的配器也优于其他节庆康塔塔；巴赫只采用了一把小号，却把它的效果发挥得淋漓尽致。伴奏由"欢乐"动机主宰。不过在标记为"行板"的作品中段，这个动机并没有出现，因为歌词讲述的是"眼泪、恐惧与愤恨"。

这首康塔塔布局很宽广；其咏叹调的风格也非常惹人喜爱。巴赫在男低音咏叹调"为至高者奏一曲感恩之歌"标出的"强"、"弱"、"极弱"标

---

① 《约翰福音》三章 16 节：神爱世人，甚至将他的独生子赐给他们，叫一切信他的，不至灭亡，反得永生。

② 见《约翰福音》三章 18 节。

③ 为女低音、男高音和男低音而作的康塔塔。

④ 咏叹调"我仿佛看到你的到来"(*Es dünket mich，ich seh dich kommen*)是取自世俗康塔塔《最宁静的利奥波德》；而对"高贵的灵魂"(*Nun，werter Geist*)的众赞歌和声处理则取自康塔塔《爱我的人都会持守我的话》。

记，对我们非常有启发。

康塔塔《请与我们同在》的独唱乐章比较长。最值得一提的部分是开头的大合唱——这是一个诗歌与音乐完美结合的杰作。"请与我们同在"，门徒们带着温柔的、恳求的语调，在艾玛乌斯说到①——

唱到"时候晚了"这一段时，人声旋律向下发展，仿佛夜晚的幽暗降落到他们身上——

在伴奏中，我们听到不安的颤抖——

在中段的行板中，三拍子节奏变为四四拍子；歌词"请与我们同在"表

---

① 要留意，巴赫奇怪地对"bei"这个音节做了强调；于是这段的强音依次如此布置（斜体为重音）："*bleib*' bei uns"，"bleib' *bei* uns"，"bleib' bei *uns*"。

达了更强烈的乞求和痛苦的感觉。阴郁的野外回荡着长长的呼唤;然后一切都变得寂静。祷告又一次响起,同样是温柔的三拍子。终止式突然转到大调,然后以明亮的色彩结束,仿佛上帝对祷告作出了回应。

666　　　　为复活节之后第一个礼拜日创作的康塔塔《在同一个安息日的夜晚》(第42首),其序曲的情绪氛围和上面提到的这段音乐一样。不同之处在于,这首康塔塔没有"请与我们同在"这一段的和声所表达的不安感。在这个出色的乐章中①,巴赫描画了与《圣马太受难曲》中咏叙调"在夜晚,天气变得清凉"这一段相同的晚间的宁静。弦乐的音型暗示了低垂的夜幕——

双簧管以同样的动机回应——

于是不同的色调和层次互相融合,变得越来越幽暗,但它所唤起的并非恐惧感,而只有一种深不可测的、对宁静与休憩的向往。然后第一双簧管唱出一段渴望的赞歌,长长的持续音,逐渐湮没在夜色中——

---

①　咏叹调"无论任何因为爱与需要而产生的事物,都不会违背最高的律法"(*Denn was aus Lieb' und Not geschieht , das bricht des Höchsten Ordnung nicht*)的意思,我们恐怕永远无法知道。还有一点很可惜:诗人并没有充分发掘这个充满戏剧性的场景,而是放任于没有什么深度的沉思中。

第二双簧管回答道——

然后阴郁的气氛加重了——

这个乐章在小调上结束。随后，圣经中的话语，伴随着摇曳的伴奏被朗诵 667
出来——"那日，就是七日的第一日。晚上，门徒所在的地方，因怕犹太
人，门都关了。耶稣来站在当中"。主为他落魄的门徒带来了夜晚的宁
静；因此咏叹调"有两三个人聚会"（*Wo zwei oder drei versammellt sind*）
的伴奏带有序曲的痕迹。

　　在众赞歌二重唱"不要绝望，你们这一小群人"（*Verzage nicht，du
Häuflein klein*）中，英国管和大提琴奏出一个音程宽广的旋律；其乐思的
根基，让我们想起了众赞歌幻想曲《耶稣基督，我们的救主》（卷六，第 30
首）中，表现不可动摇的信仰的主题。巴赫为它写的分句标记也很值得
注意①——

　　终曲的咏叹调"耶稣是属他之人的盾牌"（*Jesus ist ein Schild der*

① 　我们需要研究巴赫如何极其严谨细致地为整部康塔塔加上分句记号和力度标记。
在这方面，没有哪一首教会康塔塔比它更具有指导价值了。

Seinen),爆发出热烈的欢乐情感。

在米迦勒节康塔塔《救恩,能力现在都来到了》(第50首)中,只有第一段双合唱曲流传下来。但从中已经可以看出足够宏大有力的结构和细节处理,让我们可以放弃其他部分;独唱段落的缺失说不定还是一件好事呢。这首合唱的主题建立在"强力"(附带有倒置的处理)和"欢乐"的动机上①。这段合唱双赋格,是巴赫最宏大有力的声乐作品之一。

康塔塔《我这个可怜的人,谁能把我从速朽的肉身中解救?》,依据的歌词是圣三一节之后第十九个礼拜日的福音书(《马太福音》九章1—8节),讲述了耶稣治愈那个瘫子,并饶恕了他的罪。合唱队唱出《罗马书》七章绝望的话,这也正是这首康塔塔的标题:"我真是苦啊,谁能救我脱离这取死的身体呢?"②——乐队伴奏不停地重复这个悲哀的问题——

668

同时小号和双簧管以卡农的形式演奏众赞歌"耶稣基督,我向你呼唤"(*Herr Jesu Christ,ich schrei' zu dir*)。

众赞歌"如果在罪之后,必须有惩罚与痛苦"(*Soll's ja so sein,dass Straf' und Pein auf Sünden folgen müssen*)阴暗的和声,充分展现了这种悲伤的全部内涵。到"忏悔"("Büßen")这个词的时候,它的效果达到了极致,诗节也到此结束。在随后对耶稣的祈祷中,悲伤的情绪被克服了。音乐表现出一份宁静的对死亡的向往。主题预示了随后的咏叹调中欢乐而热情的活跃感觉。这段最后的咏叹调的旋律是这样开始的——

---

① 参见本书第476页。
② 见《罗马书》七章24节。

因此，倒数第二首咏叹调的速度不能太慢；最后一首咏叹调则再快也不为过。它必须表现出一种狂喜的感觉——终止式中不应该有渐慢，强与弱之间的过渡也不应是渐进的。巴赫的构思，是要表现一种匆忙起舞的感觉，这也体现在康塔塔《噢永恒，你这雷霆般的话语》中。在这里他采用了类似的音乐元素，不过调性是小调，以此表现"噢人类，拯救你的灵魂吧，从撒旦的桎梏中挣脱出来，让你的灵魂获得自由"①这句话中剧烈的恐惧感。

可能是出于巴赫的直接要求，皮坎德仿照玛丽安娜·冯·齐格勒，以圣经的段落为素材写了一系列康塔塔诗歌。他几乎只从《旧约》中作选择，而且喜欢挑选那些特别长的段落。可惜，他据此写出的沉思性段落，并不如他的榜样——齐格勒——的作品那么富于表现力。所以我们可以毫不犹豫地整段删掉这些康塔塔的宣叙调。

我们一眼就能辨认出这些作品②之间在音乐上的联系。它们的相似之处，不仅包括合唱段落宏大的布局，还有乐队引子往往是过分的长度。在这些康塔塔中难得见到几段简洁的独唱。

其中有三首康塔塔，各自根据《圣经》中的两段话写成，也都是分成两个部分。它们是《要把你的饼分给饥饿的人》（第 39 首，供圣三一节之后第一个礼拜日上演）、《万物都在等候你》（第 187 首，供圣三一节之后第七

669

---

① 参见本书第 543 页。
② 《要把你的饼分给饥饿的人》（第 39 首）
　《万物都在等候你》（第 187 首）
　《世人哪，耶和华已指示你何为善》（第 45 首）
　《所有人的心中都有高傲与软弱的一面》（*Es ist ein trotzig and verzagt Ding*，第 176 首）
　《凡以感谢献上为祭的》（*Wer Dank opfert*，第 17 首）
　《愿我们口中充满欢笑》（第 110 首）
　《我们必须承受许多痛苦》（*Wir müssen durch viel Trübsal*，第 146 首）

个礼拜日上演)、《世人哪，耶和华已指示你何为善》(*Es ist dir gesagt，Mensch，was gut ist*，第 45 首，供圣三一节之后第八个礼拜日上演)。

整体上写得最好的一首，要数《万物都在等候你》;它的歌词也很令人满意。第一段《圣经》歌词被谱成一首合唱;第二段歌词来自山上宝训的一个优美的段落——"不要为生命忧虑吃什么，喝什么";它被谱成简单的男低音咏叙调。女低音咏叹调"主，你以恩典为年岁的冠冕"(*Du Herr，du krönst allein das Jahr mit deinem Gut*)中，有一段欢快的旋律，巴赫几乎是逐个小节地标出细微的强弱变化。柔板女高音咏叹调"上帝看顾一切生命"(*Gott versorget alles Leben*)，建立在庄严的节奏上;当唱到"退让吧，你们这些忧虑"("Weichet，ihr Sorgen")这一段时，音乐迸发出飞翔的音型。[①]

《要把你的饼分给饥饿的人》合唱"要把你的饼分给饥饿的人"的第一部分中，有种格外不稳定的伴奏，这表现了穷人和受苦的人行进的场面;根据《圣经》中的描述[②]，他们被支撑着引进房屋里。第二部分放弃了这个动机，转而表达歌颂与感恩。第二部分的开端、根据"只是不可忘记行善和捐输的事"写的咏叙调，不如对《万物都在等候你》第二段《圣经》引文的处理那么令人满意。

康塔塔的第一首合唱曲中，取自《弥迦书》的歌词非常松散;即使像巴赫这样的大师，都无法赋予它恰当的音乐形式。开端部分对"世人哪！耶和华已指示你何为善"[③]这句话的多次反复，令人颇不舒服。真是难以理解巴赫为何选择一个不可能的任务，将这段歌词谱成合唱曲，而非一首简单的咏叙调，就如他在第二部分对耶稣的话"当那日必有许多人对我说"所做的那样。

我们拥有这部康塔塔的分谱;它经过策尔特的修改和校正。[④] 据策

---

① 小型的 G 小调弥撒(巴赫协会版，卷八)中，从"我主上帝"、"上帝的羔羊"开始，包括了这部康塔塔的几个完整的乐章。

② 有关这段合唱的问题，参见本书第 416 页。

③ 见《弥迦书》六章 6 节。

④ 其中的片段收录于巴赫协会版，卷十的序言中，第 17 页及以下。

尔特说,他的工作旨在去除巴赫作品表面薄薄的遮盖物,以"展露其被覆盖的光辉品质"。[1] 但他对这部作品的修改让我们产生了疑虑。他的修改实在是非常荒谬;我们得到的印象是,他将巴赫聪明的朗诵段落改写成可以想象的最笨拙的处理。

　　下面这些康塔塔,每首只采用一段《圣经》的词句——

　　《所有人的心中都有高傲与软弱的一面》(第 176 首),《凡以感谢献上为祭的》(第 17 首),《愿我们口中充满欢笑》(第 110 首),《我们必须承受许多痛苦》(第 146 首)。

　　《凡以感谢献上为祭的》由一首大型的合唱和两段有趣的咏叹调组成。可惜,歌词写得很蹩脚。

　　《所有人的心中都有高傲与软弱的一面》的第一首合唱中,主题的乐队伴奏,有些部分显示标记"强",然后是"弱"。这表明巴赫有可能想让合唱队先使用极强的力度,再在中段以后以弱力度演唱,像这样——

671

　　如果我们仔细分析,会发现整个合唱的结构,都是建立在这个由强至弱的过渡之上。这种表现"高傲"与"软弱"两个对立观念的手法,显得有点幼稚;不过音乐上的效果非常自然,也颇有魅力。

　　女高音咏叹调"你原本明亮可爱的外表"(Dein sonst hell beliebter Schein)采用进行曲式的节奏,像一首加沃特舞曲,歌词是尼哥底母在去

找耶稣的旅途中对自己说的话。①

这些康塔塔中长长的乐队序奏，让我们得以了解，巴赫是如何采用富余的乐队素材来创作教会作品的。康塔塔《愿我们口中充满欢笑》的合唱，被作为D大调第二序曲（巴赫协会版，卷三十，第66页及以下）的快板段落，穿插在前后两段严肃的段落之间。②《我们必须承受许多痛苦》的合唱被插入到D小调楔槌键琴协奏曲（巴赫协会版，卷十七，第1页及以下）的柔板中；这首合唱之前是由管风琴演奏的快板。在这两个例子里，巴赫作改编时，都考虑到了歌词的内容。D大调序曲的三拍子节奏像极了对欢笑声的音乐再现，所以有人不无道理地猜测，这首序曲与这部康塔塔是在同一时期构思的，而且他在创作前者的中段时，想到了"我们口中充满欢笑"这些歌词。③ D小调协奏曲柔板中哀伤的氛围，与这段歌词很是般配："我们必须经历很多磨难，才能进入上帝的王国"。④

这首康塔塔的独唱乐章，有着非一般的美感。即使它们过分的长度（与同时期其他咏叹调一样），也不会影响我们对它们的赞赏。在女高音咏叹调"我怀着沉重的心，播下眼泪作为种子"（*Ich säe meine Zähren mit bangem Herzen*），两把双簧管在每个小节中洒下一滴眼泪——

---

①　关于这个奇怪的乐章的解释，参见本书第417页及以下。

②　有关这首序曲中插入的这段素材，参见本书第359页及以下，其中提到快板的主题。

③　这首康塔塔中的二重唱"愿荣耀归于上帝"，改编自"耶西的枝子开出了花朵"，后者原本是《马利亚尊主颂》的一部分。参见巴赫协会版，卷十一，第110页，以及序言，第11页。

④　D小调协奏曲柔板在管风琴上演奏，效果非常精彩；这样能获得一种美妙而不太强烈的音色。

从一首同名的悼亡康塔塔的一组早期分谱中，可以大致推测出圣灵降临节康塔塔《噢，永恒的火》（*O ewiges Feuer*，第 34 首）的形态。① 第一小提琴的十六分音符音型，贯穿整个开篇合唱，仿佛闪烁的火焰，准备将心灵点燃——

女低音咏叹调"你们是有福的，被选中的灵魂们"（*Wohl euch，ihr auserwählten Seelen*）中精致的摇篮音乐，不能通过其歌词得到全面的解释。这种情况下，我们单凭对巴赫音乐语言的认知，就足以断定这段音乐原本是为另一份歌词创作的。②

精彩的合唱"愿以色列得和平"看起来像是原作的删减版。

仲夏日康塔塔《喜乐吧，获得救赎的人们》（第 30 首）的音乐，取自世俗康塔塔《美好的韦德劳》；后者是巴赫为约翰·克里斯蒂安·冯·亨尼克在 1737 年 9 月 28 日成为领主而作的。现在只有开篇的合唱（在结尾再次演奏）能够上演。朗诵的段落的确颇不自然，很多地方的歌词显然纯粹是为了配合诗节的韵律而作，并非表达固有的诗意。但在这段音乐令人赞叹的力量面前，我们很容易忘掉这些不足。恐怕巴赫没有别的作品能比得上这首音乐的热情与宏伟了。谁要是能为它写一首适于演唱的歌词（比如说以圣诞节为题材），将是对巴赫这首作品最好的改良。

这首康塔塔的独唱乐段中，歌词与音乐之间的不匹配，实在到了令人恼怒、无法忍受的地步。所以一些精彩的音乐就这么被毁了。我相信这

673

---

① 经过修改之后的歌词中的朗诵部分，并非完美无缺；这可以从第一段合唱中看出。

② 这个主题属于"摇篮歌动机"的类型。

首世俗康塔塔值得诗人们努力,去创作一首合适的诗歌,以便让其辉煌的音乐重新为世人所认识。①

当今流传下来的、属于这个时期(30年代末)的几首仅有的康塔塔,几乎都是跟圣诞节和主显节有关的。②

在康塔塔《这人是有福的》(第57首)中,有一段耶稣(男低音)与信仰的灵魂(女高音)之间的对话。第一首男低音咏叙调以富于表现力的音乐,表达了这句歌词:"能够抵抗诱惑的人是有福的;因为当经受考验的时候,他得到了生命的冠冕";乐队为此加上了一段交响化的伴奏。如果不是因为返始咏叹调是那个时期的时尚,巴赫一定会以这个理想的形式写出其余的独唱部分。灵魂发出的动人的哀叹,"假如你,我的耶稣,不爱我,我毋宁死",以同样的自由咏叙调风格写出。第一小提琴的头几小节,能让我们一窥这个乐章的伴奏表达出的强烈悲哀。

在随后以咏叹调写成的"活跃"的乐段中,耶稣以胜利之歌安慰灵魂:"是的,是的,我可以战胜敌人"。中间部分的歌词,"受逼迫的灵魂,停止哭泣吧"("Bedrängter Geist,hör auf zu weinen"),被配以极富表现力的音乐,小提琴奏出象征叹息的动机。在一段活跃的3/4拍子节奏咏叹调中,欢

---

① 这首世俗康塔塔很容易能够根据《喜乐吧,获得救赎的人们》重新编排出来。当然,我们没必要保留所有的宣叙调。

② 《这人是有福的》(第57首,为女高音与男低音而作;圣诞节之后第二天上演)。

《甜蜜的慰藉啊,我的耶稣来了》(*Süßer Trost, mein Jesus kommt*,第151首,为女高音、女低音、男高音与男低音而作;圣诞节之后第三天上演)。

《最亲爱的耶稣,我之渴望》(第32首,为男低音与女高音而作;主显节上演)。

《我的叹息,我的眼泪》(第13首,为女高音、女低音、男高音与男低音而作;主显节之后第二个礼拜日上演)。

《可怕的终末快要临到你们》(第90首,为女低音、男高音与男低音而作;圣三一节之后第二十五个礼拜日上演)。

674

乐的灵魂在歌唱："我轻灵地终结尘世的生活"（Ich ende behende mein irdisches Leben），愉快地接受死亡，仿佛急于离开这个世界，边跳跃边舞蹈，投向它救主的怀抱。①

　　圣诞节之后第三天上演的康塔塔《甜蜜的慰藉啊，我的耶稣来了，耶稣即将诞生了》（Süßer Trost, mein Jesus kommt, Jesus wird anitzt geboren，第 151 首，女高音、女低音、男高音与男低音），除了宣叙调之外，只有两首咏叹调和一首终曲众赞歌。第一首咏叹调中，弦乐为新生儿耶稣唱出一段摇篮曲——

　　女低音咏叹调"在耶稣的谦卑中我能找到安慰，在他的贫穷中我能找到财富"（In Jesu Demut kann ich Trost, in seiner Armut Reichtum finden）的主题，与《圣马太受难曲》里的"我心甘情愿地负担起"段落一样，都是建筑在同样的线条上的。它表现了"谦卑"这一主题，旋律下沉，然后起来，又下沉，再升起，在最后的华彩中得到解决。巴赫在此为乐器写的连音符号，尤其具有指导意义。乐队部分关于弦乐与双簧管配合的标记本身就已经很有趣了，而且其原则同样能运用到其他作品中。它们一直合

675

---

　　①　我不明白为什么施皮塔会认为这首康塔塔是"家庭宗教音乐"，而非供教堂上演。巴赫的作品中并没有任何因素可以支持我们作出这种区分。

奏,直到标记有"弱"的段落为止;此时小提琴休止,留下双簧管独自继续演奏。

康塔塔《最亲爱的耶稣,我之渴望》(*Liebster Jesu*,*mein Verlangen*,第 32 首,男低音与女高音对唱)的开篇咏叹调,让我们不禁想到世俗康塔塔《退让吧,忧郁的阴影》中充满渴望的第一乐章。在终曲耶稣与虔诚的灵魂的二重唱中,在欢快的音乐的推动下,所有忧虑都被驱散了。主题如下,双簧管总是与弦乐一起急速行进——

第二小提琴和中提琴响亮的拨奏贯穿整个乐章。

主显节之后第二个礼拜日上演的康塔塔《我的叹息,我的眼泪》(第13 首),在男低音咏叹调中,我们能听到巴赫最精彩的二重唱主题之一。它以象征"叹息"的动机开始,马上随之而来的是象征欢乐的动机。巴赫希望通过对比的手法,表现如下的歌词:"呻吟与可怜的哭泣不会解决忧虑;但望向天堂的人,会在自己悲哀的心中发现一簇欢乐之光在闪耀"。①有乐队伴奏的引子咏叹调与众赞歌"与我说话的神"(*Der Gott*,*der mir hat zugesprochen*),调子非常阴沉。

676　　　　圣三一节之后第二十五个礼拜日上演的康塔塔《可怕的终末快要临到你们》(第 90 首),巴赫在第一首咏叹调中,几次以这种方式重复"可怕的"这个词——

ein schreck - - - - lich En - de

---

① 　这个主题在本书第 467 页被引用。

在热情的最后一首咏叹调"为了惩罚人,复仇的审判者在愤怒中,熄灭了言语的灯台"(*So löschet im Eifer der rächende Richter den Leuchter des Wortes zur Strafe doch aus*)中,混乱的三十二分音符段落高低起伏,像在狂风中挣扎的火焰。连施皮塔都不得不承认,巴赫在这里表现了图画性的乐思。①

这些独唱康塔塔最大的成就,在于作为德国人的巴赫找到了自由的表达方式。的确,他在很多乐章中都保留了返始咏叹调的形式。不过我们鲜有察觉到它的存在,因为巴赫让它产生如此大的变化,几乎可以说他已经超越了这种形式。在一些地方,他仍然使用返始咏叹调的反复模式,但是他往往会改变声乐和器乐主题的形象。由此,他创造出一种特别可爱的咏叹调形式。这些独唱康塔塔的歌词都非常有表现力。

在这个时期——大约 1736 年间——巴赫倦于再去为他的"教会音乐"收集"自由"的诗歌,决心回归众赞歌康塔塔的风格,以此模式再写一组作品。我们大概会以为,巴赫觉得这种形式的康塔塔对于教会来说是最合适的,所以希望为一整个教会年创作一套完整的康塔塔,作为他在这方面成就的顶点。

然而很可惜,巴赫向众赞歌康塔塔回归的道路,走到一半就中断了。这种采用众赞歌诗节和圣经段落的古老康塔塔传统,虽然具有很高的历史地位,现在却不再吸引巴赫了。他想写的众赞歌康塔塔,必须能让他保留朗诵式的宣叙调和返始咏叹调。他不会再像 30 年代时那样,把赞美诗诗节谱成宣叙调和返始咏叹调了。皮坎德建议由他为巴赫把众赞歌诗节改写成牧歌形式。② 巴赫同意了,就这样,他人生最后阶段创作的康塔塔文本,就这么被决定了。

单纯从音乐的标准来看,也很难理解为什么巴赫会对这种形式的众赞歌康塔塔感到满意,因为它迫使巴赫放弃所有选择合唱形式的自由。似乎对于巴赫来说,这种牺牲算不上什么。他似乎已经厌倦了寻找图画

677

———————

① 巴赫还在其他地方表现过摇曳的火焰。

② 这些康塔塔也包括"自由创作"的咏叹调歌词。

来表现他的乐思了,甚至为无需再作这种寻找而松一口气,而乐于使用现成的材料——比如不断延续众赞歌旋律,作为女高音的定旋律,然后以经文歌的形式逐个线条建立起其他声部。事实上,虽然这些合唱曲每一首都打下了他的烙印,而且采用相同的结构,但是没有两首是相似的;每一首都有自己独立的个性。

巴赫认为如下的处理,是一个必要的牺牲:在这种合唱曲中,他可以按照旋律把歌词分成断片,以间奏曲隔开,从而肢解这些本来在韵律和思想上都是不可分割的整体的句子。再者,他在合唱曲中只能对歌词的诗意作有限的表达,因为他不可以使用自己创作的主题。这样一来,音乐表现的任务就落到了乐队身上;但(作为伴奏的)乐队基本与旋律无关,而只是在众赞歌和它派生音型的周围编织出自由的幻想曲,来表达歌词的基本思想和情感。这种乐队伴奏的歌词与动机,给予我们管窥巴赫音乐语言的绝佳机会。

在这些众赞歌康塔塔的咏叹调中,巴赫经常依赖他的词作者。后者经常向他提供形式松散、缺乏连贯性、由一首或多首众赞歌歌词堆砌起来的材料;它们很不适合被谱成音乐。不过,皮坎德偶尔也会抓住歌词的神韵,简洁地把它表达出来,所以这些康塔塔里的一些咏叹调,也蕴含了惊人的美。

由于歌词缺乏自然的戏剧结构,这些康塔塔很多都不构成一个诗意的整体。在感觉上比较抒情的一些康塔塔中,这个缺陷并不那么明显,这也就是我们会在其中找到精彩的段落的原因。不过,在所有这些众赞歌康塔塔中,我们能感受巴赫对自己的虔敬之情最后、也是最深沉的表达。他的音乐向我们表明,他的心灵是多么深地被这些赞美诗穿透。他选择了它们作为这些康塔塔的基础,因为他深刻地感受到它们,被它们感动,把自己整个存在都浸淫其中,并在此找到自己思想和感情最完善的形式。正因为作为一个虔诚人的巴赫感受到这一切,所以作为艺术家的巴赫,自然也就不觉得他是在放弃自己的创作自由了。

我们根据福克尔 1803 年 4 月 3 日的一封信①得知,这一年的众赞歌

---

①　这封信在巴赫协会版,卷三十五,序言(第 29 页)中被引用。这封信的转录者多菲尔(Dörffel)并没有告诉我们收信人是谁。

康塔塔系列的总谱，作为巴赫的遗产，被分配到了儿子弗里德曼的手上：

> 我家中有整一年的康塔塔系列，它们曾经属于威廉·弗里德
> 曼·巴赫所有；这个系列非常精彩，是根据众赞歌旋律写就的。弗
> 里德曼·巴赫当时处境非常困难，提出以 20 金路易把整个系列的
> 乐谱卖给我，或者以两个金路易出借它们。我当时无法一次付出
> 20 金路易，但我能付得起两个金路易。如果我要在半年时间里请
> 人将它们全部抄写一遍，那将花费超过 20 金路易呢，所以我决定
> 挑选其中最好的乐章进行抄写。所以我现在手头上有两首作品，
> 根据众赞歌"我们的救赎来临了"（*Es ist das Heil uns kommen
> her*）和"若不是耶和华帮助我们"（*Wo Gott der Herr nicht bei uns
> hält*）而作。弗里德曼向我要价 20 金路易的整套康塔塔，他因为经
> 济需要，最终以 12 塔勒出售。我不知道最终谁是买家。

B. F. 里希特不无道理地猜测，买家是圣托马斯教堂的乐长多勒
斯。① 不过值得怀疑的是，到了多勒斯手上的这套康塔塔是否完整，因为
罗赫利兹曾经提到，多勒斯所藏的众赞歌康塔塔只有 26 首。

这些康塔塔的分谱藏于巴赫的遗孀手中。1752 年，她向市议会要求
资助，结果获得 40 塔勒，这是考虑到"她的贫困；同时作为回报，她提供了
一些音乐"。根据里希特，这些音乐正是众赞歌康塔塔的分谱；不过它们
显然是不完整的。

根据施皮塔的编年，这些众赞歌康塔塔的一部分是为 1735 年写的，②

679

———————

① 有关这个问题，参考里希特有趣的文章《关于莱比锡圣托马斯学校所藏巴赫康塔塔
的命运》（*Über die Schicksale der der Thomasschule zu Leipzig angehörenden Kantaten J.
S. Bachs*），收录于 1906 年《巴赫年鉴》，第 43 — 73 页。

② 较早期的一些众赞歌康塔塔，例如《我主上帝是坚固的堡垒》，很有可能也被收进这
个系列里。巴赫并没有改编作品来适应新的需要，而只是重新演奏旧的康塔塔。他先利用
现存的这类作品，然后补全其他欠缺的礼拜日康塔塔，从而组成这套完整的教会年历系列
康塔塔。到巴赫逝世时留下来的五个康塔塔系列里，有两个肯定包含了众赞歌康塔塔。至
于圣托马斯学校所收藏的分谱，正是属于巴赫晚年所写的康塔塔，也即我们在此要讨论的
作品。

比如新年康塔塔《耶稣，接受赞美吧》(*Jesu，nun sei gepreiset*，第 41 首)。在合唱曲的第一部分，"欢乐"动机主导了乐队，两支小号奏出如下的辉煌的音型——

在"我们在完全的寂静中"这句歌词里，赞颂变为祈祷，伴奏中的"欢乐"动机停止了，直至接近结束时才重现；此时祈祷"请在整个来年保守肉体、灵魂和生命"("Behüt Leib，Seele und Leben hinfort durchs ganze Jahr")再次出现。终曲的众赞歌，与开篇合唱的号角声互相交织。两首咏叹调可算是巴赫最优美的作品之一。

圣三一节之后第九个礼拜日上演的康塔塔《我于尘世有何求》(*Was frag ich nach der Welt*，第 94 首，似乎是写于 1735 年)，巴赫让长笛和第一组小提琴奏出飞翔的音型，而弦乐的其他部分则演奏拨奏八分音符。和别处一样，这是巴赫描述奔跑者的方式；其中十六分音符的手法尤其典型。可见，他在这里并不是要表现歌词中的沉思情绪，而是灵魂急于脱离尘世的形象。只有当我们理解了乐队伴奏的涵义时，才能为这个技法高超而结构严密的乐章找到正确的速度，以及恰当的演奏方式。

圣三一节之后第十九个礼拜日上演的康塔塔《我应该逃向哪里》(*Wo soll ich fliehen hin*，第 5 首)，第一首合唱曲包含了类似的管弦乐音画。在咏叹调"神圣之泉，充盈地倾泻吧，以血的泉涌向我奔涌吧"(*Ergieße dich reichlich，du göttliche Quelle，ach walle mit blutigen Strömen auf mich*)中，一把独奏中提琴演奏着愉悦、流畅的低吟的定旋律。这段伴奏的主要动机也出现在康塔塔《基督，我们的主，来到约旦河》开篇合唱的大型管弦乐序奏中。咏叹调"安静，地狱的群魔"(*Verstumme，Höllenheer*)效果非常出色。康塔塔《我于尘世有何求》的独唱乐章，则受了拙劣歌词的拖累。

680

圣诞节之后第三日上演的康塔塔《我在你里面得喜乐》(第 133 首)，似乎也是写于 1735 年的。音符并不复杂的众赞歌旋律配以简洁的乐队伴奏，建立在天真的"欢乐"动机上，由持续不断的十六分音符段落组成。康塔塔《基督徒们，一同赞美上帝吧》也是使用这种表现手法的典型。这种表达欢乐情感的方式常常在圣诞节众赞歌康塔塔中使用。

这首合唱也向我们展现了一种危险：朗诵往往被迫建立在最简单的众赞歌音型上。在两个地方，巴赫是如此安排朗诵的——

在康塔塔《我于尘世有何求》的合唱中有一个段落，他并不像上面的例子一样，以暂停的方式来断开一个词的音节，但他使用的方式也未见得更理想——

圣诞节康塔塔的两首咏叹调非常典型。第一首以这样的呐喊开始—— 681

在第二首"这句话多么可爱地在耳边回响啊：我的耶稣诞生了"(*Wie lieblich klingt es in den Ohren，dies Wort：Mein Jesus ist geboren*)中，当

唱到"在耳边回响"时,巴赫禁不住让小提琴奏出"回声"的效果——

　　这套康塔塔系列中,有三首圣诞节康塔塔流传下来。《愿你得赞美,耶稣基督》(第91首)是为圣诞节庆典第一天而作。合唱自然是建立在"欢乐"动机之上的。男高音咏叹调有三只双簧管伴奏,是一首迷人的摇篮曲。二重唱"神背负着困厄"(*Die Armut,so Gott auf sich nimmt*)中,小提琴有一个齐奏主题,采用表现庄严感的节奏,①象征了耶稣在天国的威仪,而人声则告诉我们,"道成肉身"令耶稣与我们一样。

　　圣诞节庆典第二天上演的《我们要赞美基督》(第121首),合唱以纯粹的经文歌写成。乐队重复人声的旋律。我们不禁会觉得可惜,巴赫没有更频繁地在众赞歌合唱中采用这种形式。对于咏叹调"约翰欢快的跳跃,表明他已经认出你,我的救主"(*Johannis freudenvolles Springen erkannte dich,mein Heiland,schon*)中奇怪的音乐,我们只能这样解释:巴赫是在表现伊丽莎白见到圣母时,前者腹中约翰欢快的跃动。② 男高音咏叹调中令人不快的朗诵,证明这段音乐一定是出自别处;真是难以想象巴赫怎能忍受它。

682　　圣诞节之后的礼拜日上演的《新生的婴儿》(*Das neugeborne Kindelein*,第122首),合唱队与乐队奏出摇篮曲般的音乐,巴赫对其演奏的指示极其具体,提供了非常严谨仔细的分句标记。对于巴赫如何在管弦乐作品中表现回声效果,这个乐章提供了极佳的模范。旋律主题之美,很大一部分是来自其精彩的对称感——

---

　　① 在本书第458页被引用。在上演这首优美的作品时,最好去掉附有众赞歌的朗诵乐章"最高的神圣之光"("Der Glanz der höchsten Herrlichkeit")。

　　② 参见本书第450页。

在宣叙调"那些天使们以前回避你们，仿佛你们是受诅咒的；现在它们却充盈于上行之诗"（*Die Engel，welche sich zuvor vor euch，als vor Verfluchten scheuten，erfüllen nun die Luft im höhern Chor*）中，众赞歌由三支长笛演奏。众赞歌三重唱"噢，我们是有福的"（女高音、女低音和男低音演唱），女低音负责演唱主旋律，乐队的低音部以"天使"动机伴奏；巴赫以此来表现天使们"天国的合唱"。①

　　在主显节上演的康塔塔《最亲爱的以马内利》（第 123 首）是表现巴赫的神秘主义最完美的例子之一。它的第一首合唱，处处让我们想到康塔塔《以色列人的牧者，求你留心听》（*Du Hirte Israel，höre*）。整个乐队呼唤道："最亲爱的以马内利！最亲爱的以马内利"，所有的乐器不断重复旋律的最初部分——

Lieb - ster　Im - ma - nu - el.

它表现了一群人恳求上帝允许他们亲吻他衣服的边缘；后者的荣耀借助耶稣的洗礼得到展现。这首作品的歌词非常优美。

　　在这首合唱之后，男高音唱到："朝向十字架的残酷之路"，两首柔音　　683
双簧管配上满怀忧伤的伴奏。最终是进行曲般的欢乐的歌"噢世界，让我从蔑视中……"（*Laβ，o Welt，mich aus Verachtung*），灵魂在此向世界告别。除非我们能够从其他来源，确定巴赫在低音部标注的"拨奏"十六分

---

　　①　参见本书第 446 页对该动机的讨论。它与《圣诞节神剧》中的牧歌和众赞歌"我们在你的殿堂赞颂你"伴奏中的动机相同。后者以天使之歌"愿荣耀归给至高的上帝"（*Ehre sei Gott in der Höhe*）作结。

标记，以及长笛仓促的音型所指为何，否则我们很难恰当地处理这段音乐；我们往往不能领会音乐中的欢乐与紧迫感，反而读出了歌词所表现的哀伤情感。

主显节之后第一个礼拜日上演的康塔塔《我不会离弃我的耶稣》（第124首），必须以特别精巧的方式演唱，以避免掩盖柔音双簧管的旋律；巴赫通过这个声部来表现他在歌词中读到的那份热忱。在动人的咏叹调"残酷的致命一击"（*Und wenn der harte Todesschlag*）中，死亡的恐怖三次被这句话征服了："我不会离弃我的耶稣"。弦乐表现"残酷的致命一击"，双簧管痛苦的歌声作持续的伴奏——

每次当唱到"我不会离弃我的耶稣"这句话时，这个音型就会停止。

只有当弦乐在每一个音符上都作重音处理，从而真正表现出十六分音符的恐怖感觉时，这个乐章的效果才能充分被展现。终曲的女高音和女低音二重唱"我的心，赶快脱离这个尘世"（*Entziehe dich eilends，mein Herze，der Welt*），如果由几个歌手共同演唱效果会更佳。①

我推荐把这种演奏方式用在康塔塔《啊上帝，这是怎样的心灵哀痛》（第3首，第一次谱曲，主显节之后第二个礼拜日上演）的终曲二重唱"当忧虑压迫着我"（*Wenn Sorgen auf mich dringen*）中。这部作品的第一段合唱中，定旋律罕有地被放在低音部。在哀伤的乐队伴奏中，我们听到第一小提琴奏出极为清晰的叹息声——

---

① 在最后的乐章中安排简洁的二重唱和三重唱，是这些晚期众赞歌康塔塔的特点。

　　弦乐其他部分和乐队低音声部赋予这个乐章以进行曲的性格；巴赫这个乐思是来自歌词的，后者提到通向天堂的逼仄而多难的道路。在带有众赞歌的宣叙调"血与肉多么艰难地挣扎着追求永恒的善"（*Wie schwerlich läßt sich Fleisch und Blut zwingen zu dem ewigen Gut*）中，固执的固定低音象征了"挣扎着追求"这个动作。

　　主显节之后第三个礼拜日上演的康塔塔《我的上帝所意愿的，任何时候都能成就》（第 111 首），开篇合唱曲神采奕奕的伴奏建立在"欢乐"动机之上；这显示了巴赫诠释优美的众赞歌"上帝的旨意将会实现"歌词的思路：他不将它理解为默默的服从，而是欢乐而满怀信心的信仰。合唱必须被处理得充满喜庆与胜利的氛围；小提琴是这样演奏的——

　　女低音和男高音二重唱"当上帝引我走向坟墓，我阔步前进"（*So geh ich mit beherzten Schritten，und wenn mich Gott zum Grabe führt*），就像一段欢快而堂皇的进行曲。人声在进入的时候由第一组小提琴如下的音型伴随——

　　这个康塔塔系列中，所有圣母升天节庆典的音乐都被保存了下来。康塔塔《我怀着宁静与喜悦前行》（第 125 首）是为圣母洗礼日而作的。在第一首合唱曲中，我们仿佛听到朝向天堂的朝圣者那疲惫而犹疑的脚步——

其他的乐器也奏出类似的动机，与三连音音型交替；后者充满了难以言传的幸福感。在美丽的咏叹调"即使是以受伤的眼睛"（*Ich will auch mit gebrochnen Augen*）中，我们不禁产生这样的印象，即巴赫在延续表现朝圣者的步伐，只不过这时候的他们，就如前述康塔塔的二重唱"于是我踏着深受鼓舞的脚步前进"一样，显得更加自信和欢乐。

宣叙调"在肉体所憎恶的坟墓面前，心灵不再畏缩"（*O Wunder，dass ein Herz vor der dem Fleisch verhaβten Gruft sich nicht entsetzt*）的伴奏，是巴赫音乐绘画艺术的典型。在乐队的演奏中，"不再在坟墓面前畏缩"表达出积极欢愉的情感；人声由"欢乐"的动机伴奏——

在这首康塔塔中，最好由几个歌手分担终曲的二重唱。

在圣母领报节上演的康塔塔《晨星多么美丽地闪耀》（第1首）中，巴赫使用了两把小提琴演奏必要声部的旋律。他的音乐把歌词转变成一种神秘主义的辉煌体验。在乐队伴奏中，众赞歌不同线条的主题都被采纳为动机。咏叹调也是大师手笔；巴赫在最后一首中也使用了两把小提琴演奏必奏旋律。[①]

圣母访问日康塔塔《我的灵魂歌颂主》（第10首），根据德语的《马利亚

---

① 在其中一首咏叹调"天堂的神性之火，请充满这颗渴望你的虔诚之心吧"（*Erfüllet，ihr himmlischen göttlichen Flammen，die nach euch verlangende gläubige Brust!*）中，巴赫似乎在着力表现火焰飘忽的印象。

尊主颂》而作。它的低音部展现了"欢乐"的动机。① 在咏叹调"你是有力有能的主"(*Herr, der du stark und mächtig bist*)中，一个大胆的表现飞升意象的乐思，再一次占据了巴赫的音乐想象，第一小提琴奏出了如下的自由音型——

乐队演奏的时候需要注意低音声部豪迈的十六分音符音型。

在咏叹调"上帝叫有权柄的失位"中，下坠的动机和强力的动机，结合在同一个主题中。② 女低音与男高音的二重唱中，包含有《马利亚尊主颂》的定旋律（巴赫后来用它写成一首众赞歌前奏曲，卷七，第 42 首）。在这里人声的数量需要增加。

米迦勒节康塔塔《我主上帝，我们所有人都赞美你》(*Herr Gott, dich loben alle wir*，第 130 首) 的开篇合唱，有极为堂皇的音乐，不禁令我们想起巴赫在第一个莱比锡时期经常写作的那种合唱。男低音咏叹调"老龙燃起妒火"(*Der alte Drache brennt vor Neid*)中，他尝试向听众表现蟒蛇有力的身躯奋力向上的动态——

另外还有三只小号和一只鼓共同表现这一乐思；要让它们展现出恰当的音效，是巴赫向我们提出的最大难题之一。③

686

---

① 参见本书第 471 页。
② 参见本书第 453 页。关于宣叙调"上帝旧时应许我们的祖先"(*Was Gott den Vätern allen Zeiten*)中弦乐演奏的十六分音符的涵义，参见本书第 442 页。
③ 简单的男高音咏叹调"噢，天使中的王子"(*Laß, o Fürst der Cherubinen*)，应该为每个声部安排几个声音演唱；而在这种情况下第一及第二小提琴应该加入到长笛的齐奏中。

在仲夏日康塔塔《基督，我们的主，来到约旦河》（第 7 首）的乐队伴奏中，巴赫大规模地使用他已经在众赞歌前奏曲（卷六，第 17 首和第 18 首）中用过的音乐绘画技法。① 巴赫对流水的声音和韵律的表现，真是惟妙惟肖。我们看到大小不等的波浪；后面的推翻并打破前面的；长笛快速的歌唱时而明亮，时而阴郁；然后均衡而单调的律动又被巨大的波浪打破。下面列出的是主要的主题和动机，巴赫通过它们的交替和交织，传神地表现了波浪的嬉戏——

687

宣叙调"注意聆听吧，世人"（*Merkt und hört，ihr Menschenkinder*），宣告了洗礼的应许，并呼唤信仰；其中有一个主题是受"坚定而自信的步

---

① 参见本书第 427 页。同时可参考世俗康塔塔《轻轻滑行吧，嬉戏的浪花》第一段合唱中对快速的波浪的精彩描绘。

伐"这个诗思启发的。就如在《耶稣基督，我们的救主》①中一样，在这里，巴赫的目标是要表现对圣仪不可动摇的信念。

巴赫曾经使用一首众赞歌前奏曲（卷五，第 1 首）②的一个旋律，作了一幅音乐绘画；在康塔塔《啊，多么无常，啊，多么徒劳》（第 26 首）的大合唱中，他用同样的旋律再次描绘了这个图景。

这首合唱的伴奏往往被演奏得太响亮了，以至听众很难想象歌词中描述的飞翔而变幻的迷雾。要达到最佳效果，应该只为每个声部安排几个声音，并让乐队始终以弱力度演奏。按照这样的方式，演奏速度可以比惯常大大提高。分句必须按照低音声部的标记进行——

688

我们尤其需要关注一个细节：重音必须不能放在第四拍子的第一个十六分音符上。如果作了哪怕是稍微的强调，都会破坏旋律线向上运动的动态。

两首咏叹调都带有鲜明的风格；它们的音色尤其具有强烈的效果。在第一首咏叹调"我们的生命如湍急的流水"中，巴赫描述"匆匆"这个动

---

① 参见本书第 429 页。
② 参见本书第 426 页。

态的手法,与复活节神剧《来,赶快,跑起来》开端的手法一样。在第二首咏叹调中,他通过一个建立在"欢乐"动机上的主题,表现"把心灵拴在尘世的珍宝上,是一种诱惑"这句话,把它变成一曲脱离尘世羁縻、欢愉的自由之歌。但每逢"洪水铺天盖地地涌过来"和"倒在废墟中"这些话出现时,乐队又会立即以恰当的动机表现相关的图景。

　　康塔塔《我将心思意念都交给神》(第92首)中,皮坎德非常希望取悦作曲家,所以随意在文本中堆叠各种图景。他用一段宣叙调打断第二段众赞歌诗节:"大小的山峰都轰然崩塌";他还唤起了流动的波浪的意象。他摸透了巴赫的心思:巴赫也的确紧紧抓住了这些机会,创作他的音乐绘画。他还在咏叹调"看哪,任何东西只要得不到上帝强大手臂的支撑,都要破碎、断裂、崩蹋"(*Seht, wie bricht, wie reißt, wie fällt, was Gottes starker Arm nicht hält*)中作了同样的描绘。①

　　咏叹调"狂风的怒吼"(*Das Brausen von den rauhen Winden*)的低音伴奏风格也非常典型。在终曲咏叹调,巴赫以一种精神性的舞蹈旋律,表现了灵魂超越尘世的宁静——

689

同样的精神弥漫于开篇合唱中。很遗憾,毫无品味的宣叙调充斥于众赞歌诗节之中,极大地破坏了这首作品的质量。

　　巴赫在康塔塔《我的心,你为何忧伤》(第138首,圣三一节之后第十五个礼拜日上演)中使用了汉斯·萨克斯精美的赞美诗;但是它的结构完全被皮坎德添加的诗节打破了,以至必须经过修改才能上演。而且,头两首众赞歌合唱曲之间的宣叙调,纯粹以音乐的标准来判断,实在失败;被

────────────

　　①　参见本书第447页。

穿插进去的段落的质量,就更不用说了。很可惜,第一首合唱中优美而富
于表现力的音乐(其中的众赞歌动机被用在乐队伴奏中)也被破坏了。在
结束处,众赞歌得以被完整地演唱,没有被打断,乐队配以丰富而活泼的
伴奏。① 这首众赞歌康塔塔的结构是独一无二的。我们从中得出的印象
是,巴赫对它的安排布局,并没有预先做出任何计划(施皮塔也持同样的
观点)。

康塔塔《主耶稣基督,真正的人,真正的神》(第 127 首)的第一段合唱
的伴奏,都是建立在表现庄严感觉的节奏动机上。我们还记得,在康塔塔
《愿你得赞美,耶稣基督》(第 91 首)的一首咏叹调中,巴赫正是采用这个
节奏来表现如下的歌词:"上帝自己承担贫穷"。两个例子都是关于耶稣
的神性与人性的。在这些例子里音乐都表现了神性的威严。不过,由于
五旬斋赎罪日是受难期,所以在当天上演的康塔塔里,巴赫让弦乐与管乐
以庄严的节奏交替演奏众赞歌"基督,上帝的羔羊"。

女高音咏叹调"当泥土覆盖肉体时,灵魂已经在耶稣手中休憩……啊
丧钟,请快点召唤我"(*Die Seele ruht in Jesu Händen*,*wenn Erde diesen
Leib bedeckt … ach*,*ruft mich bald*,*ihr Sterbeglocken*)中,丧钟的声音
由长笛表现,双簧管则加上狂喜的向往之情。篇幅很长的终曲咏叙调给
予巴赫一个机会,去描述末日审判与世界毁灭的各种恐怖。在此,他展现
出与写作莱比锡时期康塔塔一样的热诚。

康塔塔《啊,亲爱的基督徒,要有信心》(第 114 首,圣三一节之后第十
七个礼拜日上演),和《做好准备吧,我的灵魂》(第 115 首,圣三一节之后
第二十二个礼拜日上演),这两首康塔塔各自的辉煌的合唱乐章之间,有
非常引人注目的相似性。在其中,巴赫通过多次重复一个短小的上升动
机,表现一个人站起来安慰自己的诗思。这个动机也见于康塔塔《醒来
吧,一个声音向我们呼唤》的第一段合唱——

690

---

① 优秀的男低音咏叹调由表现"欢乐"的动机伴奏;巴赫在 G 大调弥撒(巴赫协会版,
卷八,第 178 页及以下)中的"我们向你感恩"里使用了它。汉斯·萨赫斯的众赞歌收录于
1586 年的魏腾堡赞美诗集中。

《啊，亲爱的基督徒，要有信心》

《做好准备吧，我的灵魂》

这个动机，赋予音乐一种明亮和欢乐的表情。巴赫只注意"准备"和"鼓舞"这两个词，而根本不在乎诗歌寂寥的总体氛围。值得一提的是，这个合唱的开端，有另外一个版本流传下来；在另一个版本中，这个段落占据了前五小节，不过巴赫弃它而改用现在这个版本。[①] 当然，这些合唱必须以紧凑而有活力的速度演奏。

两首康塔塔的独唱段落皆十分优美，令人印象深刻。在咏叹调"啊困倦的灵魂，怎么了？你还要休息吗？快醒来！"（*Ach schläfrige Seele, wie? Ruhest du noch? Ermuntre dich doch*！）中，乐队奏出摇篮曲般的歌，我们在其中听到了女低音可怕的警告。在"责罚可能会突然降临到你身上"（"*Es möchte die Strafe dich plötzlich ereilen*"）的快板段落，伴奏短暂地表现了突如其来的恐怖感觉；不过，到了结尾，歌词提到死亡的永恒睡眠，摇篮曲又重新响起。在女高音咏叹调"不管怎样，祈祷吧"（*Bete aber auch dabei*）中，有一种美妙的亲切情感，巴赫在这里标注"中庸的柔板"。

《啊，亲爱的基督徒，要有信心》的独唱段落，致力于表现鲜明的性格。男高音问到："尘世中，哪里是我灵魂的居所？"哀伤的长笛伴奏似乎在暗示迷茫而不安的翅膀的拍打——

---

① 参见巴赫协会版，卷二十四，序言，第24页。

它得到了回答："我精疲力竭,唯愿飞向天父手中";灵魂同时也找到了飞翔的方向;它以规整流畅的动作划过长空——

在众赞歌"麦子若不落进土中,就结不出籽粒来"中,低音部象征了手臂挥洒麦穗的动作,以及后者的飘落——

我们有幸拥有这个奇特的音型的草稿。巴赫是在创作开篇合唱时第一次想到这个主题的。由于担心忘记这个乐思,他将其写在一排空白的五线谱上,它是这样的——

692　　　可见,图像化的乐思已经完全包含在这个草稿里了;不过,在经过改进的版本中,它变得更有性格。4/4拍子的节奏和停顿,给予这个主题一种突兀感与棱角感,这正是我们从远处望向收割者时,对他的手臂动作的印象。所以,巴赫改进它的目的,是要让它变得更具视觉上的真实感。这个偶然得到的例子,让我们得以管窥他改进旋律的方法,也对我们理解他艺术的精髓具有重要意义。

　　再者,为了让听众的注意力集中在图像性的乐思上,巴赫没有在伴奏中规定任何必备的乐器。在这里,中提琴可以在高一个八度的音域,有效地加强通奏低音的效果。管风琴家则应该通过一个或者两个四尺音栓,让左手演奏的键盘的音色变得更明亮。必须非常严谨仔细地强调每一个加强八分音符组结尾处的四分音符,否则整个动机的意义就会变得含糊不清。这首众赞歌,应该使用六位男童歌手演唱。

　　女低音咏叹调"噢,死亡,你不再令我恐惧"(*Du machst,o Tod,mir nun nicht ferner bange*)中经过发展的音乐,由于与前面写实主义的音乐形成鲜明对比,所以更加令人印象深刻。

　　当演奏康塔塔《我从深深的苦难中向你呼喊》(第38首,圣三一节之后第二十一个礼拜日上演)时,不妨去掉其中唯一的咏叹调。劣拙得令人无法忍受的朗诵段落表明,这里的音乐是借用自另一首作品的。第一首合唱曲以简洁的众赞歌—经文歌形式写成。末乐章的三重唱也有经文歌的风格;它应该由小型的合唱团而非几个独唱家演唱。

　　根据"噢,耶稣基督,我的生命之光"("O Jesu Christ,meins Lebens Licht")创作的精彩的经文歌,在巴赫协会版乐谱中被列为康塔塔第118号;它最初不是为教堂,而是为一个露天葬礼创作的。正因如此,它只使用管乐伴奏。其中两次使用到"Lituus"这个乐器;无论是马特松,还是瓦尔特,都无法清楚地告诉我们有关这种乐器的确切细节。它可能是属于圆号家族的。这部作品可以重新配器,以供在教堂里演出。我们还拥有它的另外一个版本的总谱,这是巴赫用来在室内演出的。在这里,他用弦乐替代了短号和三把长号;可能还加上了木管乐器。

　　在康塔塔《我主耶稣基督，我在尘世的指望全在你》（*Allein zu dir，Herr Jesu Christ*，第 33 首，圣三一节之后第十三个礼拜日上演）的第一首合唱曲中，"欢乐"动机以不间断的八分音符形式，表现了阳光般的信心。伴奏中充满活动力的"步伐"动机，可能是象征坚定的信仰。可能它们是受"我主耶稣基督，我在尘世的指望都在你"（"Allein zu dir，Herr Jesu Christ，mein' Hoffnung steht auf Erden"）这句诗的启发。这些动机中性格最鲜明的一个如下——

咏叹调"我步履摇晃，充满畏惧"（*Wie furchtsam wankten meine Schritte*）中，小提琴表现出犹疑、虚弱的感觉——

其他的弦乐器则以进行曲的节奏，配上拨弦音符。在这些主题中，如果我们不想破坏图像性的暗示，就应该强调附点四分音符，而不是强调每一小节的强拍。①

　　康塔塔《我主基督，上帝的独子》（第 96 首，圣三一节之后第十八个礼拜日上演）的男低音咏叹调"我彷徨的步履，时而向右，时而向左"（*Bald zur Rechten，bald zur Linken lenkt sich mein verirrter Schritt*），巴赫通过相似的音程变化，描写了行走时眩晕的感觉——

---

　　①　终乐章的二重唱应该由几位歌手分担。

694　　　　当唱到"我的救主,请与我同行"这句话时,跟跄的伴奏在各个声部上都戛然而止,随即被代之以一段短促而精致的进行曲。这首康塔塔的合唱真是特别优美。它凭借贯穿始终的短笛和小型小提琴演奏的活泼八分音符,获得极有个性的效果。这里的定旋律由女低音唱。

　　　六旬斋节康塔塔《主,请以你的话语养护我们》(第 126 首)的第一首合唱曲,表达了满怀信心的欢乐。除了象征欢乐的节奏♫♩♫♩,还有一个下行的八分音符贯穿整个伴奏。它让我们想起米迦勒节康塔塔《斗争开始了》中,表现地狱群魔四散逃逸的节奏。后者的动机有着类似的意象,因为当"那些想把你的儿子,耶稣基督,从王座上推翻的人"("die Jesum Christum, deinen Sohn, stürzen wollen von seinem Thron")这句话被唱出时,低音声部奏出的正是这个十六分音符。

　　　男低音咏叹调"倒在地上吧,你这膨胀的傲慢!"的主题,由两个动机组成。第一个描述了下坠的动态;第二个则表现上升,以及努力重新振作的状态,但它以又一次堕落作结。[①] 在这首写实的康塔塔中,巴赫穿插了一段纯粹精神性的音乐——这是他经常会采用的手法。在男高音咏叹调"请从天上施展你的大能"(Sende deine Macht von oben)中,两支双簧管的二重奏像是来自天国的合唱,表达了对上帝的赞颂。

　　　康塔塔《装饰你自己吧,噢亲爱的灵魂》(第 180 首,圣三一节之后第二十个礼拜日上演)的序奏大合唱中,温柔的三连音,又一次展现了神秘主义感觉。我们有一种感觉,即巴赫会觉得这是他最喜欢的旋律。与这

---

① 　参见本书第 448 页。

首深思的合唱形成鲜明对比的,是男高音咏叹调"醒来吧,救主在叩门,打
开你的心扉吧"(*Ermunt're dich, dein Heiland klopft, ach öffne
bald*);在这里,长笛通过一个极其活泼的"欢乐"动机,表现了欢乐而匆忙
的感觉——

695

　　女高音赞美诗"生命的太阳,心之光"(*Lebenssonne, Licht der Sin-
nen*),由乐队奏出雍容而流畅、波浪般的线条作伴奏。

　　康塔塔《主不与我们同在之时》(*Wo Gott der Herr nicht bei uns hält*,
第 178 首,圣三一节之后第八个礼拜日)的第一首合唱,乐队奏出庄严的
节奏。在独唱乐段中,巴赫诠释歌词的图像思维几乎是过于突出了。男
低音咏叹调"宛如狂野的海浪"(*Gleichwie die wilden Meereswellen*)的伴
奏以激动的波浪式线条流淌;众赞歌"他们张大了嘴巴"所伴随的动机,完
全是《圣马太受难曲》咏叙调"救世主在天父面前倒下"中一个动机的镜
像;男高音咏叹调"安静吧,眩晕的理性"(*Schweig' nur, taumelnde Ver-
nunft*)中,巴赫主要的目的是要以最激烈的方式,表现眩晕的感觉;他用
的是这样的音型——

　　《倚靠上帝的人有福了》(*Wohl dem, der sich auf seinen Gott*, 第 139 首，圣三一节之后第二十三个礼拜日上演)充分展示了在这些后期的康塔塔中，巴赫的想象力在多大程度上被图像思维占据。在咏叹调"不幸抓住了我"("Das Unglück schlägt um mich")中，三个主要动机依次出现。第一个象征了紧紧纠缠的沉重束缚——

696　第二个主题表现了救赎的手，将灵魂抬起举向天堂——

　　第三个主题则表现了从远方看到的闪烁的光——

　　第三个动机在咏叹调的序奏中已经出现；它也出现在乐章的结尾处。

　　在年迈的巴赫的创作中，这种过分的图像化倾向，不但体现在他对主题的创作上，而且体现在他如下的习惯中，即不依循音乐的逻辑来发展动机，而只满足于不断地重复后者。

　　康塔塔《信实的上帝，拿去我们所有……》(第 101 首，圣三一节之后第十个礼拜日上演），被穿插于众赞歌文本之间、极其缺乏品味的宣叙调破坏了。巴赫自己并没有意识到歌词的劣拙品质。他非常专注地为其谱曲。幸好皮坎德保留了第一节诗歌，没有破坏它的结构。巴赫根据它写出一首两段式经文歌。其中一段以他自己的主题写成，由乐队演奏；另一段则根据"我们在天上的父"精彩的旋律写成，由合唱团演唱。我们不禁扼腕叹息，巴赫没有为我们留下更多这样的众赞歌合唱。伴奏终曲二重唱"想想耶稣痛苦的死亡"（*Gedenk an Jesu bittern Tod*）的主题，与《圣马太受难曲》咏叹调"主啊请怜悯我"中抽泣、叹息的主题，存在基本的一致性。还有一个有趣之处，即巴赫自己标出了分句，这对我们很有指导意义——

康塔塔《啊上帝，请从天堂望向我们》（第 2 首，圣三一节之后第二个礼拜日上演）的第一首合唱，以简单的经文歌形式写成。咏叹调"噢上帝，请清除那些歪曲你的话的教导"（*Tilg，o Gott，die Lehren，so dein Wort verkehren*）中，"艰难险阻"的意象以典型的巴赫风格得到描绘。终曲咏叹调的音乐似乎出自别的作品。

康塔塔《啊主，我这个可怜的罪人》（第 135 首，主显节之后第三个礼拜日）中的男高音咏叹调"耶稣，请抚慰我的心绪"（*Tröste mir，Jesu，meine Gemüte*），根据其有缺陷的朗诵推断，这段美丽的音乐，可能最初是为另一段歌词而作。男低音咏叹调"离开我去吧，你们这些作恶的人"（*Weicht all' ihr Übeltäter，weicht*），对急促地离开的动态的描述，无论从音乐还是图像化的角度看，都是完美的。① 以"啊，布满血与伤口的头颅"的旋律作的第一首合唱，效果非常简洁精彩。定旋律由低音演奏。乐队

————————————

① 这个有趣乐章的主要主题，见本书第 452 页。

专注于演奏一个由旋律的前几个音符构成的动机,仿佛在不断地重复歌词"啊主,我这个可怜的罪人!"

巴赫最后阶段的康塔塔,独唱乐段不仅极长,其器乐伴奏也十分特别。巴赫很少采用整个乐队来伴奏;他一般都满足于只用一到两件乐器,再加上一个固定低音。在这方面,《我主耶稣基督,你是至高的善》(第113首,圣三一节之后第十一个礼拜日)的独唱曲就是典型。而其合唱则采用极其简洁的风格;人声演唱单纯的众赞歌,配以乐队伴奏。

巴赫在《耶稣,你是我的灵魂……》(第78首)中使用的众赞歌,以这样的旋律开始——

698　他以这个音型表现"把灵魂从魔鬼手上拉回来"的动作——

整个乐章就是建立在这两个主题上。异常丰富的细节使这首合唱曲成为巴赫最具表现力的作品之一。

这首康塔塔中精美的独唱段落很长。二重唱"我们以虚弱但奋发的步伐快速前进"中,低音不出所料地再现了歌词中提到的动态。

有确切日期的巴赫康塔塔,是《你是和平之王,我主耶稣基督》(第116首)。它的两首宣叙调提及了战争带来的痛苦。这一定是对1744年秋天普鲁士军队入侵的描写。康塔塔于圣三一节之后第二十五个礼拜日(当年的11月15日)上演。

这首作品有极深沉的情感。女低音咏叹调"啊,这患难无法言说"(*Ach unaussprechlich ist die Not*)和三重唱"啊,我们为罪忏悔"(*Ach wir bekennen unsre Schuld*),蕴含了一整个哀伤的世界。但即使在这些忧愁的日子里,巴赫欢乐的信仰仍然没有离开他。在第一首合唱中,乐队有一个愉悦、活泼、向上的动机,让我们想到康塔塔《啊,亲爱的基督徒,要有信心》——

在这段伴奏之上,合唱队面对迷惘的人群,唱出了对基督这个带来和平的王子的赞美,后者是"困顿中的人类的救主"。我很好奇,在那个礼拜日,莱比锡的人们究竟有没有领会乐长在管风琴上对他们作出的这个布道?

第三十五章 论康塔塔与受难曲的演绎

时下关于如何演奏巴赫的声乐作品，产生了针锋相对的论战。争论的焦点是：究竟应该按照原版乐谱的指示去演奏，还是不同程度地添加现代的处理？

恐怕这个讨论吸引了太多的注意，以至另一个更根本的问题没有得到应有的关注——它就是分句的方法。

在时间紧迫、只能草草顾及乐队分谱的情况下，巴赫只把精力留给分句的布置上，而忽略强弱标记。他给予分句的重视，甚至高于各个分谱的准确性。他常常在事后为同一乐句添上连音符号，却对其中明显的错音视而不见①——这些错误，只要他在读谱时稍加注意，就必定能发现。

现今的演出中，对分句的关注远远不够；大部分指挥家都没有领悟到其重要性，并对乐手提出相应的要求，让他们进行恰当的处理。由于他们在大部分康塔塔中都没有看到分句标记，所以就以为巴赫在这方面并无具体要求，只要把音符凑合着串联到一起就足够了。即使一首康塔塔中每个声部都有巴赫亲自标明的连音符号，乐手和指挥都常常会自以为已经遵循了他的指示，实际上却与他的意图背道而驰。

巴赫的主题和乐句之所以有活力和韵律感，首要因素正是来自他的

---

① 例如康塔塔《基督，我的生命》(*Christus, der ist mein Leben*，第 95 首)和《我是一个好牧人》(*Ich bin ein guter Hirt*，第 85 首)。

分句指示。它有一套自成一体的风格。如果无视这一点，罔顾原有的分句标记，采用一成不变的分句方法处理所有音乐，它们就会变得非常笨重和迟钝。它们的光彩会黯然失色；轮廓会变得模糊；听众再也无法辨认各个声部；他们听到的只不过是一团混沌不可分的音响。作品也由此失去了生命。

只看巴赫个别康塔塔的分句标记，是不可能领会到其重要性和其中包含的意义的。要读懂它们，必须对大量作品进行研究；巴赫细致地调整了各个声部。其中最重要的首推《勃兰登堡协奏曲》、《圣马太受难曲》、《B 小调弥撒》、《圣诞节神剧》、《复活节神剧》，以及下面几首世俗康塔塔：《菲比斯与潘之间的竞争》、《轻轻滑行吧，嬉戏的浪花》、《啊，美丽的一天》，以及下面这些教会康塔塔：《凡自高的必降为卑，自卑的必升为高》、《主，请不要审判你的仆人》、《最亲爱的上帝，我何时能死去》、《啊上帝，这是怎样的心灵哀痛》、《噢永恒，你这雷霆般的话语》（第 60 首）、《我受够了》、《我愿意背负十字架》、《基督，我的生命》、《虽然你们将哭泣哀号，但世界将会感到喜悦》、《心灵啊，快乐起来吧》（第 66 首）、《请与我们同在，天色将晚》、《在同一个安息日的夜晚》、《万物都在等候你》、《甜蜜的慰藉啊，我的耶稣来了》（*Süßer Trost，mein Jesus kommt*，第 151 首）、《最亲爱的耶稣，我的渴望》、《我的叹息，我的眼泪》、《基督，我们的主，来到约旦河》和《信实的上帝，拿去我们所有……》。①

只要我们认真地研究过这些作品（或者至少是其中一部分），都会对音符的组合和排列方式有新的理解。他会意识到一些以前无法想象的、丰富的调式组合。然而，最精彩之处在于，这种多样性既非出自偶然，也非标新立异，而似乎是来自对长乐句的复杂音符组合的某种基本理念。

从表面上看，虽然这种分句方法很独特、很有个性，但如果我们追问其根源和本质，会发现它其实是顺理成章的——它来自对松弛的琴弓的自然运用。巴赫要求管乐器，甚至键盘乐器和管风琴，也在一定程度上做到这种效果。

---

① 当然，这些康塔塔中并非所有乐段都用同样的方式分句。

700

701

　　我们从巴赫修改过的声部,能够归纳出的第一原则①是:他的分句一般都有把重音后置的倾向。在为长乐句分组时,他不是让重拍在前、弱拍在后,而是倒过来,把弱拍安排在前,让强拍跟在其后。一般来说,可以总结出这样的规律:巴赫旋律的重音不是在开端,而是在结尾。在别处常见的 ᵇᵇᵇᵇᵇᵇ 对于他而言是例外;在别处很罕见的 ᵇᵇᵇᵇᵇᵇᵇ ,对他而言则是规律。

　　在巴赫的音乐中,要以四个音符为单位进行分组时,简单地把后三个音与第一个音连接,相对来说是较不常见的方法。他喜欢这样的组合:

　　在这里,没有必要援引例子来说明这个根本性的原则;大家只需随便翻阅几首上述的康塔塔,就马上能发现很多这种例子,进而领会到为什么一般的分句方法,必然只会歪曲巴赫的音乐。

　　第二个原则是,当一串按自然序列排列的音符中间插入一个音域距离较远的音符时,无论后者是在乐句的开端还是结尾,都应该被分离出来,以"断奏"处理。下面是几个典型例子:

市议会选举康塔塔:《我们感谢你,上帝》(第 29 首),咏叹调:

702　　　康塔塔:《我受够了》(第 82 首),咏叹调:

---

　　①　巴赫分句的一般性原则,参见本书第 319 页及以下。

世俗康塔塔:《赞美你的运气吧》(巴赫协会版,卷三十四),咏叹调:

　　下面这些例子,由于在正常音域之外的音符位置发生了变化,导致同一乐段中分句的方式也有了改变,这种情况对我们很有启发意义:

　　康塔塔:《甜蜜的慰藉啊,我的耶稣来了》(第 151 首),咏叹调:

　　我们同样应该谨记,当一个具有固定趋势的乐句中,插入了一个和弦外音时,它并不服从前者,而是反过来改变它的结构——

　　康塔塔:《主,如你所愿》(第 73 首),咏叹调:

　　康塔塔:《最亲爱的上帝,我何时能死去》(第 8 首),咏叹调:

　　康塔塔:《凡自高的必降为卑,自卑的必升为高》(第 47 首),咏叹调:

这些例子的价值在于让我们意识到，如果没有任何分句标记，现代音乐家就不懂得依照上述方式演奏，反而会遵从恰恰相反的原则——把音域距离最远的音符连起来。所以，当大提琴家询问一段音乐如何分句时，指挥家可以这样回答："按照与你的想法相反的方式来演奏；这样就对了。"

有一种所谓的"巴赫传统"，认为当速度不是很快时，器乐低音部的音符应该相互分离，以便获得清晰的音效。对巴赫亲自修改过的分谱的研究，证明了这种观点何其荒唐。只有某些由八分音符或四分音符自然序列构成的低音声部，应该这样演奏，尤其在表达行走或奔跑的乐段时更是如此。此种情况下，巴赫同时会标明"始终断奏"。然而，他通常要求低音音符的布置，能够获得与其他声部同样的活力。甚至可以说，低音部的分句几乎比其他声部更重要。如果大多数听众听不见低音音型，多半是由于演奏家并没有根据巴赫的意旨进行分句，从而让旋律沦为一串毫无性格的音符。

巴赫心目中理想的低音声部演奏效果，可以在《圣马太受难曲》的咏叹调"流血吧"(*Blute nur*)中看出。在中间乐段的开端，他对低音声部作如下分句——

按照 ♪♫♫ ; ♪♫♫ 和 ♪♫♩ ♪♫♩ 这种模式建立的动机中，最后一组八分音符或者附点音符，通常需要与前面的部分分离开来。

对于建立在 ♩.♪♪ ♩.♪♩ 节奏上的音型，我们必须仔细地区分对待，弄清楚其分句属于哪种形式。[①] 象征"庄严"的节奏和表现"受难"的

---

① 有关节奏 ♩.♪♪ ♩.♪♩ 的不同形式及其涵义，参见本书第 457 页及以下。

节奏,分句方式必须特别着重加强短音,并且与随后的长音连奏,像这样: 704。但如果节奏表现的是温柔或者宁静,那么短音就不应被加强,而且需要与它前面的音符连奏,像这样: 。

通常惯用的分句方法(弱拍音符按照同样的节奏与前面的重音音符连接:)在三拍子节奏中比在四拍子音节奏中更常见;不过还有其他一些非常重要的组合形式,比如 ;

与四拍子节奏相比,这些三拍子节奏音型有特别之处:巴赫更经常地使用"断奏"来打断乐句,但它们往往在连音线之内。下面就是几个典型的例子——

康塔塔:《凡自高的必降为卑,自卑的必升为高》(第 47 首):

康塔塔:《在我所行的一切中》(第 97 首),咏叹调:

康塔塔:《信实的上帝,拿去我们所有……》(第 101 首),咏叹调:

　　我们还可以察觉到另一点：在三拍子节奏中，巴赫频繁地引入分句方式的变化，仿佛急于打破单调的状态；这种状态有可能会破坏整个音乐的结构。多数情况下，变化都出现在低音部。康塔塔《轻轻滑行吧，嬉戏的浪花》的咏叹调"我的波浪的每一朵浪花"（*Jede Woge meiner Wellen*）里，他背离惯常的分句方法 ♩♪♪ ♪♪ ，而代之以 ♪♪♩ ♪♪ ；世俗康塔塔《让钟鼓与号角齐鸣——向王后致敬的音乐戏剧》咏叹调"高尚的缪斯"（*Fromme Musen*）的低音部分，一般的节奏与特殊的节奏并列——

　　相对而言，高声部分句的变化较少尖锐的对立，却更丰富、更有意思。世俗康塔塔《被平伏的风神》中，有一首独奏小提琴伴奏的咏叹调，巴赫指示了如下的分句方式——♫♫♫♫♫，♫♫♫♫♫ 和 ♫♫♫♫♫；康塔塔《主是我亲爱的牧人》（第 85 首）中，他把最后六个八分音符归为一组，与前三个相对应——

巴赫的用意实在太微妙了，音乐家们一般都很难察觉，而只是简单地把它们奏成三组相同且相连的三拍子。

　　康塔塔《万物都在等候你》（第 187 首）的女低音咏叹调里，小节的自然节奏与分句方法的差异非常明显——

下面的这些例子，能让我们领会各种丰富动人的分句方法；巴赫通过它们来克服三拍子节奏的单调感：

世俗康塔塔：《轻轻滑行吧，嬉戏的浪花》①，带有小提琴独奏的咏叹调：

706

《圣诞节神剧》：带有长笛伴奏的咏叹调：

康塔塔：《最亲爱的耶稣，我之渴望》（第 32 首），咏叹调：

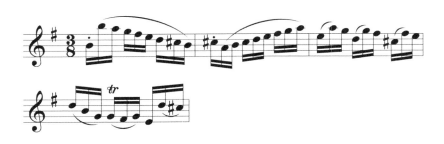

---

① 康塔塔《轻轻滑行吧，嬉戏的浪花》尤其值得推荐给研究巴赫三拍子分句方式的人学习和参考。

在康塔塔《赞颂上帝，荣耀的全能的王》（第 137 首）一首咏叹调的前奏中，可以听到分句方法的若干种变体；如下一段值得摘引——

同样是 12/8 拍子（三拍子和四拍子的结合），巴赫以几种方式改变分句——

707   康塔塔：《最亲爱的上帝，我何时能死去》（第 8 首）

巴赫有很多不同的分句方法，比如《圣诞节神剧》的女低音咏叹调《我的心，拥抱这些奇迹吧》里，就有这样的小提琴独奏段落——

但他并没有在时间值相同的节奏里体现这种丰富性。一般来说，在 4/4 拍子中，巴赫仅仅对连音符区别处理，标示了"断奏"与"连奏"之间的

自然转换。需要注意的是,几乎每一个连音符号和附点,都是为了保证乐句的自由,把它们从平庸的小节格律中解放出来,并削弱强拍的效果。康塔塔《啊上帝,这是怎样的心灵哀痛》(第 58 首)的一首咏叹调中,那交互相连的音符,是这种倾向的典型例子——

其他一些在"断奏"与"连奏"之间切换的分句方法,也是为了相同的目的。这种现象中,有一个极重要的例子,来自康塔塔《安静,莫妄论》(巴赫协会版,卷二十九)的一首咏叹调——

还有如下这两段乐章,"断奏"与"连奏"之间的过渡也值得研究:《圣马太受难曲》中的咏叹调"流血吧,亲爱的心"和"把我的耶稣交还我"。康塔塔《基督,我们的主,来到约旦河》(第 7 首)的开篇合唱中,包含了巴赫在十六分音符段落里将两者融合的高超技巧。

708

总括来说,打断乐句自然流动的那些单独音符,应该以断奏处理——那些在乐句音域范围之外的音符,尤其如此。如果这些音符自成一个更大的单位,那么连奏与断奏就应该在其中依次轮换。

在 这种节奏模式中,第二个音究竟应该与第一个音相连,还是分离?这个问题,要根据具体旋律动机的性质来决定。在康塔塔《我受够了》的咏叹调"小憩吧"(Schlummert ein)中,巴赫作了如下处理——

而在《B小调弥撒》的"赞美天主"（*Laudamus te*）乐章中，巴赫对独奏小提琴作了这样的指示——

如果前两个音符之间隔着很大或者很明显的距离，那么一般来说，它们不应连奏。

人们一般会注意到，巴赫的连音符号和断奏符号的用意，是尽可能显著地突出乐句在节奏上的个性或者特点；而较普通的分句方法，则是为了淡化旋律的特点，仿佛它们过于有特点似的。

我们只要努力尝试理解巴赫分句艺术的本质，都不可能再容忍乐队演奏没有分句标记的乐谱；至于没有分句指示流传下来的作品，他们应该标出恰当的连音符号和断奏符号。这项工作漫长而艰辛，但收获也必定会是巨大的。

其实，现实中无法解决的问题，比我们想象的要少，因为只要稍稍研究一下附有分句指示的原版乐谱，就会发现很多规律，足供我们举一反三，解决其他模糊的地方。这些研究确证了一点：巴赫的分句艺术，并非随意为之，而是经过理性考量，而且一以贯之。他对连音符号和附点的运用，总是能够通过节奏与音域间隔的性质和功能得到解释。我们渐渐会觉得，这种分句艺术带有一种"必然性"——即使是例外，都蕴含着规律。他在《B小调弥撒》"求基督怜悯"一段中的标记——♪♪♪♪♪♪，♪♪♪♪♪♪，♪♪♪♪♪♪——一定会让那些只懂得关注这一乐章的人感到意外。一旦我们把握了其他类似的例子就会意识到，巴赫不可能以别的方法进行分句。而这种例外，仍然符合他一贯的艺术原则。又比如，我们不难理解，为什么在《B小调弥撒》的"在圣灵里面"（*Et in spiritum sanctum*），他一时标记成 ♫ ♫，一时又标记成 ♫ ♪；我们稍稍进行实践，就能明白为什么在同一乐章中，巴赫会一时写出 ♬ ♬ 的分句，一时又写出 ♬ ♬ 来。

某些时候，很难确定哪里应该连奏，哪里应该断奏；这种情况下，绝对肯定的答案是不存在的。康塔塔《亲爱的耶稣，我之渴望》和《我应该逃向哪里》（第5首），极罕见地采用了持续的断奏处理；这是极有启发性的例子。

对于低音声部中强拍在句末的乐句，无论怎样谨慎处理都不为过。乐手们常常对此不习惯，甚至当音符清清楚楚地指明了这一点（比如《B小调弥撒》的"信经"），他们仍未意识到。

指挥家不仅需要在乐队分谱中标示附点和连音符号，而且必须时刻提醒演奏家们领悟巴赫分句的本质。除非他们建立起一种能力，能根据自己的直觉去安排巴赫的乐句，而不受小节线的制约，否则对巴赫音乐的忠实诠释是不可能实现的。

如果演奏家们希望恰当地表现巴赫的分句，就必须懂得一点：分句的处理，是与丰富的抑扬对比相联系的，这一点，如何突出都不为过。如果乐队表达巴赫意图的实际效果与意愿相违背，那往往是由于他们只顾及到连音符与附点的表面，却忽略了各种抑扬顿挫的语气表达——唯独是后者，才能把一个一个的音符转化成有机的织体。 710

正如我在分析巴赫的键盘作品与分句、抑扬感的联系时曾谈到过的一样①，没有哪个作曲家的作品像巴赫那样，音符之间的强弱起伏，具有如此紧密的相互影响和依存的关系；也没有哪个作曲家像巴赫那样，营造出如此丰富的明暗对比。但非常遗憾，今天人们还没有抛弃那些有关强弱幅度的陈规陋习。

如何赋予两个连音以正确的抑扬感非常重要，无论怎么强调都不会过分。其中一个音，总需要奏得相对较强，让另一个音显得仿佛快要消失

---

① 有关巴赫音乐中重音处理的一般性原则，参见本书第329页及以下。

似的。如果音符序列符合该小节的普遍节奏模式,那么重音应该落在第一个音符上,像这样——

我们越是弱化第二个音符的效果,就越接近巴赫的意图。像《圣马太受难曲》中的"人啊,为你深重的罪孽哭泣吧",或者《B小调弥撒》中的"神,你赎了世人的罪"(*Domini*, *Qui tollis*)和"你坐在天父右边"(*Qui sedes*)这些段落,总是演奏得太过累赘和笨重。

如果两个连音音符的承接,与该小节的节奏模式相反,那么与前述情况相比,第二个音就应该比第一个音尽可能地得到更加着重的强调——

《B小调弥撒》的第一段合唱中,这种间隔式的抑扬顿挫,必须淡化4/4拍子特有的语气效果——

711　康塔塔《我的身体无一处健康》(第25首)和《耶稣在沉睡,我能期望什么?》(第81首)的引子,为处理三连音的方法,提供了非常有启发的例子。如果语气的处理做出某种突兀感,而非三个音都整齐划一地演奏,乐队的伴奏就会有非常不同的效果——

巴赫这样处理的目的,与《B小调弥撒》中"垂怜经"的乐队伴奏一样。他要赋予第二拍和第四拍以着重的语气,从而借助它们与小节自然语气的对立,确保节奏活泼的多样性,以达到"弹性"的感觉。

这种处理4/4拍子的方法,是巴赫经常采用的。这是他的风格中最突出的特点之一。将巴赫的4/4拍子作品与亨德尔或者莫扎特的同类作品作比较,会发现后两者身上,鲜有这种持续不断的节奏对比。对贝多芬来说,这种对比较为普遍,但还是不及巴赫。每当巴赫指示或默认了  这类分句方式,他就是希望达到上述效果。

我们可以将总体的原则归纳如下:巴赫的连音符号绝大部分时候表示重音必须落在连音符号所连接的音符组中间的某一个音符上。如果上行的分句得到正确处理,上述原则就会带来非一般的力度。如果在处理一段常规走向的低音线条的抑扬感时,采用平庸的习惯性方法,听众就永远不会意识到它的轮廓;但如果这样处理,它立刻出乎意料地显得富于弹性——

在这个问题上,最有启发的是《B小调弥撒》的"信经"——由于演奏者没有以正确语气恰当表现出其重音后置的感觉,所以其威严的低声部音型一般难以被听众领悟。然而,如果它被这样分句——

712

其效果就会表露无遗,而不再需要增强乐器的音量。

如果要凸显《圣马太受难曲》合唱"闪电与雷鸣"的低音声部旋律,就应该这样演奏——

这种处理的效果,自然能让我们领会巴赫是如何构思的。

所以,有无穷无尽的例子可以说明,只要恰当地打破小节惯常的抑扬感,就可以让听众领悟到巴赫精彩的低音旋律线极强的表现力。

延迟、切分以及一切节奏上具有特殊性的音符,都应该得到特别强调,尤其是在三拍子中。但在这一点上,优秀的演奏家们却出奇地腼腆;要让他们恰当演奏这些乐段——即使最明显的节奏——都总是非常困难。对于《B小调弥撒》咏叹调"你坐在天父右边"主题中的典型段落——

要说服他们接受,第一个八分音符自然的抑扬感应该被理解成是为第三个八分音符作准备,总是非常困难。

按照 ♪♩ ♫♪♪ ♫ 这一程式建立的动机,它的重音分布应该与小节的常规节奏相反。真正的重音是第二个音符;通常被认为是重音的第一个音符,必须作为真正重音的跳板。所以,在《圣马太受难曲》咏叹调"啊,现在我的救主不见了"的开头,我们应该相应作如下处理——

时值短的音符,尤其是那些在重音之前的音符,如果有一定程度的着重处理——仿佛担心它们会被忽略似的——通常就能获得最佳的效果。对于那些在节奏上表现庄严或受难的动机(比如♩♪♪♩♪♪♩♪)来说,这种处理尤其有效。

我们还需要认识到一点:对巴赫来说,在大部分情况下,"断奏"并非意味着渐弱,反而是加强。

这些抑扬感觉方面的原则,是依据巴赫自己的分句标记确立的,同时又被已知的巴赫主题和动机风格特征所确证。我已经在论述键盘作品时说过,从小节的自然节奏中,并非总能看清它们的结构;其真正的形态,通常只在末尾的重音奏出之后才会显示清楚。这对于康塔塔的主题来说尤其如此;它们的构筑方式比键盘作品自由得多,也大胆得多——巴赫不曾忘记,键盘乐器在分句和抑扬感表现力方面存在着局限性。

所有在小节重音之前的音符,都会在一定程度上趋向于重音。在重音出现之前,我们会有一种无序感;一旦它出现了,冲突就能得到缓解,一切都在瞬间变得明晰起来;无序状态结束了;主题的轮廓就在眼前;我们能够把乐句作为一个有机整体来把握。如果没有领会到这种冲突之后的缓解感觉,往往是因为主题的演奏方式不恰当,它只是按照小节划定的表面节奏,而非自身的根本韵律来处理。

有一点很重要:有时候巴赫把主题安置在宏大的乐句中,可能会有一个甚至多个准备性或补充性的重音,导向整个乐句的主重音,或者从主重音中引出。不过一般来说,导向主重音的过程比从它引出附属重音的过程要长。所以对于构成旋律线顶点或终点的那些典型的音程和音符,不论其处于小节的强拍还是弱拍,都必须得到强调。我们需要把这个原则与前述的原则(延迟、切分以及其他节奏特殊的音符,都要加重抑扬的对比)共同考虑。

714

在一个巴赫的主题里,如果不加强小节中的强拍和半强拍,效果会怎样?这可以从《圣马太受难曲》第一部分的终曲合唱中充分反映出来。如果乐手们被允许按自己觉得最自然的方式,去演奏这个十六分音符上行段落——

他们就会在第三拍的开始处,加强那个 E 音;这样一来,听众就无法领会作为这个乐段基础的、从最低音到最高音的七度间隔。然而,如果重音落在第四拍开始的 A 音上,线条就会显出应有的效果。在前一种情况下,听众获得的印象是这样的——

在后一种处理,效果则是这样的——

同一首合唱的另一段,也不应该这样处理——

而应该这样——

如果我们按后一种方式处理每组线条的最后一个音符以及典型的音程，就能在高声部(小提琴、中提琴、双簧管和长笛)和低声部之间，营造一种节奏上的冲突感。唯其如此，听众才会意识到高声部哀号般的动机；如果不这样处理，他们就会迷失在小节本身的节奏里。按照一般的方式来演奏，单调的感觉会挥之不去；反之，这种感觉就会一扫而空。

　　巴赫表达"欢乐"动机的旋律线，需要给予特别的注意。比如，以康塔塔《我的上帝所意愿的，任何时候都能成就》(第111首)第一段合唱中乐队伴奏的精彩动机为例——　715

通常的重音处理——第一拍和第三拍——并不能表达出音乐的意味；但是，如果我们加强第二拍和第四拍，让重点落在第二小节的最后一拍上，听众就能感受到巴赫希望在动机中表现的那种天国式的、暴风般欢乐的信仰。

　　即使短小的旋律线，也可以通过恰当的语气处理，获得很好的效果。《醒来吧，一个声音向我们呼唤》(第140首)的第一段合唱，就是一例：对于描述醒来的十六分音符动机，应该根据其本身的特性，而非一般的4/4拍子模式，来确定重音——

在这段合唱中，我们又一次有机会考察，怎样才能清晰地表现巴赫那些建立在音阶上的主题。关于这一点，我们也可以从《啊，多么无常，啊，多么徒劳》(第26首)①的第一首合唱中获得不少启发。

---

　　①　参见本书第687页及以下。

　　《圣马太受难曲》中,有两个例子可以说明,应该如何处理整个主题的典型抑扬感。咏叹调"我愿背负十字架,饮下这杯苦酒"的开始,应该这样演奏——

716

这种重音处理,为随后旋律中的主重音作了铺垫——

　　如果我们以这种方式,强调跟在主重音之后、以及处于主重音和后续重音之间的下行音符,听众就会赫然意识到,主题是一个紧凑的整体;同时他们也能体会到"我愿意负担起十字架"这句话表达的敬畏感。如果以平常的方法来处理,无论是主题的形式还是意味,都会丧失殆尽①。

　　咏叹调"把我的耶稣交还我"主题的第一段,我们要忽略 4/4 拍子,而作这样的处理——

　　第二段应该循着类似原则演奏。巴赫希望第二拍和第四拍,能够自始至终得到加重;他写的连音符号,以及其他乐器为独奏小提琴作伴奏的方式,清晰地体现着这一意思②。

　　我们不需要担心,强调大轮廓和小轮廓、以初看起来几乎是不自然的

---

　　①　关于这个主题,参见本书第 564 页。
　　②　关于几个主题的分句和重音处理问题,已经在对有关作品的论述中探讨过。

方式加重典型音符等等手法,会让旋律显得无序和缺乏节奏感。必须时刻谨记:只要为主题找到正确的抑扬感,听众仍然可以领会到小节的节奏。

如果一个乐团对巴赫只有肤浅理解,却被要求按照这种分句和重音方法来演奏,乐手会感到自己像被要求以"朗诵"而非平常的方式来说话。但是,正如后者最终会发现,骤看起来显得做作的方式才是正确的,而看似自然的方式只是无知的表现。对演奏家来说也是如此:他们一开始以为不自然的东西,渐渐变得不言而喻。同时,他们也渐渐意识到,巴赫的音乐对他们提出了多么高的要求;他们发现,自己必须有独奏家的自觉性;要想正确地演奏,必须时刻意识到音符之间内在和外在的真正联系。仅由一群被动的牲口组成的乐队,对于演奏巴赫是没有意义的。我们常常会听到很好的乐队为康塔塔和受难曲作出极平庸的伴奏,个中原因,恰恰在于演奏家不明白这种音乐,对每个人的音乐想象力提出的要求(其实这些要求本身也并不很难,尤其对弦乐而言)。另一方面,一个平庸的乐团,如果付出正确的努力,有时候能够奏出精彩的巴赫。所以一个天生有感染力和激情的指挥家,甚至偶尔会敢于指挥军乐队①演奏巴赫的康塔塔。

在速度标记方面,早期和后期的作品有一个区别。在早期作品中,巴赫通常会标明速度;但到了后期,他只是偶尔标明;即使在各声部经过细心修改的那些康塔塔中也是如此②。如果我们研究了歌词、领会了音乐的内容,那么要确定每个乐章的恰当速度一般来说并不困难。传统演出风格采取的节奏一般都太慢了;这种处理通常不适合表现较热情的乐章。即使到了今天,很多咏叹调还是唱得太过缓慢了。不过,必须时刻避免仓

① 我常常在阿尔萨斯地区卫戍小镇(比如科尔玛、维森堡和萨尔堡)的康塔塔演出中,担任管风琴演奏。我总是惊讶地发现,那里的乐队稍作训练,竟能这么精彩地演奏巴赫相对简单的作品。

② 部分或者全部带有速度标记的康塔塔包括:《上帝的时间是最好的时间》、《你,真正的神,大卫的后裔》、《来临吧,外邦人的救世主》、《哭泣,哀叹,忧虑,恐惧》、《这人是有福的》、《甜蜜的慰藉,我的耶稣来了》和《做好准备吧,我的灵魂》。《B小调弥撒》和很多世俗康塔塔都有速度标记。

促的感觉。需要注意的是，某些热情的乐段里，声乐部分其实非常简单；这似乎表明巴赫希望采用较快的速度演唱它们。①

有时候，必须经过长期的实践，才能找到一个乐章的恰当速度。有些乐章到现在仍是个谜；我们永远不能确定它们的速度。

我们可以总结出如下的总体原则：当独奏的细节和合奏的效果同样清晰可辨，而又同样能表现出应有的效果时，速度就正确了。与键盘乐器和管风琴作品的情况一样，我们也需要记住：对于那些有多次转调，而复调织体又特别复杂的作品，第一次聆听的人，通常会感到中庸的速度显得很快。

演绎巴赫音乐的真正难点，不在速度的选择，而在速度的维持。任何熟悉康塔塔总谱的人都很清楚，巴赫对速度的处理要求很大的弹性，然而又绝不能牺牲整体的平衡感。如果演奏者让听众过于清晰地感受到速度变化，就会给后者留下不协调和缺乏韵律的印象。

现在的歌唱家们，尤其不懂得这些道理——要不然，他们的演出在节奏方面会比现在的表现好得多。他们处理终止式的方式尤为不妥：他们把句子过分延长，而且太过强调哪怕是最无关紧要的过渡性乐句，导致咏叹调被撕裂成孤立的断片。有节奏感的听众会感到很不舒服：一旦预感到一个终止式将要到来之际，他们就会预料到，速度必然又要减慢，人声与伴奏之间又会出现不一致，乐队又要在间奏曲中努力找回原速；而在下一次终止式里，这一切又会再次上演，重复六到七次，直至咏叹调结束为止。

每个巴赫演唱家在处理速度时，都应该以瓦格纳曾经谈到的"衔接的技艺"作为理想的目标。如果我们能够首先放下"所有终止式都必须减慢"这个成见，就已经有很大收获了。第二步需要做的是，每逢遇到似乎

---

① 表现出极快速度的例子，见于《啊灵魂，不要恼恨》（第186首）的二重唱"灵魂啊，不要让任何苦难把你与耶稣分离……"、《噢永恒，你这雷霆般的话语》（第20首）的咏叹调"噢人类，拯救你的灵魂吧"(O Mensch，errette deine Seele)和《我的上帝，还要多久》（第155首）的"我的心，投入至高无上的神那充满爱的怀抱吧"。受难曲、《B小调弥撒》和《马利亚尊主颂》的速度问题，已经在相关作品分析中讨论过。

需减速的终止式都必须谨慎，不能作太大变化。歌唱家和乐队之间的合拍无论如何不能打一丁点折扣。有很多地方，仅看人声声部，似乎需要减速，但从乐队角度考虑，却不可能。在这方面，巴赫与意大利的咏叹调不一样。对巴赫来说，乐队并不仅仅是歌手的"伴奏"，而是一个独立的角色，决不能迁就歌手的随意处理。他们必须意识到，自己演奏的部分，其性质相当于一段交响乐章，且速度绝不能变化太大，因为音乐的效果正是来自对速度和节奏微妙之处最精湛的把握。

当歌词的意思有需要时，速度可以作明显的改变。《圣约翰受难曲》的女高音咏叹调"我仍追随你"(*Ich folge dir gleichfalls*)就是一个很好的例子。在这里，常见的减速处理是错误的，因为这样会消除音乐中真切的欢乐感。唯一可以减速的地方，是"不要停下来，要继续拉着我，推动我，促使我祈祷"这一句——此时音乐表现出止步的动作。但是，这个减速哪怕有丝毫过头，又都会损害咏叹调的效果。

演奏巴赫咏叹调的终止式时，最好不要把减速处理进行到底，而应该在结束的时候，不知不觉地恢复原速，这样，当乐队以原速奏响间奏曲时，听众就不会因为变化而感到突兀。

把上述考虑归纳起来，可以得出如下基本结论：有关巴赫音乐需要在终止式中减速的流行观念是错误的；必须经过对音乐和诗歌内容的充分考虑，才可以这么做。这也就意味着，指挥家和歌手必须在排练之前——而非排练期间——先期领悟作品的速度及其变化。长时间的排练和充分的沟通是必不可少的；两方面都会让他们获益匪浅。每个深思谨慎的指挥家和歌手都明白一个非常遗憾的事实：要实现一次成功的巴赫康塔塔或受难曲演出，最大的困难，在于乐队与独唱合作排练的时间不充分。

我们的歌手，恐怕在宣叙调中，对巴赫的速度处理犯下了最大的罪：他们唱得实在太慢了，而且加进了很多所谓的"表情"：每当他们想强调某个词汇时，就减慢速度；并且在从属段落的结束处，对终止式进行减速。结果，听众获得的印象就是一系列片断，而不是一个相互联系的整体。不过，如果歌手只是专注于再现歌词的韵律，他们就会本能地避免任何拖

720

昚,也不会沉湎于毫无意义的渐慢中,而能够通过朗诵的方式突出关键词汇,以实现效果。个别段落采取特殊速度,也是取决于歌词的意义;而这种情况下,必须运用"衔接的技艺",以保持速度的总体协调感。与其说巴赫的音乐要被"唱"出来,不如说要以某种音乐感被"说"出来——除非我们的歌手对此心领神会,否则他们对宣叙调的演绎不会有什么改进。一个中庸的歌手,离这个理想有多远呢? 我们可以从他诠释受难曲中宣叙调的方式找到答案。他那种拖拖拉拉的演唱方式,常常会让演出延长将近半个小时;但这不过是他最轻的罪。更恶劣的是,他总是"描绘"而不叙述,表达让人生厌的虚假情怀;巴赫为福音传道者写出精彩的情景音乐,让歌手能够在其中作音乐会话,但歌手却消解了这个效果。如果扮演福音传道者的歌手们不时背诵一下受难曲的故事,将会有不少好处;这样能帮助他们避免在宣叙调中犯很多习惯性错误。福音传道者各种令人失望的演出背后,最根本的原因,往往在于歌手没有对受难曲故事了然于胸。

　　如果巴赫在一个乐章中使用了两个主题,艺术上的一大难点在于,既需要保证每个主题各自的速度正确,又不损害整体速度的平衡感。如果想领悟这个问题的难度和它的妙处,不妨研究一下《虽然你们将哭泣哀号,但是世界将会感到喜悦》(第 103 首)的第一段合唱。巴赫在很多合唱中,都明确使用了一个以上速度记号。① 不消说,合唱和咏叹调中间段落的速度应该根据其意思,与主要段落有所不同。当然我们也可以为某个乐段选择特定的速度;在《基督徒们,铭记这一天》(第 63 首)的终曲合唱里,巴赫自己在"但永远不要让它发生"中写下"柔板"的速度标记。不过,决不能把这类标记当作进行荒唐的"减速"处理的借口;这种做法仅仅是为了表面效果,某些指挥家以为,这样就能为巴赫的音乐增加趣味;他们甚至在众赞歌中都这么处理。

721

---

　　① 例如,《苍穹在欢笑,大地在欢呼》(第 31 首)的第一段合唱就标记着"快板—柔板—快板",还有在《耶稣,接受赞美吧》(*Jesu, nun sei gepreiset*,第 41 首)的第一段合唱中,巴赫把两个中间段落分别标记为"柔板"和"急板"。在他年轻时期作品的合唱中,他几乎总会采用超过一种速度,因为在这些康塔塔中,他尤其倾向于逐句逐句为歌词谱曲。在对《B 小调弥撒》(本书第 644 页)的分析中,我给出了两个例子,说明一个乐章的速度,有时候是两个不同动机之间竞争的结果。

如果巴赫有意强调两个动机之间的对比，以此表现诗歌的涵义，那么我们就不应该让一个速度逐渐过渡到另一个，来减少对比的效果。在康塔塔《请将耶稣基督铭记于心》（第 67 首）的合唱—咏叹调终曲里，有一个乐段建筑在"骚动"动机上，如果在其最后几小节采取减速处理，就会大大削弱管乐器奏出的"宁静"动机的效果；即使"减弱"处理，也不恰当——这里的效果，应该是越突兀越好；①即使当"宁静"动机已经以"弱奏"开始后，乐队低音部仍然必须以"强"的力度，演奏"骚动"动机的最后几个小节。根据同样的道理，在合唱"我们是幸福的"（*Wohl uns*）和"噢，主"（*O Herr*）的对答里，两个速度之间也不能作渐进的过渡。

因为巴赫习惯于将复杂的，甚至是简单的装饰音，都详细地逐一写出，所以就咏叹调和受难曲而言，装饰音的处理，并不构成一个特别大的困难。我们应该依照埃马努埃尔、匡茨（Quantz）和蒂尔克（Türk）定立的一般性原则，②来理解巴赫所使用的符号。

这些颤音总是被演奏得太快，而且不均匀。很奇怪，我们的演奏家似乎无法领会巴赫风格的精神。看来指挥家们最好把指示写在所有乐队分谱中，这样至少能保证演奏的齐整，因为现有的所有解释仍然无法让当今的演奏做到这一点。

必须简洁地、轻轻地演奏颤音——这一原则，无论怎么强调都不为过。《圣约翰受难曲》咏叹调"我信实的救主"中低音伴奏的颤音，可以考虑采取如下的模式来处理——

很多时候，音乐整体的语境表明，颤音最好以一个简单的上波音

---

① 关于这首咏叹调，参见本书第 539 页。
② 请参见本书第 301 页及以下对巴赫装饰奏写作的解释。鲁斯特在巴赫协会版，卷七的序言里，特别探讨了康塔塔的装饰音。

(Pralltriller)形式来演奏。《圣马太受难曲》咏叹调"看哪,耶稣伸出手来握住我们……"里的双簧管二重奏,就是一个例子。

巴赫标注的很多颤音都很难实现;在今天的木管乐器上,可以说近乎不可能,而对于巴赫年代那些未经完善的乐器而言更是如此。所以鲁斯特猜测,在这种情况下,符号"*t*"或者"*tr*"表示了某种对音符的"持续"(*tenuto*)。① 这个假设是难以成立的。仔细研究之后,我们会得到这样的印象:巴赫经常通过颤音符号,来表示一下或者两下的上波音。无论如何,这个观点能够解决很多困难的地方。

至于《圣马太受难曲》咏叹调"求你垂怜"中,小提琴独奏装饰音的演奏问题,首先要明确一点:根据总谱和分谱的指示,头几个小节不是这样写的  ,而是这样写的  。鉴于康塔塔

723 《最亲爱的上帝,我何时能死去》的咏叹调"我的灵魂,为什么你要害怕呢"(*Was willst du dich,mein Geist,entsetzen*)的人声部分,总谱标记了符号～,而人声分谱却标记了小音符,所以对颤音标记的这种解释应该是准确的。② 唯一的问题在于,巴赫究竟是把这组连音归为该拍子的一部分,还是把它划在拍子之外,作为升 F 音和 D 音之间的"滑音"(portamento)? 前一种处理比较自然;但是在后面的独唱段落中,我们遇到了这种处理——

从中可以看出,连音被逐一写出来;所以很有可能巴赫第一小节的记谱法,指示了另外一种连音,它并不处于拍子上;③已经有专家提出过这种

---

　　① 巴赫协会版,卷七,序言,第 18 页及以下。

　　② 巴赫协会版的编辑者们犯了一个错误:在正文中印出具体的处理,而在前言(第 27 页)中印出了符号,而不是反过来。在《做好准备吧,我的灵魂,要警醒,祈求和祷告》(第 115 首)的咏叹调"啊困倦的灵魂"以及其他一些地方,巴赫协会版正确地使用了～。

　　③ 例如,斯托克豪森就认为,所有巴赫的滑音都不应该归在拍子上。这个观点是否符合历史事实值得商榷。

观点。关于这个乐章中长倚音与短倚音的区别,应该不存在什么争议:长倚音仅指在有附点或无附点的四分音符之前的那些倚音;其余所有都属于短倚音。很显然,在所有情况里,重音落在倚音的小音符上。①

　　狭义的倚音,为经验不足的歌手带来了不必要的麻烦。众所周知,在声乐的终止式中,巴赫及其同时代的作曲家并不写出二度或者四度的下降,而是把最后一个音符写两次,或者写出相当于时值两倍的音符。所以,《圣马太受难曲》里面的这段宣叙调——

就必须这样演唱:

;而后面的段落
则应该唱成

724

。

　　这种记谱方法,就像希伯来文的"Q're-K'thib"一样,我们必须读出它的"言外之意";所以老一派音乐家都不愿意完全写出减速标记;因为同样的理由,他们这样写倚音:

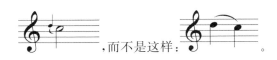

,而不是这样:　　　　　　　。

---

① 　参见本书第 304 页。

和谐的原则并不顾及到视觉效果。所以,狭义的倚音只不过是指一段声乐终止式中有三个倚音。它不是以平常的方式记录,而是完全被省略,以避免管风琴家或羽管键琴家在演奏最后的和弦时受到减速处理的影响。只要把这种记谱方法的缘由解释清楚,它给外行人带来的麻烦也就迎刃而解了。

　　有一点需要注意:按照现在的习惯,一般不在声乐终止式的两个三度音之间,补上一个二度音作为过渡。比如尤里乌斯·斯托克豪森,就常常在过渡性终止式中略去这种倚音处理。①

　　很多歌唱家认为,需要区分两种倚音——一个有重音的,一个没有重音的(也就是不在拍子上)。18世纪真正的传统似乎并不支撑这种观点;而具体实践则表明,短促而带有重音的倚音的效果,总是比没有重音的倚音来得自然。

　　巴赫声乐作品中的颤音,究竟是否总是从附属音开始演奏的呢? 这一点现在尚无法确定。答案很可能是肯定的。个别情况下,从主音开始颤音,也别有一番韵味;不过一般来说,我们应该更多按照传统、而不是时下流行的方式来处理它。巴赫不太可能以不同的思路来构思声乐和器乐的颤音。如果每一个歌唱家都以正确的方式演唱颤音,就一定会对其效果感到满足。一个绝妙的方法,是在主音上稍作停顿,再从附属音开始演奏颤音,然后渐渐加速,像这样——

短音上面的颤音符号,大部分情况下仅仅是个上波音或双上波音。

　　要弄清巴赫声乐音乐的强弱幅度问题,下面的作品值得我们研究:世俗康塔塔《轻轻滑行吧,嬉戏的浪花》《啊,美丽的一天》,以及下面这些教

---

　　① 我从西奥多·格罗德先生处得知这一信息;格罗德是法兰克福的声乐教师,他曾经在很多年里参与斯托克豪森的教学工作。

会康塔塔:《啊,我看见,在我去往婚礼的路上》《心,口,行为与生活》《我最亲爱的耶稣不见了》《看啊,看有谁的悲伤如我这般深沉》《主,请不要审判你的仆人》《最亲爱的上帝,我何时能死去》《我的福气让我满足》《基督,我的生命》《心灵啊,快乐起来吧》《在同一个安息日的夜晚》《万物都在等候你》《甜蜜的慰藉,我的耶稣来了》(第151首)《亲爱的耶稣,我之渴望》《我这个可怜的人,谁能把我从速朽的肉身中解救?》《我在你里面得喜悦》《愿你得赞美,耶稣基督》《新生的婴儿》。

　　在其中的一些作品里,巴赫以极微妙的方式,安排"强"、"弱"和"极弱"。例如,《新生的婴儿》的第一段合唱、《我在你里面得喜悦》和《万物都在等候你》的咏叹调。不过一般来说,巴赫满足于"强"与"弱"的简单变化。大部分咏叹调里,强弱标记并没有传达多少信息;比如乐队的"弱奏",只表示人声即将进入而已。但是如果我们以为,只要做到巴赫标出的强弱幅度已经足够,那就错了。例如有些乐章,巴赫只是非常随意地标注"强"、"弱"和"极弱"。而且,我们必须时刻记住,经巴赫修改的分谱,仅供他自己使用,并非用于出版或者供别人演奏。[①] 在实际演出中,他主要借助语言来向乐队传达意思。我们同样不能忘记,巴赫的歌手和演奏家,经常在他指挥下演出其作品,对作曲家的意图非常熟悉,所以常常能自发作出正确处理。

　　这些情况,决定了我们在演出中如何诠释分谱。现存任何真实的乐谱标记,都必得到体现;但在这之外,我们还可以作很多额外的处理;虽然它们没有写在分谱上,但不能说这就是违背作曲家意旨,因为它们可能会包含在巴赫对演奏家说的话里面。分谱必须获得相应的厘清和解释。

　　与巴赫的键盘乐作品和《勃兰登堡协奏曲》一样,我们表现他的声乐作品中的力度标记,必须带有一点突兀感。他喜欢"强"与"弱"的直接对立;一般不会采用"渐弱"或"渐强"为两者提供过渡。对于咏叹调而言尤其如此。乐队的前奏曲和间奏曲必须以坚实的"强"力度演奏;当人声进

726

---

　　① 　总谱里面,没有提示分句和强弱力度的标记;甚至通奏低音的部分都被略去。在《B小调弥撒》的"求怜经"和"荣耀经"中可以看到,当作品由别人指挥时,巴赫是如何标记分谱的;分句以极精确的方式被仔细标出,而强弱幅度则仅仅点到即止。

入时，器乐突然转为"弱"。这种突然的变化效果，不可能一次就实现，而需要几次排练。不过，指挥家值得花精力去引导乐队，进入古老传统的精神中；而且，这也是让演奏家戒掉错误的"减速"习惯的最好方法。它还有一个好处，就是原来湮没在"渐弱"效果中的过渡性低音音型，现在获得了恰当的表现。

727　　巴赫非常仔细地在分谱中标记的强弱处理，有很多可供研究的特殊之处，其中就包括回声的效果。他常常以对比的方式，引入两到三个"极弱"的小节；我们一般不会想到这么做。粗略一看，这种处理显得矫饰而迂腐；但有很多主题和段落都依靠它——其实，这恰恰是一种最自然、最有效的咏叹调伴奏方式。上面已经提过，巴赫时代的演奏家，很可能通过放松琴弓的弓毛来处理这些段落。[①] 可惜，现代乐器无法以此方式实现音色的改变。

至于咏叹调中人声进入之后，力度应该如何处理，巴赫并没有为我们留下指示。他会认为，这属于正确朗诵的范畴。他肯定允许各种渐强和渐弱，以便表现出歌词的意味。所以，任何在音乐或是诗歌层面上有意义的处理，都不仅被允许，而且甚至是必要的。考虑到巴赫音乐的性格，很显然，以死气沉沉的方式演奏一首咏叹调，最让人烦不胜烦。它越富于戏剧冲突感越好。即使康塔塔中纯粹抒情的乐章，如果在演出时加入某种内在活力，也会获益良多。

不过，一个歌唱家对歌词的理解越深刻，他的演出风格会越简洁。随着对音乐领悟的深入，很多当初显得很好的效果，渐渐会觉得不佳，甚至矫情。

如果歌唱家的表达清晰准确、感情自然，而演奏家又赋予分句和重音以生命（即使在弱奏段落也如此），强弱幅度的问题自然会获得解决。需要注意，在巴赫的音乐中，重要的不是长乐句的渐强和渐弱，而是如何突出某个关键词；不过也有个别例子说明，音乐的主导思想有时候是来自音调的增强或减弱。

---

① 参见本书第 182 页。

恐怕有必要提醒歌唱家,演唱巴赫,声音永远必须要自然,不能刻意用力。

优秀的巴赫歌唱家是比较罕见的。大部分人的失败之处,在于缺乏必要的技术基础。他们的构思可能正确,但他们的嗓音无法支持他们完全实现自己的想法。常见的观点说巴赫的作品并不需要美声唱法;这是完全错误的。它们需要这种技巧——只是不限于此。每一个巴赫演唱家都应该花时间,练出一种意大利和法国学派要求的轻盈音质;所以,必须熟悉优秀的意大利声乐作品。不要忘记,巴赫以意大利的歌唱风格为基础,同时在自己的音乐中也预设了这种基础。时下的歌手总体上唱得太沉重了。

除了这种外在的歌唱艺术,还有另外一种自然诗性朗诵的艺术。后者在德国音乐中实在是太重要了。巴赫的花腔装饰奏,实在与意大利音乐没有多少共同之处。这种花腔自身不是目的,而是为朗诵服务的——这让它更难以做到,而非更容易。要表现快速音阶的恰当效果,一定程度的自然感觉必不可少;而想有这种自然感,并能轻松地唱出快速音阶,歌唱家的技术条件必须远远高于每一个难点的要求,因为不能让人觉得这些音阶是花腔装饰,而应该是精致的语言。在这种段落里,紧凑的速度比拖沓更为可取。

直截了当的表达,非常适合巴赫的音乐;这种表达真的需要完美的技巧。显然,我们的歌手很少注意到不恰当的渐强处理的害处,否则,他们就不会这么不自然地拖长,或者装饰每一个哪怕是最短的持续音。在巴赫的咏叹调和宣叙调中,无论此类演唱技艺多么不可或缺,我们都不能过多运用。演唱巴赫,需要清新、精巧和青春的朝气。还要记得,声乐部分无一例外,都是为男孩和非常年轻的歌手写的。他们是唯一可供巴赫使用的人,这个事实自然也决定了巴赫的创作手法。

所以,很多现代歌手在咏叹调中着力表现的女性化细腻感,对巴赫来说是陌生的,也不利于诠释其音乐。我希望不久的将来,人们更加关注男童声音自然的轻盈质感,并在巴赫作品的演出中更多地采用男童歌手。到时候,我们很可能会发现,当前认为男孩的歌唱缺乏表现力的偏见,是不公正的。很多艺术家都会从切身经验中发现，自己的艺术敏感度正是在 12 岁到 15 岁的阶段得到超常的发展。在此之后，他们甚至要通过后天努力，重获以前天生具备的禀赋。为什么男孩子在那个年龄，就只能演奏好钢琴？为什么他们不能在更加自然的歌唱艺术中有所成就？仔细研读过巴赫乐谱的人会知道，如果不借助男孩子嗓音清新的音质，很多乐章的效果不可能被完全展现。希望有一天，我们能再次听到男孩子清新的嗓音，唱出康塔塔《让上帝处处皆得赞颂》(第 51 首)的高音咏叹调。

男孩子美妙的嗓音，是巴赫合唱曲的最佳选择；只要听过优秀的男童合唱团演唱任何一首康塔塔，都会对此深信不疑。现在施雷克正以圣托马斯教堂的男童合唱团向我们展示，这种层次的团体能够做出多好的效果。男童合唱团的优势包括：他们天生可以轻松地唱出高音域乐段，高音和低音音色清澈，还具有最重要的整体声音的合一性。巴赫音乐中低音声部华丽的轮廓，非男童合唱团是无法完美表现的。

不应该夸大调教男孩子演唱巴赫的难度。经过认真排练，任何优秀的学校合唱团都能演唱较容易的康塔塔。某些世俗康塔塔，比如《被平伏的风神》，似乎就是专为此类合唱团所写。可能巴赫作品的演出实践，会将时下的中学极其不堪的声乐素质带上一个新台阶。

如果合唱团中有几个嗓音出众的男孩，指挥家应该用他们来衬托女声。众赞歌，甚至众赞歌咏叹调中的定旋律声部，绝对要由男孩子演唱。730 人们只要听过男童高音演唱众赞歌康塔塔的引子合唱，就再也无法接受其他人声的演唱了。不需要很多歌手——6 个男孩，加上女声，就足以大幅度且灵活地表现旋律了。

在众赞歌终曲的定旋律里，男孩子嗓音的效果同样非常好。无须担心他们会破坏音乐精妙的表现力；只要认真做过实践，就能明白这一点。反过来说，我们竟然在这么长的时间里，只满足于由女声演唱众赞歌旋律，这简直是不可思议！她们缺少音乐所必需的饱满而有穿透力、"客观"的音色。

人们对于什么是表现众赞歌终曲的最好方法存在很大分歧。一种观点认为，它们应该是无伴奏合唱(a cappella)，也就是不采用巴赫标明或者默认的弦乐和双簧管伴奏(有时还加上长笛，甚至铜管乐器)。这种观点的根据是,巴赫加上这些乐器,仅仅是为了补救他那群不称职的歌手;而我们这些大型的、现代的、训练有素的合唱队,大可以不需要这种协助。如果这种观点被人接受,那就太遗憾了。大型合唱团无伴奏演唱众赞歌有一大危险:他们很容易夸大强弱幅度,而获得错误效果。毫无疑问,400人的合唱团,在众赞歌中以"极强"力度唱出一个乐句,随即以几乎听不见的"极弱"唱出下一乐句,可以给听众造成极大的震撼;但同样毫无疑问的是,这并非正确的做法。就在宏大的"渐强"、"渐弱",以及必然伴随的"减慢",还有为效果而延长的音符中,众赞歌旋律简洁优美的轮廓消失殆尽。我们失去了对众赞歌的整体感知,只听到断片。如果任何其他简单的旋律由一个合唱团以同样粗鲁的风格唱出,我们可以无所谓。但这竟然被允许出现在不仅是简洁,而且充满了虔敬情怀的众赞歌中!

这些夸张的效果,应该被简洁但动人的朗诵取代,并严谨地避免一切感伤和激动。合唱队应该采用近似于朗诵而非演唱的方式;强弱的幅度,只要控制在一段起伏有致的朗诵的范围之内便足矣。词语和句子的结尾,需要特别注意;延音的长短,取决于乐句本身的情况,但不能超过自然呼吸的停顿时间。与时下的风格相比,这种方法让我们更接近最纯正的风格。如果这样处理之后,众赞歌不能打动听众,它也总算让他们对宗教旋律的本质,在艺术上有更深刻的认识。

在这种演出里,管弦乐器既不是障碍,也不是多余,而是必不可少的成分。① 它们为朗诵搭建了金色的布景。它们勾勒出旋律轮廓,让人声得以专心致志于清晰地表达文本。需要注意,巴赫众赞歌乐章的和声,主要不是为了强烈的力度对比,而是为了点染出具体的词语和音节。大型合唱团在"极弱"段落中发出的声音,往往很不理想,既非歌唱,也非言说,而只是一团混沌的嘟嚷声;即使在普通听众的耳朵里,这都极不动听。

上述观点并不意味着,众赞歌永远都不应该清唱。在某些时候,如果这样做,能够实现强烈的效果,我们就应予以考虑。但是每次这样处理,

---

① 即使巴赫协会版没有写明,各个乐器也必须协作演奏。如果众赞歌中没有它们的部分,那只说明康塔塔的这些分谱遗失了。巴赫相对较少在总谱中标记众赞歌终曲的配器,甚至都不把歌词全部写下来,往往只写上第一句。

都必须有根有据。总之,我们绝不能以狭隘的思路去处理巴赫音乐的演奏问题。

人们常常会争论:究竟大型合唱团在康塔塔和受难曲演出中,是否有优势?对此,很难作出一个非此即彼的确切结论。很明显,巴赫的音乐里有复杂的复调特性,所以不像亨德尔那样,单以恢弘的效果为目标。我们甚至很容易就能举出好几部作品,它们由于纯粹外在的因素,只需要中等规模的合唱团即可——比如有些康塔塔,就因为巴赫只采用一把独奏小提琴,或者独奏双簧管来伴奏,所以决定了合唱团只需中等的规模。其他作品里,内在的因素决定了合唱团不能太大;它们本质上是一种宗教室内乐。巴赫专门为可供他使用的合唱团写的作品,比人们想象的要多得多。这些合唱团每个声部有三到四把声音。还需要明白一点:即使巴赫最大规模、最有力的合唱曲,都可以通过一个优秀的小型合唱团获得极其精彩的表现,每个声部只需 6 到 8 个人声即可。尤里乌斯·斯托克豪森与他的学生演出《圣约翰受难曲》的经验,肯定了这种观点。所以,希望听到巴赫作品以"本真的方式"演奏的愿望,是颇有道理的。无疑,他音乐中的复调性在这种情况下表现得最好。

另外,要说使用大型合唱团毫无道理和根据,也是不对的。我们现在非常习惯大型合唱团;而巴赫作品演出场所的规模,也有此需要。巴赫的确从来没有梦想过让三到四百个歌手,演唱《B 小调弥撒》的"荣耀经"、"复活"和"赞颂神";但是,我们部分尝试这样演出它。而这种做法也已经获得过成功的尝试了。但是我们应该承认,这完全是机缘和条件的问题。即使 150 人的合唱,也会造成人声复调段落的线条太快太厚重,而与巴赫音乐的性质背道而驰的危险。在这方面,观众和指挥家常常表现出一种随意的单纯和老实。在合唱演出中,比起巴赫音乐的复调性,他们更乐于听到一团混沌的喧闹声,甚至不介意缺乏最低限度的准确性。齐格弗里德·奥赫斯清晰准确地向我们证明可以避免这种危险,同样的清晰度、准确性和精致感,既可以在大合唱团中、也可以在小合唱团中实现。在这方面,柏林爱乐乐团的演出,可以载入巴赫演出的史册。

与巴赫自己合唱团的规模相比,大型合唱团表现的强弱变化,似乎理所当然会更加强烈。事实上，它们只能大致表现这些强弱变化的轮廓。指挥家会发现，几乎每一首作品里，当乐队和管风琴进入时，他不得不接受一个事实，就是自己在排练时预先设想好的很多有趣细节，都消失了。就像众赞歌一样，在合唱中，强弱幅度的可能性，最终受到朗诵活泼程度的限制。能够表现出通常的"渐强"和"渐弱"的机会并不多。另一方面，我们演奏巴赫的经验越丰富，就会越发认识到清晰吐词的重要性，乃至细枝末节。

在花腔段落中，谨慎而有限度地使用一些顿音，可以达到很好的效果，因为比起习惯上的严格的连奏，它们能让花腔表现得更清晰。不过，哪怕是丝毫的夸张，都是错误的。

如果合唱团能朗诵得好，乐队能恰当地分句和演奏重音，听众就不会希望听到很多夸张的强弱处理。主导的声部如果足够气韵生动，就能补偿一切；声部层叠的时候，会制造一种渐强，而当声部数量减少时，又会产生自然的渐弱。错误的强弱变化，往往只会遮蔽巴赫复调艺术本应给予听众的那种自然的强弱对比。在众赞歌康塔塔的开篇合唱中，必须非常小心地避免任何怪诞的强弱处理。

巴赫很少在合唱曲中给出直接的强弱指示。不过，通过考察器乐的分谱，可以获得有关"强"与"弱"的有价值的线索。如果整个乐队都参与进来，那么一般可以认为，这个乐段需要强奏。如果齐奏全部或部分地停止，那么这个乐章一般应该弱奏。至于那些大幅度的"渐强"和"渐弱"，我们习惯于通过力度来实现，而巴赫则会通过增加或减少乐器的数量做到。这一点，对诠释巴赫的乐谱至为关键。

就如《勃兰登堡协奏曲》的情况一样，巴赫常常在康塔塔中采用一个全奏组（tutti），再配上一个独奏乐器组合（soloensemble）；不仅仅是乐队，合唱团也作这种处理。一般来说，他会以口头提醒协奏组（Ripieno）的演奏家①开始或停止演奏；不过，有时候在一些乐队分谱里，也能看到这类提醒。他希望独奏组合与合奏团交替演奏，例如《苍穹述说着上帝的荣耀》、《我信，亲爱的主》和《上帝是我的王》的开篇合唱，以及《我有过许多

①　对"协奏组的演奏家"这个术语的解释，参见本书第108页。

忧愁》的合唱"你为何忧伤",和《无瑕的良知》的合唱"一切如你们所愿"（*Alles nun，was ihr wollt*）。至于《愿我们口中充满欢笑》的第一段合唱，他甚至专门写出了声乐合奏组的声部分谱。在只有小型合唱团可供支配的情况下，巴赫都分成两组作出这种精密的处理；试想要是有今天的大型合唱团供他使用，他还会有多么精彩的编排布置！

通过人声力度的加强或者减弱实现的"强"与"弱"，永远不能取代歌手数量增减所产生的效果。后一种方式更加自然，因为其效果不是过渡渐进，而是音色幅度的变化对比。它能很好地做到这一点；小合唱团以中等力度唱出的"弱"音，比大型合唱持续的"极弱"演唱（效果往往并不明显），更能清晰地突出主导的声部。巴赫就是要实现这种效果，我们又何必羞于表达？无论如何，有一点我们必须坚持——在合唱的中间乐章里，乐队休止了，只有合唱队的一部分在歌唱。在赋格曲的关键段落中，依次增加人声的数量；在抒情的合唱（例如《以色列的牧者》和《最亲爱的以马内利》）中，交替变换多个合唱小组；在庆典康塔塔的大型合唱段落中用这类方式营造力度对比——所有这种处理带来的效果，为有趣的实验提供了丰富的可能性。

735　　前文已提到过，在受难曲中持续使用大型合唱所造成的各种荒唐结果。[①] 在众赞歌中，最好的效果往往来自大约 30 到 40 人的合唱团。

另一方面，在我们看来是由独唱演唱的乐章，在巴赫的构思中并非都如此。巴赫心目中独唱和合唱的相互过渡方式，今天已经失传了。我们必须记住，巴赫的合唱指挥同时也是歌手，他的歌手同时也是合唱指挥。其中的佼佼者，擅长演唱花腔段落。由于不同的男童声音融合得极好，所以恐怕巴赫不介意让两个——甚至在必要时三个——男孩子合唱独唱的段落。有时候我们会对他在某些咏叹调中的配器方法感到奇怪，因为它让最优秀的歌手都无法与乐队的声音匹敌。[②] 谜底是否恰恰在于歌手数量的增加？ 如果谁碰巧在教堂里听过男孩子的歌唱，而又没有看见他们，

---

①　参见本书第 558 页。

②　对于《噢永恒，你这雷霆般的话语》（第 60 首）的开篇二重唱，谁敢说听过哪怕是勉强可以接受的演唱？ 稍稍看一眼总谱就知道，任何两个人的声音——即使是最优秀的歌手——都无法恰当地表现它。

他（她）一定无法断定,究竟是一个还是两个人在演唱。伏格特在他的讨论中,从实践角度恰当地肯定了多人合唱独唱段落的可能性;他认为巴赫的独唱乐段"并不表达个别的情感,它们与大合唱表达的共同情感别无差异",还有,"(独唱段落)不应该被落实到某一个歌手身上"。①

不可否认,《复活节神剧》(巴赫协会版,卷二十一³)开篇的二重唱,默认了由合唱团演出。在最后几首康塔塔中,有好几段简单的二重唱和三重唱,它们给人的印象是,由几个声音轮流或交替演唱,效果一定更好;这个观点,已经在上文与作品相关的讨论中提到过。②

了解总谱,对正确处理乐队的分部至关重要。咏叹调的器乐部分中"弱奏"的意思,不仅仅指人声进来时乐队要轻轻演奏,而且意味着"齐奏"要停止。所以,乐队的"弱奏"同样是通过减少乐器数量来实现的。在前奏曲和间奏曲中对"齐奏",以及在人声伴奏中对"不协奏"(Senza Ripieni)的自然运用,现在逐渐被人接受了。人们开始认识到,通过减少乐器数量达到的"弱奏",比用较多乐器以"极弱"力度演奏,效果要好得多。这样更容易维持效果,方便表现更多的转调,主导的声部也更清晰。由于没有必要演奏"极弱",只需采用正常的力度即可,所以我们可以采取更好的分句和语气处理;强弱变化也可以更加突出。一开始,这种伴奏会让听众觉得单薄;但他们很快会适应,而且不用再担心人声会被乐队淹没。

不过,在我们今天所习惯的巴赫音乐演奏场所里,我并不建议采用太少的乐器。就弦乐伴奏来说,如下安排一般是最合适的——第一、第二小提琴和中提琴各两把,大提琴和低音提琴各两把。③ 在《我用全心爱至高

736

---

①　伏格特(W. Voigt),《关于巴赫教堂康塔塔演出的经验与建议》(*Erfahrungen und Ratschläge bezüglich der Aufführung Bachscher Kirchenkantaten*),《巴赫年鉴》,1906 年,第 1 至 42 页。

②　作为例子,可参考如下康塔塔简单但精彩的二重唱和三重唱:《我主耶稣基督,我在尘世的指望都在你》、《我从深深的苦难中向你呼喊》、《你是和平之王,我主耶稣基督》(第116 首)、《我主上帝是太阳与盾牌》、《我不会离弃我的耶稣》、《我怀着宁静与喜悦前行》、《我的灵魂歌颂主》、《我主耶稣基督,你是至高的善》和《耶稣,你是我的灵魂……》。

③　1906 年在巴塞尔大教堂举行了一个非常有意思的《圣马太受难曲》演出。我留意到有很多乐声部听不见,由于空间限制乐器的数量太少;在耶稣的音乐的伴奏中,这尤其明显。不过在其他段落里,这个原则的优势被充分显示了出来。

的上帝》(*Ich liebe den Höchsten*,第 174 首)的一首宣叙调里,巴赫为每个声部安排了三个弦乐器。

737　　但是"弱奏"并不仅仅指有关的协奏乐器停止演奏;它也指全奏组中,那些与协奏乐器演奏相同声部的乐器需要停止。《我用全心爱至高者》中的第一乐段和二重唱"我要经历艰难的旅途",在全奏乐段,三支双簧管与弦乐一起演奏;在人声加入进来的段落,它们标记为"休止",只有弦乐在伴奏;第三支双簧管衬托着演唱众赞歌的女高音。《甜蜜的慰藉,我的耶稣来了》的女低音咏叹调中,有类似的情况。它由柔音双簧管伴奏;不过在全奏乐段,这个声部由整个小提琴组和中提琴组演奏。《我于尘世有何求?》(第 94 首)的第一段合唱,巴赫为了获得回声效果,有时会让双簧管与小提琴一起演奏,有时又会让它们休止。

　　巴赫的这些指示流传下来纯粹出于偶然;他只有这么一次在分谱上写下了自己习惯于口头表达的指示。在双簧管和小提琴合奏的咏叹调中,"弱奏"往往要么指示管乐休止,要么指示弦乐休止。这一规律可以由康塔塔《我愿意背负十字架》(第 56 首)和康塔塔《我,可怜的人,罪的奴隶》(第 55 首)证明。根据巴赫协会版本,它们的开篇乐段里,双簧管应该从头至尾与弦乐一起演奏;而人声应该要么只由弦乐伴奏,要么只由管乐伴奏,要么由它们轮流伴奏。

　　《复活节神剧》(巴赫协会版,卷二十一[3])中的咏叹调"我死亡的忧愁会是柔和的",小提琴由竖笛在高一个八度上补充。不过巴赫究竟是让竖笛从头至尾演奏,还是让它们在人声伴奏中休止,非常值得商榷。

　　全奏乐段中有些器乐的声部,不过是其他声部的复制,但它们被详细写出来;这显然与我提出的观点相矛盾。通奏低音部分被抄写下来;指挥家决定有关的乐器在什么程度上按此来演奏。只是在极罕见的情况下,才会为协奏乐器单独列出声部。

　　死板地跟从乐谱指示,可能会在巴松管的处理上得出一些错误结论。
738　在某一首康塔塔的开端,有一个标记,要求巴松管与大提琴组一起演奏。在乐章中从头至尾这样演奏,是个极大的错误;它不过是指巴松管必须在合唱中,以及不时在配器较复杂的咏叹调全奏中协作。

另一方面,有关巴松管的指示的完全缺失,并不意味着我们不使用它来加强低音效果;至少在合唱中需要这么做。在大部分合唱曲中,它真的是不可或缺的;如果合唱队规模较大,还需要采用两支,甚至三支巴松管。必要的时候,需要在咏叹调的全奏段落使用它,比如当小提琴和中提琴需要木管乐器加强效果时。

还有其他一些细节,总谱和分谱中都没有标明,但很可能巴赫自己有要求,对此我们也可以作大胆的猜测。我们必须考虑圣托马斯教堂演出的条件。当时的情况要求以最少的分谱来完成演出;即使在合唱曲中,每个人声声部通常也只有一分乐谱。管弦乐手大部分站立演奏;他们能默诵一半自己的声部。所以有时候,其他乐器也可能需要演奏咏叹调全奏中的个别分谱段落。

当巴赫协会版本标明一支双簧管伴奏一首咏叹调的时候,并不总是指伴奏自始至终仅由一支双簧管演奏。我们基本可以确定,如果巴赫手上有一到两支双簧管可供支配,他一定不会让它们闲着;他会在某个活泼的主题上,让它们加入到全奏中。他也不太可能用两到三把弦乐器来伴奏一支双簧管,因为前者在全奏中演奏同一声部。

甚至这些历史性的考量,也不都是必须的;音乐本身往往会表明,在咏叹调由管乐器衬托的全奏中,那些"独奏乐器"要不是数量加倍,就应该由弦乐伴奏,或者两者兼有。每当一个大胆而豪迈的主题仅由一支双簧管或长笛来暗示,而不是被确切地奏出,我们都会感到很不合适。所有让通奏低音声部效果更鲜明的手段,都不仅被允许,而且是必须的,因为巴赫首要考虑的,是声部,而不是乐器。

康塔塔《我实在告诉你们》(第 86 首)的众赞歌咏叹调"永远仁慈的上帝所应许的"(*Und was der ewig güt'ge Gott*),为它伴奏的器乐二重奏,安排了两支双簧管;但即使是最优秀的演奏家,都不可能奏出这些高难度段落应有的效果。所以在全奏乐段中,双簧管的数量必须加倍,小提琴也必须全部加入进来。还需要注意,有很多主题只标记由双簧管演奏,但它们的分句具有非常强烈的弦乐特征,以至于对音符作恰当的布置和重音安排,非小提琴的合作不可。所以,例如在《人要把你们

739

赶出会堂》(第 44 首)头几个乐章的全奏段落,以及《耶稣,接受赞美吧》
(第 41 首)的全奏段落中,我们可以为双簧管二重奏和三重奏加上弦
乐。① 即使一首双簧管独奏的咏叹调,也常常有必要在全奏段落加上
弦乐。

在现有配器的基础上,究竟需要添加多少东西?关于这个问题,我们
可以参考如下事实:在一些咏叹调中,巴赫的总谱指示了双簧管要与第
一、第二小提琴合奏。我们有理由感到好奇:为什么他不用英国管来衬托
中提琴(巴赫通常用英国管代替第三双簧管)?而巴赫呢,恐怕同样会好
奇:为什么会有人这样误解他,认为他做得出这种前后不一致的事情?事
实上,他的确计划让英国管与双簧管扮演同样的伴奏角色;之所以出现误
解,应该是因为他的标记要求他单独写出双簧管分谱,而英国管则可以与
中提琴共用分谱。又或者……只不过那时候没有第三个双簧管演奏家供
他使用?

如果主题有需要,全奏乐段的长笛独奏需要双簧管,或者小提琴组,
或者两者合起来衬托。可能最能体现这一规矩的必要性的,是康塔塔《我
主上帝,我们所有人都赞美你》(第 130 首)的咏叹调"噢,天使中的王子"。

通过长笛来加强双簧管的效果,往往是很有必要的。康塔塔《耶稣在
沉睡,我能期望什么?》(第 81 首)中,两个乐器都演奏同一个分谱,②这个
事实基本可以说明,每当巴赫指示长笛演奏的时候,他要求双簧管也演
奏;反之亦然。依照这种安排,第一首和最后一首咏叹调的演出效果会非
常理想。

在合唱的双簧管伴奏中使用长笛(有时候高八度演奏),我必须特别
强调这种安排的重要性。这往往是确保双簧管旋律能被听见的唯一途
径。上文有关受难曲的段落已经说过,如果想让长笛的声音能够清晰显
示,有时也需要短笛来帮助加强效果。

740

---

① 另一个能够说明以弦乐伴奏双簧管的例子,是康塔塔《基督,我的生命》(第 95 首)
的众赞歌咏叹调"我要与你告别"。同样需要提到的是,在大型音乐厅里,弦乐与双簧管一
起演奏,有时候可能也有好处,只要确保不盖过人声即可。

② 参见鲁斯特在巴赫协会版,卷二十¹第 14 页前言中精细入微的标记。

我们应该积极使用一切乐器组合，来让通奏低音声部获得清晰的呈现；这些组合全部能够在巴赫的乐谱中找到。在《主，请不要审判你的仆人》的开篇合唱中，他甚至为首席双簧管加上圆号，以改善前者的效果。

在某些乐章的"全奏"乐段中，甚至不妨尝试把独奏小提琴扩展成两到三把小提琴合奏。巴赫为某个乐章标记"小提琴独奏"的指示，往往不过是因为这一段落对一般的乐手而言太难了。而我们的乐队，有很多技巧过硬的小提琴家能够演奏这个段落；在这种条件下，巴赫很可能会毫不犹豫地让几个乐手在"全奏"段落，合奏那些强有力的主题。有时候，可以在《B 小调弥撒》的"赞美天主"中作这种尝试。

上述的建议，必须视每一首作品的具体情况而定。在某些"全奏"段落里，很多声部都是严格依照长笛或双簧管为中心构思的，所以加强任何一个独奏乐器的效果，都会破坏整体的效果，而变成可怕的错误。但为乐器的数量加倍，则一般不会有错。

不过，有一个不可动摇的前提，一个我们必须承认的基本事实：指挥 741 家必须谨慎地诠释巴赫的作品，避免夸张。只要了解巴赫作品流传历程，都不会反对这个原则。巴赫为通奏低音写分谱，而不是为某些特定乐器写分谱。具体乐器的因素对他的写作只有部分影响。他并不按照现代的习惯而是按照他演奏管风琴的方法配器；他留意的是具体的音色。① 通过其他乐器的合作来加强这种音色的效果，绝不会违背巴赫的意旨。我们必须记住，很多流传下来的乐谱，根本没有配器的指示。如果这些指示遗失了，那么即使是巴赫专家，都很难再现乐谱的原貌。

我们也不要以为，当巴赫重复上演一首康塔塔时，不会以一种乐器取代另一种。出于客观条件，他常常不得不这么做。假如一首康塔塔有非常困难的长笛独奏段落，而他又碰巧缺乏符合要求的长笛手，他还能怎么做？在他 1730 年的备忘录里，巴赫说他有时候既没有第三个小号手，也

---

① 这只是就总体而言；对于熟悉巴赫乐谱的人来说，这个论断有一些不言自明的必要条件，必须在这些条件下，它才能被恰当地理解。它可谓不足与外人道也，因为要跟外行人解释，就必须列举很多例子，而这些例子的意义，他们又无法理解。

没有第三个双簧管手,也没有长笛手,也没有中提琴手,也没有大提琴手,也没有低音提琴手,也没有足够的小提琴手;至于巴松管,他需要找小镇乐队的成员来帮忙!①

所以,前述的建议并不是为了新奇的效果,而仅仅为了如下目的:我们对于乐队配器的处理手法,应该符合巴赫在拥有足够空间和理想乐手的情况下所作的处理。有一种观点,认为流传下来的那些仅存的乐队分谱,正确地反映了巴赫脑海中要求的演奏效果,我们应该严格遵守这些指示——这是一种必须摒弃的错误观点。有很多不无道理的批评,认为巴赫的音乐效果不好;一旦我们放弃上述误解,这些批评就会不攻自破。我们究竟可以在诠释中拥有多大程度的自由、什么性质的自由,并不取决于理论,而取决于反复的实践。任何手法,只要效果理想、有感染力、又不肤浅,都具有艺术上的合理性。

听众一旦适应了巴赫康塔塔的配器模式,就会不断从中得到快乐。木管乐器和弦乐持续配合表现出的金属铿锵效果,会显得极其悦耳,以至听者欲罢不能。一个体现精湛配器手法的例子,来自康塔塔《最亲爱的以马内利》:引子合唱由两支长笛、两支柔音双簧管和弦乐伴奏。

如果这种简单的乐队不足以表现巴赫的乐思,他会加强管乐。在康塔塔《晨星多么美丽地闪耀》(第 1 首)的第一首合唱曲中,他添加了两支圆号、两支双簧管,两把小提琴和其他弦乐器;康塔塔《我的身体无一处健康》(第 25 首)的开篇合唱曲中,由四把低音号和三支长笛组成的重奏组,在弦乐和双簧管衬托下奏出一段众赞歌旋律;在康塔塔《赞颂主吧,我的灵魂》(第 143 首)中,他为乐队加上了三支圆号。

巴赫在庆典场合使用的乐队,与一般乐队的不同之处,在于他在弦乐和木管之外,添加了四把小号。《赞美你的主吧,耶路撒冷》(*Preise Jerusalem*,第 119 首)的配器非常典型:四把小号、两支长笛、三支双簧管和三组弦乐。

巴赫对管乐的喜好,尤其表现在他为独唱歌手作的伴奏之中。康塔塔《他按名字呼唤他的羊群》(第 175 首)的头两个乐段里,他采用了三支

---

① 参见本书第 116 页,以及施皮塔,《巴赫生平》,卷 II,第 75 页及以下。

长笛；男低音咏叹调的器乐声部由两把小号演奏。康塔塔《人要把你们赶出会堂》（第 183 首，第二版）的一首宣叙调，由两把狩猎双簧管（Oboe da caccia）和两把抒情双簧管伴奏。在康塔塔《我主上帝，我们所有人都赞美你》的第一首咏叹调，和《响起吧，歌声》（第 127 首）的咏叹调"最神圣的三位一体"（*Heiligste Dreieinigkeit*）中，人声不得不与三把小号和定音鼓竞争。《赞美耶路撒冷》（第 119 首）的一段宣叙调由定音鼓、四把小号、两支长笛和两支双簧管伴奏；在康塔塔《你要爱主你的神》（第 77 首）的咏叹调"啊，在我的爱里面"（*Ach，es bleibt in meiner Liebe*）中，巴赫只用了一把小号。在好几首经文歌合唱曲中，他以铜管乐器来加强人声效果，这再次显示出他对铿锵嘹亮的音响的喜好。①

743

　　巴赫一开始使用的是古老小镇的乐队，所以其中很多乐器，我们今天已经不知道了。这引起了一个问题：我们是否需要重新安排他的总谱？我们还能不能按照他所写的去演奏？还是应该通过一定程度的重新配器，获得他想要的效果和音色？

　　现代乐队是通过淘汰选择的过程，从旧式乐队演化而来的。弦乐、木管和铜管——每一个乐器组中，都有几个"过渡性"乐器被淘汰。只有那些最完美、表现力最丰富的，才能够留存下来。人们不再要求同一个乐器能够表现所有音域和音色。这种改革来自意大利人；它同时暗示了某种退步。虽然这种改革就在眼皮底下发生，但是巴赫无视它，仍然采用在那时候就已经过时的乐器。亨德尔则使用当时先进、简化的乐队。铜管乐器自然受这种改革的影响最深；但好几种弦乐器也被淘汰了。巴赫仍然使用高音小提琴；让它与普通小提琴相隔一个八度，演奏同样的旋律。它在康塔塔《基督，上帝的独子》（第 96 首）中，扮演了特殊的角色：它与短笛一起演奏一段必奏声部。

　　巴赫在受难曲中使用过的古大提琴（Gamba），是一种六弦乐器，音域介乎于大提琴和中提琴之间；他在《圣约翰受难曲》里用到柔音维奥尔琴（Viola d'amore），比较接近中提琴。它有七根弦；在琴弓直接接触的羊肠

---

　　①　参见本书第 629 页及以下。

弦之下有金属弦(低声部的三根羊肠弦本身灌有金属),用以增加共鸣;后者为这种乐器带来别具一格的美丽音色。

　　较大型的弦乐器为巴赫带来了很多麻烦。现代的低音提琴当时还没有出现。他有时候在大型合唱曲中使用的倍低音维奥尔琴和大型倍低音维奥尔琴,非常不完善,以至无法用它们演奏低音声部。[①] 这些乐器的乐手只演奏主要的音符,把剩下的交给大提琴,以及在高一个八度上演奏的维奥拉庞博萨琴(Viola pomposa,由巴赫发明)[②]和高音大提琴。在巴赫后期的康塔塔中,他常常为后者写作独奏段落。[③]

　　上述这些事实,对于现代乐器来说,意味着什么呢? 我们可以很容易为维奥拉庞博萨和高音大提琴找到替代。巴赫用它们来让低音声部更清晰。这种效果可以用别的方法做到;就现在的低音提琴的完善程度而论,基本上可以保证这种效果。高音大提琴独奏段落可以由任何优秀大提琴家在自己的乐器上胜任;有必要时,这些乐段可以由大提琴和中提琴分担。柔音维奥尔琴的淘汰,只对演奏《圣约翰受难曲》而言有点可惜。不过,鉴于大提琴、中提琴,或者两者结合不能很好地替代

---

　　① 像康塔塔《愿赞美与荣耀归于至高的善》(*Sei Lob und Ehr' dem höchsten Gut*,第117首)第一首合唱中的低音声部,巴赫的倍低音维奥尔琴就无法演奏。我们还须记住,巴赫的大提琴手和倍低音维奥尔琴手,只不过是学生;这在巴赫1730年为市政厅写的备忘录(施皮塔,《巴赫生平》,卷II,第76页)中已经清楚表明。一般来说,倍低音维奥尔琴手和业余大提琴手会尽可能完整地演奏他们的声部;但是,巴赫有时候又会为他们写一个经过简化的声部;所以我们会在总谱中发现两个低音声部:一个是较简单的,围绕它的是另一个装饰丰富的。例子包括婚礼康塔塔《主顾念我们》(巴赫协会版,卷十三[1],第73页及以下)的序奏,和康塔塔《人们欢快地歌颂胜利》(第149首)的咏叹调"赞美上帝的大能与力量"(*Kraft und Stärke*)。在其他地方,各个低音声部相对地互相独立;比如康塔塔《在同一个安息日的夜晚》(第42首)的众赞歌二重唱"不要惊惶"(*Verzage nicht*)。在康塔塔《警醒! 祷告! 祷告! 警醒!》的咏叹调"啊,这一天何时到来"(*Ach, wann kommet der Tag*)里,它们更加互相独立。同时参见康塔塔《预备好道路》(第132首)和世俗康塔塔《啊,美丽的一天》(巴赫协会版,卷二十九)。

　　② 参见本书第178页及以下。这种乐器从来没有被标示在乐谱上。可能维奥拉庞博萨和高音大提琴指的是同一种乐器;如果是这样,那么乐谱中出现的后者,就是指巴赫发明的乐器。

　　③ 它的实际发音比在记谱低一个八度;这一点,在康塔塔《耶稣,接受赞美吧》(参见巴赫协会版,卷十)的乐队声部中得到确证。在康塔塔《我怀着渴望去寻找》(第49首)里,有一段高音大提琴的独奏。

古大提琴,我觉得重新使用古大提琴还是有好处的。我们现在已经开 745
始意识到现存弦乐器的缺陷,而且尝试弥补了。中提琴家兼备演奏古
大提琴的能力,大概会在以后成为惯例。现代乐队的需求,也会促使我
们找寻比小提琴音域更高的乐器。这样一来,虽然巴赫没有在乐谱上
这样写明,但我们可以用最有效的方式,即提高一个八度,来表现很多
小提琴声部。一般来说,对旋律作相当高八度的调整,十分符合巴赫的
意旨:他自己就常常以高音大提琴在高八度上补充大提琴,以高音小提
琴在高八度上补充小提琴。

巴赫使用横笛和竖笛。在对后者的运用方面,他可能是那个时代音
乐家中绝无仅有的人;他甚至在后期作品中用到它,例如写于 30 年代末
的康塔塔《主耶稣基督,真正的人,真正的神》(第 127 首)。①

竖笛被淘汰,并不是什么憾事。它属于长笛家族的一员;它的结构类
似于管风琴的开口音管,而且方法完全相同。好几个调音指孔——六到
八个——让这个原始的乐器得以奏出各种音色;其中一些音色由于靠半
闭孔发出,所以很不纯净。由于这种乐器完全没有泛音,所以音色虽然柔
软,但没有表现力。②

由竖笛演奏的乐段,如果改由现代长笛演奏,效果不怎么会打折扣。
至于有关巴赫长笛段落的一般性问题,我们可以问,金属长笛是不是在很
多情况下不如木质长笛? 法国人常用的金属长笛,优点在于比较易于演
奏。在很多独奏段落中,它的效果当然比木质长笛更好;后者今天几乎只 746
在德国使用。不过在合唱曲中,木质长笛圆润饱满的音色,有巨大的优
势。所以最好的方法,是两者结合来使用。

巴赫作品演奏中涉及到的双簧管问题,今天远远没有不久之前那么
复杂。起初狩猎双簧管和柔音双簧管都被英国管取代了;取代狩猎双簧
管是非常好的事情,但取代柔音双簧管则正相反——巴赫脑海中构想的

---

① 关于巴赫运用竖笛的其他例子,参见有关《悲剧的篇章》(第 106 首)的论述。
② 有好几种不同的竖笛,包括沉重的低音乐器。参加恩斯特·欧廷(Ernst Euting)的
《论 16 及 17 世纪低音乐器的历史》(*Zur Geschichte der Bassinstrumente im XVI. Und
XVII. Jahrhundert*,Berlin,1899)。

音色,比英国管柔软、温和得多。① 不过,最近柔音双簧管又重新被现代乐队使用了。现在有五种这类乐器被制造出来,任何合格的双簧管演奏家,都很容易能掌握它们。② 巴赫作品中很多为柔音双簧管写的美丽段落,必须由柔音双簧管来演奏,才能真正表达出巴赫想要的效果。即使一般的听众,都能立刻听出区别来。

铜管乐器,是一个极为复杂的问题。巴赫使用到的乐器包括长号、木管号、小号和圆号。

在巴赫的时代,长号有一个完整的乐器家族——高音长号、中音长号、次中音长号和低音长号。③ 与小号相比,这些乐器能够奏出纯净得多的音色,但只能在长乐段中使用;小镇的本地音乐家在合唱曲中使用它们。巴赫并不在乐队中使用它们,只为类似经文歌的合唱作伴奏。每个人声声部都有对应的长号;比如像康塔塔《啊上帝,请从天堂望向我们》(第2首)的开篇合唱。

巴赫常常用最高音长号来取代木管号——这同样是遵循地方乐队的做法。木管号有一个钟形的号嘴,通常有一个S形状的木管,以羽毛包裹。绰号"蛇"的乐器是这个家族中的成员——它其实就是低音木管号。④最高音木管号有七个气孔,所以跟竖笛一样,演奏者有时候需要通过半遮蔽几个气孔,来吹出音域两端的音符。在这些情况下,很多音符的音色注定是不纯净的。

木管号的音色清澈而不特别强——类似于小号和木管乐器的中和。

---

① 抒情双簧管实际上就是一种中音双簧管,而狩猎双簧管就是高音双簧管;中音双簧管——第三双簧管——可以直接由英国号取代,后者只不过是旧式狩猎双簧管的改良版。1904年的《巴赫年报》(第5页及以下)中,马克斯·塞弗在他有趣的文章《巴赫作品的实际上演操作》(*Praktische Bearbeitung Bachscher Kompositionen*)里提出,通过实验,我们会反对而不是支持保留旧式的乐器。他提出这种观点时,一定没有考虑到抒情双簧管;这种乐器是根据完美的原则构建的。

② 一把好的抒情双簧管大约花费10英镑。

③ 长号的阀键最初是在1588年由扎利诺提及。参见欧廷的《论16及17世纪低音乐器的历史》,1899年。

④ 康塔塔《噢,耶稣基督,我的生命之光》(第118首)中使用到的古罗马小号(Lituus),可能也属于木管号家族。

虽然总谱和分谱中都有很多地方没有标明,但巴赫肯定在大型众赞歌合唱中,使用它来支持定旋律——因为管乐手肯定已经熟记众赞歌的旋律。

在由管乐伴奏的经文歌合唱中,最好以军号(Flügelhorn)替代高音和中音长号;次中音长号和低音长号演奏的声部,则可以仍然使用这些乐器(最好用伸缩长号而不是阀键长号①)。需要注意,那时候的长号虽然与我们现在的长号类似,但并不那么强有力,音色却更明亮;但是由于今天合唱团的规模比巴赫时代要大得多,所以声部之间的音量比例得以保持不变。

如果不能使用铜管乐器,这些经文歌合唱曲可以只用木管乐器和弦乐器伴奏,前者的数量应该尽可能多;无论如何,效果都能令人满意。② 748 如果高声部是一首众赞歌,那么小号声部就总是可以按这种配器演奏。

毫无疑问,合唱曲中用到的所有众赞歌旋律——除了终曲合唱之外——应该由小号加强效果,甚至即使乐谱中没有标明,也应该这么做。

对小号的看法,以及对巴赫所要求的演奏技巧,曾经流行着一些极混乱的观点。赫尔曼·艾希博恩(Hermann Eichborn)透彻的研究③结束了这种混乱。有一个错误观念尤其需要澄清,即旧式的自然小号能做到的效果,新的阀键小号无法做到。巴赫为小号声部写的段落,对演奏旧式小号的演奏家和今天的演奏家而言同样困难。唯一的区别在于,巴赫的演奏家熟练地掌握了这些段落,而我们的演奏家则不然。

自然小号(同类乐器中在那个年代唯一存在的一种)有圆柱形的管道,顶端有薄薄的圆锥形开口;它一般是折弯和弧形的,类似今天的骑兵小号。C调小号和D调小号在当时是最常用的。这类小号的开口管道发出基准音、八度音、五度音、纯四度音、大三度音、小三度音、小七度音、大

---

① 今天英国仍在使用的伸缩长号,可能可供我们使用;它直接相当于最高音长号。键阀小号在巴赫的时代已经存在;他以"Tromba da tirarsi"指代这种乐器。

② 这种情况下,可以尝试增加管风琴的簧片。

③ 赫尔曼·艾希博恩,《古代和现代的小号》(*Die Trompete in alter und neuer Zeit*,Leipzig,1881 年);《如何在小号上吹奏高音》(*Das alte Klarinenblasen auf Trompeten*,Leipzig,1894 年)。我的上述论点就是依据这些研究。斯特拉斯堡音乐学院的小号教师威廉·里夫先生,为我提供了很多极具价值的技术信息。

二度音,然后是从基准音算起,第四个八度上自然音阶的所有音(音色不太纯净),第五个八度上半音阶的所有音。这些音符被保留在小号中,理论上都能奏出来——通过不同的吹气力度和嘴唇的各种运动;这些方面与吹奏双簧管簧片号嘴的方法相当。由于演奏最低的两个八度的效果很差,所以一般只使用中间和第二高(自然音阶的)八度。自然音阶八度的声音还可以进一步丰富,比如在 C 调小号上,F 音的位置可以吹出升 F、G、升 G、降 B 和 B 音。所以,实际可演奏的音符包括:从基准音算起第三个八度的四个音;第四个八度的自然音阶加上升 F、升 G 和 B;①而第五个(半音阶)八度中,前四个自然音最重要,因为其他音符虽然理论上可以奏出,事实上却不行,因为嘴唇难以准确地把握力度。但是,在第二《勃兰登堡协奏曲》中,巴赫要求独奏小号奏出这个八度上的第五个自然音。

749

艾希博恩列出了如下的音阶——

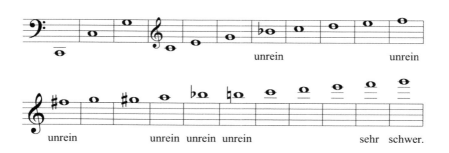

所以,所谓"高音演奏"(Clarinblasen)②的神秘技巧,无非就是通过从少年时代开始不断练习,来掌握这些音符。巴赫之所以把音乐的声部放得这么高,是因为那个时代的乐器能够完整演奏的,就只有这个音域中的音符。

———————————

① 全音八度可以通过对键阀的控制进一步丰富——这是吸收自圆号的一种技巧。不过在巴赫的时代,它没有被考虑到。
② 在 17 世纪和 18 世纪初期,演奏高声部小号和演奏低声部小号的号手是有区别的,前者被称为"clarino",后者被称为"principale"。

那时候乐器简洁而精致的构造,使演奏比较容易,加上其狭窄的尺寸,①给演奏家带来了方便。再者,他们在演奏高音域的时候,会采用一种特殊的号嘴。号嘴越圆滑,角度越大,对高音的吹奏和把握就越容易、越准确。根据艾希博恩的观点,下面这个就是演奏高音的号嘴的理想形状:♮│。其实,它并没有完全令音色变得更好,在高音区,它会让声音变干而失去表情。

所以,我们不能认为今天处理巴赫小号声部的方法是理想的。正如上面谱例所展示的那样,即使在最理想的状态下,仍然有好几个音符是不纯净的;其他的则不确定;高音区的音色并不美,有点像小孩子玩的小号。这种乐器的一个优势,在于其音色比今天的小号要弱——对于巴赫的配器方式来说,这是一个很大的优势;用一把双簧管,或者更可靠地用两把双簧管,就能与它在音量上取得平衡。

只在固定低音声部记谱法被废除之后——也就是说 18 世纪中期之后——学习高音演奏技巧的动机不再存在了。大概就在这个时候,地方乐队也绝迹了。到了 18 世纪结束的时候,英国和德国开始生产阀键小号;从它们发展出现代的小号。我们的小号其实集好几种乐器于一身,折弯和键阀的设计,让演奏家能够随意伸长或缩短号管的长度。② 通过结合各种小号所能演奏的自然音,我们获得了完整的半音阶音符。小号的性质并没有任何改变。跟过去一样,演奏家使用"自然"小号,只不过通过手指的压力,他每次都能很容易获得理想中的纯净音色;③而且在这个全能的乐器上,他可以做出"自然小号"可以达到的所有效果。当然,还需要满足其他条件。有些音乐家还在讨论演奏巴赫的小号乐段的可能性,在这个问题上提出各种理论时,布鲁塞尔音乐学院的院长盖瓦尔特直截了当地指出,这是"吹奏口形和训练的问题"。这的确就是问题的全部——不过是口形和技巧而已。

750

---

① 小号尺寸越窄,就越容易演奏高音,同时越难演奏低音。高音音质很好,而中音和低音则感觉很"干"。

② 现代小号的三个阀键,通过不同的组合,相当于七个音位。

③ 但是需要注意,在阀键小号上,较低的三度不能作为自然音被奏出。

751　　　　如果使用普通的小号号嘴,不能轻易而准确地奏出巴赫的高音乐段。较扁平的号嘴则可以。这只是找到合适型号,以及演奏家的嘴唇如何适应它的问题。不过如果想要优美的音色,号嘴则不能太过扁平。①

　　当然了,要学会轻松而准确地奏出高音的技艺,绝对不是一朝一夕可以实现的。想在排练中仅仅通过视谱就演奏好巴赫的小号段落,更加不可能;如果这种方式行不通,我们也不能说这段音乐无法演奏。如果将来有新一辈演奏家,能够从一开始就练习巴赫的作品,并且着重学习高音部分,和吹奏扁平号嘴所需的嘴唇技巧,那么人们就会惊讶地发现,"巴赫写出无法演奏的小号乐段"这个长期流行的观点,是多么不可思议。②

　　必须承认,今天的阀键小号的结构,增加了吹奏的困难。气流穿过折弯部位的复杂路径,限制了其自由的共鸣;音符的演奏并不如正常小号那么自然,因为后者的气流路径没有那么曲折。不过,可以尽量把号管做得薄而精巧,来减低这种不便,同时避免使用所有额外的构造来清除潮湿,以及所有不必要的焊接。通过这些方法,键阀小号的共鸣能力几乎相当于自然小号。

　　总括来说,要恰当地演奏巴赫的小号乐段,需要极轻巧狭窄的键阀小
752　号,特制的、所有细节都经过检测的号嘴,和经受专门训练的演奏家。③

　　不过我们可以肯定,今天即使最普通的小号演奏,都比巴赫时代要好——音色更纯、更稳定。所以,我们多少能够容忍高音域音色一定程度的呆滞。

　　在理想的巴赫小号被研制出来之前,我们应该在康塔塔中使用D调

---

　　①　经过几年的研究和实践,布鲁塞尔音乐学院的小号演奏家制造出了一种特别的号嘴,专门演奏巴赫和亨德尔的小号乐段。他采用D大调小号,这在盖瓦尔特的《论配器》(第281页及以下)中被提及;在本真风格音乐会上,他可以用自然小号演奏这些段落。但是他并不演奏其他小号,以免破坏他的口形对这种特别号嘴的适应力。为了实现这一点,布鲁塞尔音乐学院还专门为他设立了一个管理职位。(有关这个问题,可参考《格罗夫音乐辞典》,新版,第五卷第271页,第二栏——译注)。

　　②　几年前,盖瓦尔特致信给我说,他相信就演奏高音区的能力而言,现在的学生因为从一开始就进行训练,所以已经超越他们的老师了。

　　③　不要忘记,比起今天的小号手,巴赫时代的小号手的耳朵,在聆听纯粹由嘴唇奏出的音符方面要灵敏得多。一位小号手告诉我,现代演奏家之所以觉得演奏高音区困难,不仅仅因为他们的嘴唇技巧不足,还因为他们的耳朵不够灵敏。

小号,巴赫的音乐常常是为它而作的。我推荐使用美因茨的亚历山大制造的高音 D 调小号。演奏家如果熟悉了它,就能大大减轻自己的负担,而且能吹出比一般乐器轻柔得多的音色。尤其是在高音域。在讨论《勃兰登堡协奏曲》的时候我已经提过,这家工厂生产的高音 F 小号,最适用于第二协奏曲。① 不过,如果一个好的演奏家练习了好几个星期,都还不能在新乐器上轻易演奏自己的声部也无需失望。要达到熟练,需要的不是几个星期或者几个月,而是好几年。

我怀疑巴赫不可能只让一位乐手演奏这类小号声部。艾希博恩提醒我们注意那时候乐队使用的小号数目,并推测几个小号演奏家共同分担困难的乐段,每人演奏一小部分。这个猜测很可能是正确的。无论这种说法是否具有历史真实性,它本身是很可取的。要求一个小号演奏家从头至尾独立演奏一段巴赫的音乐简直不人道。如果只考虑艺术因素,我们应该使用两个小号手,因为只要一个管乐演奏家稍稍感觉疲劳,就无法保证高音区的音准。

演奏巴赫的音乐,对小号手的要求是极其严苛的,因为同一个演奏家,不但要演奏巴赫,还要能够在现代作品中奏出较深沉的音色。到了将来,可能会出现专擅演奏巴赫和亨德尔的管乐演奏家,他们会跟独唱家一样受重视、一样获得很好的待遇。

如果找不到好的小号手,就最好让三把 C 调或者 D 调双簧管,演奏高音域的小号乐段,或者至少让它们协助补充高音的音色。②

需要一提的是,比起后期作品,巴赫在早期作品中使用的小号,更多要求响亮短促的效果,而不需要太连贯。这些早期作品,实在是巴赫为小号写的最优秀、效果最精彩的音乐;其中一个例子,是康塔塔《战斗开始了》(第 19 首)。

----

① D 调小号的价钱是 3 磅至 5 磅;F 调小号则是 5 磅。租用其中一种乐器一个月,需要 1 磅。

② 参看伏格特极有帮助的文章《关于巴赫教堂康塔塔演出的经验与建议》(收录于 1906 年《巴赫年报》,第 8 页及以下)。他建议把某些高音下移一个八度,我们不能把这视作谬论而一概否定。如果听众不带偏见,他们无论如何不会对这种处理感到不快。

即使有了好的乐器和好的演奏家,我们能不能真的"享受"由两到三支小号伴奏的咏叹调却是另一个问题。但是在这些条件达到之前,如果只有一位歌唱家,出于对他(她)的体谅,我们还是应该以木管乐器来代替铜管乐器。

圆号的问题与小号类似。到巴赫逝世前不久,波西米亚的安东·汉佩尔才实现了圆号的弱音效果。巴赫只了解简单的狩猎圆号;17世纪末、18世纪初,这种乐器开始在巴黎使用。因此,圆号演奏家和小号演奏家一样,需要使用特制的号嘴来演奏高音。所以演奏巴赫音乐所需要的乐器,与其说是真正的圆号,还不如说是圆号形状的小号。① 现代圆号的音色多少比巴赫脑海中想象的音色要沉闷。如果乐段处于高音域,那么不妨由圆号和小号分担演奏,因为只有技巧最杰出的小号演奏家,才能恰当地发出高音。如果由一个优秀的演奏家来吹奏军号,效果会比人们想象的要好。如果听众中有经验丰富的音乐家,他们很可能会对灵活自如的演奏感到惊奇,却完全不会意识到自己听到的可能不是一般的圆号。②

由于现代小号和圆号的音色比巴赫的时代要强,所以必须注意在铜管与弦乐、木管之间保持恰当的关系。巴赫的音乐中,每一个声部都同样重要。不但乐队内部各个声部是这样,作为一个整体的乐队与人声的关系也是这样。长笛声部必须与合唱团中的女高音同样清晰可辨。巴赫音乐的真正精华,并不在于乐队为合唱作的伴奏,而在于声乐与器乐之间的配合协调;两者的意义同样重要。事实上,在巴赫自己指挥的演奏中,乐队部分越来越重要;有一首节庆康塔塔,采用了18到20个器乐演奏家,来配合12个歌唱家。③ 但即使在一般的情况下,可供巴赫使用的第一小提琴和第二小提琴,至少都跟女高音和女中音人数一样多;有一个事实可以证明这一点:小提琴声部的乐谱通常是写出双份的,而人声声部则并不

---

① 参看艾希博恩,《圆号的调试》(*Die Dämpfung beim Horn*, Leipzig, 1897)。

② 这当然只是一个权宜之计;等到我们的圆号手重新能够熟练吹奏高音部,就应该放弃这种做法。即使今天,还是有一些技艺高超的圆号演奏家,能够严格按照乐谱演奏F大调《勃兰登堡协奏曲》的第一圆号声部。只有当我们缺乏合格的军号手时,圆号声部才应该由圆号和小号分担,因为圆号和军号配合的音色,比圆号与小号配合要好得多。

③ 关于可供巴赫使用的合唱团和乐队的情况,参见本书第107页及以下。

总是如此。我们也不应忘记，当时琴弓对琴弦的压力较小，所以小提琴的音量也比今天要小。

　　我们应该在这层意义上，考察当前使用两百人合唱团演奏巴赫康塔塔的习惯。人们错误地认为，与合唱团相比，乐队音量应该很小；合唱进入时，乐队应该几乎听不到；大家觉得这都是不言自明的。也有人意识到这种不平衡，觉得有必要为作品重新配器，也常常这么做了。不过，对这个问题最自然的解决办法，是参照合唱团人数的比例，加强乐队部分。现代的观念并不反对增加弦乐数量；但是主张重新配器的人，却嘲笑如下做法：即在采用大型合唱团的同时，使用十二支双簧管、十二支长笛、六支巴松管；他们觉得要求现代听众忍受这种"轰鸣声"，是荒谬的。但是，这种观点并没有影响那些主张遵照原谱演奏的人，尤其是齐格弗里德·奥赫斯（Siegfried Ochs），他勇敢地通过言论和实践捍卫正确的原则。他通过演出实践表明，不需要通过重新配器，只依靠恰当数量的乐器，就可以让乐队与合唱团达到均衡；而且这种乐队如果处理得当，完全不会显得笨重。

　　"巴赫的音乐不能全按乐谱演奏"这种旧观念可能会逐渐被舍弃。但是，我们仍然会偶尔遇到这样的合唱指挥，当别人向他推荐一首精彩的康塔塔时，他们会立刻问道："有没有它的改编版本出版？"这表明我们的独立判断力，在多大程度上已经被这些所谓的"改编"版本毁掉了。

　　鉴于现在的乐器音色比过去要强很多，而且混声合唱团的音量未必能充分发挥，所以在使用 50 到 80 人合唱团的情况下，不妨考虑如下的乐队安排方案：六把第一小提琴，六把第二小提琴，六把中提琴，四把大提琴，两把低音提琴，每个声部两支长笛、两支双簧管。如果合唱团是 100 到 150 人的规模，那么这样的安排就会很理想：十把第一小提琴，十把第二小提琴，十把中提琴，六把大提琴，四把低音提琴，每个声部六支长笛、六支双簧管。即使到了 18 世纪末，人们仍然觉得乐队的规模理所当然地应该与合唱团相当。1788 年在柏林举行的著名的《弥赛亚》演出中，希勒（Hiller）就使用了一支规模巨大的乐队。

　　在规模这一因素之外，乐队的位置安排就是最重要的了。一般的习惯是将乐队像楔子一样伸入合唱团中，这可能不是最好的安排。弦乐和木管最好放在合唱团前面；唯有这样才能保证实现恰当的效果。

指挥让乐队在合唱进入的时候弱奏是个错误——有时这是出于现代习惯，有时是因为乐队在他站立的地方声音太响。但一座教堂或者音乐厅中，鲜有听众会觉得巴赫合唱曲的乐队声音太响；更常见的状况反而是人们根本就听不见乐队。有一点无论怎么强调都不过分：演奏巴赫的音乐时，根本不存在一个"伴奏"的乐队；声乐与器乐互相合作，而且后者还起主导作用。

但是，仅仅保证乐队部分的恰当比例，仍然是不够的；数字低音的正确处理也必不可少。巴赫的固定声部（obbligato），虽然形式非常自由，却预设了一个和声基础；通过这些声部的组合产生的和声，必然包含了延迟、不协和音与协和音，它们产生自不同主题的重叠，而非出自整体的和声布局。如果听众只听到固定声部（即使在包含四到五个声部的乐段），那么他们只会对巴赫构想的和声效果，得到一个混乱而不完整的印象。刻意的安排与偶然的因素被混淆了。

正是在数字低音上，巴赫标出了真正起决定作用的和声进程。这个数字低音，并非对固定声部的和声的抽象，而是占据着一个独立的角色——它们非常独立，以至人们粗看时会怀疑数字标注的正确性，因为它们似乎与乐队声部并不协调。所以，在一首巴赫的作品里，我们需要考虑到某种"最终"的和声效果，它来自数字低音的根本性和声，与各个固定声部"流动的和声"共同组合的效果。

稳固的基础和声决定了作品的整个走向；只有在基础和声被清晰地展现的前提下，巴赫才可以放手让各个声部自由发展，而无须担心这个或那个小节的和声稳定性。他的音乐，就好比斯特拉斯堡大教堂正面的外墙装饰一样。那些繁盛丰富的装饰音，就像镶嵌在石头上的一层精致的金属网；如果没有整体的钢筋结构支撑，是不会得到那种不可或缺的稳固度和坚实感的。同样道理，巴赫的各个伴奏声部正是靠数字低音的基础性和声，才能缝合成一个整体。在完成一部康塔塔之后，他做的第一件事情，就是写出数字低音。

当巴赫的作品重新获得上演机会时,没有人注意到数字低音;即使只有男低音和一件独奏乐器一起演奏时,也是如此。那时候,策尔特和其他熟习老传统的音乐家仍然在世;考虑到这一点,我们会觉得对数字低音的忽略简直是不可思议。在《圣马太受难曲》的第一个钢琴版本(1830 年)中,咏叹调中竟然没有标出哪怕一个数字低音的音符! 实际演出也是一样。听众听到的是低音提琴和长笛的对话,甚至低音提琴的独白,而且这全部被解释为古老时代的习惯! 如果指挥觉得受不了这些段落,他就干脆把它们从咏叹调中删去,甚至删掉整首咏叹调。唯有到了杰出的巴赫协会版本出版之后,对巴赫感兴趣的音乐家才知道数字低音的存在。对他们来说,这是一个意外启示:我们可以从罗伯特·弗朗茨(Robert Franz)致汉斯立克的公开信中,体会到音乐家们那种豁然开朗的感觉。①

然而,数字低音带来的新倾向过于强大,以至超过了应有的限度。人们开始把数字低音仅仅看作是各种实验的许可证;而目标无一例外是要去除任何旧观念的痕迹,并获得一种尽可能丰富而有变化的乐队音色。

758

---

①　《致爱德华·汉斯立克的公开信:论古代音乐作品的处理,尤其是巴赫和亨德尔的声乐作品》(*Offener Brief an Eduard Hanslick: Über Bearbeitungen älterer Tonwerke, namentlich Bachscher und Händelscher Vokalmusik*, Leipzig, 1871)。

即使现代的钢琴版本中,仍然没有数字低音声部:例如彼得斯版的《圣马太受难曲》,就全然不顾巴赫标明的和声。如果乐器恰好到了第二拍才在高声部进入,这个版本就单单给出低音,而不是巴赫所设想的和弦。这种做法把"我守候在我的耶稣身边"这类乐章,变成纯粹的戏仿之作。根据巴赫的构思,它们带有丰富的和声序列;在钢琴版本中,它显得单薄而空洞。布赖特科夫的各个钢琴版中,有同样的处理,也导致同样的效果,例如咏叹调"耶稣在沉睡,我能期望什么?"(第 81 首)。

在其他方面,现存的钢琴版本也非常不尽人意。它们并不能显示低音提琴和大提琴真正的数字低音,也不能显示它们在哪里停止;摆在我们面前的,往往是一段臆想的数字低音,由编辑者根据大提琴—低音大提琴声部,或者中提琴声部堆砌出来;更常见的情况是,它们被绝对错误的音符完全歪曲了;编者使用八度,仿佛这是唯一必须的东西,即使它们令整个音型完全无法辨认也无所谓;正确的分句常常被置之不顾;编者把自己的力度标记混进巴赫的力度标记中,让两者无法被区分;配器也经常没有被明确标出。

所有巴赫音乐的爱好者需要共同努力,推动彻底废除这类钢琴版本,代之以经过严谨学术考证的正确版本,并且坚持如下的原则:第一、所有并非出自原作的东西,无论是分句符号、力度标记、八度加强音,都要废除;第二、由数字低音产生的音符,只要它们没有包含在伴奏声部中,就应该以较小的字体,与伴奏声部一同印出;第三、数字低音要印在旋律线之下;第四、如果巴赫原作中没有数字低音声部,和声只能按照推测重构,那么这一点必须在乐谱开端、配器说明的旁边,明确标注出来。

于是，罗伯特·弗朗茨成了"改编巴赫"的理论之父。他的各种钢琴版本和"实用版本"，以及受其影响的其他处理，成为当时巴赫爱好者心目中的标准，而且在某种程度上仍然是现在的标准。今天的听众听到的是过去数字和声的现代替代品，但并非用原来的乐器奏出的本真形式的和声。

关于这个问题的探讨，现在还没有定论；现在有两个问题需要确定。第一：究竟应该由巴赫所指定的乐器，还是由乐队来演奏那些数字和声？第二（这又与第一个问题相关联）：我们究竟应该按照巴赫亲手写下的标识来演奏和声进程，还是运用我们的想象力，尽可能实现他的构想？

759　　正如鲁斯特和施皮塔两人所说，从历史考据和实际可行性两方面考虑，演奏数字低音的唯一选择，就是管风琴。① 没有证据证明巴赫曾经在声乐独唱乐段使用羽管键琴。② 我们需要注意，虽然在每一首有原版分谱流传下来的康塔塔中，都有低一个全音的数字低音声部（通常为巴赫亲手所写），专门供管风琴演奏，③但极少见一个没有移调的数字低音声部，这意味着，不存在一份专供羽管键琴演奏的分谱。④

所以问题的实质是：究竟使用管风琴，还是乐队？ 当然我们需要承

---

① 为业余读者的方便，需要指出，"Generalbaßstimme"与"bezifferte Continuostimme"是同义短语，指的是器乐的低音声部，巴赫在其中通过数字来标明和声。

② 参见伏格特对塞弗假说的非难（1906 年《巴赫年报》，第 11 页及以下）。理查·布赫迈耶的文章《羽管键琴还是钢琴？》（*Cembalo oder Piano forte*?，见 1908 年《巴赫年报》，第 64 — 93 页）中，包含了极有价值的想法。

③ 在那个年代，其他乐器的音高与管风琴不同。而且，那时候声乐和器乐作品演出时采用的音高，比我们今天的要低大约一个半音。

④ 在当时的管风琴演奏廊里，肯定摆放着一台羽管键琴；流传下来的对它进行装置和调律的描绘和记载，确证了这一点。它可能在排练中被使用；可能巴赫在它上面演奏低音声部，甚至演奏了和声。但无论我们怎么看待这种假设，有一点是无可置疑的：康塔塔的演奏，从头至尾有管风琴伴奏。管风琴负责演奏数字低音。唯一没有管风琴伴奏的，是那些没有自然低音部的乐章——比如康塔塔《我最亲爱的耶稣不见了》中的咏叹调"耶稣，让我找到你"、康塔塔《看啊，看有谁的悲伤如我这般深沉》的"但是耶稣的意愿……"（*Doch Jesus will…*）、康塔塔《主，请不要审判你的仆人》的咏叹调"我们颤抖、动摇"（*Wir zittern und wanken*）和《圣马太受难曲》的"我的救主因爱而死"。

如果巴赫并不需要任何和声（这种情况偶尔会出现）他会写"只演奏低音线条"（*tasto solo*）。除此之外，任何地方都需要和声补充，即使众赞歌赋格的开端，只有一个声部进入时，也必须照此处理。如果省略了它们，那么某些器乐声部，比如《圣马太受难曲》中"把他钉上十字架"（"Laß ihn kreuzigen"）开端的长笛，就会因缺乏支撑而仿佛悬在空中。（转下页注）

认，让乐队去展示和声基础的结构和走向，是一个很有吸引力的想法。熟知巴赫的音乐，同时又掌握现代配器技巧的人，都禁不住会想象：用乐队色彩和有趣的节奏来丰富和声，会是怎样的效果；同时，通过这种伴奏乐队，会带出合唱段落宏大的主题和强弱线索，以及伴奏乐器奏出的一整套色彩。只有迂腐的学究，才会无视这类问题的艺术价值；只有带偏见的评论家，才会对这个事实视而不见：巴赫作品的某些当代改编中，问题在一定程度上获得了很完满的解决。

760

但是，再多的反思和确证，都不能推翻最高的原则：巴赫的音乐是根据他那时候的实际条件，而不是根据我们的现有条件而写的。人们反复讨论，如果巴赫有现代乐队供其使用，他会在乐谱中写进什么东西——这些都是无意义的。承认这一点就足够了：他就是没有这些条件；他没有作"色彩性"的构思；他通过各个伴奏乐段的合作，努力获得所有的效果，包括那些所谓的"现代"效果；他算计着管风琴的音栓来实现和声的潜在结构；所以只有不触犯作品的原则，它们本来的面貌才最有可能重现。我们对听众做的最好的事情，莫过于教会他们欣赏这种单纯的美，而不是以不古不今的方式，向他们呈现巴赫的音乐。

究竟应该按照乐谱忠实地奏出数字低音，还是可以自由处理？关于这个问题，罗赫利茨（Rochlitz）的一个说法引起了不少误解。他说在巴赫的时代，伴奏的大键琴手或者管风琴手，"并不仅仅奏出和弦，还会自由地在高音声部添加自己发挥的旋律装饰，在中音声部穿插精巧的音符组

（接上页注）在同一首康塔塔的不同分曲中，"休止"（tacet）这个标志（例子参见康塔塔第 97 首、第 99 首、第 129 首、第 139 首和第 177 首）并不是指管风琴休止，而是指大管风琴演奏的声部，与伴奏管风琴的声部是不一样的。这解释了为什么由协奏管风琴参与演奏的康塔塔中，协奏部分的伴奏没有标上数字低音。这似乎表明，这种情况下巴赫亲自演奏管风琴，并同时担任指挥。又或者，莫非有一个特别的声部，是为圣尼古拉教堂的某位管风琴家演奏的协奏式伴奏写的？根据里希特的理论，这些康塔塔正是为这位管风琴家写的。可能的情况是，我们还没有搞清楚带有协奏管风琴的康塔塔所包含的问题。不管里希特怎么说，我个人还是更倾向于认为，这些协奏分曲是巴赫为他自己写的。

如果一首康塔塔从头到尾都没有标出数字低音，这就意味着它的各个分谱（或者至少是经过移调的通奏低音分谱）遗失了。如果存在一份移调的通奏低音分谱，但没有任何数字低音标记（例如康塔塔《看吧，我要派许多渔夫》，第 88 首），这可能意味着巴赫是在小型单键盘管风琴上演奏整段伴奏的。

761　合";而巴赫本人尤其精于此道。① 按照这个论断,似乎可以理所当然地推导出如下结论:巴赫的数字低音,其实只是为演奏家提供了一个基本的出发点,后者可以依据作品的总体精神构思他自己的伴奏处理。② 罗赫利茨的论断本身是正确的;只是他忘记了一点:这种做法巴赫只用来处理别的作曲家简陋而不完善的数字低音,绝不适用于他自己写的数字低音,它们丰富而连贯,本身就已经表现出巴赫构想中伴奏的"自由"处理。

　　巴赫和亨德尔的数字低音之间不存在可比性。后者仅仅表示简单,而且往往是无趣的和弦进程;前者却表现了一种严谨的、四到五声部结构,其中每一个声部都不可省略。巴赫从来没有允许学生们随意"诠释"低音声部。严谨地表现数字低音的规矩被保留下来;我们手上拥有由基恩贝格整理的巴赫数字低音,这很可能就是依照老师的意愿做的。③ 只

762　要我们认真尝试按这些原则来建构数字低音,都会发现它们的效果,比我们发明的所有"自由"处理都要好。

　　这个原则,也适用于那些只有数字低音伴奏的乐章。如果巴赫在这些段落只列出器乐演奏的数字低音,以及管风琴演奏的高音声部,这并非意味着他懒得为其他乐器写作,而是因为数字低音如此重要,又如此独立,以至听众的注意力需要专注于此,不能被任何其他乐器声部分散。不

---

　　① 罗赫利茨,《致音乐艺术之友》(*Für Freunde der Tonkunst*),第二卷,第 375 页及以下。

　　② 罗伯特·弗朗茨在致汉斯立克的公开信中,表达了同样的观点。他及其后继者正是根据这个原则,来写作他们的钢琴改编版本的;直到不久之前,为巴赫作品伴奏的管风琴家,仍然把它奉为教条。如果你想在弗朗茨的论文中找到有关"改编"的各个原则的清晰解释,那你一定会非常失望。问题的要害根本没有被触及;在此之外的一切疑问,都是按照亨德尔的情况,想当然地推导到巴赫身上来解决的——这一错误在今天仍然很常见。

　　③ 有关如何演奏数字低音的主要文献如下:一、安娜·玛格达莱娜的《钢琴小曲》中列出的原则(参见本书第 94 页,以及施皮塔,《巴赫生平》,卷 II,第 913 页);二、巴赫口述、彼得·凯尔纳(Peter Kellner)记录的演奏指示(参见本书第 190 页,以及施皮塔,《巴赫生平》,卷 II,第 915－950 页);三、盖博(Gerber)在巴赫指导下整理出的阿尔比诺尼小提琴奏鸣曲数字低音演奏法(参见本书第 190 页,以及施皮塔,《巴赫生平》,卷 II 末尾);四、基恩贝格在《音乐的奉献》中,以三重奏形式对数字低音作的展示。这个展示出自巴赫学生之手,它与从凯尔纳那里流传下来的原则一起,基本上构成了现存关于如何演奏数字低音的最权威文献。马特松,匡茨,以及埃马努埃尔·巴赫和蒂尔克各自的钢琴学派,也分别有一些文献包含了关于数字低音伴奏极富价值的信息。

过我们也应该留意：当数字低音被恰当地奏出时，高声部的旋律是多么简洁而美丽！很可惜，这些乐章在现有的钢琴版本中，被严重歪曲了。

在合唱乐段中处理数字低音，受到一个因素的影响：今天的乐队和合唱团，与巴赫时代不一样；现在的乐队和合唱团都要大得多。如果我们按正常比例演奏数字低音，它会显得太强；如果奏得太弱，它又无法发挥应有的效果。在我们确定合唱团与乐队融合的恰当比例之前，需要长时间的实践试验。当然，现时巨大的乐队和合唱团规模，给现代管风琴家造成的问题，与巴赫的管风琴家遇到的问题不一样。解决问题很大程度上取决于他们的配合。比起巴赫时代的管风琴家，他们有一个优势，即可以事先研究总谱中的管风琴声部。在第一次排练进行之前，指挥家与管风琴家对于数字低音伴奏在合唱乐段中的角色，需要达成彻底的共识。

每当出现数字低音，管风琴家都需要演奏——这意味着有乐队伴奏的众赞歌和宣叙调段落，也需要管风琴的参与。如果管风琴的和声得到非常严谨的处理，听众就不大会分辨出它来，也不大会意识到管风琴的参与；即使如此，管风琴也是必不可少的，因为它构成了支撑乐队和声的基础，不但有助于营造稳固和持续的感觉，而且还赋予声音一种特别柔软的色彩。

很遗憾，现时管风琴的发音对恰当的伴奏构成了阻碍；过度的风压造成了过于沉闷的音色，它既与人声不匹配，也与乐队不匹配。[①] 管风琴的音色，应该作为柔软的和声基础，在它上面，各个固定声部可以自行组合。而现在的情况是，管风琴模糊甚至消除了这些线条。如果有机会在一台好的齐尔伯曼（Silbermann）管风琴上，伴奏一首受难曲或者康塔塔，我们就会意识到，现代管风琴是多么不合适。在今天的乐器上，需要经过长时间的实验才能够找到一些音域，经过恰当的组合，能够奏出符合要求的音质。我们常常听到的管风琴伴奏，实在是很彻底地歪曲了巴赫的音乐。所以，如果"改编"理论的支持者们用乐队来取代厚重的管风琴，只是偶尔

---

① 有关现代管风琴总体上不适用于巴赫音乐的问题，已经在本书第 256 页及以下讨论过。

使用到后者(而且往往还把它演奏得很沉重),也是情有可原的。

在独唱乐段的伴奏中,我们需要考虑到如下的不足之处:伴奏用到的扩展键盘(Schwellkastenklavier)安放的位置很高,而且在后面,离舞台上的独唱家和乐队非常远,这不但让两者无法协调,也让音色无法融合。所以在大规模的演出中,演奏到宣叙调和咏叹调时,需要用放置在乐队中间的小型单键盘管风琴,代替大型管风琴。需要记住,巴赫为独唱伴奏时使用的主管风琴键盘,位置是延伸到教堂唱诗台之外的。

764　　　用簧风琴(Harmonium)取代旧式简易单键盘管风琴的建议,是绝对不可接受的。巴赫要的是管风琴宽广的音色,以及那种轻柔的高音。难道我们要用音色狭窄、带鼻音的簧风琴,也即由金属簧片振动发声的风琴,取代具有合适管道的风琴吗![①]

虽然现时能见到的简易管风琴,是唯一具有历史渊源的本真乐器,但它的音色表明它实在不适用于演出。我们不禁会猜测,管风琴建造者唯一的目的,无非是想证明一台微型乐器,可以奏出多么粗糙沙哑的音色。其实,如果他们有机会重新以齐尔伯曼的发声方式建造简易管风琴,人们一定会感到吃惊:它精致的音色,多么适合于为独唱家和乐队伴奏,多么完美地稳定持续!如果有需要,带有八英尺低音音栓和八英尺萨利音栓(salicional)的单键盘简易管风琴就足够了。最理想的是使用双键盘的乐器,第一键盘有十六英尺低音音栓和八英尺主音栓;第二键盘有八英尺低音音栓、八英尺萨利音栓和四英尺长笛音栓。值得一提,简易管风琴其实不比簧风琴贵多少。[②]

还有一个问题,几乎比和声更重要,那就是如何突出低音声部。与别的作曲家不同,对于巴赫来说,低音并非仅仅是和声的基础线条;它同时是必不可少的声部,必须让听众对它的细节,像对其他声部一样,有清晰

---

①　很遗憾,连盖瓦尔特(Gevaert)和塞弗(Seiffert)这样的古代乐器专家,都支持使用簧风琴。

②　今天的简易管风琴必须配上一个威尼斯强弱音器,这样才能够进行渐强和渐弱处理。同时需要一个踏板。阿尔萨斯的管风琴建造厂家达尔斯坦与哈普佛(博尔申)提供上文提到的那一类简易管风琴,采用齐尔伯曼发声方法:单键盘管风琴售价 70 英镑,双键盘管风琴售价 140 英镑。第一键盘有八英尺主音栓;第二键盘有八英尺低音音栓和八英尺柳式音栓的双键盘管风琴,一台售价 120 英镑。

的感知。在教堂或者音乐厅里,听众要不是完全听不见低音声部,就是只听到断断续续的片断;指挥家和管风琴家负有主要责任,他们对这方面太不在意了。我们的大型乐队和合唱团,增加了表现低音声部的难度。我们怎样才能在低声部中,创造出真正配得上高声部的显著效果? 不能通过增加低音提琴的数量来实现;乐器数量太多,或者演奏得太强,都是不利因素,因为这样会制造一种奇怪的嗡嗡声。我建议增加大提琴的数量,并用巴松管加强效果。有时候,用几把中提琴在高八度演奏,也非常有效,而且比高音大提琴好得多。但是,在大型合唱团和乐队中,这一切措施都不足够;音色仍然缺少必须的稳定性。

巴赫声乐作品的编排者,已经敏锐地意识到这个问题了,并尝试用低音铜管乐器解决它。但是,只有当巴赫写出很平静的低音部分时,这种办法才有效;而巴赫很少这样写作。即使这种情况下,铜管乐器仍然显得太沉重了。唯一的解决办法是在管风琴低音域使用哨管音栓;正是在这里,管风琴发挥了作用。只有当弦乐和管风琴哨管音栓一起演奏低音数字的时候,后者才会获得一种足够饱满的音色,从而既与声乐和乐队的高音声部达到平衡,又不显得突兀。

所以,恰当地处理管风琴声部,需要让左手在一个较强的键盘上,以正确的分句方法,逐个逐个音符演奏低音声部,而右手在较轻柔的键盘上处理数字低音。这是传统做法;具体的实践也证明它是恰当的。踏板本身在伴奏中并非必不可少。但是,一个优秀的演奏家自然会用到它,并通过它找到很多机会展示自己的灵巧手腕。例如,如果他想以恰当的力度,表现一段合唱曲的低音声部,他会使用三种低音音色——在只有乐队的乐段中用一种;在合唱和乐队一般的合奏段落,用相对较强的一种;在强奏乐段用更强的一种。他会在主键盘上奏出一种低音,用踏板奏出另一种;通过键盘或者踏板,或者两者加起来,以达到三个低音的各种混合模式——当两者叠加使用的时候,无论是用左手加上双脚演奏,还是双手演奏,效果都一样。这种低音的音色差异,并不是巴赫时代管风琴家所想要的;我们是为了应对现代乐队的规模,才需要它。当然,演奏家也可以在这些情况下用到踏板——例如在众赞歌康塔塔中,他或她需要奏出定旋

765

766

律,或者需要在大管风琴上奏出和弦,表现特殊的效果,或者需要在两个不同的键盘上奏出和声,以加强某个声部。

但是,管风琴家必须时刻谨记,他(她)是唯一负责恰当地表现数字低音的人;任何管风琴家,只要演奏过《圣马太受难曲》中的众赞歌合唱"人啊,为你深重的罪孽哭泣吧"中的数字低音,都一定会清楚这个任务所要求的各种组合,以及个中困难。

需要注意,不能让音色太沉闷。巴赫的数字低音是按照八尺音栓构思的;所以,过多使用低音提琴和十六尺音栓会令效果很糟糕,因为它们会让声部听起来像是低了一个八度,并让它与高一个声部的中提琴之间,出现了距离。所以,八尺音栓自始至终需要使用,即使在有踏板的段落也一样;十六尺音栓则用一到两个就足够了;左手演奏的键盘上,往往一个都不需要。① 另一方面,我们不能忘记,从巴赫的配器可以看出:在"强奏"的低音声部,两到三个好的四尺音栓会产生极好的效果。如果混合音栓和簧片音栓的效果好,我们也应该大胆使用。总的来说,我们的理想是要一种清晰凝练、而不是厚重的音色;即使只为了精确的目的,这也是值得的。

演奏咏叹调的时候,我们同样需要两种不同的低音音色——一种供全奏乐段使用,另一种供伴奏乐段使用。还要考虑到是否使用十六英尺低音音栓。我们必须记住,如果低音声部包含很多持续的长音符(例如在宣叙调中),那么十六尺音栓很容易会显得突兀,从而在低音声部与和声声部之间,营造一种令人不快的间隙。而一个好的八英尺低音音栓,在低八度往往效果更好。无论如何,管风琴的低音必须不能停止,即使在独唱乐段也是如此;如果它的演奏停止了(虽然它演奏的时候我们未必意识到),大提琴和低音提琴的演奏也要跟着停止,因为此时后者就失去了支撑。

只有低音乐器和管风琴伴奏的乐段,往往被演奏得很差,原因是缺少

767

---

① 比如在《我主上帝是坚固的堡垒》(第 80 首)的第一段大合唱中,低音应该只用八尺音栓来演奏;只有当低声部定旋律进入的时候,才需要用到十六尺音栓。康塔塔《你要爱主你的神》(第 77 首)的开篇大合唱中,我们从巴赫标注的谱号可以看出,除了定旋律之外,整个低音部需要用八尺音栓来演奏。毋庸赘言,当定旋律在低音声部进入时,必须由一把长号来加强效果。巴赫在管风琴旁安排了一位长号手,以帮助演奏这些段落。

了四尺音栓——它是营造清晰和明朗效果不可或缺的因素。根据流传下来的某些分谱，以及总谱上的各种标记可以知道，巴赫在这些段落中使用中提琴，或者中提琴加上小提琴，来支撑低音大提琴和大提琴；在全奏段落则一定如此。如果我们在只由通奏低音伴奏的大部分独唱段落中，遵守这个原则，大致上不会错。①

在巴赫亲自指挥的演出中，似乎一旦独唱进入，低音维奥尔琴就会停止演奏，直到全奏时才重新加入进来。② 但我认为，如果我们有一到两把好的低音提琴可从使用，则不妨让它们以弱奏加入进来演奏。

在很长一段时间里，人们以为用低音提琴和大提琴来伴奏宣叙调，是迂腐的做法。很多人曾经尝试弃用这些乐器，例如在福音布道者演唱的乐段中；但最终他们都不得不重拾过去的方法，因为单凭管风琴的低音，就算在简单的和弦行进中，都实在不足以做到清晰和准确。低音声部不允许有抑扬的处理。在咏叙调段落的八分音符数字低音中，加强大提琴，能够获得很好的效果；恰当地使用的巴松管往往也能令演出增色不少。

在《我愿意背负十字架》(第 56 首)这样的康塔塔中，我们可能会意识到通奏低音伴奏停止时产生的缺失感；它常常在音乐厅中配上簧风琴来演奏。从《圣马太受难曲》的总谱上可以看出，在耶稣的宣叙调中，弦乐随着管风琴一同进入，并与它一同持续演奏；如果我们在这里不遵从巴赫的意愿，我们必须考虑到只通过弦乐器维持的和弦那不安的、奇怪地飘忽的特质；最轻柔的低音音栓或萨利音栓(在乐队全奏中轻柔得听不见)，能够赋予它们以全新的质感——既轻柔得多，也更整齐划一；这又完全不会增强伴奏的音量。

768

---

① 　在康塔塔《苍穹诉说着上帝的荣耀》(第 76 首)的咏叹调"憎恨我吧"中，古大提琴与低音乐器一同演奏；在康塔塔《来临吧，外邦人的救世主》(第二版，第 62 首)的咏叹调"斗争吧，胜利吧，强大的英雄"(Streite, siege, starker Held)中，巴赫写下了"小提琴与中提琴始终在通奏低音段落中演奏"。这个标记的重要性在于，它是因为"始终"这个字眼才被加上的；很显然，在这些段落中，小提琴和中提琴需要参与通奏低音声部，但不应该一直参与，也就是说到了"弱奏"段落，人声进入时，它们就应该停止；所以巴赫才这么标记。

② 　例如，我们有可能从《上帝所行的一切都是好的》(第 100 首)的女中音咏叹调中，获得具有历史真实性的信息。巴赫关于这一问题的原则，在《啊，美丽的一天》中得到最全面的展示；这部作品中到处可见"使用小提琴演奏"和"不使用小提琴演奏"的标记。

伴奏管风琴家的演奏常常太不精确了。在合唱和乐队停止之后，我们仍然能听到管风琴的声音；在咏叹调和宣叙调中，它也总是出现得太迟。但是，演奏家却觉得自己非常精确。他忘记了自己的低音声部，在演奏低音声部的时候，必须稍微放慢；而且乐队最前端的部分和管风琴之间的距离，造成了时间上的不一致；考虑到我们合唱队的规模，这种不一致往往很严重——更不用说，大部分的管风琴家并不是随着指挥，而是随着自己的耳朵来演奏的。这样一来，就会双倍，甚至三倍地增加出错的机会。只有当管风琴家一丝不苟地遵从指挥家打的拍子，而且注意做到总是稍提早一点按琴键，并稍提早一点松开，才可能实现精确的伴奏；管风琴家永远要想象自己无论是开始还是停止，都快了一点；如果他自己听起来觉得正确，那就可以肯定，管风琴在大厅中一定是慢了。

要全面地实现巴赫音乐的效果，必须恰当地表现出固定声部的和声基础以及固定声部本身，所以在排练时，指挥家和管风琴家需要仔细了解大厅在不同位置的音响效果。如果不做这一步的话，他们只在自己的位置，是无法判断各个声部音量的相对强度的，所以往往会对音乐的真正效果产生错误印象。要想知道自己演奏的音响效果是否正确，管风琴需要在排练过程中暂时把位置让给学生，离开自己的座位到处走走；这样他们会获得极有价值的经验，并领悟到最微小的细节往往是最重要的。恰当的音色有可能取决于一个轻柔的四英尺音栓的开关，虽然有没有它似乎都显得微不足道。

对于好的演奏家来说，最好的管风琴分谱，可能是一份钢琴改编谱，因为上面标有他们需要演奏的低音数字和主要线条。不过他们也必须记得把低音的问题改过来，否则就很容易会在每一首康塔塔中，不自觉地奏出好多错音。如果有经验，管风琴家就能学会不通过一连串混杂的音色组合，而是通过各种力度和音色的细微变化的精细过渡，来获得预期的效果。在宣叙调中，如果和弦的音量比人声要大、感觉要厚重，会造成很坏的影响。管风琴的伴奏，往往关乎演奏者的性格。如果性格执拗而不加思考，则通常会犯错误；正确的效果来自乐于深思而考究的性格。

下面是一些最常上演的康塔塔——第 106 首、第 21 首、第 80 首、第

140 首、第 56 首、第 79 首、第 26 首、第 67 首。

　　其他一些作品,虽然同样出色,却极少甚至从来没有上演。布赖特科770
夫和黑泰尔出版社,由于没有市场需求,所以未出版很多精彩的康塔塔。
这种对待巴赫作品的不均衡状态,源于很少有作曲家拥有作品总谱全集,
所以只能随意选择;有人坚持演奏那些经过改编后出版的康塔塔,或者那
些自己曾经听过、在节目单上看过的康塔塔。[①] 有时也会出现这种情况:
合唱指挥因为无知而作出了错误的选择,为一个并不太专业的合唱团,选
择了一部难度太高的康塔塔,因为他们根本不知道相对容易的作品。 又
或者,他们面对的听众对巴赫所知甚少,而所选择的康塔塔非但没有增加
他们对巴赫的喜爱,反而吓怕了他们。 当然,选择康塔塔时,也需要考虑
到文本的质量。

　　下面的作品列表,不求完整,但有助于人们作出恰当的选择。我只列
出整体上效果理想且歌词也令人满意的作品。

　　特别适合于演奏的康塔塔包括:第 161 首、第 182 首、第 70 首、第 184
首、第 105 首、第 46 首、第 8 首、第 19 首、第 95 首、第 102 首、第 25 首、第
43 首、第 42 首(其中部分的宣叙调需要删掉,第一手咏叹调的中间部分
需要重新作词)、第 50 首、第 187 首(这一首的歌词写得很好)、第 41 首
(需要使用很大型的合唱团)、第 91 首、第 124 首、第 10 首、第 115 首、第
114 首、第 116 首。

　　下面这些则是既易于演奏,又容易受欢迎的:

　　第 131 首、第 142 首、第 61 首、第 64 首、第 9 首、第 37 首、第 122 首、771
第 38 首(应该删掉咏叹调"我聆听",这是从另一首作品中借来的)、第
135 首(应该删掉男高音咏叹调,这可能也是借来的)。

　　而这些康塔塔,则适合于那些音乐素养高,但不熟悉巴赫作品的
听众:

　　第 76 首、第 65 首、第 23 首、第 73 首、第 104 首、第 103 首、第 123 首、
第 111 首。

---

　　① 　参见伏格特在 1906 年《巴赫年报》上的评论,第 2 页以下。

独唱康塔塔中,下面这些值得一提:

第 155 首、第 189 首、第 153 首(这一首非常流行)、第 154 首、第 83 首(歌词写得非常好)、第 86 首(易于理解,歌词很好)、第 166 首(易于理解,歌词很好)、第 157 首、第 159 首、第 82 首、第 51 首、第 53 首、第 55 首、第 89 首、第 88 首、第 85 首、第 87 首、第 57 首、第 151 首、第 32 首、第 13 首、第 90 首、第 189 首(短而简单)、第 158 首(非常简单,伴奏只需一个通奏低音和一把小提琴)、第 60 首(第二版)、第 58 首(第二版)。

我希望,这些名单不但对合唱指挥有用,也能对懂得演唱的业余音乐爱好者有所启发,他们可以帮助把这些作品介绍到家庭中。在门德尔松的时代,这些作品在小范围内演奏,常常使用中等规模的合唱团,带有钢琴伴奏;通过这种模式,很多人开始了解属于自己的巴赫。很可惜,正当现在人们可以以低廉的价钱很容易就买到巴赫的康塔塔时,这种做法却停止了。很少有哪个业余爱好者,手上除了邻居演唱过的康塔塔之外,还拥有别的康塔塔;现在的业余歌唱家等待巴赫的咏叹调曲集出版,而不想要任何完整的康塔塔,这其中可是包含着最适合他们嗓音的、最优美的咏叹调啊。① 即使很多专业歌唱家,对于有关作品也只有有限的了解。如果最终的结果是,康塔塔获得公开演出的机会,但同时在家庭私人演奏中绝迹(一个世纪之前,对于巴赫音乐的热情正是这样燃起来的),那么我们只获得了一半的胜利。可能巴赫音乐的命运里面,最好的情况是,他为世界提供了一种家庭中的宗教音乐,虽然这一点他自己做梦也没有想到。由一台钢琴伴奏、几个歌手演唱的康塔塔,可能并不完美;但只要参与演

772

---

① 在这方面,上面提到的独唱康塔塔应该被首先考虑。其他值得一提的包括第 25 首、第 31 首、第 52 首、第 68 首、第 72 首、第 94 首、第 115 首、第 127 首、第 133 首、第 146 首和第 149 首——它们包含了尤其精彩的女高音乐段;第 20 首、第 108 首、第 114 首、第 115 首、第 125 首、第 148 首、第 161 首和第 187 首,有分外优美的女低音唱段;第 1 首、第 19 首、第 22 首、第 48 首、第 65 首、第 75 首、第 85 首、第 91 首、第 95 首、第 96 首、第 114 首、第 123 首、第 124 首、第 161 首、第 172 首和第 180 首有精彩的男高音唱段;第 27 首、第 46 首、第 66 首、第 69 首、第 73 首、第 75 首、第 104 首和第 145 首则有极动听的男低音唱段。女低音和男高音精彩的二重唱,可以在第 63 首、第 80 首和第 111 首中找到;女低音和男低音二重唱见于第 106 首;女高音和男低音二重唱见于第 140 首和第 152 首;女高音和女低音二重唱则是第 172 首、第 184 首和第 186 首。

奏和演唱的人都真正发自内心去感受作品，就一定能体会到作品的美感，他们的灵魂也会比聆听最完美的演出，获得更多的涤荡。

获得上演机会的康塔塔，数量之所以这么少——尤其是在教会合唱团体中——有时候是出于经济原因。巴赫采用四位独唱这种几乎固定不变的习惯，使得作品的演出花销不菲。但是这其实不应该成为障碍。只用两个、甚至一个独唱家，也能实现很不错的康塔塔演出。同一首作品里的各个分曲，各自之间的联系往往非常松散；所以，其实不妨从四到五首具有内在精神联系的康塔塔的合唱和独唱乐段中挑选出合适的分曲，组成一首理想的康塔塔，其中的独唱和二重唱，只需要某些特定的人声——比如女低音配上男低音，或者女高音配上男高音。这类演出的艺术层次，比平时常见的、不顾歌词联系将三到四首康塔塔强行凑在一起的做法，要高多了。

当然，有一系列的康塔塔，必须按照原貌演奏，因为它们由完整的宗教性的"思想戏剧"构成。另外还有几十首康塔塔，实在没有多少内在统一性，其文本的质量也很不平均，以至完整的演奏只会暴露它们在文字上的各种缺陷。

至于由几部康塔塔拼凑而成的作品，大合唱和众赞歌会比独唱曲更突出，总体的风貌也会比单一的康塔塔更丰富、更多变化；这不应该被看作缺点。至少，它们摒弃了诺伊迈斯特枯燥无趣的康塔塔形式（巴赫采用它，是因为除此之外别无选择），回到了古时候德意志丰富多彩的康塔塔传统。

无论如何，全世界有见识的艺术家，都应该接受这个原则：当几首康塔塔一起上演时，它们各自的歌词之间应该具有某种联系；另外，即使在今天这个信仰缺位的时代，我们的曲目安排也不应该和很多地方一样，完全罔顾教会年历的因素。只有当这种对宗教和仪式的不尊重逐渐被抛弃，像巴赫的音乐这样的艺术才会获得应有的地位。可能到了以后，巴赫的音乐会根据季节来安排上演——万灵节、基督降临节、圣诞节、新年、主显节、受难日、复活节或五旬节。圣三一节系列康塔塔可以根据诗歌和宗教思想进行分组，又或者与其他节日康塔塔组合演奏。

773

巴赫的康塔塔其实包含了很多种类,比人们想象中教堂合唱团所能表现的简单礼拜音乐要丰富得多。其实,可以在简单的礼拜仪式中更多地使用巴赫的音乐。对于包含经文歌式的合唱曲的康塔塔,尤其如此:如第 2 首、第 8 首、第 12 首、第 28 首、第 37 首、第 38 首、第 64 首、第 116 首、第 118 首、第 121 首、第 144 首、第 150 首和第 179 首;如果条件有限,可以只用管风琴伴奏,或者再添上非常简单的乐队。

774　　其他简单的合唱有如下这些:

第 12 首的“哭泣,哀叹,忧虑,恐惧”、第 23 首的“主啊,所有目光都在等待着你”、第 101 首的“信实的上帝,拿去我们所有……”、第 121 首的“新生的婴儿”、第 124 首的“我不会离弃我的耶稣”、第 131 首的“我的主,我从深处求告你”、第 142 首的“我愿赞美上帝之名”(*Ich will den Namen Gottes*)、第 161 首的“如果这是上帝的旨意”(*Wenn es meines Gottes Wille*)、第 173 首的“至高的上帝,触动我们的灵魂吧”(*Rühre,Höchster,unsern Geist*)、第 182 首的“我们去往欢乐之地撒冷吧”。

除此之外,还有一些简单的或者是只标注数字的乐队伴奏众赞歌。其中的佼佼者出自这些康塔塔:第 1 首、第 15 首、第 22 首、第 23 首、第 24 首、第 29 首、第 33 首、第 46 首、第 75 首、第 76 首、第 79 首、第 98 首、第 99 首、第 101 首、第 105 首、第 107 首、第 109 首、第 113 首、第 124 首、第 133 首、第 138 首、第 142 首、第 147 首、第 167 首、第 171 首、第 172 首、第 173 首、第 186 首和第 190 首。在康塔塔第 31 首、第 41 首和第 100 首中,众赞歌伴奏中的木管声部非常简单,所以可以由管风琴替代。在礼拜仪式中演奏时,可以用乐队伴奏,齐唱众赞歌旋律;可以由几个优秀的男童歌手演唱。这类乐段可以在如下康塔塔中找到:第 6 首、第 36 首、第 51 首、第 85 首、第 86 首、第 92 首、第 95 首、第 130 首、第 140 首、第 143 首、第 166 首和第 178 首。

另外,还有很多简单易唱的独唱段落,非常适合用于教会仪式,比如:第 20 首中的男高音与女低音二重唱“噢人子”(*O Menschenkind*)、第 33 首中的男高音与男低音二重唱“上帝,你的名字是爱”(*Gott, der du die Liebe heißt*)、第 36 首的女高音和女低音二重唱“来临吧,外邦人的救世主"、第 124 首的女高音和女低音咏叹调"我的心，快点远离尘世"、第 130 首的男高音独唱"噢，基路伯的王"、第 164 首的女高音和男低音二重唱"未合拢的双手"(*Händen, die sich nicht verschliessen*)①、第 182 首的男高音独唱"耶稣，让我跟随你，不论幸福与痛苦"、第 185 首的女高音和男高音二重唱"永恒之爱的仁慈之心"(*Barmherziges Herze der ewigen Liebe*)，第 187 首的男低音独唱"所以不要忧虑"(*Darum sollt ihr nicht sorgen*)、第 190 首的男高音和男低音二重唱"耶稣应该是我的全部"(*Jesus soll mein alles sein*)。

很多二重唱和三重唱非常简单，以至恰如上文所说，它们的每个声部可以安排几个歌手演唱，比如：

第 10 首的女低音和男高音二重唱"他想到仁慈"(*Er denket der Barmherzigkeit*)、第 37 首的女高音和女低音二重唱"我主上帝，我的天父"(*Herr Gott, Vater*)、第 38 首的女高音、女低音和男低音三重唱"当我的哀伤……"(*Wenn meine Trübsal*…)、第 78 首的女高音和女低音二重唱"我们以虚弱但奋发的步伐快速前进"、第 79 首的女高音和男低音二重唱"请永远不要再抛弃我"(*Gott, ach Gott, verlaß die Deinen Nimmermehr!*)、第 116 首的女高音、男低音和男高音三重唱"啊，我们为罪忏悔"、第 122 首的女高音、女低音和男高音三重唱"倘或与神和解"(*Ist Gott versöhnt*)、第 150 首的女低音、男高音和男低音三重唱"如同风引领松树……"(*Zedern müssen von den Winden*…)。

当杰出的巴赫协会版正在编辑时，人们预计主要的购买者将会是教堂的合唱团；但事实并非如此。这些合唱团也并未如我们期望的那样，在演出康塔塔的方式上做出改变。这主要是因为指挥家们有个错误的观念，即巴赫的作品不能按原样演奏；他们翘起腿来，坐等全部的"演奏用"乐谱出版。我不相信他们会继续固执这种偏见；从塞弗(1904 年《巴赫年报》)和伏格特(1906 年的《巴赫年报》)的文章中，他们应该懂得，其实可以根据乐谱自己编排实际演奏的版本，以适应合唱团的能力和规模。总

775

---

① 　原书误作第 173 首。——译注

体上看,这类文章讲述作者的经验,对研究和演奏巴赫的音乐提出建议,这正是我们当前最需要的东西。还有很多巴赫专家,也应该加入到《巴赫年报》对这个问题的讨论中来。如果一个像克雷奇马尔(Kretzschmar)这样的实践性美学家,能够挑出十来首康塔塔,从方方面面的细节详细讨论对它们的研究,以及如何用中等规模的普通合唱团上演它们,那么,我们有什么问题不能解决的呢?

我们当然不能希冀,在巴赫作品演奏的所有问题上,人们都能达成绝对的共识。我们仍然处于实验阶段。但是如果人们能够参考别人的经验,检验它们,从而形成自己的观点,并向前推进,那么我们就有可能获得普遍适用的原则,这是全面研究的成果。如果不进行这种探索和讨论,就不会有进步。要找到正确演绎巴赫作品的方法,只能通过目标明确的艺术实践。

但是,即使我们对技术问题达成了原则上的一致,在艺术观念上仍然会存在很多分歧,我们必须注意到这一点。这不仅仅有我们自身的原因,也有巴赫作品本身的因素。一位杰出的巴赫专家曾说,"巴赫是一个双面人;他一面朝向古代的建筑性结构,一面朝向未来,朝向内在语言中最自由的主观性。"①一方面,我们禁不住要对巴赫进行"现代化";另一方面,经验又引领我们回过头来,努力表现出他的建筑形式。如果人们强调他身上的现代因素或者形式因素,会分别得到不同的巴赫。

盖瓦尔特说"巴赫的音乐,就像福音书一样:我们通过马太、马可、路加或者约翰来了解福音书;福音传道者之间说法的差异很大,然而,'福音书'是由他们传递给我们的;任何找寻福音的人,都能在他们身上找到,也可以把它再传达给别人。巴赫的音乐也一样;唯一需要注意的是,我们在这些音乐中找寻的是巴赫,而不是我们自身;同时,我们要保持一种虔敬,要意识到自己贡献给世人的东西,不仅仅具有艺术价值,而且具有灵魂和精神上的意义;这样,我们就能表现出真实的巴赫,无论我们表现的手段

---

① 冯·吕普克就巴赫的美学问题致本书作者的信。

是多么千变万化。"①

巴赫音乐的效果,并不取决于演奏的完美程度,而在于其精神性。门德尔松、舍尔布勒(Schelble)和莫泽维斯这些率先为康塔塔和受难曲带来新生命的人,就能够做到这一点,因为他们不仅仅是音乐家,而且是真诚而具有深挚情感的人。只有当一个人沉浸在巴赫的情感世界里,与他一同生活、一同思考,与他一样淳朴实在,这个人才有可能恰当地表现巴赫的作品。如果指挥家和演奏家感受不到一种净化的圣洁情怀,他们当然不能把这种情怀传达给听众;某种冰冷感会附着到音乐中,剥夺其最重要的元素。1845年,当莫泽维斯尝试唤起世人对巴赫康塔塔的兴趣时,他在其文章的结尾说"有一点是我们非常需要的"——可能当下的我们更需要它——"一种内在的精神上的协和,对演奏巴赫而言绝对不可或缺;合唱队中的每一个歌唱家,不但要在技术上透彻掌握作品,而且要自始至终保持一种精神力量。"

希望这种深刻的见解,能够触动世界每个角落的人心;这样,巴赫才能帮助我们在这个信仰缺失的时代,找回精神的归宿和情感的安顿。

---

① 摘自盖瓦尔特致本书作者的信。

译后记

    2008 年的秋天，我刚考上研究生。选的专业是西方哲学，那时一心想继续读书，却还没有明确的方向，苦于在杂多的兴趣之间取舍。某天傍晚，我在校道上遇到刘小枫老师，遂上前向他请教，望他能指点迷津。

    面对本专业的老师，理所应当是请教学业的好机会，我却不由自主地将话题引向音乐。记忆中刘老师的旧文常谈及音乐，一些让我印象深刻的段落也多与音乐相关，纵使紧张，我还是鼓足劲把我心里好奇的问题统统抛了出来。未料到老师谈兴更浓，昔日旧事娓娓道来，所有细节他都记得清楚，对各种问题的把握也毫不含糊。他对我说，年轻时特别迷音乐，如果不是入了这行，总觉得自己是要去读音乐学院的。我坦承自己想做些和音乐有关的事情，又怕有"荒废正业"之嫌，请老师给我指引方向。他思索片刻，便郑重地对我说："我 20 多年前读到一本书，施韦泽写的《巴赫》，很喜欢，一直想将它翻译出来，却没有合适的机会。你替我完成这个心愿，将它译成中文吧。"我有些吃惊，因为这本书篇幅很大，内容庞杂，而且在巴赫研究领域貌似有着举足轻重的地位，我担心让老师失望。老师却信心满满地鼓励我道，施韦泽写这本书时，也才 20 多岁，你既然喜欢，就径直去做，边译边学，把巴赫的音乐弄清楚，对西方音乐史也就有个基本的把握了。

    就这样，我和施韦泽的《巴赫》结下缘分，也顺利成为刘老师的学生。老师建议我，一个人工作量太大，可以找一个同好一起做。其实，在老师给我布置任务时,我就已经想到,一定要找广琛来和我共同完成。

我和广琛是高中同学,在未谙世事的年纪,漫无边际的聊天,就已发现彼此有相近的性情和共同的爱好,顺理成章地成为好友。高中时代我们常在周末相约去逛书店和唱片店,对每个未知的领域无限好奇,热情而认真地讨论我们感兴趣的话题,对未来将临的可能性满心期待。求学的路漫长,自高中毕业我们各奔东西,从本科读到博士,彼此都经历数次升学,辗转多地,一晃已十数年。是运气也是缘分,我们有幸结伴行至如今。

接到《论巴赫》的翻译任务,是我们本科毕业开始读研的时候,现在想来,应是求学路上重要的时间点。我们面对的道路似乎朝着一个全新的方向开启,那种厚重的存在感至今仍清晰可忆。此前憧憬已久的美好愿景,即将变成需要郑重其事付诸行动的实事,踌躇满志之余亦未免诚惶诚恐。我常常在想,为什么是巴赫。听遍各个时期的音乐,最敬畏的就是他的创作,历代赋予太多的意义和美誉,有如高山和神明,我从不确信自己能完全听懂。我们自身的礼乐传统和他以及他之后的整个时代相距如此之远,如何能够准确地把握到这些作品的精髓?广琛笑言,何尝要挠破头皮,有那么美好的音乐,听还不够吗?不论及任何意义,巴赫音乐本身从听感上已是美不胜收,气象万千,趣味无可穷尽。要想深切其堂奥,最浅显又最易拾得的功夫,就是将自己的身心完全浸润其中。

于是我们便开始逐部作品聆听和逐字逐句对照翻译的漫长旅程。有两年多的时间,我搜集了大量的巴赫作品录音,也通过图书馆和互联网翻看了各个时期不同版本的曲谱,施韦泽书中提到的各种文献,我都尽可能地找来阅读。一开始着手翻译时不明就里的许多细节,经过长期的推敲,已若能和著书者会心一笑,通过施韦泽的指引,老巴赫的面容和创作的机锋在我脑海中不断变得清晰,每天翻开书本播放音乐开始工作,诚如安静地坐在托马斯教堂里,等待老巴赫的诗班开始一场虔诚的祈祷。

施韦泽对巴赫的兴趣始于他对管风琴演奏的修习,他的著作中大量引述巴赫的管风琴作品。在阅读施韦泽以前,我对管风琴这件乐器知之甚少,对巴赫的管风琴作品也非常陌生。曾有评论家认为,施韦泽这部作品对管风琴着墨太多,会磨掉很多普通读者的热情。一开始我也有同感,但是抱着在巴赫音乐世界中遨游的宏愿,同时也是基于对译事的负责,我决定花点功夫琢磨管风琴方面的内容。为此我阅读了关于管风琴建造和演奏的文献,专门写信给管风琴厂商和演奏者请教问题,还特意跑到几座教堂和音乐厅一睹这件庞大乐器的真容。经过这番折腾,我大概能体会到施韦泽对管风琴的巨大热情,以及他对巴赫管风琴作品如此重视的原因。

在施韦泽看来,巴赫的声乐作品要比他的器乐作品,无论对于当时还是后世,在理论还是实践上,都具有更加厚重的意义,而他的管风琴创作正好是连接声乐创作和器乐创作的命门。尤其是管风琴的众赞歌前奏曲,通过一首简单的曲子,能把余后将要呈现的各种声乐和器乐乐段的细节和动机,悉数交代或暗示出来。坐在管风琴前的巴赫,掌控着他的音乐世界的全部机关和要素,通过管风琴的"指挥",将乐思遍布到他的全部作品中去。巴赫在管风琴演奏和调试上均是当时无与伦比的大师,即便在后世亦恐难有人及。管风琴这件乐器的全面、丰富、复杂,能将巴赫在创作上力图包罗万象、诠释一切、穷尽一切的理念完美呈现出来。如此一说,施韦泽站在管风琴家的视角理解巴赫和其创作就显得很有说服力。

于我个人的感受而言,如今可听到的多数管风琴作品录音都难以说服我的耳朵,我一直觉得是我修炼未够。按照施韦泽的看法,管风琴受制于制作、安装,建筑的空间、回响等多种因素,每一台琴、每一个声场都是特殊的、难以复制的。现代的管风琴,尤其是电鼓风的管风琴,为了支撑庞大场馆的音量,声音普遍都过硬、过糙,总有低音太重、高音太尖等诸多欠缺,这都让施韦泽感到无奈和惋惜——或许这是演奏现代作品的需要,但对于巴赫这类古旧的作品,这种乐器及其背后的现代观念,实在是不合适。所有这些,在录音时的情形恐怕又更加复杂,更何况,施韦泽所说的这些"现代病",已是一个世纪以前的事情了。据施韦泽说,在他的时代,仍能在欧洲的一些教堂找到声音怡人的琴,一百年后的今天,这种沧海遗珠般的念想如何安置,在更长远的以后,每个追逐巴赫以及那个伟大时代音乐的爱乐人的耳朵如何"调教",就不仅仅是个技术问题,恐怕还是个悬而未决的美学和哲学的问题。

可以说,我在翻译的过程中,是硬着头皮把这些管风琴作品听下来的。从曲谱上能看出这些作品非常精彩,但声音实在不够讨喜,这确实是我们今天阅读施韦泽这部灵感出自管风琴的著作的一大遗憾。我以为,后世所有对巴赫的研究,包括其他相类的音乐研究,最终的取向,是要让这些作品能够更完美、更地道地被诠释出来。巴赫音乐中那高山仰止的和声和对位法不应只散发理念的光芒,它的美理应被更多人直观地感受到。巴赫的作品应该怎样演,怎么听,在今天,应该比以往的任何时代得到更加虔敬和郑重的思考——不仅是管风琴作品,还包括巴赫的其他作品,以及所有伟大音乐家的作品。值得庆幸的是,我们所处的时代,好像已经跨过那个"演奏各自的巴赫"的时代,回归到"演奏巴赫的巴赫"的集体共识中。这无疑是朝着正确的方向迈向未来,多让人欣喜。在过去若干年里,我听到很多精彩万分的新演绎,新生代的演奏家和乐团在迫近巴赫本原乐思和精神的路途上竞逐技艺,仿佛让人看到巴赫的音乐理想在不断走向完美和整全。

曾和一位资深的巴赫演奏家聊天,我问他对巴赫音乐的整体感觉是什么,他直截了当地说:"希望。"当时我未曾懂,翻译完施韦泽的书,完整的译稿沉甸甸地拿在手,"希望"这个字眼忽然涌上心头。想到施韦泽在人生最美好的年华就果断放弃雅致的艺术家和学者生涯,用在巴赫音乐和神学上修得的爱和希望奉献给非洲大陆的医疗事业,我似乎明白了巴赫对人类精神的共同意义。新世纪的人类共同面对着礼乐文明的交流与传统重建等大问题,巴赫的艺术理想再次燃起这人类精神走向大同的"希望",就让我们听着巴赫为后世千秋谱写的祷祝,在对位法中思考人类文明的交流、融合、超越的契机和可能!

回首这段旅程,我和广琛都深有感慨,尽管接手译事时就已对困难有着充分的准备,但在这6年多的时光里,我们共同经历了升学、毕业、出国等诸多生活和事业上的烦难杂事,一路走来确实不易,然而生活总是苦乐与共,波澜亦常切断思绪,唯有安坐书桌前译书听乐,才是对这般磨砺最大的奖赏。

译作最终能够完成并出版,我们要诚挚地感谢刘小枫老师的赐教和提点,他的希冀和信任促成这部译作的诞生,他对待学问不竭的热情、执着的毅力和总能让我们豁然开朗的点拨确保了我们的翻译得以稳妥行进并最终顺利完成。

感谢上海音乐学院的**杨燕迪**教授的厚爱与督促,尽管我们素未谋面,但他一直通过邮件给予我们很多建议和细节上的修正,他的专业素养让译文更加通达可信;感谢音乐人**刘洪**先生,他不厌其烦地通读了订正数次的译稿,尤其是烦难的音乐术语翻译和乐谱的校对,但凡我们有任何问题,他都能马上回复,热心、详细、从不拖延;更要特别感谢**陈曦**女士,她是北大德语系**谷裕**教授的高足,她精通德语,研究的又正是圣经赞美诗,她为我们处理文中涉及的所有宗教赞美诗文的翻译,她的译文准确而优雅,还耐心地将德文和中文逐句对照,让我们当初最感到担心的问题得到了圆满的解决,能找到如此合适的行家,也要感谢谷裕老师颇具慧眼的引荐;感谢德文编辑**温玉伟**先生,他耐心而细致地处理了德文翻译中的很多琐碎而又颇为复杂的细节,最大限度地减少了译文可能出现的纰漏和瑕疵;最郑重的感谢留给本书的责任编辑**何花**女士,她热情的持守以及毫不计较的付出,让我们知道一位优秀的编辑对这项事业何等重要,虽然她从未有一句抱怨,恐怕只有我们知道她在这项工作中承担着多么烦难和厚重的任务,我们向她表示最诚挚的敬意和感谢。最后谢谢我们各自的家人和共同的朋友,我们一路前行,却不曾与你们分开。

希望这部译作的出版能对国内的巴赫音乐研究起添砖加瓦之功,同时也让更多读者多收获一条认识巴赫艺术的路径。译文涉及繁杂细节,疏漏在所难免,一切文责当由我们二位译者承担,亦恳切期盼方家和读者不吝提出批评指正。愿所有热爱巴赫音乐的人都能在通向巴赫艺术玄极的路途中获得精神和灵魂的完善与满足!

何源　谨识

2016 年 7 月　盛夏的广州

人 名 索 引

巴赫作品索引

 (老)巴赫协会组织出版的巴赫作品全集收入包括沃尔夫冈·格雷泽尔新编排出版的《赋格的艺术》(Stich 和 Breitkopf & Härtel 出版社，莱比锡)在内的 47 期，共 60 册。每册可独立购买。巴赫协会发行该版本之前，作曲家所有管弦乐和所有声乐作品均已有独立总谱。

 Breitkopf & Härtel 出版社的协奏曲图书馆(管弦乐与合唱图书馆)所收藏的音频版中存有管弦及合唱作品，不仅收纳了全部的 199 首教会康塔塔、世俗康塔塔、受难曲和清唱剧，还有钢琴曲节选。

巴赫协会版全集　康塔塔目录

卷 7（BWV 31—40）

31. Der Himmel lacht，die Erde jubilieret
苍穹在欢笑，大地在欢呼

32. Liebster Jesu，mein Verlangen　最亲爱的耶稣，我之渴望

33. Allein zu dir，Herr Jesu Christ　我主耶稣基督，我在尘世的指望都在你

34. O ewiges Feuer，o Ursprung der Liebe
啊！永恒的火，泉涌的爱

35. Geist und Seele wird verwirret　精神和灵魂被扰乱

36. Schwingt freudig euch empor　欢快地飞升

37. Wer da glaubet und getauft wird　那些信并接受洗礼的人

38. Aus tiefer Not schrei ich zu dir　我从深深的苦难中向你呼喊

39. Brich dem Hungrigen dein Brot　要把你的饼分给饥饿的人

40. Dazu ist erschienen der Sohn Gottes
神的儿子要显现出来

卷 10（BWV 41—50）

41. Jesu，nun sei gepreiset　耶稣，接受赞美吧

42. Am Abend aber desselbigen Sabbats
在同一个安息日的夜晚

43. Gott fähret auf mit Jauchzen　上帝在欢呼中升天

44. Sie werden euch in den Bann tun　人要把你们赶出会堂

45. Es ist dir gesagt，Mensch，was gut ist
世人哪，耶和华已指示你何为善

46. Schauet doch und sehet，ob irgend ein
Schmerz sei　看啊，看谁的悲伤如我这般深沉

47. Wer sich selbst erhöhet，der soll erniedriget werden　凡自高的必降为卑，自卑的必升为高

48. Ich elender Mensch，wer wird mich
erlösen　我这个可怜的人，谁能把我从速朽的肉身中解救？

49. Ich geh und suche mit Verlangen　我怀着渴望去寻找

50. Nun ist das Heil und die Kraft　救恩、能力现在都来到了

卷 12（BWV 51—60）

51. Jauchzet Gott in allen Landen　让上帝处处皆得赞颂

52. Falsche Welt，dir trau ich nicht　虚妄的世界，我不相信你

53. Schlage doch，gewünschte Stunde
来临吧，期待已久的时刻

54. Widerstehe doch der Sünde　要抵制罪的诱惑

55. Ich armer Mensch，ich Sündenknecht
我，可怜的人，罪的奴隶

56. Ich will den Kreuzstab gerne tragen
我愿意背负十字架

57. Selig ist der Mann　这人是有福的

58. Ach Gott，wie manches Herzeleid
啊上帝，这是怎样的心灵哀痛

59. Wer mich liebet，der wird mein Wort
halten　爱我的人都会持守我的话

60. O Ewigkeit，du Donnerwort　噢永恒，你这雷霆般的话语

卷 16（BWV 61—70）

61. Nun komm'，der Heiden Heiland　来临吧，外邦人的救世主

62. Nun komm'，der Heiden Heiland　来临吧，外邦人的救世主

63. Christen，ätzet diesen Tag　基督徒们，铭记这一天

64. Sehet，welch' eine Liebe hat uns der
Vater erzeiget　看啊，天父向我们展示了怎样的爱

65. Sie werden aus Saba alle kommen　示巴的众人，都必来到

66. Erfreut euch，ihr Herzen　心灵啊，快乐起来吧

67. Halt im Gedächtnis Jesum Christ　请将耶稣基督铭记于心

68. Also hat Gott die Welt geliebet　上帝爱这世界

69. Lobe den Herrn，meine Seele　赞颂

主吧,我的灵魂

70. Wachet,betet, seid bereit allezeit　警醒! 祷告! 祷告! 警醒!

卷 18(BWV 71—80)

71. Gott ist mein König　上帝是我的王

72. Alles nur nach Gottes Willen　一切唯听从上帝的旨意

73. Herr, wie du willt, so schick mit mir　主,如你所愿

74. Wer mich liebet, der wird mein Wort halten　爱我的人都会持守我的话

75. Die Elenden sollen essen　谦卑的人必得饱足

76. Die Himmel erzählen die Ehre Gottes　苍穹诉说着上帝的荣耀

77. Du sollst Gott, deinen Herren, lieben　你要爱主你的神

78. Jesu, der du meine Seele　耶稣,你是我的灵魂

79. Gott, der Herr, ist Sonn' und Schild　我主上帝是太阳与盾牌

80. Ein feste Burg ist unser Gott　我主上帝是坚固的堡垒

卷 20(BWV 81—90)

81. Jesus schläft, was soll ich hoffen?　耶稣在沉睡,我能期望什么??

82. Ich habe genug　我受够了

83. Erfreute Zeit im neuen Bunde　新契约中欢乐的时刻

84. Ich bin vergnügt mit meinem Glücke　我的福气让我满足

85. Ich bin ein guter Hirt　我是一个好牧人

86. Wahrlich, wahrlich, ich sage euch　我实在告诉你们

87. Bisher habt ihr nichts gebeten in meinem Namen　到现在为止你们没有以我的名义祈求什么

88. Siehe, ich will viel Fischer aussenden　看吧,我要派许多渔夫

89. Was soll ich aus dir machen, Ephraim?　以法莲哪,我可向你怎样行?

90. Es reifet euch ein schrecklich Ende　可怕的终末快要临到你们

卷 22(BWV 91—100)

91. Gelobet seist du, Jesu Christ　愿你得赞美,耶稣基督

92. Ich hab' in Gottes Herz und Sinn　我将心思意念都交给神

93. Wer nur den lieben Gott läßt walten　那些只接受亲爱的上帝主宰的人

94. Was frag' ich nach der Welt　我于尘世有何求

95. Christus, der ist mein Leben　基督,我的生命

96. Herr Chirst, der ein'ge Gottes sohn　我主基督,上帝的独子

97. In allen meinen Taten　在我所行的一切中

98. Was Gott tut, das ist wohlgetan　上帝所行的一切都是好的

99. Was Gott tut, das ist wohlgetan　上帝所行的一切都是好的

100. Was Gott tut, das ist wohlgetan　上帝所行的一切皆是好的

卷 23(BWV 101—110)

101. Nimm von uns, Herr, du treuer Gott　信实的上帝,拿去我们所有

102. Herr, deine Augen sehen nach dem Glauben　主,你的眼目看顾信的人

103. Ihr werdet weinen und heulen　虽然你们将哭泣哀号

104. Du Hirte Israel, höre　以色列人的牧者,求你留心听

105. Herr, gehe nicht ins Gericht　主,请不要审判你的仆人

106. Gottes Zeit ist die allerbeste Zeit　上帝的时间是最好的时间

107. Was willst du dich betrüben　为什么你要让自己悲伤

108. Es ist euch gut, daß ich hingehe　我去是与你们有益

109. Ich glaube, lieber Herr, hilf meinem Unglauben　我信,亲爱的主,请帮助

145. So du mit deinem Munde 你以你之口认信耶稣

146. Wir müssen durch viel Trübsal 我们必须承受许多痛苦

147. Herz und Mund und Tat und Leben 心,口,行为与生活

148. Bringet dem Herrn Ehre seines Namens 荣耀上帝的名

149. Man singet mit Freuden vom Sieg 人们欢快地歌颂胜利

150. Nach dir, Herr, verlanget mich 主啊,我渴望你

卷 32(BWV 151—160)

151. Süßer Trost, mein Jesus kommt 甜蜜的慰藉啊,我的耶稣来了

152. Tritt auf die Glaubensbahn 踏上信仰之路

153. Schau, lieber Gott, wie meine Feind 亲爱的主,请看我的敌人

154. Mein liebster Jesus ist verloren 我最亲爱的耶稣不见了

155. Mein Gott, wie lang, ach lange 我的上帝,还要多久

156. Ich steh mit einem Fuβ im Grabe 我一只脚踏进坟墓

157. Ich lasse dich nicht, du segnest mich denn 既然我不让你离去,那么祝福我吧

158. Der Friede sei mit dir 愿你平安

159. Sehet, wir geh'n hinauf gen Jerusalem 看啊,我们走向耶路撒冷

160. Ich Weiβ, daβ mein's Erlöser lebt 我知道我的救主活着

卷 33(BWV 161—170)

161. komm', du süβe Todesstundee 来吧,甜蜜的临终一刻

162. Ach! ich sehe, itzt da ich zur Hochzeit gehe 啊,我看见,在我去往婚礼的路上

163. Nur jedem das Seine 各得其所

164. Ihr, die ihr euch von Christo nennet 自称基督徒的你们

165. O heil'ges Geist- und Wasserbad 噢,圣灵与水的洗礼

166. Wo gehest du hin? 你要去哪里?

167. Ihr Menschen, rühmet Gottes Liebe 人啊,颂扬上帝的爱吧

168. Tue Rechnung! Donnerwort 发声吧,雷霆般的话语

169. Gott soll allein mein Herze haben 我的心只属于上帝

170. Vergnügte Ruh', beliebte Seelenlust 愉悦的休憩,可爱灵魂的欢愉

卷 35(BWV 171—180)

171. Gott, wie dein Name, so ist auch dein Ruhm 上帝,你的名乃是荣耀

172. Erschallet, ihr Lieder 响起吧,歌声;响起吧,琴弦

173. Erhöhtes Fleisch und Blut 升华的肉与血

174. Ich liebe den Höchsten von ganzem Gemüte 我用全心爱至高者

175. Er rufet seinen Schafen mit Namen 他按名字呼唤他的羊群

176. Es ist ein trotzig und verzagt Ding 所有人的心中都有高傲与软弱的一面

177. Ich ruf zu dir, Herr Jesu Christ 我呼唤你,我主耶稣基督

178. Wo Gott, der Herr, nicht bei uns hält 主不与我们同在之时

179. Siehe zu, daβ deine Gottesfurcht nicht Heuchelei sei 当心,不能假装畏惧上帝

180. Schmücke dich, o liebe Seele 装饰你自己吧,噢亲爱的灵魂

卷 37(BWV 181—190)

181. Leichtgesinnte Flattergeister 轻率的心怀二意者

182. Himmelskönig, sei willkommen 天国的王,愿你来临

183. Sie werden euch in den Bann tun 人要把你们赶出会堂

184. Erwünschtes Freudenlicht 令人向往的欢乐之光

巴赫《马太受难曲》手稿里的一页

图书在版编目（CIP）数据

论巴赫/（德）阿尔伯特·施韦泽著；何源，陈广琛译.
－上海：华东师范大学出版社，2017.8
（六点音乐译丛）
ISBN 978-7-5675-4087-3

Ⅰ.①论… Ⅱ.①施… ②何… ③陈… Ⅲ.①巴赫，J.S.
（1685～1750）—人物研究 Ⅳ.①K835.165.76

中国版本图书馆 CIP 数据核字（2015）第 215432 号

华东师范大学出版社六点分社
企划人 倪为国

Johann Sebastian Bach
Vorrede von Charles Marie Widor
By Albert Schweitzer
Original German Edition
Copyright © by Breitkopf & Härtel，Wiesbaden，Germany
Published by arrangement with Breitkopf & Härtel
Simplified Chinese Translation Copyright © 2017 by East China Normal University Press Ltd.
ALL RIGHTS RESERVED.
上海市版权局著作权合同登记 图字：09－2007－386 号

六点音乐译丛
论巴赫

著　　者　（德）阿尔伯特·施韦泽
译　　者　何　源　陈广琛
责任编辑　倪为国　何　花
特约审稿　刘　洪
封面设计　姚　荣

出版发行　华东师范大学出版社
社　　址　上海市中山北路 3663 号　邮编　200062
网　　址　www. ecnupress. com. cn
电　　话　021－60821666　行政传真　021－62572105
客服电话　021－62865537
门市（邮购）电话　021－62869887
地　　址　上海市中山北路 3663 号华东师范大学校内先锋路口
网　　店　http://hdsdcbs. tmall. com

印 刷 者　上海盛隆印务有限公司
开　　本　787×1092　1/16
插　　页　6
印　　张　54
字　　数　705 千字
版　　次　2017 年 8 月第 1 版
印　　次　2023 年 11 月第 5 次
书　　号　ISBN 978-7-5675-4087-3/J·261
定　　价　188.00 元

出 版 人　王　焰

（如发现本版图书有印订质量问题，请寄回本社客服中心调换或电话 021－62865537 联系）